23

Deutsche Literatur

Eine Sozialgeschichte

Herausgegeben von
Horst Albert Glaser

Vormärz:
Biedermeier,
Junges Deutschland,
Demokraten

1815–1848   Band **6**

Herausgegeben von
Bernd Witte

Rowohlt

Der Herausgeber dankt der Universität Essen und dem Ministerium für Wissenschaft und Forschung des Landes Nordrhein-Westfalen für die finanzielle Förderung des Projekts.

Einige Artikel mußten leider gekürzt werden, um Überschneidungen zu vermeiden und um den vorgegebnen Umfang des Bandes einhalten zu können.

(c

Originalausgabe
Redaktion Burghard König
Typographie Edith Lackmann
Umschlagentwurf Werner Rebhuhn
Veröffentlicht im Rowohlt Taschenbuch Verlag GmbH,
Reinbek bei Hamburg, April 1980
Copyright © by Rowohlt Taschenbuch Verlag GmbH,
Reinbek bei Hamburg
Satz Times (Linotron 404)
Gesamtherstellung Clausen & Bosse, Leck
Printed in Germany
1280-ISBN 3 499 16255 5

Inhalt

Bernd Witte
Einleitung

Die Epoche zwischen 1815 und 1848 bietet dem oberflächlichen Betrachter ein höchst widersprüchliches Bild. Politisch ist sie von Stagnation gekennzeichnet. Die revolutionären Bewegungen der vorhergehenden Jahrzehnte scheinen endgültig eingedämmt, die überkommene feudale Ordnung mindestens in den Mitgliedsstaaten des Deutschen Bundes fester denn je etabliert. Die offiziösen Staatstheoretiker der Zeit, Carl Ludwig von Haller, Adam Müller und Friedrich von Gentz, erklären die Restauration zum leitenden Prinzip politischen Handelns, womit sie nur auf den Begriff bringen, was in den allen Reform- und Verfassungsversprechen zum Trotz wiederhergestellten Monarchien und Fürstentümern längst praktiziert wird. Die staatlich verordnete Ruhe ist jedoch trügerisch. Von der Kabinettspolitik weitgehend unbeachtet, vollzieht sich im deutschsprachigen Raum ein rascher ökonomischer und sozialer Wandel. Bevölkerungsexplosion, Massenarmut und beginnende Industrialisierung formen die bis dahin vorherrschenden Strukturen der Agrargesellschaft um und schaffen soziale Spannungen, die der unterdrückten bürgerlichen Emanzipationsbewegung neue Dynamik geben und sie schließlich in der Revolution von 1848 zum offenen Ausbruch kommen lassen.

Wie die anderen kulturellen Manifestationen der Zeit ist auch die Literatur von diesem Widerspruch gezeichnet. Er schlägt sich in ihr als Neben- und Gegeneinander von engagierter und ästhetizistischer, von inhaltlich oder formal konservativer und inhaltlich oder formal progressiver Literatur nieder. Auf diesen Zusammenhang soll hingewiesen werden, wenn im vorliegenden Band die literarische Epoche von 1815 bis 1848 entgegen der bisherigen Übung und in Analogie zur Epocheneinteilung der Geschichtswissenschaft ebenfalls als ‹Vormärz› bezeichnet wird. Die traditionelle Literaturgeschichtsschreibung hat die Eigenständigkeit dieser Epoche durchweg geleugnet und sie nur als Übergangszeit zwischen der klassisch-romantischen Vollendung der deutschen Literatur und deren

neuem Höhepunkt im Realismus der zweiten Jahrhunderthälfte gelten
lassen. Deshalb mußte sie auch die zukunftsweisenden literarischen Leistungen des Vormärz verkennen und statt dessen den Akzent auf die
Werke legen, die ihn als Verlängerung der Goetheschen Kunstperiode
auswiesen. Unter der Epochenbezeichnung ‹Biedermeier› hat diese
Sichtweise, die dem Selbstverständnis der bewußtesten Literaten der Zeit
diametral zuwiderläuft, die literaturgeschichtliche Diskussion seit den
frühen dreißiger Jahren dieses Jahrhunderts beherrscht.

Die vermeintliche Rettung der Epoche als Biedermeier ist jedoch keineswegs eine philologisch getreue, unparteiische Wiederherstellung einer vergangenen Zeit, wie ihre Fürsprecher meinen, sondern verschiebt
in unzulässiger Weise die Akzente. Im Grunde übernimmt sie die Wert-
urteile, die bereits die Vertreter des literarischen Realismus nach 1850
über ihre ‹progressiven› Vorgänger gefällt haben. Schon Gustav Freytag, Julian Schmidt und Rudolf Gottschall lehnten die Literatur des Vormärz als bruchstückhaft und tendenziös ab, weil sie ihrem aus der Goethezeit übernommenen Ideal symbolischer Totalität nicht entsprach. So
verurteilt, um nur ein Beispiel zu geben, Julian Schmidt, der Theoretiker des programmatischen Realismus, in seiner Zeitschrift *Die Grenzbo-
ten* 1851 Büchners Darstellung von menschlichem Elend, Verbrechen
und Wahnsinn im *Woyzeck* als «Einfall einer krankhaften Natur», weil
der Schriftsteller das «Fragment der Welt», das er gestalte, nicht genü-
gend idealisiert habe.

Die Kategorien, mit denen der Realismus seine ästhetisch wie ideologisch gleichermaßen rückwärtsgewandten Positionen verteidigt, werden
mit erstaunlicher Kontinuität in der Literaturwissenschaft weitertra-
diert. Ohne alle Zwischenstationen im einzelnen aufzeigen zu können,
sei hier nur darauf hingewiesen, daß sie ein gutes Jahrhundert später un-
verfälscht in der maßgeblichen Monographie zur Literatur der Epoche,
Friedrich Sengles «Biedermeierzeit», wieder auftauchen. Auch Sengle
legt seiner Wertung die Normen der Goethezeit zugrunde und setzt daher bestimmte Autoren der von ihm behandelten Epoche gegenüber denen des Realismus herab:

«Wer die Welt mit Feuerbach als einzige Instanz betrachtet, wird immer dazu nei-
gen, sie in ihrem letzten Grunde, wie der alte Goethe, ‹schön› oder ‹gut› zu finden, auch dann, wenn ihm die Misere im gesellschaftlichen Vordergrunde der
Welt voll bewußt ist. Raabe, Fontane und Keller haben ein sehr scharfes Auge
für soziale und politische Mißstände, weigern sich aber, immer nur auf diesen einen Punkt zu starren, – wie es der weltschmerzliche Büchner tat. Dieser ‹Positivismus› ist in der Mitte des 19. Jahrhunderts eine große geistige Leistung, die
Voraussetzung jeden praktischen Fortschritts, und unsre Zeit des sauren Kit-
sches, des brutalen Verismus und der ziellosen Negation beweist gewiß nicht, daß
das Programm falsch war.»

Der letzte Satz des Zitats legt mit wünschenswerter Deutlichkeit die aktuellen ästhetischen und ideologischen Interessen offen, die Sengles literarhistorisches Urteil leiten. Es steht zu befürchten, daß aus dieser Optik ein Bild zustande kommt, das – bei aller bewundernswerter Materialfülle – allzusehr die dialektische Spannung der Epoche auf ihre biedermeierlichen Züge hin harmonisiert.

Die Beurteilung des literarischen Vormärz ist deshalb bis in die neueste Zeit hinein von weltanschaulich bedingten Vorurteilen verfälscht worden, weil in ihm die Frage nach der gesellschaftlichen Macht oder Ohnmacht der Literatur zum erstenmal in den Mittelpunkt des ästhetischen Interesses rückt. In ihm sind schon alle Merkmale des modernen Literaturbetriebs voll entwickelt. Drucktechnische Neuerungen, die Fixierung des Urheberrechts und die Ausdehnung des Buchhandels ermöglichen einen im späteren neunzehnten Jahrhundert nicht wieder erreichten Höhepunkt der Buchproduktion. Zugleich setzt sich die Arbeitsteilung auch im literarischen Bereich durch. Immer mehr Autoren werden zu Berufsschriftstellern, die ausschließlich vom Ertrag ihrer Feder leben. Parallel dazu dehnt sich das Publikum auf alle sozialen Schichten aus und wird zu jener «anonymen lesenden Öffentlichkeit» (Martino), die noch heute den Buchmarkt bestimmt. Diese quantitativen Prozesse verändern auch Qualität und Funktion der geschriebenen Texte; denn sie ermöglichen zum erstenmal in größerem Maßstab eine Vermischung von politischen und literarischen Intentionen.

Die Werke der ‹schönen Literatur› geben ihre klassizistische Distanz zum Leben auf und ergreifen in den gesellschaftspolitischen Auseinandersetzungen Partei. Angesichts der überwiegend oppositionellen Stimmen organisiert die staatliche Gewalt Zensur und Gegenpropaganda auf überregionaler Ebene. In diesem Kontext müssen sich die Schriftsteller entscheiden, ob sie als Vorkämpfer der Demokratisierungsbestrebungen oder als Verteidiger der alten Ordnung agieren wollen. Engagement und Resignation werden zu typischen, häufig bei ein und demselben Schriftsteller anzutreffenden Verhaltensweisen. Im literarischen Vormärz ist damit das Problem der Rolle des Intellektuellen in der Gesellschaft in aller, den Protagonisten auch bewußten Schärfe gestellt.

Diese Eigenart der Literatur der Zeit kann jedoch eine Literaturgeschichte nicht erkennen, die sich ausschließlich als Geschichte von Texten begreift. Wie sehr gerade die literarische Epoche von 1815 bis 1848 auch einer sozialgeschichtlichen Betrachtungsweise bedarf, läßt sich am Beispiel ihres Theaters mühelos ablesen. Nähme man nur die Texte der meistgespielten Autoren, der Müllner, Raupach und Birch-Pfeiffer zur Kenntnis, würde man an dessen eigentlicher Leistung, der Reorganisation von Hoftheater, Bürgertheater und Volkstheater vorbeigehen. Auch würden die Gründe dafür, daß viele der wichtigsten dramatischen

Texte der Zeit, so Büchners und Grabbes Dramen, von den Zeitgenossen überhaupt nicht zur Kenntnis genommen wurden, verborgen bleiben. Ist doch auch diese Wirkungslosigkeit gesellschaftlich bedingt, hat ihre Ursache darin, daß der Geschichtspessimismus dieser Dramen, ihr Bild der Welt als Trümmerhaufen, als ‹unermeßliches Chaos des Gemeinen› und der menschlichen Existenz als sinnloser, blutiger Farce dem öffentlichen Bewußtsein der Zeit allzuweit vorauseilt, als daß es darin die genaueste Antwort auf die Unterdrückung der politischen Hoffnungen und die Ohnmacht des einzelnen erkennen konnte.

An diesem Beispiel ist abzulesen, was Literaturgeschichte unter sozialgeschichtlichem Aspekt zu leisten hat. Vor allem muß sie die sozialen und historischen Bedingungen der Produktion und Rezeption von Literatur deutlich machen. Zudem hat sie die Literatur selbst wiederum als Produktionsfaktor im gesellschaftlichen Leben einer Epoche zu begreifen. Dabei wäre zu zeigen, daß auch in der Literatur und durch die Literatur Geschichte gemacht wird, und zwar nicht von einem ominösen Zeitgeist, sondern von den schreibenden Individuen in ihrer gesellschaftlichen Bedingtheit, die sich mit dieser im Medium der Literatur auseinandersetzen. Nur unter dieser Perspektive kann der Text in seiner singulären Erscheinung ernstgenommen und als Objektivation der historischen und ästhetischen Probleme eines geschichtlichen Augenblicks erkannt werden. Indem Literatur so als gesellschaftliche Arbeit einsichtig gemacht wird, mit der der Mensch sich selbst und seine Umwelt produziert, wächst Literaturgeschichte über die bloße Faktensammlung hinaus und wird selbst wieder zu einem produktiven Faktor.

Um diese Zielvorstellungen zu erreichen, bedient sich die folgende Darstellung des literarischen Vormärz vielfältiger methodischer Ansätze. Die massenhaft verbreitete Literatur, die unmittelbar auf die Befriedigung der gesellschaftlichen Interessen ihrer Leser zielt und meistenteils der Flucht aus der drückenden Realität dient, wird durch statistisch quantitative Methoden oder, wo dies die Forschungslage nicht zuläßt, durch exemplarische Übersichtsdarstellungen erschlossen. Mit besonderem Nachdruck werden die literarischen Gattungen in ihrer zeitgemäßen Ausprägung analysiert. Ist doch das Absterben alter und das Auftreten neuer Genres oder die Umfunktionierung traditioneller Formen in einer bestimmten Epoche der objektivste Ausdruck ihrer Aporien und ihrer produktiven Anstrengungen, diese zu lösen. Schließlich werden exemplarische Autoren und ihre Werke im Zusammenhang interpretiert; denn diese ‹singulären Erscheinungen› ragen nur scheinbar aus ihrer Zeit heraus, registrieren – von ihren Zeitgenossen meist unbeachtet – die historischen Erschütterungen sehr viel genauer als die Tagesliteratur.

Mit der hier nur angedeuteten Vielfalt der Interpretationsmethoden bekennt sich die vorliegende Untersuchung zu jenem ‹Methodenpluralis-mus›, den schon Sengle zu Recht in seiner Epochenmonographie gefor-dert hatte. Allerdings versteht sie ihn funktional. Durch ihn versucht sie, der verschiedenartigen Qualität und den unterschiedlichen ästhetischen und gesellschaftlichen Kontexten der literarischen Texte unter sozialge-schichtlichem Aspekt gerecht zu werden.

Die genannten methodischen Prämissen bestimmen auch die Anord-nung des Bandes. Er geht aus von einer Analyse der Produktions- und Distributionsbedingungen der Literatur nach 1815. Hierzu gehört die Darstellung der beiden ideologischen Parteiungen ebenso wie die der ästhetischen Theorie der Zeit, die als Medium der Selbstverständigung der Schreibenden und als Interpretationshilfe für die zeitgenössischen Leser Produktion und Rezeption der Texte entscheidend beeinflußt. Es folgt eine Analyse der verschiedenen Formen der Prosaliteratur. Schon die zeitgenössische Kritik hatte erkannt, daß die Prosa im Vormärz zur aktuellsten Form der Literatur, zur «Waffe» (Wienbarg) in der gesell-schaftlichen Auseinandersetzung geworden war. In ihren traditionellen Gattungen, Erzählung und Roman, vor allem jedoch in ihren neuen Formen, in Feuilleton, Kritik und Reiseliteratur, schlagen sich die ideo-logischen Kämpfe der Zeit unmittelbar nieder; zugleich wirkt sie am di-rektesten auf die politischen und gesellschaftlichen Kräfte der Zeit zu-rück.

Auch die Lyrik zeigt die für die Epoche charakteristische Spannung zwi-schen gegensätzlichen weltanschaulichen und ästhetischen Positionen. Einerseits entfaltet sie in den Werken der Spätromantiker, Platens und Mörikes mit dem melancholischen Wissen der ‹Spätzeit› noch einmal die schöne Kunstform, die in ihrer Abstinenz von jeglicher gesellschaftli-chen Stellungnahme im geheimen schon dem ‹l'art pour l'art› zuneigt. Andererseits läßt sich an ihr auch der Versuch, eine neue Funktionalität durchzusetzen, von der ironischen Brechung des Kunstcharakters bei Heine bis hin zur offen politischen und im Vorfeld der Revolution ideo-logisch wirksamen Lyrik Herweghs und Freiligraths beobachten.

Demgegenüber kommt dem Theater, dessen Einfluß von der Staatsge-walt am meisten gefürchtet wurde und dessen Apparat am leichtesten zu kontrollieren war, weithin nur Bestätigungs- und Unterhaltungsfunktion zu. Die schon genannten Ausnahmen bestätigen durch ihre zeitgenössi-schen Mißerfolge nur diese Regel. So sind die am Ende des Bandes in kurzen Monographien vorgestellten ‹Großen› der Epoche allesamt wirkungslose Außenseiter der biedermeierlichen Gesellschaft geblieben: Goethe in der Isolierung des Olympiers, der, wie Hans May-er überzeugend belegt hat, den Mißerfolg seines «unzeitgemäßen» Spät-werks gelassen trägt, Heine im Pariser Exil, Büchner als steckbrieflich gesuchter und über die Grenzen gejagter Revolutionär. Dennoch haben gerade sie in der produktiven Auseinandersetzung mit den Problemen der Zeit Lösungen gefunden, die im Gegensatz zur massenwirksamen, aber dem Tage verfallenen Literatur zu immer erneuter Lektüre Anlaß geben.

In diese Konstellation gebracht, deuten die so vielfältig und gegensätzlich erscheinenden Ausformungen der Vormärzliteratur auf einen gemeinsamen Mittelpunkt hin. Er wird in dem geheimen oder auch offen ausgesprochenen Bewußtsein vom Ende des autonomen Kunstwerks ästhetisch reflektiert, das alle ihre Manifestationen durchzieht. Gerade die avanciertesten Produktionen der Epoche stellen den Versuch dar, mit einem bruchstückhaften, offenen Text einer grundsätzlich als harmonische Totalität nicht mehr begreifbaren Wirklichkeit Herr zu werden. Sozialgeschichtlich liegt dem die von früheren Epochen so nicht gemachte Erfahrung zugrunde, daß eine sozial und technisch sich umwälzende und von offensichtlichen politischen Eingriffen und Zwangsmaßnahmen regierte Welt ein Produkt der von Menschen gemachten und machbaren Geschichte ist. Die in der Französischen Revolution und den Napoleonischen Kriegen umgestürzte und nach 1815 scheinbar wieder restaurierte Ordnung läßt sich mit den künstlerischen Mitteln der Klassik, das heißt als symbolisches Kontinuum auf dem Hintergrund einer als göttlich verstandenen Natur, nicht mehr abbilden, sondern fordert funktionale Formen, die die historischen Kräfte zugleich auszudrücken vermögen und selber als solche wirksam werden können. So findet das zeitgenössische Schlagwort von den ‹Bewegungsparteien› in der Literatur seinen tieferen Sinn.

Dem analysierten Tatbestand trägt Heines Rede vom «Ende der Wolfgang Goetheschen Kunstperiode» ebenso Rechnung wie Mundts Forderung nach einer «Emanzipation der Prosa» oder die Praxis einer Partei ergreifenden Feuilletonliteratur und politischen Lyrik. Aber auch das Vorherrschen geschichtlicher Stoffe im Roman und im Drama der Zeit und das wehmütige Bewußtsein des Scheiterns in der Naturlyrik finden hier ihre Begründung. Den gültigsten Ausdruck hat die historische Erfahrung der Epoche jedoch beim alten Goethe gefunden, der damit, ohne daß seine Zeitgenossen es zur Kenntnis nehmen, von der ideologischen und praktischen Rechtfertigung der autonomen Kunst abrückt. Indem er in den *Wanderjahren* die «organische» Form des Romans und im *Faust. II. Teil* die des Dramas zerbricht und sie durch montage- und revuehafte Reihung (Mattenklott) historischer und gesellschaftlicher Materialien ersetzt, zugleich aber auch die produktive Tätigkeit des einzelnen in seiner sozialen Umwelt zum Gegenstand der Literatur macht, befreit er den literarischen Text aus seiner Gebundenheit an natürliche Formen und macht ihn als Produkt menschlicher Arbeit kenntlich. Daß er deren Spuren nicht mehr verwischt, sondern inhaltlich und formal nach außen stellt, geschieht in der Hoffnung, diese Literatur werde wiederum zu eigener produktiver Tätigkeit, gesellschaftlicher wie literarischer, anregen.

Diese Auffassung des ästhetischen Aktes als Organon der Geschichte, die der späte Goethe mit seinen Zeitgenossen teilt, mußte der nachfolgenden Generation der realistischen Schriftsteller, die ihre Geschmacksurteile von einer nach 1815 längst als illusorisch durchschauten Position idealisierender Totalität herleiteten, unverständlich bleiben. Die Literaturgeschichtsschreibung, die sowohl in ihrer bürgerlich liberalen wie in ihrer orthodox marxistischen Ausprägung an den ästhetischen Kategorien der Goethezeit und des Realismus festgehalten hat, hat bisher an diesem Unverständnis nichts geändert. Für eine Generation, deren ästhetisches Urteil an Brechts und Benjamins Theorien von einer operativen Literatur sich gebildet hat, ist der literarische Vormärz also neu zu entdecken.

Dirk Blasius
Epoche – sozialgeschichtlicher Abriß

Die Jahre 1815 und 1848 sind nicht nur Wendepunkte der deutschen, sondern auch der europäischen Geschichte. Napoleon, selbst Erbe der Französischen Revolution, hatte der europäischen Staatenwelt eine Erbschaft hinterlassen, die diese revolutionär in Frage stellte. Die Stunde seiner Niederlage nutzten die Mächte der Tradition zur Zähmung jener politischen und sozialökonomischen Bewegungsenergie, die in der Französischen Revolution freigesetzt wurde.

Die Zeitspanne des Vormärz wird mit dem Wiener Kongreß eingeleitet; dieser gehört zur Nachgeschichte von 1789. Doch mit diesem Jahr beginnt auch die Vorgeschichte von 1848, einem Jahr europäischer Erschütterung. Die revolutionären Bewegungen in Deutschland, Österreich, Italien und Frankreich gewannen ihre Dynamik aus der Erinnerung an die Französische Revolution und an die Emanzipationschancen, die sich hier zum erstenmal historisch aufgetan hatten. Ebenso wie der Vormärz das Zeitalter der politischen Restauration gewesen ist, gehört zur Signatur dieser Epoche die Latenz der Revolution. In den Jahrzehnten vor 1848 mischen sich politischer Stillstand und gesellschaftliche Bewegung; die 1815 erfolgte Ausgrenzung des Sozialen aus der Politik wandelt sich im Laufe des Vormärz zu einer Umzäumung des Sozialen durch die Politik ab, bis dann 1848 das Soziale zum Inhalt des Politischen wird. Der Vormärz ist somit ein Zeitalter zunehmender Herausforderung des Politischen durch das Soziale, des Staates durch die Gesellschaft. Das hängt mit der ökonomisch bedingten Formveränderung der Gesellschaft selbst zusammen.

Die Kraftfelder von Politik, Ökonomie und Gesellschaft bieten sich in der Zeit des Vormärz in einem besonders gelagerten Spannungsverhältnis dar; dieses gilt es zu charakterisieren, um jene lebensweltliche Erfahrung einzuschätzen, die auch in die Literatur Eingang gefunden hat. Zwar sind die Themen eines Zeitalters nicht immer die Themen der Literatur dieses Zeitalters; sie brauchen es auch nicht zu sein. Doch die Frage nach den Erfahrungen und besonders den Alltagserfahrungen, die politische Herrschaft, ökonomische Entwicklung und soziale Struktur in einem Zeitabschnitt ermöglichten, mag hilfreich sein beim Entziffern seiner literarischen Produktion.

Mit Recht hat man für den Vormärz auf die ‹Verwicklung› der Kunst wie der Künstler in jene soziale und politische Krise verwiesen, die seit der Französischen Revolution um sich gegriffen hatte. «Die literarische Produktion wie die schönen Künste waren nicht mehr Ausdrucksweisen standesspezifischer Ordnungslagen und der ihnen innewohnenden Konflikte.»[1]

Das System des Deutschen Bundes

Die europäischen Befreiungskriege gegen den europäischen Usurpator Napoleon hatten das Prinzip der nationalstaatlichen Einheit zu einem Gegenstand konkreter Tages- und Machtpolitik gemacht. Der Einheitsgedanke entband Energien, die letztlich den Anspruch Frankreichs zu Fall brachten, eine Dauerrolle als Hegemonialmacht in Mitteleuropa zu spielen. Doch die Verwirklichung des Prinzips nationaler Staatsbildung hätte in Europa die politische Landkarte revolutionär umgestaltet. Die gewachsenen dynastischen Strukturen waren stärker als jene gesellschaftlichen Kräfte, die die Ordnungskrise der europäischen Staatenwelt zur Neuordnung der staatlichen Binnenverhältnisse nutzen wollten. Denn das nationale Verfassungsproblem hing eng mit dem konstitutionellen zusammen. Nur dann hätte der nationale Einheitsstaat eine innere Festigkeit gewinnen können, wenn zugleich eine Verfassung gewährt worden wäre. Von ihr ließ sich ein Einschleifen regionaler Unterschiede erwarten und – durch Beteiligung an der politischen Willensbildung – eine *politische* Einbindung der verschiedenen gesellschaftlichen Gruppen von Adel, Bürgertum und Bauern.

Nationales und konstitutionelles Verfassungsproblem blockierten sich in den Jahren nach 1815 gegenseitig. Die Hüter dynastischer Tradition befürchteten ein Hineinwachsen der Gesellschaft in den Staat im Rahmen einer nationalstaatlichen Ordnung, während für die konstitutionelle Verfassungsbewegung der Einheitsgedanke nur im Zusammenhang mit dem Freiheitsgedanken geschichtlich vorstellbar war. Diese Bewegung war am Ende des 18. Jahrhunderts zunächst als Bildungsbewegung entstanden; im Verlauf der Befreiungskriege errang sie aber eine beträchtliche gesellschaftliche Resonanz und reichte weit über das Bildungsbürgertum hinaus.

Geschichtlich bedeutsam ist das Wurzelschlagen des Verfassungsgedan-

kens in der preußischen Bürokratie gewesen. Die nationalen Neuord-
nungspläne des Freiherrn vom Stein legen davon Zeugnis ab. Nach 1815
war der politische Erwartungshorizont hoch gesteckt; um so größer – gerade in Kreisen der bürgerlichen Intelligenz – mußte dann die Enttäuschung über die realhistorische Entwicklung sein.

Verfassung und politische Partizipation

Auf dem Wiener Kongreß (1. November 1814 bis 9. Juni 1815) wurde
das nationale Verfassungsproblem als föderatives Verfassungsproblem
definiert. Die Deutsche Bundesakte (8. Juni 1815) ebenso wie die Wiener Schlußakte (15. Mai 1820) – das eigentliche Grundgesetz des Deutschen Bundes – schrieben das *staatenbündische Prinzip* fest. Der Partikularismus der deutschen Staatenwelt blieb erhalten, wenn sich auch seine Dimension änderte. Dieser Vertrag stabilisierte die überkommene
staatliche Struktur und beließ die Gesellschaft in ihrer traditionellen Objektstellung. Die «Sicherheit und Unabhängigkeit» der deutschen Staaten mit den beiden Führungsmächten Preußen und Österreich sollte gewährleistet werden und damit «die Ruhe und das Gleichgewicht Europas»[2].
Die «Unabhängigkeit und Unverletzlichkeit der einzelnen deutschen
Staaten» war eine Zielbestimmung nicht nur in bezug auf die staatlichen
Außenverhältnisse. Auch nach innen, in bezug auf die innere Entwicklung, formulierte das Vertragssystem des Deutschen Bundes Grenzmar-
kierungen. Mit Artikel 13 der Bundesakte schien der Gedanke politischer Mitwirkung im Rahmen einer Volksvertretung historisch begraben
zu sein: «In allen Bundesstaaten wird eine Landständische Verfassung
statt finden.» Landstände und Verfassung im Sinne von Rechtsgarantien
gesellschaftlicher Teilhabe an der politischen Willensbildung aber
schlossen sich aus. Die Wiener Schlußakte unterstrich noch einmal den
Gedanken staatlich-dynastischer Zähmung der gesellschaftlichen Kräfte. In Artikel 57 heißt es: «Da der deutsche Bund, mit Ausnahme der
freien Städte, aus souveränen Fürsten besteht, so muß dem hierdurch
gegebenen Grundbegriffe zufolge die gesamte Staats-Gewalt in dem
Oberhaupte des Staats vereinigt bleiben, und der Souverän kann durch
eine landständische Verfassung nur in der Ausübung bestimmter Rechte
an die Mitwirkung der Stände gebunden werden.»
Die deutsche Verfassungslandschaft bietet in der Zeit des Vormärz kein
einheitliches Bild. Dennoch war die durch das Grundgesetz des Deutschen Bundes erfolgte Festlegung, daß die gesamte Staatsgewalt in dem
Oberhaupte des Staates vereinigt bleiben müsse – dies der Kern des sogenannten ‹monarchischen Prinzips› –, eine zentrale Vorgabe. Diese Bestimmung blockierte die politischen Artikulationschancen der ‹Bewegungskräfte›; sie sammelten sich um die wichtigste Bildungsinstitution,

die Universitäten, und hatten einen weiteren Schwerpunkt im freiberuf-
lich tätigen akademischen Bürgertum (Rechtsanwälte, Ärzte usw.). Das
Wirtschaftsbürgertum konnte nur sehr allmählich seine parochialen Begrenzungen abstreifen. Bauern, Handwerker und Fabrikarbeiter können nicht zu den Bewegungskräften gezählt werden, obwohl ihre sich
verschärfende soziale Lage jene soziale Bewegung auslöste, die die bürgerliche Revolution von 1848 zugleich förderte wie paralysierte. Es war
im Vormärz eine an ihren Rändern sozial ausfransende, aber im Kern
bildungsbürgerliche Schicht, die sich durch das System des Deutschen
Bundes politisch entmündigt fühlte und gegen den verordneten politischen Stillstand opponierte.

Die Formen dieser Opposition waren freilich von den in den einzelnen
deutschen Staaten bestehenden konstitutionellen Formen und Verfahren abhängig. Hier muß der Blick an erster Stelle auf Preußen gelenkt
werden, den mächtigsten Einzelstaat des Deutschen Bundes. Während
der Befreiungskriege war nicht zuletzt aus Gründen der Loyalitätsge-
winnung breiter Volksschichten ein Verfassungsversprechen gegeben
worden, das dann allerdings im Zuge restaurativer Politikausrichtung
nach 1820 nicht eingelöst wurde. 1823 kam es vielmehr zur «Anordnung
der Provinzialstände». Sie stellten eine Neubelebung der alten «ständischen Verhältnisse» dar. Für jede preußische Provinz wurden bewußt
«Provinzialstände im Geiste der älteren deutschen Verfassungen» gebildet; es gab kein gesamtstaatliches Vertretungsorgan.

Auch die Zusammensetzung dieser präkonstitutionellen «Versammlungen» widersprach dem bürgerlichen Repräsentationsgedanken, so sozial
eingeschränkt – auf Besitz und Bildung – dieser selbst auch war, wie die
Wahlrechtsdebatten im Vormärz und dann in der 48er Revolution zeigen. Die preußischen Provinzialstände umfaßten drei Hauptstände: den
der Ritterschaft, der Städte und der Landgemeinden. Der erste Stand,
der des Adels, hatte in den Gremien sämtlicher Provinzen das zahlen-
mäßige Übergewicht. Doch auch bei den Vertretern der Städte war das
«Grundeigentum Bedingung der Standschaft». Als Abgeordnete des
zweiten Standes konnten nur «städtische Grundbesitzer gewählt werden, welche entweder zeitige Magistratspersonen sind, oder ein bürger-
liches Gewerbe treiben». Damit waren in den Städten gerade jene
Schichten politisch diskriminiert, die mit dem Übergang von der ständischen zur bürgerlichen Gesellschaft immer mehr an Gewicht gewannen:
wirtschaftlich aktive und erfolgreiche Neubürger und neu sich niederlas-
sende Rechtsanwälte, Notare und Ärzte. Gerade sie besaßen meist keinen «Grundbesitz in auf- und absteigender Linie ererbt oder auf andere
Weise erworben» und «zehn Jahre lang nicht unterbrochen». Laut Gesetz war dies das Kriterium für die ‹Wählbarkeit› der städtischen Abge-
ordneten. Mitglied des dritten Standes, dem Gutsbesitzer, Erbpächter

und Bauern angehörten, konnte ebenfalls nur derjenige werden, der im
«Besitz eines als Hauptgewerbe selbst bewirtschafteten Landguts»
war.

Die preußischen Landstände waren nicht nur von ihrer Zusammensetzung, sondern auch von ihren Kompetenzen her ein Schritt in die verfas-
sungspolitische Vergangenheit. Sie waren reine Beratungsorgane mit
auf Angelegenheiten der jeweiligen Provinz begrenztem Petitionsrecht,
aber ohne jede Einflußnahme auf die politische Willensbildung. Preußen war im Vormärz der Hort verfassungspolitischer Restauration. Das
Beispiel staatlicher Bevormundung, das hier praktiziert wurde, konnte
gesellschaftlichen Widerstand ebenso anstacheln wie entmutigen.

Nicht zu unterschätzen ist die Sogwirkung, die das bestehende Verhältnis von Staat und Gesellschaft in Preußen auf außerpreußische Gebiete
ausübte. Bedeutsam sind hier die süddeutschen Staaten Bayern, Württemberg und Baden. Sie schöpften die Verfassungsbestimmungen des
Deutschen Bundes aus und stellten ihr Verfassungsleben durch «Verfas-
sungsurkunden» auf eine *gesetzliche* Grundlage. Die Öffnung des Staates gegenüber der Gesellschaft wurde als notwendig für die erfolgreiche
Einbindung der Gesellschaft in den Staat angesehen. Nun waren gerade
die süddeutschen Staaten nach 1815 in einer besonderen Lage. Die neue
politische Raumordnung des Wiener Kongresses hatte für sie spezifische
Probleme gebracht. Neue Gebiete mußten integriert, eine neue Staatsgesellschaft begründet werden. Hierbei erwiesen sich die Verfassungs-
stiftungen als hilfreich. Hinter ihnen stand nicht etwa der Druck einer
bürgerlichen Klasse, und sie waren auch nur bedingt zu Konzessionen an
eine liberal-bildungsbürgerliche Öffentlichkeit bereit. «Die Konstitutio-
nen waren zuallererst fester Posten im administrativen Kalkül der Regierungen: Verfassungsgebung als Schlußstein wie Fortsetzung der Verwaltungsreform, die ständischen Versammlungen als Vermittlungsorga-
ne zur Staatsgesellschaft, aber auch als Mitträger oft hoch angelaufener
Staatsschulden und als Garanten des Staatskredits.»[3]

Das süddeutsche Kammersystem brachte bürgerlichen Mittelschichten
gewisse politische Mitwirkungsrechte. Zwar blieben die ersten Kammern fest in der Hand des adeligen Großgrundbesitzes und konnten
durch ihr Vetorecht zum Beispiel liberale Rechtsreformen verhindern;
doch bürgerliche Politik gewann in den zweiten Kammern eine institutionell abgesicherte Artikulationsbasis. Die Verfassungsurkunde für das
Großherzogtum Baden vom 22. August 1818 gewährte allen Staatsbür-
gern, «die das 25. Lebensjahr zurückgelegt und im Wahldistrikt als Bürger angesessen sind», das aktive Wahlrecht. Das passive Wahlrecht blieb
freilich an eine hohe Steuerleistung, das heißt in der Praxis an nicht un-
beträchtlichen Besitz gebunden. Dieser Selektionsmechanismus sollte
die Loyalität der Kammerabgeordneten sicherstellen. Auf sie war die

Regierung bei ihrer Gesetzgebungsarbeit angewiesen, besonders natürlich bei den oft umstrittenen Haushaltsgesetzen. Für die Verabschiedung eines Gesetzes war «die Zustimmung der absoluten Mehrheit einer
jeder der beiden Kammern erforderlich».

Wenn sich auch der süddeutsche Kammerliberalismus im Vormärz mehr
als Resonanzboden und Akklamationsorgan der Regierungspolitik denn
als deren Widerpart darbot, ist er historisch wichtig geworden als Gegengewicht zur verfassungspolitischen Immobilität in Preußen. In den
süddeutschen Staaten hatte die liberale Opposition eine Stimme, die
zwar nicht kräftig, aber durch die Publizität der Kammerdebatten vernehmbar war. Hier konnten sich auch, wie etwa nach der Julirevolution
von 1830, politische Kräftekonstellationen herausbilden, die die Regierungen nicht mehr so ohne weiteres in der Hand hatten. Überschätzt
werden darf die Bildung radikalliberaler «Parteiungen» in den süddeutschen Kammern freilich nicht; doch Gesinnungsbewegungen konnten
hier am ehesten als politische Bewegungen Fuß fassen.

Betrachtet man das Verfassungsleben im Vormärz insgesamt, so ist das
Stilprägende des preußischen ‹Beispiels› schwer zu leugnen. Die süddeutschen Kammern stellten für die bürgerliche Bewegung nur unzurei-
chende Surrogate politischer Betätigung dar. Diese Bewegung zielte auf
die Umwandlung der ständischen Privilegiengesellschaft in eine vom
Gedanken der Rechtsgleichheit aus gestaltete ‹klassenlose Bürgergesell-
schaft› ab, deren Bauprinzipien vor allem auf der Rechtsebene durchzu-
drücken waren, in den großen Bereichen des Wirtschaftsrechts, des materiellen und formellen Zivil- und Strafrechts. Die Verfassungsfrage re-
duzierte sich für die Liberalen nicht auf Fragen der konstitutionellen
Ordnung; sie waren nur die Außenschicht eines Problems, das die Gesellschaft in ihrer agrarfeudalen Struktur betraf.

Es gilt für die Verfassungsentwicklung im Vormärz auch deshalb den retar-
dierenden Grundzug herauszuarbeiten, weil er mit der sich in diesem Zeitabschnitt verschärfenden bürokratischen Repression zusammenhängt.
Weitgehendes Fehlen politischer Artikulationsmöglichkeiten und Chan-
cenlosigkeit in der Abwehr bürokratischen Zugriffs sind die beiden zentralen Erfahrungsgehalte bildungsbürgerlicher Schichten im Vormärz. Es
steht außer Frage, daß eine Lösung des nationalen und konstitutionellen
Verfassungsproblems, wie sie sich nach den Befreiungskriegen in bundes-
staatlichen Reformmodellen abgezeichnet hatte, jenes Ausmaß an Repression verhindert hätte, das sich in der Gesetzgebung des Deutschen
Bundes findet. Gesellschaftliche Opposition konnte zwar unterdrückt, die
Gesellschaftskrise aber weder entschärft noch gemeistert werden.

Bürgerliche Opposition und staatliche Repression

In den Jahrzehnten vor Ausbruch der 48er Revolution herrschte ein Klima der Repression, das durch ein ganzes Bündel von Maßnahmen zur Niederhaltung der bürgerlichen Opposition gestiftet wurde. Es waren bildungsbürgerliche Schichten, die im Vormärz am entschiedensten das System des Deutschen Bundes kritisierten und am nachdrücklichsten an der Politisierung einer Öffentlichkeit arbeiteten, die über das eigene soziale Spektrum hinausreichte. Auf diese Schichten vor allem waren die Repressionsstrategien des Deutschen Bundes gemünzt. Den Auftakt bildeten die *Karlsbader Beschlüsse*. Sie sind auf dem Hintergrund einer organisatorischen Sammlung der bürgerlichen Oppositionsbewegung zu sehen. Das Wartburgfest (18. Oktober 1817), auf dem die an den Universitäten konzentrierte bürgerliche Intelligenz sich erstmals zu einer großen Protestkundgebung zusammenfand, mußte auf die monarchischen Regierungen als Bannerträger des ‹monarchischen Prinzips› provozierend wirken. Als dann der Schriftsteller August von Kotzebue durch den Burschenschaftler Karl Ludwig Sand ermordet wurde (23. März 1819), war der Anlaß da, zum ersten großen Gegenschlag auszuholen.

Die Ministerkonferenzen in Karlsbad vom 6. bis 31. August 1819 bereiteten Bundesgesetze vor, die am 20. September 1819 in Kraft traten. Die wichtigsten waren das «Universitätsgesetz» und das «Preßgesetz», die die Stoßrichtung – Zähmung und Einschüchterung bildungsbürgerlichen Widerstands und Widerstandsgeistes – unzweideutig erkennen lassen. Das Universitätsgesetz versuchte, die Universitäten unter staatliche Kontrolle zu bringen. Jeder Universität sollte ein «landesherrlicher Bevollmächtigter» vorstehen; er war eine Art Staatskommissar. Seine Aufgabe bestand darin, «über die strengste Vollziehung der bestehenden Gesetze und Disziplinar-Vorschriften zu wachen, den Geist, in welchem die akademischen Lehrer bei ihren öffentlichen und Privatvorträgen verfahren, sorgfältig zu beobachten, und demselben, jedoch ohne unmittelbare Einmischung in das Wissenschaftliche und die Lehrmethoden eine heilsame, auf die künftige Bestimmung der studierenden Jugend berechnete Richtung zu geben, endlich Allem, was zur Beförderung der Sittlichkeit, der guten Ordnung und des äußeren Anstandes unter den Studierenden dienen kann, seine unausgesetzte Aufmerksamkeit zu widmen».

Neben den Universitäten machte das restaurative Kalkül die Publizistik als einen weiteren wichtigen Unruheherd aus. Das Pressegesetz schuf in den einzelnen deutschen Staaten Zensurbehörden, die mit scharfen Sanktionen gegen den «Mißbrauch der Presse» vorgingen. Nicht zu unterschätzen für die Etablierung eines weitverzweigten Systems der Gesinnungsschnüffelei und damit für die Verbreitung einer Atmosphäre

der Angst ist der Bundesbeschluß zur Errichtung einer «Central-Unter-
suchungs-Commission» vom 20. September 1819. Die Kommission sollte die einzelstaatliche Überwachung ‹revolutionärer Umtriebe› koordi-
nieren. Sie war der Vorläufer der späteren «Bundes-Zentralbehörde»
(1833), die eine noch stärkere Überwachung und schärfere Untersuchung von Protesthaltungen und Protestaktionen brachte.

Die Bundesgesetze mußten in einzelstaatliche Vollzugspraxis umgesetzt
werden. Auf sie färbten natürlich die jeweiligen Verfassungsverhältnisse
ab. Dort, wo das Bürgertum wie in den süddeutschen Staaten politisch
mitbestimmen konnte, waren der Verwaltungswillkür gewisse Grenzen
gesetzt. Anders sah es in Preußen aus. Hier war die Bürokratie geradezu
der Kern der Verfassung, frei in der Setzung und Auslegung von Rechts-
normen.

Die Karlsbader Beschlüsse leiteten den ersten Schub bürokratischer Repression im Vormärz ein. Sie trafen die nationale und liberale Bewegung
an empfindlichen Stellen. Bürgerliche Kritik massierte sich an Universitäten und artikulierte sich im weiten Bereich der Publizistik. Durch die
Julirevolution von 1830 in Frankreich gewannen die Bewegungskräfte
neues Selbstvertrauen. Hier hatte das Bürgertum seiner restaurativen
Zurückstufung erfolgreich getrotzt. Der Fall des ‹monarchischen Prinzips› in Frankreich wurde von den deutschen Regierungen als Alarmsi-
gnal gewertet. Neue «Maßregeln-Gesetze» wurden zur «Herstellung und
Erhaltung der Ruhe in Deutschland» als notwendig angesehen. Die Antwort auf die im Hambacher Fest unverhüllt zutage getretene Systemgeg-
nerschaft bürgerlicher wie auch plebejischer Kreise waren die «Zehn
Artikel» vom 5. Juli 1832. Sie verboten «alle Vereine, welche politische
Zwecke haben», und schrieben erneut «die genaueste polizeiliche Wach-
samkeit auf alle Einheimische, welche durch öffentliche Reden, Schriften oder Handlungen ihre Teilnahme an aufwieglerischen Planen
kund . . . gegeben haben» fest.

Das Jahr 1834 brachte mit den Beschlüssen der Wiener Ministerkonferenzen (Januar bis Juni) die Verabschiedung dessen, was man die Re-
pressionscharta der Restaurationszeit nennen könnte. «Sechzig Artikel»
sollten der um Einheit und Freiheit kämpfenden ‹Bewegung› jede Luft
zum Atmen nehmen. Gesinnung wurde fortan an Universitäten nicht
nur überwacht, sondern als Ausschließungsgrund beruflicher Karrieren
definiert. «Jeder, der auf einer Universität studiert hat und in den
Staatsdienst treten will, ist verpflichtet, bei dem Abgange von der Universität sich mit einem Zeugnisse über die Vorlesungen, die er besucht
hat, über seinen Fleiß und seine Aufführung zu versehen. Ohne die Vorlage dieser Zeugnisse wird keiner in einem deutschen Bundesstaate
zu einem Examen zugelassen, und also auch nicht im Staatsdienste
angestellt werden . . . Vorzüglich haben diese Zeugnisse sich auch

auf die Frage der Theilnahme an verbotenen Verbindungen zu erstrek-
ken.»

Das eng geknüpfte Netz bürokratischer Repression umschloß auch den
Bereich literarischer Produktion. Der Einfluß, den Literatur auf das politische Bewußtsein der Öffentlichkeit auszuüben imstande war, muß
von den Regierungen sehr hoch veranschlagt worden sein. Der Bundesbeschluß vom 10. Dezember 1835, der die Schriften des Jungen
Deutschland verbot, belegt nicht nur die ‹Verwicklung› der Literatur in
die soziale und politische Krise der Zeit, sondern auch das Engagement,
zu dem Literatur in dieser Zeit fähig war.

«Nachdem sich in Deutschland in neuerer Zeit, und zuletzt unter der Benennung
‹das junge Deutschland› oder ‹die junge Literatur›, eine literarische Schule gebildet hat, deren Bemühungen unverhohlen dahin gehen, in belletristischen, für alle
Classen von Lesern zugänglichen Schriften die christliche Religion auf die frech-
ste Weise anzugreifen, die bestehenden socialen Verhältnisse herabzuwürdigen
und alle Zucht und Sittlichkeit zu zerstören: so hat die deutsche Bundesversammlung – in Erwägung, daß es dringend notwendig sei, diesen verderblichen, die
Grundpfeiler aller gesetzlichen Ordnung untergrabenden Bestrebungen durch
Zusammenwirken aller Bundesregierungen sofort Einhalt zu tun, und unbescha-
det weiterer vom Bunde oder von den einzelnen Regierungen zur Erreichung des
Zwecks nach Umständen zu ergreifenden Maßregeln – sich zu nachstehenden Bestimmungen vereinigt:
1. Sämtliche deutschen Regierungen übernehmen die Verpflichtung, gegen die
Verfasser, Verleger, Drucker und Verbreiter der Schriften aus der unter der Be-
zeichnung ‹das junge Deutschland› oder ‹die junge Literatur› bekannten literarischen Schule, zu welcher namentlich Heinr. Heine, Carl Gutzkow, Heinrich Laube, Ludolph Wienbarg und Theodor Mundt gehören, die Straf- und Polizei-Ge-
setze ihres Landes, sowie die gegen den Mißbrauch der Presse bestehenden Vorschriften, nach ihrer vollen Strenge in Anwendung zu bringen, auch die Verbreitung dieser Schriften, sei es durch den Buchhandel, durch Leihbibliotheken oder
auf sonstige Weise, mit allen ihnen gesetzlich zu Gebot stehenden Mitteln zu verhindern.»

Die literarische ‹Bewegung› im Vormärz war Teil der primär vom Bildungsbürgertum getragenen politischen Oppositionsbewegung. Sie bekam wie diese die Härte staatlicher Verfolgungspraxis zu spüren. Wenn
Literatur auf besondere Weise für den eigentlichen Tiefenbereich einer
Zeit, ihre sozialpsychischen Strömungen, sensibel sein sollte, so war die
Zeit des Vormärz geprägt von Ängsten, hinter denen bittere Erfahrungen mit staatlicher Politik standen. Es gab in dieser Zeit aber auch so
etwas wie gesellschaftliche Hoffnung; sie gründete in der sehr allmählich
sich vollziehenden Formveränderung der Gesellschaft selbst. Politik vermochte im Vormärz zwar einzuschüchtern, aber nicht die Wahrnehmung eines sozialökonomischen Prozesses zu verhindern, dessen eigene
Entwicklungslogik der Totengräber politischer Restauration war.

Agrargesellschaft und Frühindustrialisierung

Die moderne Wirtschaftsgeschichte hat den Zeitabschnitt vom Ende des 18. bis zur Mitte des 19. Jahrhunderts als Anlaufperiode der deutschen Industrialisierung bezeichnet. Dieser Begriff ist mit Bedacht gewählt worden. In Deutschland sind die Merkmale ökonomischen Wachstums nur sehr schwach ausgeprägt. Zwar gab es neue Techniken der Produktion, aber keinen breiten Einsatz von Werkzeug- und Dampfmaschinen; die industrielle Nutzung der Kohle stand noch in den Anfängen, und auch das Fabriksystem als Organisationsform arbeitsteiliger gewerblicher Produktion hatte sich nur sporadisch durchsetzen können. Somit gab es auch noch nicht – oder nur in sehr begrenztem Umfang – industrielle Lohnarbeit. Der Vormärz ist ökonomisch das Zeitalter industriekapitalistischer Vorbereitung; in Deutschland stand die industrielle Revolution noch in ihren Startlöchern.

Dennoch vollzogen sich in der ersten Hälfte des 19. Jahrhunderts Wandlungen im Bereich der Wirtschafts- und Arbeitswelt, die auf eine bürgerlich-kapitalistische Umwandlung der Feudalgesellschaft hindeuten. Sie sollten die Selbstgewißheit agrargesellschaftlicher Führungsschichten nachhaltig erschüttern. Wenn auch die Errichtung gewerblicher Großbetriebe in der Textilindustrie oder im Maschinenbau nur verzögert anlief und von einer bedeutsamen Produktionssteigerung im Kohlebergbau oder in der Eisenverarbeitung keinesfalls gesprochen werden kann, so veränderte die Entwicklung von Handwerk und Industrie doch die soziale Topographie. Um 1800 betrug beider Anteil an der Bevölkerung 7,2 Prozent, an den Erwerbstätigen 16 Prozent.[4] Das Handwerk überwog die Industrie bei weitem. Es stellte zum Beispiel im Textilbereich einen großen Teil der Heimgewerbetreibenden, die über das Verlagssystem an das Marktgeschehen angeschlossen waren. Großbetriebe (Bergbau und Hüttenwesen) hatten nur ein geringes Gewicht. 1846/48 bieten die Zahlen jedoch schon ein anderes Bild. Der Anteil von Handwerk und Industrie an der Bevölkerung hatte sich auf 8,8 Prozent erhöht, der an den Erwerbstätigen auf 19,7 Prozent. Vor allem aber hatte sich die Relation zwischen Handwerk und Großgewerbe verschoben. Letzteres hatte ein zunehmendes gesamtwirtschaftliches Gewicht erlangt.

Wenn auch die Veränderungen im Textilgewerbe – Verdrängung der Hand- und kleinen Maschinenspinnerei – von Bedeutung gewesen sind, war der zentrale wirtschaftshistorische Vorgang in der Zeit des Vormärz doch der Beginn des Eisenbahnbaus. Er war als Motor industriellen Wachstums der ‹Leitsektor› der deutschen Industrialisierung. Eisenbahnaufträge belebten Eisenindustrie und Maschinenbau und ließen mechanische Werkstätten zu Fabriken anwachsen. Bis 1850 wurden in den deutschen Staaten etwa 300 Millionen Taler in Eisenbahnen investiert; die Hälfte der Gesamtinvestition floß aus Staatsbudgets. 1835 wurde die Strecke Nürnberg–Fürth in Betrieb genommen, 1840 war bereits ein Streckennetz von 549 km gebaut, und 1850 umfaßte die Streckenlänge etwa 6000 km.[5]

Die Eisenbahn hat nicht nur ihre Bedeutung als Wegbereiter wirtschaftlichen Wachstums; sie veränderte auch den Erfahrungsraum und die Erfahrungsmöglichkeiten der mit ihr konfrontierten Menschen. «Die vorindustriellen Standort- und Raum-Zeit-Verhältnisse gelten nicht mehr.»[6] Vor der Industrialisierung des Verkehrs hatte sich ‹Welt› nur durch Bildungsreisen erschließen lassen, jetzt ermöglichte ‹industrielles Reisen› eine neue Wahrnehmung von Welt; sie wurde in ihren Bildungs-, das heißt Entwicklungsmöglichkeiten perzipiert. Das Fortbewegungsmittel Eisenbahn machte Fortschritt konkret erfahrbar, sprengte die Begrenztheiten der alten Gesellschaft – Heine sprach vom «Töten des Raumes» – und begründete einen bürgerlichen Optimismus, der die Mechanisierung des Alltagslebens als dessen Emanzipation deutete.

Obwohl im Deutschland des Vormärz wirtschaftliches Wachstum durch technologische Innovationen in Bewegung gesetzt wurde, war die Gesellschaft in dieser Zeit noch primär Agrargesellschaft. Der Anteil der Landbewohner an der Bevölkerung veränderte sich kaum. In Preußen betrug er 1816 73,5 Prozent; bis 1872 war er nur unwesentlich zurückgegangen. Er machte jetzt immerhin noch 71,5 Prozent aus. Erst der Verstädterungsprozeß im letzten Viertel des 19. Jahrhunderts änderte entscheidend das Verhältnis von Stadt- und Landbevölkerung. Auf das Beharrungsvermögen der Agrarstruktur verweist – trotz der angeführten gewerblich-industriellen Inselbildungen – auch die sektorale Verteilung der beschäftigten Bevölkerung. Noch 1849 galten erst 5,44 Prozent der Beschäftigten über vierzehn Jahre in Preußen als Fabrikarbeiter. Die Masse der Unselbständigen war in dieser Zeit noch immer im Bereich der Landwirtschaft tätig. Das Land überwog die Stadt bei weitem, wie Zahlen zur Stadtentwicklung zeigen. In Preußen gab es in der ersten Hälfte des 19. Jahrhunderts nur achtzehn Großstädte mit mehr als 20000 Einwohnern. In ihnen lebten weniger als eine Million Einwohner, das heißt ein Fünfzehntel der Gesamtbevölkerung. Mittelstädte, die zwischen 6000 und 20000 Bewohner zählten, hatten einen Anteil an der Gesamtbevölkerung von etwa sechs Prozent.[7] Die Städte verloren im Vormärz allmählich ihren alten Charakter als Zentren der Bürgerlichkeit. In dieser Zeit «wuchs die Stadt der Staatsdiener und Soldaten in die Stadt der Bürger hinein»[8]. Das neue Wirtschaftsbürgertum – Unternehmer, Manufakturisten und Verleger – konzentrierte sich auf dem Land oder in schnell wachsenden Trabantenstädten jenseits der alten Stadtgrenzen. Die Stadt wurde immer mehr Beamten- und Offiziersstadt, das Land immer ‹bürgerlicher›, aber dadurch auch zum Sammelbecken jener unter-

bürgerlichen Schichten, die die soziale Frage der entstehenden bürgerlichen Gesellschaft mit trugen: gewerbliche Arbeiter und Tagelöhner.
Freilich stellte sich die soziale Frage im Vormärz vor allem als Frage gesellschaftlicher Verelendung in einer Agrargesellschaft. Sie war es, die den wohl signifikantesten sozialgeschichtlichen Vorgang dieser Zeit zu verarbeiten hatte: die Bevölkerungsvermehrung.

Gesellschaftsverfassung und gesellschaftliche Krisenherde

Bevölkerungswachstum

In der ersten Hälfte des 19. Jahrhunderts vollzieht sich geradezu eine «Bevölkerungsrevolution» (Borchardt), die in ihrer Dynamik die Wachstumsschübe der Industrie und die Fortschritte im Verkehrswesen weit hinter sich läßt. Auf dem Gebiet des Deutschen Reiches von 1871 stieg die Bevölkerung von 24833000 (1816) auf 36114000 (1855) an.[9] Das bedeutete eine durchschnittliche jährliche Zuwachsrate von 1,16 Prozent. Bei diesem Vorgang sind jedoch wichtige regionale Unterschiede zu beachten. Die süddeutschen Staaten hatten im Vergleich zu Preußen relativ geringe Wachstumsraten. Die Bevölkerung vermehrte sich in Bayern von 3607000 (1816) auf 4508000 (1855) – die Zuwachsrate betrug 0,64 Prozent; in Baden von 1006000 (1816) auf 1320000 (1855) gleich 0,8 Prozent; in Württemberg von 1411000 (1816) auf 1670000 (1855) gleich 0,47 Prozent.
In diesen Staaten sammelte sich von der Bevölkerungsentwicklung her bei weitem nicht soviel gesellschaftlicher Sprengstoff an wie in Preußen. Auch auf diesem Hintergrund muß ihr Verfassungsleben gesehen werden. Es war von den gesellschaftlichen Antagonismen her politisch weit weniger gefordert als die in der preußischen Bürokratie sich konzentrierende ‹Politik›.
In Preußen mit Einschluß der späteren Landesteile Schleswig-Holstein, Hannover und Hessen-Nassau hatte die Bevölkerung zwischen 1816 und 1855 eine jährliche Wachstumsrate von 1,42 Prozent; absolut stieg sie im Gebietsumfang des vormärzlichen Preußen von 10349000 auf 17202000. Innerhalb des preußischen Staates nahm die Bevölkerung am stärksten in den agrarischen Ostprovinzen zu: in Ost- und Westpreußen von 1457000 (1816) auf 2637000 (1855) gleich 2,08 Prozent; in Pommern von 683000 (1816) auf 1289000 (1855) gleich 2,28 Prozent; dagegen im Rheinland von 1910000 (1816) auf 3007000 (1855) gleich 1,47 Prozent. Eine Ausnahme von diesem Trend machte Berlin. Hier gab es das stärkste Bevölkerungswachstum: 1816 gleich 198000; 1855 gleich 461000 Einwohner (jährliches Wachstum: 3,42 Prozent).
Hinter der enormen, wenn auch regional unterschiedlich verlaufenden

Bevölkerungsvermehrung stand eine Verringerung der Sterblichkeitsrate, besonders im Bereich der Säuglingssterblichkeit. Fortschritte in der Medizin und der Hygiene, vor allem die Erweiterung des Nahrungsspielraums durch eine gesteigerte Agrarproduktivität hatten die Sterblichkeit zurückgehen lassen. Wenn es einen Traditionsstrang ‹vorindustrieller Armut› gibt, der in das 19. Jahrhundert hineinreicht, so ist für die erste Hälfte dieses Jahrhunderts die Verstärkerfunktion zu betonen, die das sprunghafte Wachstum der Bevölkerung für die Ausweitung gesellschaftlicher Armut hatte. Es lebten zwar mehr Menschen, doch es war für breite Bevölkerungsschichten ein Leben ohne Menschlichkeit. Nach gesellschaftlicher Not brauchte man im Vormärz nicht lange zu suchen; sie durchformte gesellschaftlichen Alltag in dieser Zeit und bildete einen Erfahrungskern, von dem aus sich gesellschaftlicher Reichtum, der ein Reichtum der wenigen war, desavouieren ließ.

Armut

Die wirtschaftliche Situation der im gewerblich-industriellen Sektor Tätigen war äußerst prekär, wenn auch der sogenannte Pauperismus sich auf dem Land konzentrierte. Es gab in den gewerblichen Zonen nur eine relativ kleine Zahl von Unternehmern und gut verdienenden Handwerksmeistern. Das war vor allem im Bau- und Nahrungsmittelhandwerk der Fall. Auch besser entlohnte Facharbeiter waren in der Minderheit. Gewerbliche Arbeit hat im Vormärz das Existenzminimum kaum sichern können. «Die Mehrzahl der in Handwerk und Industrie Beschäftigten, die Hausgewerbetreibenden, der überwiegende Teil der Handwerksgesellen und der Arbeiter im Großgewerbe, aber auch zahlreiche Handwerksmeister gehörten zu den sozialen Unterschichten, deren Existenz ständig gefährdet war.»[10]
Die Betriebsgrößen im Handwerk weisen einen Überhang an Einmannbetrieben auf. Die durch die Gewerbegesetzgebung eingeführte Niederlassungsfreiheit wurde vor allem deshalb oft in Anspruch genommen, weil Arbeit anderweitig nicht zu finden war. So stieg zum Beispiel in Berlin der Anteil der allein oder mit nur einem Gesellen arbeitenden Handwerker an den gesamten selbständigen Handwerkern zwischen 1829 und 1850 von 72,8 Prozent auf 81,8 Prozent an. Die hohe Meisterzahl im Handwerk spiegelt nicht Wohlstand, sondern Not. In Weimar erreichten 1820 (bei einem Existenzminimum für eine vier- bis fünfköpfige Familie von etwa 100 Talern im Jahr) 24,3 Prozent der Handwerksmeister ein Jahreseinkommen von unter 100 Talern, 49,3 Prozent ein solches von 100 bis 200 Talern.[11]
Auch Fabrikarbeit war kaum ein Ausweg. Im Vormärz führte die «Durststrecke der langsam anlaufenden Frühindustrialisierung» (Koselleck) zu einem gravierenden Mißverhältnis zwischen Arbeitskräftepo-

tential und Arbeitsplatzangebot. Beschäftigung war nicht sichergestellt und blieb abhängig vom Konjunkturverlauf. Zudem gab es für den Produktionsfaktor Arbeit keine sozialpolitischen Ausfallbürgschaften des Staates. Frauen- und Kinderarbeit waren einfach notwendig, um familiale Existenz und Subsistenz sicherzustellen.

Im Agrarbereich war Armut noch verbreiteter als im gewerblichen. Eine Enquete von 1848 suchte für Preußen die Einkommensverhältnisse einer fünfköpfigen ländlichen Arbeiterfamilie zu erfassen und diese in ein Verhältnis zu den «Bedürfnissen» zu setzen.[12] Es gab in den preußischen Ostprovinzen eine Staffelung der «ländlichen Arbeiterklassen». Das Gesinde war relativ abgesichert, da es «in einem kontraktlichen Dienstverhältnisse zu einer Gutsherrschaft» stand. Häusler und Kolonisten dagegen mußten «Arbeit für Geld suchen», da ihr Grundbesitz zur Ernährung nicht ausreichte. Am schlechtesten war die zahlenmäßig größte Gruppe der Einlieger und Heuerlinge gestellt. Sie standen weder in einem Dienstverhältnis noch hatten sie ein eigenes Grundstück, sondern hatten «sich ganz durch Arbeit, welche sie suchen müssen, zu ernähren».

Im Regierungsbezirk Frankfurt setzte sich der Warenkorb einer ländlichen Arbeiterfamilie – für ein Jahr berechnet – wie folgt zusammen (in Talern): Wohnung: 7; Feuerung: 6; Nahrung: 63; Kleidung: 20; Viehfutter: 3; Arbeitswerkzeuge: 4; Salz: 2; Abgaben an Staat und Kommune: 5 – insgesamt 110 Taler. Das auf dem Bauernhof oder in bäuerlichen Nebengebäuden wohnende Gesinde war am besten gestellt. Es hatte nicht nur Wohnung und Nahrung, sondern zumeist auch eine ‹regelmäßige Arbeit›, die im angeführten Regierungsbezirk bei Männern mit 4 bis 7½ Silbergroschen (Tagelohn) entlohnt wurde; bei Frauen waren es 2½ bis 4, bei Kindern 2½ Silbergroschen. Viel schlechter dagegen waren die Häusler gestellt und am schlechtesten die Einlieger als die eigentlichen «freien Tagelöhner». Deren Existenz hing von ihrer «Arbeitsgelegenheit» ab; denn sie waren gezwungen, die «unentbehrlichsten Produkte, Kartoffeln und Korn», zu kaufen.

Der Warenkorb verdeutlicht die überragende Bedeutung der Getreidepreise für das Leben gesellschaftlicher Unterschichten in der ersten Hälfte des 19. Jahrhunderts. Für die Ernährung mußte das meiste Geld aufgewendet werden. Doch die Agrarpreiskurven wiesen im Vormärz starke Ausschläge auf. Die durch ein Hochschnellen der Roggen- und Kartoffelpreise ausgelöste Hungerkrise 1846/47 gehört mit Recht in die soziale Vorgeschichte der 48er Revolution; sie beschnitt drastisch die Überlebenschancen breiter Bevölkerungsschichten und schuf ein Klima, in dem sich soziale Verzweiflung unter soziale Erwartung mischte.

Krankheit

Eine Sozialgeschichte des Vormärz, die den politisch-sozialen Erfahrungsraum in dieser Zeit zu vermessen sucht, wird auch das Problem von Krankheit und Tod ansprechen müssen. Die Präsenz beider gehört zur Signatur der Epoche. Der Tod hatte in der ersten Hälfte des 19. Jahrhunderts eine Gegenwärtigkeit, die für den Menschen des 20. Jahrhunderts nur schwer vorstellbar ist. Heute vollzieht sich das Sterben zumeist in der aseptischen Atmosphäre von Krankenanstalten, fern von Familie und anderen sozialen Kontexten des Sterbenden. Im 19. Jahrhundert – Anstalten nennenswerten Umfangs entstanden erst am Ende dieses Jahrhunderts – war der Mensch auch als Sterbender noch fest in den Familienverband integriert. Man starb auch nicht, weil das Leben an Jahren erfüllt war, sondern weil Jahre das Leben vor dem eigentlichen Eintritt ins Alter verbraucht hatten.

Nüchterne Zahlen belegen diese Zusammenhänge. In den fünfzehn Jahren von 1823 bis 1837 (einschließlich) waren in Preußen unter einer Million Verstorbener – dies eine statistische Maßzahl – durchschnittlich 500 000 Untervierzehnjährige, 375 000 Menschen im Alter zwischen 14 und 70 Jahren und 125 000 Übersiebzigjährige.[13] Allein rund 230 000 Kinder starben vor Vollendung des ersten Lebensjahres; die Zahl der Totgeburten lag bei ungefähr 45 000. Die Frage nach den Todesursachen ist medizinhistorisch schwer zu beantworten. Heutige Krankheitsbenennungen entsprechen nicht denen des 19. Jahrhunderts. ‹Langwierige Krankheiten› standen an der Spitze der Todesursachen. An ihnen starben im genannten Zeitraum – bezogen auf die Maßzahl von einer Million – 380 000 Personen. Diese Krankheiten standen für die zeitgenössische Medizinalstatistik im Zusammenhang mit dem «Mangel an kräftiger Nahrung, tüchtiger Bekleidung und gesunder Wohnung». Die Ätiologie bringt hier die enge Verzahnung von Krankheit und Armut zum Ausdruck.

In der ersten Hälfte des 19. Jahrhunderts gab es auch noch kein dichtmaschiges Netz ärztlicher Versorgung. Der Kranke war weitgehend auf sich selbst gestellt. Das war besonders in ländlichen Gegenden der Fall. In Preußen gab es 1843 bei einer Zivilbevölkerung von rund 15 Millionen 5306 Ärzte, die sich jedoch weitgehend in Städten konzentrierten. «Ein jeder, der in den östlichen Provinzen des preußischen Staats auf dem Lande gelebt hat, weiß, welche Not es hat, den Arzt zu erhalten, wenn Krankheit in den Familien eintritt, und wie selten er erscheinen kann.»[14] Während im gesamten preußischen Staat ein Arzt auf 2877 Personen kam (1843), waren es in Berlin 744 Personen und in Köln 927. Nicht jeder konnte sich jedoch einen Arzt leisten. Die große Zahl der Unterschichtfamilien zum Beispiel war dazu überhaupt nicht imstande. Armenärzte, die von den Kommunen angestellt wurden, waren angesichts des Bedarfs nach ärztlichen Leistungen völlig überfordert.

Im Vormärz verschärften sich die strukturbedingten sozialpathologischen Probleme noch durch grassierende Epidemien. Die Cholera-Epidemie von 1830/31 prägte sich am nachhaltigsten im zeitgenössischen Bewußtsein ein. Von Rußland kommend, griff die asiatische Cholera auch auf Deutschland über. Preußen war am stärksten betroffen. Die Cholera war eine noch weitgehend unbekannte Krankheit, die man jedoch als kontagiös einstufte. Durch Schließung und militärische Abriegelung der östlichen Grenzen suchten die preußischen Behörden einen «äußeren und inneren Kordon» zu bilden. Dennoch brach die Cholera in weiten Gebieten des preußischen Staates aus. 1831 waren unter 462 665 Gestorbenen 32 647 Choleratote – rund 7 Prozent.

Epidemien wie die Cholera – sie überzog die ostdeutschen Gebiete noch in den Jahren 1837 und 1848/49 – bedeuteten für den ‹gemeinen Mann› natürlich unsägliches Leid. Doch in einer Situation, in der er alles verlor, wollte er auch seine obrigkeitlichen Ketten verlieren. Epidemien setzten das im Vormärz bestehende, aber weitgehend verdeckte soziale Protestpotential frei, das sich aus der Erfahrung sozialer Diskriminierung und obrigkeitsstaatlicher Willkür gebildet hatte. Ebenso wie der Ausbruch der Cholera 1830/31 die soziale Situation breiter Bevölkerungsschichten verschärfte, steigerte er den Haß gegen Polizei- und Militärgewalt und vermittelte die Erfahrung eines partiell erfolgreichen Widerstandes gegen die Obrigkeit.

An vielen Orten des preußischen Ostens kam es zu Cholera-Revolten. «Sehr umfassend» und «sehr hartnäckig» war im Juli 1831 der «Aufruhr» in Königsberg. Er hatte sich an administrativer Zwangsgewalt entzündet. Der Familie eines an Cholera gestorbenen Zimmermanns war die Beerdigung ihres Angehörigen verwehrt worden. Diese «Verletzung religiösen Gefühls» bewirkte eine Kettenreaktion. «Weiber, Lehrburschen, zum Teil Kinder und Männer aus der niedrigsten Klasse des Volks versammelten sich in Massen», so der Bericht des Oberlandesgerichts Königsberg. Sie zogen zum städtischen Polizei- und Gerichtsgebäude. Der Protestzug entwickelte sich zu einem «völligen Aufruhr», dem die Behörden hilflos gegenüberstanden. Man begann mit der «gänzlichen Demolierung» des Polizeibüros und der Privatwohnung des Polizeipräsidenten. «Die ganze Polizei-Registratur, Schränke, Stühle und andere Möbeln wurden unter dem Ausrufe ‹da ist die Cholera drin, das muß vernichtet werden› auf die Straße geworfen und vernichtet.»

Cholera und Polizei band der Haß des ‹niederen Volks› zusammen; beiden galt aber auch sein Vernichtungswille. An den Schnittpunkten der Gesellschaftskrise des Vormärz traten soziale Unterschichten aus ihrer Objektstellung heraus; ihre Empörung über soziale und politische Demütigung setzte sich in Aktion um, die Irritationen bei den Vertretern des Restaurationssystems hinterließ. Der Königsberger Aufstand wurde militärisch niedergeschlagen; doch das Königsberger Oberlandesgericht mahnte: «Möchten doch anderen großen Städten diese Ereignisse zum warnenden Beispiel dienen – strenge Sperren, Verminderung der Arbeit und des Broterwerbs und Eingreifen in die engsten Familienbande durch rücksichtslose Abführung der Erkrankten in die Lazarette dürften an vielen Orten ähnliche traurige Ereignisse nach sich ziehen.»

Das politische und soziale Klima im Vormärz wurde nicht nur durch bürgerlichen Veränderungswillen geprägt, sondern auch durch unterbürgerlichen Protest. Zu ihm gehörten Hungerrevolten, Maschinenstürmerei und Streikaktionen der Eisenbahnarbeiter ebenso wie der weite Bereich der ‹kleinen› Kriminalität. Diebstähle, besonders Holzdiebstähle, Steuervergehen, tätlicher Widerstand gegen Beamte, auch Brandstiftungen waren mehr als Notdelikte. Hinter diesen Formen der Alltagskriminalität stand zwar Armut, aber auch offensive Aktion, mithin die Furchtlosigkeit gesellschaftlicher Unterschichten. In der Massenkriminalität des Vormärz deutet sich jene aktive Rolle an, die diese Schichten in der 48er Revolution spielen sollten. Sozialpsychologisch kann die Tatsache nicht hoch genug veranschlagt werden, daß in Preußen von 1833 bis 1847 die Gesamtzahl der Verurteilten von 66539 auf 116398 anstieg. Hier wurden Erfahrungen mit obrigkeitlichem Zwang gesammelt, mit Polizei- und Gerichtswillkür, die in die ‹Bewegung› des Jahres 1848 eingebracht werden konnten. Sie war ebenso eine bürgerliche Freiheits- wie unterbürgerliche Protestbewegung.

Sozialökonomische Ursachen der 48er Revolution

Der Ausbruch der 48er Revolution steht mit der Hungerkrise der Jahre 1846/47 in einem engen Zusammenhang. Witterungsbedingte Mißernten hatten die Getreidepreise in eine von breiten Bevölkerungsschichten nicht mehr zu verkraftende Höhe getrieben. Roggen, das Hauptnahrungsmittel, verteuerte sich zum Beispiel in Preußen von 1844 bis 1847 um über 100 Prozent. In diesem Zeitraum vermehrten sich auch die neueingeleiteten Diebstähle von 31132 auf 50864. Die sozialen Ursachen der 48er Revolution liegen in der sozialen Betroffenheit der Menschen; die ökonomische Krise stand hinter der politischen Krise.

Zwar gab es 1848 keine automatische Beziehung zwischen ökonomischen Prozessen und den Motiven und Aktivitäten der einzelnen sozialen Gruppen; doch gesamtgesellschaftlich hatte die Agrarkrise eine destabilisierende und somit krisenfördernde Wirkung. Da die hohen Getreidepreise die Massenkaufkraft banden, gerieten besonders kleingewerbliche Schichten (Handwerker und Krämer) in eine Notlage. «Ihre Kunden blieben aus, ihr Absatz schrumpfte. Arbeitslosigkeit breitete sich aus, zumeist noch verdeckt im häuslichen Bereich der Spinner, Weber und anderen Handarbeiter und nur in den Spitzen schon offenbar in der Zunahme des Bettlerwesens.» Wenn auch die Unterschichten in den preußischen Ostprovinzen 1846/47 mit am stärksten von der Hungerkrise und Teuerung betroffen waren, langfristig wirkte sich diese Krise, bedingt durch die erlahmende Kaufkraft breiter Massen, im Bereich der Gewerbe aus. Kleinbürgerliche Gruppen waren 1848 der Treibriemen der Revolution. Das hing mit dem Ausmaß ihrer Gefährdung, das heißt ihrer wachsenden Verelendung zusammen.

Den Protagonisten der bürgerlichen Revolution von 1848 – den Liberalen bildungsbürgerlicher Provenienz – freilich mangelte es an sozialer Sensibilität. Sie scheiterten letztlich daran, daß sie einer Tendenz nur unzureichend Rechnung zu tragen vermochten, die im Vormärz beherrschend wurde: der Formbestimmung des Politischen durch das Soziale. Man wird bei einer Analyse der Debatten der Frankfurter Nationalversammlung nicht sagen können, daß das Bürgertum der Sachwalter der Bedürfnisse – der Hoffnungen und Leiden – jener Schichten gewesen ist, ohne die der Schneisenschlag der bürgerlichen Revolution nicht gelungen wäre. Die soziale Option des Bürgertums fiel gegen jene Klasse aus, der nach Marx die Zukunft gehören sollte.

Der Vormärz, ein Zeitalter der Bewegung, in dem «die Ursprungsfragen der modernen Weltepoche in all ihrer Vielfalt besonders deutlich zutage treten»? Sicherlich, aber der Vormärz stellt sich ebenso als ein Zeitalter der *gebremsten Bewegung* auf den Ebenen von Politik, Ökonomie und Gesellschaft dar. Das war ein Erfahrungsgehalt, der nicht zufällig 1848 an der Spitze radikaldemokratischer Programmatik stand:

«Eine lange Zeit tiefster Erniedrigung lastet auf Deutschland. Sie läßt sich bezeichnen durch die Worte: Knechtung, Verdummung und Aussaugung des Volkes. Unter dem Einflusse dieses Systems der Tyrannei, welches noch immer, wenn auch in seiner Kraft gebrochen, doch dem Wesen nach fortbesteht, ist Deutschland mehr als einmal an den Rand des Verderbens gebracht worden.»

Alberto Martino
Publikumsschichten und Leihbibliotheken

Soziale Mobilität und Lektüreverhalten

Die Zulassung Bürgerlicher zu den Offizierstellen durch das *Reglement*
vom 6. August 1808 und die Einführung der Gewerbefreiheit durch die
Edikte vom 2. November 1810 und 7. September 1811, welche Konzes-
sionswesen und Zunftzwang aufhoben, steigerten in Preußen erheblich
die soziale Mobilität.

Während im Jahre 1806 unter den 7000 bis 8000 Offizieren des preußischen Heeres sich nur 695 Nichtadlige (davon die meisten in der Artille-
rie) befanden, bestand das preußische Offizierskorps im Jahre 1817 aus
4138 Adligen und 3367 Bürgerlichen; im Jahre 1818 aus 3828 Adligen
und 3350 Bürgerlichen; im Jahre 1819 aus 3605 Adligen und 3053 Bürgerlichen. Die preußische Generalität bestand im Jahre 1806 aus sieben
Hoch- und sieben Altadligen. Nur ein General war bürgerlicher Herkunft. Nach Beendigung der Napoleonischen Kriege macht das bürgerliche Element 17 Prozent der Generalität aus.

In Österreich erhöht sich der Anteil der bürgerlichen bzw. neuadligen
Generäle von 8 Prozent im Jahre 1804 auf 19 Prozent im Jahre 1816. Der
Einfluß des Bürgertums wächst in den Jahren der Napoleonischen Kriege auch in der Verwaltung. Während im Jahre 1804 in Österreich nur
9 Prozent der führenden Verwaltungsbeamten bürgerlicher Herkunft
sind, steigert sich der bürgerliche Anteil auf 20 Prozent im Jahre 1816.
Die Leitung der Geschäfte ist sogar zu 40 Prozent in der Hand von Bürgerlichen. In Preußen verstärkt sich der Anteil der bürgerlich-neuadli-
gen führenden Verwaltungsbeamten von 36 Prozent im Jahre 1806
auf 45 Prozent nach Beendigung der Befreiungskriege und Durchführung der großen Verwaltungsreform. Im Jahre 1829 erreicht das bürgerliche Element 60 Prozent der führenden Beamten der inneren Verwaltung.

Die Steigerung der sozialen Mobilität bewirkte ein wachsendes Bedürf-

nis nach Information, wenn nicht nach Bildung. Es begann das Zeitalter
der Konversationslexika und der ‹Übersetzungsfabriken›. August Prinz,
dem der enge Zusammenhang zwischen sozialer Mobilität und Verbreitung der Lektüre in der ersten Hälfte des 19. Jahrhunderts nicht entgangen war, schrieb 1854 in seinem Werk *Der Buchhandel vom Jahre 1815
bis zum Jahre 1843* (Altona, S. 5–9):

«Durch das Aufheben des Zunftzwanges und die Befreiung der Offizier-Patente
vom Adelsdiplome trat mit dem Jahre 1810 für Preußen und Deutschland ein
neues Leben an die Stelle des veralteten Baues. Der Freiheitskrieg rief eine Menge junger Leute unter die Fahnen, die, da Mangel an Offizieren war, bald avancirten und so aus ihrer gewohnten Sphäre in Stellungen kamen, für die ihre bisher
erworbenen Kenntnisse nicht ausreichten. Die Feldzüge waren beendet, und ein
großer Theil der im Felde zu Offizieren Avancirten blieb theils im stehenden
Heere, theils in der Landwehr, und trat auch theilweise in die Beamtenkarriere
ein. Um den Mangel an Kenntnissen zu übertünchen, wurden von diesen Leuten
alle möglichen Hülfsmittel hervorgesucht, um das Versäumte so viel wie möglich
zu verdecken. Unterricht nehmen ging nicht gut, man ergriff daher mit Hast ein
Buch, welches eine allgemeine oberflächliche Kenntniß des Wissenswürdigen
darbot, so entstand das Conversationslexicon, die Fremdwörterbücher und die
vielen Privat-Secretaire (. . .).
Mit den Real-Encyclopädien zugleich trat die Romanenliteratur in dieser Zeit
sichtbar hervor und vor Allem wieder Übersetzungen und zwar aus demselben
Grunde. Um sich zu bilden, wurden die Schriften Schilling's, Clauren's usw. verschlungen, in allen kleinen Orten entstanden Leihbibliotheken und Lesezirkel,
um deren Bedarf zu decken war eine größere Herstellung von Romanen nöthig.
Die gewöhnliche Production reichte nicht aus.»

Die Steigerung der sozialen vertikalen Mobilität war die wichtigste,
nicht aber die einzige Ursache des Wachstums der Buchproduktion und
der erheblichen Verbreitung der Lektüre. Auch die regionale und die
Land-Städte-Mobilität spielten dabei eine bedeutende Rolle. Starke
Binnenwanderungen in die Gebiete gewerblicher und industrieller Verdichtung führten zu einem explosionsartigen Verstädterungsprozeß und
zur parallelen Verminderung der ländlichen Bevölkerung. Mit der Wanderung aus dem agrarischen in den industriellen Bereich, aus einer immobilen geschlossenen in eine dynamische offene Gesellschaft waren
tiefgreifende Lern-, Anpassungs- und Integrationsvorgänge verbunden,
die sich zum Teil auch über die Lektüre vollzogen. Der Wechsel des
Wohnorts, des kulturellen Milieus, des Berufs und des sozialen Status
und die Arbeitsbedingungen in der Industriegesellschaft zwangen nicht
nur zum Lernen oder zum Umlernen, um sich in der neuen Umwelt
orientieren zu können und den neuen Anforderungen gewachsen zu
sein. Sie zwangen auch zu einer so radikalen und raschen Mentalitätsänderung, daß das Bedürfnis nach psychologischem Ausgleich akut wurde.
Viele befriedigten es mittels evasorischer Lektüre. Auch die Isolation

des einzelnen in der industriellen Gesellschaft und der Wunsch, die Armut an eigenen Erfahrungen durch Sekundärerfahrungen auszugleichen, verstärkten das Bedürfnis nach kompensatorischer Lektüre. Nicht zufällig wird im Lauf des 19. Jahrhunderts die kompensatorische Evasion zur primären Funktion der Literatur.

Ausdehnung der lesenden Öffentlichkeit

Mit der zunehmenden Industrialisierung und der parallelen Entwicklung des Verkehrs- und Nachrichtenwesens stieg auch beträchtlich der Bedarf an Technikern, Angestellten, Managern, Unternehmern, Kaufleuten und Bankiers. So erhielt die soziale Mobilität einen weiteren anhaltenden Anstoß. Neue mittlere und gehobene Schichten entstanden, die ein besonders enges Verhältnis zum Buch und zur schriftlichen Kommunikation hatten. – Weitere Faktoren, die in der Restaurationszeit eine massenhafte Ausdehnung jener anonymen lesenden Öffentlichkeit ermöglichten, waren:

Der progressive Abbau des Analphabetismus
Um 1840 konnten nur 10 Prozent der preußischen Rekruten nicht schreiben. Um 1850 betrug in Preußen der Erwachsenenanalphabetismus nur noch 20 Prozent der Bevölkerung über zehn Jahre, in der Habsburger-Monarchie 40 bis 45 Prozent (Cipolla). Der Anteil des effektiven Schulbesuchs war in Preußen 1816 bis 1846 von 60 auf 82 Prozent der schulpflichtigen Kinder gestiegen. In diesen Jahren stieg die Zahl der preußischen Volksschulen von 20345 auf 24044, der Lehrer von 21766 auf 30519 und der Schüler von 1167250 auf 2433333. In einigen Ländern der Habsburger-Monarchie (Böhmen, Mähren, Österreich-Schlesien, Tirol, Salzburg, Nieder- und Oberösterreich) besuchten um 1850 93 bis 100 Prozent der schulpflichtigen Kinder die Schule. Die Industrialisierung hatte zwar anfangs negativ auf die Schulfrequenz gewirkt, da Kinder in den Fabriken beschäftigt wurden; verschiedene Regulative über die Kinderarbeit beseitigten aber diese Mißstände. So verfügte ein preußisches Regulativ vom Jahre 1839, daß nur dann Kinder in Fabriken und Bergwerken beschäftigt werden durften, wenn sie mindestens drei Jahre lang die Schule besucht hatten (*Handbuch der deutschen Wirtschafts- und Sozialgeschichte* II, 490).

Die Einführung der allgemeinen Wehrpflicht
Sie führte die Landbewohner in die Städte und vermittelte ihnen eine gewisse Bildung und einige grundlegende Kenntnisse.

Bedeutende technische Erfindungen im
Buchdruck und in der Papierfabrikation
Schnellpresse und Herstellung von Papier aus Holzfasern, die nun zur vollen Geltung kamen, ermöglichten eine beträchtliche Verbilligung der Druckerzeugnisse.

Die fortschreitende Auflösung des ‹ganzen Hauses›

Die aus dieser Auflösung hervorgegangene Kernfamilie gewährt den Frauen so viel Freizeit zum Lesen, daß sie zu Hauptkonsumentinnen der Literatur werden.

Die Vermehrung der Buchhandlungen und der Kolporteure

Zu Beginn des 19. Jahrhunderts gab es 500 Buchhandlungen. 1832 war ihre Zahl auf 729 (89 davon in Österreich) gestiegen. 1844 gab es nach dem *Börsenblatt für den Deutschen Buchhandel* in den deutschen Bundesstaaten in 341 Städten 1321 Buchhandlungen (davon in Österreich in 20 Städten 107). Erheblich war die Buchhandlungsdichte in den großen Residenz- und Handelsstädten. Berlin besaß 1831 80 Buchhandlungen, 1844 127, 1855 195. Wien hatte 1834 43, 1844 48 Buchhandlungen; Leipzig 1831 79, 1844 130, 1855 156; Stuttgart 1831 17, 1844 36, 1855 55. Im Jahre 1844 besaß München 20 Buchhandlungen, Dresden 28, Frankfurt am Main 33, Prag 21, Breslau 23.

Für die Verbreitung der Lektüre spielten die Kolporteure eine noch wichtigere Rolle. Der Vertrieb der billigen Reihen, der großen Sammelwerke und der Konversationslexika geschah über den Kolportagehandel. Billige Groschenhefte, Einblattdrucke, politische und kulturkämpferische Streitschriften, Broschüren, Volksbücher, Erbauungsliteratur, Andachtsbilder und -bücher, Kalender, illustrierte Flugblätter, Bilder, Bilderbogen und Lieder wurden ‹kolportiert›. Buchhandlungsreisende, Vertreter, Hausierer und Kolporteure sammelten Subskriptionen und Bestellungen auf Werke, die in Fortsetzungslieferungen erschienen, auf Klassikerreihen und Familienzeitschriften und verbreiteten die berüchtigten Kolportage-Lieferungsromane und sonstige Hintertreppenliteratur. Der Kolporteur erreichte die niederen Sozialschichten und die abgelegensten Dörfer und Höfe und trug die Druckerzeugnisse nicht nur direkt ins Haus, sondern auch in die Fabrik.

Das Aufkommen von Volksbüchereien, Volksbibliotheken, Arbeiterbildungsvereinen, Vereinsbibliotheken und religiösen Leihbibliotheken

Im Zuge der besonders durch Karl Benjamin Preusker angeregten ‹Volksbibliotheksbewegung› wurden ab den dreißiger Jahren ‹Dorfbibliotheken›, ‹Bürgerbibliotheken›, ‹Wanderbibliotheken›, ‹Lesebibliotheken für den Landmann› und ‹Städtische Volksbibliotheken› wie auch Volksschriftenvereine gegründet, die allen Bevölkerungsschichten den Zugang zu Buch und Bildung ermöglichen und erleichtern sollten.

Eine nicht unwichtige Rolle spielten in dem Prozeß der Demokratisierung des Lesens die kleinen Bibliotheken der Handwerker- und Arbeiterbildungsvereine des Vormärz. Auch religiöse Leihbibliotheken, die aus der Erweckungsbewegung hervorgingen, wurden – zumeist im dritten Jahrzehnt des 19. Jahrhunderts – errichtet und trugen zur Verbreitung der Lektüre in den niederen Schichten der Gesellschaft bei.

Die kommerzielle Leihbibliothek

Die bedeutendste Institution für die Lektürevermittlung blieb aber für die ganze Epoche der Restauration und darüber hinaus die Leihbibliothek. Das bezeugen Schriftsteller wie Wilhelm Hauff (*Die Bücher und die Lesewelt*, 1828) und Robert Prutz (*Die deutsche Belletristik und das Publikum*, 1858), Journale wie das *Literatur-Blatt* von Wolfgang Menzel (Nr. 20 vom 19. Februar 1830, S. 77–80) und die *Deutsche Vierteljahrs Schrift* (Jg. 1842, H. 3, S. 356–357; Jg. 1855, H. 4, S. 1–58). Das bezeugen Verleger und Behörden. So schrieb der preußische Minister des Inneren und der Polizei in dem *Cirkular Reskript* vom 19. März 1842 über die Beaufsichtigung der Leihbibliotheken:

«(...) die Lektüre ist unleugbar zum Volksbedürfnisse geworden. (...) Vor Allem sind es die Leihbibliotheken, aus denen das größere Publikum sein Lesebedürfniß befriedigt. Der Einfluß dieser Anstalten auf den Volksgeist in einem Lande, in welchem selbst der Landmann seine Mußestunden mit Lesen auszufüllen beginnt, ist kaum zu berechnen und übersteigt an Umfang, wie an nachhaltiger Wirkung, den des gesammten Buchhandels und der Tagespresse. Nur sehr selten werden Bücher von den unteren Volksklassen gekauft, Tagesblätter gehen flüchtig durch die Hände, die Bücher der Leihbibliotheken sind dagegen bei der Geringfügigkeit der Ausgabe Allen, auch den Ärmeren, zugänglich; sie können mit Muße gelesen werden und müssen, sei ihr Inhalt, welcher er wolle, um so entschiedener auf Meinung und Gesinnung einwirken, je weniger der Halbgebildete im Stande ist, den Inhalt durch sein selbstständiges Urtheil zu beherrschen.»

Im selben Jahre stellte kein Geringerer als Friedrich Christoph Perthes fest, daß der Buchhandel der vorausliegenden vier Jahre sich nur dadurch am Leben erhalten hatte, daß er schöngeistiges Schrifttum an Leihbibliotheken und Lesezirkel verkaufen konnte.

Auch Volkspädagogen erkannten trotz allen Mißtrauens an, daß die Leihbibliothek die wichtigste Institution für die Verbreitung der Lektüre darstellte und daß sie noch nicht zu ersetzen war. Karl Benjamin Preusker, der für die Gründung von Volksbibliotheken und die Erweiterung der Volksbildung sich unermüdlich einsetzte, schrieb im Jahre 1840 in *Über öffentliche, Vereins- und Privat-Bibliotheken*:

«So sehr auch die Klage verbreitet ist, daß die (...) Leih-Bibliotheken durch öftere Darbietung schädlicher Lectüre manches junge Gemüth auf eine unrechte Bahn verleiten, so muß ihnen dennoch im Allgemeinen ein hoher bildender Nutzen zugestanden werden; denn während bisher die öffentlichen Bibliotheken nur für die Gelehrten-Bildung sorgten, waren sie es, welche die übrige Literatur dem Publicum darboten, und selbst bei einer errichteten Stadt-Bibliothek werden sie, zumal in größern Orten, nicht zu entbehren seyn.»

Ein dichtes Netz von Leihbibliotheken durchzieht in der Tat den deutschen Sprachraum in den Jahren 1815 bis 1848. Diese Anstalten waren nun auch in größeren Dörfern und Gemeinden von 1000 bis 2000 Einwohnern zu finden, soweit die Regierungen sie auf dem flachen Lande duldeten. Im Königreich Hannover gab es – ohne Berücksichtigung von Göttingen – im Jahre 1844 108 Leihbibliotheken. Am Ende des Jahres 1846 existierten in Preußen 656, in Sachsen 117, in Kurhessen 19 Leihbibliotheken. Die preußische Provinz Sachsen hatte dagegen 98 Leseanstalten. Das Königreich Bayern besaß im Jahre 1847 66 Leihbibliotheken. Berlin hatte 1831 36, 1847 60 Leihbibliotheken. Leipzig 24 und Dresden 26 im Jahre 1844. Hamburg besaß 1836, abgesehen von den kleineren Anstalten und den sogenannten «Winkelleihbibliotheken», acht bedeutende Leihbibliotheken. München vier und Wien (aufgrund von Zulassungsbeschränkungen nur:) zwei im Jahre 1847.

Die 1500 bis 2000 Leihbibliotheken der Restaurationszeit nahmen etwa drei Viertel der gesamten Belletristik auf, um sie dann, als mächtige Multiplikatoren wirkend, zirkulieren zu lassen. Schon als Käuferin und Vermittlerin einer so hohen Quote der belletristischen Produktion übte die Leihbibliothek den erheblichsten Einfluß auf den Buchmarkt und auf den literarischen Geschmack aus. Die Lesegesellschaften führten keine Belletristik, und außerdem lösten sie sich in dieser Zeit auf oder wandelten sich allmählich in gesellige Vereine um.

Die Volksbibliotheken waren noch sehr dünn gesät, und ihre recht dürftigen Bestände wiesen kaum neue Literatur auf, geschweige denn moderne Belletristik. In den kleinen Bibliotheken der Handwerker- und Arbeiterbildungsvereine waren an schöngeistigem Schrifttum, wenn überhaupt, nur Schillers Werke und hier und da Zschokkes Erzählungen oder Bürgers und Hebels Gedichte vertreten. In den religiösen Leihbibliotheken wurden neben Bibelerklärungen, Erbauungsbüchern, Predigten, Biographien und geschichtlichen Werken nur christliche Romane und Erzählungen aufgestellt.

Da die Leihbibliothek, weit entfernt eine standesspezifische (etwa bürgerliche oder kleinbügerliche) Einrichtung zu sein, ihr Publikum aus allen Klassen und Schichten der Bevölkerung rekrutierte, vereinigte sie den größten Konsum an Belletristik mit der größten sozialen Repräsentativität ihrer Leserschaft. So wurde sie dank ihrer monopolartigen Stellung zur ‹Trägerin› der Belletristik und zur bedeutendsten Institution des literarischen Lebens der Epoche der Restauration. Zudem lieferte sie einen erheblichen Beitrag zur kulturellen Assimilierung heterogener Schichten der Bevölkerung.

Sozialintegrativ wirkten die Leihbibliotheken nicht nur durch die vermittelte Lektüre, sondern auch, indem sie Menschen aus verschiedenen Schichten zusammenführten und ihnen die Gelegenheit eines geselligen Umgangs boten. Dies geschah freilich nur in begrenztem Ausmaß. Eine solche unmittelbare sozialintegrative Rolle konnten nämlich nur jene

Leseanstalten spielen, die über Lese- und Konversationszimmer verfügten. Sie aber waren teurer als die gewöhnlichen Leihbibliotheken und nur den oberen Schichten der Intelligenz, dem Adel und dem gehobenen Bürgertum zugänglich. Innerhalb dieser Schichten trugen aber die besseren Leseanstalten – wie früher die Lesegesellschaften – einiges zum Abbau der Standesschranken bei.

Besonders durch die Errichtung von Zeitungs- und Zeitschriftenlesezirkeln verstärkten die Leihbibliotheken ihre Funktion der kulturellen Assimilierung verschiedener Schichten der Gesellschaft. Immer häufiger gründeten die Leihbibliotheken – wie Georg Jäger in seiner Pionieruntersuchung gezeigt hat – sogenannte ‹Journal-Leseinstitute› oder ‹Journalistiken›, die den Lesern eine freie Wahl unter den Zeitungen und Journalen gewährten und mehrere Abonnementsklassen anboten. Das mit der Schmidt'schen Leihbibliothek in Dresden verbundene Journalistikum besaß 1819 109 (davon 26 laufende) «Gelehrte und politische Zeitungen» und 146 «Almanache und Taschenbücher». Im Jahre 1841 schloß die Ch. Beyel'sche Buchhandlung in Zürich ihrer Leihbibliothek mit mehr als 12000 Bänden ein ‹Journalisticum› an, das 176 laufende Zeitschriften aus folgenden Bereichen hielt: Geschichte, Literatur, Politik, Theologie (protestantische und katholische), Recht, Medizin, Naturwissenschaften, Mathematik, Militärwesen, Baukunst, Pädagogik, Ökonomie, Handel, Gewerbe und Ackerbau. Mit der Leihbibliothek von W. Bernhardt in Hamburg, die im Jahre 1844 21000 Bände besaß, waren folgende Lesezirkel verbunden:

«1. Große Hamburger Lesegesellschaft, worin die neuesten Bücher und Zeitschriften herumgesendet werden.
2. Journal-Lesezirkel, in welchem die bedeutendsten Journale circuliren.
3. Gelehrte Lesegesellschaft, welche alle für den Gelehrten Interesse habenden periodische Schriften enthält.
4. Lesegesellschaft für gebildete Stände, in welcher den Mitgliedern alle neu erscheinende Bücher ins Haus gesendet werden.
5. English Reading Society, in welcher alle neuere Englische Werke und auch die bedeutendsten periodischen Schriften in dieser Sprache cirkuliren.
6. Almanach-Lesezirkel, für die neuesten Almanache und Taschenbücher.»

Diese Journalistiken stellten den besten Ersatz für die wohl mehr und mehr eingehenden Lesegesellschaften, die ja die periodische Literatur besonders gepflegt hatten, und einen bedeutenden Ausgleich zum überwiegend belletristischen Angebot der Leihbibliotheken dar.

Auf die ursprüngliche aufklärerische Funktion, das gesamte Wissen zu vermitteln, hatten nämlich die Leihbibliotheken in der Restaurationszeit weitgehend verzichtet, um zu Diffusionszentren der belletristischen Produktion zu werden, die durchschnittlich drei Viertel ihrer Bestände ausmachte. Wie stark die wissenschaftliche und fachliche Literatur in den

Leseanstalten dieser Epoche ab- und die Belletristik zugenommen hatte, zeigen folgende Daten.

In der Leihbibliothek von Carl Philipp Brämer in Breslau (1822) beanspruchte die Rubrik ‹Romane› 62,61 Prozent der Bestände. Bei Johann Peter Bachem in Köln (1828) waren es 51,44 Prozent. Die gesamte Belletristik stellte hier 64,52 Prozent (die Sachliteratur 21,70 Prozent) der Bestände dar. Noch höher lag der Anteil der Belletristik bei G. C. E. Meyer (1830) in Braunschweig: 79,91 Prozent (Sachliteratur 18,62 Prozent). Fast genau diesen Wert (79,93 Prozent) erreichte sie auch in der Leih- und Lesebibliothek der J. C. Kolb'schen Buchhandlung in Speyer (1834), wo die Sachliteratur sich einzig auf Reiseschriften (16,39 Prozent) beschränkte. Spitzenwerte erreichte die Belletristik in der Rieger-'schen Leih- und Lese-Bibliothek (1837) in Lindau und in der Coburger Leih-Bibliothek der Riemann'schen Buchhandlung (1842): 87,61 Prozent bzw. 84,42 Prozent der Bestände.

Nur in wenigen Leihbibliotheken großer Handelszentren oder Residenzen war die Sachliteratur noch in nennenswertem Ausmaß vorhanden, so in der Anstalt von W. Bernhardt in Hamburg (1844) mit 24,02 Prozent und bei Friedrich Gerold in Wien (1848) mit 29,25 Prozent. Aber selbst hier sind die wissenschaftlichen und fachlichen Sparten auf wenige Gebiete von sehr allgemeinem Interesse beschränkt, wie die Aufgliederung der Bernhardtschen Bestände zeigt.

Catalog der Deutschen, Französischen, Englischen und Spanischen Leih-Bibliothek von W. Bernhardt (Hamburg 1844)

Bestand: 21 293 Bände bzw. Teile

	Bände/Teile	Prozent
Romane, Erzählungen, Novellen usw.	7365	46,59
Theater. Dramatische Schriften	1330	8,41
Taschenbücher und Almanache	527	3,33
Gedichte, Lieder, Romanzen usw.	340	2,15
Anekdoten und kleinere Schriften	122	0,77
Geschichte, Politik, Philosophie, Ästhetik, kritische, satirische, und vermischte Schriften	1805	11,42
Geographie, Statistik, Topographie, Reisebeschreibungen und Naturkunde	1261	7,98
Lebensbeschreibungen, Charakteristiken usw.	706	4,47
Hamburg betreffende Schriften	26	0,16
Zeitschriften	966	6,11
Gesammelte Werke	648	4,10
Jugendschriften	493	3,12
Griechische und Römische Classiker	220	1,39

Livres Français	Bände/Teile	Prozent
Romans, Contes, Nouvelles, Poésies etc.	2752	70,47
Histoire, Mémoires, Voyages, Politique, Mélanges etc.	890	22,79
Pièces de Théâtre	203	5,20
Oeuvres pour la jeunesse	60	1,54

English Books		
Novels, Romances, Tales etc.	1118	74,93
History, Voyages, Memoirs, Biography, Politics etc.	259	17,36
Magazines and Reviews	63	4,22
Drames, Tragedies, Comedies, Farces etc.	52	3,48

Libros Españolos	87	

Die zentrale Rolle der Belletristik und vor allem des Romans in der Leihbibliothek der Restaurationszeit veranschaulicht folgende Aufgliederung der Bestände der schon erwähnten Riemann'schen Anstalt in Coburg.

Verzeichniß derjenigen Bücher, welche in der Leih-Bibliothek der Riemann'schen Buchhandlung in Coburg zu haben sind (1842)

Bestand: 1823 Bände

	Bände	Prozent
1. Taschenbücher	19	1,04
2. Moderne Belletristik	944	51,78
3. Beliebte ältere und neuere Romane	295	16,18
4. Ritter- und Kloster-Geschichten	154	8,45
5. Räuber-, Seeräuber-, Banditen- und Mörder-Geschichten	98	5,38
6. Geographische und historische Schriften. Reisebeschreibungen. Biographien. Memoiren	191	10,48
7. Anekdoten	29	1,50
8. Jugendschriften	21	1,15
9. Französische Lektüre	72	3,95

Noch massiver herrschte die Belletristik in den ‹Winkelleihbibliotheken› oder in den Leseanstalten der kleinen und kleinsten Städte vor. So machten die Romane 87,99 Prozent der Bestände der Lesebibliothek bei G. C. Pfeiffer, Buchbinder in St. Johann (1822) aus. Die einzige nicht schöngeistige Sparte bildeten hier die ‹Reisebeschreibungen› (2,46 Prozent).
Die weitgehende Einschränkung des Lektüreangebots auf die Belletristik entsprach nicht notwendig dem Charakter der Leihbibliothek als literarischer Institution. Sie war vielmehr eine Folge der Zensurverord-

nungen, der allgemeinen von oben herab gesteuerten Tendenz der Zeit zur Entpolitisierung und zur Flucht in die Unverbindlichkeit der Phantasie, der dominierend ‹ästhetischen Erziehung› und endlich des durch den Industrialisierungs- und Verstädterungsprozeß ausgelösten Bedürfnisses nach Evasion.

Am Ende der Restaurationszeit bleibt die dominante Stellung des Romans in der Leihbibliothek fast unangetastet, aber die Räuber-, Ritter- und Schauerliteratur verliert ständig an Boden und verschwindet allmählich von den Regalen. Gleichzeitig zeichnet sich die Tendenz ab, Abteilungen fremdsprachiger Literaturen aufzubauen. So vermehrt die Reimann'sche Leihbibliothek die «Französische Lectüre» so weit, daß sie schließlich 13,48 Prozent der Bestände ausmachte. 1855 begründete sie daneben eine bescheidene Abteilung englischer Werke. In den Katalogen von Meyer in Braunschweig erscheinen seit 1833, bei Rieger in Lindau seit 1840 französische und englische Bücher in einer eigenen Rubrik. Das Braunschweiger Institut versuchte sich 1842 auch mit italienischer und spanischer Literatur. Spitzenwerte von 25,76 und 37 Prozent der Bestände erreichten fremdsprachige Werke bei W. Bernhardt (Hamburg, 1844) und Friedrich Gerold (Wien, 1848).

Es gab in Deutschland auch einige rein fremdsprachige Leihbibliotheken wie die im Jahre 1839 in Karlsruhe von der Groos'schen Buchhandlung eröffnete «Englische Lesebibliothek», in deren Räumen man täglich *Galignani's Messenger* gratis lesen konnte, oder das französischsprachige «Cabinet de Lecture» von C. G. Nauwerck in Dresden.

Legten nur wenige Leihbibliotheken eine fremdsprachige Abteilung an, so stellten Übersetzungen in allen Leseanstalten der dreißiger und vierziger Jahre einen wesentlichen Anteil ihrer Bestände dar. Noch am Ende des 18. und zu Beginn des 19. Jahrhunderts war der Anteil an Übersetzungen gering. Es besaß zum Beispiel die Hamburger Leihbibliothek von W. Bernhardt 1815 nur 122 Übersetzungen (2,92 Prozent der Bestände). Übersetzungen aus lebenden Sprachen machten damals auch nur 2,6 bis 7,1 Prozent der Gesamtbuchproduktion aus. Die durch soziale Mobilität, Industrialisierung und Verstädterung erheblich gesteigerte Nachfrage nach Lektüre konnte aber in den zwanziger und dreißiger Jahren durch die inländische Produktion nicht mehr befriedigt werden. So griff man auf die ausländische Literatur zurück und übersetzte sie in großen Mengen. L. Fernbach – Lieferant von Leihbibliotheken und von 1818 bis 1849 Besitzer einer großartigen Berliner Leihbibliothek, der die Probleme dieser Institution wie kaum ein anderer kannte – stellt in der *Geschichtlichen Entwicklung der Leihbibliotheken (Fernbach's Journal für Leihbibliothekare* vom 15. Januar 1855, S. 10–11) fest, daß bis zu Beginn der zwanziger Jahre die Übersetzungen ziemlich selten waren und daß erst der Erfolg von Walter Scott in Deutschland einen

Wendepunkt schaffte und die Rezeption ausländischer Literatur massiv
förderte:

«Das Jahr 1823 gab dem Geschmack des Lese-Publikums eine neue Richtung.
Walter Scott erregte zu dieser Zeit ungeheures Aufsehen in Deutschland und Alles drängte sich, den beliebten Autor kennen zu lernen, so daß einige Verleger
sich veranlaßt fühlten, auch andere englische Schriftsteller in Deutschland einzu-
führen. Es folgten daher Washington Irwing, Cooper, Boz [Dickens], James,
Marryat aufeinander, und anonym erschienen Pelham, Paul Clifford, Devereux
mit außerordentlichem Beifall.»

Die Nachfrage nach ausländischen Werken steigerte sich noch wegen
der Karlsbader Pressebeschlüsse und der billigen Ausgaben der Klassiker, die Cotta in den zwanziger und dreißiger Jahren auf den Markt
warf. Denn erstere drosselten durch Zensur, Verhaftung und Zwang zur
Auswanderung zahlreicher Schriftsteller die deutschsprachige Produktion gerade in dem Augenblick, als die soziale Mobilität und die anderen
schon erwähnten Faktoren den Lesekonsum steigerten. Letztere be-
wirkten eine Umstrukturierung der Bestände und des Publikums der
Leihbibliotheken, die Fernbach im Anschluß an das obige Zitat so beschreibt:

«Jetzt trat jedoch ein Wendepunkt in der Belletristik ein, welcher, obgleich dem
allgemeinen Interesse sehr günstig, den Leihbibliothekaren eine sehr unerfreuli-
che Aussicht bot. Die Cotta'sche Buchhandlung in Stuttgart veranstaltete nämlich in den Jahren 1826–1835 eine neue wohlfeile Taschen-Ausgabe aller daselbst
erschienenen Classiker, welche in Folge des bedeutenden Absatzes von allen Seiten Nachahmung fand. Tausende von Exemplaren wurden davon verbreitet (...).
Des angeeigneten Privilegiums beraubt, dem Publikum allein den Genuß der
Classiker zu gewähren, und nicht im Stande, mit den nur in spärlicher Anzahl
erschienenen Original-Romanen allen Anforderungen zu genügen, sahen sich die
Leihbibliotheken lediglich auf die Übersetzungs-Literatur angewiesen.»

So entstanden regelrechte ‹Übersetzungsfabriken› in Leipzig, Stuttgart,
Grimma, Zwickau. 35 Prozent der in der Sparte «Belletristik» des Oster-
meßkatalogs vom Jahre 1840 aufgeführten Werke sind Übersetzungen.
Im Katalog der Michaelismesse vom selben Jahre sind es 35,89 Prozent
(Magill, S. 246). Die Leihbibliotheken der Restaurationszeit gehörten
zu den besten Kunden der Übersetzungsfabriken, wie ihre Verzeichnisse
belegen.

In der Hamburger Leihbibliothek von Joseph Heilbuth machte die
Übersetzungsliteratur (635 Titel) im Jahre 1844 13,49 Prozent der Bestände aus. Die Übersetzungen aus dem Englischen (326 Titel gleich
51,33 Prozent) überwogen gegenüber denen aus dem Französischen (246
Titel gleich 38,74 Prozent). Drei Jahre später übertrafen bei den Neuan-
schaffungen die Übersetzungen aus dem Französischen (107 Titel gleich
46,72 Prozent) diejenigen aus dem Englischen (72 Titel gleich 31,44 Pro-

zent), während der Anteil der übersetzten Literatur (13,92 Prozent) unverändert geblieben ist. In der Leihbibliothek von J. F. Schmidt in Dresden stellen 1848 die Übersetzungen 42 Prozent der aufgestellten Romane dar (Magill, S. 250).

Durch diese massive Verbreitung ausländischer Literatur und durch die intensive Vermittlung aller bedeutenderen deutschen Dichter und Romanciers wie durch die Errichtung von Journalistiken förderte die Leihbibliothek zum erstenmal auf breiter Massenbasis eine erhebliche kulturelle Assimilierung innerhalb der Nation und ganz Deutschlands mit den anderen Kulturnationen Europas. So hatte sich die Leihbibliothek (– trotz des Übergewichts der Produkte der literarischen Industrie in ihren Beständen –) auch in der Restaurationszeit nicht in eine reine Traumfabrik verwandelt.

Sibylle Obenaus
Buchmarkt, Verlagswesen und Zeitschriften

Die Steigerung der Buchproduktion

Die Entfaltung des deutschen Literaturmarkts und seine fortschreitende
Kommerzialisierung beginnt schon Anfang der zwanziger Jahre, sobald
die unmittelbaren Folgen der Kriegszeiten überwunden worden sind. Es
kommt zu einer schnell steigenden Buchproduktion, die durch zunehmende Investitionen in Verlags- und Buchhandelsunternehmungen und
durch industrielle Veränderungen im Bereich der materiellen Fertigung
ermöglicht wird. Eine allmählich liberalere Wirtschafts- und Handelspolitik der Regierungen, vor allem Preußens, begünstigt diese Entwicklung
und unterstützt sie sogar in gewissen Grenzen. Als weitere Faktoren
sind anzuführen die Expansion auch des Distributionsbereichs und der
1825 noch unmittelbar vor dem explosiven Wachstum der Buchproduktion erfolgte organisatorische Zusammenschluß von Buchproduzenten
und Distribuenten im Börsenverein der deutschen Buchhändler.
Die gesamte jährliche Buchproduktion hatte 1805 (4181 Titel) einen Höhepunkt erreicht. Erst 1813 kommt die dann einsetzende Abwärtsent-
wicklung zum Stillstand; 1821 (4505 Titel) wird das Ergebnis von 1805
deutlich überschritten. In den zwanziger und dreißiger Jahren tritt eine
rapide Wachstumsbeschleunigung ein. 1843 (14039 Titel) ist der absolu-
te statistische Höhepunkt erreicht; es kommt, besonders deutlich seit
1846, zu einer rückläufigen Entwicklung. 1848 fällt die Titelzahl für rund
zwanzig Jahre wieder unter die 10000-Grenze zurück, die 1837 zum erstenmal überschritten worden war. Für die siebzehn Jahre zwischen 1821
und 1838 ergibt sich ein Wachstum von annähernd 150 Prozent. Für einen gleichen prozentualen Anstieg der Buchproduktion war sowohl Ende des 18. wie Ende des 19. Jahrhunderts die doppelte Zeit notwendig.
Für unseren Zusammenhang ist besonders die statistische Entwicklung
der sogenannten Schönen Künste und Wissenschaften zu beachten – die-

se Rubrik umfaßt nach Schwetschkes Codex Nundinarius Lyrik und Kunstliteratur (Malerei), Romane, Schauspiele/Theater, Gesammelte Werke und Musik. Bis 1845 behalten sie ihren ersten Platz unter allen anderen Gruppen; ihr prozentualer Anteil an der Gesamtproduktion ist aber seit Beginn des Jahrhunderts wesentlich zurückgegangen (1801/1805 gleich 29,4 Prozent der Buchproduktion, 1841/1845 gleich 17,7 Prozent).

Innerhalb des Sachbereichs der Schönen Künste behauptet die Untergruppe Romane den weitaus größten Anteil und wächst schneller als dieser, vor allem wenn berücksichtigt wird, daß bei den Gesammelten Werken wieder ein großer Prozentsatz, der nicht genau zu ermitteln und deshalb in den folgenden Titelangaben nicht berücksichtigt ist, auf Romane entfällt. Im Vergleich zur Gesamtproduktion wächst diese Untergruppe aber trotz starken absoluten Wachstums während des ganzen Zeitraums langsamer; erst 1827 (399 Titel) ist die Zahl von 1805 wieder nahezu erreicht. Die höchste Jahresproduktion hat das Jahr 1843 (1130 Titel).

Stärkere Schwankungen verzeichnet die Rubrik Theater/Schauspiel: Die Titelanzahl von 1805 wird zwar schon 1818 überschritten; aber es folgen immer wieder Einbrüche, besonders auffällig, da über vier Jahre sich hinziehend, nach 1828. Auch hier ist 1843 ein Höhepunkt erreicht (415 Titel). Wegen mangelnder Aufschlüsselung der statistischen Angaben muß die Lyrikproduktion hier unberücksichtigt bleiben.

Prozentual wachsen die Sachgebiete des ‹praktischen Lebens›, die sogenannten Realien, zum Beispiel wirtschaftlich-industriell orientierte Literatur, Literatur über Landwirtschaft, Gewerbe und Naturwissenschaften noch stärker als die Schönen Künste. Ohne genaue Kenntnisse über die jeweiligen Auflagenhöhen und die qualitative Bedeutung der Einzelgruppen sind diese Zahlen sicher nur von bedingtem Aussagewert; sie veranschaulichen jedoch den Trend zur Aufwertung der realitätsbezogenen Allgemeinbildung bei breiten Schichten, der in seinen unterschiedlichen Erscheinungsformen von den Zeitgenossen wiederholt beschrieben worden ist.

Die Steigerung der Buchproduktion wurde mitbedingt und teilweise erst ermöglicht durch die Entwicklung von technischen Neuerungen im Bereich der materiellen Fertigung in den ersten Jahrzehnten des Jahrhunderts. Zu nennen sind hier die sogenannten Schnellpressen, die überhaupt erst in kurzer Zeit hohe Auflagen bei relativ niedrigen Lohnkosten ermöglichten, und das Verfahren der Stereotypie. Seit 1806/07 gab es die Masseleimung des Papiers, womit ein Arbeitsgang – die nachträgliche Leimung – erspart wurde; es folgte die Papiermaschine, schließlich 1844 der Holzschliff. Man muß sich jedoch vergegenwärtigen, daß das mit Abstand größte Wachstum der Buchproduktion in ein Jahrzehnt fällt, das den Einsatz von Maschinen nur sporadisch kannte, da die eigentliche Industrialisierungswelle erst 1834 nach Beseitigung der ökonomischen Zersplitterung durch den Zollverein einsetzen konnte. Die Bedeutung von Schnellpresse und Papiermaschine für die Steigerung der Buchproduktion darf für die Anfangszeit nicht überschätzt werden, für sie war offensichtlich nur ein geringer Industrialisierungsgrad notwendig.

Durch Rationalisierung der Produktion konnten die immer noch relativ hohen Bücherpreise auf einzelnen Gebieten mit besonders starker Publikumsnachfrage gesenkt werden: Cotta und Göschen gaben seit den zwanziger Jahren billigere Klassikerausgaben heraus. Taschenbibliotheken deutscher und ausländischer Klassiker ab zwei Groschen aufwärts wurden von den jüngeren, aufstrebenden Verlegern produziert. Der heftweise Vertrieb von Lieferungen nach englischem Muster wurde bei enzyklopädischen Produkten eingeführt; auch auf dem Gebiet der Unterhaltungsliteratur gab es ‹wohlfeile Volksausgaben›.

In bezug auf den Ausbau und die Vereinfachung des Zulieferungssystems entwickelt sich der Kommissionsbuchhandel in den vierziger Jahren zu einer unentbehrlichen Schaltstelle. Er zentralisiert sich in Leipzig; drei Viertel des gesamten Buchverkehrs werden hier abgewickelt.

In Leipzig kommt es auch zur ersten überregionalen Selbstorganisation des deutschen Buchhandels: Am 30. April 1825 wurde von 93 auswärtigen und fünf Leipziger Firmenvertretern unter Führung der Buchhändler Friedrich Campe aus Nürnberg und Friedrich Voigt aus Ilmenau eine neue Börsenordnung beschlossen, die die Gründung eines Börsenvereins der deutschen Buchhändler vorsah. Mitglied dieser Buchhändlerbörse konnte jeder ‹unbescholtene Buchhändler› sein, wenn er den jährlichen Beitrag bezahlte. Vereinszweck war die Interessenvertretung des Buchhandels. Die geringe Beteiligung des Leipziger Buchhandels erklärt sich daraus, daß man eine eigene Organisation vorzog, aus der Befürchtung heraus, von den Auswärtigen überstimmt zu werden. Die Gründung des Vereins der Buchhändler zu Leipzig erfolgte am 25. Februar 1833. Die Beziehungen waren trotz anfänglicher Konkurrenzstreitigkeiten sehr eng: Alle Leipziger Buchhändler waren seit 1834 auch Mitglieder des gesamtdeutschen Vereins, das seit dem 1. Januar 1833 vom Leipziger Verein herausgegebene Verbandsorgan, das *Börsenblatt für den deutschen Buchhandel und für die mit ihm verwandten Geschäftszweige*, ging schon 1834 in den Besitz des Börsenvereins über, wurde jedoch bis 1844 vom Leipziger Verein redigiert. Die Mitgliederzahl stieg von 108 Mitgliedern in den Jahren 1825/26 auf 311 in den Jahren 1829/30; hier gab es den stärksten prozentualen Anstieg in unserem Zeitraum. Die Zahl wuchs kontinuierlich; Mitte der vierziger Jahre war nahezu die Hälfte der deutschen Buchhändler im Börsenverein organisiert.

Auf dieser Basis konnte der Börsenverein zwei wichtige Funktionen erfolgreich erfüllen: Er bot den weitverstreuten Sortimentsbuchhändlern einen organisatorischen Zusammenhalt und eine regelmäßige Information und vermittelte zugleich ein Standesbewußtsein, das Mitglieder auch auf einen bestimmten Ehrenkodex festlegen sollte: So waren Nachdrucker in den Reihen des Börsenvereins nicht geduldet; gegen Verleger von ‹unsittlichen› Schriften sind Sanktionen belegt, Campes Ausgabe von Schleiermachers *Vertrauten Briefen über die Lucinde* mit Gutzkows Vorrede wollte eine konservative Vereinsmehrheit als gotteslästerliches Buch öffentlich vernichten lassen.

Einer selbstbewußten Standesvertretung gelang es dann, ihre Interessen gegenüber Obrigkeitsstaat und Bürokratie wirkungsvoll zu vertreten: So setzte der Börsenverein vereinzelte verlegerische Initiativen fort und wirkte auf bundes- und einzelstaatlicher Ebene mit bei der Schaffung einer einheitlichen Urheberschutz- und Nachdruckgesetzgebung.

Rechtsverhältnisse

Wegen der territorialen Zersplitterung Deutschlands war die Rechtsentwicklung hinter den ökonomischen Bedürfnissen eines sich entfaltenden literarischen Marktes zurückgeblieben. Es gelang erst im Laufe des Vormärz, im deutschen Sprachraum eine diesen Bedürfnissen entsprechende, die Rechte von Verlegern und Schriftstellern sichernde, relativ einheitliche Gesetzgebung politisch zu realisieren.

Ausgangspunkt hierfür war der Artikel 18d der Deutschen Bundesakte vom 8. Juni 1815, der auf Betreiben und unter Mitwirkung einer deutschen Buchhändlerdelegation unter Führung von Karl Bertuch aus Weimar und Johann Friedrich Cotta aus Stuttgart in Wien formuliert worden war. Er stellte die «Abfassung gleichförmiger Verfügungen über die Preßfreiheit» sowie «die Sicherstellung der Rechte der Schriftsteller und Verleger gegen den Nachdruck» in Aussicht[1] und wurde verspätet am 26. März 1817 in der Deutschen Bundesversammlung in Frankfurt beraten. Man beschloß als ersten Konkretisierungsschritt, den Gesandten Oldenburg-Holsteins, von Berg, zu beauftragen, eine zusammenstellende Übersicht über die in den einzelnen Bundesstaaten bestehenden Rechtsverhältnisse in bezug auf Pressefreiheit und Nachdruck zu geben, löste dann aber das durch den Artikel der Bundesakte gegebene Junktim von Nachdruckgesetzgebung und ‹Verfügungen über die Presse›. Auf der Sitzung vom 22. Juni 1818 bildete man einen Ausschuß, dem auch von Berg angehörte, der den Auftrag erhielt, ein Gutachten zu erstellen, das zur Grundlage einer einheitlichen Verlags- und Urheberrechtsgesetzgebung dienen sollte. Er hatte einen Interessenausgleich zwischen zwei Positionen zu bewerkstelligen: Wenn der traditionelle, auf ökonomischen Landesinteressen basierende und deshalb von den

Regierungen unterstützte Nachdruck vor allem in Österreich und Württemberg (Karlsruhe, Stuttgart, Reutlingen) unterbunden werden sollte, mußten zugleich auch die am ‹ewigen Verlagsrecht› orientierten Vorstellungen der meisten norddeutschen Buchhändler zugunsten einer Fristenlösung revidiert werden.

Der am 11. Februar 1819 vorgelegte Gesetzentwurf des Ausschusses enthielt eine Mischung von progressiven und mehr an traditionellen Vorstellungen orientierten Elementen: Er sah eine zehnjährige Schutzfrist für urheberrechtlich geschützte Werke vor und wollte außerdem das Nachdruckverbot auch auf nicht strikt textidentische Werke ausgedehnt wissen. Andererseits hielt er an einem Bücherpreislimit fest und wollte den Rechtsschutz bei ‹unbilligen› Preisen versagen, was dem am Konkurrenzgedanken orientierten aktuellen Interesse des frühkapitalistischen Marktes an freier Preisgestaltung nicht entsprechen konnte. Der 1817 gegründete Wahlausschuß des Teutschen Buchhandels lehnte denn auch in seinem Gutachten diese vorgesehene Beaufsichtigung der Bücherpreise scharf ab. Aber auch die zehnjährige Schutzfrist wurde nicht akzeptiert. Auf die Einwirkung von Perthes ist es zurückzuführen, daß man jedoch nicht mehr ein zeitlich unbegrenztes Verlagsrecht forderte, sondern zu einem Kompromiß gelangte: ‹Wenigstens dreißig Jahre› nach dem Tod des Verfassers wurde als Schutzfrist vorgeschlagen. – Damit waren die Grundpositionen für die weiteren Beratungen der Bundesversammlung abgesteckt, die aber erst nahezu ein Jahrzehnt später fortgesetzt wurden – vorwiegend wegen der Verschleppungstaktik Österreichs.

Preußens Vorgehen, zunächst mit der Mehrzahl der anderen deutschen Staaten gegenseitige Verträge über das Verbot des Nachdrucks abzuschließen, und der auf seinen Antrag hin 1832 zustande gekommene Beschluß der Bundesversammlung, «bei aller Anwendung der gesetzlichen Vorschriften und Maßregeln wider den Nachdruck den Unterschied zwischen dem eigenen Untertan und dem der übrigen Bundesstaaten fallen zu lassen»[2], führten zur allmählichen politischen Isolierung Österreichs in der Nachdruckfrage. Sie hatte auch gleichzeitig für Österreich an ökonomischer Bedeutung verloren, weil Wien seine Originalproduktion von 1810 bis 1830 annähernd vervierfachen konnte. So beschloß man auf den Wiener Ministerialkonferenzen am 12. Juni 1834, den Nachdruck im gesamten Bundesgebiet zu untersagen. Am 2. April 1835 bestätigte die Bundesversammlung diese Entscheidung.

Vor allem Württemberg ging jetzt mit den Gesetzen vom 22. 7. 1837 und 17. 10. 1838 gegen den Nachdruck vor. Die vor diesen Gesetzen veranstalteten Nachdrucke konnten allerdings nach polizeilicher Abstempelung weiter abgesetzt werden, was noch einmal große Nachdruckmengen in den Handel brachte.

Die Diskussion über die Festlegung der Schutzfristen wurde seit 1835 in der Bundesversammlung fortgeführt. Preußen entschied sich in seinem «Gesetz zum Schutz des Eigentums an Werken der Wissenschaft und Kunst» vom 11. 6. 1837 schließlich für eine dreißigjährige Schutzfrist. Nachdem Sachsen-Weimar (11. Januar 1839), Bayern (15. April 1840) und Braunschweig (10. Februar 1842) die Grundsätze des preußischen Gesetzes in ihre Gesetzgebung aufgenommen hatten, wurde am 19. Juni 1845 die Schutzfrist für den ganzen Bund auf 30 Jahre ausgedehnt. Die einzelnen Bundesstaaten führten diesen Beschluß, soweit noch erforderlich, in den folgenden Jahren aus. «Damit hatte Deutschland für den Schutz des Urheberrechts an Schriftwerken endlich ein jedenfalls in den Grundsätzen gleiches allgemeines Recht bekommen, das erste allgemeine Recht in Deutschland auf dem Gebiet des Privatrechts.»[3]

Das 1835 ausgesprochene Nachdruckverbot im gesamten Bundesgebiet hatte die Sonderstellung der Dramatiker nicht berücksichtigt. Das gedruckte dramatische Werk konnte ohne Genehmigung des Autors und ohne Honorarzahlung aufgeführt werden. Manuskripte wurden gegen ein beliebig festzusetzendes einmaliges Honorar gekauft, Abschriften davon aber waren nicht ausdrücklich geschützt. Preußens Gesetz von 1837 bildete auch hier den Ausgangspunkt für den Bundesbeschluß vom 22. April 1841: Dem dramatischen Manuskript wurde ein mindestens zehnjähriger Schutz nach der ersten rechtmäßigen Aufführung zugesichert, gedruckte Werke blieben weiterhin ohne Aufführungsschutz. Nur das österreichische Pressegesetz vom 9. Oktober 1846 schützte auch gedruckte Dramen, sofern sie den Aufdruck «Als Manuskript gedruckt» trugen. – Für das deutsche Bundesgebiet hatte der Berliner Theaterintendant von Küstner ein ähnliches Gesetz entworfen, aber vor 1848 nicht mehr durchsetzen können.

Zensur

War von den Regierungen, wenn auch in unterschiedlichem Maße, die ökonomische Entwicklung des Buchhandels durch eine entsprechende Wirtschafts- und Handelspolitik ermöglicht worden, so sollte doch gleichzeitig ein gut ausgebautes Repressionssystem jede bürgerliche, von nationalen und liberalen Vorstellungen geprägte Opposition unterdrücken, die sich in Buch und periodischer Presse öffentlich zu artikulieren versuchte. Die im Artikel 18d der Bundesakte in Aussicht gestellten «gleichförmigen Verfügungen über die Pressefreiheit» bestanden in den Karlsbader Beschlüssen vom 20. September 1819; ihr zweiter Teil enthielt ein Bundespressegesetz, die «Provisorischen Bestimmungen hinsichtlich der Freiheit der Presse», die – zunächst auf fünf Jahre befristet – durch Bundesbeschluß 1824 auf unbestimmte Zeit verlängert wurden und den ganzen Vormärz in Kraft blieben. Mit diesem Pressegesetz wurde die Vorzensur für alle Schriften unter zwanzig Bogen (320 Oktavseiten) eingeführt. Umfangreichere Bücher mußten mit einer Nachzensur rechnen und konnten nach dem Erscheinen verboten, beschlagnahmt und vernichtet werden. (In Österreich, in Preußen bis 1842, in Sachsen bis 1844 galt aber zum Beispiel diese Zwanzig-Bogen-Begrenzung nicht!) Verlegern und Autoren wurden bei Zuwiderhandlung harte Sanktionen angedroht. Die Vollzugsverordnungen der einzelnen Bundesstaaten mußten sich an diesen Presseverfügungen orientieren und waren – das gilt besonders für die kleineren Staaten – nur sehr bedingt in der Lage, gegen den Willen Preußens und Österreichs liberalere Verfahrensweisen zu praktizieren.

Ergänzende Verfügungen nach der Julirevolution in Frankreich, dem Hambacher Fest (27./28. Mai 1832) und dem Frankfurter Wachensturm (3. April 1833) sahen weitere Beschränkungen der Pressefreiheit vor. So beschloß der Bund am 5. Juli 1832, daß keine in einem nicht zum Deutschen Bund gehörigen Staat in Druck erschienene Schrift unter zwanzig Bogen politischen Inhalts in einem Bundesstaat ohne vorherige Genehmigung der zuständigen Bundesbehörde ausgegeben werden dürfe. Am 31. August 1832 erhielten sämtliche Regierungen die Anweisung, über neuerliche revolutionäre Umtriebe Bericht zu erstatten. Die in den deutschen Ländern umherziehenden ‹Schriftsteller, Journalisten und Kandidaten› werden als diejenigen Individuen bezeichnet, denen größtenteils der Unfug, der sich bald täglich unter den Augen der Regierungen erneuere, zuzuschreiben sei. Im Hinblick auf ihre persönliche Aufführung und auf ihr schriftstellerisches Gewerbe sei eine strenge politische Aufsicht angebracht.

Die am 30. Juni 1833 zur Untersuchung des Frankfurter Wachensturms eingerichtete Bundeszentralbehörde, die Nachfolgerin der Zentraluntersuchungskommission von 1819, stellte eine zusätzliche Bedrohung auch für liberal-progressive Schriftsteller und Verleger dar; sie wurde erst 1842 suspendiert, blieb aber bis 1848 institutionell bestehen. Unter anderem stellte sie ein Flüchtlingsverzeichnis auf, das 1834 137 Namen enthielt, und arbeitete an einer ‹Gesamtkulpatentabelle›. Die beiden Tabellen von 1839 und 1840 erfaßten 2140 Personen, die sich bis zu diesem Zeitpunkt wegen Zugehörigkeit zur ‹Bewegungspartei› politisch verdächtig gemacht hatten.

Die sechzig Artikel der Wiener Ministerkonferenzen von 1834, von denen nur ein Teil als Bundesgesetz veröffentlicht worden ist, die in ihrer Hauptmasse aber mit Rücksicht auf die konstitutionellen Staaten geheimgehalten wurden und erst 1843 einer breiten Öffentlichkeit zur Kenntnis gelangt sind – ein zusätzliches Element der Verunsicherung, da man jahrelang nur auf Vermutungen angewiesen war –, enthielten in den Artikeln 28 bis 35 weitere präzise Anweisungen über die ‹gleichförmige› Zensurhandhabung: So sollte das Zensoramt «nur Männern von erprobter Gesinnung und Fähigkeit» übertragen, diesen Zensoren «bestimmte Instruktionen» erteilt und Zensurlücken nirgends geduldet werden, die «übermäßige Anzahl politischer Tagblätter» sollte vermindert, neue politische Tageblätter «ohne die vorgängige Erwirkung einer dießfälligen Concession» nicht gestattet und eine solche nur bei «Befähigung des Redakteurs und nur mit der Clausel völlig uneingeschränkter Widerruflichkeit erteilt werden». Der laxen Zensurhandhabung und den damit gegebenen Ausweichmöglichkeiten in einzelnen Bundesstaaten wollte man einen Riegel vorschieben, indem festgelegt wurde, daß die in einem Bundesstaat von einem Zensor erteilte Druckerlaubnis diese Schrift nicht von den in anderen Bundesländern bestehenden Aufsichtsregeln befreie. Abonnements auf fremdsprachige Zeitungen sollten von den Postämtern nur nach einem von der Regierung genehmigten Verzeichnis angenommen werden dürfen; Zeitungen, die das Verzeichnis nicht enthielt, durften zwar einzeln bestellt, aber nicht öffentlich ausgelegt werden.

Das am 10. Dezember 1835 von der Bundesversammlung ausgesprochene Verbot der Schriften des Jungen Deutschland bildete in dieser langen Kette von Repressionsmaßnahmen gegen jede öffentliche Artikulation vitaler bürgerlicher Lebensinteressen nur ein Glied und stellte kaum einen Höhepunkt, eher eine Art Schlußpunkt dar. Der ‹Bewegungspartei› sollte offensichtlich auch noch der letzte Schlupfwinkel verstopft werden, nachdem es, wie der österreichische Gesandte Graf Münch in seinem Verbotsantrag formulierte, gelungen sei, «den Wirkungen der schlechten Presse auf dem politischen Felde ein Ziel zu setzen»[4].

Nimmt man hinzu, daß ein umfangreiches polizeiliches Spitzel- und Überwachungssystem durch sogenannte Konfidenten im Vormärz die Zensurgesetzgebung ergänzte und daß zwar allgemein als Zweck der Zensur definiert wurde, alles religiös, moralisch und politisch Verdächtige zu unterdrücken, eigentliche materielle Bestimmungen, was denn im Einzelfall jeweils zu verbieten sei, aber kaum formuliert werden konnten, auch das in Österreich praktizierte System der Erlaubnisscheine (Scheden) ohnehin den Bezug vieler Bücher und Zeitschriften auf einen engen, der Oberschicht und der Beamtenschaft zugehörigen Kreis beschränkte, so mußten Angst und Verunsicherung bei den Betroffenen, zumal bei den jungdeutschen Schriftstellern, die gerade im Begriff waren, sich eine literarische Existenz aufzubauen, Anpassungsmechanismen im Sinne einer Vorwegnahme von Zwängen auslösen, die ihre literarische Produktion entscheidend beeinflußten. Eine allgemeine Atmosphäre der Lähmung und Stagnation ist im literarischen Leben der dreißiger Jahre dem Bewußtsein der Zeitgenossen gegenwärtig.

Erst Anfang der vierziger Jahre sind vorübergehend in Preußen Aufwei-

chungstendenzen der rigiden Zensurhandhabung zu erkennen: Die Son-
derregelungen für alle in Deutschland wohnenden jungdeutschen
Schriftsteller wurden im Februar 1842, wenn auch erst gegen eine aus-
drückliche Wohlverhaltenserklärung, aufgehoben. Die Kabinettsordres
Friedrich Wilhelms IV. vom 10. Dezember 1841 und 4. Oktober 1842
ermöglichten ein Jahr lang liberal-progressiven Presseorganen wie der
Rheinischen Zeitung die ‹freimütige› Erörterung innenpolitischer Sachverhalte; die Vorzensur für Schriften über zwanzig Bogen entfiel. Aber
schon die am 23. Februar 1843 erlassene Revision des Zensurwesens
«vernichtete selbst die mäßigsten Hoffnungen der Liberalen»[5]. Auch das
harte Vorgehen des Bundes gegen die Exilverlage ab Mitte der vierziger
Jahre und Österreichs Einfuhrverbote für die Verlagsproduktion der
Firmen Otto Wigand und Reclam 1846 zeigen, daß man trotz vereinzel-
ter Zugeständnisse an gebildete und gelehrte Kreise grundsätzlich daran
festhielt, dem ‹gemischten› Publikum alles fernzuhalten, das ‹Verwirrung› stiften könnte.

Einzelne Verlage

Im Vormärz haben einige Verlage bei der Produktion und dem Vertrieb
oppositioneller Literatur verschiedener Schattierungen eine besonders
profilierte Rolle gespielt. Zwar waren sie deshalb staatlichen Repressionsmaßnahmen in verstärktem Maße ausgesetzt, handelten aber auch
mit einer Ware, die beim bürgerlichen Käuferkreis mit sicherem Gewinn
abzusetzen war, wenn es gelang, die Zensurbehörden zu täuschen oder
zu umgehen. In ihren Programmen und Zielsetzungen – das gilt vom
Verlag eines Campe bis hin zu Meyers Bibliographischem Institut – wird
immer wieder eine Verbindung von engagierter Aufklärungsarbeit respektive volkspädagogischen Impulsen mit ausgeprägtem Profitstreben
sichtbar. Nur einem kapitalistisch kalkulierenden Verleger konnte es
auch gelingen, ein Unternehmen zum Teil aus dem Nichts aufzubauen
und gleichzeitig die Literaturinteressen einer bürgerlichen Käuferschicht
zu befriedigen.

Julius Campe, der Verleger Börnes und Heines, hatte 1823 als gelernter
Buchhändler die Buchhandlung Hoffmann und Campe in Hamburg
übernommen. Eine solide finanzielle Basis des relativ kleinen Unterneh-
mens, das noch 1837 mit nicht mehr als vier Angestellten auskam, lieferte die auf den Markt der Hansestadt zugeschnittene Produktion, die
kaum Schwankungen unterworfen war – Hamburgensien, technische,
medizinische und zu Schul- und Geschenkzwecken geeignete Bücher.
Nur mit einem solchen Fundament zum Beispiel konnte das Verbot der
gesamten Verlagsproduktion in Preußen 1841/42 verkraftet werden.

Otto Wigand hatte sich sein Betriebskapital als wandernder Buchhändler in Ungarn erworben und nach dem Kauf eines alten buchhändleri-

schen Rechts in Budapest als wichtigsten Verlagsartikel ein *Ungarisches Conversationslexikon* herausgegeben. Sein neues, allenfalls mittleres Unternehmen in Leipzig begründete er 1833 unter anderem mit den *Jahrbüchern der Medizin* und wurde gleichzeitig Verleger Laubes, 1838 dann der *Hallischen Jahrbücher* und der Junghegelianer. Außerdem spezialisierte er sich auf das Verlegen und den Vertrieb österreichisch-ungarischer oppositioneller Literatur, was ihm 1846 in Österreich ein Verlagsverbot eintrug. Sein jüngerer Bruder Georg Wigand, der mit einer deutschen Volksausgabe Shakespeares seinen Verlag trotz bescheidener Anfangsmittel sicherte, war nach Spitzelberichten die Anlaufstelle für die vom Fröbelschen Exilverlag nach Deutschland geschmuggelte Literatur.

Philipp Reclam kaufte 1828 die Leipziger Leihbibliothek und Lesehalle *Literarisches Museum*; sie wurde unter seiner Leitung zu einem Treffpunkt des Leipziger liberalen Bürgertums. Der angeschlossene Verlag verbreitete nach dem Polenaufstand populäre Polenlieder in Einzeldrucken und verlegte Laubes Polenbuch. Auch Reclam publizierte in den vierziger Jahren die Werke der österreichischen Emigranten und schmuggelte sie nach Österreich ein; wie Wigand traf auch ihn deshalb 1846 ein österreichisches Verlagsverbot.

Bei Josef Meyer, der 1826 sein Bibliographisches Institut in Gotha begründete, wird das Buch zur Massenware. Für zwei Groschen pro Bändchen vertrieb Meyer, der als Schnittwarenhändler in Textilien seine kaufmännische Laufbahn begonnen hatte, unter dem Motto «Bildung macht frei» seine *Miniaturbibliothek deutscher Klassiker* in angeblich Hunderttausenden von Exemplaren. Das Bibliographische Institut war schon 1830 einer der größten deutschen Verlage. Meyers Zusammenarbeit mit Siebenpfeiffer, einem der Initiatoren des Deutschen Preßvereins, führte 1832 zu einem Bundesverbot für jede zukünftig im Bibliographischen Institut erscheinende Zeitung oder Zeitschrift, worauf 1833 Meyers erfolgreichstes periodisches Unternehmen erschien, das *Universum*. Wegen der Zensur hatte das *Universum*, das einem breiten Publikum geographische und historische Informationen aus Reise- und Nachschlagewerken vermittelte, einen Umfang von mindestens 160 Quartseiten jährlich; es wurde in Lieferungen von acht bis zwölf Seiten Text mit zumeist vier Stahlstichen für jeweils sieben Silbergroschen ausgegeben.

Auch Cotta in Stuttgart und Brockhaus in Leipzig entwickelten sich im Vormärz weiter zu modernen Großunternehmen, nachdem 1832 respektive 1823 nach dem Tode der jeweiligen Verlagsgründer eine neue Generation mit Georg von Cotta und Heinrich Brockhaus ans Ruder gekommen war. Cotta galt als Verlag der Klassiker. Durch den Ankauf des Göschenverlags hatte er 1838 alle Verlagsrechte derjenigen Schriftsteller in seinen Händen, deren Schutzfristen von der Bundesversammlung 1838 bis 1842 noch einmal ausnahmsweise verlängert worden waren. Das betraf die Werke Schillers, Goethes, Herders, Wielands und Jean Pauls. Der Aufstieg des Brockhausverlags beruhte vor allem auf seinem *Conversationslexikon*, dessen achte Auflage 1837 bis 1842 bereits in 32 000 Exemplaren vertrieben wurde. Seine literarische Produktion ist von gemäßigtem Liberalismus geprägt; auch verlegte er Bestsellerromane seiner Zeit, zum Beispiel die Werke von Fanny Lewald, Heinrich König, Levin Schücking. Beide Verlage boten vor allem in ihren periodischen Unternehmungen den Schriftstellern verschiedenster liberaler Couleur begehrte Verdienstmöglichkeiten.

Zu den bedeutendsten Publikationsstätten zensurflüchtiger Schriften entwickelten sich in den vierziger Jahren die in der deutschsprachigen Schweiz gelegenen Verlagsunternehmen, vor allem das Literarische Comptoir Zürich und Winterthur, das durch die erfolgreiche Publikation des ersten Teils von Herweghs *Gedichte eines Lebendigen* im Juli 1841 die Aufmerksamkeit der deutschen Öffentlichkeit auf sich gelenkt hatte. Sie wurden der größte buchhändlerische Erfolg, den ein Lyrikband bis dahin in Deutschland gehabt hatte; bis 1843 veranstaltete das Comptoir sechs Auflagen von je 1000 bis 6000 Exemplaren, von denen der größte Teil illegal in Deutschland vertrieben wurde. Julius Fröbel hatte das Comptoir zunächst auch zwecks «Beförderung höherer Volksbildung in Staat, Kirche, Schule und Leben»[6] gründen wollen. Eine Erweiterung des Plans sah dann ausdrücklich als Ziel vor, solche Schriften zu verlegen und zu vertreiben, die in Deutschland unterdrückt wurden; auch sollte mit dem publizistischen Kampf gegen die in der Schweiz sich abzeichnende Reaktion begonnen werden.

Fröbels Anfangskapital, etwa 10000 Taler, entspricht genau der Summe, die für die Gründung einer mittleren Verlagshandlung im Vormärz als notwendig errechnet worden ist.[7] Dennoch geriet er sehr schnell in finanzielle Schwierigkeiten, die sich selbst durch 1843 erfolgte Einlagen in dreifacher Höhe von August Follen, Arnold Ruge und Herweghs Schwager Siegmund nicht beheben ließen. Die Jahresproduktion war von 1841 bis 1843 etwa um das Vierfache gestiegen: von den neun Titeln des Anfangsjahres auf vierzig Titel im Jahre 1843, Neuauflagen nicht gerechnet. Unter den für die politisch-progressive Verlagsproduktion extrem erschwerten Vertriebsbedingungen, die schnelle Gewinne in der Anlaufphase unmöglich machten, erwies sich jedoch die ökonomische Basis als zu schmal. Hinzu kamen eine offensichtlich dilettantische Geschäftsführung sowie eine nicht ausreichende Absicherung durch wissenschaftliche Werke und Lehrbücher, die auch zum Verlagsprogramm gehörten. So brachte schon 1843 die Beschlagnahme von Bruno Bauers *Entdecktes Christentum* und der Herweghschen *21 Bogen aus der*

Schweiz den Verlag an den Rand des Abgrunds. Nach Streitigkeiten unter den Teilhabern besiegelte dann das Verbot des Bundestags von 1845 das Schicksal des Literarischen Comptoirs. Den Versuch Fröbels, durch Auflösung der Firma und die Errichtung eines neuen Verlagsgeschäfts das Verbot zu umgehen, beantwortete der Bundestag mit einem entsprechenden Beschluß. 1847 kam es zur Auflösung des Verlags.

Lage der Schriftsteller

Eine auch nur annähernd genaue Skizzierung der Situation des freien Schriftstellers im Vormärz erweist sich wegen nur vereinzelt vorliegender sozialstatistischer Daten über Anzahl, Besoldung, Art und Dauer der Berufsausübung als schwierig. Ganz allgemein wird man sagen können, daß die Zahl der Schriftsteller mit den Möglichkeiten zunimmt, als Redakteur, Journalist und Dramaturg sich eine schriftstellerische Existenz zu gründen. Zunehmende Professionalisierung der Schriftsteller veränderte auch ihr Profil; so ist häufig eine Spezialisierung auf den Journalistenberuf zu beobachten. Damit verbunden ist eine Bevorzugung publizistischer Genres. Alle bisher bekannten Fakten sprechen jedoch dafür, daß die meisten Autoren allein vom Ertrag ihrer Feder und ohne Amt, reiche Heirat oder eigenes Vermögen allenfalls in ihrer Jugend leben konnten; das belegen die Biographien selbst der erfolgreichsten zeitgenössischen Schriftsteller sowie der harte Existenzkampf Gutzkows. Die wachsende Konkurrenz bedeutete auch einen zunehmenden Anpassungsdruck auf die literarische Produktion im Hinblick auf die Erfordernisse des Marktes und die Bedürfnisse des Publikums sowie verstärkte Abhängigkeit von den Verlegern.

Diese Kommerzialisierung führte bei vielen Schriftstellern zu einer Spannung zwischen dichterisch-schriftstellerischem Selbstverständnis und ihrem Dasein als ‹Brotschriftsteller›, wie sie besonders aus zahlreichen Äußerungen Gutzkows erkennbar wird. Der ständige Konflikt zwischen ‹Beruf und Berufung› ist gerade bei ihm unübersehbar, der doch wie seine jungdeutschen Kollegen dem Dichter klassischer Provenienz zugunsten des «Zeitschriftstellers» eine Absage erteilt hatte. Diese ambivalente Haltung wird auch deutlich anläßlich der ersten deutschen Schriftstellerversammlung, die im April 1845 in Leipzig vom 1840 gegründeten Leipziger Literatenverein (ab 1845 Leipziger Schriftstellerverein) organisiert wurde. Öffentlich wurde hier die gewandelte Position des Schriftstellers hin zum ‹Brotberuf› beschrieben und diskutiert; die Behandlung juristischer und materieller Probleme stand im Mittelpunkt. Für Karl Biedermann, den Wortführer der Mehrheit, ist es eine zwingende Notwendigkeit für den freien Schriftsteller, sich zu einem Stand zu formieren, der sowohl gegenüber dem Verleger wie gegenüber den staatlichen Institutionen seine Interessen vertreten kann. «Wie wir da

versammelt waren, so war der größte Teil von uns sogenannte freie Literaten, Leute, die von der Feder leben. Schämen wir uns doch nicht, dies
auszusprechen», heißt es bei ihm im Rückblick. Schriftsteller, die von
der Zensur beengt werden und in Gefahr sind, vom Buchhändler und
Verleger, «der nur ein Kaufmann ist», übervorteilt zu werden, müssen
«die Erzeugnisse dieser geistigen Produktion wie eine Ware auf den
Markt bringen, zum Verkaufe anbieten und um den Preis feilschen».
Gesetze müssen Schutz gewähren dort, wo der Schriftsteller aus der
«idealischen Scheu vor dem Materialismus des kaufmännischen Handelns» sich nicht wehre.[8] Diese ‹politische und materielle Richtung› aber
hatte einen schweren Stand gegen Stimmen wie Gutzkow und Ignaz
Kuranda, die hier das «künstlerische und ideale Moment» vermißten
und die Gefahr beschworen, daß jeder Gedanke «an unsere poetischen
Funken» (Gutzkow) verlorengehen könne.

Nur eine Minderheit der deutschen Schriftsteller sah in den vierziger
Jahren eine Notwendigkeit, sich zur Vertretung der Berufsinteressen zu-
sammenzuschließen. Die Mitgliederzahlen im Literatenverein, soweit
sie sich überhaupt feststellen ließen, blieben bescheiden: 1842 waren es
87 Mitglieder, 1844 117 Mitglieder und am 1. September 1846 132 Mitglieder, davon 52 auswärtige, womit ein Höchststand erreicht war. Dabei ist noch zu berücksichtigen, daß neben den eigentlichen Literaten
wie Laube, Kühne und Herloßsohn auch Professoren der Leipziger Universität wie Biedermann, Bülau und Wuttke sowie selbst Buchhändler
wie die Brüder Brockhaus und Wigand Mitglieder waren. Dieser kleine,
dazu in seinen politischen und ästhetischen Anschauungen äußerst heterogene Mitgliederkreis konnte nur eine beschränkte Tätigkeit entwik-
keln. Auf dem Gebiet der Nachdruckgesetzgebung und des literarischen
Eigentumsschutzes fand der Verein bei seiner Gründung eine in ihren
Grundvoraussetzungen bereits festgelegte Situation vor; er hat
1842/1843 durch Petitionen an die sächsischen Ständeversammlungen
deren Beschlüsse in bezug auf Pressefreiheit und einheitliches Urheber-
und Verlagsrecht zu beeinflussen gesucht. Eine Unterstützungskasse für
notleidende Schriftsteller wurde gegründet. Zudem zwang eine rigide
staatliche Überwachung zur Selbstbeschränkung. So ist der Verein über
eine reine Diskussionsrunde nur ansatzweise hinausgelangt, die aber
doch zum erstenmal das «Bedürfnis eines überlegten, planvollen Wir-
kens auf die wirren, regellosen und gährenden Zustände» artikulierte,
«damit die Schriftsteller selbst, so weit dies von ihnen vermocht wird,
ihre Lage bestimmen».[9]

Zeitschriften

Quantitativ ist die Entwicklung der Zeitschriften im Vormärz wegen fehlender statistischer Unterlagen nur annähernd faßbar. Im Vergleich zum vorhergehenden Zeitraum ist festzustellen, daß bei der Anzahl der jährlichen Neuerscheinungen die Zahlen von 1790 (1225 Titel) bei weitem nicht mehr erreicht werden. Zwischen 1826 (371 Titel) und 1848 (688 Titel) hat eine knappe Verdoppelung stattgefunden. Ein Großteil der deutschen Zeitschriften in diesem Zeitraum erschien in Berlin, Leipzig und Stuttgart, zwei Drittel jedoch immerhin noch in anderen Städten. Auch Angaben über die Höhe der durchschnittlichen Auflage können nur Annäherungswerte ergeben, da sie aufgrund einer nicht ausreichend breiten Zahlenbasis ermittelt worden sind. 1841 sind danach rund 40,9 Prozent der deutschen Zeitschriften in einer Auflage zwischen 500 und 1000 Exemplaren erschienen; rund 20 Prozent hatten eine Auflage von 1000 bis 2500 Stück, nur knapp 5 Prozent lagen zwischen 2500 und 5000 Exemplaren, und 4 Prozent hatten eine Auflage von über 5000 Stück. An der Gesamtproduktion hatten die literarischen Zeitschriften im weitesten Sinne einen hohen Anteil; er scheint weit über 50 Prozent betragen zu haben. Zwar ist zu berücksichtigen, daß der überwiegende Teil dieser Zeitschriftengründungen nur sehr kurzlebig war, viele sich aber auch über Jahre hinaus erhalten konnten. So kann man von der Annahme ausgehen, daß literarische Zeitschriften, das heißt vorwiegend kulturelle und ‹unaktuelle› Journale im Vormärz in Deutschland innerhalb einer sich entwickelnden Publizistik einen wichtigen Rang einnahmen.

Das hing zusammen mit den strengen Beschränkungen, denen die politische Tagespresse in besonderem Maße unterworfen war. Ihr maß man im liberalen Bürgertum eine solch hohe nationalpolitische Bedeutung bei, daß eine Gründung wie der Deutsche Preß- und Vaterlandsverein Anfang 1832 sogar eine Wiedererweckung der deutschen Nation auf dem Wege der öffentlichen politischen Meinungsbildung zu erreichen hoffte. Wegen der geschilderten Repressionen mußte man sich statt dessen mit literarischen Zeitschriften begnügen, die jede Politik vom Programm her aus ihren Spalten ausschlossen. Zunehmend gelang es diesen Zeitschriften, neben einer dünnen Bildungselite auch breitere Mittelschichten anzusprechen; an ein Unterschichtenpublikum war schon von den Preisen – je nach Umfang sechs bis zwölf Taler für das Jahresabonnement – und dem Anspruchsniveau her gesehen nicht gedacht.

Für die Autoren, die überwiegend ohne feste Verträge an literarischen Zeitschriften mitarbeiteten – eine Ausnahme bildeten nur Blätter mit wissenschaftlichem Anspruch –, war diese unmittelbare Verbindung mit einem breiten Publikum von großer Bedeutung für den Start und dann für die Sicherung ihrer literarischen Karriere. Mitarbeit an literarischen Zeitschriften war häufig die Grundlage einer Schriftstellerexistenz im Vormärz. Möglichkeiten des Erwerbs waren hier, wenn die Mitarbeit anonym geschah, selbst noch den von der Zensur verbotenen Autoren gegeben, wie die Beispiele der jungdeutschen Schriftsteller zeigen.

Wichtig sind zunächst die belletristischen Journale. Sie entwickelten sich um 1800 als literarisch-kultureller Zeitschriftentypus in der Nachfolge von Wielands *Teutschem Merkur*. Mannigfaltigkeit des Inhalts galt als erster Grundsatz; Politik, Philosophie und alle Fachwissenschaften waren ausgeschlossen. Dieser Zeitschriftentypus hat sich bis zum Ende des Vormärz erhalten können, seit den vierziger Jahren allerdings mit immer geringerem Widerhall, selbst wenn es einigen zeitweilig gelang, sich den veränderten Publikumsbedürfnissen anzupassen. Als seine älteren Vertreter sind zu nennen die *Zeitung für die elegante Welt* (1801 bis 1859) in Leipzig und Cottas *Morgenblatt für gebildete Stände* (1806 bis 1849) in Stuttgart, zwei Beispiele, die zugleich die Entfaltungsbreite dieses Zeitschriftentypus dokumentieren. ‹Mannigfaltigkeit des Inhalts› bedeutete auch eine ungemeine Offenheit für literarische Moden aller Art und damit eine Flexibilität, die sich gelegentlich im Sinne neuer, auch politischer Ziele nutzen ließ. Das zeigen bei der *Zeitung für die elegante Welt* die beiden Redaktionsperioden Laubes, 1833/1834 und 1843/1845, wo das Blatt vorübergehend progressive Töne anschlug. Im *Morgenblatt*, mit Auflagen zwischen 1300 und 1800 Exemplaren eine der verbreitetsten Zeitschriften dieser Art, wurde in den dreißiger und vierziger Jahren den Reisebeschreibungen und den völkerkundlichen Aufsätzen viel Platz eingeräumt, auch zu Beginn der dreißiger und vierziger Jahre der politischen Lyrik, und zwar trotz der prinzipiellen Ablehnung dieses Genres durch den Cottaverlag.

Bekannte Neugründungen der dreißiger Jahre waren neben Carl Herloßsohns *Komet* in Leipzig (1830 bis 1848) August Lewalds *Europa, Chronik der gebildeten Welt* in Stuttgart (1835 bis 1858) und Karl Gutzkows *Telegraph für Deutschland* in Hamburg (1838 bis 1848). Mit 2500 Abonnenten, die sich in den ersten anderthalb Jahren für die *Europa* fanden, hatte dieses Blatt einen ungewöhnlichen Erfolg: Der Gedanke, eine «Übersicht der sozialen Zustände aller europäischer Hauptstädte» liefern zu wollen und danach auch den gesamten Inhalt zu gliedern, einen Hauptteil von einem Feuilleton zu trennen und «die vorzüglichste in- und ausländische Literatur in pikanten Auszügen» zu geben, wie er 1835 programmatisch ausgesprochen wurde, entsprach Bedürfnissen eines Publikums, das sich ohne große Anstrengung unterhalten und informieren lassen wollte. Als eine der ersten belletristischen Journale lieferte die *Europa* auch illustrierte Beilagen. Für Gutzkow war die Zeitschrift nur «ein Journal für Schneider und Modehändler», um das sich das bessere Publikum nicht kümmere. Sein *Telegraph* mit 500 bis 600 Abonnenten stellte höhere intellektuelle Ansprüche und wollte auch als belletristisches Journal auf eine politische Linie nicht verzichten: Als ein Sprachrohr des «constitutionellen Deutschland» müsse der *Telegraph* in den Lesezirkeln die Runde machen, wie es das Editorial von 1840 formulierte. Es ist Gutzkow mit dieser Zeitschrift als einzigem jungdeutschen Schriftsteller gelungen, über enge Literatenkreise hinaus jahrelang auch eine allgemeine Öffentlichkeit anzusprechen.

Eine zweite große Gruppe literarischer Zeitschriften bilden die allgemeinen kritischen Rezensionsorgane, ein integrierender Bestandteil des literarischen Lebens im Vormärz, weil sich Kritik und öffentliches Räsonnement wegen der staatlichen Repressionen zunächst als literarische Kritik artikulieren mußten. Zu unterscheiden sind hier die Blätter mit wissenschaftlichem Anspruch – wie die allgemeinen Literaturzeitungen und die kritischen Jahrbücher – von den populären Rezensionsorganen.

Die allgemeinen Literaturzeitungen, die Ende des 18. Jahrhunderts die Nachfolge der alten Gelehrtenzeitungen und von Nicolais *Allgemeiner Deutscher Bibliothek* angetreten hatten, setzten Traditionen der Spätaufklärung fort und galten seit Ende der zwanziger Jahre als unzeitgemäß, sind aber endgültig erst 1848/1849 eingegangen. Sie haben in Einzelfällen versucht, sich neuer Konkurrenz anzupassen. Die beiden bekanntesten Beispiele sind die *Allgemeine Literaturzeitung* in Halle (1784 bis 1849) und die *Jenaische Allgemeine Literaturzeitung* (1804 bis 1841), fortgesetzt als *Neue Jenaische Literaturzeitung* (1842 bis 1848).

Die kritischen Jahrbücher wollten sich von den universalen Maßstäben lösen, die die allgemeinen Literaturzeitungen gesetzt hatten, sie drängten auf Auswahl und wollten nur das für den jeweiligen Wissenschaftszweig Entscheidende bringen. In Abgrenzung von den Fachzeitschriften wollte man sich auf das beschränken, «was keinem, der auf höhere und universale Bildung Ansprüche macht, gänzlich gleichgültig oder unverständlich sein darf»[10]. Bekannte Beispiele für unseren Zeitraum sind Brockhaus' *Hermes* (1819 bis 1831), die *Jahrbücher der Literatur* in Wien (1818 bis 1849), die *Jahrbücher für wissenschaftliche Kritik* in Berlin (1827 bis 1846), das Sprachrohr der Berliner Hegelianer, und die *Hallischen* (ab Juli 1841 *Deutschen*) *Jahrbücher für Wissenschaft und Kunst* (1838 bis 1843) von Ruge und Echtermeyer, das Organ der Linkshegelianer. Der *Hermes* und die *Hallischen Jahrbücher* waren Verlegerunternehmungen von Brockhaus beziehungsweise Otto Wigand; die Wiener und Berliner Jahrbücher haben ohne staatliche Subventionen nicht existieren können. Die Auflagenzahlen waren niedrig; beim *Hermes* und den *Hallischen Jahrbüchern* lagen sie bei etwa 500 Stück, bei den Wiener und Berliner Jahrbüchern wohl weit unter 400 Stück. Als

Publikum versuchte nur der *Hermes*, «jeden gebildeten Staatsbürger, auch höher gebildete Frauen» anzusprechen, die anderen beschränkten sich auf «die wissenschaftlich Gebildeten verschiedenster Fachkreise».

Solange reine Wissenschaft im Sinne der Regierungen betrieben wurde, hatten diese Zeitschriften staatliche Repressionen nicht zu befürchten; auch zwang allein die staatliche Subvention zu Wohlverhalten. Das änderte sich bei den Berliner Jahrbüchern ab 1839, «seit Preußen die Hegelei auch ostensibel abstößt», wie Ruge es formulierte. Unter dem preußischen Kultusminister Eichhorn gab es seit 1840 massive Versuche, die ‹einseitige› Richtung des Blatts zu ändern, so daß die renommiertesten Mitarbeiter die Arbeit aufgeben mußten. Auch die wissenschaftliche Richtung der *Hallischen Jahrbücher* wurde abgelehnt, weil sie «von dem Standpunkt einer hohlen philosophischen Reflexion aus Religion und Kirche wie die Verwaltungsgrundsätze und die Politik des preußischen Staats einer unbescheidenen und anmaßenden Kritik» unterzögen und damit das Vertrauen «bei dem teilweise nur zu sehr philosophisch-politischen Abstraktionen sich hinneigenden deutschen Publikum» untergrüben. Vor allem aber schien hier die Grenze, die Wissenschaft und breitere Öffentlichkeit zu trennen hatte, nicht mehr scharf genug gezogen: Offen wurde die Befürchtung ausgesprochen, daß die Zeitschrift nach 1842 «ein immer größeres und nicht bloß wirklich wissenschaftliches Publikum» zu finden scheine, ja auf diesen Leserkreis «ohne eigentliche wissenschaftliche Bildung» berechnet sei. So wurde sie im Januar 1843 in Sachsen und am 4. Mai 1843 durch Bundesbeschluß auch in allen übrigen Bundesstaaten verboten, vom Pressekomitee als ‹nichtwissenschaftlich› eingestuft wegen der «äußeren Form ihres Erscheinens» (gemeint war die tägliche Erscheinungsweise) und der «Art der Behandlung ihres Inhalts»; denn die wahre Wissenschaft suche «keine unmittelbare Einwirkung auf die Gegenwart».[11]

Die populären Rezensionsorgane entstanden nach der Jahrhundertwende durch die Verselbständigung der kritischen Teile der belletristischen Journale. Sie entfalteten sich in den zwanziger Jahren und ließen sich nach 1830 in vielen Fällen im Sinne der neuen Inhalte und Ziele umfunktionieren. Bekannte Beispiele solcher unterhaltenden kritischen Blätter sind Kotzebues 1818 begründetes *Literarisches Wochenblatt*, das 1820 als *Literarisches Conversationsblatt* von Brockhaus übernommen und nach einem Verbot in Preußen als *Blätter für literarische Unterhaltung* (1826 bis 1898) fortgeführt wurde, sowie das *Literatur-Blatt* zum *Morgenblatt* (1820 bis 1849) unter seinen Redakteuren Adolf Müllner und Wolfgang Menzel.

Pfennig- und Hellermagazine

Auflagenziffer und Absatz lassen es nur bei wenigen Zeitschriften in der ersten Hälfte des 19. Jahrhunderts zu, von Vorläufern einer Massenzeitschrift zu sprechen. Hier sind als wichtigste Gruppe die Pfennig- und Hellermagazine zu nennen, die in der Nachfolge des englischen *Penny Magazine of the Society for the Diffusion of useful Knowledge* Anfang der dreißiger Jahre gegründet worden sind. Sie wollten ihrer Zielsetzung nach eine breitere Leserschaft ansprechen und sind als eine Art Vorstufe der späteren Familienzeitschriften anzusehen. Eine Verbreitung bei einem Unterschichtenpublikum darf aber auch hier nicht angenommen werden; das kleine und vor allem mittlere Bürgertum in den großen Städten war die angesprochene Zielgruppe. Nur in diesem Sinne fand das «Geschäft der Demokratisierung nach allen Richtungen» (Hermann Hauff) in Zeitschriften dieser Art seinen Ausdruck. In diesen Blättern entstand den belletristischen Journalen eine ernst zu nehmende, wenn auch wohl anfangs überschätzte Konkurrenz.

In der deutschen Filiale der Pariser Buchhandlung Bossange Père in Leipzig erschien 1833 das erste deutsche Pfennigmagazin, das schon 1834 von Brockhaus übernommen wurde: *Das Pfennig-Magazin der Gesellschaft zur Verbreitung Gemeinnütziger Kenntnisse* (1833 bis 1842), später *Das Pfennigmagazin für Unterhaltung und Belehrung* (1843 bis 1855) erschien als Wochenschrift jeden Sonnabend im Umfang von einem Quartbogen; das Jahresabonnement von zwei Talern ist, verglichen mit den Preisen der belletristischen Journale, außerordentlich niedrig. Das Schwergewicht lag auf der Verbreitung gemeinnütziger Kenntnisse. Illustrationen (Holzstich) waren das neue Medium, das zunehmend auch von den belletristischen Journalen der dreißiger Jahre verwendet wurde, um Realienwissen auch den Lesern zu vermitteln, die ein ‹einfacher Vortrag› allein noch überfordert haben würde. Die bisher bekannten Auflagenzahlen sind wenig zuverlässig, liegen auch nur für die Anfangszeit vor (zunächst 35000, die bald auf über 100000 angestiegen seien; auch wurde eine eigene Ausgabe für Österreich von Carl Gerold in Wien in 10000 Exemplaren verbreitet). Der Inhalt dieses Zeitschriftentyps ist noch nicht systematisch untersucht worden. Aufschluß über die angestrebten Ziele gibt aber zum Beispiel das Editorial des Leipziger Pfennigmagazins von 1833/1834, wo es heißt, daß «allgemeine Verbreitung nützlicher Kenntnisse, Erhebung des Geistes zum Himmel, Stärkung des Gemüthes, Befestigung des Charakters, Beförderung des Wohlstandes, Vertilgung von Unwissenheit, Ausrottung der Vorurtheile und des Aberglaubens, kurz Aufklärung, Tugend und Religion» der Zweck seien, auch alles vermieden werden solle, «was nur im geringsten die zwischen den Regierungen und ihren Unterthanen streitigen Gegenstände berührt, weil wir durchaus keiner Parthei anhängen». 1847 hatte man den Plan, «die Grundlehren der Naturwissenschaften zu entwickeln und dabei stets auf die innige Beziehung zu verweisen, in welcher dieselben mit dem bürgerlichen und täglichen Leben stehen».

Der Aspekt, der in den angeführten programmatischen Äußerungen des Leipziger Blattes deutlich wird und in den anderen Pfennig- und Hellermagazinen in Variationen immer wieder auftaucht, ist von den Zeitgenossen, die diesem neuen Zeitschriftentyp durchaus mit kritischer Distanz begegneten, nicht wahrgenommen, jedenfalls nicht formuliert worden: Eine bewußt apolitische, traditionellen Vorstellungen von Bürgertugend anhängende Position ist tendenziell erkennbar, die die bürgerliche Emanzipation auf unmittelbar dem Aufstiegswillen breiter Mittelschichten nützlich erscheinende Kenntnisse verengte und damit einem Rückzug von der aktuellen Gesellschaftsproblematik das Wort redete.

Bernd Witte
Literaturtheorie, Literaturkritik und Literaturgeschichte

Die Funktion der Kritik im Literaturbetrieb

«Über die gesamte Literatur sowohl, als über einzelne Abschnitte derselben wurde seit 1830 mehr geschrieben, als früher in fünfzig Jahren.» Diese Feststellung Georg Herweghs aus dem Jahre 1840 bestätigt, daß schon den zeitgenössischen Schriftstellern die außerordentliche Steigerung der literaturgeschichtlichen und literaturtheoretischen Auseinandersetzung in der Epoche des Vormärz aufgefallen war. In der neueren literaturwissenschaftlichen Forschung wird der Zeitraum seit 1815 gar als «literarische Gründerzeit» beschrieben.[1] In der Tat hat sich in diesen Jahrzehnten zum erstenmal im deutschsprachigen Raum ein Literaturbetrieb im modernen Sinne entwickelt, an dem kritische und ästhetische Schriften einen maßgeblichen Anteil hatten und häufig sogar die Produktion fiktionaler Literatur durch ihre Quantität und durch das Echo, das sie beim Publikum fanden, überwogen.

Dieses neue Phänomen ist zunächst eine unmittelbare Folge der Neubewertung der Literaturkritik durch die Romantiker, insbesondere durch die Schriften Friedrich und August Wilhelm Schlegels. Indem sie die Kritik des Kunstwerks als dessen Vollendung definierten und sie dadurch als «Poesie der Poesie» noch über die traditionellen Gattungen erhoben, hatten sie ihr zum erstenmal eigenständige Würde und methodische Selbstständigkeit gegeben. Von ihnen haben die Schriftsteller des Jungen Deutschland in seltener Einmütigkeit die Betonung der zentralen Stellung der Kritik im literarischen Leben der Zeit übernommen.

«Die echte Kritik hat ein ebenso notwendiges als edles Geschäft zu verwalten. Wie das Denken durch Überlegen, so wird die Literatur durch Kritik fortgepflanzt. (. . .) Am Faden der Kritik wächst und reift ein Geschlecht über das andere hinaus.» So definiert programmatisch Wolfgang Menzel zu Beginn des Kapitels «Kritik» im vierten Band seines

Werks *Die deutsche Literatur*, und Ludwig Börne stellt 1836 in der «Introduction» zu seiner französischsprachigen Zeitschrift *La Balance* ebenso kurz wie bündig fest: «Les Allemands sont les grands maîtres de la critique.» («Die Deutschen sind die Großmeister der Kritik.») Dabei war den jungdeutschen Literaten die Kontinuität ihrer Anschauungen mit denen ihrer romantischen Vorgänger durchaus bewußt, obwohl sie der Kritik in ihrer Zeit eine andere Funktion zuschrieben als der in der vorhergehenden Epoche. «Der Glanz der alten Zeit hatte mit der Kritik geendet, die Hoffnung einer neuen mußte mit der Kritik wieder anfangen.» In diesem Satz aus der Goethe-Monographie Karl Gutzkows werden der Zusammenhang mit der romantischen Tradition, die als Vollendung der Goetheschen Kunstperiode gedeutet wird, und der Umbruch zu einer produktiven Erneuerung der Literatur, wie sie die eigene Generation durch ihre kritische Auseinandersetzung mit derselben Periode sucht, dialektisch zusammengefaßt.

Der Hochschätzung der Kritik liegt sozialgeschichtlich die Tatsache zugrunde, daß im Vormärz sich Literaten zum erstenmal in größerem Umfang eine Existenz als Berufsschriftsteller aufzubauen versuchten. Die technischen Neuerungen, etwa die Einführung der Schnellpresse, der organisatorische Fortschritt durch die Gründung des Börsenvereins des Buchhandels im Jahre 1825 und die rechtliche Besserstellung durch das Nachdruckverbot führten zu einer Ausweitung des Buchmarktes und ließen ein Leben als freier Schriftsteller möglich erscheinen. Allerdings blieb diese Möglichkeit bei der zahlenmäßigen Beschränktheit des Lesepublikums und der regionalen Aufsplitterung des literarischen Marktes in Deutschland lange Zeit hindurch noch so marginal, daß sich die meisten Schriftsteller ihren Lebensunterhalt nur durch die Mitarbeit am Feuilleton von Zeitungen oder durch die Herausgabe kritischer Journale sichern konnten. Heines ständiger Kampf mit seinem Verleger Campe um höhere Honorare und seine Korrespondenzen für Cottas Augsburger *Allgemeine Zeitung* können für diese Situation als ebenso typisch gelten wie die zahlreichen Zeitschriftengründungen der Jungdeutschen. Es ist also zu einem guten Teil die ökonomische Notwendigkeit, die fast alle Literaten der Zeit zum Verfassen von Zeitungskritiken oder zur Herausgabe von Rezensionsorganen veranlaßt.

Ludwig Börne gesteht das in einem Antrag auf Änderung seines jüdischen Namens Löw Baruch, der ihn als Zeitschriftenherausgeber diskreditierte, offen ein. In seiner Eingabe von 1818 an den Frankfurter Senat begründet er seinen Plan damit, daß ihn auch der Wunsch, sich «eine Erwerbsquelle zu eröffnen, (. . .) zu diesem literarischen Unternehmen bestimmt» habe. Die ökonomische Angewiesenheit auf die literarische und kritische Tagesproduktion erklärt nicht nur deren allgemeine Beliebtheit und sprunghafte Zunahme seit 1815, sondern auch die politische Erpreßbarkeit ihrer Produzenten, die durch eine Unterdrückung der kritischen Medien von seiten der herrschenden Reaktion empfindlich getroffen werden konnten. So ist die quantitative Ausweitung des Literaturbetriebs zugleich ein Zeichen für die Schwäche der sozialen Stellung der Schriftsteller im Vormärz.

Schließlich unterlagen Literaturkritik und Ästhetik in besonders starkem Maße dem, wie Friedrich Schlegel 1820 in seinem Aufsatz *Signatur des Zeitalters* formulierte, «merkwürdigen Charakterzuge unserer Zeit, daß jetzt alles sogleich zur Partei wird». Für diese politische Indienstnahme der Kritik hatte er selbst durch seinen Einsatz als Journalist und Kritiker für das Österreich Metternichs ein erstes Bespiel gegeben. Sie wurde in der jungdeutschen Publizistik zur Regel, weil die Gegner der Restauration ihre politischen Auseinandersetzungen wegen der staatlichen Zensur- und Unterdrückungsmaßnahmen nicht mehr offen austragen konnten. Sie machten deshalb ihre Literaturkritik bewußt zum Stellvertretermedium im politischen Kampf, wie Gutzkow schon 1836 selbstkritisch diagnostizierte: «Die Jugend, auf der Flucht vor der aufgereizten bürgerlichen Gewalt, genötigt, sich in Schlupfwinkel zu verbergen, sprang aus der Politik in die Literatur, verwechselte die Begriffe der einen mit denen der andern, und tobte seine letzten Leidenschaften auf einem Tummelplatze aus, wo die Neuerung mit keiner Gefahr verknüpft war.» Der «Schmuggelhandel der Freiheit» unter der Flagge des Feuilletons erweist sich so einerseits als Rückzugsphänomen, verleiht der ästhetischen Diskussion aber auch eine Aktualität und Praxisbezogenheit, die sie vordem nie besessen hatte. Die kritische Beschäftigung mit der Literatur fragt nun nicht mehr nach Wesen und Funktion des Kunstschönen, sondern wendet sich mehr oder weniger unmittelbar der politischen Nutzanwendung zu.

Das Ende der Romantik: Geschichte als Medium der Kritik

In dem Versuch einer Verbindung von Kunst und Leben haben die jungen Schriftsteller ihre Vorläufer und – trotz ihrer ideologischen Gegnerschaft gegen die vorhergehende Generation – auch ihre methodischen Vorbilder in der spätromantischen Literaturkritik gefunden, die sich im ersten Jahrzehnt nach 1815 mit den Publikationen von Ludwig Tieck und Clemens Brentano, von Görres und Adam Müller und mit den großangelegten Untersuchungen der Grimms und der Schlegels noch ungebrochen behauptete. Sie hat ihre reinste Ausprägung und ihre materialreichste Summe in den Vorlesungen über die *Geschichte der alten und neuen Literatur* gefunden, die Friedrich Schlegel im Frühjahr 1812 in Wien vor einer illustren Gesellschaft vornehmlich aus Mitgliedern des höchsten Hofadels hielt und die er 1815 in Buchform herausgab. Sieben Jahre später publizierte er sie, geringfügig erweitert, noch einmal in den

beiden ersten Bänden seiner sämtlichen Werke. Die Schrift, die «Sr.
Durchlaucht dem Herrn Clemens Wenzeslaus Lothar Fürsten von Met-
ternich-Winneburg, Sr. k. k. apostolischen Majestät Haus-, Hof- und
Staats-Kanzler» gewidmet ist, begründet die Gattung der historisch fundierten und zugleich im Sinne einer intellektuellen Konstruktion geord-
neten Literaturgeschichtsschreibung in Deutschland, die die bisher als
solche geltenden kompilatorischen Abrisse biographischer und biblio-
graphischer Daten ersetzte. Dieses Verdienst ist noch von Heine in seiner Rezension von Menzels *Die deutsche Literatur* aus dem Jahre 1828
mit Bewunderung anerkannt worden, in der er rühmend hervorhebt,
daß «Friedrich Schlegel großartig das Ganze aller geistigen Bestrebungen erfaßte, die Erscheinungen derselben gleichsam wieder zurückschuf
in das ursprüngliche Schöpfungs-Wort, woraus sie hervorgegangen, so
daß sein Buch einem schaffenden Geisterliede gleicht».

Die neue Qualität dieser Literaturbetrachtung rührt daher, daß es Schlegel gelingt, den geschichtlichen Ablauf und die systematische Theoriebildung zu einer Synthese zusammenzufassen, indem er die europäische
Literatur von ihren Anfängen in der Antike bis zur aktuellen Gegenwart
zu einem in sich harmonischen Ganzen konstruiert. Damit macht er die
Kategorie der Totalität, die als zentrale schon die Hermeneutik und Geschichtsphilosophie der Frühromantik bestimmte und deren historischer
Ursprung ebensosehr in der Anschauung der harmonischen Ganzheit
des klassischen Kunstwerks wie in der Ahnung der möglichen Vollendung der Geschichte durch die Erfahrung der Französischen Revolution
zu suchen ist, auch zum Mittelpunkt seines Spätwerks, dessen Methode
er abschließend so definiert: «Der wahre Verstand aber beruht in allen
Dingen auf der Übersicht und Anschauung des Ganzen, und dann auf
dem Urteil, oder der Unterscheidung dessen, was das Rechte ist.» Subjektiv konstruierte Geschichte, die sich den Anschein einer gesetzmäßigen Notwendigkeit zu geben weiß, wird somit unmittelbar zum Organon
der Kritik. An ihr werden alle einzelnen literarischen Phänomene gemessen.

Durch dieses Verfahren macht Schlegel die Literaturgeschichte zu einem historisch variablen Reflexionsmedium, in dem die gesellschaftliche
Funktion der literarischen Texte definiert und damit ihre Rezeption gesteuert wird, und schafft so erst die Möglichkeit einer öffentlichen Auseinandersetzung über Literatur im Sinne engagierter Kritik. Zugleich
dient die Auslegung literarischer Texte nun mehr und mehr dazu zu bestimmen, was es an der Zeit ist im Ablauf der Weltgeschichte. In dieser
Hinsicht tendiert Schlegels Literaturgeschichte auch zum geschichtsphilosophischen System.

Die methodische Bindung an die Geschichte und der wertende Rückbe-
zug auf sie ermöglichen es Schlegel, seinen programmatischen Vorsatz

zu verwirklichen, «der großen Kluft, welche immer noch die literarische Welt und das intellektuelle Leben des Menschen von der praktischen Wirklichkeit trennt, entgegen zu wirken, und zu zeigen, wie bedeutend eine nationale Geistesbildung oft auch in den Lauf der großen Weltbegebenheiten und in die Schicksale der Staaten eingreift». Auf diese Weise wird die aktuelle politische Situation, wie sie 1812 zunächst aus dem Kampf gegen Napoleon sich herleitete und wie er sie dann in welthistorischem Rahmen 1820 in seinem Aufsatz *Signatur des Zeitalters* in der Zeitschrift *Concordia* generalisiert hat, zum geheimen Fluchtpunkt der literaturgeschichtlichen Darstellung. Gegen den «anarchischen Zustand des intellektuellen Lebens» und gegen den moralischen und politischen Verfall, der für ihn mit Reformation und Aufklärung beginnt und in der Französischen Revolution gipfelt, um sich dann unter deren Testamentsvollstrecker Napoleon über ganz Europa auszubreiten, ist die Rückbesinnung auf die «große(n) alte(n) National-Erinnerungen» gerichtet, in der die Literaturgeschichte nach ihm ihre vornehmste Aufgabe zu sehen hat. «Es muß ein Volk, wenn dieses einen Wert haben soll, auch zum klaren Bewußtsein seiner eigenen Taten und Schicksale gelangen.» Deshalb hebt Schlegels Darstellung vor allem die literarischen Traditionen des Mittelalters hervor, betont aber auch die Eigenständigkeit der deutschen Literaturentwicklung in der zweiten Hälfte des 18. Jahrhunderts, wobei er durch seine Einteilung in vier literarische «Generationen» die später kanonisch gewordene Abfolge von Aufklärung, Sturm und Drang, Klassik und Romantik vorwegnimmt.

Trotz dieser in vielen historischen Detailfragen zutreffenden Übersicht wird sich Schlegel des grundlegenden Widerspruchs seiner Analyse nicht bewußt. Dem durch die Emanzipation des Bürgertums akut gewordenen Streben nach nationaler Einigung will er durch die Erinnerung an die organische Einheit des mittelalterlichen Feudalstaats, an die «Idee des altdeutschen christkatholischen Kaisertums» entgegenkommen. So trägt sein Werk die Spuren des Antagonismus an sich, der die deutsche Politik im gesamten 19. Jahrhundert beherrschen wird. Die auf Schlegel folgende Generation der Kritiker hat diesen Widerspruch aufgelöst, indem sie sich zunächst resolut auf die Seite des Liberalismus stellte. Methodisch ging sie jedoch keineswegs über Schlegel hinaus, sondern unterwarf wie dieser die Kritik und die auf ihr aufbauende Literaturgeschichte politischen Prämissen. An diesem Beginn der Literaturgeschichtsschreibung in der ersten Hälfte des 19. Jahrhunderts läßt sich ablesen, daß die ideologische Indienstnahme dieser Disziplin keineswegs ein unglücklicher historischer Zufall war, wie die Germanistik im Zuge der Aufarbeitung ihrer eigenen Vergangenheit zuweilen glauben machen möchte, sondern daß sie aufgrund ihrer methodischen Voraussetzungen notwendigerweise von den historischen Interessen – und das heißt von den sozialen und politischen Parteien – abhängig wurde, nachdem sie sich einmal von der systematischen Ästhetik befreit und die Geschichte als Medium der Kritik konstituiert hatte.

Der Kampf gegen Goethe

Schlegels Lamento gegen «Ultrageist» und «Parteienkampf» entspringt so einem falschen Bewußtsein, dem die eigene Praxis durchaus widerspricht. Schriftsteller wie Menzel, Börne und Heine haben das eingesehen und bekennen sich daher offen zur politisch engagierten Kritik, ja machen sie geradezu zum programmatischen Mittelpunkt ihrer öffentlichen Wirksamkeit. Denn nichts anderes bedeutet der Kampf gegen Goethe und seine ästhetischen Anschauungen, der ein beherrschendes Thema der kritischen Schriften aller dieser Autoren bildet. In Goethe bekämpfen sie – im Gegensatz zu Schlegel, der in ihm als einem «Shakespeare unseres Zeitalters» den Gipfelpunkt der modernen Poesie überhaupt sieht – den Vertreter einer ästhetisch autonomen Kunst. Doch tun sie dies von einem jeweils unterschiedlichen ideologischen Standpunkt aus.

Wolfgang Menzel (1798 bis 1873), der als Student in Jena und Bonn einer der Mitbegründer der Deutschen Burschenschaft gewesen war und deshalb 1820 aufgrund der Karlsbader Beschlüsse von der Universität relegiert wurde, machte seinen Kampf gegen den Weimarer Klassiker schon zu einem zentralen Gegenstand der von ihm in Zürich herausgegebenen Zeitschrift *Europäische Blätter oder das Interessanteste aus Literatur und Leben für die gebildete Lesewelt* (1824). Als dann der Siebenundzwanzigjährige 1825 die Redaktion des Cottaschen *Literatur-Blattes* in Stuttgart übernahm, das er bis 1849 leitete, beherrschte er mit seinem deutschtümelnden und moralisierenden Nationalismus das wohl einflußreichste Rezensionsorgan der Epoche. Den Ertrag seiner kritischen Tätigkeit hat er in sein 1828 zuerst erschienenes, 1836 in erweiterter Auflage neu herausgegebenes Werk *Die deutsche Literatur* eingebracht, das bei der jungen Generation eine außerordentliche Resonanz fand. So stellt es Heine etwa in seiner Rezension als «bewegtes Drama» dem «Literaturepos» Schlegels als gleichrangig an die Seite. Diese Charakteristik trifft auf das genaueste Menzels Intention, Literaturkritik als Mittel der Auseinandersetzung um einen deutschen Nationalstaat einzusetzen. Deshalb versucht er, Goethes «aristokratische Frivolität» zum eigentlichen literarischen Übel der Epoche zu stilisieren:

«Göthes ganze Erscheinung, der Inbegriff aller seiner Eigenheiten und Äußerungen, ist ein Reflex, ein eng zusammengedrängtes buntes Farbenbild seiner Zeit. Aber diese war eine Zeit nationeller Entartung, politischer Schwäche und Schande, eines schadenfrohen Unglaubens und einer koketten wollüstelnden Frömmelei, einer tiefen Demoralisation und ästhetischer Genußsucht unter der Maske eines feinen Anstandes, einer Verachtung aller öffentlichen Interessen und einer ängstlichen Pflege des Egoismus. Alle diese traurigen Zeiterscheinungen, die den Umsturz unseres Reichs und den Triumph Frankreichs über unser verwahrlostes Vaterland bedingten und herbeiführten, hat Göthe nicht als ein Heros bekämpft, oder als ein Prophet beklagt, sondern nur poetisch reflektiert und dadurch beschönigt, ja nicht blos auf diese mittelbare Weise, sondern auch mit ausdrücklichen Worten angepriesen.»

Diese Sätze lassen nicht nur Menzels Methode erkennen, Literatur als unmittelbaren Ausdruck des gesellschaftlichen Lebens zu verstehen, sondern belegen auch seine grobschlächtige Tendenz, durch den Kampf gegen Goethe, dessen «Epicuräismus» er mit der edlen Menschlichkeit und dem Idealismus Schillers kontrastiert, die Ideologie einer gegen Frankreich gerichteten nationalen Erneuerung zu verbreiten, in der sich die späteren Kompromisse des nationalliberalen Bürgertums schon andeuten.

Aber der Haß gegen Goethe gilt nicht nur dem Inhalt seiner Werke; er richtet sich vor allem gegen sein Verständnis der Kunst als eines grundsätzlich über dem politischen Tageskampf stehenden Bereichs. So kündigt sich in Menzels Kritik schon die für das Junge Deutschland kennzeichnende ästhetische Theorie an, nach der Literatur nur durch ihr Engagement für gesellschaftliche Ziele gerechtfertigt werden kann. Heine hat, obwohl er 1828 dem Goethe-Haß Menzels noch reserviert gegenübersteht, in seiner schon zitierten Rezension die Tragweite dieser Neuorientierung durchaus richtig gesehen: «Das Prinzip der goetheschen Zeit, die Kunstidee, entweicht, eine neue Zeit mit einem neuen Prinzip steigt auf, und seltsam! wie das Menzelsche Buch merken läßt, sie beginnt mit Insurrektion gegen Goethe.»

Ludwig Börnes Feindschaft gegen Goethe gibt der Menzels an Intensität nichts nach, ist aber durchaus anders motiviert. Von seiner Zugehörigkeit zum Kreis der Goetheverehrer um den Salon der Henriette Herz in Berlin wandte sich der junge Börne (1786 bis 1837), nachdem er wegen der Wiedereinführung der alten Judengesetze 1814 seinen Frankfurter Beamtenposten verloren hatte und sich 1818 durch die Herausgabe von *Die Wage – Eine Zeitschrift für Bürgerleben, Wissenschaft und Kunst* als Schriftsteller etabliert hatte, immer radikaleren Positionen zu, die sich auch in seinen literarischen Urteilen spiegeln. Zunächst wirft er Goethe nur vor, die Sache der intellektuellen Freiheit für adelige Privilegien verkauft zu haben – so in seiner Kritik des Goethe-Schillerschen Briefwechsels: «Goethe hätte ein Herkules sein können, sein Vaterland von großem Unrate zu befreien; aber er holte sich bloß die goldenen Äpfel der Hesperiden, die er für sich behielt (. . .).» In dem Maße jedoch, wie sich nach 1830 seine politische Einstellung von konstitutionell-liberalen zu radikal-demokratischen Anschauungen hin entwickelte, radikalisierte sich auch seine Opposition gegen Goethe. Im vierzehnten seiner *Briefe aus Paris* vom 20. November 1830 nennt er ihn schon «Despotendiener»: «Dieser Mann eines Jahrhunderts hat eine ungeheuer hindernde Kraft (. . .) Seit ich fühle, habe ich Goethe gehaßt, seit ich denke, weiß ich warum.» Dieses «warum» liegt auch für Börne in der Funktion des Kunstwerks in der Gesellschaft begründet. Es soll nicht mehr, wie er dem Weimarer Dichterfürsten unterstellt, «der Sarg einer Idee» sein, sondern in den gesellschaftlichen Auseinandersetzungen der Zeit für die demokratischen Rechte des Volkes Stellung nehmen. «Die Zeiten der Theorien sind vorüber, die Zeit der Praxis ist gekommen. Ich will nicht mehr schreiben, ich will kämpfen. Hätte ich Gelegenheit und Jugendkraft, würde ich den Feind im Felde suchen; da mir aber beide fehlen, schärfe ich meine Feder, sie soviel als möglich einem Schwerte gleichzumachen.»

Diese Sätze aus dem achtundfünfzigsten *Brief aus Paris* vom 19. November 1831 nehmen das Programm einer radikalen Kampfliteratur vorweg, wie es die Jungdeutschen nur wenige Jahre später entwerfen werden, und machen einsichtig, warum Börne die kritische Vernichtung des literarischen Gegners als eine zentrale Aufgabe des Schriftstellers versteht. Literaturkritik ist für ihn zum Ersatz der politischen Auseinandersetzung geworden, die in der künstlich befriedeten politischen Öffentlichkeit nicht mehr stattfinden kann.

So wendet er sich auch gegen Heines *Französische Zustände*, weil in ihnen «die Form das Höchste» sei, und münzt auf seinen Leidensgenossen im Pariser Exil, der ihm nicht eindeutig genug für den «Jakobinismus» Stellung bezieht, das böse Wort vom «Jesuiten des Liberalismus».

Als genaues Gegenbild der literarischen Unentschiedenheit Goethes und Heines gilt ihm Jean Paul, den er im Jahre 1825 in einer auch durch ihre rhetorische Kraft bewegenden *Denkrede* zum Ideal des politischen Schriftstellers erhebt: «Er sang nicht in den Palästen der Großen, er scherzte nicht mit seiner Leier an den Tischen der Reichen. Er war der Dichter der Niedergebornen, er war der Sänger der Armen, und wo Betrübte weinten, da vernahm man die süßen Töne seiner Harfe.» Diese Licht und Schatten scharf verteilende Stilisierung läßt Börnes existentielles Engagement erahnen. Für ihn ist die literarische Kritik das Mittel, seine eigene gesellschaftliche Rolle als progressiver Intellektueller zu definieren: «Was sind wir denn, wenn wir viel sind? Nichts als die Herolde des Volks.» In diesem prägnanten Satz faßt er sein Selbstverständnis als Schriftsteller zusammen. Insofern er Goethe vorwerfen kann, die Schriftsteller von dieser ihrer eigentlichen Aufgabe abgehalten und ihnen ein Alibi für ihren unpolitischen Assimilationskurs geliefert zu haben, bewahrt seine Kritik ihre Berechtigung.

Heines Ende 1835 mit dem Druckvermerk 1836 erschienenes Werk *Die romantische Schule* läßt sich als Synthese der literaturkritischen Bemühungen des vorhergehenden Jahrzehnts begreifen, die sich nicht nur inhaltlich wegen ihrer Weite des Blicks und ihrer umfassenden Bewertung der Literatur der Zeit von Goethe bis zum Jungen Deutschland auszeichnet, sondern auch methodisch als Modell für die neue literarische Gattung, die sich die Zeit mit der engagierten, streitbaren Kritik geschaffen hat. Schon auf der ersten Seite bringt Heine das bei allen zeitgenössischen Autoren anzutreffende Gefühl einer Zeitenwende auf den Begriff, wenn er «die Endschaft der ‹Goetheschen Kunstperiode›» konstatiert, und macht deren ästhetische Folgen bewußt. Zwar trauert er auch jetzt noch der «wunderbaren Vollendung» der Werke des «absoluten Dichters» nach; doch weiß er, daß der Kampf für die bürgerlichen Freiheiten anderes fordert als die kinderlosen Statuen, mit denen er «die Goetheschen schönen Worte» vergleicht. Sie «bringen nicht die Tat hervor», die der geschichtliche Augenblick fordert.

Heines Kritik selbst will – und darin gleicht sie derjenigen Börnes – eine solche Tat sein. Schon 1828 hatte er geschrieben: «(. . .) vor dem Übermut des Reichtums und der Gewalt schützt Euch nichts – als der Tod und die Satire.» Die Methode, den literarischen Gegner dadurch satirisch zu vernichten, daß man ihn der Lächerlichkeit aussetzt, wendet er vor allem in dem langen Mittelteil der Abhandlung über die romantische Schule an, die dem Ganzen den Titel gibt. Sein beißender Spott über Friedrich Schlegel, dessen Faulheit nur vor seiner gastronomischen Unmäßigkeit übertroffen werde, und August Wilhelm, den alt gewordenen Professor und Elegant, haben das Bild der beiden Brüder bis in unsere Zeit hinein verzerrt.

Diese Abrechnung mit den Romantikern wird deshalb mit solcher Schärfe geführt, weil Heine in ihnen die von der Zeit längst überholten Propheten und Erneuerer der Goetheschen Kunstreligion sieht. Doch macht er spätestens im letzten Teil, in dem er die «Ganzheit» der Werke Jean Pauls und des Jungen Deutschland rühmt, deutlich, daß auch er politische Ziele im Auge hat. «Man kann nämlich unsere neueste deutsche Literatur nicht besprechen, ohne ins tiefste Gebiet der Politik zu geraten.» Ganzheit ist für ihn so nicht mehr eine hermeneutische oder geschichtsphilosophische Kategorie wie für Friedrich Schlegel, sondern bedeutet die Einheit von Kunst und Leben, Wort und Tat.

Seine politischen Ziele beschreibt Heine im dritten Buch der *Romantischen Schule* außerordentlich vage, aber mit großem Pathos, wenn er von seinem «Glauben an den Fortschritt» spricht, von seinem Glauben daran, daß alle Menschen bei gerechter Verteilung ein Auskommen finden würden «und daß wir nicht nötig haben die größere und ärmere Klasse an den Himmel zu verweisen». Das Vertrauen in die Möglichkeit einer baldigen sozialen und politischen Veränderung und in die direkte

Wirkung des geschriebenen Wortes, das Heines Strategie zugrunde
liegt, lenkt seine Aufmerksamkeit von der notwendigen Theoriebildung
ab und ordnet die Literaturkritik als Tendenzliteratur den unmittelbaren
politischen Zielen unter.

Das kritische Geschäft beschränkt sich so auf die ‹Vernichtung› des Gegners und das ‹Rühmen› des Parteigängers, während die Reflexion über
Bedingungen und Möglichkeiten der literarischen Praxis oder gar die
Konstruktion ihres geschichtsphilosophischen Standortes verdrängt werden. Das läßt sich auch an der Form dieser Texte ablesen. Sie sind nicht
mehr in sich strukturierte, geschlossene Gebilde wie die romantische
Poesie der Poesie, sondern lose verbundene Einzelansichten, die mehr
durch ihre treffenden Stellen als durch ihren einheitlichen Sinnzusammenhang überzeugen. Darin sind sie das genaue Abbild jenes «Reiches
der wildesten Subjektivität», das Heine nach dem Zerfall des klassischen
Kunstideals heraufziehen sah.

Jungdeutsche Ästhetik

Das Beharren auf den individuellen Rechten des Subjekts läßt das Junge
Deutschland nur in seinem Kampf gegen die politische Restauration ge-
eint erscheinen, während eine gemeinsame Literaturtheorie, wenn man
darunter inhaltlich beschreibbare poetologische Positionen begreift, nur
schwer auszumachen ist. Hinzu kommt der sprachlich diffuse Charakter
der meisten sich mit ästhetischen Problemen befassenden Schriften, der
daher rührt, daß sie nicht in erster Linie als systematische theoretische
Abhandlungen, sondern als Pamphlete oder programmatische Aufrufe
gedacht sind. Dennoch ist, wie schon Heine bemerkt hat, gerade in der
Betonung der unbeschränkten Rechte des Subjekts und der Forderung
nach Beseitigung aller Hindernisse, die seiner Produktivität im Wege
stehen könnten, die gemeinsame Grundlage und die eigentliche Neuerung der jungdeutschen Ästhetik zu sehen.

Ludolf Wienbarg (1802 bis 1872) hat diesen Zentralpunkt in seinen 1833
in Kiel gehaltenen Vorlesungen zur Ästhetik, die er 1834 unter dem Titel *Ästhetische Feldzüge. Dem jungen Deutschland gewidmet* publizierte,
theoretisch gefaßt und rhetorisch zur Forderung an die junge Generation erhoben. Theodor Mundt (1808 bis 1861) hat ihn in seiner Abhandlung *Die Kunst der deutschen Prosa* (1837) historisch belegt und abgesichert. Beide Autoren stimmen darin überein, daß die Literatur vor
allem Ausdruck der Individualität des einzelnen wie des Volks zu sein hat.
In diesem Sinne wertet Wienbarg Goethe trotz aller Einwände, die er
mit Börne und Heine teilt, auch letztlich positiv, weil er den Mut gehabt
habe, die «eigene Persönlichkeit» zum Gegenstand seiner Dichtung zu
machen. Hiervon ausgehend stellt er eine enge Beziehung zu der als vor-
bildlich eingeschätzten «realistischen» Dichtung Heines her, welcher

«mit gutem Bewußtsein seine eigene Person in die Mitte der Darstellung zu bringen wußte» und daher der «entschiedenste Charakterschriftsteller» sei.

Diese Stilisierung der Individualität zum alleinigen Gegenstand der Literatur, die der klassischen Theorie vom symbolischen und damit stellvertretenden Sinn des Kunstwerks widerspricht, wird von Mundt unter Berufung auf Johann Gottfried Herder und Wilhelm von Humboldt sprachphilosophisch begründet: «Alle Sprache, alle Fähigkeit der Darstellung, ist auf die Individualität zurückzuführen (. . .) Die Sprache entsteht aus der Individualität, oder sie ist vielmehr diese selbst.» Die historischen wie die systematischen Ableitungen verdecken jedoch den eigentlichen Ursprung dieser Theorie. Sie ist die Übertragung der politischen Forderungen des Liberalismus ins Literarische.[2] Der einzelne, der sein Streben nach Freiheit und Gleichheit in der Gesellschaft nicht durchzusetzen vermag, soll dies wenigstens in der Literatur tun können.

Diese Tendenz faßt der junge Heinrich Laube (1806 bis 1884) in dem programmatischen Artikel, mit dem er sich 1833 als Redakteur der Leipziger *Zeitung für die elegante Welt* vorstellt, unter dem Schlagwort «Demokratismus» zusammen, wobei er die ausgebreitete Mittelmäßigkeit der nachgoetheschen Literatur zu einem positiven Phänomen umwertet: «Die einzelnen Höhen verschwinden, aber die ganze Masse rückt höher, die Gebirgsgegend der Aristokratie schwindet mehr und mehr, die Täler werden ausgefüllt, es entsteht eine demokratische Hochebene.»

Der Kampf gegen den ‹Aristokratismus› in der Literatur findet seine formale Entsprechung in der Propagierung der Prosa durch die Ästhetik der Jungdeutschen. Unter diesem Oberbegriff werden sowohl die von der Zeit besonders geschätzten Formen des Reiseberichts, der Briefsammlung und des Feuilletons wie auch die schon von der Romantik aufgewertete Gattung des Romans verstanden. Ihnen allen ist gemeinsam, daß sie die Individualität des Autors und die historische Eigenart des gesellschaftlichen Lebens unmittelbarer zum Ausdruck bringen als das von der klassischen Ästhetik und ihren Nachfolgern im 19. Jahrhundert weiterhin als vornehmste Dichtungsart bevorzugte Drama. Denn die Prosa läßt, wie Mundt formuliert, einen Stil zu, der nicht durch kanonische Formzwänge objektiviert wird, sondern sich den Forderungen des Inhalts auf das genaueste anpassen kann und in dem so «die Ideenbewegung der Zeit vorzugsweise ihre Sache führt».

Wienbarg zeichnet in seiner abschließenden Vorlesung den Traditionszusammenhang einer solchermaßen vorbildlichen Prosa nach, wobei er, wie schon der junge Friedrich Schlegel in seiner Charakteristik Georg Forsters, ihren Ursprung in unmittelbaren Zusammenhang mit der Französischen Revolution bringt:

«Die neue Prosa ist von der einen Seite vulgärer geworden, sie verrät ihren Ursprung aus, ihre Gemeinschaft mit dem Leben, von der andern Seite aber kühner, schärfer, neuer an Wendungen, sie verrät ihren kriegerischen Charakter, ihren Kampf mit der Wirklichkeit, besonders auch ihren Umgang mit der französischen Schwester, welcher sie außerordentlich viel zu verdanken hat. Der deutsche Prosaist ist seit der Französischen Revolution und eben durch französische Schriften Herr und Meister geworden über das ungeheure Material der Sprache (. . .). Die größte Meisterschaft hat sich Heine darin erworben, der den flüchtigen Ruhm, Liederdichter zu sein, sehr bald mit dem größeren vertauscht hat, auf dem kolossalen, alle Töne der Welt umfassenden Instrument zu spielen, das unsere deutsche Prosa darbietet.»

Dieser Versuch, den klassischen Kanon durch einen Gegenentwurf zu ersetzen, gründet in der neuen Funktionsbestimmung der Literatur. Sie steht unter dem ‹Primat des Politischen› und soll dem Individuum wie der Gesamtheit des Volks zur Freiheit verhelfen. Das poetische Prinzip, das dieses politische Ziel durchzusetzen hilft, ist der Witz, worunter Wienbarg, an das literarische Selbstverständnis Börnes und Heines anknüpfend, die satirische Entlarvung und Vernichtung der schlechten Gegenwart begreift. In diesem Sinne ist seine zentrale Definition zu verstehen: «Die Prosa ist eine Waffe jetzt, und man muß sie schärfen.» Freiheit und Gleichheit, die sich der in der Realität Unterlegene mit dieser Waffe im Medium der Literatur verschafft, werden ihm zum Ersatz des im gesellschaftlichen Bereich Versagten. Dieser geheime Fluchtcharakter der so nüchtern und aggressiv vorgetragenen Theorie wird da besonders deutlich, wo Wienbarg den Idealismus des Jean-Paulschen Witzes zugunsten des Heineschen kritisiert und dabei politische und poetologische Terminologie ununterscheidbar verquickt: «Der Witz unserer neuen Prosa ist nicht mehr ein reiner Phantasiewitz, sondern Charakterwitz, er ist unserer heutigen Prosa, ich meine unserm heutigen Bürgerstande, unsere bürgerliche Freiheit.»

In seiner in der Forschung zuwenig beachteten Untersuchung *Über Goethe im Wendepunkte zweier Jahrhunderte* nutzt Karl Gutzkow 1836 diese Aufwertung der Prosa, um das von seinem ehemaligen Lehrmeister Menzel verfälschte Goethe-Bild zu revidieren. Zwar bleibt auch für ihn die politische Haltung Goethes kritikwürdig, zwar hält auch er dessen klassizistische Kunstanschauungen und die aus ihnen hervorgegangenen Dramen und späten Romane für veraltet. Aber indem er Goethes geschichtliche Situation analysiert, erkennt er, daß diesem Scheitern eine historische Notwendigkeit innewohnt, insofern sie von dem durch die Französische Revolution eingeleiteten Umsturz der gesellschaftlichen Ordnung bedingt ist. Um so entschiedener kann er, ganz im Sinne der von Wienbarg entworfenen antiklassischen Tradition, die Bedeutung von Goethes Prosa in ein neues Licht rücken:

«Vergleicht man Goethes Prosa mit der oceanischen majestätischflutenden Ruhe des Weltmeers, so ist doch nur der äußere Anblick so stille, gezähmte Leidenschaft. Goethes Anregungen sind belebend und reproduktiv, und so hat diese trügerische Ruhe eine überwältigende Unterlage, eine Wirklichkeit, gerade so wild und schroff in uns wieder auftauchend, wie der Dichter sie in sanften schlummernden Träumen erzählt.»

In dieser metaphorischen, aber dennoch präzisen Charakterisierung von Goethes ‹Genie›, mit der Gutzkow Menzels Bramarbasieren über das bloße ‹Talent› Goethe widerspricht, wird der geheime Mittelpunkt der jungdeutschen Literaturtheorie angedeutet. Gutzkow schätzt Goethes Prosa vor allem deshalb, weil sie den Leser aktiviert. «An Goethes Prosa arbeiten wir mit, unterstützen die Produktion des Gedankens.» So werden in ihr alle Forderungen der Poetik der jungen Generation erfüllt. Sie ist vollkommener Ausdruck der Subjektivität: «Die Dinge sprechen bei ihm nicht selbst, sondern sie müssen sich an den Dichter wenden, um zu Worte zu kommen.» Dadurch aber regt sie die Individualität des Lesers zum Selbstdenken an, gibt ihm so seine produktive Freiheit und erkennt seine intellektuelle Gleichheit an, indem sie ihn mit dem Dichter auf eine Stufe stellt.

Dieses neuartige Verständnis von Literatur darf sich auf Goethe selbst berufen. Gutzkow zitiert als Beleg Goethes Sätze aus der *Campagne in Frankreich*, wonach das Schöne «nicht sowohl leistend als versprechend» sei und daher «zur Reproduktion» reize. Überraschende Bestätigung findet es in ähnlichen Gedanken Wienbargs und Laubes, in denen die Hoffnung auf politische Emanzipation deutlich zum Vorschein kommt, von der dieses Modell getragen wird. Durch seine Forderung, Kunst müsse auf Leben bezogen sein, verwischt Wienbarg die Grenze zwischen Ästhetik und Weltanschauung, Literatur und Moral, künstlerischer und nichtkünstlerischer Produktion, so daß schließlich die Bildung der «eigenen Persönlichkeit» als höchster ästhetischer Akt erscheint: «Jedermann ist Künstler und Kunstwerk zugleich.»

Dieser Satz beschreibt nicht Realität, sondern einen utopischen Idealzustand. Er möchte durch die literarische Tätigkeit das individuelle Recht zur Selbstverwirklichung sichern, das die Gesellschaft der Restaurationsepoche der Mehrzahl ihrer Mitglieder so hartnäckig verweigert. Den utopischen Charakter der angestrebten totalen Literaturgesellschaft macht Laube in seinem schon zitierten Aufsatz von 1833 deutlich, wenn er darauf verweist, daß ihre Verwirklichung Kunst und Literatur überflüssig machen würde: «Das Endziel der Civilisation ist, daß Niemand mehr nötig hat, zu schreiben und zu belehren, weil Alles schreiben kann, Alles belehrt ist – um dahin zu kommen, muß aber erst Alles geschrieben und gelehrt haben.» Das impliziert doch wohl die Vorstellung, daß Kunstproduktion gesellschaftliche Mängel kompensieren soll – Lau-

be spricht idealistisch vom «Mangel an Cultur» –, aber zugleich dazu bei-
trägt, diese Mängel bewußtzumachen und abzuschaffen. Daß hier nicht
nur leere Ideenspielerei vorliegt, sondern durchaus praktisch und im
Sinne konkreter Utopie auf die emanzipatorische Kraft der literarischen
Produktion gesetzt wird, mag der Kontext von Wienbargs schon zitierter
grundlegender Definition der Prosa andeuten, der einen Appell des Pri-
vatdozenten an seine studentischen Hörer enthält: «Die Prosa wird vor
allen Dingen unser Augenmerk sein, und ich hoffe Sie selbst in den letzten Stunden zu praktischen Übungen zu bewegen. Die Prosa ist eine
Waffe jetzt, und man muß sie schärfen; dies allein schon wäre ein erfreu-
liches Resultat unseres Zusammentreffens.»

Literaturfehden: das Jahr 1835

Die Rekonstruktion der intellektuellen Positionen des Jungen Deutschland hat einen auch heute noch bedenkenswerten Kern seiner literarischen Theorie freigelegt, der bislang von der germanistischen Forschung
über der Darstellung der zeitbedingten Literaturfehden vernachlässigt
worden ist. Sie erreichten in dem, wie Gutzkow sagt, «für die Geschichte unsrer neuern schönen Literatur so stürmischen» Jahr 1835 ihren Höhepunkt. In diesem Jahr veröffentlichte Gutzkow seinen sogleich als
Skandal verschrieenen Roman *Wally, die Zweiflerin*, daneben seinen
einleitenden Essay zur Neuveröffentlichung von Schleiermachers *Vertrauten Briefen über die Lucinde*, wodurch er den Zusammenhang seiner
eigenen Produktion mit der der Frühromantik andeutete, und schließlich den ersten Band seiner Essaysammlung *Öffentliche Charaktere*.[3] Zudem verhalf er dem Revolutionsdrama *Dantons Tod* des noch völlig unbekannten Autors Georg Büchner zum Druck. Ebenfalls 1835 gab
Mundt sein «Journal für Zeit und Leben, Wissenschaft und Kunst» *Literarischer Zodiacus* heraus, das er mit dem programmatischen Aufsatz
Über Bewegungsparteien in der Literatur eröffnete.
Doch die staatliche Repressionspolitik gegen die liberale Agitation hatte
sich als Reaktion auf das Hambacher Fest von 1832 längst formiert. Metternich organisierte durch eine Verordnung zum bundeseinheitlichen
Vorgehen gegen Unruhestifter im Sommer 1832 und durch den Wiener
Geheimbeschluß vom 12. 6. 1834 die Unterdrückung der Pressefreiheit
und die Vereinheitlichung der Zensurpolitik. Gleichzeitig setzte der publizistische Angriff mit der unter dem Pseudonym Maximin. Jos. Ste-
phani 1834 veröffentlichten Broschüre *Heinrich Heine und ein Blick auf
unsere Zeit* ein. Dieses «preußische Auftrags-Pamphlet», das von Johann H. W. Grabau und Gustav Schlesier, einem der jungen Generation
zugerechneten, aber von Preußen als bezahlter Agent eingesetzten Autor, verfaßt wurde, greift die Schriftsteller des Jungen Deutschland und
Heine als ihren Lehrmeister wegen Unmoral, Atheismus und Aufwiege-

lei an und hält ihnen die restaurative Gesellschaftslehre entgegen, die der preußische Prinzenerzieher und Außenminister Johann Peter Ancillon in seiner Schrift *Vermittlung der Extreme* (1828) verbreitet hatte. Methodisch verfährt diese ‹konservative› Literaturkritik nach dem Vorbild Friedrich Schlegels in Wien, der schon 1822 in seiner Zeitschrift *Concordia* die Stärkung der ‹aktiven Mitte› gegen den Parteigeist gefordert und in seinen Rezensionen durchzusetzen versucht hatte. Allerdings hatte die Staatsgewalt die Hilfe der von der Sache des Fortschritts abgefallenen Intellektuellen inzwischen schätzen und wirkungsvoller einzusetzen gelernt. So sinkt die Literaturkritik zum direkt von machtpolitischen Interessen manipulierten Instrument der staatlichen Repressionspolitik ab.

Dem ersten Angriff folgte eine Flut von Artikeln und Pamphleten, in denen Heine, Gutzkow, Laube, Mundt und andere als «Schreier», «Sansculotten», «Franzosenfreunde», «Juden» und «Rehabilitatoren des Fleisches» beschimpft wurden. – Alfred Estermann hat diese erste große Formation des politischen und religiösen Konservativismus gegen die liberale Intelligenz in der Literaturkritik umfassend dokumentiert und damit wieder zugänglich gemacht.

Unter diesem gezielten Angriff begann das Junge Deutschland auseinanderzubrechen und sich gegenseitig zu befehden, noch ehe es sich als literarische Gruppe vollends konstituiert hatte. Klaus Briegleb hat zu Recht betont, daß Menzels denunziatorische Angriffe auf Gutzkows angeblich unmoralischen Roman im *Literatur-Blatt* von September und Oktober 1835, die von den betroffenen Autoren selbst als Anlaß des Verbots ihrer Schriften durch den Bundestagsbeschluß vom 10. Dezember 1835 angesehen wurden, nur die erste Absatzbewegung eines Verräters sind.[4] Andere folgten. Als die von Gutzkow und Wienbarg als kritisches Sammlungsorgan der neuen Literatur geplante *Deutsche Revue* von den Behörden noch vor Erscheinen des ersten Heftes verboten wurde, widerrief ein Großteil der vorgesehenen Mitarbeiter öffentlich ihre Verbindung zu der Revue, unter anderem Varnhagen, Laube und die Hegelianer Hotho, Gans und Rosenkranz.[5] Schon im Juni 1836 konnte Menzel in einem höhnischen Artikel das Ende des Jungen Deutschland ankündigen.

Die Angegriffenen wehrten sich in teilweise heftigen Ausfällen gegen ihresgleichen, so Gutzkow und Heine in ihren Erwiderungen an Menzel und Börne in seinem letzten großen Pamphlet *Menzel der Franzosenfresser*, in dem der Stuttgarter als «ein Kotsasse der ‹Allgemeinen Zeitung›, ein Prokurator der deutschen Bundesregierung» bloßgestellt und den antisemitischen Schmierereien mit dem bemerkenswerten Argument begegnet wurde, ganz Deutschland sei ein Getto, und die Deutschen seien die Juden Europas, sie wüßten es nur noch nicht. Gegenüber den Behör-

den reichte das Verhalten von Gutzkows Verteidigung seiner liberalen
Position über Heines vorsichtiges Taktieren bis hin zu Laubes wiederholten kriecherischen Beteuerungen künftigen Wohlverhaltens.[6] Diese
Differenz zwischen dem Verhalten in der ideologischen und dem in der
gesellschaftlichen Auseinandersetzung deckt auf, daß die literarischen
Fehden der Kritiker gegeneinander reine Geisterkämpfe sind. Deshalb
greift auch deren Verurteilung als «weltfremde Bildungsaristokraten»
durch die Literaturwissenschaft[7] ebenso zu kurz wie ein Sympathisieren
mit ihren ‹progressiven› Stellungnahmen. Vielmehr liegt hier, wie in
dem von Carl Schmitt so bezeichneten «subjektiven Occasionalismus»
der Romantik, ein Lehrstück über die Verletzbarkeit der sozialen Position des Intellektuellen und seine Verführbarkeit durch die politische
Macht vor, in dem nur wenige Standfestigkeit bewiesen, während die
meisten versagten, weil sie sich aufgrund ihres gesellschaftlichen Außen-
seitertums «zum ideologischen Verstärker besonderer Interessen» hatten machen lassen, ohne eine eigenständige literarische oder politische
Theorie zu vertreten. Welche Konsequenzen sich daraus für die Literaturkritik der Zeit ergaben, hat Gutzkow in seinem Rückblick auf *Vergangenheit und Gegenwart 1830–1838* treffend resümiert: «Der Kritik ist
nicht zu trauen. Feindseligkeiten untergraben das Feld der Literatur.
Die Lesewelt mißtraut dem Lobe und dem Tadel, da beide von Parteien
ausgehen.»

Das Ende der Kunst und die Radikalisierung der Kritik

Der Zusammenbruch der literarischen Ambitionen des Jungen Deutschland legte es künftigen Kritikern nahe, sich allzu großer Nähe zum tages-
politischen Parteienstreit zu enthalten und sich um objektivere Maßstä-
be in der Kritik zu bemühen. In dieser Situation bot sich die ‹Wissenschaftlichkeit›, mit der Hegels Philosophie die Geschichte in ein Ord-
nungssystem brachte, als Orientierungshilfe für die eben beginnende historische Wissenschaft von der Literatur an. Dabei erleichterten die
1835 bis 1838 aus dem Nachlaß herausgegebenen *Vorlesungen über die
Ästhetik* die Übertragung des dialektischen Geschichtsdenkens auf literarische Gegenstände. Zudem kam die Hegelsche Philosophie, die in ihrer junghegelianischen Umdeutung den dialektischen Fortschritt der aktuellen politischen Zustände als Notwendigkeit erscheinen ließ, der Radikalisierung und erneuerten Hoffnung auf gesellschaftliche Veränderungen in den vierziger Jahren entgegen.
So steht die kritische und literaturtheoretische Auseinandersetzung – im
Gegensatz zu den negativen Urteilen Börnes oder Gutzkows über ihn –
in der Dekade vor 1848 mehr und mehr im Zeichen Hegels. Der Grundsatz seiner Ästhetik, daß im gegenwärtigen Zeitalter «der Gedanke und
die Reflexion (. . .) die schöne Kunst überflügelt» habe, bestimmt schon

die Methode und die geschichtsphilosophische Struktur von Georg Gottfried Gervinus' *Geschichte der poetischen National-Literatur der Deutschen*, deren fünf Bände zwischen 1835 und 1842 erschienen. In der Einleitung zu seinem Werk distanziert sich der Göttinger Professor für Geschichte von der ästhetischen Kritik und definiert statt dessen seine Arbeit als die eines Historikers, der die Möglichkeiten der Gegenwart aus
der Erkenntnis der Vergangenheit heraus darstellen und so «der Nation
ihren gegenwärtigen Wert begreiflich» machen will. Seine detailreiche
Analyse der Entwicklung der deutschen Literatur dient daher lediglich
dem einen Ziel, den dialektischen Dreischritt des Volksgeistes von der
Reinigung der Religion durch die Reformation über die Erneuerung
klassischer Kunstprinzipien durch Schiller und Goethe hin zu der noch
ausstehenden politischen Alphabetisierung nachzuzeichnen, die sich damit als die eigentliche Aufgabe der Gegenwart erweist. Dabei fällt es
dem Historiker zu, der Nation die jeweilige Entwicklungsstufe bewußtzumachen und damit zur Tat überzuleiten. Die Reformation, so meint
Gervinus, sei deshalb in der Praxis gescheitert, weil sie keinen Chroni-
sten gefunden habe. Sein eigenes Werk ist demnach in seinem Selbstverständnis der Ort, an dem die vollendete Kunstperiode sich selbst begreift.
Indem Gervinus so die Entwicklung der Literatur für abgeschlossen erklärt – Goethes Spätwerk und die Romantik wertet er schon als Niedergang, alles Spätere läßt er unbeachtet –, setzt er an die Stelle des in der
Philosophie zu sich selbst kommenden Weltgeistes Hegels die politische
Vollendung Deutschlands in Einheit und Freiheit. Diese Distanzierung
vom Idealismus klassischer Prägung wird besonders deutlich am Schluß
seines Werkes, wo er ausdrücklich die «Umwälzungen» wünscht, die
Goethe dem deutschen Volk ersparen wollte und, ähnliche Formulierungen Heines aufnehmend, mit der Naturmetapher vom «Sturm» und
«Gewitter», das losbrechen werde, auf deren gewaltsamen Charakter
hinweist.
Während so die erste mit Anspruch auf Wissenschaftlichkeit geschriebene Geschichte der deutschen Literatur paradoxerweise die Negation von
deren aktueller Funktion einschließt, halten die in etwa dem gleichen
Zeitraum erscheinenden *Hallischen Jahrbücher für deutsche Wissenschaft und Kunst* an der Einheit von Politik und Kunst fest. Für Arnold
Ruge und Theodor Echtermeyer, die Herausgeber dieses wichtigsten
kritischen Journals der Junghegelianer, ist die Literatur unmittelbarer
Ausdruck des Zeitgeistes, weshalb sie auch die aktuelle literarische Produktion als «Darstellung des um seine Freiheit ringenden Geistes» wür-
digen.[8] Sie bleiben damit eher im Rahmen der idealistischen Theorie als
Gervinus, wobei sie ihr literarisches Ideal in der Synthese der Gestaltungskraft eines Goethe oder Schiller und neuen politischen Inhalten se-

hen. An dieser leeren Utopie messen die *Jahrbücher* auch die Geschichte der Literatur und wenden sich daher vor allem gegen Katholizismus, Subjektivismus und jungdeutsche Einflüsse, wie die im zweiten und dritten Jahrgang (1839/40) publizierte manifestartige Aufsatzfolge *Der Protestantismus und die Romantik* belegt.

Die ‹wissenschaftliche› Auffassung von Literaturgeschichte, wie sie von Gervinus und den Junghegelianern vertreten wurde, prägt auch die Arbeiten von Robert Prutz, der lange Zeit einer der wichtigsten Beiträger der *Jahrbücher* war. Im Jahre 1843, als die Zensur Ruges Zeitschrift unterdrückte, gründete er das *Literarhistorische Taschenbuch*, das bis 1848 in sechs Jahrgängen herauskam. Sein Versuch, Kritik und Geschichte der Literatur «von der Obervormundschaft der Ästhetik» zu befreien, bestimmte auch die Gegenstände seiner Untersuchungen. Der aus politischen Gründen an der Habilitation gehinderte und daher auf journalistische Arbeiten angewiesene Schriftsteller widmete sich vor allem der Analyse nichtfiktionaler Literatur oder niederer Genres, so in seiner *Geschichte des deutschen Journalismus* (1845) und seinen Essays *Über die Unterhaltungsliteratur, insbesondere der Deutschen* und über *Die politische Poesie der Deutschen*. Dabei behielt er jedoch immer die aktuelle Praxis im Auge. So begründete er etwa in dem zuletzt genannten Aufsatz seine Beschäftigung mit der Vergangenheit darin, daß er «die gegenwärtige Berechtigung des politischen Gedichtes und seine notwendige Zukunft» demonstrieren wolle. Da er ganz im Hegelschen Sinn im «historischen Verlauf eines Dinges (. . .) die Vernunft der Sache selbst» sieht, kann ihm die Geschichte der Literatur schließlich als die dialektische Ausbildung der Idee der Freiheit erscheinen. So steht auch bei ihm am Ende – wie bei Gervinus, wenn auch politisch weniger radikal – die Hoffnung, daß sich nach der religiösen und der ästhetischen nun die politische Freiheit erringen lasse, daß der «constitutionelle Staat (. . .) eine Stufe staatlicher Entwicklung» sei – «und zwar eine unumgängliche, und zwar die nächste, die wir zu beschreiten haben».

Der im vorhergehenden skizzierte Fortschritt von der parteilichen Kritik der jungdeutschen Liberalen zur radikalen Einsetzung der Geschichte als Medium der Kritik wird von dem jungen Friedrich Engels in seiner individuellen Entwicklung als Literat resümiert. 1839 begann er, als Handlungsgehilfe in Bremen lebend, Berichte und Kritiken für Gutzkows in Hamburg erscheinenden *Telegraphen für Deutschland* zu schreiben, wobei er sich begeistert als «junger Deutscher» bekannte. Als er zur Ableistung seines Militärdienstes nach Berlin überwechselte, geriet er in den Kreis um Ruges *Jahrbücher*. In ihnen veröffentlichte er 1842 seine vernichtende Rezension von Alexander Jungs *Vorlesungen über die moderne Literatur der Deutschen*, die zugleich seine Absage an das Junge Deutschland darstellt. Nach seinem ersten Aufenthalt in Manchester und seiner Zusammenarbeit mit Karl Marx an der *Deutschen Ideologie* gelang es ihm schließlich, in einigen Exkursen seiner ausführlichen Rezension von Karl Grüns *Über Goethe vom menschlichen Standpunkte* erste Ansätze zu einer materialistischen Literaturauffassung zu erarbeiten. Indem er die Frage stellte, wie sich Goethe «in seinen Werken (. . .) zur deutschen Gesellschaft seiner Zeit» verhalten habe, machte er zum erstenmal das Problem bewußt, ob und in welcher Weise ein literarischer Text – und nicht die individuelle Einstellung seines Autors – Funktion der gesellschaftlichen Gegebenheiten sein kann.[9]

Allerdings konnte Engels vor 1848 auf diese grundlegende Frage einer realistischen Literaturtheorie keine befriedigende Antwort geben. Auch wurde sein Beitrag, der in dem wenig verbreiteten Emigrantenorgan *Deutsche Brüsseler Zeitung* erschien, vom zeitgenössischen Literaturbetrieb kaum zur Kenntnis genommen.

Ähnliches ist auch von den Kritiken und Rezensionen zu sagen, die der Lyriker Georg Herwegh in der in der Schweiz erscheinenden *Deutschen Volkshalle* und dem Beiblatt zur *Stuttgarter Allgemeinen Zeitung*, *Die Waage*, zwischen 1839 und 1841 veröffentlichte und die erst kürzlich wiederentdeckt worden sind. Auch bei ihm finden sich Auffassungen, die weit über die seiner Zeitgenossen hinausweisen. So betont er immer wieder die öffentliche Kommunikationsfunktion der Kritik und leitet aus ihr deren Berechtigung ab. «Ächte Kritik ist ja nichts Anderes als Vermittlung der Produktion an die Masse.» Deshalb schreibe er «nicht für eine Kaste oder für Gelehrte, sondern für die Verständigkeit der Nation». Diese Haltung, die an die Börnes erinnert, bringt ihn in Widerspruch zu den nur für ihresgleichen produzierenden jungdeutschen und junghegelianischen Literaten, weshalb er auch die *Hallischen Jahrbücher* ebenso ablehnt wie Gervinus' Literaturgeschichte, die er als «ein höchst gefährliches Buch» apostrophiert. Seine Arbeit als Kritiker wird letztlich getragen von der Überzeugung, daß Dichtung ein eigenständiger Bereich sei, der durch seine ästhetische Autonomie immer «in Opposition mit dem Staate» stehe, «auch mit dem besten» – eine Überzeugung, die die Praxis zwei Jahre später durch den triumphalen Erfolg seiner *Gedichte eines Lebendigen* bestätigen sollte.

Ein Jahr vor Ausbruch der achtundvierziger Revolution kristallisieren sich die Tendenzen, die die Literaturkritik und Literaturgeschichte der vorhergehenden Epoche bestimmt haben, noch einmal in einem bedeutenden Werk, in Karl Rosenkranz' Monographie über *Goethe und seine Werke*. In ihr wendet der Hegel-Verehrer, seit 1833 Professor der Philosophie in Königsberg, das triadische Schema seines Lehrers zum erstenmal auf die Geistesentwicklung eines Individuums an. Den drei schon von Hegel unterschiedenen Epochen des barbarischen Naturzeitalters, des klassischen Altertums und der Moderne entsprechend, kon-

struiert er das Leben Goethes als dialektische Abfolge von «geniali-
schem Naturalismus», «classischem Idealismus» und «eklektischem Uni-
versalismus». Durch diese Methode gelingt ihm die Synthese zwischen
dem Subjektivismus jungdeutscher Prägung und der Einsetzung der Geschichte als höchster kritischer Instanz durch die Junghegelianer, wobei
sich das Leben und Werk des großen einzelnen im Goetheschen Sinne
als symbolisch erweist für die Entwicklung der Menschheit und der Nation. In diesem Zusammenhang kann Rosenkranz das Spätwerk Goethes als Hinweis auf die Entwicklungsrichtung der eigenen Zeit deuten.
So interpretiert er, um ein Beispiel zu geben, die Erfindung des Papier-
geldes im ersten Akt des *Faust. Zweiter Teil*:

«Das Geld als die allgemeine Verwertung der Dinge nivelliert schon den Standes-
unterschied. Mit seinem Besitz habe ich jeden besonderen Besitz. Wer ich auch
sei, ich bekomme für das Geld, was mein ist, gerade so viel als ein anderer. Auch
ein Fürst kann nicht mehr, als ich, dafür erhalten. Durch das Geld stehe ich ihm
in der materiellen Welt vollkommen gleich. Die Feudalmonarchie löst sich in den
Geldstaat auf, in welchem die Realität der Materie endlich gegen die Idealität des
Geistes zurücktritt, der einem Stückchen Papier den Wert des Goldes und Silbers
zudekretiert.»

Mit diesen erstaunlichen Sätzen ist die Philosophie vom Kopf auf die Fü-
ße gestellt, allerdings auf ihre bürgerlich-liberalen. In der Konjunktion
von Hegel und Goethe erscheint schon der liberalistische Optimismus,
der sich über die politische Unfreiheit und Ungleichheit durch den Besitz des Geldsacks hinwegtrösten wird. Er sollte im nachrevolutionären
Deutschland zur herrschenden bürgerlichen Ideologie werden.

Walter Hömberg

Literarisch-publizistische Strategien der Jungdeutschen und Vormärz-Literaten

«Amphibienartig leben wir halb auf dem Festlande der Politik, halb in den Gewässern der Dichtkunst.» Mit diesem Satz aus einem Brief an Ludwig Börne charakterisiert Karl Gutzkow nicht nur seine eigene schriftstellerische Produktion, sondern zugleich auch einen Autorentyp, der in der Zeit zwischen 1830 und 1848, zwischen Juli- und Märzrevolution, das Bild der progressiven Literatur bestimmt: den Typ des Zeitschriftstellers. Seine Aufgabe ist es, die «Aussagen der Zeit zu erlauschen, ihr Mienenspiel zu deuten und beides niederzuschreiben», wie Börne bereits 1818 in der Ankündigung seiner Zeitschrift *Die Wage* formulierte. Der Untertitel dieses Blattes: «Eine Zeitschrift für Bürgerleben, Wissenschaft und Kunst» faßt formelhaft zusammen, was in der Folgezeit zum Programm einer ganzen Schriftstellergeneration wird: die Aufhebung der Trennung zwischen Kunst und Leben, Ästhetik und Ethik, Wissenschaft und Politik.

Die Rede ist hier und im folgenden von jenen Autoren, die – in unterschiedlicher Intensität und mit unterschiedlicher Radikalität – gegen die repressiven Tendenzen ankämpften, die nach der Restaurierung des fürstenstaatlichen Partikularismus durch den Wiener Kongreß und dem Sieg der alten aristokratischen Machteliten wieder die Oberhand gewonnen hatten: von den Jungdeutschen und den oppositionellen Vormärz-Literaten. Im Mittelpunkt sollen jene Schriftsteller stehen, die unter dem Etikett ‹Das junge Deutschland› durch den Verbotserlaß des preußischen Innenministeriums vom 14. November 1835 und den kurz darauf ergangenen Bundestagsbeschluß betroffen waren: Karl Gutzkow, Heinrich Laube, Theodor Mundt und Ludolf Wienbarg. Diesen Verbotsedikten kommt das zweifelhafte Verdienst zu, eine Autorengruppe zugleich ‹gegründet› und zerstört zu haben.

Der Vormärz war eine Zeit der Gegensätze und Widersprüche: Revolution und Restauration, soziale Dynamik und politische Stagnation, technischer Fortschritt und bürokratische Repression stehen neben- und gegeneinander. Den Umbruchs- und Übergangscharakter haben die zeitgenössischen Schriftsteller seismographisch genau erfaßt und immer wieder beschworen. Nach dem Selbstbild der oppositionellen Autoren müssen Literatur und Publizistik in dieser Durchgangsepoche eine doppelte Aufgabe erfüllen: Zunächst sollen sie die Relikte der Vergangenheit bekämpfen und die Ruinen des Feudalismus und des Absolutismus abtragen helfen. Neben diese kritische Funktion tritt eine prophetische Mission: die Antizipation einer Zukunft, die in hoffnungsfrohen Farben gemalt wird.

Wie vor ihm Heinrich Heine diagnostiziert Ludolf Wienbarg das Ende der Kunstperiode: «(. . .) die Schriftstellerei ist kein Spiel schöner Geister, kein unschuldiges Ergötzen, keine leichte Beschäftigung der Phantasie mehr, sondern der Geist der Zeit, der unsichtbar über allen Köpfen waltet, ergreift des Schriftstellers Hand und schreibt im Buch des Lebens mit dem ehernen Griffel der Geschichte, die Dichter und ästhetischen Prosaisten stehen nicht mehr wie vormals allein im Dienst der Musen, sondern auch im Dienst des Vaterlandes, und allen mächtigen Zeitbestrebungen sind sie Verbündete.» Der Schriftsteller avanciert also gewissermaßen zum Vertragsautor des Zeitgeistes; das zugrundeliegende dialektische Geschichtsbild hat eine Impulsfunktion für seine Arbeit.

Am prägnantesten hat Gutzkow die Strategie der neuen Literatur umschrieben. In den *Briefen eines Narren an eine Närrin* von 1832 prognostiziert er: «Der *Ideenschmuggel* wird die Poesie des Lebens werden», und drei Jahre später fordert er Georg Büchner auf: «Treiben Sie wie ich den *Schmuggelhandel der Freiheit*: Wein verhüllt in Novellenstroh, nicht in seinem natürlichen Gewande: ich glaube, man nützt so mehr, als man blind in Gewehre läuft, die keineswegs blindgeladen sind.» Im letzten Satz ist das Motiv angedeutet, das den Schriftsteller der Restaurationszeit in die Rolle eines Schmugglers drängt: Nur wenn er seine wahren Absichten verschleiert, kann er den Zensurjägern entkommen. Gutzkow betont also die Tarnfunktion der literarischen Form.

Wenn die Barrieren der Zensur überwunden sind, ist jedoch noch nicht automatisch der Leser erreicht. Ein geeignetes Vehikel, um ihre politischen, sozialen und kulturellen Ideen an den Mann oder die Frau zu bringen, sehen die Jungdeutschen in literarischer Einkleidung. Neben der Tarnfunktion – gegenüber der Zensur – soll die literarische Form also auch eine Lockfunktion erfüllen; von ihr verspricht man sich einen größeren Leserkreis.

Literatur und Ideenschmuggel

Obgleich die Jungdeutschen für die gegenwärtige Übergangsperiode die Priorität des Gehalts, der Tendenz, der politisch-sozialen Ziele betonen, haben sie sich in ihren Schriften auch immer wieder mit Fragen der literarischen Form beschäftigt. Deutlich grenzen sie sich dabei ab von den traditionellen formalästhetischen Prinzipien. Gegenüber der überkommenen Gleichsetzung von Poesie und Dichtung mit gebundener Rede, mit Metrum und Reim, setzen sie sich vehement ein für die «Emancipation der Prosa».[1] Entsprechend der erstrebten Annäherung von Kunst und Leben soll die Prosa als Sprache des täglichen Lebens auch die Sprache der zeitgenössischen Literatur sein.

An einigen Beispielen aus dem Jahre 1835 soll gezeigt werden, wie das Prosa-Programm umzusetzen versucht wurde. Dieses Jahr trug wie manche der umliegenden die Signaturen des wissenschaftlich-technischen und des kulturellen Umbruchs. Es war das Todesjahr Wilhelm von Humboldts und August von Platens. Es war das Jahr, in dem die erste deutsche Eisenbahn in Betrieb genommen wurde, in dem Berzelius auf die Katalyse in der organischen Chemie hinwies, in dem Büchners Revolutionsdrama *Dantons Tod* herauskam und sein Autor nach Frankreich fliehen mußte.

Ein vieldiskutiertes Buch, das in diesem Jahre erschien (und kurz darauf vom preußischen Oberzensurkollegium auf die Verbotsliste gesetzt wurde), war Theodor Mundts (1808 bis 1861) *Madonna. Unterhaltungen mit einer Heiligen*, eine Mischung von Reiseerzählung, Brief- und Tagebuch-Bruchstücken und novellistischen Einschüben. Der Verfasser figuriert auf dem Titelblatt nur als «Herausgeber». Die fingierte Herausgeberschaft bietet die Möglichkeit, den fragmentarischen Charakter der einzelnen Texte erklären und sich, falls nötig, distanzieren zu können – ein Verfahren, das Mundt schon in seinen ein Jahr zuvor veröffentlichten *Modernen Lebenswirren* praktiziert hatte. Dadurch wird dem Buch einerseits Authentizität zugeschrieben – es enthält Schilderungen von einer tatsächlich stattgefundenen Reise –, andererseits aber die Person des Verfassers vorgetäuscht bzw. vorenthalten, ein Kunstgriff, der hier jedoch sehr durchsichtig angewandt ist. Das Fragmentarische wird mit der Zerrissenheit der Zeit erklärt, die formale Ungleichartigkeit der Entstehung «in den Wirthshäusern und auf den Landstraßen» zugeschrieben.

Im Mittelpunkt steht das Verhältnis von Körper und Geist. Zusammen mit der Versöhnung von Sensualismus und Spiritualismus wird die Synthese von Transzendenz und Immanenz angestrebt. Die Ursache der Spaltung zwischen Gott und Welt, zwischen Geist und Körper sieht Mundt in einem einseitig der Transzendenz und der Askese verpflichteten Christentum. Seine Polemik richtet sich nicht gegen die Religion ge-

nerell, sondern gegen die Mißinterpretation der christlichen Lehre.
Mundt erblickt gerade in der Menschwerdung Gottes die Überwindung
des Dualismus von Diesseits und Jenseits, von Geist und Leib. Auf dieses Religionsverständnis baut er seine optimistische Zukunftsvision: «So
kann und wird das Christenthum, gleichwie es früher die Religion der
Disharmonie war, und eine Spaltung der Lebenszustände begünstigte,
nun auch eine harmonische Bildungsepoche der Völker, die sich von allen Seiten mächtig vorbereiten, nähren und tragen, ja erzeugen.»

Mit seiner *Madonna* verfolgt Mundt nach seinen eigenen Worten die
Absicht, auf die «Gesinnung» der Leser zu wirken. Er will nicht direkt
in «die gestörte Bewegung der *Politik* in unsern Tagen» eingreifen,
sondern erhofft sich auf dem Umweg über eine Beeinflussung der Meinungen Impulse zu «einer ethischen und gesellschaftlichen Umgestaltung». Dementsprechend nimmt der Verfasser nur selten zu konkreten
politischen und sozialen Fragen Stellung, etwa wenn er die Zensur erwähnt oder die Heimatlosigkeit der progressiven Intelligenz im eigenen
Vaterlande oder wenn er die herrschaftsstabilisierende Funktion des
Katholizismus am Beispiel restaurativer Staaten wie Spanien, Portugal
und Österreich aufzeigt. Statt dessen begnügt er sich mit allgemeinen
philosophischen, ethischen und religiösen Reflexionen, zu denen die
geschilderten Reiseerlebnisse meist nicht mehr als das Stichwort liefern.

Vor allem zwei Techniken publizistischer Persuasion werden immer wieder eingesetzt: der Appell und das Schlagwort. Lange Abschnitte enthalten direkte Aufforderungen, entweder an die Figuren der Erzählung
oder an den Leser gerichtet. Die Fülle der Ausrufe und Interjektionen
mit ihrer verstärkenden Wirkung unterstreicht die missionarischen Absichten des Verfassers. Die vielen Schlagwörter erfüllen darüber hinaus
eine weitere Funktion: Wie ein roter Faden durchziehen sie die verschiedenen Textpartikeln, die sonst nur durch die inhaltlichen Bezüge zwischen den Hauptpersonen, dem reisenden Schriftsteller und dem von
ihm als ‹Madonna› verehrten böhmischen Mädchen Maria zusammenge-
halten würden; so helfen sie mit, das gesamte Werk, wenn auch in sehr
lockerer Weise, zu strukturieren.

Zwei Schlagwörter tauchen besonders häufig auf: ‹Bewegung› und
‹Welt›. Ausgehend vom Vorgang des Reisens wird die Bewegung zum
wichtigsten Prinzip der Gegenwart deklariert und schließlich sogar als
Gattungsbezeichnung gewählt («Buch der Bewegung»). Der Welt-Be-
griff erscheint in vielen Variationen und ist als Kürzel für den angestrebten Bewußtseinswandel im Sinne einer verstärkten Hinwendung zur
Diesseitigkeit positiv akzentuiert. Hier zeigt sich ein wichtiges Prinzip
der jungdeutschen Literatur: Sie benutzt mit Vorliebe ursprünglich
wertneutrale Begriffe, um diese – ideologisch aufgeladen im Sinne der

eigenen Weltanschauung – als Schlagwort im publizistischen Kampf einzusetzen.

Der forcierte Gebrauch solcher Schlagwörter entspricht dem Willen der Autoren, ein möglichst breites Publikum anzusprechen und zu beeinflussen. Andererseits enthalten ihre Schriften viele Anspielungen, die nur von den ‹Gebildeten›, genauer: von Menschen mit reichen historischen und philologischen Kenntnissen, aufgelöst werden können. Nur für einen relativ kleinen Leserkreis war die Fülle der literarischen und philosophischen Verweise und Vergleiche von Interesse, keineswegs jedoch für jene breiteren Leserschichten, die die Jungdeutschen ihren eigenen Absichtserklärungen nach eigentlich erreichen wollten.

Von allen jungdeutschen Schriftstellern war Karl Gutzkow (1811 bis 1878) am produktivsten; 1835 sind allein sieben selbständige Veröffentlichungen von ihm erschienen. Im Herbst wurde seine Tragödie *Nero* als Buch gedruckt. Nicht nur die dramatische Form, auch die Abfassung in Versen ist für die frühen Werke der Jungdeutschen untypisch. Gutzkow benutzt verschiedene Versformen nebeneinander und vermischt sie mit kurzen Prosapassagen. Ebenso heterogen ist die szenische Gestaltung, so daß es nicht verwundert, wenn keine Bühne diesen Theater-Erstling aufführen wollte.

Wenn Gutzkows Lesedrama auch formal keineswegs befriedigen kann, so gibt es doch wertvolle Aufschlüsse über die Schmuggelstrategie. Zeitgenössische Typen und Tendenzen sind hier in historischer Verpackung präsentiert. In der Person Neros sollte der bayerische König Ludwig I. porträtiert werden. Mag man auch die Charakterisierung der Titelfigur ihrer krassen Antithetik wegen für überzeichnet halten, so werden doch gerade durch diese starken Kontraste die Gegensätze der jüngstvergangenen Zeit – hier die Gipfelleistungen dichterischer Kunst, dort die Niederungen politischer Unterdrückung – unübersehbar deutlich.

Nicht nur in den Hauptfiguren – Julius Vindex, der Gegenspieler Neros, ist mit einer gewissen Berechtigung als ‹römischer Burschenschafter› bezeichnet worden[2] – spiegeln sich aktuelle Figuren und Ereignisse, sondern auch in Episoden und Randbemerkungen. Die deutsche Obrigkeitsgläubigkeit wird ebenso bloßgestellt wie die Absolutheitsansprüche konkurrierender philosophischer Systeme.

Unter dem inhaltsleeren Titel *Soireen* ließ Gutzkow zwei Sammelbände erscheinen, deren Beiträge größtenteils schon vorher in Zeitungen und Zeitschriften publiziert worden waren. Der erste Band enthält die Schilderung jener *Sommerreise durch Österreich*, die der Verfasser 1833 zusammen mit Laube unternommen hatte. Anschaulich und ungezwungen erzählt er von den Reiseerlebnissen in der Postkutsche und auf dem Dampfboot (dem er und die Mitreisenden noch recht mißtrauisch gegenüberstehen), über Natur- und Kultureigentümlichkeiten, über Begegnungen und Besichtigungen. Auch hier sind manche politische Anspielungen versteckt: auf das autoritäre System Metternichs, auf Feudalismus und Restauration, auf Katholizismus und Klerikalismus. Und wenn von der Universität Padua «die Relegationen von dreihundert Studenten, die sich politischer Umtriebe verdächtig gemacht hatten», mitgeteilt werden, dann dürfte der zeitgenössische Leser an die ‹Demagogen-Verfolgung› im eigenen Lande gedacht haben. In den Karlsbader Beschlüssen von 1819 hatten die aristokratischen und bürokratischen Machthaber nicht nur die Präventivzensur der Presse verfügt, sondern aus einem pathologischen Konspirationsverdacht heraus auch die Universitäten unter staatliche Aufsicht gestellt und die Burschenschaften verboten.

Während geschichtliche Stoffe eine Projektion aktueller Ereignisse und Probleme auf den historischen Hintergrund erlauben, liegt eine Funktion der Reiseliteratur in der geographischen Projektion. Neben der Information über fremde Städte und Landschaften, neben kulturgeschichtlicher Belehrung, neben unterhaltsamer Schilderung überraschender Ereignisse und exotischer Erlebnisse ermöglicht die Reiseliteratur die – indirekte – Kritik an heimischen Mißständen. So wird etwa durch die Beschreibung politischer Institutionen wie des englischen Parlaments ex negativo zugleich auf das spätabsolutistische Ständesystem in den deutschen Territorialstaaten verwiesen, wo sich die parlamentarische Repräsentation nicht durchsetzen konnte. Aus den gleichen Gründen hat Gutzkow die Handlung seines Romans *Maha Guru. Geschichte eines Gottes* (1833) ins ferne Tibet verlegt.

Die Distanz zum Leser sucht Gutzkow zu verringern, indem er ihn direkt anspricht, im Text über die Lektüre-Erwartungen reflektiert und das eigene Handwerk manchmal ironisch problematisiert. Als intensivierende stilistische Techniken liebt er das Wortspiel, den pointierten Kontrast, die polemische Antithese («Darauf muß man sich in Italien vorbereiten, im Adel Lumpen und in den Lumpen Adel zu finden»).

Diese Stilmittel werden auch im zweiten Band der *Soireen* häufig angewendet, der mehrere heterogene Beiträge versammelt. Am umfangreichsten und literarisch am bedeutendsten ist *Der Sadduzäer von Amsterdam*, der sich auf eine historische Quelle stützt. In dieser Novelle, deren Stoff Gutzkow in den vierziger Jahren zu einem Drama verarbeitet hat, werden die Konflikte des jüdischen Freigeistes Uriel Acosta zwischen der Liebe zu einer streng religiösen Jüdin und dem Einstehen für seine rationalistische Weltanschauung geschildert – Konflikte, die ihn schließlich zum Scheitern bringen, da er sich nicht zu einer klaren Entscheidung durchringen kann. Thematisch zeigen sich Parallelen zur *Wally*, in der Ausführung jedoch sind im *Sadduzäer* deutliche Unterschiede festzustellen. Während dort Reflexion und Polemik vorherrschen, fallen hier die straffe Handlungsführung und die Geschlossenheit der Darstellung auf.

Zum *Wally*-Komplex gehört auch die Neuausgabe der *Vertrauten Briefe über die Lucinde* von Friedrich Schleiermacher. In einer umfangreichen Vorrede greift Gutzkow die theologische Orthodoxie auf Kanzel und Katheder heftig an. «Mit dem behaglichsten Gefühle werf ich diese Rakete in die erstickende Luft der protestantischen Theologie und Prüderie», gesteht er mit polemischem Pathos.

Das Vorwort ist ein vehementes Plädoyer für die «Reformation der Liebe», für Unmittelbarkeit und Leidenschaft, beschränkt sich jedoch auf Stichworte, Anregungen, Einzelattacken. Gleichzeitig weist Gutzkow versteckt auf eine geplante eingehendere Beschäftigung mit den hier nur angedeuteten Problemen hin, und zwar in erzählender Form: «Dem Romane sey es empfohlen, diese Grundsätze zur Anschauung zu bringen; der doktrinelle Ton ist hier eine Entweihung, während auch die Poesie energischer zum Herzen spricht und nicht zu nennen braucht, wo es genügt, nur zu zeigen.» – Damit ist sowohl das Thema als auch die Intention jenes Romans angesprochen, der zum Auslöser eines politischen Skandals wurde und das Interdikt des Frankfurter Bundestags provozierte: *Wally, die Zweiflerin.*

Mit seiner *Wally* bietet Gutzkow unter der Gattungsbezeichnung «Roman» eine Mixtur recht heterogener Formen an. Die beiden ersten Bücher enthalten eine durchgängige Erzählung, das abschließende dritte Buch besteht aus Tagebuchnotizen, einem essayistischen Traktat und einem Aufsatz, wobei die einzelnen Teile nur durch kurze Überleitungssätze verbunden sind. Bereits beim flüchtigen Durchblättern fallen die Größe der Drucktypen, der geringe Umfang des Satzspiegels und die beachtliche Zahl unbedruckter Seiten ins Auge. Diese typographische Verschwendung wird plausibel, wenn man sieht, daß nur mit Hilfe des angehängten Aufsatzes die Zahl von 327 Seiten erreicht und die Zwanzig-Bogen-Grenze soeben überschritten ist – jener Umfang, bis zu dem die Vorzensur obligatorisch war.

Den größten Teil des Textes nehmen Reflexionen und Gespräche der beiden Hauptfiguren – Wallys, einer koketten jungen Schönheit, und Cäsars, eines skeptischen Menschenverächters – ein. Zwei Themenkreise stehen im Vordergrund: die Emanzipation der Frau und die Bedeutung der Religion, und beide gruppieren sich um das Problem der Liebe und Ehe. «Zuweilen erschreck' ich vor dieser pflanzenartigen Bewußtlosigkeit, in welcher die Frauen vegetiren», schreibt Wally an eine Freundin. Sie beklagt, daß an die Frauen keine Anforderungen gestellt werden und macht die Erziehung als entscheidendes Sozialisationselement für die Beschränkung des weiblichen Lebenskreises verantwortlich. Cäsar bekämpft die «conventionellen Formen des Lebens», «dies Ge-

häuse von Manieren», die «unsichtbaren Barrieren, welche die Menschen trennen». Damit ist besonders das Verhältnis zwischen den Ge-
schlechtern angesprochen, wo das Korsett der Konventionen den unmittelbaren Ausdruck der Gefühle hemmt. Als «Institut der Kirche» will
Cäsar die Ehe nicht gelten lassen. Die Ablehnung der kirchlich geschlossenen Ehe wird dadurch unterstrichen, daß die Hochzeit Wallys mit einem sardinischen Gesandten (deren Begründung im übrigen nicht recht
klar wird) sich als rein formaler Akt ohne innere Bindungen herausstellt. Allerdings bewirkt ihre ‹geistige Vermählung› mit Cäsar auch keine Verbindung von Dauer, wie dessen spätere Hinwendung zu einer anderen Frau zeigt.

Das zweite zentrale Thema des Buches wird ausgiebig in einem einge-
schobenen Traktat von Cäsar behandelt: «Geständnisse über Religion
und Christenthum». Der Offenbarung, die er als «Verfälschung der Natur und der Geschichte» abtut, stellt Cäsar (mit dessen Anschauungen
sich Gutzkow später identifiziert hat) den historischen Jesus gegenüber,
«aus Nazareth gebürtig, unehelichen Ursprungs, Stiefsohn eines braven
Zimmermanns». Er wird als jüdischer Rabbi, als Volkslehrer und Buß-
prediger, schließlich als Anführer einer mißglückten Revolution dargestellt und mit Männern wie Pythagoras, Zoroaster und Sokrates verglichen. Gutzkow folgt hier der rationalistischen Bibelkritik von den *Wol-
fenbütteler Fragmenten* des Reimarus bis hin zu dem damals gerade erschienenen Werk über das Leben Jesu von David Friedrich Strauß.

Die polemische Stoßrichtung zielt einmal auf die etablierte Katheder-
theologie, «das knöcherne Skelett der Orthodoxie», zum anderen gegen
die Komplizenschaft von Kirche und Staat. Wie für das Mittelalter und
die Reformationszeit, so betont Gutzkow auch für die Gegenwart die
politische Funktion des Christentums, das durch seine Verbindung mit
der Restauration «sich überall der politischen Emancipation in den Weg
zu stellen» scheint.

Die Aktualität liegt ferner darin, daß ethische und religiöse Fragen als
soziale Fragen verstanden werden, die nur im Kontext des gesamten Ge-
sellschaftssystems zu lösen sind. Eine halbwegs präzise Diagnose der sozialen Situation sucht man allerdings vergeblich. Gutzkow beschäftigt
sich fast ausschließlich mit den Phänomenen des Überbaus, ohne die gesellschaftliche und ökonomische Basis zu behandeln.

Der angehängte Aufsatz über «Wahrheit und Wirklichkeit» steht mit
dem Roman in keinem direkten Zusammenhang, ist aber aufschlußreich
für Gutzkows Bild von den Aufgaben des Dichters. Er plädiert gegen
die Kopie der Wirklichkeit, für eine «Poesie der ideellen Wahrheit und
reellen Unwirklichkeit». Der Schriftsteller habe «eine ideelle Opposition, ein dichterisches Gegentheil unsrer Zeit» zu bilden. Hier wird also
der Schwerpunkt auf den Einsatz im Sinne der eigenen Zukunftsvision

gelegt. Dabei ist impliziert, daß auch eine visionäre Utopie kritische Funktionen ausüben kann. Gutzkow endet sein Buch mit dem Hinweis, daß die bestehenden Institutionen wie Christentum, Recht und Verfassungen nicht lebensnotwendig sind für die Gesellschaft, was einer Aufforderung zur radikalen Veränderung gleichkommt.

Die öffentlichen Reaktionen auf diesen Roman waren heftig und zahlreich. Sie beginnen mit einer Philippika Wolfgang Menzels, der der *Wally* zwei ganze Ausgaben seines einflußreichen *Literatur-Blattes* zum Stuttgarter *Morgenblatt* widmet. Literaturkritik entartet hier zur Schimpftirade, ja gerät zu offener Denunziation.

In den sich anschließenden Broschürenkrieg schaltet sich der Verfasser der *Wally* mit zwei Flugschriften ein.[3] Besonders wendet er sich gegen den Rubrizierungs- und Schematisierungswahn seines Gegners und beruft sich dabei auf die schriftstellerische Individualität, auf den ‹dichterischen Indifferenzpunkt›. Dieser taktische Rückzug in den Reservatbereich der Kunst ist in einer so existenzbedrohenden Situation gewiß legitim; er zeigt jedoch die spezifische Problematik der Tendenzliteratur, die weder mit isolierten literarischen noch mit politisch-ideologischen Kriterien allein zu fassen ist.

Wie die Literatur selbst, so ist auch die Literaturkritik im Vormärz häufig nur Anlaß für Ideenwerbung. Ludolf Wienbarg (1802 bis 1872), der mit seinen *Ästhetischen Feldzügen* 1834 die wichtigste Programmschrift des Jungen Deutschland vorgelegt hatte, macht auch in seinem Sammelband *Zur neuesten Literatur* deutlich, daß mit der Literatur zugleich immer ihr sozialer und weltanschaulicher Hintergrund thematisiert ist. Formale Merkmale werden vernachlässigt, inhaltliche Kriterien dominieren. Die Rezension wird als weitere willkommene Möglichkeit genutzt, den Kampf mit neuen Waffen fortzuführen.

Das nächste Buch Wienbargs ist eine Anthologie verschiedener kleinerer Beiträge, die jeweils einem Tierkreiszeichen zugeordnet sind, zu dem sie aber nur in oberflächlich-assoziativer Beziehung stehen. Diesem lockeren Kompositionsprinzip entspricht die formale Disparität: Die Übersetzung der vierten pythischen Siegeshymne Pindars steht neben Essays und Abhandlungen, ein satirisches Gedicht neben einem Erlebnisbericht und mehreren Erzählskizzen. Auch in sich selbst sind die Beiträge nicht einheitlich. Bericht und Schilderung, theoretische Reflexion und fiktionale Erzählung gehen unmittelbar ineinander über.

Diese variantenreiche Vielfalt wird durch die Konsistenz im Meinungsgehalt kontrapunktiert. Wie ein roter Faden zieht sich das Neben- und Miteinander von Zeitkritik und Zukunftsvision durch das ganze Buch. Der Polemik gegen politischen Quietismus und moralischen Konservatismus, gegen christliche Asketik und reaktionäre Theologie tritt der Appell für «einen neuen Lebensumschwung» im nationalen Sinne an die

Seite, für Emanzipation der Frau, Natürlichkeit und Sinnlichkeit, für innere und äußere Freiheit. Wie Mundt und Gutzkow geht es auch Wienbarg mehr um die sozialen und sittlichen Fundamente als um konkrete
Phänomene. Nur so sind seine heftigen Ausfälle gegen Kirche und Kle-
rus verständlich; sie werden übrigens auch hier meist gut protestantisch
durch Bibelexegesen untermauert. Nicht die Evangelien werden verworfen, sondern vielmehr ihre Deutung durch die theologische Orthodoxie,
der in militanter Weise die eigene Interpretation entgegengesetzt wird.
Die antithetische Grundstruktur des Wienbargschen Denkens, die schon
die *Ästhetischen Feldzüge* beherrscht hatte, zeigt sich auch in seinen kleineren Arbeiten.

Ansätze zu einer Romantheorie liefert Wienbarg ebenfalls in den *Wanderungen durch den Thierkreis*. Seine wichtigste Forderung ist der unmittelbare Zeitbezug: «Mein Held müßte ein Zeitgenosse sein, mein
Roman ein zeitgeschichtlicher.» Der Verfasser entwickelt seine Vorstellungen am Konzept eines «zeitgeschichtlichen Sittenromans», den er unter dem Titel *Johannes Küchlein* zu schreiben beabsichtigt. Dieses Konzept beinhaltet drei wichtige Punkte: Zunächst wird psychologisches Interesse verlangt; die Beschäftigung mit dem Innenleben des Helden soll
zentrale Bedeutung erhalten. Sodann werden autobiographische Bezüge
vorausgesetzt; der postulierte Lebensbezug ist damit konkretisiert. Hinzu kommt die Forderung nach Zeitkritik.

Der *Johannes Küchlein* ist über eine kurze Skizze, die Wienbarg unter
dem Titel *Die Helgolander* im *Thierkreis* vorgelegt hat, nicht hinausgekommen. Aber eine Literaturgeschichte des Jungen Deutschland ist notwendigerweise auch eine Geschichte der ungeschriebenen Literatur –
von Plänen, Programmen, Projekten. Wienbargs Konzept ist wichtig,
weil es postulativ manches vorwegnimmt, was Gutzkow später in seinen
großen Zeitromanen realisierte.

Bei Heinrich Laube (1806 bis 1884) zeigen die Buchpublikationen von
1835 bereits deutliche Spuren eines Gesinnungswandels. Das ausführli-
che Vorwort zu seiner Novelle *Liebesbriefe* liefert so etwas wie einen
Leitfaden zur Interpretation: «Das Kunstwerk hat nicht den Katechis-
mus, das Dogma zu ersetzen, und man thut namentlich meinen Schriften, die sich in ästhetischen Formen bewegen, Unrecht, wenn man sie
für mehr als Anregungen zur Spekulation erachtet.» Ausdrücklich verweist Laube darauf, daß es «sich übrigens hierbei auf keine Weise um
Politik» handele; «der Titel ist kein trügerisches Aushängeschild, er bezeichnet das Herz des Buches».

Die zitierten Hinweise sagen weniger über das Buch als über die Erfahrungen des Autors. Laube hatte die Novelle 1833 in Leipzig begonnen, damals noch ebenso progressiver wie jugendlich-optimisti-
scher Redakteur der *Zeitung für die elegante Welt*, und er hat sie zwei

Jahre später in Berlin vollendet – als politischer Häftling, der seiner früheren burschenschaftlichen Aktivitäten wegen im Sommer 1834 festgenommen worden war. Als sie im Juni 1835 in Buchform erschien, war er erst seit einigen Wochen wieder auf freiem Fuß. Da er es bleiben wollte, schien ihm nach den vielen Verhören über seine literarische Produktion die vorbeugende Warnung, «diese träumerischen Spekulationen mit dem ordinairen, besonnenen Leben [zu verwechseln], was seine Grenzen und Zäune für Einzelne braucht, um Alle zu sichern», nicht überflüssig zu sein.

Diese Vorsicht ist auch der Novelle anzumerken, in der unkonventionelle Thesen später wieder zurückgenommen und kritische Äußerungen neutralisiert werden. Die Auflehnung gegen die bürgerlichen Konventionen, der man beim frühen Laube auf Schritt und Tritt begegnet, dringt nur noch gelegentlich durch, der revolutionäre Elan ist domestiziert. Dieselbe Entwicklung zeigt sich auch in den *Modernen Charakteristiken*; die hier gesammelten Aufsätze, zuerst in der *Zeitung für die elegante Welt* veröffentlicht, wurden für die Buchfassung entschärft.

Medienwahl und Wirkungschancen

Ihr Leben lang waren die Jungdeutschen in verschiedenen Funktionen für Zeitschriften und Zeitungen tätig: als Herausgeber und Redakteure, Korrespondenten und freie Mitarbeiter. Zum einen bestimmten die Instrumente der staatlichen Kommunikationskontrolle die Medienwahl. Die Konzessionspflicht für neue Journale, die Steuer- und Zollgesetzgebung, das Intelligenzwesen und andere, primär ökonomische Einflußmechanismen, vor allem aber die Präventivzensur machte sie zu einer taktischen Frage. Wegen ihrer größeren Aktualität und teilweise auch Publizität waren die periodischen Kommunikationsmittel besonders attraktiv. «Es ist die Zeit des Ideenkampfes, und Journale sind unsre Festungen», schreibt Heine im November 1828 in einem Brief an Gustav Kolb, den Redakteur der *Allgemeinen Zeitung* in Augsburg.

Neben diesen taktischen Aspekten hat die Wahl der Medien auch eine ökonomische Seite. Die Jungdeutschen gehören zu den ersten Autorengenerationen, die ihren Lebensunterhalt ausschließlich durch den Erlös ihrer Publikationen bestreiten müssen. Schon aus Gründen der Existenzerhaltung stehen sie unter enormem Produktionsdruck. Auch deshalb haben sie sich in den dreißiger Jahren hauptsächlich der literarisch-publizistischen Kurzformen bedient, die sich gleich mehrfach verwerten ließen: als Artikel für Zeitungen und Zeitschriften, als Beiträge für Anthologien, als Versatzstücke größerer literarischer Arbeiten. Die Fülle der Sammelbände mit sehr verschiedenartigen Beiträgen und beliebigen Titeln findet hier ihre Erklärung. Die Grenzen zwischen Zeitschrift und Sammelband sind manchmal fließend, und gelegentlich wird das Firmenschild geändert, um das gleiche publizistische Sortiment weiter vertreiben zu können.

Innerhalb der jungdeutschen Kommunikationsstrategie hatten die Journale einen wichtigen Stellenwert. Einerseits konnten sie den Autoren als periodisches Transportmittel für die eigene publizistische Produktion und als Podium im Meinungskampf des Vormärz dienen; andererseits sollten sie den Kristallisationskern für eine Vereinigung Gleichgesinnter bilden. Der Alternative oppositionelles Richtungsblatt oder pluralistische Forumszeitschrift wichen sie aus durch einen mittleren Kurs. Klangvolle Mitarbeiternamen aus dem liberalkonservativen Lager wie Varnhagen, Pückler, Rosenkranz sollten für die noch wenig bekannten jungen Autoren Schlepperdienste beim Publikum leisten, aber auch die staatlichen Kontrollstellen von der politischen Harmlosigkeit der neuen Blätter überzeugen. Diese Variante des Ideenschmuggels war freilich nicht erfolgreich: Mundts *Literarischer Zodiacus* wurde bereits nach einem Jahr verboten, Gutzkows und Wienbargs *Deutsche Revue* – mit der zum erstenmal der später erfolgreiche Zeitschriftentyp der Nationalrevue konzipiert wurde – erhielt gar nicht erst die Konzession.

Der Zensurapparat verfügte über ein breites Spektrum an Sanktionsmöglichkeiten: Druck- und Verbreitungsverbot, Einziehung und Vernichtung unliebsamer Schriften, Haft, Ausweisung und Berufsverbot gegenüber den Autoren. Trotz all dieser Repressionsmittel, die auch tatsächlich eingesetzt wurden, war die Kommunikationskontrolle faktisch nicht lückenlos. Zwischen den Verbotsdekreten und ihrer – regional unterschiedlichen – Umsetzung gab es einen gewissen Freiraum. In der Wahl der Mittel, mit denen sie durch die Maschen der Zensur zu schlüpfen versuchten, zeigten sich die Betroffenen erfinderisch. Neben den bereits erwähnten Methoden fiktionaler Einkleidung und literarischer Camouflage gehörten die Offenlegung der Zensureingriffe für den Leser, pseudonyme und anonyme Veröffentlichung, Angabe fingierter Verlagsorte und ähnliche Maskierungsversuche zu den wichtigsten Gegenstrategien.

Um dem Leser die Eingriffe der Zensur deutlich vor Augen zu führen, ließen die Redakteure gern die gestrichenen Stellen unbedruckt bzw. kennzeichneten sie durch Gedankenstriche – Börne sprach plastisch von den «Zahnlücken der Zeit». Das wohl bekannteste Beispiel ist jene Seite aus Heinrich Heines *Buch le Grand*, die außer solchen Zensurstrichen nur die Worte «Die deutschen Censoren . . . Dummköpfe . . .» enthält. Diese Methode, bei Heine bewußt satirisch verwendet, wurde auf den Wiener Ministerialkonferenzen im Juni 1834 durch Bundesbeschluß ausdrücklich verboten, war aber auch später noch ein beliebtes Mittel, um Zensurlücken sichtbar zu machen. Manche Beispiele dafür finden sich etwa in der *Zeitung für die elegante Welt* unter der Redaktion Laubes.

Auch zum Mittel anonymer bzw. pseudonymer Veröffentlichung griffen die Jungdeutschen gelegentlich. Gutzkows *Briefe eines Narren an einer Närrin* erschienen 1832 ohne Verfasserangabe. Fünf Jahre später schrieb er unter dem Namen Edward Lytton Bulwers, getarnt als Übersetzung aus dem Englischen, eine Sammlung von aktuellen Aufsätzen und Glossen, die unter dem Titel *Die Zeitgenossen. Ihre Schicksale, ihre Tendenzen, ihre großen Charaktere* herauskam. Auch Laube zog es vor, seine historische Skizze über *Die Französische Revolution* (1836) anonym erscheinen zu lassen. Da sein Buch *Politische Briefe* als zweiter Band des Serienwerks *Das neue Jahrhundert* in Preußen schon vor dem Druck verboten war, versah der Verleger Reclam die zur Verbreitung dort vorgesehenen Exemplare mit einem neuen Titel: *Briefe eines Hofraths oder Bekenntnisse einer jungen bürgerlichen Seele.*

Vielleicht noch nachhaltiger als durch ihre tatsächlich verhängten Sanktionen wirkt eine Zensurstelle durch ihr bloßes Vorhandensein. Die potentiell Betroffenen – und potentiell ist jede nicht konforme Meinungsartikulation betroffen – internalisieren die Kriterien und Zwänge der Kommunikationskontrolle, üben, häufig ohne sich dessen bewußt zu sein, antizipierende Selbstzensur. Durch einen Vergleich der verschiedenen Handschriftenfassungen sind ihre Auswirkungen etwa bei politischen Lyrikern der vierziger Jahre deutlich festzustellen.

Insgesamt war die Strategie des Ideenschmuggels nur teilweise erfolgreich. Die beabsichtigte Tarnung durch literarische Formen und Techniken wurde vom geschulten Auge des Zensors meist schnell durchschaut, wie die zahlreichen Veröffentlichungs- und Verbreitungsverbote beweisen. Die literarische Form bot hier lediglich die Möglichkeit, sich auf den Kunstcharakter zu berufen. Aber auch dieser Distanzierungsmechanismus verhinderte nicht, daß die Obrigkeit ihr ganzes Arsenal polizeistaatlicher Unterdrückungsmaßnahmen anwendete.

Die zweite Funktion der Schmuggelstrategie, mit einem gesteigerten Unterhaltungswert das Interesse der Leser zu wecken und sie durch intensivierende rhetorische Methoden wie Schlagwort, Wiederholung, Vereinfachung, Antithetik und Kontrastierung zu einem Engagement im Sinne der eigenen liberalen, sozialen, nationalen und demokratischen Ziele zu beeinflussen, ist möglicherweise erfolgreicher verwirklicht worden. Die Spitzelberichte der Metternich-Agenten und die Begründung des Publikations- und Debitsverbots vom 10. Dezember 1835 legen jedenfalls die Annahme nahe, daß unterhaltsame Darbietungsformen die Aufnahmechancen erhöhten.[5] Allerdings wurde bei den Jungdeutschen dieser Effekt überlagert durch den häufigen Einschub von Bildungsreminiszenzen, deren Verständnis als Gegenstück zum gelehrten Autor den gebildeten Leser verlangt. Diese immanenten Verständnisschwellen verhinderten neben den sozialen Kommunikationsbarrieren die angestrebte Publizität.

Agitation und Gegenöffentlichkeit

An den Thronwechsel in Preußen im Jahre 1840 knüpften sich viele
Hoffnungen auf eine Liberalisierung der Kommunikationspolitik. Aber
nach einer kurzen Zeit des ‹Tauwetters›, in der auch die Ausnahmezen-
sur für die Jungdeutschen aufgehoben wurde, zog Friedrich Wilhelm IV.
die Daumenschrauben wieder an. Zunehmende politische Radikalisierung und Verschärfung der Zensur gingen Hand in Hand.

Die oppositionelle Literatur der vierziger Jahre ist deutlich aggressiver
und radikaler, und zwar sowohl im Ton als auch in der Thematik. Die
Schriftsteller haben die Tarnkappe abgelegt, die Deckung verlassen und
sich ungeschützt auf den Kampfplatz der Politik begeben. Bewußte Parteilichkeit und ideologische Konsequenz sind jetzt gefordert. Sie drük-
ken sich aus in Manifesten, Pamphleten und Aufrufen, in Formen ope-
rativer Literatur, die auf direkte Aktion zielen.

Volkstümliche Gedichtformen sollen die Massen ansprechen. Mit ihrer
polemischen Stoßrichtung, ihrem didaktischen Aufbau, ihrem Schlag-
zeilenstil und der einhämmernden Wiederholungstechnik des Refrains
erringen einige politische Agitationsverse solche Popularität, daß sie wie
‹Volkslieder› gesungen werden. Die politische Lyrik, in der sich meist
soziales Engagement, Kampfbereitschaft und Bekennerpathos vereinen,
wird heute identifiziert mit Namen wie August Heinrich Hoffmann von
Fallersleben, Karl Isidor Beck, Friedrich von Sallet, Ludwig Seeger, Georg Herwegh, Ferdinand Freiligrath, Ludwig Pfau und Georg Weerth.

Auch das Drama erlebt im Jahrzehnt nach 1840 einen Aufschwung.
Gutzkow und Laube wenden sich jetzt zusammen mit anderen Autoren
dem Theater zu. Aktuelle Stoffe und Formen von der lebensnahen Zeit-
komödie bis zur pathetischen Freiheitstragödie beleben die Szene. Viel
Scherz, Satire, Ironie, aber fast immer mit tieferer zeitkritischer Bedeutung. Ein gutes Beispiel ist Robert Prutz' Komödie *Die politische Wochenstube* (1845), eine gepfefferte satirische Allegorie auf die reaktionäre Gegenwart, die in der Tradition des aristophanischen Lustspiels steht
– und dem Verfasser wegen «Majestätsbeleidigung und Aufreizung zur
Unzufriedenheit» eine gerichtliche Anklage einbrachte.

Daneben eine Fülle von theoretischen Schriften. Die politischen Aus-
gangs- und Zielvorstellungen im Lager der Progressiven differenzieren
sich jetzt stärker; die Bandbreite reicht von den gemäßigten Liberalen
über die Junghegelianer um Arnold Ruge zu den Radikaldemokraten,
den ‹wahren Sozialisten› um Wilhelm Weitling und schließlich den Kommunisten um Karl Marx und Friedrich Engels. Die ideologischen Grup-
penbildungen werden deutlicher, gerade auch in der Polemik untereinander, die Organisierung schreitet voran, kann sich allerdings – seit den
Karlsbader Beschlüssen sind systemkritische politische Formationen generell verboten – nur in der Illegalität vollziehen.

Unter den Zeitschriften, zum Teil auch unter den Zeitungen, nehmen die Richtungsblätter zu. Wichtig vor allem Ruges *Hallische Jahrbücher*, 1838 gegründet, nach dem Verbot im Jahre 1841 unter dem Titel *Deutsche Jahrbücher für Wissenschaft und Kunst* weitergeführt, Sprachrohr der Jung- bzw. Linkshegelianer, oder die von Ruge und Marx im Pariser Exil 1844 gemeinsam herausgegebenen *Deutsch-Französischen Jahrbücher*. In der ersten – und einzigen – Nummer veröffentlicht Marx seine Kritik der Hegelschen Rechtsphilosophie. «Die Waffe der Kritik kann allerdings die Kritik der Waffen nicht ersetzen, die materielle Gewalt muß gestürzt werden durch materielle Gewalt, allein auch die Theorie wird zur materiellen Gewalt, sobald sie die Massen ergreift.» Hier beginnt der Verfasser seinen Weg als Theoretiker des wissenschaftlichen Sozialismus.

Mit der Zuspitzung der sozialen Situation intensivierte und radikalisierte sich die Kritik an den überkommenen gesellschaftlichen Strukturen. Eine Fülle sozialkritischer Pamphlete griff im Anschluß an Büchners und Weidigs *Hessischen Landboten* die extreme gesellschaftliche Ungleichheit an. Erhebungen wie der Weberaufstand von 1844 sind ein erster Ausdruck solidarischer Aktion gegenüber den ausbeutenden Fabrikherren. Während die Jungdeutschen und ihre Sympathisanten sich der etablierten Kommunikationswege bedient und sich vor allem an das mittlere bis gehobene Bürgertum als Zielpublikum gewandt hatten, wurde nun immer stärker eine Art Gegenöffentlichkeit zu konstituieren versucht.

Bereits in den dreißiger Jahren hatten radikale Republikaner wie Harro Harring, Jakob Venedey und Friedrich Gustav Ehrhardt ihre Kampfblätter *Das constitutionelle Deutschland*, *Der Geächtete* und *Das Nordlicht* von Straßburg, Paris und Zürich auf den Weg geschickt. Diese Emigrationszeitschriften, die meist nur in kleinen Auflagen gedruckt wurden und nur wenige Ausgaben überlebten, waren hauptsächlich unter den sich langsam organisierenden Handwerksgesellen und in Kreisen revolutionärer Intellektueller verbreitet. Ähnliche Versuche gab es auch nach 1840 – mit wechselndem Erfolg: So bewirkte etwa der lange Arm der preußischen Regierung, daß Adalbert von Bornstedts Pariser *Vorwärts*, an dem auch Marx mitarbeitete, Ende 1844 eingestellt wurde. Die drei wichtigsten Emigrationsverlage hielten länger durch: das Literarische Comptoir in Zürich und Winterthur, die Verlags- und Sortimentsbuchhandlung zu Belle-Vue bei Konstanz und das Literarische Institut in Herisau.

Emigration und Exil: diese Stichworte finden sich in den Lebensläufen vieler Vormärz-Literaten. Ihre Radikalität trieb sie außer Landes – und aus dem Exil brauchten sie sich der ‹Sklavensprache› und der Methoden der Maskierung nicht mehr zu bedienen. Sosehr sich die verschiedenen ‹Fraktionen› in der progressiven Literatur und Publizistik des Vormärz auch unterscheiden im Hinblick auf Strategien und Ziele – aus der Perspektive ihrer Rezeptions- und Wirkungsgeschichte verbindet sie, daß sie meist aus politischen oder ästhetischen Gründen abgewertet wurden. Bereits 1847 hat Robert Prutz hellsichtig konstatiert: «(...) die einen wollten keine *politische* Poesie, die andern keine politische *Poesie*; das griff denn vortrefflich ineinander – und dem politischen Gedicht ist das Leben, jetzt und zukünftig, abgesprochen.»[6]

Winfried Bauer
Geistliche Restauration versus
Junges Deutschland und Vormärz-Literaten

Ein wichtiges Ergebnis der neueren Biedermeierforschung ist die Erkenntnis von der Eigenständigkeit und Einheitlichkeit des Zeitraums
zwischen 1815 und 1848 trotz des Neben- und Gegeneinanders der verschiedenen weltanschaulichen sowie staats- und gesellschaftspolitischen
Konzepte. Die Metternichsche Restauration muß in dieser Epoche zweifelsohne als das charakteristische Phänomen angesehen werden. Sie
prägt derart das Denken und die Aktionen der Zeit, daß jeder Zeitgenosse ihr gegenüber Stellung beziehen mußte. Die Art des Verhältnisses
zu ihr, ob loyal, desinteressiert oder oppositionell, gruppiert die Menschen dieser Zeit in verschiedene Lager.
Zu den Oppositionellen gegen das Metternichsystem zählen die Burschenschaftler, die Jungdeutschen und die Vormärzler, zum Teil auch
die Weltschmerzpoeten und die Junghegelianer, zu den Loyalen vor allem die Staatstheoretiker Karl Ludwig von Haller, die Gebrüder Gerlach in Berlin und eine Vielzahl Metternich ergebener Publizisten wie
Friedrich von Gentz und Karl Ernst Jarcke. Der Großteil der Bevölkerung wie auch der Literaten zeigt sich desinteressiert an der großen Politik, überläßt den Staatsmännern bereitwillig die politische Bühne und
freut sich im stillen Winkel seines Kämmerleins des Friedens und der
Ruhe nach einem großen Krieg. Der Literarhistoriker Friedrich Sengle
nennt diese Gruppe, zu der er unter anderem Eduard Mörike und August von Platen rechnet, das weltliche oder literarische Biedermeier.
Viele andere Dichter und Publizisten der Zeit wie Wolfgang Menzel, Joseph von Görres, Ernst Wilhelm Hengstenberg, Annette von Droste-
Hülshoff, Franz Grillparzer oder auch Jeremias Gotthelf können in dieses Drei-Klassen-Schema nicht oder nur unter Nichtberücksichtigung
bedeutender Teile ihres literarischen Vermächtnisses eingereiht werden.
Die meisten der Genannten standen, obgleich in ihrem Welt- und Men-

schenbild und in ihren Zielen durchaus restaurativ, in den zwanziger und dreißiger Jahren deutlich in Opposition zum Allianz-Europa. Und dennoch ist es eine von den Jungdeutschen und Vormärzlern grundverschiedene Opposition. Eine Differenzierung und Spezifizierung des Begriffs ‹Restauration› ist deshalb unbedingt notwendig: Die Häupter der Heiligen Allianz und ihre Theoretiker zählen zur Gruppe der ‹primär politischen Restauration›, weil es ihnen in erster Linie um die Wiederherstellung des vorrevolutionären politischen Zustandes gegangen ist. Die oben genannten Schriftsteller und Publizisten aber wollen eine ‹primär geistliche Restauration›, eine Wiederherstellung des Einflusses, den Kirche und Christentum vor der Revolution auf Gesellschaft und Staat gehabt haben. Im Gegensatz zur relativ unpolitischen Erweckungsbewegung der zwanziger Jahre sind diese Männer kämpferisch, aggressiv, polemisch, ‹militant›.

Auf diese ‹militant geistliche Restauration› legt der folgende Beitrag sein Schwergewicht. Er beschreibt ihren publizistischen und literarischen Kampf gegen das Junge Deutschland und die Vormärzliteraten.

Der publizistische Kampf der militant geistlichen Restauration gegen das Junge Deutschland

Eröffnet wird der Kampf vom ‹Literaturpapst› der damaligen Zeit, von Wolfgang Menzel, in dem u. a. von ihm herausgegebenen *Literatur-Blatt* zum *Morgenblatt für gebildete Stände*. Anlaß ist der Roman seines einstigen Günstlings Karl Gutzkow, *Wally, die Zweiflerin* (1835), in dem das Recht auf Sinnlichkeit proklamiert wird: Wally, ein junges Mädchen aus einer vornehmen deutschen Familie, heiratet auf Wunsch ihres Vaters einen sardinischen Gesandten, vermählt sich aber an ihrem Hochzeitstag ‹geistig› mit dem geliebten Cäsar, indem sie sich ihm nackt zeigt. Als Cäsar sie verläßt, ersticht sie sich.

Menzel verdammt dieses Werk in einer acht Seiten umfassenden Rezension und geht gleichzeitig mit dem gesamten Jungen Deutschland ins Gericht. Das Werk triefe von «Frechheit und Immoralität», von «kränklicher, raffinierter, ausgetüftelter Wollust» und zwinge ihn, in Verantwortung gegenüber Christentum und Nation seines «Amtes» zu walten. Pathetisch verkündet er: «So lange ich lebe, werden Schändlichkeiten dieser Art nicht ungestraft die deutsche Literatur entweihen» (S. 370). Die Jungdeutschen nennt er «Buben», «Schwächlinge», «Wollüstige», «Huren», «freche Gotteslästerer und Nudidätenmaler», «literarische Wüstlinge», «Auswurf der Nation» und «verspätete Nachgeburt der alten verdorbenen Zeit». Alle ihre Schriften seien «geil», «unzüchtig», «obszön», «eine neue Bibel der Schwäche und des Lasters» voller «ins gemeinste Bordell gehöriger Nudidäten». Gutzkow wird beschuldigt, er wolle mit Unzucht die Welt verbessern und eine neue «Religion der

Wollust» aufrichten, wo in Bordellen das «kranke, entnervte und dennoch junge Deutschland die Priesterschaft» spielt und seinen neuen Gottesdienst feiert. Menzel wirft Gutzkow vor, die französischen Christentumshasser der Vergangenheit, Voltaire und andere, noch übertroffen zu haben, indem er deren Gottesleugnung durch «Verachtung», «vornehme Geringschätzung» und ein arrogantes, überlegenes, «süffisantes Mitleiden» ersetze. Daß sich ein «kleiner Jüngling, marklos und wadenlos» wie Gutzkow, in einem christlichen Europa erdreisten konnte, Christus einen «unglücklichen Revolutionär» zu nennen, ihm unehelichen Ursprung nachzuweisen und zu behaupten, es wäre besser gewesen, wenn die Welt nie etwas von Gott gewußt hätte, führt Menzel zu dem Schluß, es sei endlich an der Zeit, solche Gesinnung, die «nur im tiefsten Kote der Entsittlichung, nur im Bordell (. . .) geboren» sei, «bis zur Vernichtung zu bekämpfen» (S. 373).

Am Ende dieses totalen Verrisses verspricht er, das seine dazu beizutragen, «den Kopf der Schlange» zu zertreten, «die im Miste der Wollust sich wärmt» (S. 376).

Auch in späterer Zeit mindert sich sein Haß gegen das Junge Deutschland nicht, dem er pauschal Irreligiosität, Unsittlichkeit, Fremdtümelei und revolutionäre Umtriebe vorwirft. Noch 1859 nennt er die Zeit der jungdeutschen Vorherrschaft auf dem Büchermarkt die «tiefste Korruption der deutschen Dichtung».

Selbst Heinrich Heine kommt nur wenig besser weg. Menzel anerkennt zwar sein hervorragendes dichterisches Talent, seinen «Geist» und seinen «Witz»; Heine benutze aber diese Fähigkeiten, um «alles Heilige und Hohe, Edle und Unschuldige in der Welt zu lästern». Sein Schlußurteil über die Jungdeutschen: «Die Physiognomie des jungen Deutschland war die eines aus Paris kommenden, nach der neuesten Mode gekleideten, aber gänzlich blasierten, durch Liederlichkeit entnervten Judenjünglings mit spezifischem Moschus- und Knoblauchgeruch.»

Durch den Artikel im *Literatur-Blatt* wurden auch die Vertreter der militant geistlichen Restauration in Berlin und München auf das Junge Deutschland aufmerksam. Der Herausgeber der *Evangelischen Kirchenzeitung* in Berlin, Hengstenberg, übernimmt in seinen Artikeln gegen das Junge Deutschland oft wörtlich Menzels Argumentation. Heine und Ludwig Börne, die Altväter der Bewegung, hätten mit seismographischem Gespür das materialistische und utilitaristische Zeitgeistdenken erahnt und zur modernen ‹Religion› erklärt. Gutzkow, Laube und Wienbarg hätten dann auch den moralischen und gesellschaftlichen Bereich mit einbezogen und mit dem «simonistischen Dogma» der «Rehabilitation des Fleisches» ein «heilloses und antichristliches» System entwickelt. Gefährlich sei vor allem ihr «gemeiner, praktischer Atheismus». Ihre Saint-Simonistischen Ideen müßten die christliche Ehe und Familie aufs höchste gefährden: «Von Napoleon, von Goethe ist man jetzt zu Casanova fortgeschritten, dem Manne der Greuel, dessen Leben *eine* große Unzucht war, und gerade diese Unzucht wird offen als Ursache der Vergötterung angeführt, und jeder, der sie als solche nicht anerkennen will, einer altväterlichen Prüderie beschuldigt.»

Mit etwas Verspätung schleudern auch die *Historisch-politischen Blätter*, herausgegeben vom Sprecher des militanten deutschen Katholizismus der damaligen Zeit, Joseph von Görres, ein heftiges Verdammungsurteil «wider das Junge Deutschland und seine verderbliche Tendenz», und dies mit ausdrücklicher Berufung auf Menzel.

Ihr Rezensent, der Dichter Joseph von Eichendorff, wirft den Jungdeutschen vor, sie hätten sich von allem «Positiven» abgewendet, von Religion, Volk und Nation. In ihrem zentralen Ziel, der Zerstörung des kirchlichen Einflusses, seien sie freilich nicht nur unvernünftig, sondern auch kurzsichtig. Denn wenn das «versöhnende Mittelglied» zwischen Staat und Volk, die Kirche, ausgeschaltet sei, müsse Mißtrauen, Haß, Trotz, mit einem Wort die «endlose Revolution» ausbrechen.

Auch Jeremias Gotthelf und Heinrich Leo, ein Freund Hengstenbergs, erklären sich mit Menzel im Kampf gegen die Jungdeutschen solidarisch. Leo bestätigt ihm, daß er bei seiner Kampagne gegen den «literarischen Mistfinken» Gutzkow das «Gefühl der Nation» getroffen habe und gibt der Hoffnung Ausdruck, daß alles, «was in Deutschland eine Zunge und eine Feder rühren» könne, ihm «die Lästerbrut in den Kot (werde) treten helfen».

Unerwartet kommen Menzel Bundesgenossen sogar aus dem liberalen Lager zu Hilfe, ja selbst Personen, die gemeinhin mit den Jungdeutschen in einem Atemzug genannt werden. Alexander Graf von Auersperg, mit Pseudonym Anastasius Grün, zeigt sich entrüstet und rühmt Menzels Kampfesweise als «edel und männlich». Auch Börne teilt mit dem Stuttgarter die «Abscheu vor solchen sittenlosen und glaubenslosen Schriften» und bedauert nur, daß die Kampagne gegen Gutzkow diesem eine «Wichtigkeit» gegeben habe, für die jener dankbar sein dürfte.

Das Bundestagsverbot fand interessanterweise nicht bei allen Vertretern der geistlichen Restauration Zustimmung. Menzel, Eichendorff und Jarcke begrüßten es zwar emphatisch; Hengstenberg und den übrigen militanten preußischen Protestanten war es aber recht peinlich, daß der verhaßte Metternich und der süddeutsche Katholizismus plötzlich ihre Bundesgenossen gegen die Jungdeutschen sein sollten. Auf einmal will man glaubhaft machen, man habe den Ruf nach einem Verbot der Bewegung lediglich als Drohmittel verstanden. Man vertritt, freilich erst im nachhinein, die Überzeugung, die neuen Ideen hätten sich aufgrund ihrer Volksfremdheit schon bald totgelaufen, wenn ihnen das «Polizeiregiment» nicht einen «wesentlichen Dienst» geleistet und gerade durch dieses Zensurverbot für ihre «Empfehlung und Verbreitung» gesorgt hätte. «Hätte z. B. das Junge Deutschland Raum gefunden, seine Ansichten und Gelüste hinsichtlich der Ehe durchgängiger bis in ihre Extreme zu entwicklen und zu verkünden, so wäre wahrscheinlich eine relativ gesunde Reaktion (. . .) hervorgerufen worden, welche bei der späteren Moderation und Accommodation (nach dem Verbot) natürlich ausblieb.»

Diese klare Distanzierung von den Maßnahmen der politischen Restauration kann jedoch nicht darüber hinwegtäuschen, daß die Vertreter der geistlichen Restauration über dieses Verbot froh gewesen sind. Der Bundestagsbeschluß wurde als eine Verpflichtung ausgelegt, mit entschieden christlicher Dichtung selbst auf den literarischen Markt zu treten, aus der Defensive in die Offensive überzugehen und mit dem «guten, dem christlichen Roman dem schlechten den Hals [zu] brechen». Letztlich erweist sich also das Bundestagsverbot als die Geburtsstunde der christlichen Restaurationsdichtung. Flink füllten mehr oder minder begabte christliche Schriftsteller die durch das Verbot der Jungdeutschen entstandene Marktlücke. Ihren Erfolg verdanken diese Schriftsteller weniger ihrer literarischen Qualität als vielmehr der Tatsache, daß die einflußreichen Publizisten der geistlichen Restauration ihre Werke allen in der Volksbildung tätigen Geistlichen und Laien als ein wirksames, homöopathisches Mittel gegen alle jungdeutsche Dichtung empfahlen. Neben Heinrich Steffens und Elise von Hohenhausen wird vor allem Jeremias Gotthelf für Deutschland entdeckt.

Der literarische Kampf der militant geistlichen Restauration gegen das Junge Deutschland

Von Henrich Steffens (1773 bis 1845) meint Hengstenberg in der ersten Belletristik-Rezension nach dem Verbot der Jungdeutschen in deutlicher Anspielung auf Theodor Mundts Roman *Madonna* (1835): «Hier sind bessere Madonnen, hier finden sich höhere Salons, hier gibt es heiligere Wiederherstellung als anderswo.» Sein Roman *Die Revolution* (1837) hält Gericht über das Junge Deutschland, über «den verbrecherischen, diabolischen Charakter der jüngsten revolutionären Tendenz»[1]. Die Jungdeutschen seien Diener einer «infernalischen Kreuzspinne».

Propagandistisch wertvoller für die militant geistliche Restauration war *Karl*, ein Roman von 1836, in dem Elise Rüdiger unter dem Pseudonym einer Freiin von Hohenhausen das Leben und Sterben ihres Sohnes schilderte – propagandistisch wertvoller deshalb, weil die Freiin, wie sie bekennt, den Jungdeutschen anfänglich sehr nahegestanden habe, nun aber dieses Buch schreiben müsse zur Warnung für die Jugend, «zur Belehrung von Eltern, Erziehern, Religionslehrern, Ärzten» (Untertitel des Romans). Für den Selbstmord ihres Sohnes seien die Jungdeutschen verantwortlich, die «Repräsentanten der Gottlosigkeit, des cynischen Materialismus, der Rehabilitation des Fleisches». Sie hätten in Karl systematisch das Religiöse zerstört und an seiner Stelle den Mythos von der Autonomie des Menschen aufgebaut, der ihn freilich dann nicht mehr habe weiterleben lassen, als dem Helden die eigene Schwachheit und Unzulänglichkeit bewußt geworden seien.

Als literarischer Vorkämpfer einer Erneuerung des alten Glaubens wurde der militante Schweizer Pfarrerdichter Jeremias Gotthelf betrachtet. In seiner Biographie lassen sich viele Gemeinsamkeiten mit Menzel, Görres, Eichendorff und Leo erkennen. In seiner liberalen Jugend haßte er Metternich und die anderen politischen Restauratoren und gab ihrem retrovertierten Staats- und Gesellschaftsbild die Hauptschuld für die Revolutionen der dreißiger Jahre. Als aber nach dem Bundestagsbeschluß viele Jungdeutsche und Demokraten in die Schweiz emigrierten und sich dort aktiv an den Auseinandersetzungen zwischen Konservativen und Radikaldemokraten in der zweiten Hälfte der vierziger Jahre, den sogenannten Freischarenzügen, beteiligten, eröffnete auch er den literarischen Kampf gegen das Junge Deutschland. Seine beiden Erzählungen *Doktor Dorbach der Wühler* und *Ein deutscher Flüchtling*, vor allem aber sein Roman *Jakobs des Handwerksgesellen Wanderungen durch die Schweiz* schildern das «lästerliche Treiben der deutschen Flüchtlinge». Sie hätten den «einheimischen, ehrlichen» Radikalismus mit ihrem unnatürlichen weltanschaulichen unterwandert.

Gotthelf macht diese Emigranten verantwortlich für den Doktrinismus der Schweizer Radikalen in den vierziger Jahren, für deren sozialistische Eigentumspolitik, deren diesseitsorientiertes «Schelmenrecht», deren Religionshaß und freie Moral. Es habe zwar, meint er, zu allen Zeiten unsittliche Menschen gegeben; doch erst die Gegenwart habe diese Lebensart zur «Religion» gemacht. «In der Fleischreligion, im Naturdienst der jungen Judenschule» seien Gesetze und Moralvorschriften ihrer religiösen Basis entkleidet und auf Naturrecht und Volkssouveränität gegründet worden. Die Folge sei eine Pervertierung der bisherigen Wertordnung. Man nenne das Christentum eine «Sünde gegen die Natur», eine «Unsittlichkeit» und propagiere das Leben nach der Natur als die «wahre Moral und Religion», fordere die Aufhebung der institutionalisierten Ehe zugunsten einer gesetzlich geschützten freien Liebe und die Emanzipation der Frau aus den Zwängen und engen Banden der patriarchalisch strukturierten Großfamilie. Gotthelf wertet dies als Rückfall ins Mittelalter. Nachdem die Schweiz durch den Sturz des Aristokratenregimes 1831/32 die leibliche Knechtschaft abgeschüttelt habe, sei sie nun mit der Aufnahme «fremder Wühler» in eine geistige, ideologische, dazu noch fremde Sklaverei gefallen, «in die verruchte Knechtschaft des jungen Europa». Die aristokratische Restaurationsregierung habe zwar «fremden Fürsten» gedient – gemeint ist Metternich –; das sei jedoch noch weit besser, als «fremden Taugenichtsen» zu dienen und «Handlanger, Sklaven fremder Hungerleider, zuchtloser Lüstlinge zu werden».

Der Kampf der militant geistlichen Restauration gegen die Vormärzliteraten

Die soziale Frage war eines der umstrittensten und brisantesten Probleme der späten dreißiger und vierziger Jahre des 19. Jahrhunderts in ganz Europa. Die verschiedenen Lösungskonzepte lassen sich ‹cum grano salis› auf zwei konträre Positionen reduzieren: die konservative, patriarchalisch-karitative, die von allen wichtigen Vertretern der militant geistlichen Restauration vertreten wurde, und die progressive, aktiv-revolutionäre der Vormärzler. Eine Kompromißlösung versuchen die religiösen Frühsozialisten Robert de Lamennais und Wilhelm Weitling, wobei die Ideen des ersteren wiederum noch stark restaurativ, die des zweiten schon stark revolutionär sind.

In seinem Buch *Die Menschheit, wie sie ist und wie sie sein sollte* (1838) führt der stark von Lamennais beeinflußte Magdeburger Schneidergeselle Wilhelm Weitling (1808 bis 1871) den «erbärmlichen Zustand» der Gesellschaft auf die «ungleich verteilte Arbeit» zurück. Da das Eigentum die Ursache aller sozialen Übel sei, müsse es beseitigt und durch eine «Gütergemeinschaft», welche er als das «Erlösungsmittel der Menschheit» apostrophiert, ersetzt werden. Sehr viel lag ihm daran, sein «Prinzip, welches man das kommunistische nennt», als ein «uraltes und rein christliches» zu sehen.

Ähnliche Thesen vertritt Weitling in seiner 1842 erschienenen Schrift *Die Kommunion und die Kommunisten*, die ein Jahr später von der *Evangelischen Kirchenzeitung* vernichtend rezensiert wird. Auch wenn das Christentum die soziale Funktion des Eigentums anerkenne, meint Heinrich Leo, so bestehe doch ein himmelweiter Unterschied zwischen der biblischen und der kommunistischen Lehre. Allerdings verlange das Christentum von seinen Anhängern, daß «die unter ihnen, welche über ihre Notdurft mit weltlichen Gütern gesegnet sind, diese anwenden zu ihrer Nebenmenschen Besten». Daraus folge aber noch lange keine Gütergemeinschaft; denn hier würde dem Besitz der Bewährungs- und Prüfungscharakter genommen. Christlich sei es, doziert Leo sozial-konservativ, die Austeilung der Güter der freien Entscheidung des einzelnen, seiner Verantwortung gegenüber und seiner Liebe zum armen Bruder zu überlassen. Weitlings Konzeption sei dem Christentum diametral entgegengesetzt und deshalb verwerflich, weil es eine christlich-brüderliche Freiheitswelt durch eine «Spitzbubenanarchie» und durch Enteignung des Besitzes erzwingen wolle. Seine Hoffnung auf ein Paradies auf Er-

den sei unrealistisch, weil es das Phänomen der Sünde, der Bosheit
und der erbsündlichen Verfallenheit des Menschen außer acht lasse.
«Wenn einmal das Christentum alle Reiche der Erde und alle Schichten des Lebens wahrhaft mit seinem Geist durchdrungen hätte, würde
allerdings eine Erscheinung, wie unser Proletariat, unmöglich sein.»
Und nach der achtundvierziger Revolution sagt er noch deutlicher:
«Nur das Christentum vermag es, die wirklichen Ziele, den wirklichen
Fortschritt der Zeit zu erfüllen. Nur aus ihm kommen die gestalten-
den Prinzipien, von welchen man den befriedigenden Bau der Gesellschaft erwartet, die *Freiheit,* die *Gleichheit*, die *Brüderlichkeit* in ihrem wahren Wesen.»
Doch nicht nur die Publizisten, sondern auch politisch interessierte
Volksschriftsteller versuchen sich im Kampf gegen die neuen sozialen
und politischen Ideen. Für die meisten von ihnen ist es freilich bezeichnend, daß sich ihre Polemik gegen alles Moderne richtet und nicht speziell gegen die einzelnen, doch deutlich unterscheidbaren Richtungen.
Alle neuen Ideen der Zeit, seien es nun die der Liberalen oder Demokraten, der Junghegelianer oder Vormärzler, werden unter der Bezeich-
nung ‹Zeitgeist› zusammengefaßt.
Die Folgen der neuen Ideen auf die Landbevölkerung schildert der
Westfale Marcard in seinem *Bauernschinder* (1844). Einige wenige, «aus
dem modernen ‹Fortschritt› ausgeborene Harpyen» seien in der Lage, in
kürzester Zeit die ehrlichsten und bravsten Bauern um Haus und Hof,
um Ehre und Seligkeit zu bringen.
Konkreter in ihrer Kritik wird Annette von Droste-Hülshoff. Anfang
der vierziger Jahre wagt sich das bislang stark zurückgezogen in trauter
Biedermeierfamilie lebende und ‹Geistliche Gedichte› schreibende
Adelsfräulein auf das Feld der Politik. In ihrem Gedicht *Mein Beruf* ver-
balisiert sie, was ihr dazu den Mut gibt: ihre Verantwortung für den
christlichen Charakter der Zeit. Wie Wolfgang Menzel betont sie, sie
habe eigentlich gar nicht in den politischen Tageskampf eingreifen wollen; der Sittenverfall der Zeit sei ihr aber ein Anruf Gottes gewesen. Mit
Entsetzen habe sie nämlich festgestellt, daß in ihrer Gegenwart alles «so
allgemein» geworden sei, daß «Stolz als Zeichen eines festen, Unglau-
ben als eines freien und eine gewisse Verderbtheit der Meinungen als
Beweis eines originellen Geistes» betrachtet werde. «Mit Erschrecken»
sei sie gewahr geworden, daß sich die Literatur in «leichtsinnigen und
durchweg unglaublich unreifen Händen» befinde. Georg Herweghs ag-
gressive, revolutionäre Barrikadenlyrik, speziell seine *Gedichte eines
Lebendigen*, würden jede Gottesfurcht und jede christliche Gesinnung
unmöglich machen. Kämpferisch schreibt sie im Mai 1845 an ihren erzbi-
schöflichen Freund Diepenbrock: «So müssen wir alle zusammenhalten,
hoch und gering, und wer nur eines Scherfleins Herr ist, soll es hergeben

zum Baue des Dammes gegen Sittenlosigkeit und Unnatur, der die Irreligiosität so sicher folgt, wie der Sünde der Tod.»

Ihren eigenen Beitrag leistet die Droste mit ihren zehn *Zeitbildern*. Obwohl diese Gedichte nur einen verschwindend kleinen Teil ihres Gesamtwerks ausmachen, darf ihre Bedeutung nicht unterschätzt werden, stellt sie diese doch selbst bewußt an den Anfang ihrer Gedichtausgabe von 1844. In ihrer *Warnung an die Weltverbesserer* ist noch am ehesten ein Verständnis für die Vormärzpoeten zu finden. Man sieht deutlich, daß die Droste unter dem Einfluß ihres Freundes Levin Schücking steht. Sie anerkennt nämlich die Berechtigung mancher Forderungen der radikaldemokratischen Bewegung, versucht aber den jugendlichen Übermut von Schücking und seiner Gesinnungsgenossen Freiligrath und Herwegh zu bremsen und ihr revolutionäres Pathos in ein konstruktives, aber geordnetes, das heißt evolutionäres Reformprogramm umzuerziehen.

> Pochest du an – poch nicht zu laut,
> Eh' du geprüft des Nachhalls Dauer!
> Drückst du die Hand – drück nicht zu traut!
> Eh' du gefragt des Herzens Schauer!
> Wirfst du den Stein – bedenke wohl,
> Wie weit ihn deine Hand wird treiben!
> Oft schreckt ein Echo, dumpf und hohl,
> Reicht goldne Hand dir den Obol,
> Oft trifft ein Wurf des Nachbars Scheiben (. . .)
>
> Drum poche sacht – du weißt es nicht,
> Was dir mag überm Haupte schwanken.
> Drum drücke sacht – der Augen Licht
> Wohl siehst du, doch nicht der Gedanken.
> Wirf nicht den Stein zu jener Höh',
> Wo dir gestaltlos Form und Wege,
> Und schnelltest du ihn einmal je,
> So fall auf deine Knie und fleh',
> Daß ihn ein Gott berühren möge.

Schroffer, dem Zeitgeist gegenüber unerbittlicher und weit religiöser im Ton sind die später entstandenen *Rüschhauser Zeitgedichte*. Hier polemisiert die Droste hauptsächlich gegen die Schulen und Universitäten, die Pflanzstätten der neuen Ideen. Der alte Teufel sei zwar tot, doch seien mit Hegel und Feuerbach «neue Götter» entstanden. Pointiert, stellenweise derb-witzig, stellt sie die «alte und neue Kinderzucht» (Titel eines Gedichtes) einander gegenüber. Angeekelt von der Gegenwart, sehnt sie sich in die Tage ihrer Kindheit zurück, wo es noch christliche Gesinnung gegeben habe, Gattentreue und Ehrfurcht vor der älteren Generation.

Ihre schriftstellernden Zeitgenossinnen sucht sie von ihrem verkehrten Emanzipationsstreben und fruchtlosen Haschen nach Ruhm abzubringen und zu überreden, wieder ihre Ehre und Bestimmung darin zu sehen, Gattin und Mutter zu sein und als solche das «heilige Gut der Familie» zu hüten.

Ihre Landsleute ermahnt sie, die westfälische Gastfreundschaft nicht so weit gehen zu lassen, daß unchristliche Elemente den Tempel der Familie mutwillig zerstören.

Auch in ihren übrigen Schriften bleibt die sozialkritische und christlich-restaurative Tendenz ihrer Zeitgedichte gewahrt, wenn sie auch dort verhaltener ist. Stets rügt sie den sittlichen Tiefstand, die Ungerechtigkeit und Unchristlichkeit ihrer westfälischen Landsleute (zum Beispiel am Anfang der *Judenbuche*).

Herwegh war das bevorzugte Ziel der heftigen, oft sarkastischen Polemik von Jeremias Gotthelf. In dem von ihm redigierten *Neuen Berner Kalender* nimmt er unter der Rubrik «Kuriositäten» den prominenten, in die Schweiz emigrierten Vormärzler, aber auch die eigenen Landsleute satirisch aufs Korn. Nach einer Audienz beim Preußenkönig sei er mit militärischem Geleit über die Grenze in die Schweiz abgeschoben und von den Eidgenossen in gutmütiger «Dummheit» gastfreundlich aufgenommen worden zur «freien Ausübung seines Handwerks» – «begreiflich von wegen Gewerbefreiheit und Glaubensfreiheit», kommentiert Gotthelf bissig.

Der Empfang Herweghs durch den Preußenkönig Friedrich Wilhelm IV. gibt ihm Gelegenheit, sich über das maulheldenhafte Revoluzzertum der Vormärzler im allgemeinen und über die Servilität Herweghs im besondern lustig zu machen. Er stellt ihn seinen Kalenderlesern als ein «kleines Bürschchen» vor, «das, in Schwaben drausgelaufen, in Zürich das Versfeilen trieb und dort so gleichsam zweggefüttert wurde, (. . .) wie Metzger ihre Hunde füttern, wenn sie dieselben auf den Mann dressieren». Seine Schweizer Freunde hätten gehofft, er werde schon bald den deutschen Monarchen schwer zu schaffen machen. In sicherer Entfernung habe er in mehreren Büchlein gewaltig gebrüllt und «allen Kaisern und Königen die Faust gemacht». Als jedoch der Preußenkönig, der davon Kunde erhalten, sich den «schlechten» Spaß erlaubt und den kleinen Revoluzzer empfangen habe, sei es dem «Männchen jämmerlich» ergangen. Er habe klein beigegeben, seine Stiefel angezogen und «sich gestrichen».

Ähnlich spöttisch behandelt Gotthelf auch Wilhelm Weitling. Sein christlicher Kommunismus sei eine neue Theorie, auf *«alte* Mode» zu stehlen, seine demokratische Staatskonzeption verberge eigene Gelüste und versuche, das bislang zufriedene Volk törichterweise zu einer rücksichtslosen «Räuberbande» umzuerziehen.

Schon in seiner *Armennot* (1840) hatte er die Ansicht vertreten, Schriften wie die von Weitling und Lamennais oder «ähnliches englisches, französisches Zeug» würden das Problem des Pauperismus nicht lösen, sondern nur die untersten Schichten unzufrieden, aufrührerisch und begierig nach dem Gute der Reichen machen. Er nannte die Vormärzler deshalb «Hetzer der Hefe des Volkes», «Kneipenpfaffen» und «Mönche der Kaffeehäuser». Gotthelf zeigt sich mit derlei publikumswirksamen Kraftausdrücken geistig und sprachschöpferisch mit Wolfgang Menzel verwandt. Er macht die Propagandisten sozialistischer Ideen dafür verantwortlich, daß selbst bislang arbeitsfreudige Zeitgenossen ihre «geduldige Beharrlichkeit und emsige Rührigkeit» aufgaben und, ergriffen von der «grenzenlosen Schwindelei», durch Börsenspekulationen und Lotterien «im Galopp» zu Reichtum kommen wollten, dabei aber alles verloren und so die Masse der Proletarier noch vergrößerten – eine Argumentation, die zeigt, daß Gotthelf die von ihm angegriffenen Frühsozialisten mit großer Wahrscheinlichkeit gar nicht selbst gelesen hat, sondern sie nur aus politisch und religiös mit ihm konform gehenden Sekundärquellen kannte.

Die eigentliche Abrechnung mit den Vormärzlern erfolgte aber in seinem Roman *Jakobs des Handwerksgesellen Wanderungen durch die Schweiz* (1846). Anlaß hierfür war der von seinem Freund Johann Bluntschli nach eingehenden Untersuchungen im Jahre 1843 verfaßte Bericht über «die Kommunisten in der Schweiz nach den bei Weitling vorgefundenen Papieren» (Titel des Berichts). Hier erfährt Gotthelf, daß die emigrierten Vormärzler durch systematische, geschickte Propaganda in Gesellenvereinen vor allem die deutschen Handwerksgesellen mit ihren Ideen infizierten. In seiner seit dem Roman *Geltstag* bewährten Schwarzweißtechnik nimmt er, wie er sagt, die sozialistisch-kommunistischen Wühlereien «übers Knie».

Jakobs kommunistische Kameraden werden als Gauner, Diebe und Rohlinge dargestellt; sie ziehen ihm das Geld aus der Tasche, ergaunern sich seine Hemden, spannen ihm seine Mädchen aus, ja machen sich schließlich sogar mit seinem Felleisen, dem Symbol der Handwerksehre, davon. Freunde findet Jakob unter ihnen nur, wenn er volle Geldtaschen hat. Ist er jedoch ohne Mittel oder, wie nach dem mißglückten Putsch, ehrlos und krank, machen sie sich lachend aus dem Staube, versagen die primitivste menschliche Hilfe. Noch weniger kümmern sich seine kommunistischen Meister um ihn. Sie lassen die Prinzipien von Freiheit und Gleichheit nur gegenüber sozial oder finanziell Bessergestellten gelten. Gegenüber Untergebenen aber zeigen sie ihre Macht, gebärden sich dabei, so Gotthelf, schlimmer und despotischer als die früheren Aristokraten und Könige. Nach Gutdünken verteilen sie Arbeit und Verdienst, verweigern oft den zustehenden Lohn, um selbst aufwendig leben zu können. Den Führern der Kommunisten gehe es nicht um die Besserung der wirtschaftlichen Lage der untersten Schichten, sondern um die Befriedigung eigener Begierden mit dem Geld der Anhänger, das sie verwenden, um «auf dem Kaffeehaus liegen, Champagner trinken (und) Mätressen halten» zu können. Sarkastisch fügt er hinzu: «Arme Teufel wurden wohl unter keinem König ärger ausgesogen, als arme Handwerksburschen von ihren radikal kommunistischen Führern ausgebeutet wurden, alles unter dem Schein (. . .) der väterlichen Sorge, daß sie durch Mäßigkeit und Fasten auf die hohe Zeit sich vorbereiten sollten.»

Eine ernsthafte geistige Auseinandersetzung mit den neuen Ideen findet man bei Gotthelf kaum. Für ihn sind im Grunde alle gleich, und zwar gleich schlecht. Um den Unterschied zwischen Fourieristen, christlichen Sozialisten, Kommunisten und einheimischen Radikalen gibt er «keinen kurzen Birnstiel». Kommunismus ist für ihn die Weltanschauung der Habenichtse und gewissenlosen Spekulanten, «ganz einfach der tierische Zustand, wie er auch unter den Menschen nach Aufhebung des Eigentums und der Ehe und Einführung der sogenannten freien Liebe entstehen würde».

Etwas besser kommt der Sozialismus weg; er sei differenzierter, ehrlicher und uneigennütziger als der grobe, krasse Herrenkommunismus. Seine Forderung nach Recht auf ‹passende› Arbeit und nach gerechtem Lohn hält er für berechtigt, jedoch in der gegenwärtigen Situation für nicht realisierbar und damit für gefährlich, weil sie unabsehbare Gärung im Volke verursache. Der größte Fehler dieser Theorie bestehe darin, «die Menschheit immer so (zu) nehmen, wie sie sein sollte, und nicht, wie sie wirklich ist», eine deutliche Anspielung auf Wilhelm Weitlings Werk. Christlich sei dieser Sozialismus aber nicht, da nach der Lehre des Evangeliums einer behalten dürfe, was er erworben, daß jeder mit seinem Gelde tun könne, was er wolle, wenn er nur damit auch der Gemeinschaft diene. Wie Heinrich Leo betont also auch er die soziale Funktion des Eigentums. Er will keine «Ausgleichung in der Materie» und keine Gleichstellung aller Menschen im Besitz und Genuß, sondern eine «Einigung in der Liebe und eine echte Gemeinschaft der Heiligen».

Meistens aber wirft Gotthelf die verschiedenen modernen Ideen seiner Zeit doch wieder in einen Topf, da sie alle christentumsfeindlich seien. Sie seien ein Gemisch aus aufklärerischer Vernunftreligion, deutschem Idealismus und Feuerbachscher Diesseitsreligion. Fälschlicherweise suchten sie die Ursachen des gegenwärtigen Elends in der bestehenden göttlichen Ordnung, wo es doch seinen Grund hätte im Inwendigen des Menschen, in seiner Sündhaftigkeit. Gotthelf teilt nicht die Hoffnung der Vormärzler, nach dem Umsturz der bestehenden Ordnung ein diesseitiges Paradies errichten zu können, sondern prophezeit, daß sich nach gelungener Revolution wieder die Lehre von der Macht des Stärkeren durchsetzt und «Despotie und Habsucht» wiederaufleben.[2] Jeder werde erneut «das Schwert gegen den anderen kehren, um selbst wieder reich zu werden».[3]

Wie die deutschen Vertreter der militant geistlichen Restauration operiert also auch Jeremias Gotthelf in der Schweiz bei der Bekämpfung weltanschaulicher Gegner mit den Vorurteilen und Ängsten des einfachen Volks. Auch er setzt sich nur selten tolerant und unbefangen mit Andersdenkenden auseinander. In der Regel verurteilt er sie pauschal, meist ohne ihre Schriften gelesen zu haben, und diffamiert sie beim Volk durch Unterstellungen und Verdächtigungen.

In den dreißiger und vierziger Jahren hat die militant geistliche Restauration ihre führende Stellung in Publizistik und Literatur behauptet. Der Hauptgrund hierfür liegt wohl in der Fähigkeit ihrer wichtigsten Vertreter, die politische und geistige Situation im Metternich-Europa erkannt und ihre Chancen genutzt zu haben. Sie verzichteten auf die zahlenmäßig kleine revolutionäre Clique innerhalb der Intelligenzschicht als Zielgruppe und bemühten sich verstärkt um die Landbevölkerung und die handwerkende Mittelschicht der Städte, deren Wünsche und Sorgen, deren Vorurteile und Ängste, deren unumstößliche, geheiligte Prinzipien sie kannten und gegen die modernen Ideen ausspielten.

Diesen beiden Schichten, denen die überwiegende Mehrheit der Bevölkerung der Biedermeierzeit angehörte, hat das politische und gesellschaftliche Programm der geistlichen Restauration entschieden mehr zugesagt als das der Jungdeutschen und Vormärzler. Nicht nur ein psychologisches Phänomen, «die Schwerkraft des von alters her und von rechts wegen Bestehenden», sondern auch die unangefochtene Gläubigkeit und Traditionsverwurzeltheit dieser Schichten sind hier der geistlichen Restauration zugute gekommen. Schließlich hat deren Wunsch nach Ruhe und Ordnung eine Rolle gespielt, nach Frieden, wenn auch in bescheidenen Verhältnissen, nach wieder allgemeingültigen Werten und Prinzipien.

Von entscheidender Bedeutung für den Erfolg der geistlichen Restauration ist nicht zuletzt die Schützenhilfe von seiten der politisch restaurativen Regierungen gewesen. Die anfänglich auch für entschieden christliche Organe geltenden Zensurbeschränkungen wurden nämlich schon bald gelockert; deren Gegner jedoch blieben durch verstärkte Zensur und Druckverbote noch lange Zeit behindert.

Nach der Zerschlagung der bürgerlichen Revolution von 1848 durch die politische Restauration mußte aber auch die militant geistliche Restauration ihren Tribut zahlen und den neuen, weitgehend religiös indifferenten, toleranteren und kompromißbereiteren Staat akzeptieren. Sie hatte den allgemeinen Säkularisierungsprozeß noch einmal aufhalten, nicht aber gänzlich rückgängig machen können.

Alexander von Bormann
Romantische Erzählprosa

Restauration als konservativer Antikapitalismus
Die historischen Besonderheiten Deutschlands spielen bei den ideologischen Positionsbestimmungen und -kämpfen im Anfang des 19. Jahrhunderts eine besondere Rolle. Die Orientierung nach England, der weitgehende Bezug auf Edmund Burke zum Beispiel, verzeichnet das Bild: Dort mußte Konservatismus keineswegs antidemokratisch heißen; die demokratischen Entwicklungen auf eine freiheitliche Verfassung hin gehörten selber zu jener Tradition, die bewahrt werden sollte. Anders in Deutschland, wo demokratisch-revolutionäre Ideen ebenso wie schon liberal-freiheitliche Tendenzen von den Führungsschichten überwiegend kategorisch abgelehnt wurden und wo der Konservatismus dann auch eher fabelhafte, ja mythische Anschlüsse suchte, zumeist bei einem geträumten Mittelalter. In diesem Zusammenhang wuchs den romantischen Ideologen eine bedeutende Rolle zu. Die frühromantischen Forderungen nach einer neuen Mythologie, die unmittelbar mit dem Aufgang des Idealismus und der sogenannten Deutschen Bewegung zusammenhängen, bekommen nun erst (um 1815) ihr eigentliches Gewicht. Neithardt von Gneisenaus Bermerkung «Auf Poesie ist die Sicherheit der Throne gegründet» (1811) bringt einen Anspruch der Dichtung (immerhin gegenüber dem preußischen König) zur Geltung, der von den Dichtern schon früh vertreten wurde (so von Novalis), der aber der politischen Führungsschicht erst langsam als brauchbar dämmerte. Als es nun nach den Befreiungskriegen gegen Napoleon darum ging, die bürgerliche Entwicklung Deutschlands sich nicht verselbständigen zu lassen, als die Reformversprechen zum guten Teil abgesetzt und die feudalabsolutistische Macht wiederhergestellt war, wurde auch die Bedeutung einer massenhaften Überzeugungsbildung für die Aktivierung von Loyalitätsgefühlen erkannt. Da der ‹Okkupator› Napoleon zugleich als bürgerlich-aufklärerischer Reformer aufgetreten war, hatten antidemokra-

tische Anschauungen es zunächst leichter, sich auch als Volksinteressen vorzustellen.

Die hochromantische Kritik an der Vereinzelung und der Versuch der romantischen Ideologen, Gleichheit als naturwidrige Gleichmacherei, Freiheit als Willkür und Selbstbestimmung als Bindungslosigkeit zu denunzieren, kommen nun in ihre Konsequenz. Die Forderung, Recht und Freiheit in einer höheren geschichtlichen oder religiösen Ordnung aufzuheben, wird zum wesentlichen Baustein einer Legitimationsideologie. So heißt es bei Adam Müller (und ähnlich äußern sich Friedrich Schlegel, Franz von Baader, Joseph von Eichendorff, Joseph von Görres und andere):

«Der Mensch ist nicht zu denken außerhalb des Staates. Der Staat ist nicht eine bloße Manufaktur, Meierei, Assekuranzanstalt oder merkantilische Sozietät; er ist die innige Verbindung der gesamten physischen und geistigen Bedürfnisse, des gesamten physischen und geistigen Reichtums, des gesamten inneren und äußeren Lebens einer Nation zu einem großen energischen, unendlich bewegten und lebendigen Ganzen . . . Der Staat ist die Totalität der menschlichen Angelegenheiten, ihre Verbindung zu einem lebendigen Ganzen.»

Es wird sich zeigen lassen, daß damit zugleich so etwas wie ein ästhetisches Programm ausgesprochen wurde. Was hier auf der Ebene der politischen Theorie als Spiritualisierung des Machtbegriffs erscheint (was schließlich die Legitimation liefert für die Zuweisung der höchsten politischen Macht an den Monarchen), drückt sich biographisch im massenhaften Übertritt der Intelligenz zur katholischen Kirche aus, ästhetisch im Verzicht auf innovative Erzählformen und einen offenen Werkbegriff, in der Rückkehr zu einem traditionellen Verständnis der Totalitätskategorie des Werkbegriffs. Die romantische Verbindung von Religion und Politik äußert sich weitgehend in der Perspektivgestaltung der Werke (vgl. etwa Eichendorffs *Ahnung und Gegenwart*), tritt aber auch als historisch-ideologische Bestimmtheit des poetischen Materials hervor. Die Urkunde über die Gründung der Heiligen Allianz (1815) etwa läßt «die drei verbündeten Fürsten sich selbst nur als Beauftragte der Vorsehung ansehen, um drei Zweige ein und derselben Familie zu regieren, nämlich Österreich, Preußen und Rußland». Die aufklärerische Idee des Gesellschaftsvertrags ist zur «gegenseitigen Zuneigung» verdünnt, und Brüderlichkeit wird erstens christlich genommen und zweitens dem Monarchen vorbehalten.[1] Im fundierenden Werk *Restauration der Staatswissenschaften* (1816) von Karl Ludwig von Haller wird die Gesellschaftsvertragsidee schlankweg abgewiesen: «Die Fürsten (sie seien Individuen oder Korporativen) herrschen nicht aus anvertrauten, sondern aus eigenen Rechten (nicht jure delegato, sondern jure proprio).» Wie in der Allianzurkunde wird der Fürst als Vater beschworen, sogar in einem wörtlichen Sinne, und kategorisch heißt es: «Das Volk ist ur-

sprünglich nicht vor dem Fürsten, sondern im Gegenteil der Fürst vor
dem Volk, gleich wie der Vater vor seinen Kindern, der Herr vor den
Dienern, überall der Obere vor den Untergebenen, die Wurzel und der
Stamm vor den Ästen, Zweigen und Blättern existiert.»[2] Der Bezug auf
Natur und emblematische Bildlichkeit (gedeutete Natur) an so zentralen
Stellen eines begründeten Argumentationsganges weist auf die virtuelle
Dichtungsfreundlichkeit (‹Romantizität›) der restaurativen Staats- und
Gesellschaftslehre. Auch Haller trat (1820) zum Katholizismus über und
schreibt danach in den entsprechenden Blättern (F. Schlegels *Concordia*
und Görres' *Eos* zum Beispiel). Die Propagierung der Kirche als Ord-
nungsmacht im politisch-gesellschaftlichen Bereich und die Spiritualisierung des Machtbegriffs, wonach der «Glaube» dem Staate «die wirkliche, reelle Macht» gibt, entsprechen der Hinwendung der Romantiker
zu haltenden, bergenden Ordnungen, ohne daß man jedoch beide Zeug-
nisreihen identisch setzen könnte.
Liest man romantische Erzählungen auf ihre ideologischen Grundten-
denzen hin, die dann gern mit Zeugnissen aus programmatischen Schriften auskonstruiert werden, so ist die Gefahr groß, an der Diskursver-
schiedenheit von Dichtung und Rede (Pamphlet, Essay, Wissenschaft)
vorbeizusehen. In der Dichtung verwandeln sich die Namen zugleich
in Zeichen, die in vielfältige Bezüge treten und dadurch mindestens wei-
terreichende Dimensionen erschließen, welche den ursprünglichen Bedeutungen sich anlagern, diese aber auch verschieben können. Wie
eigen-sinnig die dichterischen Deutungen dann auch ausfallen mögen,
sie müssen doch über den Bezug auf ein zeitgenössisches Publikum wieder relativiert werden, sei es, daß man das Publikum als die der
Tendenzwende 1815 unterworfene Intelligenz nimmt, sei es, daß man
davon ausgeht, die Romantiker hätten sich mit der Integration in die
staatstragenden Schichten neue Lesergruppen erschlossen.

Die Suche nach der Legitimation: Brentano
Clemens Brentano (1778 bis 1842) ist ein Musterbeispiel für die von Carl
Schmitt so bitter kritisierte occasionelle Struktur der (politischen) Romantik, womit das fühlsame Eingehen in die verschiedenartigsten Positionen gemeint ist. In Berlin und Wien glänzt er in weltanschaulich sehr
entgegengesetzten Zirkeln, denen allen er Beiträge liefert. Das erläutert
die formale und inhaltliche Diversität seiner kleineren Arbeiten, der
Scherzabhandlungen, der journalistischen Beiträge, der Parabeln und
Schwänke. Die von ihm benutzten Formen stehen deutlich in Zusammenhang mit den Veranlassungen und dem jeweiligen ‹Sitz im Leben›,
so daß er sich auch als Meister der literarischen Kommunikation in den
gegebenen Bedingungen bewährt (Zirkelbildung, Kleinformen des literarischen Markts etc.). In Wien geht er mit Adam Müller, mit Friedrich

Schlegel und deren Kreis um; in Berlin (ab 1814) trifft er mit den Brüdern Gerlach, den späteren Führern der preußischen Orthodoxkonservativen, zusammen. Unter dem Einfluß der religiösen Dichterin Luise Hensel trat Brentano 1817 gleichfalls zum Katholizismus über, was zugleich eine Absage an die Dichtung bedeutete. In Westfalen zeichnete er die Visionen einer stigmatisierten Nonne auf; dieses Buch *Das bittere Leiden unseres Herrn Jesu Christi. Nach den Betrachtungen der Gottseligen Anna Katharina Emmerich* (1833) wurde das meistverbreitetste seiner Werke. Diese Zuwendung meint die Suche nach verbürgter Rede (das geniale Individuum reicht nicht mehr zur Legitimation), nun fühlt sich Brentano als Dolmetscher göttlicher Offenbarung, was nach spätromantischer Auffassung alle Dichtung übersteigt.

Vorher hat er noch einige Erzählungen geschrieben. So entstand *Die mehreren Wehmüller und ungarischen Nationalgesichter* wohl bei des Dichters böhmischem Aufenthalt 1811/13.

Die Schachtel mit der Friedenspuppe (1815) ist 1814 in der Mark geschrieben, und die Hauptgestalt, der preußische Baron, wird auf den Freund und Schwager Achim von Arnim bezogen. Die Geschichte hat die überstandenen Kämpfe gegen die Franzosen zum Hintergrund, ihr Zentrum ist die Geschichte von einer geheimnisvollen Schachtel. Gebaut ist sie fast wie eine Detektiverzählung. Rätsel und Verbrechen werden schnell exponiert, und auch «die Menge der Zufälle» entspricht der Trivialliteratur. Die Heilige Allianz, der neue Frieden, tritt am Schluß deutlich hervor: Preußen, Franzosen, Russen gehen freundschaftlich miteinander um, sind Leute von Stand und in ihre Rechte wiedereingesetzt. Der eigentliche Bösewicht, ein «recht ekelhafter» Mensch, entpuppt sich als Jude, was gewiß einer Verbeugung vor Arnims Anschauungen entspricht (niedergelegt zum Beispiel in den Statuten der Berliner «Christlich-Teutschen Tischgesellschaft» von 1811, vor der Brentano seine «Philister»-Rede hielt). Die Friedenspuppe «in der Schachtel des Kriegs, Streits und Todes» ist ein Symbol, das auch die Zufälle regiert und die Rätsel lösen hilft. Der neue Inhalt, die Friedenspuppe statt eines toten Kindes, soll die Gegenwart bezeichnen. Die Ausfälle gegen den «Haufen der Freien und Gleichen», gegen die Französische Revolution, machen verkündigenden Zusprüchen Platz, die im Sinne der christlichen Obrigkeitslehre die klärende Macht von oben preisen (den Typus der Detektivgeschichte auslegend). Dem Meteor (von 1811), der die Freudenfeuer der Deutschen überstrahlt, wird die Botschaft in den Mund gelegt: «Wie ihr alle meine Feuer gesehen habt, unter einander aber nur jeder das seine . . ., so gedenket, daß nur das Licht von oben ein einigendes ist, und seid nicht eigensinnig, und bedenket nicht jeder seinen Vorteil, sondern gehört euch alle einander an, denn nur in Allen ist Friede, und Kraft, und Dauer!»

Von dem trivialen Schema, das etwa *Die drei Nüsse* (1817) bestimmt, weicht das berühmteste Werk Brentanos, die *Geschichte vom braven Kasperl und dem schönen Annerl* (1817), deutlich ab. Sie ist höchst sorgfältig komponiert. Die beiden Geschichten werden von der Großmutter dem Erzähler berichtet, und die Rahmenhandlung führt sie denn auch zu ihrem Ende. Der Ton stimmt zum Thema: Das Sichverrennen zweier junger Menschen, denen ihre bäuerliche Herkunft und Ungewitztheit zum Fallstrick wird, erzählt Brentano aus der überlegenen Sicht der alten Bäuerin, die freilich auch etwas Hilfloses hat. Ihre Berufung einer natürlichen Ordnung und einer höheren Gerechtigkeit steht grell gegen die Korruptheit der Residenzstadt, die nach aufklärerischer Manier (und realistischem Ansatz) als Libertinage gezeichnet wird. Der Erzähler muß sich einschalten, um die getrennten Sphären Moral und Macht zu vermitteln – wieder ein Hinweis auf die dienende (und weitreichende) Funktion, die Brentano der Poesie zumißt. Eine Lösung ist in der Wirklichkeit nicht möglich: Die Geschichte endet katastrophal, dem Selbstmord Kaspers korrespondiert die Enthauptung Annerls. Die Motive des Schleiers, des emblematischen Grabmals, des ehrlichen Begräbnisses suggerieren eine Aufhebung der Verwirrungen und der Schuld im Jenseits, das (von der Großmutter und auch ein wenig vom Erzähler) als die eigentliche Wirklichkeit genommen wird. So spiritualisiert diese Geschichte einen der zentralen Erzählstoffe des 18. Jahrhunderts, ohne die oppositionelle Perspektive ganz zu verlieren.

Der Zwiespalt zwischen realer und übernatürlicher Welt: Arnim

Brentanos Erzählung *Die Schachtel mit der Friedenspuppe* erinnert nicht nur mit den Zügen der Hauptperson an den Freund Ludwig Achim von Arnim (1781 bis 1831); auch das Thema und die Handlungsführung begegnen gleichzeitig in dessen Erzählungen. Arnims Haltung ist nach 1815 stark mit seiner Position als märkischer Gutsbesitzer identisch. Er hält entschieden zur Adelsfraktion, deren Idealisierung in der romantischen Erzählung ja prinzipiell zweideutig ist, den Entwurf hochgesinnter Menschlichkeit meint, und zugleich eine Verklärung des herrschenden Standes bedeutet. *Die Einquartierung im Pfarrhaus* (1817) wie die Erzählung *Seltsames Begegnen und Wiedersehen* (1818) vergegenwärtigen die zurückliegenden Kriegsjahre in durchaus kritischer Sicht. Das Soldatentum wird auch (nicht ausschließlich) als menschlich deformierendes Kriegshandwerk gesehen, den Feinden wird auch Humanität und Bildung zugesprochen, und das triviale Handlungsschema (aus Lessings *Nathan der Weise* bekannt genug), das plötzlich die Gegner verwandt sein läßt, soll die Gegensätze sprechend relativieren. «Tod und Täuschung» erscheinen «als Grenze aller Bestrebungen fürs häusliche Glück» (*Die Einquartierung*); es ist vielleicht betonenswert, daß Arnim dem ‹philiströsen› Sicheinhausen in täglich-gemütliche Verhältnisse weiterhin feindlich gesonnen bleibt. Das begründet auch einen prinzipiell antirealistischen Grundzug, dem die strenge Scheidung von Leben und Dichtung korrespondiert.

In der Kritik der zeitgenössischen Verklärung der Befreiungskriege kehrt sich der humanistische Ansatz dieser Haltung hervor. Die Greuel des Krieges, zugleich die sozialen Umschichtungen im Gefolge der Französischen Revolution, werden unbeschönigt, zugleich in christlich-konservativer Deutung ausgestellt. Der Schluß der Erzählung *Seltsames Begegnen* führt ins Kloster (wie bei Eichendorff), eine neu zu bauende Kirche bekommt die doppeldeutige Bestimmung: «(...) allen Glücklichen zur Erhebung, allen Unglücklichen eine beruhigende Grabesdecke, von dem Lichte einer andern Welt durchstrahlt.» – Die Erzählung von der *Frau von Saverne* (1817) zeigt die Betrügereien, denen eine naive Frau ausgesetzt ist, und verbindet diese ausdrücklich mit der Unmoral der Metropole. Die Lösung könnte so Boccaccio bedacht haben – sie wird einem weltklugen, fast gerissenen Priester übertragen.

Arnims berühmteste Erzählung *Der tolle Invalide auf dem Fort Ratonnea* (1818) erschien zuerst in einem Sammelband *Gaben der Milde*, der «zum Vortheil hülfloser Krieger» (von Friedrich Wilhelm Gubitz) herausgegeben wurde. Durch diesen Anlaß ist sie immerhin mit dem Thema der Erzählungen nach 1815 verknüpft, die im wesentlichen von den Befreiungskriegen ihren Ausgang nehmen. Arnim hat die Novellenform bewußt und streng eingehalten und es dennoch vermocht, die Geschichte bedeutsam vielschichtig anzulegen. Ihr Held ist der französische Soldat Francoeur, der im (Siebenjährigen) Krieg eine deutsche Frau geheiratet hat (ein aktuelles und sehr Arnimsches Motiv), die dafür von ihrer Mutter verflucht wurde. Bei zunehmend merkwürdigen Handlungen des Mannes glaubt nun die Frau den Teufel auf ihn übergegangen. Francoeur erklärt schließlich von seinem kleinen Fort Ratonneau aus der Stadt Marseille (dem Kommandanten) den Krieg, den schließlich seine Frau durch einen Opfergang beendet: Als Francoeur sich verzweifelt am Haar reißt («es war als ob zwei Naturen in ihm rangen»), öffnet sich eine Kopfwunde, der Ursprung allen Übels, und er kommt wieder zu sich selbst. Seine Raserei und Wut meinen freilich zugleich mehr: Bis zum Schluß hält Arnim die Redeweise durch, daß der Teufel den Francoeur besäße («hier steht dein Teufel und dein Tod»); die beschwichtigenden, ironisierenden Redeweisen zwischendurch lenken davon eher ab, heben das aber nicht auf. «Der schwarze Bergmann hat sich durchgearbeitet», heißt es danach, «die Liebe soll wieder ein Feuer zünden, daß uns nicht mehr friert.» Die Teufelsbesessenheit meint die Gottvergessenheit des Menschen, die zugleich Selbstverlust bedeutet; die Spätromantiker legen das auch als Dämonie aus. Die Wende am Ende der Novelle wird

der unbeirrbaren (ehelichen) Liebe der Rosalie zugeschrieben, der
Schlußsatz verknüpft Realhandlung und spirituelle Perspektive: «*Gnade*
löst den Fluch der *Sünde, Liebe* treibt den *Teufel* aus.»
So ist die Erzählung gewiß nicht kurzschlüssig als «Parteinahme für die
nüchterne Wirklichkeit» zu deuten[3]; vielmehr ist ihr Ansatz gerade das
Zusammenspiel der Handlungs- und Bedeutungsebenen, die These sozusagen, daß der geschichtlich-natürliche Lauf und Begründungszusam-
menhang mit dem übernatürlich-ungeschichtlichen sich verträgt, diesen
in concreto ausbildet, ohne daß damit das individuelle Handeln (hier:
die Tat Rosaliens) entwertet wird.
Die wirkungsmächtige Erzählung *Die Majoratsherren* (1820) geht expli-
zit vom urromantischen Theorem einer Geisterwelt aus, die unsere Sin-
nenwelt umschließt (ähnlich Novalis, Hoffmann, Eichendorff, mit Bezug auf Jakob Böhme). Die Phantasie vermittelt zwischen den Welten,
was die gesellschaftliche Funktion der Kunst begründet – entsprechend
konnte Arnim den Mahnungen der Freunde Grimm zur ‹Vernunft› auch
nicht folgen. Die «Wahrheit der heiligen Geschichte» geht für Arnim
über in die wahren «heiligen Geschichten aller Völker», und der vielfältige Bezug auf Magnetismus, der auf den Arzt Mesmer zurückgeht, und
die Mesmerismus-Mode nach 1815 wird gewählt, um das Durchscheinen
einer höheren Welt «durch den Bau dieser Welt» erläutern zu können.
Der Schlußsatz gibt eine sozialgeschichtliche Perspektive an: «(...) und
es trat der Kredit an die Stelle des Lehnrechts.» Doch wird der zur Romantik wesentlich gehörende Antikapitalismus nun gleichfalls spirituell-
moralisch gedeutet; die phantastischen Züge (am deutlichsten in der geheimen Wahrnehmung und Verbundenheit der Liebenden) über-
wiegen.
Zum fachkundigen Agrarier, den Arnim inzwischen als Gutsherr über
sieben Dörfer mit 1200 Bewohnern abgab, paßt diese Erzählung kaum,
und erst die Surrealisten haben wieder nachhaltig auf ihn aufmerksam
gemacht. Man hat seinen Hinweis auf Verängstigungen in der Kindheit,
auf «die trübe gepreßte Luft einer zwangvollen Kinderstube» für die
charakteristische Mischung von Traum und Tag, für die Grenzverwi-
schungen in Anspruch nehmen wollen, was freilich nicht verdecken darf,
daß darin zugleich ein ideologisches Programm sich aussprach, das
durch den Kontext der romantischen Formensprache und ihrer Bedeutungen abgestützt ist.
Die letzte Buchveröffentlichung Arnims ist die sehr heterogene Sammlung *Landhausleben* (1826), deren Stücke weitgehend aus der Schubla-
de, das heißt den verschiedensten Entstehungszeiten stammen. – Die
Sonderstellung Arnims im literarischen Betrieb der Zeit drückte sich vor
allem im geringen Echo aus, woran auch Bemühungen seiner Frau Bettina wenig ändern konnten. Einige dieser Erzählungen nehmen den vor

allem von Tieck durchgesetzten Typus der Gesellschaftsnovelle auf und gehen, vorwiegend in dialogischer Form, auf zeitgenössische Fragen und Probleme ein (*Metamorphosen der Gesellschaft*), die gelegentlich beinahe freisinnig behandelt werden. Die als Kernstück der Sammlung angesehene «Montags-Erzählung» (der Rahmen ist nur vage angedeutet) *Holländische Liebhabereien* gebraucht vor allem humoristisch-satirische Töne; Gelehrtenkritik und Liebesidyllik gehören dazu, thematischer Hintergrund ist die Auseinandersetzung (unter anderem mit den Brüdern Grimm) über das Verhältnis von Natur- und Kunstpoesie. Dieses Thema reicht noch in die weiteren Erzählungen hinüber, die zugleich auf die zeitgenössischen Goethe-Diskussionen Bezug nehmen. – Konsequenter als die meisten seiner intellektuellen und/oder dichtenden Standesgenossen bekannte sich Arnim zu einem reformerischen Standpunkt, der die Werte der vergangenen Zeit in die neue hinüberzuretten suchte und dafür auch Neuerungen akzeptierte. Das ist ein mühsamer, durch viele problematische Erfahrungen nicht leichter gemachter Standpunkt, der als gestalterische und ideologische Ambivalenz viele seiner Werke kennzeichnet.

Künstlerproblematik und dämonische Weltsicht: Hoffmann

Bis zur Zerrissenheit steigert sich diese Ambivalenz in Ernst Theodor Wilhelm (Amadeus) Hoffmann (1776 bis 1822). Die ‹dämonischen› Züge seiner Erzählungen sind gewiß nicht nur individualpsychologisch zu erläutern, haben aber in den frühen (kindheitlichen) Erfahrungen von Hysterie und Wahnsinn und in der eigenen hochgradigen nervösen Reizbarkeit einen tiefreichenden Grund. Diese werden zum Ansatz einer allgemeiner gewendeten Sensibilität, deren soziale Dimension durch die Erfahrungen mit dem Künstlerberuf und dem Dienst am preußischen Kammergericht (er war zum Beispiel mit dem Prozeß gegen den Turnvater Jahn beauftragt und setzte dessen Einstellung durch) verstärkt wird. Als Gestalter des Unbewußten, als Dichter der Entfremdung tritt Hoffmann vor allem in den zwei Bänden der *Nachtstücke* (1817) hervor. Dämonisch ist ein Lieblingswort der jüngeren Romantik; damit bezeichnet man widerspruchsvolle Zustände und Erfahrungen, die sich jeder Deutung (und damit jedem Eingriff) zu entziehen scheinen. Die dingliche Darstellung des Dämonischen wäre verdinglichend, würde Anschauungsweisen zu Seinstatsachen transponieren (ontologisieren), wenn nicht die literarische Tradition des 18. Jahrhunderts der Schauerromantik ein entsprechend erzogenes Lesepublikum überliefern könnte, das wörtlich (abergläubisch) und nicht-wörtlich (allegorisch) zugleich liest. Die berühmte Erzählung *Der Sandmann*, die die Sammlung eröffnet, hält beide Verstehensmöglichkeiten präsent. Der Student Nathanael kommt wirklich um; es hat ihm nichts genützt, daß seine Wahrnehmungen als Einbildungen disqualifiziert wurden. Doch nuanciert die Erzählung so vielfältig, daß das geläufige triviale Gespenstersehen zu höchster Aussagekraft gerät. Es steht für die Selbstentfremdung, der Identitätsverlust führt zur Projektion, diese zur (schließlich totalen) Selbstaufgabe. Und man hat das auch nachvollziehbar gemacht, indem das Los dieser Figuren aus ihrer unbegriffenen und unerlösten Liebe erläutert wurde (Peter von Matt).

Der zweibändige Roman *Die Elixiere des Teufels* (1815/16), nach englischem Vorbild gefertigt, hat die gleiche Struktur. Die Greueltaten des abtrünnigen Mönchs Medardus, dem noch ein Doppelgänger zugegeben wird, stehen für die Selbstentfremdung (äußerste Situation: er versucht, die geliebte Braut zu töten); die wird auf der Handlungsebene durch ein genossenes ‹Teufelselixier› und durch die Abkunft von einem schuldbeladenen Geschlecht erläutert. Dem handelnden Ich (das seine Identität verliert) wird ein erzählendes Ich gegenübergestellt (das diese wiederzugewinnen sucht), die Lösung ist eher angedeutet – die übliche geistliche Wendung. Die «Gebrochenheit des Irdischen» wird denn auch als zentrale Aussage Hoffmanns angesehen (W. Müller-Seidel), die zudem die ungelösten Verhältnisse im damaligen, widerspruchsvollen Deutschland widerspiegelt.

Der große Erzählzyklus Hoffmanns *Die Serapions-Brüder* (vier Bände, 1819 bis 1821) entwickelt in der Rahmenhandlung das «serapiontische Prinzip», das jene Phantasie beruft, die in die tiefste Tiefe schaut. Die Erzählungen des Einsiedlers Serapion lassen den Unterschied von Wirklichkeit und Phantasie nichtig werden; das nehmen die Mitglieder des Erzählkreises, den Hoffmann seinen *Seraphinen-Abenden* (1814 bis 1818) nachbildete, zum Vorbild: Wirkliches Schauen sei die Voraussetzung der serapiontischen Erzählung, die sich freilich auch vom Schutzpatron, dem wahnsinnigen Serapion, distanziert. Die «Erkenntnis der Duplizität», die Vermittlung von Geist und Außenwelt, Phantasie und Wirklichkeit gibt den Erzählungen die Perspektive vor. Zugleich ist die Rahmenhandlung als gesellige Bedingung des Erzählens ausgearbeitet und von Hoffmann genutzt, um die verschiedensten Bezüge und Formen zu integrieren.

Gleich in einer der ersten Erzählungen vom *Rat Krespel* (Rath Crespel), die auch in Jacques Offenbachs Oper *Hoffmanns Erzählungen* einging, wird die Isolierung zum Thema. Sie ist plausibel gemacht: Die junge Sängerin Antonie, Krespels Tochter, darf nicht singen, es würde ihr Leben kosten. Andererseits wird die unerhörte, die hochgetriebene Kunst so zugleich als isoliert und isolierend ausgestellt. Der tragische Schluß entspricht dem Duktus der pathetischen Künstlernovelle. Es gehört zur Eigenart dieses Zyklus, daß Hoffmann die Eindrücke auszugleichen sucht. So folgt *Die Fermate*, die die freiwillige ‹Gefangenschaft› eines jungen deutschen Musikers im Banne zweier italienischer Sängerinnen zeigt (nach einem Bild von Johann Erdmann Hummel, wie auch Eichendorffs *Taugenichts* bemerkt); der junge Theodor entkommt heiter und zur Zeit. Düster hingegen fällt wiederum die Deutung des Vorfalls aus, der viel Aufsehen erregt hat: 1719 wurde in dem schwedischen Bergbauzentrum Falun die Leiche eines fünfzig Jahre zuvor verunglückten jungen Bergmanns unversehrt geborgen. Johann Peter Hebel schrieb eine Geschichte dazu, Gotthilf Heinrich Schubert nahm den Vorfall auf, und Hoffmann deutete ihn als Verfallenheit an die zeitlose Welt (des trügerischen Mythos bzw. des abgründigen Ich), was Hofmannsthal zu einem romantisierenden Drama inspirierte. *Die Bergwerke zu Falun* werden dann wieder von einem Märchen (*Nußknacker und Mausekönig*) in der Wirkung ausgeglichen.

Der zweite Band der *Serapionsbrüder* zieht den zeitgenössischen Glauben an Magnetismus zur Stützung des ästhetischen Konzepts heran, wobei auch Jean Paul als Zeuge dient: «Nur in der Poesie liege die tiefere Erkenntnis alles Seins. Die poetischen Gemüter wären die Lieblinge der Natur», die es diesen auch mitzuteilen bereit sei. Pendelschwingungen und schwebende Teller ergeben «eine ganz verdammte Spukgeschichte», der Hoffmann *Die Automate* folgen läßt. Der Erzähler Theodor erläutert: «Es kommt viel Mystisches darin vor, an psychischen Wundern und seltsamen Hypothesen ist auch gar kein Mangel, und doch lenkt es hübsch ein ins gewöhnliche Leben.» Die Basis der Handlung ist die Erfahrung des jungen Ferdinand, daß «eine fremde Macht» feindselig in sein Inneres gedrungen ist, während der Freund das zunächst als Selbstbezug und Projektion zu entkräften sucht. «Die Ahndungen eines fernen Geisterreichs und unsers höhern Seins in demselben» gehen von der Musik aus, und Ferdinands Geheimnis wird als «somnambule Liebschaft» eher spielerisch in diesen Zusammenhang gebracht. Die fragmentarische Anlage, so der Erzähler, soll die Phantasie des Lesers oder Hörers anregen, die nun in jene höhere Welt zurückleiten soll.

Wie schon in *Die Fermate* geben auch andere Erzählungen der zeitgenössischen Freude an Bildbeschreibungen nach (die zu dieser Zeit geradezu, so auch durch Heine, zu einem journalistischen Genre entwickelt wird): *Doge und Dogaresse* eröffnet eine Bildbeschreibung in fast emblematischer Manier. Der tragische Untergang der unglücklich Liebenden wird in einen historisch-politischen Rahmen gestellt; wichtig für die Wirkung und für die aktuelle Rezeption der Novelle ist jedoch die Unbedingtheit, mit der die Liebenden ihr Inbild als ihren nicht-verfügbaren Glücksanspruch festhalten.

Fast alle Erzählungen Hoffmanns sind von einer Liebesgeschichte her entworfen. In *Meister Martin der Küfner und seine Gesellen* wird damit der Dualismus von Kunst und Handwerk (Lohnarbeit) verknüpft. Die

Liebe ist als rein menschliches Verhältnis stets unmöglich, führt immer in gesellschaftliche Spannungsfelder, die sich bald glücklich lösen, bald tragisch enden. *Das Fräulein von Scuderi* ließe sich so als Gegenstück zum *Meister Martin* deuten. Auch hier die recht konsequente historische Einkleidung, der Künstlerkonflikt, die (nicht ohne sehr viel Zutun) glücklich endende Liebesgeschichte. Doch die zentrale Figur der Erzählung, der dämonische Juwelier Cardillac, vertritt einen so pathetischen Kunstbegriff, daß wenigstens sein Scheitern notwendig ist. Seine Juwelenarbeiten werden von den Käufern profaniert, die damit nachts zum (käuflichen) Liebchen schleichen, und er holt sie sich (durch Ermordung seiner Kunden) zurück. Das ist als ein äußerster Protest gegen das Zur-Ware-werden der Kunst zu deuten, der seine Hilflosigkeit, seine historische Perspektivelosigkeit in der Kriminalisierung der Künstlerfigur anzeigt. In solche Konsequenz vorgetrieben, kann die Kunstproblematik eigentlich nur noch in differenzierend-kritischer Aufnahme der Bedingungen der Moderne behandelt werden. Die romantische Darstellung ist in der Cardillac-Figur eigentlich an ihr Ende gekommen. Eine (vorübergehende) Möglichkeit ist noch, den Künstler in frühere Zeiten zu versetzen, um die Wirkungsmöglichkeiten der Kunst vor ihrer Profanierung zu zeigen (*Signor Formica*).

Der Übergang zu einem realistischeren Ansatz der Kunst- und Künstlerproblematik leuchtet auch ein, weil Hoffmann die Bedingungen der modernen Literaturproduktion, den literarischen Betrieb in allen Finessen kannte und zunehmend benutzen lernte. Die frühen sozialen Erfahrungen der Erniedrigung des Musikers durch eine besitzlose, wenig gebildete Bourgeoisie werden zunehmend nuanciert durch Wirkungserfahrungen, die über das Lesepublikum, eine breitere Öffentlichkeit vermittelt werden, und auf die Hoffmann mit dem bewußten Einsatz von Wirkungsstrategien reagiert (H. G. Werner).

Für die Relativierung romantischer Erzählpositionen, des Spuks, der Künstler- und Liebestragik steht schon *Die Brautwahl*. Das Capriccio *Prinzessin Brambilla* (1820) hebt in humoristischer Gestaltung die so oft als dämonisch beschworene Duplizität zwischen Geisterreich und Erfahrungswelt auf, ohne die jeweiligen Positionen einzuebnen (dafür steht die Form!) – der Doppelgänger wird getötet, Trübungen werden geklärt, Verwicklungen durchsichtig gemacht. Die sehr späte Dialog-Erzählung *Des Vetters Eckfenster* (1822) führt die realistischen Tendenzen weiter; autobiographische Züge des sterbenskranken Dichters fließen ein. Künstlerische Schaffenskrise und Melancholie weichen einer neuen Lebensbejahung, als die Titelfigur über das Beobachten eines Marktplatzes einen konkreten (wenigstens mittelbaren) Realitätsbezug gewinnt. Detailrealismus (ausschnitthaftes Sehen) erlaubt neue Hinsichten auf Wirklichkeit, eine eher zurückhaltende Sinngebung.

Hoffmann scheint seine eigenen Motive zu ironisieren: Das Fernglas (vgl. *Der Sandmann*) dient nun, die genauen Details des Beobachteten wahrzunehmen; «wirklich schauen» – das serapiontische Prinzip – heißt nun Wirkliches schauen (ohne in Nüchternheit zu fallen, die Abwehr der Philisterei bleibt schon durch den Stil garantiert). Auch Hoffmanns letztes Werk *Meister Floh* (1822) geht von einer humoristischen Darstellung aus, welche die «Dissonanz der Erscheinungen» vermitteln soll. Die Erzählung hat erhebliche Eingriffe der Zensur zu leiden gehabt, da Hoffmann seine Erfahrungen mit der Demagogenverfolgung zwar verblümt, aber verständlich mit einflocht. Erst 1906 wurde der originale Text wiederherstellbar (G. Ellinger), die satirischen Partien bekamen ihr Gewicht. Die Handlung führt die zentralen Probleme Hoffmanns einer Lösung zu, ohne die Widersprüche einzuebnen.

Wie das geht, expliziert der Fragment gebliebene Roman *Lebensansichten des Katers Murr . . .* (1820/22), der die hochromantischen Erzählformen (Hoffmanns) mischt und interpretiert. So äußert sich der Kater tiefsinnig, als er einen für die Mutter bewahrten Heringskopf zu verschlingen im Begriff ist: «Da geriet ich in einen Zustand, der, auf seltsame Weise mein Ich meinem Ich entfremdend, doch mein eigentliches Ich schien.» Die (angesichts dieser Deutlichkeit) etwas billige psychologische Deutung wird vom Kater schon überlegen abgewehrt: «Ich glaube mich verständlich und scharf ausgedrückt zu haben, so daß in dieser Schilderung meines seltsamen Zustandes jeder den die geistige Tiefe durchschauenden Psychologen erkennen wird.» Der Zustand des Katers ist das von Schiller so plakativ entworfene Schwanken zwischen Pflicht und Neigung, Tugend und Wunschverlangen, doch die Lösung ist modern, indem das Ich nur als entfremdetes das eigentliche zu sein scheint. Die die gesellschaftlichen und individuellen Widersprüche erst zur Qual verschärfende Identitätsideologie ist abgewiesen in dieser Erkenntnis, die (philosophisch gesprochen) Kierkegaard gegen Hegel setzt. Dem Geschichtsdenken der Romantik, dem naiv triadischen Modell wird so die gegenwartsblinde und die Verarbeitung aller Erfahrungen blockierende Einschätzung der Widersprüchlichkeit als bloßer ‹Zerrissenheit› ausgetrieben; die ‹universelle Tendenz›, das Einheitsstreben verliert seine Unbedingtheit, der Platz am Eckfenster muß nicht Resignation bedeuten.

Ganz den Künstlernovellen Hoffmanns, etwa den *Kreisleriana*, verhaftet ist die berühmte Erzählung Franz Grillparzers (1791 bis 1872) *Der arme Spielmann* (1848). Schon der Aufbau weist auf das romantische formale Vorbild: Rahmen und Handlung sind vielfältig miteinander verschränkt bis hin zum bestimmenden Schlußbild, darin die Differenz aufgehoben ist. Der Spielmann steht für den Künstler, der aus den sozial

deprimierenden Erfahrungen den trotzigen Schluß gezogen hat, auf ein
Publikum ganz zu verzichten, sich jedenfalls diesem nicht anzubeque-
men, nur dem eigenen Geschmack zu folgen. Nach außen ist seine Gei-
gerei «eine unzusammenhängende Folge von Tönen ohne Zeitmaß und
Melodie», für sich selbst freilich mit höchstem Ernst betriebener Dienst
an der göttlichen Kunst. Seine klägliche Biographie entwickelt den Widerspruch Kunstreligion gegen Lohndienst, Seelenschönheit gegen Le-
benstüchtigkeit, und die Sympathie des Erzählers gehört eindeutig dem
als ausweglos gezeigten Künstlerstandpunkt. Der melancholische Schluß
wird gemildert, indem auch Barbara, die vergeblich Geliebte, diese
Sympathie bezeugt, die Geige ist ihr nicht feil. Tragik ist vermieden, indem der Kunstanspruch zurückgenommen wurde; es gibt keinen Adressaten mehr und so auch kein Recht, die Kunst zu bestimmen und als
Forderung einzuklagen. Das deutet auf die soziale und künstlerische
Isolierung Grillparzers, aber ist zugleich auch eine ironisch-sarkastische
Antwort auf die etablierte Zensurpraxis des Metternichstaates und auf
die Kunstfeindlichkeit der Bourgeoisie.

Gefährdung und Erlösung: Eichendorff

Als der liebenswürdigste Dichter der Romantik gilt Joseph von Eichendorff (1788 bis 1857), und seine Wirkungsgeschichte (vgl. E. Lämmert)
zeigt, daß dieses Bild viel von seinen Intentionen und Aussagen zuge-
deckt hat. Die Künstlerproblematik wird bei ihm nicht isoliert, sondern
gilt als Beispiel der Gefährdung des Menschlichen überhaupt. So halten
die Bilder und Formeln, in denen er diese darstellt, sich auch stets auf
allgemeinere Bedeutungen hin transparent. Es ist vielfach bemerkt, daß
die Handlungsführung bei Eichendorff wenig originell ist; dennoch
kommt ihr einiges Gewicht zu. Im Erstling *Ahnung und Gegenwart*
(1815) hatte der Dichter einen hochgemuten jungen Grafen (nach Arnims Vorbild gezeichnet) zum Helden gemacht. Da die Handlung das
Schema Unschuld-Verführung-Besonnenheit (Erlösung) durchlaufen
mußte, kam Eichendorff in Probleme mit der Anlage seines Helden, der
diese Übergänge kaum vertrug. In den folgenden Erzählungen ist der
Dichter weiser geworden; er treibt die Doppelung des Helden, als Ansatz schon in *Ahnung und Gegenwart* gegeben, weiter, was auch autobiographische Momente (die tiefreichende Bruderbeziehung) aufnimmt.
Die Erzählung *Das Marmorbild* (1819) knüpft an Märchenmotive an,
die der Dichter in der Fantasie *Die Zauberei im Herbste* (1808/09) unter
dem Einfluß von Ludwig Tieck schon ausgeführt hat. Die Verführung
des jungen Ritters ist das Thema des Märchens, die Zauberei hat ihren
Grund im Abgrund der menschlichen Brust; «vom Leben berauscht»,
heißt er, und die Formel vom betörend-verderblichen Lied der Sirenen
taucht hier schon auf. Die Religion fruchtete ihm nichts, vielmehr «brach

eine schwer unterdrückte irdische Sehnsucht mit einer fast furchtbaren Gewalt aus den irre flammenden Augen des Mannes, wobei alle seine Mienen sonderbar zu verwildern und sich gänzlich zu verwandeln schienen».

Es ist gut möglich und naheliegend, die Erzählungen Eichendorffs auch auf ihre psychologischen Einsichten hin zu befragen, um eine weitere Tiefendimension an ihnen zu erschließen. Hier nur der Hinweis, wie entschieden Eichendorff sich gegen die Triebunterdrückung wendet. Die Wiederkehr des Verdrängten hat er vielfach beschrieben, und seine Formel ‹(er)lösen› meint auch das Bekenntnis zur (Sinnen-)Welt, zum Strom (in seiner Bildwelt), der Strom sein muß, um das Meer zu erreichen. Der Ritter Raimund versinkt in Wahnsinn, wie es Eichendorff (in seinen Gedichten an den Bruder), «von Lust und Schmerz zerrissen» für sich selber fürchtet.

Die Handlung der Novelle *Das Marmorbild* ist wieder nach dem dreistufigen Muster gebaut: Florio, ein junges, sorgloses Gemüt, als werdender Sänger vorgestellt, der «unschuldig in die dämmernde Welt vor sich hinaussah», hat sich auf die Wanderschaft begeben. Die Worte, mit denen er das erläutert, drücken bereits die Gefährdung aus: «Ich habe jetzt das Reisen erwählt und befinde mich wie aus einem Gefängnis erlöst, alle alten Wünsche und Freuden sind nun auf einmal in Freiheit gesetzt.» Er ‹bespricht› nicht die alten Wünsche, die vielmehr Gewalt über ihn bekommen, er verfällt der Sinnlichkeit/Sexualität, der Dämonie der heidnischen Weltauffassung, dem Bild der in sich selbst versenkten Schönheit (Marmorbild der Venus). Daß er, «den dunklen Mächten folgend», doch nicht ganz erliegt, verdankt er dem Sänger Fortunato. Nicht nur greift dieser mit kecken Sprüchen und ernsthaften Hinweisen in Florios Träumerei ein; mitten in den nächtlichen Spuk dringt auch sein «altes, frommes Lied», das Florios Lösung aus dem Bann bewirkt.

Neu gegenüber dem ersten Roman ist die konsequente Doppelung der Hauptgestalt, die nicht nur mit dem Hinweis auf den Bruder zu deuten ist. Zwar hat Fortunato in Leontin schon einen Vorgänger; aber der Roman hielt doch am Postulat eines Haupthelden fest, was Eichendorff in die erwähnten Schwierigkeiten brachte. Nun kann er die Phase der Verführung voll durchgestalten – offensichtlich tat er das auch ziemlich kühn, wir haben nur die durch Fouqué ‹gereinigte› Fassung –, der junge, unschuldige Held muß nicht für die gesamte Handlung allein einstehen: für jugendliche Naivität, für Zerrissenheit und Abgründigkeit, für die Kraft, die erfahrenen Widersprüche zu bändigen und zu versöhnen. Daß dem Jüngling ein Mann, ein starker, lustiger, frommer, schöner Sänger beigegeben wird, ermöglicht es Eichendorff, sein Grundthema (die Gefährdung der Harmonie, die Harmonie als «den dunklen Mächten» abgerungene, als errungene Haltung) ohne moralisierende Verdeckung zu entwickeln. Es ist ein dem Drama abgenommener Vorzug: Wird der Konflikt, werden die ihn bestimmenden Positionen auf mehrere Personen verteilt, lassen sie sich auch eigentlicher darstellen. Das Venus-Maria-Thema, das Verständnis von Sinnlichkeit und Liebe, von Antike und Christentum, von Phantasie, Gefühl und Verstand wird – als Forderung nach der Harmonie der Grundkräfte – zugleich in vielen Gedichten und auch in den literarhistorischen Schriften eingehend behandelt.

In der berühmtesten Erzählung Eichendorffs *Aus dem Leben eines Taugenichts* (1823/26) bestimmt der glückhaft-unschuldige, naive junge Müllerssohn die Szene. Alle Anfechtungen gehen an ihm vorüber; die anmutige Erzählweise hält sich an die Grundsätze der idyllischen Dichtart, der gleichwohl eine ‹immanente Polemik› als Bedingung und Bezug zugesprochen werden kann. Der Taugenichts ist die Gegenfigur zum Philister, der von Eichendorff (im Anschluß an Brentano) als Negation des romantischen Prinzips, als «Feindschaft gegen die Idee» gezeichnet wird. (Die satirische Erzählung *Viel Lärmen um Nichts* von 1833 führt den aussichtslosen Kampf der Romantiker gegen den Philister lustig-schmerzlich durch, und viele Eichendorffsche Figuren müssen dabei mittun, am Schluß sogar Eichendorff selbst als «Schreiber dieses».) Der jugendliche Ich-Erzähler will gar nicht ‹taugen›, was einen (immanenten) Protest gegen die nivellierenden Anforderungen der Arbeits- und Erwachsenenwelt bedeutet. Hieran knüpft sich auch die Popularität des Werks, das nicht als verklärende Ausflucht, als Eskapismus gelesen werden sollte; schon daß der Taugenichts keinen Namen hat, teilt ihm einen gewissen Anspruch zu. Man kann die Erzählung weder ästhetisch noch historisch/ideologisch aufschließen, wenn man die Diskussion um den Ansatz und die Reichweite des romantischen Antikapitalismus (meist aus Geschmacksgründen) ablehnt. Die Distanzierung zur bürgerlichen Welt, ihren Normen und Gebräuchen, ist unübersehbar. Die feudale Einkleidung des Protestes entmächtigt diesen doch kaum, ist dem Thema nicht substantiell. Der Held ist auf keine Weise korrumpierbar, das zeigt der Schluß. Kaum hat der Taugenichts ein Schlößchen (und eine Frau) bekommen, so heißt es schon: auf nach Italien! Die Versuche der Bürgerwelt, ihn zu uniformieren (Kleidungs-Ratschläge von Braut und Portier-Onkel), verwandelt er sofort mit heiterer Laune in ein Kostüm. Die Form der Erzählung hat weitergewirkt, bzw. ihre tragenden Bedingungen (eine unklare, aber entschiedene Opposition gegen «die zerstörende Gewalt der Verhältnisse») sind häufiger gegeben, und wir finden Taugenichts-Erzählungen in Rußland (Tschechow *Der Taugenichts*), in der Schweiz (Robert Walser), in der Tschechoslowakei (J. Neruda *Der Taugenichts*), in Holland (Nescio *de uitvreter* u. a.), in den USA (von Melville bis Kerouac, Salinger, Brautigan u. a.) wie in der DDR (Plenzdorf), was für die Relevanz dieser Erzählform spricht.

Nur scheinbar bildet die Erzählung *Das Schloß Dürande* (1837) eine Ausnahme in der Eichendorffschen Erzählkunst, indem hier ein politisches Thema, die Französische Revolution, direkt angegangen wird. Der Schluß gibt die Moral: «Du aber hüte dich, das wilde Tier zu wekken in der Brust, daß es nicht plötzlich ausbricht und dich selbst zerreißt.» Entsprechend hatte Friedrich der Romana zugesprochen, und in Eichendorffs Literaturgeschichte erläutert diese Formel, wörtlich so eingesetzt, den Untergang Kleists, die Warnung vor dem Materialismus/Realismus als Leugnung der Doppelnatur des Menschen, die Gewalt des Dämonischen in der Menschenbrust. Die Liebe bildet nach Eichendorff «das unverwüstliche Grundthema aller Dichtungen», und so ist es auch hier. Gabriele, die Schwester des Jägers Renald in den Diensten des alten Grafen Dürande, liebt den jungen Dürande, ohne von seinem Stand zu wissen. Renald bringt sie in ein Kloster; aber sie folgt dem jungen Dürande verkleidet und unerkannt nach Paris. Ihr Bruder wird zum Kohlhaas; er will sich sein Recht holen und wird so zum Revolutionär (fast wider Willen). Die Verkürzung der Thematik liegt in der Erzählform, die gesellschaftliche und individuelle Sachverhalte kurzschlüssig verschränkt. Danach erscheint die Revolution als ein Irrtum, und wie im Kitschroman sind Graf und Geliebte im Tode vereint, der die Standesgrenzen niederreißt. Aber die Bilder nuancieren diese Deutung. Die beiden Grafen Dürande erscheinen als Repräsentanten der Vergangenheit, ohne Zukunft. Renald wird vom sterbenden Grafen als reißendes Tier bezeichnet. Gleich darauf sagt er: «Ein schöner Löwe, wie er die Mähnen schüttelt, wenn sie nur nicht so blutig wären!» Renald hat ja recht, und sein Recht wird als ein allgemeines gezeigt: Es ist eher Zufall, daß Gabriele nicht zur Mätresse gemacht ist. Der alte Graf rechnet fest damit und bestätigt Renalds Vermutung: «Die Dürandes sind in solchen Affären immer splendid.» Der «schüttelte sich wie ein gefesselter Löwe». Das Bild des Löwen deutet auf Herschaftsrechte wie auf Gewalt. Die Ahnungslosigkeit des jungen Dürande wird kaum entschuldigend gebraucht; sein Trotz und Standesdünkel stehen dagegen. Zu Renald sagt er: «Und wenn ich deine ganze Sippschaft hätt', ich gäb' sie nicht heraus!»

Aus Eichendorffs Schrift *Der Adel und die Revolution* wissen wir, wie er die Französische Revolution von 1789 einschätzte. Er geht von der «Unrettbarkeit des Alten» aus, von der Notwendigkeit einer Erneuerung, kritisiert aber gleichwohl die neuen Tendenzen von einem konservativ-religiösen Standpunkt aus (als Hochmut des Subjekts, Religion des Egoismus, wo alles auf «die subjektive Eigenmacht gestellt» sei, als «barbarische Gleichmacherei» usw.). Wie üblich macht Eichendorff sein Urteil am Pariser Terror (1793/94) fest: «Es waren aber vorerst eigentlich nur die Leidenschaften, die unter der Maske der Philosophie, Humani-

tät oder sogenannten Untertanentreue, wie Drachen mit Lindwürmern
auf Tod und Leben gegeneinander kämpften.»
Das ist gewiß eine verkürzende Sicht, die im wesentlichen Burke abgenommen ist. Der Anstoß ergibt sich daraus, daß Eichendorffs Versuch,
die Standesunterschiede als irrelevant zu zeigen, im Widerspruch zu deren realistisch geschildertem Gewicht steht. Im *Taugenichts* löste er den
Widerspruch durch das Bekenntnis der schönen gnädigen Frau: «Ich bin
ja gar keine Gräfin», was Courths-Mahler und die Marlitt ihm dankbar
als Rezept abgenommen haben. In *Das Schloß Dürande* finden sich die
beiden Liebenden erst wieder im Tode, der Diener Nicolo senkt «betend
das stille Brautpaar in die gräfliche Familiengruft und die Fahne darüber, unter der sie noch heut' zusammen ausruhn».
Auch das ist ein Motiv des trivialen Gesellschafts- oder Schicksalsro-
mans geworden. Mit solchem deutlichen Widerspruch stellt freilich die
Erzählung ihren eigenen Ansatz zur Diskussion, den Versuch, die Zerrissenheit der Gesellschaft aus der des Individuums abzuleiten (und umgekehrt).

Die Wendung zum Realistischen: Tieck und Hauff
Ludwig Tieck (1773 bis 1853) gilt als der Proteus unter den deutschen
Romantikern, und seine Wandlungen, die sich nicht ohne weiteres als
Anpassungsprozesse denunzieren lassen, geben einen erhellenden Blick
frei auf die Bedingungen und Verschiebungen in der deutschen Literatur-
szene. Die entschiedene Hinwendung zur Novellenform, die Verstärkung
ihrer dramatischen Züge und die Hinführung zur Gesellschaftsnovelle haben einen biographischen Hintergrund in der Übersiedlung nach Dresden.
Dort beginnt für ihn eine steile Karriere. Er wird Dramaturg des Hoftheaters und Hofrat, sein Haus wird zum Zentrum einer literarisch-geistig
orientierten Geselligkeit, die an die aristokratisch-repräsentative Salon-
kultur anschließt und von seiner Freundin, der Gräfin Finkenstein, betreut
wird. Seine persönliche Ausstrahlung macht die Leseabende zu einem
großen gesellschaftlichen Ereignis, zu dem sich hohe und höchste Persön-
lichkeiten anmelden. In den Novellen läßt sich das als artistisches Raffine-
ment ausmachen, das auf Vorlesekultur zurückverweist – Stilwechsel, Dia-
loge, Wortspiele und Pointen, ein gekonnter doch nicht sinnverwirrender
Aufbau verraten intime Kenntnis seines Publikums. Das kommt aus der
städtischen Elite, was auch Tiecks Position entspricht. Der von M. Thalmann zu Recht zurückgewiesene Versuch, Romantik und Realismus
(nicht nur bei Tieck) auseinanderzudividieren, verfängt nicht, schon bei
Hoffmann nicht. Diesem steht Tieck nahe, auch wenn er die Künstlerproblematik erneut angeht, sie wird zunehmend kapitalismuskritisch orien-
tiert. Seine Novellen aus den Dresdener Jahren hat er in sieben aufeinan-
derfolgenden Bänden von 1823 bis 1828 vorgelegt.

Die Gemälde (1822) führen die klassische Figur des Kunstsammlers wieder vor, und zwar in mehrfacher Gestalt. Daß dieses Wuchern mit der Kunst als mit einem Kapital menschlich deformiert, macht nach Hoffmannschem Muster die Liebeshandlung sichtbar: Die Tochter soll wie eine Ware dem Meistbietenden verhandelt werden. Nur ein Zufall (der Geliebte findet verborgene, ihm als Erbe zustehende Gemälde) führt die Liebenden zusammen. Mildernd soll wirken, daß dieser Fund sich einer geläuterten Haltung verdankt. Der Held wird zu guter Letzt «ein ordentlicher und glücklicher Mann»; «an seine wilde Jugend dachte er im Arme seiner Frau und im Kreise seiner Kinder nur wie an einen schweren Traum zurück». Diese Handlungsführung ist nicht eben romantisch zu nennen, und es liegt nahe, sie auch (gewiß nicht ausschließlich) ironisch zu lesen. Romantisch freilich ist der Glaube an die Liebe, die schließlich alles zuwege bringt, auch wenn das Märchen dabei einen sehr ordentlichen Verlauf nehmen muß.

Die Novelle *Musikalische Leiden und Freuden* (1824) geht von einer autobiographischen Erfahrung aus, der Liebe zu einer engelsschönen Stimme (Henriette Finkenstein). Der Titel geht auf die wechselhaften Erfahrungen mit Kunstkonzepten zurück; deutlich wird die modern-modische Virtuosität abgewiesen und die utopische Dimension des Gesanges beschworen: «Einen tragischen oder göttlichen Enthusiasmus gibt es, der herausklingend jeden Zuhörer von seiner menschlichen Beschränktheit erlöst.» Mozart gilt als Beispiel. Die Erzählung endet mit dem Bild der Integration: Graf und Sängerin heiraten, Kunst und Adel sind ebenbürtig, was ja nun der fundierenden Erfahrung Tiecks entspricht, aber schwerlich allgemein gelten dürfte, wie die bald folgenden massenhaften Gesellschaftsromane zeigen.

Tieck plante ein Shakespeare-Buch, die beiden Teile des *Dichterleben* (1826/31) sowie deren Vorspann, *Das Fest zu Kenelworth* (1828) gehören in diesen Zusammenhang. Der Auftritt des großen Dichters auf der epischen Szene wird sehr hinausgezögert; berühmte Kollegen wie Christopher Marlowe, Robert Greene, George Peele bekommen den Vortritt, damit Shakespeares Glanz um so deutlicher strahle. Der Ton aus dem *Sternbald* kehrt wieder. Die Größe Shakespeares wird vergleichsweise mit den Mitteln eines Vasari gefaßt (Gewährsmann für die «Betrachtungen»), die Darstellung bleibt weithin anekdotisch und nutzt freisinnig die Sonette aus.

Werden die Novellen Tiecks wesentlich auf ein Stadtpublikum bezogen, so ist doch die märkische Novelle *Die Gesellschaft auf dem Lande* (1825) besonders hervorzuheben. Die realistische Schilderung des Landlebens ergibt Porträts, wie sie erst Fontane wieder erreicht. Tieck vertieft sie ins Typische und kann so tief in die gesellschaftlichen Auseinandersetzungen auf dem Lande hineinleuchten. Der Aufklärung (vertreten im

Justitiar, Pfarrer und Ökonom) gelingt es kaum, gegen die Verfilzung von Patriotismus, Selbstsucht, Beschränktheit anzukommen. Symbol wird der Zopf, der für gut preußische Beschränktheit steht. An ihm wird zugleich ein Vorgang exemplifiziert, der bis heute zu den Herrschaftstechniken gehört und der zugleich ein ästhetisches Verfahren meint. Der Baron leitet sein Plädoyer für den altpreußischen Zopf mit dem Hinweis ein, daß dieser wie viele vergleichbare Dinge (Uniform, Port d'Épée oder Cocarde) «zuzeiten nützlich, heilsam und notwendig sein» kann, ja daß der Enthusiasmus diesen eine Bedeutung unterlegen kann, daß sie «eine Art von heiliger Autorität gewinnen». Das entspricht der Bedeutung von Fahne, Blut und Ehre, Vaterland usw. und ist als ‹Externalisierung› beschrieben. Den Dingen wird eine Bedeutungsmächtigkeit zugeschrieben, die ihren Ursprung verdeckt und damit der Legitimierung sich entziehen kann. Als Vorrang des Signifikanten legt das eine ideologiekritische Semiotik aus. Wichtig ist auch, daß Tieck hier, ebenfalls auf Fontane vorausdeutend, eine Frauengestalt entwirft, die sich nicht als Objekt behandeln lassen will und damit eine Verwirrung stiftet, die sie beinahe um ihr Glück brachte, aber immerhin auch das Los des Verhandeltwerdens ersparte, was als weithin übliche Eheschließungspraxis bezeichnet werden darf.

Bei diesem Thema, dem standeswidrigen und widerspenstigen Eheschluß eines jungen Bürgerlichen mit einer Adligen, setzt auch die bekannte Erzählung *Des Lebens Überfluß* (1839) an, die sich zum Programm, die Welt zu ‹romantisieren›, bekennt und gewöhnlich in diesem Sinne ausgelegt wird. «Wo die Künstlichkeit des schönen Scheins bejaht wird, entsteht der Überfluß des Lebens» (M. Thalmann). Die Novelle entwickelt zunächst das Gegenteil: Ein junges Ehepaar, Heinrich und Clara, leben so ärmlich, daß sie im bitteren Winter sogar die Treppe verheizen, die zu ihrer Dachstube führt. Die Beschwichtigungen Heinrichs folgen treulich dem Topos ‹arm, aber glücklich›. Die Handlung führt aber bald auf die pure Unmöglichkeit, in der gegenwärtigen Zeit so durchzukommen. Das Essen muß ihnen eine treue Alte durch Nachtarbeit und eigene Entbehrung erwerben, und die Treppe hilft auch nicht ewig gegen den Frost. Der Hausbesitzer und die Behörden schalten sich in das unfreiwillig-arme Glück ein, Heinrich träumt sogar seine eigene Versteigerung («Wie ich zu meinem Erschrecken sah, gehörte ich zu den Sachen, die öffentlich ausgeboten werden sollten»). Damit ist die großzügige Vernachlässigung der Geldprobleme als ‹Plunder› (Brentano, Arnim, Eichendorff) deutlich korrigiert und das ‹Romantisieren› als hilflose Idyllik beschrieben. Der Humor entsteht durch die wörtliche Anwendung der hochromantischen Theoreme. Der höhere Standpunkt (die Dachkammer) steht gegen den wütenden Hauswirt und spricht sich zitierend aus: «Niemals will das Ideal unserer Anschauung mit der trüben

Wirklichkeit ganz aufgehen. Die gemeine Ansicht, das Irdische will immerdar das Geistige unterjochen und beherrschen». Die Ironie geht ebenso auf den Teufel, und der Freund Heinrichs muß schließlich den ‹deus ex machina› abgeben. Dieses dramaturgische Mittel hat hier die klassische Funktion: die Exposition von Konflikten so weit zu treiben, wie sie ohne jene letzte Auskunft nicht möglich gewesen wäre. – Auch in dem Roman *Der junge Tischlermeister* (1819/36) spielt das Bürger-Künstlerthema wieder eine zentrale Rolle, und auch hier erlaubt sich die Darstellung nicht die romantische Vereinfachung der Positionen, selbst wenn der Rückgriff auf eine frühe, schon fast ungleichzeitig gewordene Form des Bürgertums entschärfend wirkt.

Exemplarisch für diese den späten Tieck kennzeichnende Position ist eigentlich Wilhelm Hauff (1802 bis 1827). Seine freiheitlich-patriotische Gesinnung (er war Burschenschaftler) machte sich in vielen Liedern kund und bildet auch den Grundzug seiner historischen Romane und Erzählungen (*Lichtenstein, Das Bild des Kaisers, Jud Süß*). Die schnellen Erfolge des jungen Autors deuten auch darauf, daß er den Zusammenhang von Produktion und Rezeption gut begriffen hat, daß er bereit und in der Lage war, auf ein Publikum hin zu schreiben. Die *Mitteilungen aus den Memoiren des Satan* (1826/27) und die unter Heinrich Claurens Namen herausgegebene Geschichte *Der Mann im Mond* (1826) tragen ganz das Signum der Unterhaltungsliteratur. Seine Kontroverse mit Clauren öffnet ihm die literarischen Kreise; von den Verlegern gibt es viele Angebote für seine gewandte Feder. Die Erzählung *Phantasien im Bremer Ratskeller* (1827) setzt Wirklichkeit und Phantasie kontrastierend gegeneinander, und zwar in jenem weitreichenden Sinne, daß beide einander korrigieren. Die Phantasiegestalten sprechen das gültige Wort zur Wirklichkeit des zeitgenössischen Europa, und der Erzähler muß sie warnen, zum Beispiel Rolands Ungestüm mit dem Hinweis bremsen: «Die Zeiten haben sich geändert (. . .) Ihr würdet wahrscheinlich als Demagoge verhaftet werden (. . .).»

Eine Wendung zum Realistischen hin bestimmt auch Hauffs Märchen, die in drei *Märchen-Almanachen* (1826 bis 1828) erschienen. Die Phantasie schaltet in ihnen weder willkürlich noch nach geklügeltem Plan, ihre Auskunft und ihre Mittel sind volkstümlich, was sie zugleich begrenzt. Aber über einen romantischen Antikapitalismus und eine human-utopische Perspektive sind auch künstlichere Erzählungen nicht hinausgekommen. Andere Novellen des jung verstorbenen Autors wie *Die Bettlerin vom Pont des Arts* (1826) nehmen romantische Erzählschemata auf; doch löst diese Erzählung die zunächst aufgebauten Geheimnisse schließlich so gründlich, daß von der Romantik, sprich von zum Unsinnlichen hin vermittelnden Zügen nichts übrigbleibt.

Die Entmächtigung des Romantischen: Mörike

Immerhin konnten die lebendig gewordenen Phantasiegestalten in Hauffs Bremer Ratskeller noch die Wirklichkeit in Frage stellen. Die Entwicklung der Märchennovelle geht dann freilich ins Harmlose, ins Spielerisch-Unterhaltende. So ist zwar die Novelle *Der Schatz* (1836) von Eduard Mörike (1804 bis 1875) äußerst kunstvoll erzählt, und Phantastik und Wirklichkeit laufen vielfach ineinander über, aber doch ohne einander reell zu inkommodieren. Der geheime Plan, Hoffmannsche Anklänge an Fatalismus und Erlösungsversprechen geraten niemals bedrohlich oder bedrängend. Diese vorausgesetzte Beruhigung kennzeichnet ein Eingehen auf die neue Zeit, wie es den Romantikern fernlag und nun den Biedermeierbegriff ergibt. Das schließt nicht aus, daß auch tragisch-bedrohliche Themen und Zusammenhänge thematisiert werden können wie in der Skizze *Miss Jenny Harrower* (1834), deren ‹happy end› wenig bedeutet. Wie schon Hauffs Märchen durch den komplexen Rahmen in vielfältige Bezüge gebracht wurden, so läßt auch Mörike in seiner Märchensammlung *Das Stuttgarter Hutzelmännchen* (1853) die vielfältigsten Beziehungen und Verhältnisse entstehen, so daß das vorgesetzte Ziel einer Synthese aus Phantasie und Realismus für den Leser annehmbar wird. Der Titel meint einen Stuttgarter Kobold, der nie endendes Hutzelbrot austeilt und es gut mit einem Pärchen meint, das nach altem Erzählmuster viel zu bestehen hat, bevor es sich bekommt. Eingelagert ist die berühmte *Historie von der schönen Lau*, die das für die Romantik so zentrale Nixenmotiv erneuert. Bedeutete es noch bei Fouqué und Eichendorff die Gefährdung durch die elementare Natur, so geht die Gestaltung nun von der Überlegenheit des Menschen aus, Dämonie (als verdrängte und sich rächende Natur) wird nicht thematisch.

Mörikes Hauptwerk ist der «Novelle» betitelte Roman in zwei Bänden *Maler Nolten* (1832); die zweite Fassung erschien erst 1877. Die Bezüge zur Romantik sind mannigfach; sie sind weniger durch den Goethebezug gegeben als vielmehr durch den Schicksalsbegriff: Der Zufall und die Wirkung dämonischer Verhältnisse bestimmen die Handlung des Romans und führen letztlich auf das Schicksal Noltens, dessen Notwendigkeit so fraglich bleibt. E. T. A. Hoffmann zeigt sich als Vorbild. Der Goethesche Bildungsroman ist ganz aufgegeben; seine Kategorien (Individualität, Identität, Gesellschaftlichkeit usw.) gelten nicht mehr, was vor allem an Noltens Frauenbeziehungen deutlich wird. Sie scheitern alle, teils aus Intrige, teils schicksalhaft. Da die Handlung von Nolten kaum beherrscht werden kann, ist eine moralisierende Auffassung, wie sie in den Interpretationen gern durchschlägt, wenig angebracht. Daß er mehr Objekt als Subjekt ist, bezieht sich gerade auch auf die psychologische Dimension. Die Situation, zwischen einer schwarzen (Elisabeth) und einer blonden Frau (Agnes) zu stehen, ist ein alter Topos; er gilt schon für die Tannhäuser-Sage, wird als mittelalterliches Denkmuster, wonach die Frau nur Heilige oder Hure sein kann (Venus-Maria-Topos), in der Romantik neu lebendig und zeigt die prekäre Lage Noltens an. Die Entmächtigung der romantischen Züge und Motive zeigt sich als eine durchgehende Tendenz des Romans, ja kann fast als sein Thema gewonnen werden, zumal im Blick auf die zweite, mehr objektivierende Fassung. Doch ist der Realismus Mörikes eher borniert denn pathetisch, kommt eher daher, daß die romantischen Theoreme und Textstrategien ihre Überzeugungskraft verloren haben als aus einer entschiedenen Wirklichkeitsauffassung, der metaphysische Ordnungsvorstellungen prinzipiell im Wege stehen.

Winfried Hartkopf
Historische Romane und Novellen

Erinnerung und Vergangenheit

Seit Wielands *Agathon*-Roman und seit Herders ersten, ein neues Geschichtsverständnis verbreitenden Schriften, also seit etwa 1770, entwickelt sich über die Romantik bis ins Zeitalter des Historismus eine derart bunte Vielfalt an historischer Erzählprosa, daß deren Gattungsdefinition so offen wie möglich gehalten werden sollte. Es kann deshalb zum Beispiel auch eine Gattungsbestimmung nicht überzeugen, nach der die Faktengeschichte Priorität gegenüber dem fiktiven Anteil haben soll. Daß es zu den Kennzeichen des historischen Romans gehöre, «daß die Fakten der überlieferten Geschichte die Vorgänge der Dichtung bestimmen und das Erfundene zur Geschichte zu werden scheint»[1], bleibt eine bloße Behauptung vor der Schwierigkeit, dieses Kriterium sogar an den klassischen Beispielen des historischen Romans durchzusetzen. Warum nimmt man nicht einfach die grammatische Gewichtung der Gattungsbezeichnung ‹historischer Roman› ernst? Im Grundwort hat dann das poetische Element ohnehin das Übergewicht, und das Historische ist lediglich seine spezifische Bestimmung. Die wichtigste Arbeit wäre dann zunächst die präzise Beschreibung der Texte.

Wenn man voraussetzt, daß alle historische Literatur Interpretation der Vergangenheit ist – was zugleich eine wie auch immer gemeinte Nutzanwendung für die eigene Gegenwart impliziert –, dann ließen sich der Funktion nach grob zwei Richtungen unterscheiden: Einem Teil der historischen Literatur – dem weitaus kleineren – könnte man eine *kritische Funktion* zugestehen, was hier die unter einem bestimmten Interesse unternommene Anbindung der Vergangenheit an die Gegenwart meint. In diesem Zusammenhang ließe sich auch die Konvergenz von historischem Roman und Zeit- bzw. Gesellschaftsroman diskutieren, der ja – im Gegensatz zur ersteren Gattung – einen direkten Zeitbezug nimmt. Zweitens könnte man, vor allen Dingen bei dem Riesenbereich des Unterhaltungsschrifttums, von einer *Fluchtfunktion* sprechen. Wir werden oft beide Funktionen in einem Text wirksam finden, wobei die Autorenabsicht nicht unbedingt verläßlich die tatsächliche Wirkung auf das Publikum steuern muß. Die spannungsreiche Nachbarschaft und die Auseinandersetzung mit der Geschichtsschreibung ist lediglich ein Problem der Literatur, der eine kritische Funktion zusteht. Literatur, die sich als bloßer Fluchtraum versteht, wird solche Auseinandersetzung meiden.

Wenn Geschichtsschreibung heißt, Geschichte als Wissenschaft betreiben, könnte man historische Dichtung im Sinne von Geschichte als Erinnern auffassen, und zwar Erinnerung als das Bemühen, Vergangenheit den Zwecken der eigenen Lebensgegenwart dienstbar zu machen, Erinnerung im Sinne von Verinnerlichung vergangener, fremder Erfahrungen. Wie das individuelle Erinnern das eigene Leben zusammenhält und ihm eine Sinnrichtung geben kann, so hat Dichtung als eine Art überindividuelles Erinnern etwas zu tun mit dem Zusammenhalt größerer Einheiten wie Kultur und Nation. Es ist weiter nicht erstaunlich, daß die vergangenheitsaufschließende Kategorie des Erinnerns – in der Literatur dann so etwas wie eine Gewissensinstanz – in einem Jahrhundert, das sich durch «Geschichtsbetroffenheit und Geschichtsleidenschaft»[2] kennzeichnet, über die Grenzen einer bestimmten Gattung hinaus für Dichtung überhaupt eine konstitutive Bedeutung erlangt. Ob man nun auf Karl Leberecht Immermanns Zeitroman *Die Epigonen* (1825/36) sieht, der das Problem, das die Vergangenheit bereitet, schon im Titel andeutet, oder auf Eduard Mörikes *Maler Nolten* (1832 und 1877), wo der Handlungsablauf gehemmt wird «durch das Sich-Erinnern, die Freude am Gegenwärtigen verhindert wird durch einen neuen Zeitsinn, der immerfort zurück auf Vergangenes oder nach vorn auf die Zukunft gerichtet ist»[3], man wird bemerken, daß ein großer Teil der Restaurationsliteratur von den Kategorien Erinnerung und Vergangenheit wesentlich mit geprägt wird. Häufig findet man auch einen historischen Stoff in eine Gegenwartshandlung eingelassen, was zum Beispiel bei Jeremias Gotthelfs bekannter Novelle *Die schwarze Spinne* (1842) einen eindrucksvollen Kontrast mit deutlich didaktischer Absicht vermittelt. Solche Rahmenform, die ja später in der realistischen Novelle bis zur höchsten Künstlichkeit ausgebildet wird, ist bereits bei vielen Biedermeier-Autoren zu finden.

Im folgenden werden einige wenige Beispiele für die historische Erzählprosa der Biedermeier- bzw. Vormärzzeit ausführlicher vorgestellt.

Detailrealismus und Zeitkritik: Arnims *Kronenwächter*

Ludwig Achim von Arnim (1781 bis 1831) gehört zu den bedeutenden Vertretern der Romantik. Mit Clemens Brentano, dessen Schwester Bettina er 1811 heiratete, gab er 1805 den ersten Band der Volksliedsammlung *Des Knaben Wunderhorn* heraus. Der Veröffentlichung des ersten Bandes seines Romans *Die Kronenwächter* (1817) gingen umfangreiche Studien an Hand mittelalterlicher Quellen voraus. 1854 gab Bettina aus dem Nachlaß die ausgeführten, jedoch nicht gegliederten Teile des zweiten Bandes zusammen mit noch vorhandenen Planskizzen und Notizen heraus.

Die *Kronenwächter*, eine Art Geheimbund, der auf einem unzugänglichen Bergschloß die Kaiserkrone der Hohenstaufen bewahrt und auf die Wiedereinsetzung eines Staufer-Kaisers hinarbeitet, übergeben in einer Neujahrsnacht Martin, dem Turmwächter von Waiblingen, ein neugeborenes Kind, das er, der früher selbst bei den Kronenwächtern diente, aufziehen soll. An bestimmten Merkmalen erkennt Martin den Knaben, der auf den Namen Berthold getauft wird, als einen Staufer-Abkömmling. Herangewachsen findet Berthold mit Hilfe eines geheimnisvollen Alten in einem Ruinenfeld in der Nähe der Stadt den ehemaligen Palast des Barbarossa. Mit geheimer Hilfe der Kronenwächter kann er den Grund ersteigern und errichtet darauf gemeinsam mit dem Schneider Fingerling eine Tuchfabrik. In diesem Gewerbe, einem Konkurrenzunternehmen zu den marktbeherrschenden Textilmanufakturen Augsburgs, kommt Berthold bald zu großem Reichtum, was ihm dann auch den Bürgermeistersessel von Waiblingen einbringt. Berthold, sehr am Bauwesen interessiert, lernt durch einen fremden Baumeister eine Gräfin kennen. Nachdem diese erzählt hatte, wie ihr von den Kronenwächtern der Mann getötet und der Sohn geraubt wurde, erkennt Berthold in ihr seine leibliche Mutter. Mit ihr und seiner Ziehmutter lebt Berthold nun zusammen.

Zu Beginn des zweiten Buches des ersten Bandes finden wir Berthold drei Jahrzehnte später in Amt und Würden, jedoch körperlich geschwächt. Der Wunderdoktor Faust nimmt an ihm und dem jungen kräftigen Malerburschen Anton einen Blutaustausch vor, der Berthold neue Vitalität verleiht. Jedoch zielen seine Aktivitäten nun nicht mehr auf kaufmännischen Erwerb, sondern auf ritterliche Betätigung. Berthold reitet nach Augsburg auf den Reichstag, den Kaiser Maximilian dort abhält. Er gewinnt ein Turnier, lernt viele bedeutende Zeitgenossen kennen, unter anderem Luther, der dann auch seine Verbindung mit Anna, einer schönen Jungfrau, die er in Augsburg kennenlernte, segnet. Wie sich später herausstellt, ist sie die Tochter seiner Jugendliebe Appollonia aus Waiblingen. Er nimmt die Frauen mit zurück nach Waiblingen, wo er Anna heiratet. Zwischen den drei Frauen – nur Bertholds Ziehmutter lebt noch – entstehen mancherlei Spannungen, besonders belastet ihn die Eifersucht zwischen seiner jungen Frau und deren Mutter. Über den Bau eines Brunnens, für den Berthold eine Stadtgasse beansprucht, sowie seine durch die Kronenwächter veranlaßte Parteinahme für den Schwäbischen Bund gegen den württembergischen Herzog Ulrich kommt es zum Zerwürfnis mit den Bürgern seiner Stadt. Zu Bertholds Hochzeit machen ihm die Kronenwächter ein kostbares Geschenk. Vierzehn Glasfenster zeigen in prächtigen Farben Szenen aus der staufischen Geschichte. Jedes Glasbild wird von dem Abgesandten der Kronenwächter mit einem sogenannten Hausmärchen erläutert. Berthold fühlt sich immer mehr von der ritterlichen Lebensweise angezogen. Er folgt mit seiner Frau einer Einladung auf Burg Hohenstock, wo Graf

Konrad haust. Wie sich später herausstellt, ist der ein Zwillingsbruder des Malers Anton und beide sind Abkömmlinge des Geschlechts der Hohenstaufen und so mit Berthold verwandt. Die Kronenwächter halten alle Staufer-Nachfahren getrennt, damit sie sich nicht, wie prophezeit, gegenseitig ausrotten. Enttäuscht von dem wüsten Leben auf Hohenstock, kehren Berthold und Anna nach Waiblingen zurück. Berthold läßt, um die versprochene Reichsunmittelbarkeit seiner Stadt zu gewinnen, die Bündischen gegen den Willen der Waiblinger Bürger in die Stadt. Im Auftrag der Bündischen unterwegs, kommt er zum Kloster Lorch, in dessen Gruft die Hohenstaufen begraben liegen. Als Berthold zu einem Mönch bemerkt: «Hier bei den Meinen möchte ich ausschlafen!» zuckt ein Blitz durch die Grabhalle, und er sinkt tot nieder. Zur selben Zeit, während der Tauffeierlichkeiten für Bertholds Sohn, wird Anton, der inzwischen in einem vertrauteren, obwohl noch unverfänglichen Verhältnis zu Anna steht, so stark verletzt, daß Anna um sein Leben fürchtet. Hier bricht der erste Band ab.

Daß sich Arnim des neuartigen Genres und der dabei vorwaltenden Kategorie des Historischen durchaus bewußt war, zeigt schon die in dem Einleitungskapitel vorangestellte Erörterung des Themas ‹Dichtung und Geschichte›. Die Beziehung zwischen diesen beiden Bereichen sieht er wie folgt: «Das vergessene Wirken der Geister, die der Erde einst menschlich angehörten», vermittelt Geschichte in «ahndungsreichen Bildern» und Zeichen, die sich uns aber nur «in einzelnen, erleuchteten Betrachtungen, nie in der vollständigen Übersicht eines ganzen Horizonts» erschließen. Wenn sich nun solche Einsicht zu einem mitteilbaren Ganzen rundet, entsteht Dichtung: «aus Vergangenheit in Gegenwart, aus Geist und Wahrheit geboren». Und konkret zu seinem Romanunternehmen äußert Arnim: «Das Bemühen, diese Zeit in aller Wahrheit der Geschichte aus Quellen kennen zu lernen, entwickelte diese Dichtung, die sich keineswegs für eine geschichtliche Wahrheit gibt, sondern für eine geahndete Füllung der Lücken in der Geschichte, für ein Bild im Rahmen der Geschichte.» Ein «irrender Verstand» könnte hier von Lüge sprechen, jedoch sei diese Art Lüge «eine schöne Pflicht des Dichters».

Ein solches historisch-hermeneutisches Bewußtsein wirkte offensichtlich befremdend auf die Zeitgenossen. So kritisierte Wilhelm Grimm in der Überarbeitung der Bettinaschen *Kronenwächter*-Rezension gerade die ‹Fakteninseln› als poetisches Unrecht. Ihm sind zum Beispiel Kaiser Maximilian und Luther zu nahe an der Realhistorie angesiedelt, als daß sie noch als dichterisch integriert gelten könnten. Dieser romantische Standpunkt ist der realistisch orientierten Auffassung neuerer Forschung konträr, die in Arnims Roman zum Beispiel trotz «bedeutender Fortschritte (. . .) in bezug auf realistisches Detail (. . .) die seltsamen Verzerrungen auch dieser realistischen Elemente nicht übersehen» kann – und die Handlung insgesamt «als Schrulle eines Romantikers»[4] bewertet. Abgesehen von solchen ideologisch festgelegten Auffassungen sind es bei der *Kronenwächter*-Interpretation vor allem das Realismus-Kriterium und im Verbund damit der Phantastik-Vorwurf – für Heine noch ein Qualitätsmerkmal –, welche zu der heutigen Uneinigkeit darüber führen, ob der Roman überhaupt dem Genre ‹historischer Roman› zuzurechnen sei. Was dem einen als ‹phantastischer Roman› erscheint, ist dem anderen eindeutig ein ‹historischer Roman›, wobei die neueste Forschung überwiegend dazu tendiert, den *Kronenwächtern* die Signatur ‹historischer Roman› abzusprechen.

Einen treffenden Kommentar hierzu hat Arnim einige Jahre nach Veröffentlichung der *Kronenwächter* durch sein Verhalten auf einer Reise durch Schwaben gegeben, als er zum erstenmal in seinem Leben vor den Toren Waiblingens stand, mit der Absicht, nachträglich den Schauplatz seines Romans einmal genauer zu betrachten und, als ihm alles so fremd vorkam, auf diese ‹Ortsbesichtigung› verzichtete. Sich auf seine Dichtung beziehend, meinte er: «Es muß so gewesen sein, wie ich es mir dachte, dreihundert Jahre ändern viel.» Für die Beurteilung des historischen Elements in den *Kronenwächtern* dürfte übrigens auch die Art der Präsentation des Wunderbaren, Phantastischen und Märchenhaften von Interesse sein. Es fällt nämlich auf, daß all diese spezifisch romantischen Phänomene nicht direkt, sondern mittels der Romanfiguren dem Leser mitgeteilt werden, was ja bedeutet, daß insgesamt die Glaubwürdigkeit eines berichtenden Erzählers gewahrt bleibt.

Was die Popularität des Arnim-Romans angeht, gilt noch heute fast unverändert Heines Feststellung, daß «im Volke . . . dieser Schriftsteller ganz unbekannt geblieben» sei, was er zum Teil darauf zurückführt, daß es Arnims Figuren bei aller Lebendigkeit an Leben fehle. Sie «tummeln sich hastig», aber diese Bewegungen seien nur schattenhaft. In der Tat mag auch der heutige Leser diese merkwürdige literarische Distanz des Dichters zu seinen Romanfiguren empfinden. Es scheint sich gleichsam ein lebendig gemachtes Spielzeugland aufzutun mit aller Realitätsnachahmung und allen Möglichkeiten des Wunderbaren und Grotesken.

Historische Romane sind zumeist auch – und das macht einen Teil ihrer Qualität aus – Zeitromane im Sinne einer historisch verfremdeten Kommentierung der zeitgenössischen Verhältnisse. Anders als viele seiner Romantiker-Kollegen war Arnim zeitlebens ein sensibler Registrator aller sozialen und politischen Tendenzen und Veränderungen. So blieb die Französische Revolution für ihn stets das politische Schlüsselerlebnis. Das allein schon berechtigt dazu, mit aller Vorsicht eine Verallgemeinerung der Erkenntnisse zu wagen, die sich aus der Behandlung eines Stoffes aus dem 16. Jahrhundert ergeben. Zu den Gegensatzpaaren des Romans zählen unter anderem die Gruppierungen Bürger – Adel, Kaiser/König – Adel, Arme – Reiche. Das letztgenannte soziale Gegensatzpaar wird allerdings nicht wie der ständische Gegensatz zum Spannungspaar entwickelt. Vom Elend der Armen wird nur an wenigen Stellen kurz gesprochen: «Und des Armen Feld muß brennen, / Weil der Reiche fröhlich zecht», vorgeführt wird es jedoch nicht. Erwähnenswert ist, daß Berthold als schwerreicher Fabrikant innerhalb der Bürgerschaft von den Mitbürgern nochmals abgehoben wird. Er war «durch Erziehung, Kränklichkeit, Reichtum und Bildung immerdar von der Masse der Bürger getrennt und nur in Geschäften mit ihnen bekannt».

Auffallend ist dagegen die gesellschaftliche Bewertung des Adels, der als reaktionär, macht- und eigensüchtig hingestellt wird und der deshalb auch alle anderen gesellschaftlichen Gruppen gegen sich hat. Aus dem Umkreis des Kaisers verlautet zum Beispiel, daß es «geheime Absicht (sei), den Bürgerstand emporzubringen (. . .), um sich gegen dies unser verwirrtes, übermächtiges, deutsches Adelsvolk und die Menge kleiner Fürsten zu sichern»; denn der Adel denke «nur ans Kleine, verachtet den Handel, statt ihm zu nutzen».

In den romantisch ausgemalten Bildbeschreibungen der sogenannten Hausmärchen wird der Gegensatz Monarch – Adel noch einmal komprimiert vorgetragen. Die Widerspenstigkeit der Grafen gegenüber gerechter Regierungsweise des Königs wird unter anderem mit der dadurch bedingten Einschränkung ihrer Einnahmen erklärt. Aber auch als Zeitkommentar könnten manche Passagen interpretiert werden, so die Attila-Figur im Hausmärchen, die nach der Vertreibung des Königs einen «bürgerlichen Krieg um den befleckten Thron» usurpatorisch ausnutzt: «Triumphierend zieht der Feldherr auf den blutbefleckten Thron, / Und die Narr'n, die ziehn den Karrn ihm, und er lacht der Narren schon; / Denn er sinnt schon im Triumphzug, wo er die verbrauchen will, / Die mit ihm zerstört den Weltteil, und beim Raub nun möchten ruhn. / Seht, er treibt sie frisch zum Krieg fort.» Der herangewachsene Sohn des Königs, ein strahlender Jüngling, tötet schließlich den Hunnenkönig – der «etwas Festes begründen (wollte) wo er kein ererbtes Recht hatte» – im Zweikampf und übernimmt, vom Volk bejubelt, die Regierung. Immerhin ist der erste Band der *Kronenwächter* parallel zur Napoleon-Karriere entstanden und kurz nach Abtreten des ‹korsischen Ungeheuers› erschienen.

Die von den Kronenwächtern vertretene staufische Reichsidee erscheint im Roman von Anfang an als Negativunternehmen. In seiner zweiten, ritterlichen Lebensphase qualifiziert der Staufersproß Berthold sogar selbst diese Idee als überholt und angesichts der brutalen Methoden des Geheimbunds als frevelhaft; die Zeiten seien unwiderbringlich vorbei, wo «ein reines, keusches Rittergeschlecht» herrschte. In den Materialien zu den weiteren Bänden wird schließlich als Alternative zum falschen Weg zurück in staufische Reichsherrlichkeit angegeben, «daß die Krone Deutschlands nur durch geistige Bildung erst wieder errungen werde».

Nicht nur die Figuren- und Problemkonstellationen lassen sich zeitkritisch auffassen, auch manche Figuren selbst, wie schon Wilhelm Grimm in der oben genannten Rezension «in Bertholds Charakter die ungewissen, gegeneinander arbeitenden Triebe, den Streit unserer Zeit angedeutet» fand.

Ob man dieser Anregung nun folgen will oder nicht, keineswegs sind die Romanfiguren bloße Typen; jede verfügt über ausreichend individuelle Lebensenergie. Einige Hauptfiguren, darunter vor allem Anna, machen eine erstaunliche Entwicklung durch. Um die unerhörte Komplexität dieses hochinteressanten Romans gerecht wiederzugeben, bedürfte es allerdings einer ausgedehnten Untersuchung.

Legitimation der ständischen Gesellschaft: Hauffs *Lichtenstein*

Wilhelm Hauff (1802 bis 1827) stellte nach einem Theologiestudium die Laufbahn eines Landgeistlichen vorerst zugunsten schriftstellerischer und journalistischer Tätigkeit zurück. Heute noch bekannt sind vor allem seine Märchendichtungen.

Der Stoff zum Roman *Lichtenstein. Romantische Sage aus der württembergischen Geschichte* beschäftigte Hauff schon seit 1823. Ende 1825 begann er mit der Niederschrift, im folgenden Jahr wurde der Roman veröffentlicht. Die Handlung spielt im Jahre 1519, als es zwischen Ulerich, Herzog von Württemberg, und dem Schwäbischen Bund, einer Vereinigung der schwäbischen Reichsstände, zu kriegerischer Auseinandersetzung kommt. Georg von Sturmfeder, ein junger fränkischer Ritter, will sich den Bündischen anschließen, weil er den Vater seiner Geliebten, Marie von Lichtenstein, auf der Seite dieser Partei wähnt. In Ulm, wo sich das bündische Heer versammelt, trifft er mit Marie zusammen, von der er erfahren muß, daß ihr Vater ein glühender Anhänger des Herzogs ist. Da der junge Ritter geneigt war, der Aufforderung des väterlichen Freundes Georg von Frondsberg zu folgen, dem bündischen Heer beizutreten, befindet er sich jetzt in einem argen Zwiespalt, da Marie ihn bei ihrer Liebe beschwört, der württembergischen als der gerechteren Sache sich anzuschließen. Die kurz darauf erfolgende Ablehnung eines ihm von der bündischen Heeresleitung zugemuteten und in seinen Augen unehrenhaften Spionageauftrags sowie beleidigende Reden des Truchseß von Waldburg sind für Georg der Anlaß, sich von den Bündischen loszusagen. Nachdem er vierzehn Tage Urfehde geschworen hat, begibt er sich auf den Heimweg. Der Bauer Hanns, genannt Pfeifer von Hardt, der als Bote der wieder in ihre Heimat gereisten Marie in Ulm Kontakt mit Georg aufgenommen hatte, kann ihn unterwegs veranlassen, seinen Weg nach Lichtenstein zu nehmen.

Die Bündischen sind inzwischen in Württemberg weitgehend erfolgreich gewesen. Auf den geflohenen Herzog Ulerich ist ein Kopfpreis ausgesetzt. Obwohl der ortskundige Pfeifer von Hardt den jungen Ritter mit aller Vorsicht durchs Land führt, werden sie eines Nachts überfallen, da man Georg mit dem flüchtigen Herzog verwechselt. Im Hause des Pfeifers von Hardt, einer «echten schwäbischen Bauernwirtschaft», wird der schwerverletzte Ritter Georg von des Pfeifers Frau und Tochter gesund gepflegt. Sobald es Georg möglich ist, macht er sich auf den

Weg nach Lichtenstein. Kurz vor seinem Ziel erfährt er in einem Rasthaus von der Wirtin, daß das Fräulein von Lichtenstein jede Nacht einen Mann ins Schloß lasse, der erst bei Morgengrauen wieder in die Wälder verschwinde. Voll Mißtrauen und Rachegefühl lauert Georg dem Unbekannten auf. Er wird aber von dem geheimnisvollen Unbekannten und dessen Begleiter, der sich dann als der Pfeifer von Hardt entpuppt, überwältigt. Seine Verdächtigungen muß er als zu Unrecht erhoben einsehen; denn der Fremde, der sich als vermeintlicher Parteigänger des Herzogs in einer nahegelegenen Höhle tagsüber verstecken muß, wird von dem alten Lichtenstein und dessen Tochter nachts nur mit dem Nötigsten versorgt. Die Persönlichkeit des Geächteten beeindruckt Georg so sehr, daß er sich nun offiziell der württembergischen Partei anschließt. Auf Burg Lichtenstein wird er herzlich aufgenommen. Als nach einigen Tagen Boten neue Nachrichten von dem Kriegsgeschehen bringen, wird ihm eröffnet, daß der ehrfurchtsgebietende Geächtete der Herzog Ulerich selber sei. Der alte Lichtenstein verspricht Georg, ihm seine Tochter zur Frau zu geben, sobald er bei dem geplanten Feldzug in das befreite Stuttgart, der von den Bündischen besetzten herzoglichen Residenz-Stadt, eingezogen sei.

Mit Hilfe der von den Bündischen bereits entlassenen und nunmehr vom Herzog angeworbenen Landsknechtsarmee wird nach und nach das Land zurückerobert. Nach der Einnahme Stuttgarts taucht auch der Kanzler des Herzogs, Ambrosius Volland, wieder auf und gewinnt den alten, verderblichen Einfluß auf Ulerich zurück. So gelingt ihm entgegen der Warnung aller anderen Höflinge, den Herzog zum Erlaß besonders harter Gesetze zu veranlassen. Das hat dann auch zur Folge, daß der Herzog bei der erneuten kriegerischen Auseinandersetzung mit dem anrückenden Bundesheer von seinen Landsleuten weitgehend im Stich gelassen wird. Bevor es aber zur Schlacht kommt, kann Georg in einer pompösen, vom Herzog selber ausgerichteten Hochzeitsfeier seine Marie als Gattin heimführen. Auf dem Schlachtfeld wendet sich dann aber das Geschick gegen die Württembergischen. Mit einigen wenigen Getreuen, darunter Georg von Sturmfeder und dem Pfeifer von Hardt, gelingt dem Herzog die Flucht. Als sie in einen Hinterhalt geraten, setzen sich der getreue Bauer und der junge Ritter bedingungslos für ihren Herrn ein, dem es auf diese Weise dann auch gelingt, nochmals den Bündischen zu entkommen. Der Pfeifer von Hardt zahlt seine Tapferkeit und Treue mit dem Tod. Georg wird gefangengenommen. Der Fürsprache des großmütigen Georg von Frondsberg ist Georgs baldige Entlassung zu verdanken, mit der die Verpflichtung verbunden ist, für einige Zeit auf Lichtenstein zu bleiben. Georg geht dort mit seiner jungen Frau in «stillem häuslichen Glück ein neues Leben auf».

Es wird noch angemerkt, daß es dem Herzog nach vielen Jahren gelingt, Württemberg zurückzuerobern, er dann weise regiert habe und von seinen Untertanen geliebt worden sei.

Hauff stellt seinem Roman ein Einleitungskapitel voran, in dem er auf Ort, Zeit und Bedeutung der Handlung hinweist und dann «jene berühmten Novellisten» – gemeint sind die angelsächsischen Bestsellerprosaisten Cooper und Scott – erwähnt, von denen er besonders «jenen unbekannten Magier» anspricht, der «in der grauenvollen Anzahl von hundert Bänden» über den Kanal gekommen sei und beim deutschen Publikum bewirkt habe, «daß wir in Schottlands Geschichte beinahe besser bewandert sind, als in der unserigen». In gleichsam bewundernder Abwehr des damals noch unbekannten Autors der sogenannten *Waverley*-Romane rührt Hauff an das nationale Selbstbewußtsein seiner Leser, indem er die Frage stellt, ob denn etwa Schottlands Berge und Flüsse lieblicher als die deutschen seien, ob dort etwa ein interessanterer Menschenschlag wohne als im eigenen Vaterland. Die Faszination liege wohl darin, «daß jener große Novellist auf historischem Grund und Boden geht», und schließlich hätten wir «ja schon seit Jahrhunderten uns angewöhnt, unter fremdem Himmel zu suchen, was bei uns selbst blühte». Die eigene reiche Geschichte ermutige deshalb zu dem Wagnis, «ein historisches Tableau zu entrollen», und wenn auch die Beschreibungs- und Gestaltungskunst des berühmten Schotten nicht erreicht werden sollte, so könne doch der Roman einen zentralen Anspruch erfüllen: den der historischen Wahrheit.

Hierzu im Widerspruch scheint die Ankündigung des der Einleitung vorangesetzten Mottos aus Schillers *Wallenstein* zu stehen, daß das in der Geschichte schwankende Bild der historischen Zentralfigur des Herzogs uns durch die Kunst nähergebracht werden soll; und zwar ist die Kunst so sehr mit im Spiel, daß die Herzogfigur auch in ihren Grundzügen nicht mehr dem historischen Vorbild entspricht. Diese Inkongruenz zur historischen Wirklichkeit läßt sich bei aufmerksamer Interpretation sogar aus dem Text selber erschließen, da nämlich, wo die immanente Argumentation unstimmig wird. Ulerich wird in derart massiver Weise zum exzeptionellen Positivmenschen stilisiert, daß die Kompensationsabsicht hinsichtlich seiner gravierenden, historisch verbürgten Defekte überdeutlich wird.

Es wurde schon angedeutet, daß der Roman eigentlich zwei Helden hat: Georg von Sturmfeder, der uns als Vordergrundheld durch die Handlung führt, und als historisch-idealer Held im Hintergrund Herzog Ulerich, auf den alle wichtigen Figuren des Romans bezogen bleiben. Diese zentrale Position des Hintergrundhelden wird man als eine Schwachstelle des Romans ansehen können, insofern nämlich der Versuch gemacht wird, mit bloßen Überredungskünsten eine ‹historische Lücke› zu füllen. Der Herzog steht mit weitem Abstand an der Spitze einer festen Standeshierarchie, zwischen deren Gruppen – hier noch die Ritterschaft und die Bauern, die Städter treten als soziale Schicht nicht weiter in Erscheinung – «durch Geburt und Verhältnisse . . . die Kluft unendlich groß» ist. Obwohl zum Beispiel der bäuerliche Pfeifer von Hardt dem jungen Ritter Georg in der Beurteilung und Lösung der meisten Lebensprobleme weit überlegen ist, wird nie in Zweifel gestellt, wer das Sagen hat. Dabei geschieht die Unterordnung des jeweils niederen Standes in freiwilliger Selbstverständlichkeit. Die Standesmerkmale sind nicht etwa an äußere Merkmale geknüpft, sondern mit der Geburt gegeben. So strahlt etwa der Herzog auch noch «in ärmlicher Hülle und Umgebung eine Erhabenheit und Größe (aus), die das Auge blendet». Auf der anderen Seite hält sich der Pfeifer von Hardt sogar für zu gering, an der Hochzeitsfeier von Georg und Marie teilzunehmen, obwohl er eine der wichtigsten Personen im Umkreis des Herzogs ist und diesem wie auch Georg das Leben gerettet hat. Wilde und großsprecherische Landsknechtsführer werden vor der «gewaltigen Stimme (und dem) greulich mit den Augen» funkelnden, ansonsten aber mittel- und machtlosen Herzog augenblicklich zahm und brav; «hat allez einen besseren Schick, wenn'z die Herren anführen», sagt einer von ihnen. Eine arge Enttäuschung ist zwar, als sich fast vierzig Ritter, die in Tübingen von den Bündischen belagert werden, opportunistisch vom Herzog lossagen – was der edle Ritter Georg mit «es kann nicht sein, es darf nicht sein» kommentiert – jedoch werden die aufgrund der strengen Klassengrenzen sichtbaren Phänomene nirgendwo als problematisch behandelt.

Bei den Bauern und Landsknechten ist die Dialektsprache ein weiteres Standesmerkmal, welches zum Beispiel auf Georgs Hochzeitsfeier, gepaart mit bäuerlicher Einfalt, dazu dient, den versammelten Hof zu belustigen. Das im Hintergrundbereich, der noch am ehesten der Historie verpflichtet ist, anklingende Ausbeuter- und Menschenschinderverhältnis des Herzogs und seiner Amtsleute zum Volk zeigt sich im Vordergrundgeschehen als unverbrüchliches gegenseitiges Treue- und Fürsorgeverhältnis. Diese Differenz zwischen den beiden Ereignisebenen läßt sich auch an der Figur des Vordergrundhelden Georg von Sturmfeder nachweisen. Sein Parteiwechsel zu Anfang des Romans, vorrangig aus anderen als Liebesgründen, wird zwar glaubhaft zu machen versucht, kann aber nicht überzeugen. Es fehlt die für das Genre notwendige politisch-historische Argumentation.

Die Geschichte des Kleinen und Unscheinbaren: Stifters *Die Mappe meines Urgroßvaters*

Adalbert Stifter (1805 bis 1868), im Böhmerwald geboren, studierte in Wien Jura, zog sich nach den ersten Revolutionswirren 1848 nach Linz zurück und wurde k. u. k. Schulrat. Ein zunehmend schlimmer werdendes Nervenleiden zwang ihn 1865 in den Ruhestand.

Die Arbeit an der Großnovelle *Die Mappe meines Urgroßvaters* hat Stifter durch sein ganzes schriftstellerisches Leben begleitet. Viermal hat sich der Dichter mit diesem Werk zusammenhängend beschäftigt. Zu seinen Lebzeiten wurden nur die später sogenannte Urfassung (1841) und die sogenannte Studienfassung (1847) veröffentlicht; letztere hat als einzige eine gewisse Abrundung und wird deshalb auch hier zugrunde gelegt.

Der Erzähler findet unter dem Dachbodentrödel seines Elternhauses ein ledergebundenes Handschriftenbuch, das die Lebensaufzeichnungen seines Urgroßvaters, eines seinerzeit in dieser Waldgegend bekannten Arztes, enthält. Auszugsweise werden dann diese Lebenserinnerungen und Bekenntnisse wiedergegeben. Nach dem Studium in Prag kehrte der junge Doktor in seine böhmische Waldheimat zurück und begann in einer Gegend, die bis dahin noch keinen Arzt gekannt hatte, sein heilsames Wirken. Obwohl er die armen Häuslerfamilien ohne Honorar behandelte, erwarb er doch mit den Jahren einen gewissen Wohlstand. Als Vater und Schwestern gestorben waren, begann er mit dem Bau eines neuen, großen Hauses. Er hatte sich gerade mit seinem Gesinde in den schon fertiggestellten Räumen provisorisch eingerichtet, als der schwerste Winter seit Menschengedenken zu überstehen war. Wochenlangem ununterbrochenem Schneefall folgten abwechselnd Tauwetter und große Kälte, so daß alles mit einer dicken Eisschicht überzogen war. Dieser Eissturz, beeindruckend in seiner unheimlichen Pracht, und das folgende Tauwetter hatten aber eine nie dagewesene Verwüstung des Landes zur Folge. Wald und Kulturland wurden in großem Ausmaß zerstört.

Im folgenden Frühjahr ließ sich ein alter Obrist mit seiner Tochter im Thal ob Pirling nieder. Zwischen dem Doktor und seinem neuen Nachbarn entwickelte sich bald eine tiefe Freundschaft, der dann auch eine Liebesneigung zu Margarita folgte. So den Bewohnern des Haghauses in Freundschaft und Liebe verbunden, verlebte der Doktor eine glückliche Zeit; neben seinem geliebten Beruf ausgefüllt mit gemeinsamen Spaziergängen, auf denen fast systematisch Fauna und Flora der Gegend erkundet wurden, mit Gesprächen über Bücher und Kunst und mit zum Teil gemeinsamer praktischer Kultivierungsarbeit in Wald und Sumpf. Als eines Tages der junge Neffe des Obristen zu Besuch kam, wurde der Doktor, der ihn einmal mit Margarita in traulichem Gespräch beobachtete, von quälender Eifersucht gepackt und beschuldigte Margarita, sie liebe ihn nicht mehr. Ihre wiederholte Beteuerung, er sei ihr nach dem Vater der liebste Mensch auf Erden, stellte er in Zweifel. Als er kurze Zeit später seine Heftigkeit bereute, eröffnete ihm Margarita, sie könne nun seine Frau nicht mehr werden. In rasender Verzweiflung stürzte der Doktor hinaus und lief in den Wald. Er wollte sich erhängen. Der Obrist folgte ihm, konnte ihn zur Rückkehr überreden und erzählte ihm die eigene Lebensgeschichte: In seiner Jugend sei er ein wüster Lebemann gewesen, habe Glück und Unglück in Spiel und Liebe erfahren, habe auch versucht, in verzweifelter Situation Hand an sich zu legen und habe dann endlich ein Mittel für sein Heil gefunden, welches darin bestehe, «daß einer sein gegenwärtiges Leben, das ist, alle Gedanken und Begebnisse, wie sie eben kommen, aufschreibt, dann aber einen Umschlag darum siegelt und das Gelöbnis macht, die Schrift erst in drei bis vier Jahren aufzubrechen und zu lesen». Diese Methode hätte die verblüffendste Wirkung gezeitigt, und er sei mit der Zeit ein sanfterer Mensch geworden. Als er nach einer Verwundung ein Ruhegehalt erhalten habe, sei er in ein schönes Tal gezogen, habe Bücher und Gemälde gesammelt und eine Frau gewonnen, die ihn zuerst nicht geliebt habe, deren Vertrauen und Zuneigung er aber durch sein sanftes Wesen im Laufe der Ehe erwerben konnte. Es wurde ihnen eine Tochter geboren, Margarita. Bei einer Bergwanderung sei seine Frau tödlich verunglückt, und sein Lebensglück wäre völlig verloren gewesen, hätte er nicht noch die Tochter gehabt, die ihrer Mutter aufs Haar zu gleichen begann und mit der er sich nun in das Thal ob Pirling zurückgezogen habe, um hier seinen Lebensabend zu verbringen.

Der Obrist, der beide, den Doktor und Margarita für schuldig an dem Zerwürfnis hielt, beschloß eine mehrjährige Trennung. Beim Abschied äußerte Margarita die Hoffnung, daß der Doktor gut und sanft werde, worauf er beteuerte, er werde künftig auch mit Taten beweisen, daß er im Grunde diese Eigenschaften schon besäße. Während der Abwesenheit Margaritas intensivierte er seine Aktivitäten im sozialen und kulturellen Bereich. Er gewann damit ein neues bewußtes Verhältnis zu Menschen und Umwelt. Er vertiefte und erweiterte seine beruflichen Kenntnisse, ließ Haus und Garten ausbauen und verschönern, übernahm die Sorge für einen Arme-Leute-Jungen, kaufte ein Grundstück für ihn und nahm sich vor, ihn studieren zu lassen. Er bemühte sich um engeren Kontakt zu den Menschen seiner Heimat, nahm Anteil an ihren Schicksalen und hielt – der Empfehlung des Obristen folgend – alle Ereignisse und Erlebnisse in einem ledergebundenen Pergamentband fest, in dem er das Geschriebene abschnittweise versiegelte.

Nach drei Jahren kehrte Margarita in das Haus ihres Vaters zurück. Überraschend kam es auf einem Volksfest, dem Scheibenschießen in Pirling, zu einem Zusammentreffen zwischen ihr und dem Doktor, bald auch zur spontanen gegenseitigen Erklärung ihrer ungewandelten Liebe und zur Werbung beim Vater. Damit werden die Auszüge aus den Aufzeichnungen des Urgroßvaters beendet. Der Erzähler erwähnt in einem kurzen Nachwort, daß er noch recht viel hätte erzählen können, von der Hochzeit, dem Leben im Doktorhaus, über die letzten Jahre des Urgroßvaters, als er, schon achtzigjährig, noch einen zweiten, ebenso dicken Band wie den ersten für seinen Lebensbericht anschaffte, dessen Blätter dann allerdings fast alle leer blieben.

Obwohl die hier vorgestellte Studienmappe eine Übergangsfassung darstellt, was Stifter auch sogleich nach Beendigung der Arbeit selbst betonte, läßt sie eine geschlossene, sogar kompliziert gefügte Struktur erkennen, im Gegensatz zu den locker gefügten vier Kapiteln der *Urmappe*, in der besonders die umfangreiche «Geschichte der zween Bettler» – eine Episode aus des Doktors Studienzeit in Prag – nicht integriert erscheint. Die *Letzte Mappe*, auf zwei Bände und insgesamt den doppelten Umfang der *Studienmappe* konzipiert, bricht zu Beginn des zweiten Bandes ab, bis dahin allerdings auch einen höheren künstlerischen Anspruch verratend.

Die *Mappe* ist ein weiteres Beispiel dafür, in welcher Weise sich historisches Bewußtsein in Dichtung manifestiert, ohne daß es dafür der Rahmenbedingungen einer speziellen Gattung bedarf. Allen drei Fassungen ist als Motto ein antikes Epigramm vorangestellt, nach dessen Aussage es angenehm sei, sich an den Stätten der Vorfahren aufzuhalten und der Alten Reden und Taten erinnernd zu betrachten. Der Rahmenerzähler macht sich diesen Spruch, den er für allgemeingültig hält, in besonderer Weise zu eigen. Für ihn sind die wichtigsten «Geräte und Denkmale» der Überlieferung der Trödel und Kram der kleinen und unbekannten

Geschichte, weil in ihrer Bedeutungslosigkeit «ein unfaßbares Maß von Liebe und Schmerz liegt . . . In der andern, großen Geschichte vermag auch nicht mehr zu liegen, ja sie ist sogar nur das entfärbte Gesamtbild dieser kleinen, in welchem man die Liebe ausgelassen, und das Blutvergießen aufgezeichnet hat.»

Das weist voraus auf die berühmte Vorrede zur Erzählsammlung *Bunte Steine*, wo Stifter den Schwerpunkt des sogenannten ‹sanften Gesetzes› vor allem in den «gewöhnlichen alltäglichen in Unzahl wiederkehrenden Handlungen der Menschen» liegen sieht, «weil diese Handlungen die dauernden die gründenden sind, gleichsam die Millionen Wurzelfasern des Baumes des Lebens». So kommt also «die Dichtung des Plunders (zustande), jene traurig sanfte Dichtung, welche bloß die Spuren der Alltäglichkeit und Gewöhnlichkeit prägt, aber in diesen Spuren unser Herz oft mehr erschüttert, als in anderen». In der langen Gliederkette der Geschlechter steht der einzelne einsam da, ohne Verbindung zu den unbekannten Vorahnen. Da sind es nun die Dinge der kleinen, unbekannten Geschichte, die «von denen erzählen, die vor ihm gewesen, dann ist er um viel weniger einsam». Hier hat also Tradition und Geschichte eine Funktion, die sonst vor allem den Mitmenschen zukommt. So kann sogar die gegenwärtige Generation es als Verpflichtung ansehen, den Nachkommen solche Zeichen zu hinterlassen, so wie der Rahmenerzähler, der schon jetzt «mit einer Gattung Vorfreude auf jene Zeit hinabdenkt, in der mein Enkel oder Urenkel unter meinen Spuren herumgehen wird, die ich jetzt mit so vieler Liebe gründe, als müßten sie für die Ewigkeit dauern».

Den nur sehr lockeren Zusammenhalt der Kapitel in der *Urmappe* entschuldigt der Rahmenerzähler an einer Stelle damit, «daß eine Lebensskizze sich nicht so ründen könne, wie Romane, wo sich freilich Alles Verlorene wieder findet». Das Handlungsgefüge der *Studienmappe* betrachtend, muß man wohl feststellen, daß nach solcher Einschätzung eine Entwicklung zum Roman hin stattgefunden hat. Die erklärte Verbindung mit Margarita ist das Zeichen dafür, daß das moralische Ziel des Gut-und-sanft-seins erreicht ist. Durch die geschlossene Rahmenform ist auch auf der Ebene der erzieherisch motivierten Vermittlung die Abrundung erreicht. Entgegen der Lesererwartung, die Lebensskizze des Doktors werde schlicht linear erzählt, sind ihre Chronologie und Einsträngigkeit aufgelöst und die Gesamtbinnenhandlung vor allem gekennzeichnet durch zwei umfangreiche Vorzeithandlungen: die Lebensgeschichte des «sanftmütigen Obristen» im dritten und der Entwicklungsgang des Doktors im vierten Kapitel.

Der erstgenannte Komplex hat dabei seine Funktion einmal hinsichtlich des gerade vorher verhinderten Selbstmordversuchs und zum zweiten als verbindliche Lebensrichtlinie und moralische Zielvorgabe für den weiteren Lebensweg des Doktors. Dem Lebensbericht des Obristen schließt sich realiter unmittelbar die letzte entscheidende Unterredung mit Margarita vor der langen Trennung an. Kurz bevor es dazu kommt, wird die Erzählung jedoch unterbrochen, und es beginnt – nach einigen Seiten über den Obristen – die umfangreiche Vorgeschichte des Doktors. Anders als in den beiden anderen Fassungen bleibt hier jedoch die Studienzeit in Prag ausgeschlossen; der fertige Arzt wird sogleich in seinem endgültigen Wirkungsbereich vorgestellt, wobei besonders die beruflich-soziale Seite betont wird. Über die umfangreiche Schilderung des Eissturzes und die Niederlassung des Obristen im Heimattal führt dieser nachgeholte Erzählpart bis hin zur Auseinandersetzung mit Margarita. Die Anknüpfung an die wichtige Unterredung zwischen Doktor und Margarita erfolgt also nach einer Unterbrechung von 120 Seiten, was umfangmäßig mehr als die Hälfte des ganzen Romans ausmacht. Schon diese Unproportionalität mag eine strukturelle Umarbeitung herausgefordert haben. Andererseits wird des Doktors Beteuerung, er sei gut und sanft – woran zu glauben er es Margarita ja schwer gemacht hatte – erst nach Kenntnisnahme seiner bisherigen Geschichte überhaupt glaubhaft. Das würde die vorrangige Bedeutung des Gut-und-sanft-werdens als des zentralen Telos des Romans unterstreichen. Die Rückschau auf das bisherige Leben bedeutet gleichsam auch den Versuch, nach den neuen ethischen Maßstäben einen gewissen Lebenssinn für die Vergangenheit nachzuweisen, also eine Bemühung, das Leben nicht in zwei durch Sinnfülle unterschiedene Teile zerfallen zu lassen.

Es ließe sich demnach sagen, daß in einer bewußt historischen Grundhaltung vom Herausgeber der Lebensskizze jenes vergangene Leben auf den bezeichneten moralischen Fortschritt hin organisiert wurde, und zwar aus erzieherischer Absicht. Diesem Ziel angemessen ist bei den Hauptfiguren auch der geradezu zeremoniell-harmonische Ablauf von Reden und Gesten; Exaltationen tauchen allenfalls als Verirrungen der fernen Vergangenheit auf. Die Erzählsprache breitet in epischer Objektivität die Dinge der Welt in ihrer Ordnung aus. Die Herausgeberfiktion macht aber das gelebte Leben in seiner hier vorgeführten Abrundung zu einem gedichteten Leben, zu einem «Kunstwerk des Lebens» – wie es im «Gelöbnis»-Kapitel heißt.

Vergangenheit als Gegenbild der Gegenwart:
Alexis' *Vaterländische Romane*

Willibald Alexis (eigentlich Wilhelm Häring; 1798 bis 1871) wuchs in Berlin auf, begann eine juristische Laufbahn, die er nach dem Erfolg seines unter Scotts Namen herausgebrachten Romans *Walladmor* aufgab, und wurde besonders mit seinen acht *Vaterländischen Romanen*, die rund vierhundert Jahre preußisch-brandenburgische Geschichte abhandeln, bekannt. Zu den bekanntesten dieser Romane zählen der 1832 erschienene *Cabanis* und die hier vorgestellten *Hosen des Herrn von Bredow* von 1846. Zu Anfang des 16. Jahrhunderts steht Kurfürst Joachim I. in Auseinandersetzung mit dem Landadel, der unter anderem mit Raubritterei der Konkurrenz des aufblühenden städtischen Handels begegnet.

Auf Hohen-Ziatz ist unter dem Kommando der resoluten Burgherrin Brigitte von Bredow große Herbstwäsche – ein einwöchiges Unternehmen, gerade so lange, wie Ritter Gottfried braucht, seinen Rausch auszuschlafen, den er vom märkischen Landtag mit nach Hause brachte. Diesmal hat es Frau Brigitte sogar gewagt, ihrem Gatten die elchledernen Hosen zum Zwecke der Reinigung zu entwenden. Ein nicht ungefährliches Unterfangen, da jedermann Herrn Götzens Empfindlichkeit in diesem Punkt kennt, wo es um das einzig für ihn akzeptable Beinkleid und uralte Familienerbstück geht und ihm überdies jede Art von Reinigungsbestrebung ein wahrer Greuel ist. So ist es denn auch schon eine kleine Katastrophe, als die auf dem Waschplatz vergessene Hose vom vorbeiziehenden Krämer Hedderich kurzerhand mitgenommen wird. Die engere Familie – das sind außer Frau Brigitte ihre beiden jungen Töchter Eva und Agnes und die beidem im Hause mitbetreuten Vettern der Mädchen, Hans Jürgen und Hans Jochen – bereitet sich nun auf das Abenteuer vor, das ihnen mit dem burgherrlichen Erwachen bevorsteht.
Am späten Abend erscheint ein vornehmer Gast, Herr von Lindenberg, als Geheimrat ein enger Vertrauter des Kurfürsten und weitläufiger Verwandter der Bredows. Er hat sich auf der Jagd verirrt. Als er beim Willkommenstrunk vom Besuch des Krämers und dessen Versuch hört, bei den Burgbewohnern schlechte Ware für teures Geld loszuwerden, zettelt er einen nächtlichen Raubzug an, auf dem ihn auch Hans Jochen begleiten darf. Zur Tarnung bedient er sich des Rüstzeugs aus Götzens Waffenkammer. Lindenberg gelingt es auch – nachdem seine Raubgefährten aus Angst und Ungeschick ausgefallen sind –, dem Krämer den Geldbeutel abzujagen, wobei der Krämer den Harnisch als den Bredowschen erkennt. Noch in derselben Nacht schickt die ahnungslose Frau Brigitte den Junker Hans Jürgen los, die Lederhose zu beschaffen. Als der sie am Waschplatz nicht findet, vermutet er den Diebstahl durch den Krämer, folgt den Karrenspuren und findet den Übeltäter gefesselt, aber doch noch mit Götzens Hosen bekleidet, neben seinem Wagen liegen. Der Ritter Götz hat gerade schon mit donnernder Wut nach seiner Hose gebrüllt, als Hans Jürgen in den Burghof tritt. Frau Brigitte ist noch dabei, ihrem Mann die Ereignisse der letzten Woche zu berichten, als ein Trupp Reiter erscheint, um Götz auf Befehl des Kurfürsten zu arrestieren und nach Berlin zu bringen. Mit dem Jammer der Familie und des Gesindes über dieses unbegreifliche Unglück endet der erste Band.
Zu Beginn des zweiten Bandes verlagert sich die Handlung nach Berlin in das kurfürstliche Schloß. Der Kurfürst spricht mit seinem vertrauten Berater Lindenberg über sein Bemühen, mit strenger Hand im ganzen Land Rechtssicherheit zu schaffen. Lindenberg warnt den Kurfürsten davor, den Adel gegen sich aufzubringen. Doch der Kurfürst ist fest entschlossen, gemäß dem Testament seines Vaters auch gegen den Adel die Rechte der anderen Untertanen zu schützen und durchzusetzen. So hat er denn auch Götz von Bredow wegen vermeintlich erwie-

sener Straßenräuberei festnehmen lassen. Mittlerweile hat aber die hohe Geist-
lichkeit die wahren Hintergründe, also auch die Unschuld Bredows und die
Schuld Lindenbergs, in Erfahrung gebracht, benutzt diese Kenntnis aber, um mit
Lindenberg ein Geschäft zu machen. Gegen ihr Schweigen soll der einflußreiche
Höfling für bedeutende Zuwendungen sorgen. Um die Aktion abzusichern, wird
Ritter Götz vom Dechanten mit sophistischer Überredungskunst dazu gebracht,
ein Schuldbekenntnis zu unterschreiben, obwohl unterdes nachgewiesen ist, daß
Götz wegen mangelnder Beinbekleidung gar nicht unterwegs hatte sein können.
Der Krämer Hedderich ist inzwischen beim Kurfürsten vorstellig geworden mit
der Beteuerung, trotz des ihm bekannten Harnischs könne es der Ritter Götz
nicht gewesen sein, der ihn überfiel. Im Fürstensaal, vor versammeltem Hof, wird
dann Ritter von Lindenberg des Verbrechens überführt.
Auf Hohen-Ziatz ist unterdessen Ruhe eingekehrt. Der bei dem nächtlichen
Abenteuer vom Pferd gestürzte Hans Jochen liegt im Fieber auf dem Kranken-
bett. Die ihm heimlich zugetane Agnes ist auf Anweisung ihrer Mutter von Hans
Jürgen ins Kloster gebracht worden. Da wird Frau Brigitte von einer Magd angeregt, die Abwesenheit des Hausherrn für einen gründlichen Hausputz auszunut-
zen. Als gerade Kammern und Treppen unter Wasser stehen, macht überraschend der Kurfürst den Bredows einen Besuch. Nach einem Moment höchsten
Erschreckens wird aber Frau Brigitte schnell mit dieser Situation fertig und weiß
den hohen Herrn standesgemäß zu bewirten. Der unter Ehren aus dem Gefängnis
entlassene Hausherr braucht beträchtliche Zeit für den Heimweg, da er unterwegs bei vielen Verwandten seine Befreiung feiern muß.
Die Hinrichtung Lindenbergs ist für einen Teil des Adels, der sich in seinen Rechten zunehmend eingeschränkt sieht, das Zeichen zum Aufruhr. Man hat auch
Götz von Bredow im Rausch durch Unterschrift zur Teilnahme verpflichtet. Als
davon Frau Brigitte hört, handelt sie kurz entschlossen: Während ihr Mann den
Rausch ausschläft, schafft sie Mensch, Vieh und alles Gerät, was der Ritter zu
einem kriegerischen Unternehmen hätte mitnehmen müssen, des Nachts heimlich
aus der Burg. Vor allem gelingt es ihr, dem Schläfer die unersetzlichen Hosen
wieder zu entwenden, die sie – sozusagen als Vorausbeweis für Götzens Unschuld
an dem Anschlag auf den Kurfürsten – nach Berlin bringen läßt. Der erwachte
Ritter, der das Haus menschenleer findet, die Tafel aber in nie gehabter Fülle von
Köstlichkeiten überquellen sieht, glaubt sich schließlich in einer anderen Welt
und überläßt sich den leiblichen Genüssen. Dem Junker Hans Jürgen, wegen seiner Offenheit vom Fürsten inzwischen in den Dienst genommen, gelingt es, Joachim gerade noch rechtzeitig vor dem Überfall zu warnen, so daß in einer Ge-
genaktion alle aufständischen Adligen festgenommen werden können. So war
Gottfried wiederum von seiner klugen Frau, diesmal aber mit voller Absicht, mittels der unvermeidlichen «Elensbüchsen» gerettet worden.

«Willibald Alexis in seiner Gesamterscheinung: in seiner Mischung von
Realismus und Romantizismus, im Detail seiner Forschung, in der
Schwierigkeit seiner Untersuchungen, in der Endlosigkeit seiner Dialo-
ge (geistvoll wie sie sind), konnte nicht populär werden und wird es nicht
werden. Die Stilschwerfälligkeit (. . .) spricht endlich das entscheidende
Wort und erhebt seine Nichtvolkstümlichkeit zu einer Art Gewißheit.»

Theodor Fontane, der diese Äußerung 1873 in einer Rezension über unseren Roman machte, hat im Ergebnis recht. Dennoch läßt sich zweifeln, ob daran die «Mischung von Realismus und Romantizismus» schuld war. Gerade die macht nämlich auch einen Teil des Reizes aus, über den der Roman auch heute noch verfügt. Im Tageslicht in ihrer vertrauten Umgebung beobachtet, vermitteln die Figuren, insbesondere die auf der Bredowschen Burg, den Eindruck einer humoristisch gebrochenen derben Realistik. Geht es aber auf nächtliche Ausflüge in den Wald und auf die Heide, so kommt es zu romantischen Mystifikationen. Einen anderen Grund für die geringere Popularität – denn ein Publikum haben die Alexis-Romane immer gehabt – liefert uns der Autor selbst in dem Vorwort zu den *Hosen des Herrn von Bredow*, wo er den historischen Roman rechtfertigt gegenüber der Forderung nach sozialen Zeitromanen, und zwar mit der schlichten Bemerkung, daß er nun einmal auf diesem Gebiete heimisch geworden sei. Wenn man vom Roman erwartet, daß er kritisch zu seiner Zeit Stellung nehme, so war das nach Alexis' Meinung nicht nur durch Aufnahme der zeitgenössischen Verhältnisse zu leisten – eine allgemeine Forderung der Jungdeutschen und Vormärzliteraten –, sondern auch dadurch, daß der Gegenwart die eigene Vergangenheit entgegengestellt wurde. Dies jedoch nicht in der reaktionären Absicht, alte Verhältnisse wieder schmackhaft zu machen, sondern in der durch die historische Distanz möglich gewordenen Gelassenheit, Haltungen und Prinzipien, Ideale und Handlungen zu prüfen und einen zukunftstabilisierenden Traditionszusammenhang herauszufinden.

So hat Alexis auch in einer für sein Unternehmen nicht mehr günstigen Zeit seine *Vaterländischen Romane* weiter geschrieben, und er betrachtete es als seinen vaterländischen Beitrag, an den geschichtlichen Auftrag des Hohenzollernhauses zu erinnern, daß nämlich «der Geist dieses Deutschen Stammes . . . wieder zu sich selbst und der Aufgabe zurückkehren werde, welche die Geschichte ihm gestellt». Man hat in diesem Sinne Alexis' Romane «als Ausdruck einer Art konservativer Kritik»[5] beurteilt. Gemäß der Scottschen Maxime ließ das historische Erzählverfahren nicht den im Mittelpunkt stehenden Heroen zu, sondern nur den kleinformatigen Helden, der in den vielfältigen Verwicklungen mit seiner Umwelt möglichst in den Hintergrund zu treten hat und damit den «Sieg der Objektivität über die Subjektivität»[6] gewährleistet. In den *Hosen des Herrn von Bredow* ist der junge Kurfürst Joachim die zentrale historische Figur. Wir bekommen ihn vor allem zu sehen als einen seine Regierungsprinzipien erläuternden, engagierten Landesvater. Aber gerade in dieser Pose des Ideologie-Kommentators erscheint er uns nicht so lebendig und plastisch wie die meisten der anderen Figuren, bis hin zu solchen Nebenfiguren wie die schüchtern-altkluge Agnes oder die schnippisch-zärtliche Eva.

In den thematisch gewichtigen und deshalb auch umfangreicheren Dialogpartien macht sich «die tiefe, schwerfällige Art des Erzählens»[7], die ja Fontane schon bemängelte, als gewisses Hemmnis beim Lesen bemerkbar. Außerdem vermißt man bei der im privaten Umgang so sympathisch auftretenden Figur des Kurfürsten die notwendige Kompaktheit und Einstimmigkeit, etwa wenn sie auf der einen Seite so energisch betont, in dem von «Zank, Mord und Grausamkeit» geschüttelten Fürstentum Recht und «edle Sitte» zu befördern und andererseits mit schnellentschlossener Grausamkeit alle aufständischen Ritter hängen läßt und diese Maßnahme noch derart unterstreicht, daß den Berlinbesucher der Kopf des Anführers «auf der Eisenstange über dem Köpnikker Tor . . . schon von fern angrinst». Diesen Mangel haben die anderen Figuren nicht, allen voran die prächtige Gestalt der Frau Brigitte, dann die Knechte, unter denen einige vorzüglich konturierte Figuren herausragen, die Töchter, Junker und Mägde. Entgegen aller Erwartung gar nicht im Vordergrundgeschehen angesiedelt ist die knorrige Urgestalt des Ritters Götz von Bredow, dem es so geht wie seinen Hosen: Er ist meistens abwesend.

Es ließe sich noch vieles erörtern, die Erzähltechnik in diesem Roman etwa, die Ökonomie von epischer Breite und dramatischer Spannung oder die beachtlichen Leistungen in der Naturbeschreibung. Insgesamt erhält man den Eindruck, daß es Alexis in glücklicher Weise verstanden hat, das problemreiche Thema ‹Geschichte und Dichtung› so in seine Romandichtung umzusetzen, daß die Bereiche fast völlig integriert erscheinen und geradezu Musterbeispiele der Gattung ‹historischer Roman› entstanden.

Marion Beaujean
Unterhaltungs-, Familien-, Frauen- und Abenteuerromane

Die erzählende Prosa als Gegenstand des Literaturkonsums

«Vergleicht man die Masse der neueren Romane mit den früheren, so zeigt sich ein merklicher Unterschied. Eine gewisse Naivität ist darin verloren gegangen und in ihr die Wärme, die Innigkeit, dagegen hat sich eine herzlose Persiflage, eine vornehme Altklugheit und aller Aberwitz einer vom Gemüth verlassenen Phantasterey eingedrängt. Der biedre, krautkräftige und etwas bornirte Heroismus der Ritter-, Räuber- und Zaubergeschichten hat einer feinen, giftigen Grausamkeit Platz gemacht (. . .) Die bürgerlichen, sentimentalen, weinerlichen Romane, darin man noch ehrlich liebte und nur von Eltern und Vormündern zu leiden hatte, sind vor raffinirten Wahlverwandtschafts- und Ehebruchsgeschichten gewichen (. . .) die Romanschreiber, ja vorzüglich auch die Schreiberinnen, gefallen sich mehr in der Schilderung der Verdorbenheit, als der Unschuld, und geben uns psychologische Experimente statt der früheren Herzensergießungen. An die Stelle der moralischen Romane sind die humoristischen und ironisierenden getreten (. . .) Statt der bändereichen Romane von Richardson, Hermes, Salzmann ect. findet man jezt hauptsächlich nur kleine Novellen, die immer mehr überhand nehmen, die Unterhaltungsblätter und Taschenbücher füllen und den Roman ganz in die periodische Literatur unterzutauchen drohen (. . .) Endlich ist auch im Allgemeinen die Sprache jezt weit ausgebildeter, als früher, und man liest die meisten Romane leicht und behaglich.»

So wie diese Rezension aus dem *Literatur-Blatt* vom 8. August 1826, die einen guten Überblick über den Stand der Dinge gibt, schwanken die meisten Kritiker zwischen Verurteilung und Lob, wenn sie sich mit der Romanproduktion ihrer Zeit auseinandersetzen.

Soweit aus den zahlreichen Rezensionen erkennbar ist, werden immer ‹die› Frauen als Leserinnen genannt. Für diesen Adressatenkreis sind auch und gerade viele der auflagenstärksten Taschenbücher gedacht: zum Beispiel Aloys Schreibers *Cornelia, Taschenbuch für Deutsche Frauen* (1816 bis 1836), Seidls *Aurora* (1824 bis 1836); Castellis *Huldi-*

gung den Frauen (1823 bis 1826). Ähnlich angelegt und daher wohl für den ähnlichen Leserinnenkreis bestimmt sind auch die beiden langlebigsten *Taschenbuch der Liebe und Freundschaft gewidmet* (1801 bis 1836) und *Taschenbuch zum geselligen Vergnügen* (1791 bis 1833). Man wird nicht fehlgehen, in ‹den› lesenden Frauen die bereits von der aufklärerischen Lesepädagogik herangebildeten und vor der Jahrhundertwende so aktiven Damen der ‹gehobenen› Gesellschaft zu sehen, des Adels und der finanziell gesicherten Bürgerschichten. Allerdings ist dieser Kreis nicht mehr eindeutig zu bestimmen; denn es beginnt ein Wandel in der Einstellung zur Lektüre, der sich im Laufe des 19. Jahrhunderts verstärkt und für den modernen ‹Literaturkonsum› charakteristisch wird: Wo ursprünglich Teilhabe am literarischen Leben allein einer über Muße verfügenden Elite vorbehalten war, wo um 1800 trotz der Herausbildung einer breiteren Leserschicht immer noch der geschlossene Charakter der literarischen Salons den Kern des eigentlich ästhetischen Publikums bildete, hat sich diese Gruppe spätestens nach 1815 – durch die Verlagerung auf politisches Interesse – als literarisches Publikum zersplittert in eine heterogene, kaum genau bestimmbare Gruppe von Menschen, denen Literatur nicht mehr zur ästhetisch-literarischen Befriedigung diente, sondern zur Befriedigung des Unterhaltungs- und Entspannungsbedürfnisses.

Unterhaltung wird in der arbeitsteiligen Gesellschaft Konsumobjekt; ein künstlich geschaffenes Produkt muß das Bedürfnis nach Entspannung stillen. Als besonders brauchbar hat sich dazu der Roman erwiesen, der im Laufe des 19. Jahrhunderts zur beherrschenden Gattung des literarischen Marktes aufsteigt, wobei er sich – je länger je mehr – allen Unterhaltungsbedürfnissen aller Schichten anpassen kann, indem er immer weitere Themen und Stoffe aufnimmt. Dadurch werden umgekehrt immer neue Schichten an Lektüre herangeführt. Diese wechselseitige Beeinflussung ist durch die offene Form des Romans möglich, der schließlich vom Groschenroman bis zum experimentellen Roman die ganze Skala von Freizeitkonsum bis zur ästhetischen Befriedigung erfüllen kann.

Die zeitgenössischen Rezensenten trennen zwar immer deutlich zwischen Dichtung und Unterhaltungsliteratur; doch gehen sie dabei fast ausschließlich gattungsbezogen vor: Als literarische Produkte werden Versepen, Lyrik und Dramen behandelt, wogegen ‹Romane› in Sammelrezensionen insgesamt als Unterhaltungsschrifttum angesehen werden. So urteilt Wolfgang Menzel in seinem Artikel «Romane» (Deutsche Vierteljahrs Schrift 1838, Seite 92 bis 137), in dem er einen historischen Überblick von der Antike bis zur Gegenwart liefert:

«Zwar sind die Romane nur eine leichte Unterhaltungsliteratur und schnell veraltende Modeartikel; sie gehen meist mit einer untergeordneten Gattung von Dichtung aus und sind auch wieder meist nur auf das schwächere und jüngere Geschlecht berechnet. Allein auch in dieser Beschränkung üben sie einen mächtigen Einfluß, und ihre in neuerer Zeit unglaublich angewachsene Masse muß billig Staunen erregen.»

Noch hat die Leselust das Kleinbürgertum und das breite Volk kaum erfaßt. Ein Ausweitungsprozeß zeichnet sich erst ganz allmählich ab, wie gelegentliche Hinweise auf ‹Dienstboten-Lektüre› erkennen lassen. Im *Intelligenzblatt zum Mitternachtsblatt* 1828 (Nr. 12, S. 39 bis 42) wird ironisch zwischen der «Ersten und Zweyten Classe der Literatur» unterschieden: Zur gehobenen Unterhaltung für Gebildete und Hochgebildete gehören C. Pichler, Julius von Voß, Amalia Schoppe, Johanna Schopenhauer und Laurids Kruse. Die Zweyte Classe, die 1. Räuber- und Ritterromane umfaßt, 2. Sündenromane und 3. unschuldige Romane, taugen für «liebesieche Fräulein, dito Schneidermamsells, für heldenmütige Ladenjünglinge und bartlose Bartträger, für zartfühlende Schneiderseelen und empfindsame Bediente, Zofen und dgl. – kurz für alle, die Ansprüche auf hohe Bildung machen und – sich täuschen».

Dieser arroganten Haltung wird von zwei Seiten entgegengetreten: «Schon vor Jahren», heißt es in einem Artikel «Zur Volksliteratur» in den *Blättern für literarische Unterhaltung* 1850, «ward die Nothwendigkeit einer Volksliteratur erkannt und ins Leben gerufen. Daß eine solche Nothwendigkeit existire darüber waren alle Parteien einig, sie waren aber nicht einig über Das was diese Literatur in dem Volke bewirken solle: die Einen meinten politische Aufklärung, die Anderen religiöse; Die Einen wollten Freiheit bringen indem sie Vorurtheile und Glaubenslehren welche ihnen dem Aberglauben anzugehören schienen bekämpften, während Andere an dem Joch des Hergebrachten rüttelten, und es abgeschüttelt wissen wollten.» Hier stehen den aus der Aufklärungstradition kommenden Verfassern von volkstümlich-naiven Beispiel- und Kalendergeschichten die revolutionär gesinnten Jungdeutschen gegenüber, die wie etwa Wienbarg fordern, ohne allen Unterschied der Sprache allein in Rücksicht auf Gemeinverständlichkeit zum Volke zu reden, als redeten sie unter Brüdern. Sie fordern eine Bewußtseinsbildung durch Aufdeckung der sozialen Situation und betrachten die bewußt volkstümelnde Art als Vorgaukeln der heilen Welt. Tatsächlich erfreuten sich die Volksschriftsteller aber größerer Beliebtheit als die theoretisierenden Revolutionäre, obgleich es auch jenen nicht gelang, die konsumierten Volkslesestoffe zu ersetzen. Das Problem wurde also zwar gesehen, aber nicht bewältigt.

Eine sachgerechte Einteilung erweist sich bei vielfacher Verknüpfung der Motive und Stillagen als schwierig. Wir versuchen daher, die beiden Hauptkomplexe des moralischen und des abenteuerlichen Romans, die sich am Ende des 18. Jahrhunderts für die Unterhaltungsliteratur herausgebildet hatten, in ihrer Fortführung zu verfolgen.

Der zeitbezogene Umweltroman

Der unmittelbare Zusammenhang der «Sitten- und Verhältniß-Gemähl-de der mitlebenden Zeit» mit den älteren moralischen Romanen bleibt dem ganzen Jahrhundert bewußt. Noch 1869 schreibt Franz Hirsch in den *Blättern für literarische Unterhaltung* (Seite 441): Die «Tradition des Familienromans, dem die Entwicklung der Charaktere, die Darstellung gemütlicher Prozesse über die abenteuerliche Erfindung der Fabel geht (. . .), hält an den guten englischen Mustern eines Richardson und Goldsmith fest».

Die seelenvolle Charakterisierung des Helden oder der Heldin steht im Vordergrund; die Erfindung einer neuartigen Handlung tritt dagegen ganz zurück und beschränkt sich auf die Schilderung von Ehestiftung und Ehestand. Die gefühlvolle Anteilnahme des Lesepublikums soll geweckt werden durch die moralische Belehrung über die Möglichkeiten der Normanpassung, die zu einer Harmonisierung des inneren Lebens mit den äußeren Verhältnissen führt.

Damenromane

Es kann nicht verwundern, daß diese Gattung einen sehr großen und vielbeachteten Anteil an der Gesamtproduktion ausmacht; denn sie wendet sich in Thema und Ideologie vor allem an die große Lesegemeinde der Frauen, deren Erfahrungsbereich, Interessengebiet und Problematik hier unmittelbar angesprochen und gedeutet wird.

Die geänderte Sozialstruktur gerade der bürgerlichen Kreise hatte nach der Auflösung des ‹ganzen Hauses› den Arbeitsbereich des Mannes vom Haus getrennt, die Frau dabei auf den intimen Kreis der engeren Familie beschränkt, ihr aber zugleich mit der finanziellen Sicherstellung des wohlhabenden Bürgers in Nachahmung der Aristokratie ein untätiges, luxusmäßiges Leben beschert. Das Ansehen der Bürgerfamilie wird am Müßiggang von Frau und Tochter gemessen. Da sie wirtschaftlich und gesellschaftlich ganz vom Mann abhängt, muß sich ihre Erziehung auf die dazu erforderlichen rollenspezifischen Anlagen ausrichten: Die Hinwendung zur familiären Innenwelt betont den Wert des Gefühls. Anpassungsfähigkeit, Zärtlichkeit und tugendhafte Gesinnung sind ihre hervorragenden Eigenschaften.

Als Musterbeispiel dieses Ideals lobt das *Literarische Conversationsblatt* 1821 den Roman *Eugenie von Nordenstern* von M. von Pfister: «Dies Buch enthält die Geschichte eines edeln weiblichen Wesens, das vielfach geprüft, mit reinem und festen Sinn, mit Demuth und Gottvertrauen ein Leben lebte und beendete, das klar und rein, wie ein Spiegel, dem Leser hier ein schönes Bild achtbarer Weiblichkeit gibt.»

Während die moralischen Romane des 18. Jahrhunderts vor allem die verfolgte und verlorene Unschuld darstellten, also die sexuelle Gefährdung thematisierten, und im spätaufklärerischen Gelassenheitsideal die eudämonistische Fügung in den herrschenden Normenkodex propagierten, wurden mit vertiefter Kenntnis der Erfahrungsseelenkunde die Anpassungsprobleme psychologisch differenzierter gesehen. Nach klassischem Muster wird die Wahlverwandtschafts- und Entsagungsthematik charakteristisch für die Damenromane und -erzählungen (vgl. auch das Eingangszitat): Der Einbruch einer früheren oder neu entstehenden Liebe in eine Konvenienzehe führt zu seelischer Erschütterung, die aber das «edle weibliche Gemüth» kraft der Entsagung sublimieren kann. Einen typischen Handlungsverlauf gibt die Rezension des *Literarischen Conversations-Blattes* 1821 von Johanna Schopenhauers *Gabriele* wieder: «Unter treuen Pflichtübungen als treffliche Gattin reifen die Fähigkeiten ihrer Seele, als sie im Culminationspuncte ihrer Schönheit und der sie umgebenden Bewunderung Hippolit kennen lernt (. . .) Endlich überwindet er seine Leidenschaft – und getraut sich die engelgleiche Frau – nun ohne Störung ihrer Ruhe wieder zu sehen (. . .) Jetzt ergreift Gabrielen (. . .) erst die Leidenschaft, welche sie entzündet (. . .) sie kann bei ihr, der Hoffnungslosen, nur zerstörend wirken (. . .) sterbend sagt sie dem teuren Hippolit, daß er der Alleingeliebte sei.»

Neben Johanna Schopenhauer, der die «vorzüglichste Achtung für ihr Talent» entgegengebracht wird, behandelt dieses Thema etwa Therese Huber, die es bereits 1804 in der *Ehestandsgeschichte* anschlug und von deren Roman *Die Ehelosen* (1829) es in den *Blättern für literarische Unterhaltung* ausdrücklich heißt: «Entsagung, Selbstverleugnung, nur in andern sich wiederfinden und nichts für sich begehren, dies ist das Loos der Frauen sowol in der Ehe als im Cölibat.» Noch in Fanny Lewalds Erstling *Clementine* (1841) ringt sich die Frau in einer aus Vernunftgründen geschlossenen Ehe trotz des Erwachens einer früheren Leidenschaft zur Entsagung durch.

Emanzipatorische Frauenromane

Die aus reaktionärem Geist entstandenen Romane, welche das Ideal heiler Welt des biedermeierlichen Familienlebens in seiner Brüchigkeit doch nur unter dem resignativen Entsagungsmotiv aufrechterhalten konnten, fanden erst im Jahrzehnt von 1838 bis 1848 ihr fortschrittliches Gegenmodell. Die erfolgreichen Romane der Ida Hahn-Hahn, Fanny Lewald und Luise Mühlbach (Pseudonym für Clara Mundt) wurden von der Kritik in die Nähe der Jungdeutschen gesetzt, obgleich deren Vertreter selbst sie ironisch behandelten und die Autorinnen ihrerseits durchaus abweichende Vorstellungen vertraten. Während Börne, Heine oder Laube sich für die vom Saint-Simonismus propagierte und von George Sand dargestellte sexuelle Libertinage begeisterten, dabei am Klischee des ‹weiblichen Herzens› und des ‹männlichen Gefühls› festhalten, geht es den Frauen um mehr: «Ich will, daß die Männer mit den Frauen umgehen wie mit ihresgleichen, und nicht wie mit erkauften Sklavinnen, denen man in übler Lust den Fuß auf den Nacken stellt, und in guter Laune ein Halsband oder ähnlichen Plunder hinwirft», fordert Ida Hahn-Hahn in *Faustine* (1840). Diese aus einem pommerschen Adelsgeschlecht stammende Frau konnte aufgrund ihrer gesellschaftlich unabhängigen Stellung den Anspruch des Herzens und die Forderung nach intellektueller Bildung in ihrem eigenen Leben und dem ihrer Heldinnen durchsetzen. Für die bürgerlichen Autorinnen ist die Ehe als Basis der Existenz schwer zu ersetzen und bleibt deshalb das eigentliche Diskussionsthema.

In *Eine Lebensfrage* (1844) setzt sich Fanny Lewald unter dem Eindruck des neuen preußischen Ehescheidungsgesetzes mit dieser Frage auseinander: «Es gibt Fälle, in denen die Trennung einer Ehe eine hohe sittliche Tat sein kann.» Sie erteilt damit dem Ethos der Entsagung um der freien Selbstbestimmung willen zwar eine Absage, kann aber das ökonomische Problem letztlich nicht allgemeinverbindlich lösen. Die Schwierigkeiten, Eigenständigkeit zu erreichen, untersucht auch Luise Mühlbach in mehreren ihrer vor 1848 erschienenen Romanen und spielt die verschiedenen Möglichkeiten im partnerschaftlichen Verhalten durch, wobei allerdings auch für sie die Rückkehr in harmonisierend gesehene Einbindung in die Ehe die Regel bleibt. Überall wird aber die Kritik an der Konvenienzehe oder doch zumindest Zweifel an ihrer Allgültigkeit laut. Nur im *Zögling der Natur* (1842) gelingt es – bezeichnenderweise – einer Künstlerin, ihren Beruf gegen eine vorbehaltlose, Ausschließlichkeit verlangende Liebe durchzusetzen. In der Schicksalsnovelle *Das Mädchen* (1839) schildert sie den sozialen und physischen Untergang einer ledigen Mutter und führt damit die Unmöglichkeit außerehelicher Beziehungen drastisch vor Augen. In allen anderen Romanen wird nach Versuchung, Verfehlung und Ausbruch ins tätige Leben schließlich die Rückkehr ins private Familienglück propagiert.

(Humoristische) Ehestiftungsgeschichten

Schon Friedrich Laun (Pseudonym für Friedrich August Schulze) hatte um 1800 kleine, großenteils heitere Geschichten veröffentlicht, die hauptsächlich um das Thema der Partnersuche kreisten. Auch hier entstehen die Schwierigkeiten durch Einspruch der Eltern oder Vormünder, die eine Konvenienzehe anstreben und ein liebendes Paar zu trennen versuchen. Häufig muß aber auch nur die ‹Blödigkeit› eines naiven, jungen Mädchens überwunden werden, um sie vom Glück an der Seite eines reputierlichen Gatten zu überzeugen. Immer obsiegt endlich die harmonische Idylle eines neu gegründeten Familienstands. Diese Thematik eignet sich besonders für die ‹kleine› Form, die in den Almanachen und Taschenbüchern zur beliebten Unterhaltung beitrug. Rührung und heitere Lösung in der Idylle sind die ihnen angemessene Tonlage.

Als erfolgreichster Vertreter sei hier Carl Heun vorgestellt, der unter seinem Pseudonym H. Clauren seit 1816, dem Erscheinungsjahr seiner «Schweizergeschichte» *Mimili*, bis in die dreißiger Jahre zahlreiche Erzählungen des gleichen Genres veröffentlichte. Seinen schlechten Ruf und seinen bis heute bestehenden Bekanntheitsgrad verdankt er nicht zuletzt dem ‹Literaturstreit› mit Wilhelm Hauff, der als junger, selbst auf Popularität bedachter Autor sich Claurenscher Stilmittel bediente und das Produkt als Parodie unter dem Titel *Der Mann im Mond* (1825) veröffentlichte.

Im Gegensatz zu Laun, der sich gelegentlich auch in die Gemütslage des Mädchens versetzte, schreibt Clauren immer aus der Sicht des werbenden Mannes, der durch den Anblick eines reizenden, in seiner naiven Unschuld doch auch kokett verführerischen Mädchens in höchstes Entzücken versetzt wird. Tatsächlich reduziert er sein Thema allein auf das sexuelle Verlangen des Mannes; jede von der Romantik so gepflegte Verinnerung der Beziehung ist ihm fremd. Von allen Kritikern wird ihm die Erotisierung zum Vorwurf gemacht; erst Sengle bescheinigt ihm eine am Rokoko geschulte entlarvende Psychologie.

Sittenromane

Merkwürdigerweise findet der bürgerliche Roman der Spätaufklärung trotz des idyllischen Grundzugs und der Hinwendung zur familiären Häuslichkeit kaum eine Fortsetzung. Seine Thematik hat sich auf die Ehestiftungs- und Ehestandsgeschichten reduziert, die wegen ihrer Enge von Kritikern aller Richtungen verworfen werden. Tatsächlich spielt schon in diesen Erzählungen das adelige Milieu eine unübersehbare Rolle: Kleine Residenzen, Höfe, Schlösser sind häufiger Schauplatz, adelige Familien, doch zumindest Hof- und Kammerräte stellen das Personal. In den Romanen umfassenderer Thematik ist der aristokratische Einschlag aber vorherrschend.

Da die ideologischen Voraussetzungen der alten Ständegesellschaft erschüttert waren, bemüht sich der Adel um ein neues Selbstverständnis und um die Rechtfertigung seiner noch etablierten politischen Bedeutung und wird von weiten Kreisen des Bildungsbürgertums darin unterstützt. Der verpflichtende Auftrag des ‹Mannes von Familie› – wobei ‹Familie› eben nicht als bürgerspezifisch, sondern als Verpflichtung aus traditionsreicher (adeliger) Abkunft verstanden wird – hat bereits 1819 Karl Chr. E. von Benzel-Sternau in dem Roman *Der alte Adam, eine neue Familiengeschichte* zum Gegenstand seiner Darstellung gemacht, indem er ganz im Geiste des aufgeklärten Absolutismus die Utopie einer Adelsrepublik entwirft.

Diese oligarchischen Vorstellungen motivieren noch Alexander von Ungern-Sternberg in seinen Romanen, etwa in *Paul* (1845), dem das adelige Standesethos zwar keine Beteiligung an der bürgerlichen Arbeitswelt erlaubt, wohl aber die Verpflichtung zu tätiger Förderung des Staates auferlegt. Obgleich selbst zerrissener Natur, die die Diskrepanz zwischen Aristokratie und liberaler Aufklärung stark empfindet, versucht er mit seinen Romanen, der sozialen Gefährdung des Adels entgegenzutreten, indem er die konservativen Kräfte zu moralischem Verantwortungsbewußtsein im Sinne reformerischer Aktivitäten erziehen will. Er bekämpft dabei den ‹Geldadel›, die neue Großbourgeoisie, und verbündet sich mit den Vertretern des vierten Standes, dessen Schutz und Förderung nach patriarchalischer Tradition dem verantwortlichen Gesinnungsadel obliege.

Eine ähnliche Auffassung vertritt auch George Hesekiel, der nach 1848 als Schöpfer des konservativen Romans und Schriftsteller des preußischen Adels gilt, in seinem zwischen 1845 und 1848 erschienenen Gegenwartsromanen. In *Die Bastardbrüder oder Geheimnisse von Altenburg* schildert er die sozialen Mißstände, die durch das Glücksspiel hervorgerufen werden, flüchtet aber in konventionelle Lösungsvorschläge, die an das Gewissen der Gutwilligen, vor allem des Adels, appellieren. Die sozialen Probleme des Vormärz werden also zwar angesprochen; doch führt die kritische Auseinandersetzung selbst in den Romanen von Ernst Willkomm: *Eisen, Gold und Geist* (1843) und *Weiße Sklaven oder die Leiden des Volkes* (1845), frühe Beispiele zum Thema des Industrieproletariats, nicht über die Muster ständischer Regelungen hinaus.

Ritter- und Schauerromane

Die bieder-rauhbeinigen Ritter- und Räubergeschichten, die den Lesern des 18. Jahrhunderts soviel Freude machten, finden sich bis weit ins 19. Jahrhundert hinein in den Leihbibliothekskatalogen; es gibt kaum ein biographisches Zeugnis, das nicht von einschlägiger Jugendlektüre berichtet. Eingeschlossen in Erzählsammlungen und Taschenbüchern begegnen auch entsprechende Produkte zeitgenössischer Autoren, die vor allem Märchen- und Sagenstoffe im Ritterkostüm vortragen, wogegen die Räuber- und Bundesmotive zurücktreten: Neben Fouqué und Christian Jacob Contessa wären hier vor allem Friedrich Kind, Friedrich Gleich und Ludwig von Baczko zu nennen; aber auch Friedrich Laun, Aloys Wilhelm Schreiber, Helmine von Chezy und zahlreiche andere Almanachautoren versuchten sich gelegentlich in diesem Metier. Es fehlt bei den genannten Autoren auch nicht an Geistergeschichten, die in der Regel das aufklärerische Thema der Läuterung fortsetzen. Die außersinnliche Erscheinung wird dabei nicht im romantischen Sinne als Realisierung eines Bewußtseinsphänomens verstanden, sondern als unheimliche Schicksalsdetermination, wobei es gleichgültig ist, ob die schauervolle Erscheinung am Ende aufgeklärt wird oder unaufgeklärt bleibt. Im ganzen wird man feststellen können, daß die triviale Behandlung dieses aus der rationalistischen Dämonie entstandene Thema entdämonisiert ist und dem spannenden Amüsement dient, während das Kunstmärchen der Zeit die romantische Erfahrung des Wunderbaren fortsetzt. – Auf keinen Fall kann der immer wieder anzutreffenden Vermutung zugestimmt werden, daß dieser ganze Komplex des alten Trivialromans nun zur ‹Dienstboten-Lektüre› herabgesunken sei. Er lebt mindestens bis in die dreißiger Jahre noch fort. Erst dann findet der Spannungs- und Unterhaltungshunger neue Nahrung.

Historische Romane
Es ist immer wieder darauf hingewiesen worden, daß der historische Roman Aufschwung und Beliebtheit den Übersetzungen Walter Scotts verdankt, dessen zahlreiche Romane – genannt seien als Beispiele *Ivanhoe* und *Kenilworth* – in den zwanziger Jahren die Leser entzückten. In Wahrheit hatte schon das 18. Jahrhundert mit Benedikte Naubert eine Verfasserin von historischen Romanen von Rang hervorgebracht. Ihre Zweischichten-Methode, die die Handlung in eine erfundene Vordergrunds- und eine historisch bestimmte Hintergrundshandlung auseinanderlegt, machte dann allerdings erst Walter Scott wieder populär, nachdem ihre Werke über der Ritter- und Räuberbegeisterung in Vergessenheit geraten waren. Hinzu kam eine neue Aufnahmebereitschaft für historische Stoffe: «Nachdem nämlich die letzten Stanzen des großen Heldengedichts Napoleon in den Trauerweiden Skt. Helenas verklungen waren, und sich die Weltereignisse so dicht vor jedermanns Auge entwickelt hatten, daß man das Schnurren der Räder und das elektrische Spinnen des Weltgeistes selbst mitsah und vernahm; da hatte sich die ganze europäische Phantasie in den Spinnweben historischer Kombinationen verfangen», schreibt Gutzkow in seinen *Beiträgen zur Geschichte der neuesten Literatur* 1836 (Seite 248). Das durch die Befreiungskriege erwachte vaterländische Bewußtsein regte zur Beschäftigung mit der eigenen Vergangenheit an; die Hoffnung, einen Sinnzusammenhang in den als verwickelt und abenteuerlich vorgestellten politischen Ereignissen zu erkennen, verlangte nach formulierter Darstellung. So findet die Vergangenheit des eigenen Landes etwa ihren Niederschlag in Alexis' Preußenromanen oder Hauffs schwäbischer Geschichte *Lichtenstein*, die Ereignisse der Revolution und der napoleonischen Zeit in Ludwig Rellstabs vierbändigem Roman *1812*, Eichendorffs *Schloß Dürande* oder Königs *Clubisten von Mainz*.
Für das breitere Interesse kam noch die abenteuerlich-unterhaltende Stofffülle hinzu, die diese neuen Moderomane wohltuend von den senti-

mentalen Entsagungsgeschichten abhob. Die Kritiker sahen das anders: Böttiger lobt in einer Sammelrezension von geschichtlichen Romanen im *Literatur-Blatt* vom 19. 12. 1826 den Novellencyclus *Die Familie Walseth und Leith* des Professors Heinrich Steffens mit ihren «Enthüllungen der tiefsten Falten des menschlichen Herzens (. . .) und mit dem schmerzlich errungenen, aber um so wohltätigeren Siege des weiblichen Duldersinns, durch welche diese ganze Dichtung sich besonders auch gefühlvollen und wahrhaft gebildeten Leserinnen empfiehlt». Dem stehen nach seiner Auffassung in Carl Spindlers *Der Bastard* (1826) «Bilder im Geschmack eines Höllen-Breughel» entgegen, obgleich er dem Autor bescheinigen muß, daß er «allen Stoff und alle Erfordernisse in sich (hat), einer unserer ausgezeichneten Romandichter zu werden». Mit diesem Roman, der zur Zeit Rudolphs II. spielt und einen durch die Sittenverderbnis des Vaters vorgezeichneten Lebensweg des Helden schildert, gewann der Verfasser Ruhm und Beliebtheit. Sein differenziertestes Werk ist *Der Jude* (1827), das in einem bunten Kulturbild und einer lebhaften, endlich rührenden Handlung Toleranz, aber auch echt restaurative Resignation predigt.

Ethnographische Romane
Eine Bereicherung erfährt das historische Sujet durch die Verlagerung in ferne Welten. Dabei steht zunächst die Zeitungsfunktion als Unterrichtung über politische Ereignisse im Vordergrund. So heißt es von Postl-Sealsfields Roman *Der Virey und die Aristokraten oder Mexiko im Jahre 1812* in den *Blättern für literarische Unterhaltung* 1833 (Seite 177 f): Sealsfield «verdient unsern Dank, wenn er in Kürze (. . .) eine Geschichte der mexikanischen Parteienkämpfe bis in die Gegenwart fortführte. Denn trotz aller Zeitungsberichte, wie wenige Leser wissen in diesen verworrenen Verhältnissen sich zurecht zu finden.» Ähnlich werden auch die ersten Romane von Cooper aufgenommen, die als Information über die Zustände im jungen Amerika gelesen werden.
Zwei Trends, die für die weitere Entwicklung der Unterhaltungsliteratur bezeichnend werden, beginnen sich hier anzubahnen: Zum einen wird die Neugier, dem Verhaltensmuster ‹Belehrung› entsprechend, nach längerem Vorherrschen von Erbauung und Unterhaltung wieder stärkerer Faktor des Leseinteresses; zum anderen erobert die Flucht in die Wunschwelt als wichtiger Erwartungshorizont sich neue Dimensionen. Wo das 18. Jahrhundert die ‹graue Vorzeit› als Refugium der Phantasie verwandte, tritt im fortschreitenden 19. Jahrhundert die räumliche Fremde an die Stelle. Mit Friedrich Gerstäcker setzt diese Entwicklung bei den *Regulatoren in Arkansas* (1845) ein und findet einen charakteristischen Höhepunkt bei Karl May.

Mysterienromane und Detektiverzählungen

Der Trend zur Belehrung findet durch Sues *Geheimnisse von Paris* (1842/44) neue Nahrung. «Wie die historischen Romane andere jetzt geworden, wie sie nicht mehr die Helden, sondern das Volk (. . .) zum Gegenstand haben, so ist auch unser socialer Roman nicht mehr auf die sublimierten Empfindungen und Schicksale der Salons hingewiesen, sondern er sucht die ursprüngliche Wahrheit im Leben des Volkes» (*Blätter für literarische Unterhaltung* 1848, Seite 7). Er schildert nämlich Ereignisse aus dem Alltagsleben, und dabei sind es nicht nur ‹verborgene›, weil geheimnisvolle und dem Auge des Gesetzes sich entziehende Geschehnisse, sondern ebensowohl auch für die sozialen Verhältnisse typische oder relevante Konstellationen und Ursachen. Erotische oder kriminelle Vorgänge werden ‹enthüllt›, die hart am Rande von Sensationsberichten und Kolportagen doch das teilnehmende Interesse der biedermeierlich-beschaulichen Leser in Neugier und Spannung versetzen. Zahlreiche triviale Nachahmungen erscheinen in den folgenden Jahren; jede Großstadt enthüllt ihre Geheimnisse (*Geheimnisse von Berlin*. 1844/45; *Geheimnisse von Wien*. 1852; . . . *von Petersburg*. 1844/45 usf.). Eine Beziehung ist auch zu den Sittenromanen festzustellen, die sich unter dem Einfluß der Mysterien-Literatur von der elitären Nabelschau der Salonromane sozialen Problemen und ihren ‹Enthüllungen› zuwenden, wie wir bei Hesekiel und Ungern-Sternberg sahen.

Den größten Einfluß hatten sie auf die Entwicklung des Detektivromans. Die Geschichte des Kriminalromans ist in neuerer Zeit Gegenstand intensiver Forschungen geworden und hat sehr unterschiedliche Deutungen erfahren. Wir folgen den materialreichen und wohlbegründeten Darlegungen Hügels, der einsichtig gemacht hat, daß die ältere Kriminalgeschichte des 18. Jahrhunderts deutlich von den Detektiverzählungen des 19. und 20. Jahrhunderts zu unterscheiden ist. Die in der Pitaval-Tradition stehenden Erzählungen von Meißner, Spieß, Langbein und Müllner sind als Exempelgeschichten zu verstehen, in denen das Verbrechen selbst als unerhörte Begebenheit interessiert und die psychologischen und historischen Hintergründe seines Zustandekommens erläutert werden. Diese Behandlung des Themas entspricht der zeitgenössischen kriminalistischen Praxis: Sonderbare Umstände, Zufälle oder ein durch Folter erpreßtes Geständnis führen zur Ermittlung des Täters, so daß eine detektivische Aufdeckung gar nicht in Betracht gezogen wird. Erst mit der Abschaffung der Folter entsteht die Notwendigkeit der Sach- und Indizienbeweise; erst der Ermittlungsprozeß von Indizien wird erzählerisch interessant. Von wenigen Ausnahmen wie Laurids Kruses *Der krystallene Dolch* (1823) oder Adolph Müllners *Der Kaliber* (1829) abgesehen, finden sich vor 1830 dementsprechend keine Detektivgeschichten. Das ‹Geheimnis› wird in Form des Schauerromans behandelt.

Viele Autoren mußten in diesem Überblick unerwähnt bleiben, so etwa der vielseitige Philanthrop Zschokke; Amalia Schoppe mit ihren Frauen- und Kindergeschichten, der katholische Jugendschriftsteller Christoph Schmid und die anderen um Volksbildung sich bemühenden Autoren wie Johannes Falk, Ignaz Franz Castelli und Ludwig Aurbaucher. Viele Fragen vor allem müssen offenbleiben; ein eindeutiges Urteil war in vielen Fällen nicht zu geben; denn eine zusammenfassende Darstellung über den Trivialroman der ersten Jahrhunderthälfte bleibt noch zu schreiben. Von einigen Einzeluntersuchungen zu Spezialthemen wie dem Frauen-, Detektiv- oder Geschichtsroman abgesehen, die aber natürlich das Stoffinteresse und nicht das Problem des Breitengeschmacks im Auge haben, fehlt es bisher an einer grundlegenden Bearbeitung des Themas. Da der Trivialroman des späten 18. und des späten 19. Jahrhunderts ausführlich untersucht und behandelt ist, erscheint diese Forschungslücke zunächst erstaunlich. Eine Erklärung ist aber vielleicht aus dem Phänomen selbst zu gewinnen:

Während die beiden anderen Zeitabschnitte durch berühmte Bestsellerautoren (Vulpius/ Spieß – Marlitt/KarlMay/Ganghofer), die sich deutlich von den literarischen Zeugnissen ihrer Zeit unterscheiden, als Dorado der Unterhaltungsliteratur ausgezeichnet sind, scheint die Vormärz-Epoche von geringerer Spannweite sich in Stoffwahl und Stillage in einer gemäßigten Mitte zu halten. Tatsächlich wird für eine breite, nur schwer zu fassende Leserschaft die epigonale Abhängigkeit von der kanonisierten klassischen und romantischen Dichtung deutlich. Diese mißverstandene Tradition führt zu jener Verquickung von ‹ernster› und ‹leichter› Kunst, die das ohnehin legitime Unterhaltungsbedürfnis nun poetisch zu legalisieren sucht und im Literaturkonsum Bildungs- und Freizeitbedürfnis zusammenfließen läßt.

Joseph A. Kruse
Zeitromane

Epische Fiktion und individualistischer Realitätssinn

Wolfgang Menzel, zuerst aufsässig, dann angepaßt, Goetheverächter aus Neid und mangelnder Poesie, hämischer Auslöser des Bundestagsverbots gegen das Junge Deutschland von 1835, kannte als Verfasser einer erfolgreichen Literaturgeschichte, deren erste Auflage von 1828 auch Heine achtungsvoll besprochen hat, während seiner jungdeutsch anmutenden Phase die deutschen Landsleute genau und eröffnete sein Werk mit den bissigsten Rundschlägen über «Die Masse der Literatur»: «Die Deutschen thun nicht viel, aber sie schreiben desto mehr. (. . .) Wir lassen den Italienern ihren Himmel, den Spaniern ihre Heiligen, den Franzosen ihre Thaten, den Engländern ihre Geldsäcke und sitzen bei unsern Büchern. Das sinnige deutsche Volk liebt es zu denken und zu dichten, und zum Schreiben hat es immer Zeit.» Weiter heißt es dann: «Die Vielschreiberei ist eine allgemeine Krankheit der Deutschen, die auch jenseits der Literatur herrscht, und in der Bureaukratie einen nahmhaften Theil der Bevölkerung an den Schreibtisch fesselt.»

Diese Charakteristik der Deutschen, der Schriftsteller und Leser, traf nicht zuletzt das ausufernde Romanwesen der Jahre zwischen dem Wiener Kongreß und der Revolution von 1848, gilt aber auch darüber hinaus. Die epische Breite kam den meisten Autoren aus der ersten Hälfte des 19. Jahrhunderts, die in der Regel allerdings in den verschiedensten Textsorten zu Hause waren, sehr entgegen. Und den Benutzern der zahlreichen Leihbibliotheken und Mitgliedern der Lesegesellschaften waren die Romane unter allen immer populärer werdenden Publikationszweigen die populärste Art der Dichtung, die unterhaltsamste literarische Gattung. Zahlreiche qualitativ und quantitativ voneinander abweichende Arten und Titel erschienen Buchmesse für Buchmesse mit der Intention, als Romane ernstgenommen zu werden: historische und autobiographische Romane, Handlungs- und Ideenromane, exotische, bäuerliche und Adelsromane, anspruchsvolle Meisterwerke und trivialer Schund. Die Kritik stürzte sich in oft langatmiger Anteilnahme auf die jeweils neuen Romanpublikationen dieser aufgewühlten Zeit, die von Theodor Mundt 1842 als Übergangsepoche oder -periode bezeichnet wurde, deren bange Wehen sich in Rahel Varnhagen erschöpfend abgebildet hätten. Als nachklassische und nachromantische ‹Übergangsperiode› – eine Formulierung übrigens, der sich auch Eichendorff in seinen literarhistorischen Studien anschloß – hatte der Vormärz seine enormen Identifikationsprobleme. Die Französische Revolution wurde als «Mythus der neuen Zeit» (Mundt) empfunden. «Vorwärts» hieß das Losungswort, wie es von Heine in der *Romantischen Schule* aus dem antinapoleonischen Uhlandschen Lied zur «deutschen Marseillaise» umgedichtet wurde. Die magische Verehrung des Fortschritts und der ‹Bewegung›, des ‹Neuen› und ‹Jungen› spiegelt sich außer in den literaturkritischen Äußerungen der Jungdeutschen und ihren programmatischen Titeln, Widmungen und Erklärungen auch in ihrer Prosaepik.

Die Gegenwart regiert und die Moderne. Das drückt sich besonders in jenen Romanen aus, die gemeinhin als *Zeitromane* klassifiziert werden. Sie erfüllen jenen von Gutzkow mit Recht als banal entlarvten Anspruch Menzels am intensivsten, das Leben als Beziehungspunkt der Literatur zu nehmen. Gutzkow ruft in seiner vernichtenden Abkanzelung der Menzelschen lebensphilosophischen Theorie entrüstet aus: «Was ist das für eine Literatur, die nicht der Athem des Lebens wäre! Hat es irgendeine Zeit gegeben, wo der in der Literatur sich spiegelnde Geist nicht immer auch der Geist der bestehenden Verhältnisse war?» In den Zeitromanen kommt es bei dieser Widerspiegelung der Zeit und ihrer gesellschaftlichen Verhältnisse freilich weniger auf Affirmation an als auf kritisch-moralische Darstellung der Gegenwart mit ihren politischen und sozialen Implikationen in einer oft überwältigenden Technik des Durch- und Nebeneinander von Handlungssträngen und Personen. Was Gutzkow, selbst Meister des Zeitromans, als Begriffsbestimmung für «Geschichte» dem so überschriebenen Kapitel seiner *Beiträge zur Geschichte der neuesten Literatur* vorausschickt, um die Grundlagen der Geschichtsschreibung anzugeben, kann genausogut als allgemeinste Themenstellung für die Zeitromane und ihre Verfasser gelesen werden:

«Heute sagt man nicht mehr, die Geschichte ist die Zusammenstellung von Begebenheiten, sondern sie ist das Spiegelbild des Lebens. Das Leben chemisch zu zergliedern, ist schwer; aber es sondert sich in verschiedenartig colorirte Momente, welche von der Existenz und Materie sich stufenweis' erheben bis zum Geiste und seinen höchsten und freisten Thätigkeiten. Leben ist der Complex vom Leiden und Thun des Alls, Leben ist der Athem der Menschheit, das Wort selbst, es ist Alles, was man nur denken, empfinden, glauben, Alles, was man selbst nur sein kann. Und so gehört Alles, was nur Leben athmet, zur Geschichte: die Emanzipationsfrage der Humanität, die Religion, die Cultur, die erleichterte oder erschwerte Existenz, Alles wird zur politischen Debatte erhoben.»

Der vorwärtsdrängenden Zukunftsidee des neuen Europa und Jungen Deutschland stand freilich das bedächtigere, resignativere Bewußtsein zur Seite, doch nur als «Epigonen» (Immermann) leben zu können, zugleich auch das Gefühl, zu den «Europamüden» (von Heine als Ausdruck in den *Englischen Fragmenten* geprägt, von Willkomm als Romantitel bekanntgemacht) zu gehören und neue Möglichkeiten in anderen Staaten und Welten sich erschließen zu müssen.

Was an Zeitromanen während der in Rede stehenden Jahrzehnte zusammenkommt, ist so disparat wie die Verfasser, die sich dieser Gattung meist mit bestimmter didaktischer Absicht oder politischer Tendenz bedient haben. Auch die sogenannten Jungdeutschen sind, wenn es sich um so eigenständige Naturen und Romanautoren wie Heinrich Laube und Karl Gutzkow handelt, nicht einfach unter einen eindimensionalen Begriff zu bringen und teilweise nur wenige Jahre ihrem eigenen Mut zur Auflehnung gegen die Restauration und Zensur treu. Bei vielen wiederholt sich die Lebenskurve Goethes, die von «Europa's Jugend», wie Ludolf Wienbarg die literarische Bewegung seiner Zeit im gebräuchlichen übernationalen Pathos beschwört, gegen den Strich betrachtet wurde: «Sie berief sich von Goethe den alten auf Goethe den jungen, von dem Minister Goethe auf Goethe-Prometheus.» Die politischen Ereignisse und das eigene Alter machten häufig genug aus jungen revolutionär-demokratischen Autoren gestandene bürgerliche Schriftsteller, die von der Seite des «Liberalismus» auf die des «Reactionarismus» sang- und klanglos überwechselten, obwohl beide von Mundt so benannte Parteiungen als Nachgeburten der Juli-Revolution von 1830 einander diametral gegenüberstanden.

Dieser schlichte Dualismus hilft bei der Betrachtung der Zeitromane und ihrer Autoren nur sehr bedingt weiter. Immermann ist gewiß nicht, trotz mancher konservativer Strukturen, dem zweiten Strang zuzuordnen. Genausowenig gilt das durchweg für Gotthelf mit seinen pädagogisch engagierten Romanen. Die bäuerlich-antitechnische Welt, die von Immermann und Gotthelf verteidigt wird, kann zum Teil erst in unserer Gegenwart ihre innere Modernität und eigentlich fortschrittliche Humanität unter Beweis stellen. Selbst wenn die Zeitromane beider Autoren wie die ihrer Kollegen zeitbedingt blieben, besitzen sie einen prophetischen Kern aufgrund ihrer Wirklichkeitsnähe: Sie prägte weit vor dem literarhistorisch dingfest gemachten poetischen Realismus bereits die Literatur des Vormärz. «Die Poesie unserer Zeit», sagt Mundt 1842 in seiner zwölften Vorlesung, mit Gutzkows ‹Lebens›-Definition ziemlich übereinstimmend und Menzels vorrevolutionären Elan konkretisierend, «hat ein merkwürdiges Bestreben entfaltet, eine Poesie der Wirklichkeit zu werden, und statt in müßigen, von der Welt abgeschiedenen Träumen sich zu ergehen, ein bestimmtes Verhältniß zu der sie umgebenden Gegenwart anzunehmen.»

Die Gegenwart kann sich in den Zeitromanen jedoch auch verschlüsselt darstellen: unter historischen Kostümen, in erinnerter Autobiographie mit sentimentalen Einschlägen oder durch in sonstigen Romanarten übliche Techniken. Der Zeitroman ist somit nicht eindeutig definierbar, sondern zeigt Übergänge zu vielen durch andere Hilfsmittel der Systematik erarbeiteten Romankategorien, besonders zum Gesellschaftsroman und zum Raumroman (wie neben dem Heimat- und Landschaftsroman auch der Zeitroman genannt wurde), aber auch zum Erziehungs- und Bildungsroman, Charakterroman, Fernlandroman, Familienroman, Salonroman, Künstlerroman, Liebesroman, zeitkritischen Maskenroman, Sozialroman, Tendenzroman, Frauenroman und zum feuilletonistischen Reiseroman.[1]

Die Vielfalt der Zeitromane kann einen zu eng gefaßten gattungsbezogenen Horizont aufbrechen, weil Themen und Formen verschmelzen und durch fließende Übergänge zu anderen Textsorten des Tagebuchs, der Reisebeschreibung, des Briefwechsels, der Aphorismensammlung usw. vorzustoßen vermögen.

Autoren

Die Autoren der hier interessierenden Zeitromane sind nur zum Teil Generationsgenossen. Sie sind in den Jahrzehnten von etwa 1790 bis 1820 geboren und deshalb manchmal fast ein ganzes Menschenleben an Erfahrung, Stil und Engagement voneinander getrennt. Charles Sealsfield (1793 bis 1864), unter dem Namen Karl Anton Postl in Mähren geboren, gehört zu den ältesten Vertretern. 1822 dem Klosterleben entflohen, ging er nach Amerika, das er als Erzähler dem rückständigen Europa kraftvoll vor Augen stellte. Darin ist ihm der sehr viel jüngere Friedrich Gerstäcker (1816 bis 1872) aus Hamburg gefolgt, ohne ihn in seiner ausgeprägten Psychologie zu erreichen. Beide bringen aber durch ihr abenteuerlich-praktisches und handfestes Leben die Anschauung in das für Europa immer noch exotische Amerika-Thema im Zeitroman ein, während der Wiener Ferdinand Kürnberger (1821 bis 1879) anhand von Lenaus Enttäuschung mit seinem Roman *Der Amerika-Müde* (1855) zum Gegenangriff gegen die Amerikasehnsucht ausholt. Der ehemalige katholische Geistliche Sealsfield führt in seiner liberal-sozialen Parteinahme religiös-theologische Traditionen auf revolutionär-säkularisierte Weise weiter, was in analogem Sinne auch auf protestantischer Seite zu beobachten ist.

Das protestantische Pfarrhaus und das theologische Studium üben keinen geringen Einfluß aus. Der freilich eher konservativ-kirchliche schweizerische Pfarrer Albert Bitzius (1797 bis 1854), der unter dem sprechenden Namen seines ersten Romanhelden Jeremias Gotthelf auftrat, ist geradezu als literarischer Homilet tätig. Aufgeklärter und teilweise antikirchlich agieren die ehemaligen Theologiestudenten Heinrich Laube (1806 bis 1884) aus Schlesien, der mit seinem Zeitroman *Das junge Europa* (1833 bis 1837) seine komplizierte Epoche einfängt und als begabter Literat, Redakteur und späterer Intendant des Wiener Burgtheaters eine einflußreiche Position innehatte, und Karl Ferdinand Gutzkow (1811 bis 1878), der mit Laube 1833 nach Italien reiste und sein wechselvolles, an Problemen und Skandalen reiches Schriftstellerleben in einigen der größtangelegten Zeitromanen ausdrückt, sowie der sächsische Pfarrerssohn Ernst Adolf Willkomm (1810 bis 1886), der außer durch den das Schlagwort von den ‹Europamüden› populärmachenden Roman sich besonders für das Proletariat in *Eisen, Gold und Geist* (1843) und in den *Weißen Sklaven oder die Leiden des Volkes* mit guter Absicht, wenn auch in nicht immer genügender literarischer Abrundung eingesetzt hat.

Zur Gruppe um die Jungdeutschen Gutzkow und Laube gehört noch am engsten Theodor Mundt (1808 bis 1861), der in der Bedeutung als Romanautor mit seiner *Madonna. Unterhaltungen mit einer Heiligen* (1835) hinter beiden zurückbleibt, aber im Unterschied zu anderen nahestehenden Autoren wie Heine, Börne und Wienbarg zeitromanhafte Formen und Mittel einsetzt. Aber auch Ferdinand Gustav Kühne (1806 bis 1888), Nachfolger und dann wieder Vorgänger Laubes als Schriftleiter der *Zeitschrift für die elegante Welt*, die eines der wichtigsten jungdeutschen Organe darstellt, gehört hierher mit seinem Roman *Eine Quarantäne im Irrenhause* (1835). Selbst das skurrile biedermeierliche Original Johann Peter Lyser (eigentlich Burmeister, 1803 bis 1870) ist ein interessantes Beispiel dafür, wie die Zeitströme aufgegriffen werden. Goethes *Wilhelm Meister* wirkt nach und hat einige Jahre vor den *Epigonen* (1836) im *Benjamin* Lysers von 1830 einen fragmentarischen Bildungsroman mit zeitromanhaften Zügen zur Folge. Der zumeist als Autor frivoler Werke bekanntgewordene Alexander von Ungern-Sternberg (1806 bis 1868) hat wenigstens neben Laube mit seinem ‹jungen Europa› und Willkomm mit den ‹Europamüden› ein drittes Stichwort geliefert, das für die Zeit und ihre Dichter typisch ist, nämlich *Die Zerrissenen* (1832).

Der gesetzteren Altersgruppe von Gotthelf gehört Karl Leberecht Immermann (1796 bis 1840) an, eine der überragenden wenn auch noch weithin zuwenig beachteten Gestalten der Literatur des 19. Jahrhunderts, der keinem eigentlichen literarischen Gruppenphänomen zuzurechnen ist. Er ist einer der aufrechtesten Intellektuellen jener Zeit, von Heine als Waffenbruder verehrt, rezipiert vor allem, wie häufig bedauernd festgestellt wurde, nur als Verfasser des Konfirmandengeschenks «Oberhof» aus dem satirischen *Münchhausen*-Roman. Sein Einfluß wird sicherlich unterschätzt. Er versieht gewisse Mentorfunktionen wie der berühmt-berüchtigte Fürst Hermann von Pückler-Muskau (1785 bis 1871), der tatkräftig für Laube und den unter anderem als Erzähler bekannten Leopold Schefer eingetreten ist.

Mehr den jüngeren Jahrgängen nahestehend sind Robert Prutz (1816 bis 1872) und schließlich Georg Weerth (1822 bis 1856). Prutz war wie viele Dichter des jungen Deutschland und des Vormärz Redakteur, aber auch Dramaturg, danach zeitweise Professor für Literaturgeschichte. Sein politisch-soziales Engagement in dem Fabrikdorf-Roman *Das Engelchen*, mit manchen biedermeierlichen Zügen versehen und in Abhängigkeit von Dickens und Sue, gleicht dem des erst in den letzten Jahren vor allem in der DDR-Forschung herausgestellten Georg Weerth, Sohn eines Detmolder Geistlichen. Er gehörte zum Freundeskreis von Marx und Engels, war Feuilletonredakteur der *Neuen Rheinischen Zeitung*, in der sein von Heine beeinflußter Zeitroman *Leben und Taten des berühmten Ritters Schnapphahnski* (1848/49) erschien. Weerth war als Kaufmann und Schriftsteller von realistischem Sinn, aber mit sympathisch-herzlicher Kommunikationsfähigkeit begabt. Er ist unter den vielen problematischen und Genienaturen der Zeit eine der liebenswertesten Gestalten.

Nicht nur männliche Autoren haben in Zeitromanen ihrer Gegenwart den Spiegel vorgehalten. Bettina von Arnim (1785 bis 1859) ist nicht das romantische Kind geblieben. Für Eichendorff und Mundt gilt sie in Verbindung mit der Günderode als Religionsstifterin der neuen Zeit, wie sie sich besonders im Zeitroman offenbart. Bettinas Blick für die sozialen Verhältnisse und das Weberelend lassen ihr Werk *Dies Buch gehört dem König* (1843) entstehen, das mit Recht als «entformter Roman», aber als höchst beeindruckende «sozial-politische, an Friedrich Wilhelm IV. gerichtete Mahnschrift und als Kampfbuch gegen politische, religiöse und soziale Rückständigkeit» anzusehen ist. – Die beiden feindlichen weiblichen Dioskuren Gräfin Ida Hahn-Hahn (1805 bis 1880) und Fanny Lewald (1811 bis 1889), die beide auf ihre Art für die Frauenemanzipation stritten und die Leistung George Sands in Frankreich für Deutschland wiederholten, sind ebenfalls eigentümliche und nennenswerte Gestalten.

Die aufgeführten Autoren stehen als Modell für andere, die auch erwähnt zu werden verdienten. Denn die Kanonisierung der Literaturgeschichte ist oft ein ungerechter Prozeß, abhängig von Einzelvorlieben germanistischer Forschung und Zufallsprodukt der Literaturgeschichts-

schreibung, die sich natürlich immer wieder auf bereits ausgetretenen
Pfaden bewegt, voneinander profitiert und sich aufeinander verläßt.
Heutige poetae minores sind früher oft von großer Bedeutung gewesen:
Friedrich Wilhelm Hackländer mit seinen damals viel gelesenen, sozial-
geschichtlich interessanten Sittenbildern aus der Soldaten- und Arbei-
terwelt, Theodor Mügge, Julius Mosen, Franz von Dingelstedt, Ernst
Dronke mit seinen sozialistischen Proletarierromanen, Fanny Tarnow,
die George Sand übersetzt hat, und Luise Otto haben ihren Beitrag zum
Zeitroman geleistet, der für uns in den meisten Fällen allerdings mehr
als Quelle für ihre Zeit denn als literarische Unterhaltung dienen kann.
Auch die heute wesentlich bekannteren Autoren wie Willibald Alexis
und Levin Schücking, ja selbst Stifter, die Droste und Mörike weisen in
ihren Romanwerken Aspekte des Zeitromans auf, insofern in ihnen ein
Bild ihrer Zeit einzubringen versucht wird, wie es später bei Friedrich
Spielhagen, Gustav Freytag, Theodor Fontane, Thomas Mann und Robert Musil im intensiveren und zugleich extensiveren Sinn der Fall ist.

Ungleichzeitigkeiten

Aus den Lebensumständen der genannten Autoren und Schriftstellerinnen, deren Zeitromane in die tagespolitische und soziale Auseinandersetzung eingegriffen haben, ergibt sich indirekt auch ein Bild für die Lage der ‹Literaturproduzenten› in der ersten Hälfte des 19. Jahrhunderts.
Die Nervosität des wieder aufgeflackerten Geniekults, die Unruhe der
Helden, wie sie schon in Eichendorffs *Ahnung und Gegenwart* vorgezeichnet ist, die Abhängigkeit vom Schriftsteller-, Redakteurs- bzw.
Lehrberuf sind wichtige Komponenten. Die durch persönliche Liebes-
tragödien, literarische Fehden oder Freundschaften und durch finanzielle Not hin und her geworfenen Literaten leben wie ihre Romanfiguren,
allerdings meistens noch realistischer und reichlich desillusioniert. Die
Wechselwirkung von Zeit und Zeitromanen ist in der Tat an ihnen selbst
abzulesen. Auch zeigt sich bei ihnen, die manchmal um eine ganze Generation verschoben sind, wie wichtig es ist zu bedenken, daß die Ungleichzeitigkeit der biographischen Verhältnisse durchaus in einer
Gleichzeitigkeit der politisch-sozialen Tendenz sich aufheben kann.
Der Gedanke von den verschobenen Ebenen innerhalb dieser ungleichzeitigen Gleichzeitigkeit ist auch auf die Autoren und ihr Lebenswerk
selbst anzuwenden: Die zeitlichen Fixpunkte 1815 und 1848, die Begriffe
Restaurationsepoche, Biedermeier, Junges Deutschland, Vormärz bzw.
Nachmärz sind Hilfskonstruktionen für die wissenschaftliche Durchdringung der kulturellen und in unserem Falle literarischen, romanbilden-
den Prozesse, die einerseits die politisch-sozialen Daten vorbereiten und
tatsächlich Revolutionen sowie ihr Gegenteil ermöglichen können, andererseits die äußeren Geschehnisse auf ihre Art aufbereiten und ver-

mitteln. Dabei ist es selbstverständlich, daß sich innerhalb der Biographie eines Autors nicht unbedingt radikale Brüche vollziehen müssen, weil historische Daten wie Krieg oder Frieden, Revolution und deren positive Nachwirkung oder auch Niederschlagung innerhalb seines Schaffensprozesses jeweils von außen sich melden, in der Rückschau aber eine ganze Nationalgeschichte bestimmt und verändert haben. Das Lebenswerk eines Vormärzautors bzw. eines Autors mit entsprechend zeittypischen Tendenzen kann durchaus über die äußeren Begrenzungen von 1815 bis 1848 hinausführen. Die Problematik wird am Beispiel der Zeitromane besonders deutlich, die nicht so rasch wie etwa die sozialpolitische Lyrik für den jeweiligen Tag geschrieben sein kann. Der Begriff Zeitroman impliziert bei aller horizontalen Sicht der Dinge, des Milieus, der Umwelt, der ethischen Verhältnisse und wirtschaftlichen Bedingungen zugleich die vertikale Linie in die Vergangenheit und die Zukunft, die als Voraussetzung und Folge im ‹Zeitbild› aufgearbeitet und fruchtbar gemacht oder auch erst entworfen werden müssen.

Das Jahrzehnt nach der Julirevolution erweist sich als besonders reichhaltig. Es wird von Laube in seiner Literaturgeschichte (1840) schlichtweg mit «Die junge Literatur» überschrieben, wobei sich der Verfasser einer gewissen Banalität selbst bewußt ist, indem er die Überschrift seines letzten Kapitels erklärt: «Eine solche wird es immer geben, ein Modernes wird immer da sein. Insofern sind solche Bezeichnungen mißlich. Aber es ereignet sich doch, daß eine Epoche größeren Nachdruck auf ihre Jugend legt, als die andere, daß eben die Jugend zum Unterscheidungsworte genommen wird.» Laube relativiert dann im oben angedeuteten Sinne der literarischen Verwandtschaft die nach Jahren zählende Jugend und charakterisiert als Hauptmoment der jungen Literatur die Freiheit: «Freiheit ist das Wort des Mittelpunktes. Nicht gebunden, sondern gelöst soll werden. Die revolutionäre Betheiligung ist tief inne wohnend, die Prosa unverkennbar. Aber die Prosa ist voll poetischen Scheines, weil sie rhetorisch, oder weil sie in Einigen romantisch spekulativ Kombinationen späterer Dichtung voraussnimmt.»

Die Laubesche Bestimmung für die dreißiger Jahre kann aber bei einzelnen Autoren durchaus auch später zur Entfaltung kommen. Gutzkow, der mit seiner *Wally* 1835 eine Lawine ins Rollen brachte, publiziert seine eigentlich gewichtigen Zeitromane *Die Ritter vom Geiste* und *Der Zauberer von Rom* erst 1850/51 bzw. 1858/61. Sein Vorwort zu den *Rittern vom Geiste* liefert die Romantheorie nach, die in der Praxis längst die jungdeutschen und vormärzlichen Zeitromane bestimmt hatte, bei denen ebenfalls die Jean-Paulsche Erzähltechnik teilweise Pate gewesen war. Der Roman sollte nämlich «Panorama der Zeit» sein, indem der Regel des Nacheinander von Handlungen die Forderung nach dem Nebeneinander aus der Vogelperspektive entgegengestellt wurde.

Immermann und Gotthelf

Aus der Masse der Zeitromane des Vormärz sind einige wenige für ihre
Gattung besonders typisch. Wenn der Literarhistoriker die von Gutzkow verlangte Perspektive des Adlers ebenfalls anwendet, wie es unter
Beachtung aller kleinteiligen Formen, vergessenen Namen und atmo-
sphärischen Bedingungen für die Literatur der Biedermeierzeit auf be-
wundernswerte Weise in jüngster Zeit noch geschehen ist, stellen sich
aufgrund der synoptischen Sicht unerwartete und überraschende Parallelen ein. Joseph von Eichendorff, immer als einer der Ur-Romantiker
angesehen, veröffentlicht seinen zeitkritischen Roman *Dichter und ihre
Gesellen*, in dem die optimistische Entscheidung für das alte, reparatur-
bedürftige Europa fällt, nur zwei Jahre vor Immermanns *Epigonen* von
1836, die im Prinzip auch einen verklärt-positiven Ausblick gestatten.
Immermanns nach jahrelangen Vorarbeiten endlich vollendeter Roman
im Intentions- und Figurengefolge von Goethes *Wilhelm Meister*, dessen
Wanderjahre erst 1829 erschienen waren, führt in der Figur Hermanns
das Erbe des Feudaladels und der neu aufgekommenen ‹Industriekapitä-
ne› und Fabrikbesitzer zusammen. Damit ist Immermanns Jugendroman
Die Papierfenster eines Eremiten um vieles überholt und die Kritik «an
der verwesenden Zeit» (letzter Aphorismus der ersten *Fensterscheibe*)
und an den hohlen gesellschaftlichen Zwängen vertieft. Der Held Hermann aus den *Epigonen* erleidet die Übergangsperiode bis zum Wahnsinn. Ehrenvoller bürgerlicher Charakter, geheimnisvolle adlige Ab-
stammung, die phantastische klassenlose Gestalt Flämmchens, in der
Goethes Mignon weiterlebt, ein mittelalterlich anmutendes Ritterspiel,
großstädtische Berliner Zustände und die Welt der beginnenden Industrialisierung wie des Kaufmanns sind miteinander verwoben. Hermanns
räsonierender Freund Wilhelmi nennt die Krankheit der Epoche beim
Namen: «Wir sind, um mit *einem* Worte das ganze Elend auszusprechen, Epigonen und tragen an der Last, die jeder Erb- und Nachgebo-
renschaft anzukleben pflegt.» (2. Buch, 10. Kapitel) Hermann selbst,
der seinem Erbe des Alten und Neuen, nämlich den Ländereien des
Herzoghauses und riesigen Industrien seines Onkels, nur als «Deposi-
tar», als Sachwalter und Bewahrer und nicht als kapitalistischer Besitzer
dienen will, spricht am Ende des dritten Buches, im letzten Kapitel des
Romans überhaupt, einen vielzitierten, gegen die Fortschrittsgläubig-
keit der Menschen gerichteten visionären Wunsch aus, der im zeitgenössischen Vergleich nicht ohne weiteres als hyperkonservativ einzuordnen
und damit abzutun ist.

Auch Heines *Hamburg*-Artikel nach dem Brand der Hansestadt im Mai
1842 macht beispielsweise auf die moderne Problematik unbewohnba-
rer, unmenschlicher Städte aufmerksam. Immermanns Held Hermann
entwickelt vor Wilhelmi bezeichnenderweise in einem herbstlichen

Abendgespräch, nachdem ein Band von Novalis die verklungene Romantik symbolisiert hat, seinen Zukunftsgedanken:

«Vor allen Dingen sollen die Fabriken eingehn und die Ländereien dem Ackerbau zurückgegeben werden. Jene Anstalten, künstliche Bedürfnisse künstlich zu befriedigen, erscheinen mir geradezu verderblich und schlecht. Die Erde gehört dem Pfluge, dem Sonnenscheine und Regen, welcher das Samenkorn entfaltet, der fleißigen, einfach arbeitenden Hand. Mit Sturmesschnelligkeit eilt die Gegenwart einem trocknen Mechanismus zu; wir können ihren Lauf nicht hemmen, sind aber nicht zu schelten, wenn wir für uns und die Unsrigen ein grünes Plätzchen abzäunen und diese Insel solange als möglich gegen den Sturz der vorbeirauschenden industriellen Wogen befestigen.»

Die *Epigonen* sind trotz ihres klassisch-romantischen Beigeschmacks denn doch eher realistische ‹Zeitgenossen›, wie der Roman unter anderem ursprünglich genannt werden sollte.

Immermanns *Münchhausen*, eine Geschichte in Arabesken, wie der Untertitel des 1838/39 erschienenen großen satirischen Zeitromans lautet, stellt eine vertrottelte und verarmte, auf Lügen hereinfallende Adelswelt im westfälischen Schloß Schnickschnackschnurr gegen die in einer Dorfgeschichte heraufbeschworene bäuerliche Welt des Hofschulzen vom Oberhof, dessen Kraft und Verstand in die Zukunft weisen. Die Hiebe gegen Görres, Justinus Kerner, Gutzkow, Pückler-Muskau usw. zeigen die lebendige Auseinandersetzung mit den Ideen und dem Schrifttum der Zeit. Das Gespräch des Lügenbaron-Nachfahren mit Immermann selbst, der sich als Figur in den Roman einbringt (6. Buch, 6. Kapitel), hat Spuren der romantischen Ironie in einer neuen, unter anderen Klassenbedingungen lebenden Epoche an sich.

Der bäuerlichen Welt des ‹Oberhofs› entsprechen noch am ehesten die in den Jahren 1837 bis 1850 erschienenen Romane von Bitzius, deren erster, *Der Bauernspiegel*, als «Lebensgeschichte des Jeremias Gotthelf» beinahe alle sozialen Anliegen enthält, die dann nach und nach entfaltet werden, so in *Leiden und Freuden eines Schulmeisters* (1838/39), dem naturalistisch derben *Dursli der Branntweinsäufer* (1839) und schließlich in den beiden *Uli*-Romanen: *Wie Uli der Knecht glücklich wird* (1841) und *Uli der Pächter* (1848), die als Familienromane die Entwicklung zu einem erfüllten bäuerlichen Leben schildern. Über die Bauernwelt hinaus greift Gotthelf beispielsweise in *Jakobs des Handwerksgesellen Wanderungen durch die Schweiz* (1846/47). Seine Romane stellen in ihrer zeitromanhaften Richtung freilich nur die Schweizer Verhältnisse vor, was ihnen in der Rezeption sicherlich eine gewisse unverdiente Reserviertheit des Publikums beschert hat. Die Lösung der immer sehr deutlich gesehenen und beim Namen genannten sozialen Frage geschieht nicht in der Immermannschen Mischung von Resignation, monarchisch rückwärts gewandter Prophetie und zagem Zukunftsglauben, sondern aus unkompliziert-christlicher Haltung heraus, die an Gottes Lohn bei richtigem Verhalten glaubt.

Sealsfield und Gerstäcker

Während bei Immermann und Gotthelf die engere Heimat Westfalens, Deutschlands oder der Schweiz als Betätigungsfeld innerer humaner Prozesse mit äußeren ökonomischen Folgen aufgefaßt wird, sind die Fernlandromane exotische Gegenbilder, die in der Heimat von der Urtümlichkeit der Charaktere und Landschaften besonders des nord- und südamerikanischen Kontinents künden. Sealsfield, den Bleibtreu als «Gegenwartshistoriker», nicht «Gegenwartsreporter» bezeichnen konnte[2], hat die vom Geld bestimmten Machtverhältnisse und die aufeinanderprallenden verschiedenen Kulturen der Weißen und Indianer auf fesselnde Weise in den Griff bekommen. *Tokeah or the White Rose*, 1828 erschienen, kam 1833 in Deutschland unter dem Titel *Der Legitime und die Republikaner* heraus. Tokeah, König des Indianerstammes Okonees, ist noch ein unklar gezeichneter, zwischen Rührung und Wildheit schwankender Charakter. Die politischen Auseinandersetzungen zwischen den Kolonialherren und den Unterdrückten werden im Roman über «Mexiko im Jahre 1812» mit dem Titel *Der Virey und die Aristokratie* (1834) ausgebreitet. Nach den *Lebensbildern aus beiden Hemisphären* (1835/37) hat *Das Kajütenbuch oder nationale Charakteristiken* (1841) besondere Berühmtheit erlangt. Es schildert in der Tischrunde selbstbewußter Südstaatler die Entstehung der ‹Vereinten Staaten› von Nordamerika, wobei der junge Oberst Morse vom Freiheitskampf der Texaner gegen Mexiko berichtet und den fesselnden Kleinroman *Die Prärie am Jacinto* erzählt.

In Sealsfields Nachbarschaft verblassen die Romane von Gerstäcker wie *Die Regulatoren in Arkansas* (1845), die mit Sealsfields *Nathan, der Squatter-Regulator* (1837) verwandt, allerdings mit kriminalistischen Elementen versetzt sind. Gerstäckers exotische Romane, unter denen *Die Flußpiraten des Mississippi* (1848) wegen ihrer spannend-düsteren Aktionen einen gewissen Beliebtheitsgrad erlangt haben, reichen dann bis in die sechziger Jahre hinein, so die Titel *Unter dem Äquator. Javanisches Sittenbild* (1861) und *Unter den Penchuenchen. Chilenischer Roman* (1867).

Laube und Mundt

Europa und die Situation der Jugend, die Emanzipation von Sitte und Moral, die Frauenfrage, der Schriftstellerberuf und das Selbstverständnis der Autoren spielen in den Arbeiten der dreißiger Jahre bei Laube, Mundt und Gutzkow die einigende jungdeutsche Rolle. Der wichtigste Roman dieser Phase ist Laubes *Das junge Europa* in drei Teilen, erschienen in fünf Bänden 1833 bis 1837. Der Roman mit den größten öffentlichen Konsequenzen durch Verbot und Zensur ist aufgrund vieler unglücklicher Verquickungen Gutzkows heute mehr als langweilig und harmlos wirkendes Buch *Wally, die Zweiflerin* von 1835.

Laubes *Junges Europa* enthält Einflüsse des Saint-Simonismus, dessen Anziehungskraft uns immerhin teilweise Heines Wechsel von Deutschland nach Paris erklären muß. Der erste Teil «Die Poeten» spielt, wie das in zahllosen Romanen der Zeit selbst bei streng sozialkritischer Gebärde der Fall ist, auf einem Schloß, das für viele junge Leute zum Bezugspunkt geworden ist, und von dem aus eine künftige soziale Revolution erwartet wird. Hauptdiskussionsthemen sind für die im Briefwechsel miteinander verflochtenen Personen die Dichtung und die Liebe. Die Revolution in Paris, von der einer der Helden (Hippolyt) schließlich enttäuscht abläßt, während ein anderer (Valerius) nach Warschau eilt, um sich am polnischen Aufstand zu beteiligen, liefert das aktuelle Datum. Der zweite Teil «Die Krieger» demonstriert auch hier die bittere Enttäuschung. Die politische Realität ist mit den Träumen des Helden nicht in Einklang zu bringen. Valerius kehrt in seine Heimat zurück. Im dritten Teil des Romans «Die Bürger», wobei dem Titel interpretierende Bedeutung zukommt, mündet die Bewegung der aufgeregten Jugend konventionell in Ehe und friedlichen Landbesitz, nachdem bereits hier die Auswanderung nach Amerika auch ihre negative Seite unter Beweis gestellt hat. Die Hoffnung auf eine bessere Zukunft durch abwartendes Bescheiden nähert sich wirklich, wie mehrfach festgestellt wurde, einer biedermeierlichen Lösung, während formal der anfängliche ‹Reisebilder›-Ton Heines sich gegen Ende verändert zu einer den *Epigonen* vergleichbaren Erzählstruktur.

Theodor Mundts Briefroman *Moderne Lebenswirren* (1834) überliefert ebenfalls viele Zeittendenzen und politische Enttäuschungen; das Bekenntnis zur Mitte, zum ‹juste milieu›, wird nicht ohne Ironie ad absurdum geführt. Der Biedermann Seeliger bekommt zwar seine Esperance. Der erzwungene Rückzug ins Privatleben und die Häuslichkeit wird aber nicht als glückliche Wendung erlebt, sondern als einzige verzweiflungsvolle Möglichkeit der weiteren Existenz. In seinem *Madonna*-Roman emanzipiert sich die Heldin Maria aus dumpf-katholischer Verklemmtheit in Böhmen zur reformatorisch-protestantischen Lebensweise in München. Die Reformation wurde überhaupt von den Jungdeutschen als die historische Vorläuferin der zeitgenössischen revolutionären Bestrebungen angeeignet. – Für die damaligen Leser war von besonderem Interesse, daß Mundt als Hausfreund der exaltierten Charlotte Stieglitz, die sich das Leben nahm, um ihren Mann, den Dichter Heinrich Stieglitz, zu poetischen Höchstleistungen zu animieren, einen Gegenentwurf geschaffen hat, in dem die Frau ihr Leben tatkräftig meistern konnte.

Gutzkow

Nach Gutzkows eigener Aussage im Vorwort zur zweiten Auflage der *Wally* von 1852 war ihm «die polemische Tendenz gegen die Ansprüche des Theologen- und Kirchentums die Hauptsache». Auch für diesen Roman ist Charlotte Stieglitz das realistische Vorbild. Die Reflexionen Cäsars, des Freundes der vornehmen Wally, dem sie sich am Tage ihrer Hochzeit mit dem sardinischen Gesandten geistig vermählt, indem sie sich ihm nackt zeigt, kulminieren in den «Geständnissen über Religion und Christentum», die als Gutzkows eigenes Glaubensbekenntnis an Schärfe und Entmythologisierung nichts zu wünschen übrigließen und im Verbund mit der als schlüpfrig empfundenen Handlung zum Verbot des Jungen Deutschland führten. Daß ein Roman, der zweifellos in seiner Verbindung von Liebesroman und bibelkritischer Abhandlung mißlungen war, solche Furore machte, ist nur auf die hellhörigen Schwachstellen des Systems zurückzuführen, in welchem Sitte und Ordnung durch die Religion garantiert wurden und zur Stabilisierung der bestehenden Herrschaftsstrukturen beitragen mußten. – Vor der *Wally* hatte Gutzkow bereits im *Maha Guru, Geschichte eines Gottes* (1833) unter tibetanischer Verkleidung den Jenseitsglauben verabschiedet und dem Diesseits und seinen Freuden zum Recht verhelfen wollen. Die Zeitkritik blickt aus allen exotischen Rollen geistreich und amüsant hervor.

Gutzkows große Zeitromane sind erst nach der Revolution von 1848 erschienen, aber keine unvermittelten Revolutionsfolgen. Sie stehen in der kontinuierlichen Linie des Gutzkowschen Schaffens. Schon sein Roman *Blasedow und seine Söhne* (1838) hatte in der ihm eigenen Art mit pädagogischen Bestrebungen der Zeit abgerechnet, die dem Autor lächerlich und falsch erschienen.

Die Ritter vom Geiste (1850/51) stellen einen Höhepunkt dar. Der Roman bietet eine ungemeine Anzahl von handelnden Figuren auf, in denen sich die preußischen Verhältnisse der Jahre 1849 bis 1851 wiederfinden lassen. An Levin Schücking schrieb Gutzkow am 5. August 1850: «Ich habe sozusagen einen politischen Wilhelm Meister schreiben wollen.»[3] Der bei ihm dargestellte Bund findet dort seine Parallele. Für Titel und Idee hat offenbar ähnlich wie bei den ‹Europamüden› Heinrich Heine herhalten müssen. In der zweiten «Bergidylle» aus der *Harzreise* schlüpft Heine beim Verführungsangriff auf sein ‹Gretchen› in die Rolle eines Ritters vom heiligen Geist und legt ein Credo ab, woraufhin sich das Mädchen über alle gesellschaftlich-kirchlichen Konventionen beruhigt hinwegsetzen soll. Der Bund der «Ritter vom Geiste» wird bei Gutzkow von dem jungen Referendar Dankmar Wildungen nach dem Vorbild des historischen Templerordens, zu dem familiäre Beziehungen bestanden haben, zusammen mit seinem Bruder und einigen idealistischen Freunden begründet. Allerdings wird die Welt sich durch das Wirken des Bundes kaum ändern lassen. Der Adlige, der zum Bund gehört als Handwerker und konspirativer Demokrat, dann wieder als Konservativer, entspricht vielen Motiven der Zeit. – Die Kompliziertheit des Romangefüges hat trotz vieler Auflagen des 19. Jahrhunderts eine lebhaftere Rezeption in die Gegenwart hinein verhindert.

Ähnliches gilt für Gutzkows Zeitroman *Der Zauberer von Rom* (1858/61), der ebenfalls mehrmals aufgelegt wurde und in den siebziger Jahren des letzten Jahrhunderts auch kirchengeschichtliche Fakten wie der Bildung der von Rom losgelösten altkatholischen Kirche vorausblickend Rechnung trug in seiner Tendenz: «Ein geläuterter, von Rom befreiter Katholicismus» (Vorrede zur 2. Auflage von 1862). Gutzkow hat in diesem Roman den Weg der «Irrlichtnatur» (Vorrede zur 1. Auflage) Lucinde Schwarz, einer hessischen Dorflehrerstochter, nachgezeichnet, deren Schicksal als Frau eines italienischen Grafen und Geliebte eines Kardinals unter einer Masse schauerlicher Geschichten verfolgt wird. Er bleibt seinem religionskritischen Ansatz treu und ficht für die Emanzipation einer unabhängigen menschlichen Persönlichkeit, die unter den politischen und religiösen Bedingungen seiner Zeit in der Regel nur tragisch enden konnte.

Daß bei den begabten und vielschreibenden Jungdeutschen die weiträumigen und dicken Zeitromane in Mode blieben, zeigt mit einem historischen Roman des gutzkowschen Nebeneinander auch noch einmal Laube in *Der deutsche Krieg* (1865/66), der wie das spätere Werk von Ricarda Huch *Der große Krieg in Deutschland* (1912/14) immer mit Blick auf die Gegenwart des Autors zu lesen ist. Wie Gutzkow kommt auch Laube im Alterswerk zum Ausgleich im politischen und religiösen Gebiet. Wie in den *Rittern vom Geiste* ist der überparteiliche Bund derjenigen, die guten Willens sind, ein Funken Hoffnung in einer zerstrittenen und mit Unterdrückungsmechanismen sich arrangierenden Welt.

Soziale Tendenzen im Roman

Die Helden der Zeitromane mußten häufig genug für die Leser als Identifikationsangebot fungieren. Wally, die Laubeschen jungen Männer und Frauen, Lucinde aus dem *Zauberer von Rom*, Hermann aus den *Epigonen* – es ist nur selten mit Händen zu greifen gewesen, daß die Literatur, wie im Falle von Goethes *Werther*, direkte Folgen auf Lebensbedingungen und Selbstfindung der Leser ausübt. In den Figuren der Zeitromane haben sich offenbar die damaligen Leser wenigstens teilweise wiedergefunden und dargestellt gefühlt. Unsere heutigen emanzipativen Errungenschafen sind ohne die Langzeitwirkung der Literatur, zumal auch der die Tendenzen der Zeit aktuell vermittelnden Zeitromane, gar nicht denkbar. Das gilt für alle Bereiche des öffentlichen und privaten Lebens wie Ehe- und Familienmoral, demokratisches Verständnis,

Verhältnis von Kirche und Staat usw. Alle Probleme der damaligen Lebensverhältnisse fanden Eingang in die Zeitromane, wenn auch manchmal in betulichen, auf überkommene Standesrücksichten schielenden Formen. Daß sich aber die Zeitromane vor den sozialen Problemen zwischen Arbeitgeber und Arbeitnehmer, vor Familienkonflikten und neuen Moralvorstellungen in historisch-ruhige Gefilde zurückgezogen hätten, ist der Zeit des Vormärz wirklich nicht vorzuwerfen.

Selbst dem «verworrenen epischen Galimathias»[4] der *Zerrissenen* (1832) von Ungern-Sternberg sind Teilaspekte der damaligen Wirklichkeit abzugewinnen, indem sie eine «pessimistisch-nihilistische Lebensverdrossenheit (auf dem Hintergrunde höfischer dolce vita)» überliefern. Diese kann ihrerseits nicht ohne den zeitlichen Rahmen bewußt untätig und unterdrückt gehaltener Intellektueller verstanden werden, die sich hedonistische Ersatzbefriedigungen verschaffen. Sternbergs Roman *Paul* (1845) schildert den moralisch begründeten Versuch eines Adligen, zwischen den Klassen aufgrund eigener handwerklicher Erfahrungen zu vermitteln. Wie zu erwarten, endet der Versuch in der Beibehaltung der Unterschiede unter patriarchalischer Leitung des allerdings den sozialen Ideen und Ansprüchen gegenüber offenen Adels. Demokratisch gewendet bedeutet das im Roman von Theodor Ölckers *Fürst und Proletarier* (1846), daß ein Prinz, der sich das Elend der unteren Klassen zu Herzen nimmt, einem Geheimbund beitritt, ähnlich wie er in den *Rittern vom Geiste* konstituiert wird.

Willkomm, Hackländer, Prutz und Weerth

Ernst Willkomms Briefroman *Die Europamüden, Modernes Lebensbild* (1838) bringt für uns ebenfalls manche spontanen Distanzmotive ein, weil die Amerikaschwärmerei mit krausen Weltverbesserungs- und Untergangsideen für Europa bzw. das Abendland gekoppelt ist, so daß man wirklich voller Verwunderung über Inhalt und Theorie von einem «seltsamen Buch» sprechen muß, dem Willkomms Sozialromane, bei aller Nachahmung von Sue und trotz aller guten Absicht, wegen mancher trivialen Punkte in nichts nachstehen.

Wie in den Tendenzromanen – wie Willkomms *Weißen Sklaven* (1845) und Luise Ottos *Schloß und Fabrik* (1846) – die Fabrikarbeit sowie das Verhältnis der Untergebenen zur lasterhaften Herrenkaste behandelt werden, so sind in Hackländers *Europäischem Sklavenleben* (1854) subtile Ausbeutungsmethoden der Gegenstand. In mehreren nebeneinander herlaufenden, aber miteinander irgendwelche Beziehungen unterhaltenden Kreisen vom Theater zum Hof, zum Großbürgerkreis bis hin zum verzweifelten Kleinbürger wird die deutsche Wirklichkeit anschaulich. Auch in Prutz' *Engelchen* erfolgt eine Versklavung selbständiger Handwerker im Weberdorf zu ausgebeuteten Arbeitern einer neuen Fabrik, die der Romanfabel nach in Flammen aufgehen muß, damit die Menschen wieder zu einer ihnen naturgemäßen Arbeit zurückkehren können. Prutz ist satirisch begabt, ebenso wie Weerth, der neben Dronke, dessen *Polizeigeschichten* (1846) mit der Obrigkeit und den haltlosen höheren Ständen ins Gericht gehen, an der *Neuen Rheinischen Zeitung* von Marx und Engels als Feuilleton-Redakteur angestellt war. Weerths *Humoristische Skizzen aus dem deutschen Handelsleben* (1848), besonders aber *Leben und Taten des berühmten Ritters Schnapphahnski* (1848/49) sind satirische Bloßstellungen der kapitalistischen Welt, die dabei klar und witzig analysiert wird.

Indem die Zeitromane sich nicht nur der subjektiven Beunruhigungen und Ängste einer «Wally», sondern auch der objektiven Arbeits- und wirtschaftlichen Bedingungen angenommen haben, waren sie imstande, ein Zeitbild zu entwerfen, an dessen einzelnen Farben und Motiven wir teilweise heute noch positiv und negativ zu rätseln und zu tragen haben, von dessen Licht- und Schattenseiten wir heute noch lernen können im Rahmen unserer Reflexion über die Bedingungen der Gegenwart, die ihre Komponenten unter anderem auch dem Vormärz verdankt.

Wulf Wülfing
Reiseliteratur

Reisezwecke

Der Brockhaus meint 1822, Reisen sei «ein Mittel sich für die Welt zu
bilden», eine Formulierung, der wohl auch der Held von Eichendorffs
Novelle *Aus dem Leben eines Taugenichts* (1826) zustimmen könnte, der
die väterliche Mühle mit den Worten verläßt: «Wenn ich ein Taugenichts bin, so ist's gut, so will ich in die Welt gehen und mein Glück machen.» Doch dieser junge Mann, der sich eines Frühlingsmorgens den
Schlaf aus den Augen reibt, der die Geige von der Wand nimmt und ohne weitere Vorbereitung «in die freie Welt» hinausschlendert, hat den
Brockhaus offenbar nicht gelesen; jedenfalls hat er nicht beherzigt, was
dort nachdrücklich empfohlen wird:

«Im Allgemeinen unternehme nur der reifere, mit dem Geiste der alten und neu-
en Classiker vertraute, in der Mathematik und Gewerbskunde, in der Staatswis-
senschaft, in Geschichte, Statistik und Geographie wohl unterrichtete und einer
oder mehrerer Sprachen ganz kundige Jüngling eine Reise; sie sei ihm der Übergang aus der Studirstube zum praktischen Leben, der ihn zu einer freiern, leben-
digern Ansicht der Welt führt. Übrigens muß der Zweck der Reise vorher fest
bestimmt, und dem *Hauptzwecke* müssen alle übrige untergeordnet werden.»

Angesichts des Pensums, das der Brockhaus dem Reisewilligen auferlegt, wird man viel Sympathie für den unbekümmerten Taugenichts
empfinden, der sich schon durch seinen ‹Namen› als Gegentyp zum
Brockhausleser ausweist. Dennoch wurde die Geschichte des 19. Jahrhunderts, in dem in erstaunlichem Maße empirisches Wissen angehäuft
wird, nicht von den Taugenichtsen geprägt.
Am Anfang stehe deswegen ein kurzer Blick auf jene Reisenden, die
sich – im Gegensatz zum Taugenichts – ein Ziel gesetzt haben, und zwar
ein besonderes Ziel, das der Brockhaus mit den Worten umschreibt:
«wissenschaftliche Erkenntniß zu befördern». Stellvertretend für alle
reisenden Forscher sei der Name Alexander von Humboldts genannt. Er

hatte mit seiner von 1799 bis 1804 durch die Tropen Südamerikas unternommenen Reise das Vorbild für alle danach geplanten wissenschaftlichen Exkursionen geschaffen und nach seiner Rückkehr nicht nur die Naturforscher vom Fach informieren, sondern jedem ‹fühlenden Menschen› mitteilen wollen, was er hatte erleben dürfen. Er, der noch fest in der Gedankenwelt des klassischen Weimar wurzelte, wollte durch «ästhetische Behandlung naturhistorischer Gegenstände» auf den ethischen Sinn der Zeitgenossen wirken – so in der Vorrede zur ersten Ausgabe seiner *Ansichten der Natur* (1808). Hier heißt es weiter:

«Ueberall habe ich auf den ewigen Einfluß hingewiesen, welchen die physische Natur auf die moralische Stimmung der Menschheit und auf ihre Schicksale ausübt. *Bedrängten Gemütern* sind diese Blätter vorzugsweise gewidmet. ‹*Wer sich herausgerettet aus der stürmischen Lebenswelle*›, folgt mir gern in das Dickicht der Wälder (. . .) Zu ihm spricht der weltrichtende Chor: ‹Auf den Bergen ist Freiheit! (. . .)»»

Alexander von Humboldt widmet das Buch seinem Bruder Wilhelm: «Berlin, im Mai 1807». Wenige Monate vorher hatte das ‹Heilige Römische Reich Deutscher Nation› sein Ende gefunden, war vor allem Preußen durch die Schlacht bei Jena und Auerstedt zusammengebrochen. Humboldt will – unter anderem per Schiller-Zitat – die Zeitgenossen aus den deprimierenden Niederungen der Geschichte auf die trostreichen Höhen einer als ganzheitlich vorgestellten Natur führen und «Genuß» durch «Einsicht in den inneren Zusammenhang der Naturkräfte» vermitteln. Selbst wissenschaftliche Reiseliteratur hat hier, an der Schwelle zum Vormärz, vor allem auch therapeutische Funktion.

Gattungen und Funktionen von Reiseliteratur

Ueber Reisen und Reiseliteratur der Deutschen denkt in den vierziger Jahren des 19. Jahrhunderts Robert Prutz nach. Er unterscheidet verschiedene Phasen: Zuerst, im 16. und 17. Jahrhundert, reise man «fürs Leben, nicht für die Literatur». Danach seien «encyklopädische Reisen» zu verzeichnen, und in der dritten Phase komme es dann zur ersten «Einführung der Reiseliteratur in die schöne Literatur überhaupt», und zwar «in der Blüthezeit der Sentimentalität», also bei Laurence Sterne und seiner *Sentimental Journey through France and Italy* (1768). Es handelt sich um dieselbe Zeit, in der die nicht zuletzt hinsichtlich der Reiseliteratur so «glorreiche Erfindung der Tagebücher» gemacht wird. Mit ihnen beginne der Überblick über die Gattungen von Reiseliteratur.

Im Reisetagebuch, im Reisejournal hält man fest, was man erlebt hat. Man reist also jetzt auch, um einen Zuwachs an Erzählstoff zu gewinnen – eine Entwicklung, über die sich bereits Matthias Claudius lustig macht:

> Wenn jemand eine Reise thut,
> So kann er was verzählen;
> Drum nahm ich meinen Stock und Hut,
> Und thät das Reisen wählen.

Es sind denn auch im Vormärz gerade die Reisenden, die schriftstellern. Oder liegt das daran, daß es gerade die Schriftsteller sind, die reisen? – Jedenfalls unternimmt zum Beispiel Karl Immermann im Herbst 1831 eine Reise, von der er in seinem *Reisejournal* (1833) – sein unterwegs geführtes Tagebuch stark redigierend – berichtet, eine Gelegenheit, die er nutzt, unabhängig von der Reise verfolgte Anekdoten-, Märchen- und Novellenpläne zur Ausführung zu bringen und dem «Reisejournal» einzuverleiben. Nicht-fiktionale und fiktionale Schreibweisen können zu dieser Zeit in friedlichem Neben-, Mit- und Durcheinander leben. Neben der Ausdrucksfunktion[1], die Reiseliteratur wie jede Literatur immer schon hat und die in der Regel im Tagebuch überwiegt – indem man seine Reise beschreibt, gibt man zu erkennen, wer man ist –, wird die Darstellungsfunktion[2] in dem Augenblick besonders wichtig, wo der Reisende seine Erlebnisse im Reisebrief anderen mitteilt. Ludwig Börne reist zum Beispiel 1830 von Frankfurt aus nach Paris und berichtet davon seiner Freundin Jeanette Wohl in Briefen, die er durch die Post nach Frankfurt befördern läßt. Im Herbst 1831 sind diese nach gemeinsamer Redaktion in den Druck gegebenen *Briefe aus Paris* nicht nur die publizistische Sensation des Jahres, sondern danach auch Anregung und Maßstab für die Gattung. Denn bei Schriftstellern erhalten auch und gerade diese pragmatisch fundierten Textsorten, die von fast jedermann gepflegt werden können, unter spezifisch literarischem Aspekt neue Funktionen. Mehr noch, die pragmatische Dimension kann im Vormärz auf eine Weise dominant werden, die konstitutiv wird für den interessantesten und vielleicht eigentümlichsten Texttyp der Zeit.

Als Beispiel diene zunächst das Reisefragment. Der Literat, der reist, hat nicht immer die Muße, ein Werk vorzulegen, das auf das klassizistische Prädikat ‹Geschlossenheit› Anspruch erheben kann. Das ist damals allerdings noch kein Nachteil. Zu dieser Zeit bedarf es nämlich keiner Entschuldigungen, wenn man tut, was naheliegt: Beobachtung an Beobachtung zu reihen und mit dem Bericht aufzuhören, wenn man nichts mehr zu erzählen weiß. Da jedoch die fragmentarische Struktur eine bestimmte Publikationsform nahelegt, stellt sich die Frage, was eher dagewesen sei: die Struktur der Texte, die diese dann ‹zufällig› für eine bestimmte Publikationsform geeignet erscheinen lassen, oder diese, die von vornherein die Struktur der Texte prägt. Berücksichtigt werden muß also das hinsichtlich der Reiseliteratur des Vormärz wichtigste Medium: das Journal, in dem man zuerst publiziert, was man dann später noch einmal in Buchform vorlegt.

Der Sache nach ändert sich nichts, wenn man statt vom ‹Reisefragment›
von ‹Reiseskizzen› spricht. Der Aspekt des Flüchtigen, Angedeuteten
bleibt erhalten. Es ändert sich lediglich der Bildbereich, dem die Metapher entnommen ist. Dieser ist hinsichtlich der Reiseliteratur sehr ergie-
big, wie die Ausdrücke ‹Reiseansichten›, ‹Reisegemälde›, ‹Reisepanora-
ma›, ‹Reisebilder› zeigen. Dabei trifft nicht zu, was die letzten vier Ausdrücke suggerieren könnten: größere ‹Vollständigkeit›, ‹Geschlossenheit›; auch ist Gattungsliberalität selbst dort noch lange nicht suspendiert, wo man wie Heinrich Laube *Reisenovellen* (1834/37) vorlegt. Es
bleibt anzufügen, daß auch das Etikett ‹Reiseroman›, wenn es damals
verwendet wird, Gattungspuristen enttäuschen muß.
Festzuhalten ist also: Reisen und Literatur, Objekt- und Metabereich,
Gegenstand und literarische Form entsprechen im Vormärz einander in
besonderer Weise. Dabei spielen die Bedingungen des literarischen
Markts, der sich mittlerweile entwickelt hat, eine wichtige Rolle. Hier
ist neben den bereits berücksichtigten Faktoren Autor und Medium der
Leser zu beachten. – Warum interessiert er sich für Reiseliteratur?
Reiseliteratur befriedigt zunächst ein Bedürfnis, das Grundlage jeder literarischen Kultur ist: das Bedürfnis nach Unterhaltung. Jene Neugier
des Lesers, auf die jeder Schriftsteller bei jedem neuen Text, den er vorlegt, bauen muß, scheint bei der Reiseliteratur, jedenfalls im Vormärz,
in besonderer Weise auf ihre Kosten zu kommen. Von den Gründen
wird noch zu reden sein.
Neben die Unterhaltungsfunktion von Reiseliteratur tritt dann deren In-
formations- und Bildungsfunktion. Der Reisende beschreibt nicht nur
fremde und vielleicht sogar bis dahin unbekannte Gegenden, Menschen
und Verhältnisse, er vermittelt auch – wie etwa das Beispiel England
zeigt – gerade im Vormärz Wissen von Entwicklungen, die anderswo bereits überschaubar geworden sind: Dadurch daß er im einzelnen beschreibt, wie weit die industrielle Revolution anderswo schon fortgeschritten ist, formt der Reiseschriftsteller mit an Erwartungshaltungen,
die Einstellungen auf künftige Entwicklungen auch in Deutschland vorbereiten können.
Für den Leser, sofern er selbst nicht reisen kann, erhält die Lektüre von
Reiseliteratur schließlich eine Ersatz- oder Kompensationsfunktion[3]:
Der Reisende, der in der Regel in der Ich-Form berichtet, kann zur
Identifikationsfigur werden, die stellvertretend all die exotischen Abenteuer erlebt, die sich der Daheimgebliebene nicht leisten kann.

Die besonderen Funktionen von Reiseliteratur im Vormärz
Nach der Niederlage Preußens, angesichts derer Humboldt den Blick
auf die Natur empfohlen hatte, hatten die Untertanen bei der Befreiung
Deutschlands von den Franzosen mit Hand angelegt und schließlich au-

ßenpolitisch gesiegt, innenpolitisch jedoch verloren: 1815 setzt die ‹Heilige Allianz› an die Stelle der ‹Bewegung›, die die Französische Revolution in die europäischen Länder gebracht hatte, wieder die ‹Stabilität›, die Metternich 1819 durch die Karlsbader Beschlüsse zementiert: Neben die Nachzensur, der alles Gedruckte unterworfen ist, tritt die Vorzensur für Werke unter 20 Druckbogen, etwa für Zeitungen und Zeitschriften. Damit aber wird es – jedenfalls für kritische Geister – letztlich unumgänglich, Bücher, nämlich Werke über 20 Bogen vorzulegen. Weil man nun, um als freier Schriftsteller leben zu können, schnell produzieren muß, gerät man oft in Materialnot. Will man die hinsichtlich der ersten Hürde notwendige Bogenzahl erreichen, muß man mit allem vorliebnehmen, was sich irgend drucken läßt, und seien es Texte von Freunden, die man dem eigenen Werk anfügt. Die mangelnde ‹Geschlossenheit› der Bücher, die ganz allgemein bei Reiseliteratur des hier besprochenen Typs spätestens seit Sterne unter die literarischen Lizenzen fällt, hat also auch politische und wirtschaftliche Ursachen.

Die Karlsbader Beschlüsse haben schließlich eine weitere Folge: Sie erzwingen geradezu innerhalb der Palette zeitgenössischer Gattungen die Dominanz der Reiseliteratur. Für diese gibt es nämlich einen Markt, der in besonderem Ansehen steht. In Erziehungsbüchern der Zeit, in denen für ‹Knaben› Musterbibliotheken zusammengestellt werden, fehlen die «Beschreibungen von Reisen in fremde Länder» nicht.[4] Reisebeschreibungen gelten mithin als kulturell besonders wertvoll. Dem entspricht, daß man bei den Vorschlägen für die Anlage von Gemeinde- und Volksbibliotheken die Gattung nicht vergißt. Von acht Hauptabteilungen, die 1847 für derlei Bibliotheken entworfen werden, lautet die dritte: «Erd- und Reisebeschreibungen».[5] Was liegt nun näher, als die anerkannte Gattung zum Vehikel dessen zu machen, was man bald ‹Ideenschmuggel› nennt?[6] Hinsichtlich der Gegenstände, von denen man berichtet, übernimmt die Reiseliteratur mithin eine Tarnfunktion[7], und hinsichtlich des Lesers, der gern zu der beliebten Gattung greift, erhält diese eine Lockfunktion.[8]

Das Jahr 1830 erscheint allen Zeitgenossen als Zäsur. Bei den liberal Gesinnten weckt die Julirevolution neue Hoffnungen. Wer jetzt nach Paris, Polen oder Holland reist, sucht die Alternative. Reiseliteratur, die davon berichtet, wie anderswo für die Freiheit gekämpft wird, bekommt in besonderem Maße Appellfunktion[9]: Gehe hin und tue desgleichen! Wo derlei nicht möglich ist, bleibt der Reiseliteratur immer noch eine Trostfunktion: Die Pariser und die Polen, die für die Freiheit ihr Leben einsetzen, handeln stellvertretend; wer von ihren Taten liest, kann die eigene Unfreiheit leichter ertragen. Leseerfahrung von der anderswo lebendigen Aktualität des Freiheitskampfs bewahrt – hinsichtlich der eigenen Verhältnisse – wenigstens dessen Potentialität.

Um das Jahr 1830 kann Reiseliteratur also eine in hohem Maße politische Funktion haben. Hier liegt wohl auch die Ursache für den zunächst verblüffenden Tatbestand, daß es in der Vormärzliteratur kaum Reisen zum Mond gibt. Utopia ist gleich nebenan. Man braucht nur die Grenzen des Deutschen Bundes zu überschreiten und findet Alternativen genug zu jener politisch-gesellschaftlichen Repression, unter der man zu Hause leidet.

Die Postkutsche

Doch auch schon vor der Julirevolution kann Reiseliteratur kritische Literatur sein, und das sogar, ohne durch die Schilderung fremder Verhältnisse eine Folie zu entwerfen, vor der die heimischen Unzuträglichkeiten in um so krasserem Licht erscheinen. Es gibt nämlich auch die Möglichkeit, die deutsche Misere dadurch zu kritisieren, daß man genau beschreibt, was jeden Reisenden plagt.

Börne unternimmt im Herbst 1820 eine Reise von Frankfurt nach Stuttgart, mit der Postkutsche; er berichtet darüber 1821 in der *Wage*, seiner «Zeitschrift für Bürgerleben, Wissenschaft und Kunst». Börne nennt seinen Reisebericht *Monographie der deutschen Postschnecke*. Durch den Untertitel «Beitrag zur Naturgeschichte der Mollusken und Testaceen» soll sie getarnt werden, löst aber dennoch eine amtliche Untersuchung aus, und zwar deshalb, weil es im Text heißt, der Conducteur habe nachts hinter Heilbronn einen blinden Passagier zusteigen lassen. Die Reaktion der Behörde ist verständlich; denn es geht um das Image der Post, die erst in dieser Zeit zu begreifen beginnt, daß Menschen nicht wie Pakete befördert werden sollten. Den Fortschritt rühmt 1830 der Brockhaus:

«Man wird nicht mehr, wie bei den bisherigen sogenannten Postwagen, wo die Reisenden nur der Päcke wegen transportirt wurden, mit Trinkgeldern an die Postillons, mit blinden Passagieren, Betteljuden und Hunden, sowie den willkürlichen Verfügungen der Conducteurs behelligt. Unstreitig hat hierbei das Publicum, besonders der Kaufmannsstand, sehr gewonnen.»

Börne muß also versichern, er habe das Ereignis fingiert. Nicht fingiert dürfte die im Text abgedruckte «Statistik (Stillstandslehre) des Postwagens» sein, aus der man ersieht: Die Reise dauert 46 Stunden; allerdings entfallen 14 Stunden und 44 Minuten auf Rast, also Wirtshausbesuch. In der Kutsche befindet sich auch ein neuvermähltes Paar, das am Tage nach seiner Hochzeit von Memel aufgebrochen ist, um nach Triest ins Haus des Mannes zu fahren. Mittlerweile ist das Paar neun Wochen unterwegs, so daß Börne zu der Überzeugung kommt, «daß die harrende Schwiegermutter in Triest nicht bloß eine geliebte Schwiegertochter, sondern auch einen Enkel werde bewillkommen und küssen können».

Und so spinnt Börne eine im Vorjahr in der Dresdner *Abendzeitung* erschienene Anekdote weiter: Die Zeitung hatte berichtet, ein «Sonderling, der viel gereist sei», hätte in seinem Testament verfügt, daß die Trauergäste «‹in mit Extrapostpferden bespannten Wagen›» seiner Leiche folgen sollten. «‹Denn da es der Anstand erheischt, daß ein Leichenzug feierlich und *langsam* vor sich gehen muß, so werden die Postillione das letztere unfehlbar am besten ausrichten.›» Börne ergänzt:

«Man sollte nicht die Leidtragenden, sondern die Leichen selbst auf Hochfürstlich Thurn-und-Taxischen fahrenden Postwägen zum Begräbnisse führen, damit sie Zeit gewönnen, aus dem Scheintode zu erwachen, da, wenn in der Asche des Lebens nur noch ein Fünkchen glimmt, das Rütteln des Wagens es zur Flamme anfachen müsse. Wäre dieses nicht eine sehr gute ambulante Totenschau?»

Das Rezept, nach dem diese Journalkost gemixt ist, ist leicht erkennbar: Ausgangspunkt sind die jedermann bekannten Beschwerlichkeiten des Reisens. Man braucht dann nur noch die Phantasie ein wenig spielen zu lassen und erreicht eine Pointe, die die Lacher auf die eigene Seite bringt. Gewiß, es muß ein wenig übertrieben werden, aber eben nicht viel. Doch unversehens, während der Leser noch lacht über das, was einem auf dem Weg zwischen Frankfurt und Stuttgart so alles widerfahren kann, wird der ‹Weg› zur Metapher für Politisches: Die ‹Satire› – so kann Börne schließlich in seiner «Monographie» unverblümt sagen – «sollte die Feinde dafür bestrafen, daß sie mit der Zeit *nicht* fortgingen». Die dem Touristischen verpflichtete Opposition ‹Schnelligkeit versus Langsamkeit›, von der zu reden nicht verboten werden kann, bildet die politische Opposition ‹Revolution versus Restauration› exakt ab.

Das Dampfboot

«Das Dampfschiff fährt, schnell wie der Wind, dem Sunde entgegen, aber durch den Sand unserer Küstenländer dringt weder der Körper, noch die Idee auf Flügeln oder mit Rädern des Windes.»

Wer den Verdacht hat, Börnes ‹Satire› übertreibe gar zu sehr, der lese Willibald Alexis' *Herbstreise durch Scandinavien* (1828): Die Chausseen in Mecklenburg sind miserabel, weil die Landstände, auf überkommene Rechte pochend, das Geld für die Instandsetzung verweigern; neue «Kunststraßen» scheitern am Egoismus der Grundbesitzer. Da die guten Pferde für das Rennen in Doberan aufgespart und die weniger guten bei der Ernte gebraucht werden, bleiben nur junge Fohlen, die man trotz ihres Temperaments nicht auf Trab bringen kann. Denn erstens sind die «Meklenburger Extra-extra-Postillione» Bauernjungen, die ein gesundes Phlegma vor jeder Übereilung bewahrt; und zweitens verfügen sie weder über Zaumzeug noch Zügel. Bei einfachen Stricken einen Trab zu provozieren, wäre mithin zu gefährlich. Kurzum, man ist froh, wenn man lediglich «um einige Stunden zu spät» an die Ostsee gelangt.

Kein Wunder, wenn nach solcher Anfahrt das Dampfboot «Prinzessin Wilhelmine» als «wunderbares See-Ungethüm» erscheint. Doch die Metapher verrät bereits, auf welche Weise Alexis der neuen Erfahrung Herr zu werden versucht: durch Poetisierung, die zunächst nichts anderes ist als Domestizierung des Neuen durch Einordnung in die Reihe bereits literarisierter Erfahrungen, und zwar Naturerfahrungen:

«Die ungeheure Rauchwolke unsers Kessels folgte (. . .) bis zum Ufer, ein wahrhaft Ossianischer Anblick, wenn der neblige Riesenarm sich auf der weiten Wasserfläche spiegelte und endlich mit dem Schatten des Ufers verschmolz.»

Alexis fährt fort: «Dies war aber auch die einzige poetische Seite des Dampfbootes.» Dennoch versucht er, gerade die ‹unpoetischen› Seiten der neuen Errungenschaft durch poetische Reminiszenzen zu bannen. Das zeigt sich an dem, was er zum Zentrum des Dampfboots zu sagen hat, zur Maschine: Den Damen werde bange «vor dem Getriebe der unterirdischen Räder, deren feuerrothe Wärter dem Eisenhammer des Fridolin Ehre gebracht hätten». Die Maschine als Orkus, dem nur mit des Klassikers Hilfe beizukommen ist: In Schillers Ballade *Der Gang nach dem Eisenhammer* bleibt Fridolin nur dewegen am Leben, weil er sich durch fleißiges Beten hat ‹aufhalten› lassen . . .

Die Dämonisierung des Dampfboots erreicht bei Alexis jedoch ihr volles Ausmaß erst angesichts des Dampfschiffs «Prinz Carl», das einmal in der Woche von Kopenhagen nach Christiania fährt. Dabei ist Alexis keineswegs blind für die grundsätzlichen Neuerungen, die das neue Verkehrsmittel bietet; ganz im Gegenteil. Was andere erst angesichts der Eisenbahn erkennen, merkt Alexis schon jetzt: «Die Leichtigkeit der Communication auf dem gradesten, schnellsten Wege»[10] führt zur «Schrumpfung des Raumes»: «Norwegen, welches bisher im grauen Nebel des Nordens gelegen, wird um hundert Meilen dem mittlern Europa näher gerückt». Alexis sieht die Vorteile und erschrickt trotzdem angesichts der Maschine des «Prinzen Carl»:

«Ein fürchterliches Werk, welches mit seiner immer gleichen, ruhigen Kraft Berge umwälzen könnte. Sieht man hinunter und sieht aus dem Qualm der glühenden Kohlen die vielen metallenen Riesenarme, die sich verschlingend und windend unaufhaltbar fortarbeiten, glaubt man einen Blick in die Werkstadt eines gigantischen Magiers zu werfen. Aber fürchterlicher, denn kein magischer Wille hemmt plötzlich diese willenlose Kraft.»

Alexis leidet schon unter einer Angst, die sich später bei den Eisenbahnreisenden steigern wird und daher rührt, daß man als Passagier die neuen Kräfte nicht aufhalten kann, zumal es zunächst so scheint, als überträfe die Maschine die Natur: «Die Schnelligkeit des Dampfbootes überflügelt ein aufgezogenes Gewitter.» Dieser trockenen Feststellung folgt jedoch bald die wortreiche Schilderung, wie man einem zweiten, sehr viel stärkeren Gewitter zu begegnen versucht: Zwar glaubt man, «dem Himmel trotzen zu können»; zwar beschließt man, «*nicht seekrank zu werden*»; zwar spricht man über Goethe und Hegel und setzt sich ausdrücklich zum Thema, «man müsse durch den Geist die Natur überwinden» – es hilft alles nichts, erweist sich letztlich alles nur als «Trug, Ueberwindung der innern Seelenangst», als «Todesqual».

«Ich habe nie eine schrecklichere Nacht verlebt (. . .) Aber war es nicht schon der Sieg des menschlichen Geistes über die empörte Natur, daß die ungeheure Maschine im Meere gegen den starren Willen des Elementes ungestört fortarbeitete?»

Das Dampfboot bewegt sich zwar nicht von der Stelle, aber die Räder arbeiten wenigstens «ungestört» . . . Gibt es ein lächerlicheres und zugleich treffenderes Bild für den «Sieg des menschlichen Geistes über die empörte Natur»?

Die Eisenbahn

Theodor Mundt berichtet in seinen *Briefen aus London* (1838), sein «Lieblingsvergnügen» sei es, «täglich eine Partie auf der Eisenbahn nach *Greenwich*» zu machen. Dort kann er einige Male im Park auf- und abgehen und dennoch – da die Bahn viertelstündlich verkehrt – rechtzeitig wieder zum Breakfast bei seinen Londoner Freunden sein. Mundt beschreibt genau, wodurch sich die Eisenbahn von der Postkutsche unterscheidet. Sie kann auf dem Lande das sein, was das Dampfboot auf dem Wasser ist: die kürzeste Verbindung zwischen zwei Punkten, und zwar weil sie einer Linie folgt, die gerade und eben zugleich ist. Das wird bei der Eisenbahn dadurch erreicht, daß die Unebenheiten des Geländes durch Einschnitte oder Aufschüttungen bzw. Viadukte ausgeglichen werden:

«Sie erhebt sich in stolzer Höhe auf beinahe tausend Bögen, deren prachtvolle Reihe fast alle architektonischen Formen, nur den gothischen Bogen ausgenommen, aufzeigt. Sie durchschneidet schöne und lachende Fluren mit der Grazie eines Vogels.»

Mundt erfaßt also genau jene «Lösung aus dem Naturzusammenhang»[11], die durch die Eisenbahn vollendet wird; aber diese «Lösung» wird nicht beklagt, sondern ästhetisiert. Denn für Mundt ist diese Bahn ausdrücklich, «als Kunstwerk betrachtet, der großartigste Bau, zu dem bis jetzt diese unsere eiserne Epoche der Weltverbindung Anlaß gegeben». Wie so oft folgt auch bei Mundt der Ästhetisierung die Naturisierung auf dem Fuße: Das Kunstprodukt, das die Natur zerstört, wird widersinnigerweise per Vergleich in ein Naturprodukt verwandelt. Von der «wie ein Raubthier ächzenden Maschine» heißt es, daß sie «schreit und krächzt wie ein prophetischer Rabe und aus tiefen Lungen ihre gespensterhaften Dämpfe bläst».

Naturisierung ist, wie häufig so auch hier, zum Mittel von Mythisierung geworden, wobei die Metaphorik eine Alternative eröffnet: Ist die Eisenbahn der Rabe, also ein Attribut Odins, das dessen Fähigkeit zum Überblick symbolisiert, also ‹Wissen›? Oder ist sie der Drache, den ein Siegfried töten muß, damit das Leben der Menschheit nicht weiter bedroht wird? «Werden Sie es das eiserne oder das goldene Zeitalter nennen?» Theodor Mundt, der drei Jahre vorher in der «Posthorn-Symphonie» seines im Vorfeld des Bundestagsbeschlusses verbotenen «Bewegungsbuches» mit dem Titel *Madonna* (1835) die Postkutschenmetaphorik genutzt hatte, um die Langeweile und Stagnation der von Preußen und Österreich verordneten Restaurationszeit zu beschreiben, zeigt sich zunächst an einer Antwort auf die Frage inhaltlich nicht interessiert. Er begnügt sich erst einmal erleichtert mit der Feststellung, daß es endlich eine Alternative gibt. Und so wird ihm die Opposition ‹Eisenbahnzeitalter versus Postkutschenzeitalter› zu einer Variante der zentralen jungdeutschen Opposition ‹Leben/Zukunft versus Tod/Vergangenheit›:

> «Mir gilt es gleich, das eiserne oder das goldene, wenn nur irgend ein bestimmtes Zeitalter dabei zu Stande kommt, und ich lasse mich erwartungsvoll fortrutschen durch eine Maschine, welche noch das einzig welthistorische Gesicht in unsern Tagen macht.»

Mundt läßt es dann doch nicht bei der allgemeinen Bestimmung bewenden, Eisenbahn sei Ersatz für im übrigen während der Restaurationszeit nicht stattfindende ‹Geschichte›, sondern widmet sich inhaltlich der Frage, «ob sie Glück bringt, Freiheit, Humanität, oder Auflösung aller Dinge und den jüngsten Tag». Während andere damals glauben, die neue Maschine werde endlich eine alte Hoffnung erfüllen und erzwingen, was den bisherigen Revolutionen nicht gelungen ist – die Gleichheit aller Menschen nämlich –, benutzt Mundt bei der Suche nach einer Antwort bezeichnenderweise denjenigen Ausdruck, der die für das 19. Jahrhundert signifikante «biologisch-physiologische Vorstellung von Gesellschaft und Ökonomie»[12] signalisiert: Zirkulation. Man ist sich, so Mundt, einig, daß die «Circulation aller Ideen und Kräfte in der Welt, so zu sagen des ganzen menschlichen Betriebscapitals», durch die Eisenbahn einen bisher nie gekannten Aufschwung erhalten hat. Aber ist dieser begrüßenswert? – Hier nun wird Mundt zum Romantiker, der lange vor Nietzsche ein ‹Pathos der Distanz› entwickelt: «Durch geringe Entfernung verliert alle Verbindung an Werth und Inhalt.» Mehr noch: Die «Vernichtung von Raum und Zeit»[13], die die Eisenbahn mit sich bringt, zerstöre alles; sie zerstöre jegliche Möglichkeit von Identität:

«Einem Berliner mag es angenehm und beziehungsreich dünken, so nah' an Paris zu kommen, aber wie irrt sich der Gute, wenn er glaubt, alsdann noch dasselbe Paris zu haben, sobald es sich in seiner Nähe befindet! Wird sich nicht auch Paris verändern, werden nicht alle Dinge das werden, was sie nicht sind?»

Hellsichtig macht Mundt deutlich, daß die Eisenbahn aus der industriellen Entwicklung ein Moment hervortreibt, das zwar von Anfang an vorhanden war, nun aber unübersehbar wird: die Entfremdung. Deren Ursache hat Mundt durch die mehrfache Rede von der «Circulation (. . .) des ganzen menschlichen Betriebscapitals» bereits, wenn auch metaphorisch, aufgezeigt: Es ist der Warencharakter, dem nun alles unterworfen wird. Im übrigen hat Mundt Phantasie genug, sich schon jetzt, 1838, die «Verflüchtigung der Gebrauchswert-Erscheinung der Ware»[14] vorzustellen und am Beispiel des Kaufmanns prophetisch aufzuzeigen, wie die Eisenbahn traditionelle Berufe zumindest deformieren wird:

«Es ist kein Zweifel, daß durch die Annäherung aller Räume die bürgerlichen Stände sich völlig neu gestalten müssen, manche aber werden vielleicht dabei zu Grunde gehen, wie z. B. der Kaufmannsstand, denn es ist etwas höchst Zweideutiges zu sagen, daß durch die Eisenbahnen der Handel gefördert werde. Die Kaufleute werden vielmehr fast alle zu Krämern herabsinken müssen, weil zwischen geringen Entfernungen nur Kramhandel möglich ist.»

Zwar fährt Mundt fort, dies habe «vielleicht auf mancher andern Seite sein Gutes»; denn die menschliche Gesellschaft sei «nicht dazu da, daß die Kaufleute gedeihen sollen». Doch teilt er keineswegs die Meinung, dadurch werde das Leben «um so poetischer und geistiger». Im Gegenteil. Er demonstriert es an dem für dieses Kapitel zentralen Gegenstand:

«Und was das Reisen anbetrifft, so wird durch die Eisenbahnen gewissermaßen alles Reisen aufhören, ich meine nicht blos die Romantik desselben und den Unterwegsgenuß der Natur, über deren Verlorengehen schon Andere im Voraus geklagt haben.»

Mundt meint nicht dieses «Nebenwerk des Reisens», sondern den zentralen Punkt: die Unmöglichkeit von Ferne und damit von Alternative. «Die Ferne ist es, die ich liebe, die Langeweile und Gleichgültigkeit der Nähe ist es, die ich fürchte.» Er, der in seiner *Posthorn-Symphonie* jubelnd den Aufbruch aus der heimatlichen Enge als Kampfansage an die politisch-gesellschaftliche Borniertheit der Restaurationszeit besingen und die Ferne als das der Nähe entgegengesetzte ganz Andere feiern konnte, sieht sich durch den Übergang von der Postkutschen- in die Eisenbahnzeit nicht um eine Hoffnung reicher, sondern um einen Trost ärmer.

Die Weltstadt

Nachdem Prutz, wie oben gezeigt, auf Sterne zu sprechen gekommen ist, setzt er als vierte Phase deutscher Reiseliteratur die des «schönen Subjects» an und nennt Winckelmann und Goethe als Beispiele. Danach erwähnt er die Romantik, die für ihn gleichbedeutend ist mit der «Reaction». Hier bedient sich Prutz durchgängig der Sprache jener Literaten, denen er die sechste Phase innerhalb der Geschichte der deutschen Reiseliteratur zuschreibt: der Jungdeutschen, die den Blick von den Ruinen alter Tempel zurück auf die «Ruinen unsrer Freiheit» gelenkt und die Reiseliteratur zu ihrer «Domäne» gemacht hätten. Einen neuen Aspekt gewinnt Prutz in seiner Darstellung dadurch, daß er die Entwicklung der Reiseliteratur zum Wandel der Reiseziele in Beziehung setzt: Zur Zeit der Empfindsamkeit sei man in die Schweiz gereist und seit Goethe dann nach Italien. Die Jungdeutschen aber hätten «die Emancipation von Italien» gebracht und an dessen Stelle Paris gesetzt, die «Weltstadt».

Auch Clemens Brentano besucht Paris im Jahre 1827. Auch er schreibt dort ein *Tagebuch*, in dem er berichtet, daß er (übrigens einer romantischen Gewohnheit folgend) zunächst das Fenster geöffnet habe; und da fällt auch ihm auf, was allen hier auffällt: das «Gedränge». Brentano sieht, «wie sie hier auf den Straßen, Einer unbekümmert um den Andern, an einander vorüber rennen, wie sie sich drängen und stoßen, Einer dem Andern zuvorzukommen sucht». Und sofort gerät ihm dieser Anblick zu einem negativen Symbol: «Mir erschien dies Treiben wie ein großes Bild des Egoismus.» Brentano wendet sich schließlich vom «babylonischen Triumph» der Straßen ab und den «barmherzigen Schwestern und Brüdern» zu, die dem «Sirenengesang der Verführung» trotzen und der «Hölle» Paris das «Kreuz» entgegenhalten.

Dasselbe Paris, das Brentano 1827 dämonisiert, wird bei Heinrich Heine rund vier Jahre später zum «neuen Jerusalem», zum Zentrum dessen, was er «eine neue Religion, die Religion unserer Zeit» nennt. Es ist das Paris der Julirevolution, durch die nicht nur für Heine aus Frankreich wieder «das geweihte Land der Freiheit» wird. Gewiß, bald zeigt sich ihm wie Börne, der noch vor Heine das «heilige Pflaster» betritt, daß die Hoffnungen sich nicht erfüllen. Dennoch bleibt Paris, wie Heine 1832 in den *Französischen Zuständen* schreibt, auch «nach jenen Blütetagen des Julius» die «schöne Zauberstadt»; sie sei «nicht bloß die Hauptstadt von Frankreich, sondern der ganzen zivilisierten Welt», das «Pantheon der Lebenden»: «Eine neue Kunst, eine neue Religion, ein neues Leben wird hier geschaffen, und lustig tummeln sich hier die Schöpfer einer neuen Welt.»

Dementsprechend kann Börne genießen, was Brentano erschreckt:

«Mich erfreute die unzählbare Menschenmenge (. . .). Wegen dieser Fülle und Vollständigkeit liebe ich die großen Städte so sehr. (. . .) Nur in London und Paris ist ein Warenlager von Menschen, wo man sich versehen kann, nach Neigung und Vermögen.»

Es klingt wie ein Echo auf diese Sätze, die Börne in seinen *Briefen aus Paris* unter dem 19. 9. 1830 notiert, wenn Georg Weerth 1847 in seinen *Skizzen aus dem sozialen und politischen Leben der Briten* in London schreibt:

«An zwei Orten mußt du in deinem Leben gewesen sein; du mußt an Cheapside in London und du mußt auf der Place de la Concorde in Paris gestanden haben, sonst hast du noch wenig gesehen, und wärst du auch von den Türken bis zu den Samojeden gereist. Wie dich auf den Gassen in London jener fürchterliche Ernst des Lebens umtost, der den Briten zu jener kolossalen Größe führte, in der er eisenarmig die ganze Erde umfaßt, ebenso weht dich im Herzen der Seine-Stadt jenes Feuer, jene Begeisterung an, die den Franzosen vielleicht noch größer als den Briten macht, die ihn in jenen Tagen leitete, als er siegend die Welt durchzog, und die ihn noch immer dahin bringt, eine große Idee auszusprechen und zu verwirklichen, wenn die Völker der Erde ihrer bedürfen.»

Ein Jahr später, zur Zeit der Februar-Revolution, ist es dann wieder soweit.

Heines *Reisebilder*
Reiseliteratur wird im Vormärz schließlich so beliebt, daß die Gattung verkommt. Sie entwickelt sich, nach Prutz, zurück zur «Klatschliteratur». Da es für derlei auch damals schon einen Markt gibt, finden sich genug Schriftsteller, ihn zu bedienen. «In neuester Zeit», so Prutz 1847, sei «das Reisen und Reisebeschreiben eine Profession» geworden und damit Reiseliteratur zum «Auskehricht der gesammten Literatur». Prutz bleibt nur die Hoffnung, durch Dampfschiff und Eisenbahn werde die Zahl der Reisenden «ins Unendliche» steigen, Reiseliteratur mithin funktionslos werden.
Begonnen hat der Niedergang der Gattung (nach Prutz) 1830 mit den *Briefen eines Verstorbenen. Ein fragmentarisches Tagebuch aus England, Wales, Irland und Frankreich, geschrieben in den Jahren 1828 und 1829*, einem anonymen Bestseller von Hermann von Pückler-Muskau. Diesem Fürsten widmet noch 1854, trotz Prutz, Heine per «Zueignungsbrief» die Buchausgabe seiner *Pariser Briefe*, des «daguerreotypischen Geschichtsbuchs» namens *Lutezia*: «Ja, Reisende waren wir beide auf diesem Erdball, das war unsre irdische Spezialität», so solidarisiert sich Heine mit dem «Verstorbenen». Dieser bleibt für ihn «der fashionabelste aller Sonderlinge, Diogenes zu Pferde, dem ein eleganter Groom die Laterne vorträgt, womit er einen Menschen sucht».
Die witzige Formulierung, die den Aristokratismus des Fürsten nicht

verschweigt, bewahrt gleichzeitig eine Sympathie, die auf Identifikation hinausläuft: Reisen ist für Heine auch noch nach der von Prutz behaupteten Professionalisierung ein gleichsam philosophisches Geschäft, bei dem man die Wirklichkeit aus einer höchst subjektiven Perspektive beschreibt und sie gerade deswegen durchschaubar macht. Und so müßte hier denn ausführlich die Rede sein von Heines *Reisebildern*, natürlich einschließlich der «versifizierten Reisebilder» wie *Deutschland. Ein Wintermärchen* (1844).

Zu seiner Form von Reiseliteratur findet Heine schon früh; im ersten seiner *Briefe aus Berlin* (1822), in dem er die «vielbewegte Menschenmasse» der Großstadt fasziniert-faszinierend beschreibt, nennt er bereits entscheidende Stichwörter: Es geht ihm nicht um bloße Oberflächenbeschreibung, sondern schon damals um die Darstellung dessen, was das «Auge des Eingeweihten» hinter der bunten Vielfalt der Erscheinungen zu erkennen vermag; um den «esoterischen Sinn», wie er dann in der *Reise von München nach Genua* (1830), seinem ‹subjektiven› Gegenstück zu Goethes ‹objektiver› *Italienischer Reise* (1816/17), sagt; um die «zeitliche Signatur», wie es in eben jener *Lutezia* heißt, die Heine Pückler widmet: Immer geht es darum, hinter den jeweiligen künstlerischen, sozialen, ökonomischen und politischen Prozessen deren Bedeutung für die jeweilige historische Situation aufzuzeigen.

In den *Briefen aus Berlin* verrät Heine schon die Methode, derer er sich dabei bedient: «keine Systematie», sondern «Assoziazion der Ideen». Und so müßte denn auch die Rede sein von Heines durchgängigem Verfahren, Reisebericht und Fiktion nicht – wie Immermann in seinem *Reisejournal* – auf jeweils verschiedene Textteile aufzuspalten, sondern zu einem einzigen Text zu «verweben», in dem nun die pragmatische Dimension nicht vertuscht, sondern in den Text hineingeholt wird: Reiseliteratur als Forum für die konkreten Nöte von Leser und Autor . . .

Reiseliteratur als Medium von Wirklichkeitserfahrung

Zu liefern war hier der Beweis zweier Thesen: Erstens war am Beispiel der Reiseliteratur zu entwickeln, wie im Vormärz gesellschaftliche und politische Repression Literatur determiniert bzw. wie diese auf derlei Repression reagiert. Die Kurzformel dafür lautete: pragmatische Fundierung. Zweitens war – daraus folgend – wenigstens andeutungsweise sichtbar zu machen, daß Reiseliteratur kein bloßes Akzidenz des Vormärz ist, sondern in dessen Zentrum führt: Reiseliteratur dieser Zeit kann Literatur sein, die in besonderer Weise mit Wirklichkeit, mit Wissen von der Gegenwart, getränkt ist. Wer erfahren möchte, auf welche Weise Menschen zwischen 1815 und 1848 ihre sich stark verändernde Welt erlebt und wie sie das Erlebte literarisch festgehalten haben, der lese diese Literatur. Sie ist eines der sichersten Medien, sich vergangener Realität zu nähern.

Aber wer will das? – Die Rezeptionsgeschichte stimmt jedenfalls nachdenklich. Man las letztlich dann doch lieber den *Taugenichts*, wogegen gewiß nichts einzuwenden ist. Nur: Man las ihn wohl gar zu oft nicht als märchenhafte Arabeske, als Gegenbild, sondern als Abbild, als Spiegel einer für ‹gemütlich› erklärten ‹Biedermeierzeit›, auf die man jeweils die eigenen, gewiß berechtigten Wünsche projizierte: «– und es war alles, alles gut!» Diesen Worten, mit denen Eichendorffs *Taugenichts* endet[15], steht jedoch ein damals weitverbreitetes Lebens- und Zeitgefühl gegenüber, das noch einmal umschrieben sei, und zwar mit einem Satz, den Mundt seiner *Madonna* nachschickt:

«Die Zeit befindet sich auf Reisen, sie hat große Wanderungen vor, und holt aus, als wollte sie noch unermeßliche Berge überschreiten, ehe sie wieder Hütten bauen wird in der Ruhe eines glücklichen Thals.»[16]

Von Geld ist die Rede, von wem noch?

«*Man kann sich nicht sammeln . . .*

. . . klagen unsre Landsleute, die Zerstreuung sei zu groß – Ach! das ist nicht so schlimm, schlimmer, daß sich auch das Geld so schnell zerstreut.» Der Mann, der dies schrieb, liebte das Geld und die Zerstreuungen, die Geld zu verschaffen vermag, aber er hatte «kein Talent zum Erwerb». Er studierte Jura und dankte es seiner Mutter: «Welche Aufopferung bewies sie dem Sohne, dem sie in schwieriger Zeit nicht bloß das Programm seiner Studien, sondern auch die Mittel dazu lieferte! Als ich die Universität bezog, waren die Geschäfte meines Vaters in sehr traurigem Zustand, und meine Mutter verkaufte ihren Schmuck, Halsband und Ohrringe von großem Werte, um mir das Auskommen für die vier ersten Universitätsjahre zu sichern.» Nach seinem juristischen Examen erhoffte der junge Mann sich einen Posten als Syndikus beim Hamburger Senat, bekam ihn aber nicht und ging nach München, als Redakteur der «Allgemeinen Politischen Annalen».

Er blieb nicht lange, reiste wieder nach Hamburg, von dort nach Norderney, nach Helgoland, Potsdam, England, Italien, blieb nirgends lange und schließlich in Paris hängen, dem «Mekka des Liberalen». Dort lernte er ein Mädchen kennen, Crescentia Eugénie Mirat, die er aber anders nannte, weil ihr Name ihm «immer in der Kehle weh» tat. Zwanzig Jahre lebte er mit ihr zusammen.

Seine Einnahmen erlaubten ihm ein leidlich gutes Leben. Er hatte 4000 Francs Jahresrente von einem verwandten Herrn Bankier, verdiente fast ebensoviel mit journalistischer und schriftstellerischer Arbeit hinzu, fand Unterstützung beim Baron Rothschild, aber so recht geldsorgenfrei wurde er nie, denn: «Willst du Geld und Ehre haben, mußt du dich gehörig ducken.» Und ducken wollte er sich nicht. Er starb im Februar 1856 in Paris. Von wem war die Rede?

(Alphabetische Lösung: 8-5-9-14-5)

Peter von Matt
Landschaftsdichtung

Die Landschaft als Ort der Geschichte

Alle Veränderungen im gesellschaftlichen Gefüge wirken sich aus auf den Raum, in dem diese Gesellschaft vorhanden ist: auf Stadt und Dorf und Landschaft. Die Besitzverhältnisse und die Methoden der Bewirtschaftung prägen das Bild, das sich demjenigen bietet, der durch die Landschaft geht. Wo ihm ‹Natur› begegnet, ist es immerzu eine Natur, die jemandem gehört, von jemandem bewirtschaftet wird oder aber durch jemandes Entschluß aus der Bewirtschaftung ausgespart bleibt. ‹Wald› und ‹Gebirge› als ökonomisch unberührte Gebiete gibt es seit dem Mittelalter in der Wirklichkeit Europas nicht mehr – um so ausgedehnter allerdings existieren sie in der Literatur. Gewiß zeigen die Steinwüsten des Gotthard-Massivs und die Waldkuppen des Schwarzwalds die geringeren Spuren dessen, was man Zivilisation nennt, als die fruchtbaren Hänge und Ebenen entlang des Rheins, der vom Gotthard kommt und sich um den Schwarzwald krümmt. Aber die Unterschiede sind abgestuft, und jene traumhafte Grenze zu einer ‹vom Menschen unberührten Natur› ist nirgendwo zu finden. Allein schon an der Geschichte der Jagd, der Jagdrechte und der Jagdpraxis ließe sich nachweisen, wie radikal die ‹Natur› selbst der entlegensten Wälder und Gebirge seit der Verbreitung der Handfeuerwaffen in der frühen Neuzeit verändert worden ist.

Also, möchte man folgern, zeigen uns die literarischen Naturbeschreibungen jedes Zeitraums den Stand der Umgestaltung, welche die Landschaft in der jeweiligen Epoche erfahren hat. Und, so möchte man weiter folgern, es ist eine Aufgabe der Literaturwissenschaft, die Naturbeschreibungen daraufhin zu lesen, an ihnen jene Eingriffe zu studieren und so vom literarischen Werk Auskunft über die Bewegungen der Geschichte zu erhalten.

Genau das aber ist nicht möglich. Die ‹Landschafts- und Naturdichtung› einer Epoche, als eine grundsätzlich überschaubare Gruppe von Texten betrachtet, genügt diesem Postulat nur zu kleinen Teilen. Oft enthalten gerade jene Texte, in denen Natur auf erregende Weise neu gesehen, neu beschrieben wird, wenig oder nichts von den zeitgenössischen Veränderungen im Landschaftsbild. Und umgekehrt wiederum sind Texte, in denen das geleistet wird, nicht selten ihrer literarischen Machart nach vorgestrig und als künstlerische Hervorbringungen belanglos. Den Testfall dafür kann im Vormärz die Industrialisierung abgeben. Auch wenn sich diese vor 1848 noch vergleichsweise zögernd ausbreitet, sind doch die Gesetze der Entwicklung und ihre Auswirkungen bereits unübersehbar. Literarisch scheint dies auf in der folgenden Industrielandschaft aus Karl Immermanns Roman *Die Epigonen* (1836):

«Abermals sah Hermann das tiefe, gewundene Tal vor sich liegen, aus welchem die weißen Fabrikgebäude des Oheims hervorleuchteten. Die Maschinen klapperten, der Dampf der Steinkohlen stieg aus engen Schloten und verfinsterte die Luft, Lastwagen und Packenträger begegneten ihm und verkündigten durch ihre Menge die Nähe des rührigsten Gewerbes. Ein Teil des Grüns war durch bleichende Garne und Zeuche dem Auge entzogen, das Flüßchen, welches mehrere Werke trieb, mußte sich zwischen einer Bretter- und Pfosteneinfassung fortzugleiten bequemen. Zwischen diesen Zeichen bürgerlichen Fleißes erhoben sich auf dem höchsten Hügel der Gegend die Zinnen des Grafenschlosses, in der Tiefe die Türme des Klosters. Beide Besitzungen nutzte der Oheim zu seinen Geschäftszwecken. Auch die geistliche hatte er unter der Fremdherrschaft zu billigem Preise erworben. Lange Gebäude, mit einförmigen Trockenfenstern versehen, unterbrachen die Linien der gotischen Architektur auf der Höhe und in der Tiefe; der Wald, welcher die Hügel bedeckte, war fleißig gelichtet.»

Dieses Bild erfährt seine beste Auslegung durch die anschließende Beschreibung derjenigen, die hier tätig sind:

«Abschreckend war die kränkliche Gesichtsfarbe der Arbeiter. Jener zweite Stand, von welchem die Vorsteher geredet hatten, unterschied sich auch dadurch von den dem Ackerbau Treugebliebenen, daß seine Genossen bei Feuer und Erz oder hinter dem Webstuhle nicht nur sich selbst bereits den Keim des Todes eingeimpft, sondern denselben auch schon ihren Kindern vermacht hatten, welche, bleich und aufgedunsen, auf Wegen und Stegen umherkrochen. Wie die beiden Beschäftigungen, die natürliche und die künstliche, dem Menschen zuschlagen, sah Hermann in diesem Gebirge oft im härtesten Gegensatze. Während er hinter den Pflügen Gesichter erblickte, die von Wohlsein strotzten, nahm er bei den Maschinen andre mit eingefallenen Wangen und hohlen Augen wahr, deren Ähnlichkeit die Brüder oder Vettern jener Gesunden erkennen ließ.»

Gewiß, hier ist von der Industrialisierung die Rede. Der erste Text will darauf hinweisen, mit welcher Härte sie die alten Linien der deutschen Landschaft bricht; wie sie die schöne Komposition von ‹Hügeln›, ‹Schloß› und ‹Kloster› zerreißt; wie sie ‹Wald› und ‹Flüßchen›, ‹Luft› und ‹Grün› Gewalt antut. Der zweite Text verlängert dies auf die Menschen hin: Wer sich der Maschinenarbeit hingegeben hat, ist körperlich schon bald zerrüttet und vermag nicht einmal mehr gesunde Kinder zu erzeugen. Dabei wird sowohl die Errichtung maschineller Betriebe wie der Wechsel von bäuerlicher zu Fabrikarbeit als freier und freiwilliger Akt hingestellt. Die Arbeiter «impfen sich selbst den Keim des Todes ein», weil sie die «künstliche Beschäftigung» wählen, statt der «natürlichen» treu zu bleiben. Gewiß also: Hier ist von der Industrialisierung die Rede, hier schlägt sie durch in die ‹Landschafts- und Naturdichtung›. Aber man kann da auch studieren, wie wenig mit der bloßen Thematisierung geschichtlicher Prozesse durch die Literatur schon gewonnen ist. Die historische Wahrheit – Umweltzerstörung und körperlicher Ruin einer noch lange schutzlosen Arbeiterschaft – geht hier Hand in Hand mit massiver Verfälschung.

Diese betrifft insbesondere die Lebensumstände der Bauern. Die neue Massenarmut auf dem Lande, die in den Hungerjahren 1816/17 erstmals kraß deutlich wurde, die Entwurzelung breiter bäuerlicher Schichten (sie vermehrten sich nach 1815 in wenigen Jahren um mehr als 50 Prozent), die Arbeitslosigkeit allenthalben werden hier unterschlagen, als zwingende Faktoren der Proletarisierung verneint und übertüncht mit dem illusionären Bild einer rein moralischen Entscheidungssituation zwischen ‹natürlicher› und ‹künstlicher› Arbeit.

Dem entspricht die poetische Struktur der Texte. Der Autor, der sich hinter diesem Landschaftsbild abzeichnet, steht selber über und außerhalb des Geschichtsprozesses. Er sieht ‹Schloß› und ‹Kloster› und ‹Fabriken› von einem dritten, überlegenen Ort aus, von einer idealen Warte, die es in Tat und Wahrheit nicht gibt und nicht gegeben hat. In mühsamer Imitation von Goethes Altersprosa – wo solche Distanz zu Welt und Geschichte ihre innere Legitimation besaß – wird hier vom bürgerlichen Schriftsteller der dreißiger Jahre die Fiktion eines erhaben-außergesellschaftlichen Standpunktes aufgestellt. Diese soziale Fiktion bestimmt die Gestalt des literarischen Gebildes, insbesondere seine forcierte Scheinobjektivität. Die Landschaft ist streng symbolisierend und typisierend komponiert, mit betont überlegener Gebärde. Das kann nur einer, der über die Wahrheit verfügt und sie in einfachen Zeichen, ‹klassisch›, wiedergibt. ‹Klassisch› präsentiert sich der Text, bis in die Stilnuancen hinein, aber die ‹Wahrheit›, von der er sich herleitet, ist eine sozial- und ökonomiegeschichtliche Fehlanalyse, und das analytische Versagen wird zuletzt zu einem künstlerischen.

Das Scheitern der Naturdarstellung

Die Intensität des Spannungsfeldes, in dem die literarische Landschaftsbeschreibung im Deutschland der Restaurationszeit steht, wird unmittelbar deutlich aus der Konfrontation zweier nahezu gleichzeitig (um

1828) entstandener und publizierter Texte. Der eine stammt aus Goethes *Novelle*, der andere aus Heines *Reise von München nach Genua*. Bei Goethe begleiten wir den Ausritt einer Fürstin mit Gefolge in die Natur:

«Der Weg führte zuerst am Flusse hinan, an einem zwar noch schmalen, nur leichte Kähne tragenden Wasser, das aber nach und nach als größter Strom seinen Namen behalten und ferne Länder beleben sollte. Dann ging es weiter durch wohlversorgte Frucht- und Lustgärten sachte hinaufwärts, und man sah sich nach und nach in der aufgetanen, wohlbewohnten Gegend um, bis erst ein Busch, sodann ein Wäldchen die Gesellschaft aufnahm und die anmutigsten Örtlichkeiten ihren Blick begrenzten und erquickten. Ein aufwärts leitendes Wiesental, erst vor kurzem zum zweiten Male gemäht, sammetähnlich anzusehen, von einer oberwärts lebhaft auf einmal reich entspringenden Quelle gewässert, empfing sie freundlich, und so zogen sie einem höheren, freieren Standpunkt entgegen, den sie, aus dem Walde sich bewegend, nach einem lebhaften Stieg erreichten, alsdann aber vor sich noch in bedeutender Entfernung über neuen Baumgruppen das alte Schloß, den Zielpunkt ihrer Wallfahrt, als Fels- und Waldgipfel hervorragen sahen. Rückwärts aber – denn niemals gelangte man hierher, ohne sich umzukehren – erblickten sie durch zufällige Lücken der hohen Bäume das fürstliche Schloß links, von der Morgensonne beleuchtet, den wohlgebauten höheren Teil der Stadt, von leichten Rauchwolken gedämpft, und so fort nach der Rechten zu die untere Stadt, den Fluß in einigen Krümmungen mit seinen Wiesen und Mühlen, gegenüber eine weite nahrhafte Gegend.»

Auch Heine bewegt sich durch die Natur, und doch scheint der Text wie aus einer andern Welt zu stammen:

«Tirol ist sehr schön, aber die schönsten Landschaften können uns nicht entzükken, bei trüber Witterung und ähnlicher Gemütsstimmung. Diese ist bei mir immer die Folge von jener, und da es draußen regnete, so war auch in mir schlechtes Wetter. Nur dann und wann durfte ich den Kopf zum Wagen hinausstrecken, und dann schaute ich himmelhohe Berge, die mich ernsthaft ansahen, und mir mit den ungeheuern Häuptern und langen Wolkenbärten eine glückliche Reise zunickten. Hie und da bemerkte ich auch ein fernblaues Berglein, das sich auf die Fußzehen zu stellen schien, und den andern Bergen recht neugierig über die Schultern blickte, wahrscheinlich um mich zu sehen. Dabei kreischten überall die Waldbäche, die sich wie toll von den Höhen herabstürzten und in den dunkeln Talstrudeln versammelten.»

Beide Texte haben ihre angestrengten und anstrengenden Aspekte. Mit einem furchtbaren Kraftaufwand versucht der Abschnitt aus der *Novelle* die Gesamtheit der äußeren Welt – Berg und Wald und Stadt und Ebene – in fester Ordnung und gesicherten Bezügen zu halten, unterzubringen in einer langsam bewegten Szenerie. Und doch verirrt sich der Leser darin beim ersten Lesen wie in einem erstarrten Tumult. Heine hingegen stellt sich der Natur mit radikaler, nahezu wilder Subjektivität. Der Hinweis, daß seine Stimmung, das heißt die seelische Verfassung eines reizbaren, rasch deprimierten Intellektuellen, die Naturerfahrung jederzeit vorausbestimme, läßt jeden Anspruch auf eine allgemeine Verbindlichkeit der literarischen Landschaft von Anfang an dahinfallen. Wenn mit spielerischer Selbstverständlichkeit festgestellt wird, die Spitzen des Hochgebirgs neigten sich dem Schriftsteller in der Postkutsche zu und kleine Berge stellten sich auf die Zehen, nur um ihn sehen zu können, so steckt dahinter in Wahrheit eine so extreme Art der Naturbegegnung und -vermittlung, wie wenn Goethe es unternimmt, mit vier Sätzen die Totalität der geschichtlich gestalteten Erdoberfläche wiederzugeben.

Was die zwei Prosapassagen repräsentativ macht, das hat es vordem nicht gegeben. Über alle Stildifferenz hinweg ist der Charakter des Neuen beiden Texten gemeinsam. Gemeinsam aber auch ist ein von ihnen insgeheim eingestandenes Scheitern. Goethe bekommt in seinen monumentalen Sätzen die konkrete Geschichte sowenig in den Griff, wie Heine mit seinem schnellen Witz der Realität der Gebirgslandschaft sich anzunähern vermag. Im Unterschied zum Immermann-Text geben diese Stellen aber davon versteckte Nachricht. Bei Goethe entspringt aus der ordnenden Spracharbeit das Gegenteil: ein unheimliches Labyrinth von Orten und drehenden Perspektiven. Bei Heine kann das Eingeständnis der radikalen Subjektivität und deren literarische Auswertung im Witz vom Berglein auf den Zehenspitzen und in der Verschiebung der eigenen drohenden Hysterie auf «kreischende Waldbäche» nicht darüber hinwegtäuschen, daß dies alles anstelle eines großen Gebirgsbildes steht, anstelle einer poetisch vermittelten Wirklichkeit, die nach der Tradition in einem Reisebericht aus der Gipfelzone der Alpen fällig wäre. Um zu zeigen, was mit ‹vermittelter Wirklichkeit› gemeint ist, sei auf einen Abschnitt verwiesen, wo der gleiche Heine in den gleichen Jahren von der Großstadt London spricht. Auch dies ist ein literarisches Panorama, ist ‹Stadtlandschaft›, aber welches Maß von präziser Information, von ökonomischer, baugeschichtlicher und sozialpsychologischer Analyse verdichtet sich in diesem Bild, in diesen zwei Sätzen:

«Diese Häuser von Ziegelsteinen bekommen durch feuchte Luft und Kohlendampf gleiche Farbe, nämlich bräunliches Olivengrün; sie sind alle von derselben Bauart, gewöhnlich zwei oder drei Fenster breit, drei hoch, und oben mit kleinen roten Schornsteinen geziert, die wie blutig ausgerissene Zähne aussehen, dergestalt, daß die breiten, regelrechten Straßen, die sie bilden, nur zwei unendlich lange kasernenartige Häuser zu sein scheinen. Dieses hat wohl seinen Grund in dem Umstande, daß jede englische Familie, und bestände sie auch nur aus zwei Personen, dennoch ein ganzes Haus, ihr eignes Kastell, bewohnen will, und reiche Spekulanten, solchem Bedürfnis entgegenkommend, ganze Straßen bauen, worin sie die Häuser einzeln wieder verhökern.»

Wenn Heine der großen Natur gegenübertritt, schildert er sich selbst. Er gibt wieder, was dabei in ihm vorgeht oder – wie in der *Harzreise* – was sich in sentimentalen Touristen abspielt. Angesichts der Großstadt hingegen findet er zu einer Prosa von kühler, registrierender Sachlichkeit, und was noch etwa subjektivistisch sein könnte – der Vergleich der Kamine mit ausgerissenen Zähnen – entdeckt sich bei genauerem Zusehen als ein starkes sinnliches Signal für die Gesetze der Ausbeutung, die er hinter der architektonischen Anlage wirksam sieht. Das ist ein merkwürdiges Ergebnis. Man würde doch wohl denken, daß ein Autor, der seinen ‹Stil› hat, Stadt und Land damit in gleicher Art erfaßt und in gleicher Art vermittelt. Was sind die Gründe, daß das bei Heine nicht zutrifft? – Das Stadtbild kann darüber Aufschluß geben. An ihm wird deutlich, daß Heines neues Schreibverfahren – immer bei einer privat-momenthaften Situation anzusetzen – grundsätzlich von diesem Privaten weg und auf die Erkenntnis gesellschaftlicher Regeln hinstrebt. Das ganz Subjektive soll ins ganz Allgemeine umschlagen. Eben dies aber will vor der Naturszenerie nicht gelingen. Man muß daraus schließen, daß die Funktion der Natur in der geschichtlichen Gesellschaft und in deren Literatur für Heine problematisch geworden ist. Er kann die Ansicht einer Großstadt oder eines Boulevards transparent machen auf die historischen Prozesse hin, die diese Orte und ihn selbst bestimmen, er kann es aber nicht mit einer reinen Landschaft. Das deutet auf einen Wandel, der für die Literatur fundamental ist.

Die große Dichtung des 18. Jahrhunderts stellte ‹Natur› als das Ewige, das Gültige, das Verbindliche schlechthin dar, als den einzigen Ort, wo ‹der Mensch› in seinem zeitlosen Wesen erscheinen konnte. Mit der Parole ‹reine Natur›/‹reiner Mensch› – der Parole der Humanität also – trat die bürgerlich-fortschrittliche Literatur des 18. Jahrhunderts in den Kampf gegen die Feudalmacht. Wo immer sich das poetische Naturbild entrollte, verbarg sich dahinter die trotzige Identifizierung des unterdrückten Bürgers mit dem zeitlosen Menschen, der seine verbündete Macht in der zeitlosen Natur fand. Das funktioniert bei Heine nicht mehr. Sobald die neue Herrschaft, die Ausbeutung der Bürger durch die Bürger – jene «reichen Spekulanten» von London zum Beispiel –, unübersehbar geworden ist, verliert das Naturbild seine Leuchtkraft als sozialrevolutionäre Metapher. Eine neue, entsprechend bedeutende Funktion aber ist für Heine nicht sichtbar. Wozu Landschaft und Natur ihm jetzt noch dienen können, das ist als Projektionsfläche für die Leiden und Aufregungen eines Intellektuellen, der von Zeit zu Zeit auf Reisen geht. Wenn es ihm dabei ums «Kreischen» ist, hört er solches von den Bergbächen; wäre es ihm ums Singen, würde er die Wasser singen hören; im übrigen hat er für sie keine Verwendung.

Damit steht nun Heine keineswegs allein in seiner Zeit. Der Funktionswandel der Natur innerhalb der Literatur ist in allen großen, für die Epoche repräsentativen Landschaftsbildern nachzuweisen, auch wenn jene frühere Gleichsetzung: reine Natur/reiner Mensch/bürgerlicher Mensch noch über das Jahrhundert hinaus als literarische Schablone am Leben bleiben wird.

Die für die Epoche repräsentativen Landschaftsbilder: Es sind die großen Ausblicke in Georg Büchners *Lenz* und in Adalbert Stifters *Studien*, es ist Charles Sealsfields texanische Prärie und Jeremias Gotthelfs bäuerliches Hügelland, zwanzig Kilometer östlich der Stadt Bern.

Naturbild als psychiatrisches Symptom

Was bei Heine eine schriftstellerische Not ist, das wird bei Büchner zu einem künstlerischen Ereignis. Die erste Seite des *Lenz* (geschrieben 1835) bringt eine Naturszene, die unverkennbar die triumphalen Landschaften von Goethes *Werther* aufgreift, mit deren Vokabular und Orchestrierung arbeitet. Aber das ist nun nicht Imitation wie bei Immermann, und es ist auch nicht Parodie wie oft bei Heine. Was hier vorgeht, ist eine harte Auseinandersetzung. Nicht eine über Kunst und poetische Technik, sondern über das, was hinter der Kunst steht. Mit den Mitteln der großgearteten Naturdichtung selber wird das Fundament von Ideen, auf dem sich diese einst aufbaute, der Kritik unterzogen. Was dem armen, bald ekstatischen, bald gefühlstoten Lenz auf der Wanderung über die Vogesen begegnet, das ist nicht mehr *die* Natur, das ist immer nur *seine* Natur. Es ist nicht das erscheinende Wesen der Welt, nicht Wahrheit jenseits aller gesellschaftlichen Verstellungen (Werther: «das innere, glühende, heilige Leben»), sondern es ist ein wandelbares Phantom, bald herrlich, bald grauenhaft, bald nichtig, wie es eben ein kranker und gequälter Geist sich selbst in raschem Wechsel vor die Augen wirft. Das Naturbild, schön wie nur je bei Goethe und Jean Paul, wird hier zum psychiatrischen Symptom:

«Anfangs drängte es ihm in der Brust, wenn das Gestein so wegsprang, der graue Wald sich unter ihm schüttelte, und der Nebel die Formen bald verschlang, bald die gewaltigen Glieder halb enthüllte (. . .) Nur manchmal, wenn der Sturm das Gewölk in die Thäler warf, und es den Wald herauf dampfte, und die Stimmen an den Felsen wach wurden, bald wie fern verhallende Donner, und dann gewaltig heran brausten, in Tönen, als wollten sie in ihrem wilden Jubel die Erde besingen, und die Wolken wie wilde wiehernde Rosse heransprengten, und der Sonnenschein dazwischen durchging und kam und sein blitzendes Schwert an den Schneeflächen zog, so daß ein helles, blendendes Licht über die Gipfel in die Täler schnitt (. . .), riß es ihm in der Brust, er stand keuchend, den Leib vorwärts gebogen, Augen und Mund weit offen, er meinte, er müsse den Sturm in sich ziehen, Alles in sich fassen, er dehnte sich aus und lag über der Erde . . .»

Was sich ‹stilistisch› den grundstürzend neuen Schreibverfahren in Deutschland vor der Französischen Revolution verwandt gibt, ist in Wahrheit deren Abgesang. Während der bürgerliche Intellektuelle in

den siebziger und achtziger Jahren des 18. Jahrhunderts mit der hymni-
schen Beschwörung der heiligen Natur sich seiner Rechte versicherte,
die Einrichtung einer herrschaftsfreien Gesellschaft an die Hand zu nehmen, ist sein Nachfahr von 1835 gezeichnet, ja zerrüttet von der Erfahrung der immerzu scheiternden politischen Reform.

Hilflos hat er zusehen müssen, wie 1830 in Frankreich die Feudalherr-
schaft schon zum zweitenmal vom Thron geworfen werden konnte, ohne
daß sich dies in seinem eigenen Vaterland anders ausgewirkt hätte als in
noch verschärfter Unterdrückung. Er kann gegen die politische Macht
nicht vorgehen – der geringste Versuch bringt ihm Gefängnis oder Emigration –, aber vorgehen kann er gegen die Illusionen und Verblendun-
gen der eigenen Partei. Der Kampf gegen die ästhetische Theorie der
‹Kunstperiode›, der in Heines Reisebildern beginnt und sich nach der
Julirevolution zur polemischen Tendenz einer ganzen Generation verstärkt, zielt auf die Destruktion einer Poesie, die einst von gleichfalls
bürgerlichen Intellektuellen geschaffen und in den Dienst gesellschaft-
lich-politischer Änderung gestellt worden war.

Die schöne Waffe aber hatte sich als Narkotikum erwiesen. Wenn das
Bild vom ‹schlafenden Deutschland› die zentrale politische Metapher
des Vormärz abgibt, dann gehört dazu stets auch die Überzeugung, daß,
was das Land im Schlafe halte, nicht zuletzt seine große Poesie sei. Diese aber kann nur mit ihren eigenen Mitteln um den verhängnisvollen
Zauber gebracht werden. Für die Natur- und Landschaftsdichtung geschieht es maßgeblich in Büchners *Lenz*.

Schreckliche Natur und Naturkatastrophe

Gestärkt also, ja berauscht hatte sich fortschrittlich-liberales Denken
über Jahrzehnte hin an der Überzeugung, in der unverdorbenen Natur
finde der unterdrückte Bürger die Vorverwirklichung jener umfassenden Freiheit, deren er sich bald einmal überall und unbeschränkt erfreu-
en werde. Im Märchen von der (nahezu) gewaltlosen Revolution, Schillers *Tell*, nahm diese Natur noch ‹eigenhändig› Anteil am Geschehen mit
Stürmen, Blasen und allerlei Regenbogen. Das war nicht nur eine kollektive Phantasie. In einem Land ohne Hauptstadt, dessen Bevölkerung
zu vier Fünfteln in der Landwirtschaft lebte und einen Boden bearbeite-
te, der sich fast ausschließlich in den Händen adliger Großgrundbesitzer
befand, war die Vorstellung der befreiten Natur die realste aller Uto-
pien.

Es folgten ja denn auch Bauernbefreiung und Agrarreformen der napoleonischen und nachnapoleonischen Zeit, aber was sie brachten, war ein
neues Elend: die Kapitalisierung der Landwirtschaft, die Verwandlung
der begrenzten Feudallasten der Bauern in unbegrenzte Verschuldung,
der oft unvermittelte Übergang von leib- und zehntherrlicher Gebun-

denheit in die faule Freiheit eines flottierenden Landproletariats. Dies alles mußte jene selbstverständliche Funktion von Natur und Landschaft als Visionen der erlösten Welt erschüttern. An deren Stelle tritt nun aber nach dem Zeugnis der bedeutendsten literarischen Texte keine neue Funktion. Was sichtbar wird, was gestaltet und gezeigt wird, ist vielmehr eine tiefe Verunsicherung, ja Hilflosigkeit der Sache ‹Natur› gegenüber.

Die Landschaftsdichtung des Vormärz gipfelt unbezweifelbar in den Gemälden drohender oder ausbrechender Naturkatastrophen. Mit der Beschreibung der Sonnenfinsternis von 1842, der großen Dürre im *Haidedorf* und des schweren Winters in der Studienfassung der *Mappe meines Urgroßvaters* setzt Adalbert Stifter ein neues Maß in die Geschichte der deutschen Prosa. Gleichrangig tritt neben ihn nur Jeremias Gotthelf, auch er mit Fresken einer aus allen Ordnungen brechenden Natur: in der *Wassernot im Emmental*, in den Unwettern, Dammbrüchen und Kartoffelkrankheiten der Erzählung *Käthi, die Großmutter*, in der bildhaften Verdichtung aller Formen von Pest und Seuchenzug in der Novelle *Die schwarze Spinne*. Wenn Gotthelf hinter diesen Dingen den alten, ernsten Gott am Werk sieht, der «es nötig findet, selbst zu predigen» und in solchen Katastrophen «laut redet über Berg und Tal», so ist das nur die erste und einfachste Art, die Texte zu verstehen. Die genauere Betrachtung findet Gotthelfs theologischen Kommentar zu den Bildern einer rasenden Natur so widerspruchsvoll und unzureichend wie Stifters vernunftfromme Selbstdeutungen.

Beide Autoren versuchen, ihre komplexen Darstellungen bisher unbeschriebener kollektiver Untergänge zu entschärfen und durch die Deklarierung zum belehrenden Bildermaterial eigenhändig zu verharmlosen. In dieser Kluft zwischen der bedrängenden Realität des Textes und der schlichten Selbstauslegung durch den Autor spiegelt sich jene tiefe Verunsicherung. Die Krise im Begreifen der Natur wird weder durch den raschen Fortschritt der Naturwissenschaften noch durch die wirtschaftliche Erschließung neuer geographischer Zonen gemindert.

Charles Sealsfields wohl bedeutendste Leistung, der Bericht von der Irrfahrt durch die *Prairie am Jacinto*, findet sich in einer demokratisch engagierten Geschichte aus dem zum Liberalismus entschlossenen Amerika. Dennoch kann die Art, wie hier die Natur immerzu schöner und immerzu schrecklicher, würgender wird, nur verglichen werden mit der grauenvollen Pracht der Wüsten-, Steppen- und Gletscherschauspiele des habsburgtreuen Stifter. So eindeutig, geklärt und engagiert die offizielle politische Position der Gotthelf, Sealsfield, Stifter ist und so weit diese Autoren gerade darin voneinander abstehen: Aus den drohenden Landschaften, die ihre poetische Arbeit so merkwürdig ähnlich hervorbringt, spricht der gleiche fundamentale Zweifel, eine eigentliche Erkenntnisnot. Diese ist weder naturphilosophisch noch naturwissenschaftlich begründet. Sie muß verstanden werden als die dichterische Übersetzung der Erschütterung, die das bürgerliche Selbstbewußtsein mit dem voranschreitenden Jahrhundert erfährt. Zwischen die Herrschaft der Feudalen und die Herrschaft des kumulierten Geldes gestellt, ohne sichtbaren Ausweg, in immer weiterer Entfernung von der angestammten Moral radikaler Brüderlichkeit, ist der Bürger sich selbst zum geschichtsphilosophischen Rätsel geworden, und er schaut sein eigenes Vexierbild an in den abgründigen Naturstücken seiner Prosaschriftsteller.

Peter von Matt
Naturlyrik

Inflation der Lyrik

Hier ist zu reden von einer literarischen Inflation. Was zwischen 1815 und 1848 an Lyrik hervorgebracht wurde, läßt sich, der Quantität nach, nur mit Bildern von Dammbrüchen und Überschwemmungen einigermaßen verdeutlichen. Solche Erscheinungen sind aber in der Literatur niemals nur in den Autoren begründet; ebensosehr, wenn nicht in erster Linie, ist es die Beschaffenheit des Marktes, die sie hervorruft. So unerschöpflich die Epoche im Produzieren von Gedichten scheint, so unersättlich muß das Publikum im Aufnehmen gewesen sein. Dazwischen stand eine Druck- und Verlagsindustrie, die nicht nur die Gunst der Stunde nutzte, sondern das Bedürfnis der Lesenden und die Aktivität der Schreibenden kräftig förderte. Diese Industrie war seit den zwanziger Jahren in einem aufregenden technischen Wandel begriffen. Aus England kamen in rascher Folge Maschinen, die den Bereich des Buch- und Zeitungsdrucks – und damit den Bereich alles Geschriebenen – entscheidend veränderten und dynamisierten. 1818 beginnt in Berlin die erste englische Papiermaschine zu arbeiten; kurz darauf wird die Schnellpresse eingeführt. Herstellung und Vertrieb von Periodika, von Tages- und Wochen- und Monatsblättern, werden zum gewinnträchtigen Wirtschaftszweig; entsprechend vermehren sich die Jahrbücher, die zahllosen Almanache.

Das alles ist zwar nicht in erster Linie auf Gedichte ausgerichtet; aber es bedarf dieser kleinen Sprachstücke doch in einem bisher nicht bekannten Ausmaß. Die Gedichte füllen nicht nur die Lücken, die eine rastlose Zensur regelmäßig und meist im letzten Moment in den Druckspiegel reißt, sie bilden auch, solange sie sich mit lauter Natur und Liebe befassen, eine Art von Texten, mit der man sich politisch die Finger nicht verbrennt und beim Publikum Erfolg hat, ohne ihn bei der Polizei wieder büßen zu müssen. Auf diesem Hintergrund ist die außerordentliche lyri-

sche Produktionsfreude von Leuten wie Friedrich Rückert oder Justinus
Kerner, aber auch Heines und Lenaus zu sehen.

Je größer indessen der jährliche Ausstoß an Gedichten ist, desto mehr sieht
sich der Verfasser auf Muster und Schablonen angewiesen, mit deren Hilfe
er sie anfertigen kann. Angeblich das Intimste aller Poesie, das rare Geschenk gesegneter Stunden, wird das Gedicht dieser Zeit in Wahrheit mehr
und mehr ein Massenartikel aus vorfabrizierten Gefühls- und Landschafts-
elementen. Viele Autoren, die hier eifrig tätig waren, sind heute verschol-
len oder wurden – wie etwa Wilhelm Müller – einzig über die Vertonungen
eines Schubert oder Schumann ins Gedächtnis der Welt transportiert. Von
den berühmtesten Liederdichtern aber gibt es keinen (Mörike vielleicht
ausgenommen), der nicht seinen Anteil hätte an der inflationären Produktion. So spiegelt merkwürdigerweise die privateste Gattung am direkte-
sten den ökonomischen Wandel in der Herstellung und Vermarktung von
Literatur und die neue Rollenzuteilung an den Autor.

Die erwähnten Muster und Schablonen, mit denen Lyrik gemacht wird,
sind fast ausnahmslos bezogen auf die Natur, eine durchaus ungeschicht-
liche, demonstrativ außergesellschaftliche Natur. Diese Natur liefert
Einzelbildchen; man schildert sie in raschen Reimen hin; darauf folgt
unweigerlich das ‹et ego›: auch ich bin so; auch mir geht es ähnlich: bin
nicht auch ich solch ein Teich oder Baum oder Rosenbeet? – Es ist ein
eigentlicher Jahreszeitenfanatismus, was da in den lyrischen Almanachen wütet, als hätte die deutsche Seele nichts zu tun, als das Grünen
und Vergilben der Blätter zu betrachten und in Beziehung zu bringen
zum Liebesleben und zum Älterwerden. Die Tatsache, daß vor den Rosen die Veilchen, nach den Rosen aber die Malven blühen, scheint diese
deutsche Seele Jahr für Jahr in ihren Grundfesten zu erschüttern, an den
Rand der Verzweiflung zu werfen oder aber in ein verklärtes Licht all-
segnender Resignation zu heben.

Das ist gelegentlich zum Heute-noch-ersticken. Man versuche nur einmal, sich durch die endlosen Bände Rückerts durchzulesen. Oder aber
es gewinnt einen neuen Reiz im unfreiwillig Komischen wie etwa bei
dem unsäglichen Karl Mayer, dem seltsamsten der Schwabendichter:

> An die Luft
>
> Wie find' ich dich so hold bedacht,
> O blaue Lenzluft, abzuschütteln
> Durch sanftes Laub- und Ästerütteln
> Die Tropfen einer Regennacht!
> O rüttle, goldne Luft, nicht nur
> An diesen Thränen der Natur!

Das steht nicht etwa im Stadtanzeiger von Nürtingen, das findet sich
vielmehr im angesehensten Publikationsorgan für deutsche Lyrik über-

haupt, dem *Deutschen Musenalmanach*, den Adelbert von Chamisso und Gustav Schwab für die Jahre 1833 bis 1839 zusammen herausgaben. Wer da gedruckt wurde, gehörte sogleich zur literarischen Öffentlichkeit. Chamisso hat hier Freiligrath lanciert, und er hat die Gedichte von Karl Marx, als dieser noch gern als Poet lanciert worden wäre, abgelehnt. Merkwürdig erscheint heute, daß selbst so wachen, kritischen Köpfen wie dem tapfern Chamisso die krasse Schablonenhaftigkeit der meisten Naturgedichte nicht auffallen wollte. Unterschiede, die heute ins Auge springen, scheinen den Zeitgenossen durchaus nicht ohne weiteres deutlich geworden zu sein. Wie anders wäre es zu erklären, daß in dem erwähnten Almanach von 1838 Karl Mayers Strophen gleichrangig neben Eichendorffs zauberhafte *Wünschelrute* treten können:

> Schläft ein Lied in allen Dingen,
> Die da träumen fort und fort,
> Und die Welt hebt an zu singen,
> Triffst du nur das Zauberwort.

Offensichtlich übt das Naturgedicht eine Faszination aus, die von anderen Gesetzen bestimmt ist als den Kriterien, die wir heute dafür brauchen. Dies läßt sich auch an der Rezeption von Heines *Buch der Lieder* studieren: Was es uns heute kostbar macht (das ätzende Fluidum), wurde als befremdlicher Beigeschmack in Kauf genommen; was uns heute befremdet (die krasse Sentimentalität), hat schrankenlos entzückt. Heines ursprünglicher Ruhm gründete sich nicht zuletzt auf Natur- und Liebesgedichten wie:

> Ein Fichtenbaum steht einsam
> Im Norden auf kahler Höh.
> Ihn schläfert; mit weißer Decke
> Umhüllen ihn Eis und Schnee.
>
> Er träumt von einer Palme,
> Die, fern im Morgenland,
> Einsam und schweigend trauert
> Auf brennender Felsenwand.

Neben diesem Fichtenbaum kann auch Karl Mayers Lenzluft bestehen. Falls nun aber die Faszination, die von der lyrischen Naturszene ausgeht, tatsächlich eine besondere, eine epochenspezifische sein sollte, wie wäre sie zu bestimmen? – Von einem Wandel des Schönheitsempfindens in und aus sich selbst dürfen wir nicht ausgehen. Wenn die ästhetische Sensibilität sich verändert, beruht dies immer auf einer veränderten sozialen Funktion der schönen Sache selber – hier also des Naturgedichts. Es ist kein Zufall, daß in den beiden letztzitierten Gedichten, bei Eichendorff wie bei Heine, die Naturdinge «schlafen» und «träumen». Über das Naturgedicht geht der lyrische Leser in einen solchen Dämmerzustand ein. Das «Zauberwort» bringt nicht das allgemeine Erwachen, sondern die Möglichkeit, aus einem Wachsein, das zur Qual geworden ist, in einen allgemeinen Traum zu gleiten. Das vom Gedicht eröffnete Naturlokal wird zum Ort der Ersatzerfahrungen jeder Art. Je mehr der Druck im Polizeistaat steigt, je weiter jede denkbare Beteiligung der bürgerlichen Mehrheit in Deutschland an den politisch-gesellschaftlichen Entscheidungsprozessen in die Ferne rückt, desto verlockender wird der poetisch konstruierte, außersoziale Naturort als Grundlage intensiver Gefühle, kostbarer, gewagter, luxuriöser Spiele der Phantasie.

Exotik als Ausflucht

Wenn man die Produktion zu überblicken sucht, ist es nicht nur so, daß die Naturszenerie zum Hintergrund aller und jeder Empfindung werden kann. Viel unheimlicher nimmt sich die Tatsache aus, daß überhaupt kein wahres Gefühl mehr möglich scheint ohne die Kulissen von unbewohntem Feld und Wald. Darin steckt, unausgesprochen, ein Urteil über die öffentlichen Zustände in Deutschland, das so erbarmungslos ist wie die ausgesprochenen Richtsprüche in den politischen Kampfgesängen der Emigranten. Nur wenn man diese grundsätzliche Bedeutung aller Naturszenerie als des einzigen Schauplatzes ungezähmter Wünsche und Vorstellungen erkannt hat, begreift man, warum die künstlerischen Qualitätsunterschiede so wenig ins Gewicht fallen. Wenn die mediokren Naturgedichte aus den zwanziger und dreißiger Jahren des 19. Jahrhunderts in ihrer Massierung tatsächlich zum Heute-noch-ersticken sind, dann reproduziert sich in diesem Reflex des gegenwärtigen Lesers etwas von den fundamentalen Erstickungsgefühlen der gelähmten Intelligenz im restaurierten Deutschland.

Man könnte es wiederum an Heine zeigen, an der Art, wie er im einzelnen Naturgedicht selber auf dessen Künstlichkeit, auf das unzulänglich Narkotische hinzuweisen versteht. Der drastischere Fall indessen ist Ferdinand Freiligrath.

Freiligrath

Ferdinand Freiligrath (1810 bis 1876) kann als ein vergröbertes Modell gelten für die Regeln und die sozialgeschichtliche Zeichenhaftigkeit des Naturgedichts in Biedermeier und Vormärz. Als kaufmännischer Lehrling im Kontor einer Kolonialwarenhandlung verspürt er erste Regungen einer poetischen Einbildungskraft von brennend-exotischem Charakter. Und als Buchhalter eines «überseeischen Großhandelshauses» in Amsterdam schreibt er sich nach den Bürostunden in kurzer Zeit zum gefeierten Lyriker empor. Was er schreibt aber, sind Phantasien und Gedichte der ungeheuerlichsten Art, so fremdländisch wie möglich, in lauter Wüsten, Steppen und Urwäldern angesiedelt, gezeichnet von einer wilden, unverstellt sadistischen Erotik. Raubtiere und Negerkönige, glühende Sklavinnen und läutende Karawanen, mit Gold behängt oder blutüberströmt, kämpfend, triumphierend und verröchelnd vor dem Hintergrund ausschweifender Sonnenuntergänge: Das geht alles so spektakulär durcheinander, daß die Wiesen und Tannen der Schwabendichter daneben still verblassen. Sein *Löwenritt* wurde eines der berühmtesten Gedichte des deutschen 19. Jahrhunderts überhaupt:

> Abends, wenn die hellen Feuer glühn im Hottentottenkrale,
> Wenn des jähen Tafelberges bunte, wechselnde Signale
> Nicht mehr glänzen, wenn der Kaffer einsam schweift durch die Karroo,
> Wenn im Busch die Antilope schlummert, und am Strom das Gnu:
> Sieh, dann schreitet majestätisch durch die Wüste die Giraffe . . .

Diese Giraffe, umkränzt von Reimen aus dem geographischen Lexikon, wird vom «Wüstenkönig» überfallen, der, sie zerfleischend, auf ihr durch die Wüste reitet, bis sie zusammenbricht. Auch das hatte seine Premiere im *Deutschen Musenalmanach* (1835), und nur der schnöde Heine sah, wie sich hier eine solide Begabung im Andrang unbewältigter Phantasien ins Groteske auswuchs. Auf der Basis einer Freiligrath-Parodie schuf er *Atta Troll*, seine hintergründigste Dichtung. Man sollte aber über den nahezu surrealen Exotismus Freiligraths weniger rasch hinweggehen, als es üblich geworden ist. Diese grellen Landschaften gestehen nur ein, was die andern Naturdichter nicht wahrhaben wollen: daß sie alle in imaginärer Emigration beschäftigt und befangen sind.

Dieser Freiligrath, scheinbar der hilflose Gefangene seiner Ausschweifungen am Stehpult, wird nun fast über Nacht zu einem der radikalsten politischen Dichter. In den Sammlungen *Ein Glaubensbekenntnis* (1844) und *Ça ira!* (1846) schlägt die exotische Fata Morgana in ein Gedichtemachen um, das direktes politisches Handeln ist. Das Ereignis ist symptomatisch. Wenn er über das *Glaubensbekenntnis* das Motto setzt: «In die Stickluft dieser Tage / Dieses Büchleins kecken Schuß!», so ist dies auch als Urteil über seine eigene bisherigen Poesie zu sehen. Der «Schuß», der alle andern wecken soll, signalisiert zugleich sein eigenes Erwachen aus dem schweren Schlaf. Was beendet werden muß, ist jener Zustand, den Grillparzer 1831 auf die Formel gebracht hat:

> Dort tönt kein Wort durch späherwache Lüfte,
> Scheu kriecht das Denken in sich selbst zurück.

Das ist auf Österreich gemünzt; es trifft auf Deutschland gleichermaßen zu. Die Zeilen decken in unvergleichlicher Verknappung den Grundvorgang auf, dem sich die ganze deutschsprachige Intelligenz unterworfen sieht: daß die allgegenwärtige Zensur, die Überwachung aller literarischen und publizistischen Aktivitäten zu einem universalen Denkverbot gerät, welches schrittweise verinnerlicht wird, bis der Denkende vor den eigenen Gedanken erschrickt und zurückfährt.

Emigration, utopischer Ort und Enttäuschung

Die Lebens- und Arbeitsumstände dieser Intelligenz sind bestimmt durch die Patt-Situation zwischen der überfälligen bürgerlichen Revolution und dem Feudalregime. Dennoch kann man die Autoren selbst nicht von ihrer sozialen Herkunft her klassifizieren. Bürgerliche und Adlige stehen im Leiden, im Klagen und im jähen Protest brüderlich nebeneinander, höchstens daß einzelne Adlige als Dichter ihren Namen verbürgerlicht haben: Nikolaus Niembsch, Edler von Strehlenau, nennt sich in seinen Schriften Nikolaus Lenau, und Anton Alexander Graf von Auersperg schreibt sich Anastasius Grün. Wenn man im Musenalmanach gelegentlich ein politisch aufbegehrendes Wort vernehmen kann, stammt es sogar meist von Autoren feudaler Herkunft wie Adelbert von Chamisso oder Franz Freiherr von Gaudy und nicht von ihren bürgerlichen Kollegen. Der Edle von Strehlenau macht in den frühen dreißiger Jahren genauso seinen Versuch mit Emigration und Leben in der amerikanischen Fremde, wie es der jüdische Kaufmannssohn Heine mit Paris, die Bürgerlichen Büchner und Herwegh mit der Schweiz probieren. Der Kampf um ‹Constitution› und ‹freies Wort› verdeckt bis 1848 fast völlig, was innerhalb der deutschen Intelligenz selber als ‹Klassenstandpunkt› mit entsprechenden Interessengegensätzen zu betrachten wäre. Wenn das Wissen von einem sich bildenden und rasch wachsenden vierten Stand, dem Handwerker- und Industrieproletariat, gelegentlich in die Literatur durchschlägt, dann geschieht dies vor allem als Verweis auf eine Gruppe natürlicher Verbündeter. Erst die 48er Ereignisse stürzen die bürgerlichen Liberalen in eine Identitätskrise, die nun fraglos auf den gegensätzlichen Interessen von Bürgertum und Arbeiterschaft basiert. Maßgebliches Dokument hierfür wird Heines Vorrede zur französischen *Lutezia*-Ausgabe von 1855.

Die Landschaftsdichtung in Biedermeier und Vormärz ist unübersehbar bestimmt von der Spannung zwischen Erstickenmüssen am Ort und realer oder imaginärer Emigration. Den ‹Urwald› haben alle von Zeit zu Zeit vor Augen, und da Amerika als Land der Freiheit gilt und es dort Urwälder ohne Grenzen hat, bildet die Natur- und Indianerpoesie aus der Neuen Welt einen beachtenswerten Teil der Landschaftsdichtung dieser Zeit. Die eindrücklichsten Beispiele stammen von Chamisso und Lenau, die, im Unterschied zu Freiligrath, beide aus eigener Anschauung kennen, wovon sie reden. Zusammen mit dem Gedicht *Der Urwald* zeigt *Das Blockhaus* von Nikolaus Lenau (1802 bis 1850) am deutlichsten die verzweifelte Fatalität, mit der sich das Traumbild von den «ho-

hen Wäldern der Republik» in neue Enttäuschung verwandelte, sobald
der Deutsche es statt zu einer schönen Metapher zu seinem leibhaftigen
Lebensraum machen wollte. Amerika, das Ziel der Unglücklichen und
Verfolgten jeder Art, in dem sich politische Freiheit und ursprüngliche
Natur zu verbinden scheinen, wird von Lenau illusionslos ins Gedicht
geholt:

> Es ist ein Land voll träumerischem Trug,
> Auf das die Freiheit im Vorüberflug
> Bezaubernd ihren Schatten fallen läßt,
> Und das ihn hält in tausend Bildern fest;
> Wohin das Unglück flüchtet ferneher,
> Und das Verbrechen zittert übers Meer;
> Das Land, bei dessen lockendem Verheißen
> Die Hoffnung oft vom Sterbelager sprang
> Und ihr Panier durch alle Stürme schwang,
> Um es am fremden Strande zu zerreißen
> Und dort den zwiefach bittern Tod zu haben;
> Die Heimat hätte weicher sie begraben! –

Dieses Amerika, dessen Glanz erlischt, kaum hat man den Fuß an seinen Strand gesetzt, steht in einem merkwürdigen Bezug zu scheinbar so
ganz anders gearteten Gebilden wie Eduard Mörikes Phantasieland Orplid und Heinrich Heines Bimini. Die lyrische Beschwörung des Landes
Orplid, das es nie und nimmer gegeben hat, stellt all das zusammen vor,
was die Schriftsteller der Epoche in der Natur suchen, von der Natur erwarten, auf die Natur projizieren:

> Du bist Orplid, mein Land!
> Das ferne leuchtet;
> Vom Meere dampfet dein besonnter Strand
> Den Nebel, so der Götter Wange feuchtet.
>
> Uralte Wasser steigen
> Verjüngt um deine Hüften, Kind!
> Vor deiner Gottheit beugen
> Sich Könige, die deine Wärter sind.

Daß hier deutsche Verskunst eine ihrer äußersten Möglichkeiten erreicht, steht seit langem fest. Daß sie es aber tut, indem sie – mit dem
Rücken zur tatsächlichen Natur – eine rein imaginäre erfindet und beschreibt, das darf dabei keinesfalls vergessen werden. Wofür dieses Orplid steht, das ist verschiedenen Deutungen offen; wogegen es steht, ist
eindeutig. Was sich bei Lenaus Amerikafahrt als ein Prozeß von Traum
und Aufbruch und Enttäuschung abspielt und im Gedicht niederschlägt,
das ist in Mörikes Orplid gleichzeitig da: Die schöne Welt ist unwirklich
von Anfang an.

Die deutsche Lyrik des 18. und frühen 19. Jahrhunderts, in Hölderlin gipfelnd, hatte ein System von Bildern und Zeichen errichtet, mit dem sie den kommenden Freiheitszustand der Welt vorwegnehmen und jedermann erfahrbar machen konnte. Diese Bilder und Zeichen sind in den Orplid-Strophen alle versammelt: Natur als Ort der ewigen Jugend, Liebe als ihr innerstes Leben, Neu- und Wiedergeburt als ein gleichzeitig und unzertrennbar naturhaftes, erotisches und politisches Ereignis. Aber die Bilder zeigen auf keine geschichtliche Realität mehr; sie weisen in ein schwimmendes Nirgendwo, das an nichts weiter Anteil vermittelt als an den gestorbenen Hoffnungen der vorigen Generation. Dieses Orplid ist der letzte, flüchtige, geisterhafte Widerschein von Hölderlins Griechenland. Indem es sich, unausgesprochen, seiner erinnert, besiegelt es dessen endgültigen Untergang.

Warum aber ließ sich denn das Stocken und Scheitern in Deutschland nicht durch einen Gewinn im republikanischen Amerika wettmachen? – Die Antwort ist einfach: Aus der Härte der spätfeudalistischen Herrschaft gelangte man dort in den nicht minder harten kapitalistischen Konkurrenzkampf. Auf dessen Freiheit und ‹unbegrenzte Möglichkeiten› war man wohl gefaßt, nicht aber auf die unablässige Arbeit, die er erforderte, die Herrschaft der Kategorien Geld und Grundbesitz in allen Bereichen des Lebens. Lenau ist exemplarisch. Seine Amerikafahrt begründete er einerseits mit dichterischen Notwendigkeiten; er brauche die großartige Natur, vor allem den Urwald und den Niagara für seine Poesie. Auf der andern Seite wollte er sich finanziell sanieren. Er war überzeugt, durch Bodenspekulation sein Vermögen in kürzester Zeit versechsfachen zu können und dann, als unabhängiger Sänger, nach Deutschland zurückzukehren. Das heißt in nüchternen Worten: Er wollte sich mit einem raschen Streich zu dem machen, was man auch in Deutschland allgemach ‹Capitalist› zu nennen begann. Er wollte endlich soviel Geld, daß es ohne weiteres zu allem reichte.

Tatsächlich traf er in Amerika zuvorkommende Leute, die bereit waren, mit ihm in Geschäfte zu treten. Für seine Verse interessierten sie sich allerdings weniger, und die Vervielfachung seines Vermögens betrachteten sie als eine Sache seiner eigenen Arbeit. Da begann er aufzujammern, verfluchte das Land und dessen «himmelanstinkende Krämerseelen», die gänzliche Abwesenheit von «Geist und allem höheren Leben». Zwar kaufte er 500 Morgen Land in Ohio; aber er kümmerte sich nicht weiter drum, ließ es einfach liegen. Die Niagarafälle besichtigte er noch, dann reiste er zurück in den Kreis seiner Dichterfreunde in Württemberg, wo er sich gefeiert wußte und auch sofort wieder mit Lorbeer gekrönt sah.

Man kann das sozialgeschichtlich in doppelter Weise deuten: als Schicksal eines freiheitlichen Geistes, der zerrieben wird zwischen der Herrschaft des niedergehenden Feudalismus und des aufsteigenden Kapitalismus; oder aber als den tragikomischen Versuch, die möglichen Vorteile beider Gesellschaftsformen zu erschleichen, ‹poeta laureatus› im höfisch-ständischen Sinn und Herr eines bedeutenden Aktienkapitals zugleich zu sein. Entscheiden läßt sich das nicht. Am realen Leiden Lenaus ist nicht zu zweifeln, ebensowenig am eitel-egoistischen Charakter seiner Amerikaunternehmung. In den nüchternen Geschäftsleuten der Neuen Welt begegnete ihm die Realität der geschichtlichen Entwicklung seines Jahrhunderts, eine Realität, die sich mit der einfachen Alternative ‹Freiheit oder Despotismus› nicht erfassen ließ, die darüber längst hinaus war. Aber statt diese Gesellschaft nun einer kritischen Analyse zu unterwerfen, zog er sich, wie das Gedicht *Das Blockhaus* in verblüffender Deutlichkeit zeigt, zurück in die Haltung einer vornehmen Überlegenheit. Im Urwaldhaus trinkt er Rheinwein, liest Uhland und beginnt mit diesem Dichterfreund ein Geistergespräch:

> «Uhland! wie steht's mit der Freiheit daheim?» die Frage
> Sandt ich über Wälder und Meer ihm zu.
> Plötzlich erwachte der Sturm aus stiller Ruh,
> Und im Walde hört ich die Antwortklage:
> Krachend stürzten draußen die nacktgeschälten
> Eichen nieder zu Boden, die frühentseelten,
> Und im Sturme, immer lauter und bänger,
> Hört ich grollen der Freiheit herrlichen Sänger:
> «Wie sich der Sturm bricht heulend am festen Gebäude,
> Bricht sich Völkerschmerz an Despotenfreude,
> Sucht umsonst zu rütteln die festverstockte,
> Die aus Freiheitsbäumen zusammengeblockte!»
> Traurig war mir da und finster zumut . . .

Statt also die Chancen und Risiken menschlicher Selbstverwirklichung in einer radikal liberalen Republik zu reflektieren, kehrt er sich von dieser ab und hängt wieder dem Gegensatz von «Völkerschmerz» und «Despotenfreude» nach. Dieser ist aber in solcher idealistischer Begrifflichkeit gerade angesichts der amerikanischen Wirklichkeit überlebt. Lenau hat konkret vor Augen, was kommt, wenn die «Despotenfreude» endet. Aber eben das interessiert ihn nicht. Er begegnet in Amerika der Zukunft auch seiner Heimat; aber er will sie nicht zur Kenntnis nehmen und kehrt zurück mit allen alten Depressionen und einigen neuen Niagara-Gedichten:

> Die Stromschnellen stürzen, schießen,
> Donnern fort im wilden Drang,
> Wie von Sehnsucht hingerissen
> Nach dem großen Untergang.

Das könnte auch vom Rheinfall gesagt sein. Es ist deutsche Naturpoesie wie nur irgendeine zu Hause, ekstatisch, untergangssüchtig, von jener luxuriösen Melancholie, die man in den Jahrzehnten der Entmündigung nicht nur ertragen, sondern auch genießen gelernt hat.

Die lyrische Spiegelung eigener Niedergeschlagenheit in düstern Naturdingen wird von der Epoche zwischen 1815 und 1848 zu allen denkbaren Verfeinerungen ausgearbeitet. Gerade Lenau ist darin bedeutend: im Finden und Erfassen neuer Orte und unbenutzter Szenerien, in der Radikalität auch, mit der er seelische Belastung, politische Hoffnungslosigkeit, zerstörte Liebe, metaphysischen Nihilismus und sich verfinsternde, verschließende Natur im Gedicht zusammenbringt. Das letztere Motiv, daß die Natur sich verhärtet und vom Menschen abkehrt, drängt bei den wichtigsten Autoren der Zeit immer wieder in die Poesie. Lenau:

> Der Wind ist fremd, du kannst ihn nicht umfassen,
> Der Stein ist tot, du wirst beim kalten, derben
> Umsonst um eine Trosteskunde werben,
> So fühlst du auch bei Rosen dich verlassen;
>
> Bald siehst du sie, dein ungewahr, erblassen,
> Beschäftigt nur mit ihrem eignen Sterben.
> Geh weiter: überall grüßt dich Verderben
> In der Geschöpfe langen, dunklen Gassen;
>
> Siehst hier und dort sie aus den Hütten schauen,
> Dann schlagen sie vor dir die Fenster zu,
> Die Hütten stürzen, und du fühlst ein Grauen.
>
> Lieblos und ohne Gott! der Weg ist schaurig,
> Der Zugwind in den Gassen kalt; und du? –
> Die ganze Welt ist zum Verzweifeln traurig.

Das ist deutlich. Hier wird ausgesprochen, was viele Dichter der Zeit nicht wahrhaben wollen, was auch Lenau sonst nicht immer eingesteht: daß die «reine Natur» für eine Emigration aus Geschichte und Gesellschaft gar nicht offensteht. Daß sie, wie Amerika, nur der sehnsüchtigen Phantasie so erscheint und erkaltet, sobald man die Grenze wirklich überschreiten möchte.

Depression, geschärfte Sensibilität und historische Vision

Es ist dies das Thema eines der hinreißendsten zeitgenössischen Naturgedichte, von Mörikes *Besuch in Urach*, ja das Hinreißende nährt sich hier unverkennbar aus der Erfahrung, daß das gesuchte totale Glück, das seelische und leibhaftig-körperliche Eintauchen in die alte Natur, ein schöner Wunsch bleiben muß. An ihrer Wirklichkeit rennt man auf und stößt man sich wund. Die Schönheit dieser Verse, die Schönheit der

von diesen Versen wiedergegebenen Natur, ist an den kurzen Moment
gebunden, wo der Dichtende, in seine Jugendlandschaft zurückgekehrt,
noch hofft, zu gänzlicher Vereinigung mit Wald und Tal zu gelangen.

> Da seid ihr alle wieder aufgerichtet,
> Besonnte Felsen, alte Wolkenstühle!
> Auf Wäldern schwer, wo kaum der Mittag lichtet
> Und Schatten mischt mit balsamreicher Schwüle.
> Kennt ihr mich noch, der sonst hierher geflüchtet,
> Im Moose, bei süß-schläferndem Gefühle,
> Der Mücke Sumsen hier ein Ohr geliehen,
> Ach, kennt ihr mich und wollt nicht vor mir fliehen

Das Gedicht ist 1827 geschrieben, und der hier zurückschaut in seine
«vergangene Zeit», betäubt von Erinnerung und Wehmut, ist nicht etwa
ein alter Mann, der über ein langes Leben hinweg seine Anfänge sucht,
sondern ein Dreiundzwanzigjähriger, der eben die Berufsarbeit als
Pfarrvikar aufgenommen hat. Das ist, als Hintergrund so außerordentli-
cher Strophen, mehr als unheimlich. Der Eintritt in die gesellschaftliche
Wirklichkeit, der Beginn einer verbindlichen, verpflichtenden Tätigkeit
wirft den Dichter seelisch nieder und macht ihn physisch krank. Eduard
Mörike (1804 bis 1875) hat nach wenigen Monaten Urlaub gebraucht
und diesen auf ein ganzes Jahr ausgedehnt. Man kann es sich einfach
machen und sagen, er sei eben für den Pfarrberuf nicht geeignet gewesen. Das stimmt nur halb. Sein Leiden an diesem Beruf basiert auf der
Tatsache, daß er, im Bewußtsein von Intelligenz und Kraft und Fähigkeiten, keinen Ort sieht, soweit das Auge reicht im restaurierten
Deutschland keinen Ort, wo er diese Intelligenz und Kraft und Fähigkeiten in eine entsprechende Arbeit umsetzen könnte. Daß er seine «eigentliche und wahre Portion von Kräften (. . .) fast gar nicht in Wirkung
kann treten lassen», das sei das Elend, schreibt er am 1. August 1827 an
F. Kauffmann, und: «Ich möchte oft im eigentlichen Sinne des Wortes
hinaus, wo kein Loch ist.»
Diese entschieden gesellschaftlich bestimmte Not ist die Basis und Bedingung seiner großen Poesie. Die Misere einer von politischer Tätigkeit
und sozialer Entscheidung ausgesperrten Intelligenz schlägt in Verse
um. Das ist etwas anderes als die Meinung, der ‹geborene Dichter› habe
halt an allem gelitten, was seine lyrische Aktivität einzuschränken drohte. Zum Dichten, wäre das die eigentliche und erstrebte Form von ‹Wirkung› gewesen, hätte der Pfarrvikar ausreichend Zeit gehabt. Und die
Natur, wäre sie die tatsächlich erstrebte Gestalt glücklicher Gegenwart
gewesen, hätte ihm um seine Bauerndörfer herum nahe genug gelegen.
Das ist ganz einfach und eindeutig, und doch darf es in dieser Eindeutig-
keit von Mörike selber nicht ausgesprochen, ja kaum gedacht werden.
Denn solche Überlegungen müßten bald auch zu politischen Reflexio-

nen führen. Für sie aber gilt vor allem andern jener Grillparzer-Satz:
«Scheu kriecht das Denken in sich selbst zurück.»

Die Gründe sind handfest genug: Mörikes Bruder beispielsweise, bei
dem er gern Station machte, wird 1831 wegen angeblicher ‹revolutionärer Umtriebe› für ein Jahr auf Hohenasperg eingekerkert. Mörike selber
gerät in die Untersuchung hinein, nur weil er einmal einen Brief des
Bruders auf die Post gebracht hat. Die Bedrohung für jeden, der seine
‹wahre Portion von Kräften› wirken zu lassen versucht, ist allgegen-
wärtig.

Während nun andere Autoren unter solchen Umständen unübersehbare
Mengen banaler Wald- und Wiesenstrophen produzieren, setzt Mörike
in seinen Gedichten das Ganze dieser aussichtslos gepreßten, erniedri-
genden Situation um. Er und Annette von Droste sind die einzigen Lyriker der Zeit, die schlechthin überhaupt nicht mehr mit dem Gedicht-
schema: Naturbild plus ‹auch ich . . .› arbeiten. Vielmehr wird bei ihnen
Naturdichtung und Naturerfahrung immer wieder zu einer szenischen
Vorführung der eigenen Person, ihres erregbaren, allen fahrenden Stimmungen und Schmerzen hilflos ausgesetzten Organismus. Das alte buko-
lische Thema vom Dichter, der im Grase liegt, gewinnt bei ihnen neue
bedrängende Dimensionen und eine bislang unbekannte Konkretheit.
Es ermöglicht die Beschreibung einer Situation, in der psychosomati-
sche Leidenszustände, Zerrüttung oder jähe Steigerung der Sinneserfah-
rungen sich mit geschärfter Erkenntnis der Naturdinge verbinden. Während die mittelmäßigen Dichter in ihren Versen zwischen einer Aller-
weltsnatur und ihren Allerweltsgefühlen hin und her nesteln, stoßen
Mörike und Annette Droste zu Zwischenstufen der Sensibilität vor, die
in solcher Fremdartigkeit noch nie benannt wurden, und sie verbinden
damit, durchaus konsequent, den Blick auf Teile der Natur, die so noch
nie gesehen wurden.

Man muß die gleichzeitige Selbstbeschreibung der Dichtenden beachten, wenn man das Spezifische dieser Naturlyrik kennenlernen will. Mit
einer seltsam reduzierten, halb benommenen Verfassung verbindet sich
da eine Sehweise, die in der nächsten Nähe unvertraute Wirklichkeit
entdeckt. Formeln wie Mörikes: «Zwischen süssem Schmerz / Zwischen
dumpfem Wohlbehagen» oder: «Stille war mein Gemüt; in den Adern
aber / Unstet klopfte das Blut bei der Wangen Blässe» versuchen psychi-
sche Momente einzufangen, für die die Sprache keine Wendung besitzt.
Ein großer Teil der lyrischen Arbeit Mörikes ist darauf ausgerichtet, die
zwielichtigen Räume zwischen Nacht und Tag, Schlaf und Wachen, Bewußtlosigkeit und Reflexion, Depression und Entzücken, Traum-
erinnerung und Tagesvordenken poetisch zu fassen. Dies ist seine Inspi-
rationssituation schlechthin, ähnlich wie es bei Annette von Droste das
Liegen am Erdboden ist, nahezu erstarrt, bei dumpfem, schmerzhaft po-

chendem Kopf und einer krankhaften Steigerung des Gehörs. So auf
Gras und Erde hingedrückt, gleichsam mit Stricken niedergebunden wie
die Droste, war nie ein deutscher Autor. Schlafen, Dahindämmern: der
Zustand, der von den Romantikern gefeiert worden war als Voraussetzung höherer Erkenntnis und der von den emigrierten Polemikern ge-
geißelt wurde als Inbegriff politischen Fehlverhaltens, dieses lastende
Dösen wird von der Droste an sich selbst mit nahezu naturwissenschaftlicher Genauigkeit studiert und aufgezeichnet. Es ist bei ihr nie als politisch-gesellschaftliche Metapher gemeint; und doch kann man es nicht
loslösen von diesem zentralen Symbolfeld der Epoche. Das gewaltsame
Ausgesperrtsein aus allen Bereichen öffentlicher Entscheidung führt zu
einem Stau, einem psychischen Innendruck, der stets ins Pathologische
hinüberflackert, und weiter dann zu einer Gefühlskultur der Depressivi-
tät und der manischen Glückssekunden.

Während Mörike sich immer wieder hinter die Maske des spießbürgerli-
chen Landpfarrers und Familienvaters flüchten kann, ist für die Droste
die Situation verschärft durch den Rollenkäfig der Frau. Ihr würde auch
eine bürgerliche Revolution nichts nützen. Für öffentliches Handeln der
Frau bietet sich im Bürgertum aller Schichten noch der geringere Spielraum als an den Höfen der ‹Despoten›. Je mehr sich also das Fräulein
Annette Elisabeth Freiin Droste zu Hülshoff (1797 bis 1848) aus ständi-
schem Denken löst und bürgerlichem annähert, sich einfügt in die geschichtlichen Tendenzen der Zeit, desto weniger tatsächliche Freiheit
gewinnt sie für ihr eigenes Leben. Sie kennt keine Maske, mit der sie
sich, schauspielernd, Erleichterungen verschaffen könnte. Das macht
die Zeugnisse ihrer Not authentischer, direkter, ungebrochener als Mörikes. Ihre Gedichte bringen denn auch die bedeutendsten Neuerungen
in der Naturlyrik der Zeit. Sie hat den überscharfen Blick eines Einge-
sperrten, der durch sein Kerkerfenster nur ein schmales Stück Welt
sieht. Dieser Ausschnitt aber dehnt sich ihr zu einem Mikrokosmos. Das
Leben in Gras und Moos, das bitterkleine Morden und Gefressenwer-
den allüberall registriert sie mit extremer Erfahrungsfähigkeit. Die konventionelle Sinnordnung der Naturdinge, die bislang nahezu alle Poesie
regierte und wo Rose und Adler sich mit den wichtigen, Veilchen und
Schmetterling aber mit den harmlosen Ideen zur poetischen Einheit fügen mußten, ist bei ihr außer Kraft gesetzt.
Das adlige Fräulein benennt als erste das Proletariat der Naturwesen
und verschafft ihm Eintritt in die Dichtung. In einer Mergelgrube in den
Sand gekauert, die feinsten Geräusche überscharf im Ohr, sieht sie
durch Steine und Dreck hindurch die ungeheuren Bewegungen der Erd-
geschichte und erkennt in ihrer eigenen Lähmung jahrtausendealte Versteinerung des Menschen. Da kann man beispielhaft studieren, wie die

Blockade freier demokratischer Selbstverwirklichung im vormärzlichen
Deutschland in der Poesie umschlagen kann zu Visionen von welthistori-
scher Verbindlichkeit, in denen die genaue Diagnose des eigenen Augenblicks dennoch enthalten ist.

> Tief ins Gebröckel, in die Mergelgrube
> War ich gestiegen, denn der Wind zog scharf;
> Dort saß ich seitwärts in der Höhlenstube
> Und horchte träumend auf der Luft Geharf.
> Es waren Klänge, wie wenn Geisterhall
> Melodisch schwinde im zerstörten All;
> Und dann ein Zischen, wie von Moores Klaffen,
> Wenn brodelnd es in sich zusamm'gesunken;
> Mir überm Haupt ein Rispeln und ein Schaffen,
> Als scharre in der Asche man den Funken.
> Findlinge zog ich Stück auf Stück hervor
> Und lauschte, lauschte mit berauschtem Ohr.
> Vor mir, um mich der graue Mergel nur;
> Was drüber, sah ich nicht; doch die Natur
> Schien mir verödet, und ein Bild erstand
> Von einer Erde, mürbe, ausgebrannt;
> Ich selber schien ein Funken mir, der doch
> Erzittert in der toten Asche noch,
> Ein Findling im zerfallnen Weltenbau.
> Die Wolke teilte sich, der Wind ward lau;
> Mein Haupt nicht wagt' ich aus dem Hohl zu strecken,
> Um nicht zu schauen der Verödung Schrecken,
> Wie Neues quoll und Altes sich zersetzte –
> War ich der erste Mensch oder der letzte?

Erika Tunner
Liebeslyrik

Liebeslyrik ist keineswegs die denkbar privateste und somit die von der Sozialgeschichte am weitesten entfernte Form der Literatur. Als Spiegelung subjektiven Erlebens artikuliert sie im vermeintlich Nur-Persönlichen eine bestimmte bewußtseinsgeschichtliche Situation und eine bestimmte Einstellung zur Welt. Sie ist also nicht nur mit dem inneren Sein des Autors in Verbindung zu bringen, sondern auch mit der historischen Zeitlage, aus der man sie nur allzuoft gelöst hat.[1]

Brentano
Schon in seinem Jugendwerk, dem Roman *Godwi* und dessen lyrischen Einlagen, zeigte Clemens Brentano (1778 bis 1842) eine Vorliebe für die Dirnenthematik. Diese ‹pervertierte› Liebeslyrik, die zunächst auf dem Hintergrund von Brentanos Bestrebungen für die Resozialisierung der Dirne und im Zusammenhang mit den ethischen Ambitionen des Frauenromans im ausgehenden 18. Jahrhundert gesehen werden muß, tritt im lyrischen Werk des Dichters in den Jahren 1810/11 besonders in den Vordergrund. Sie findet in der Zeit des Vormärz einen Höhepunkt mit der sogenannten *Freudenhaus-Romanze* (1816), die in den zwanziger Jahren unseres Jahrhunderts als «ganz persönlich gehaltener Ausdruck sozialer Ergriffenheit» sowie als «werktätiges Mitleid mit der Dirne» gedeutet wurde.[2] Gleichzeitig aber weist die Gestalt der Dirne, der «Dichterin mit dem Leibe», metaphorisch auf die Existenz des Dichters in der Gesellschaft und auf die 1815/16 bei Brentano deutlich hervortretenden Symptome einer Krisensituation: Wie die Dirne ist der Dichter einerseits ein Außenseiter, ein von der Gesellschaft Verstoßener; andererseits verkörpert die Fragwürdigkeit des Dirnendaseins für Brentano die Fragwürdigkeit des poetischen Wortes überhaupt. Die Dirne wird zur Chiffre für den schönen Schein der Poesie, ja für den Stand der Gefallenheit einer Welt, in welcher Brentano sich bereits unzeitgemäß fühlt

und einen Neubeginn über den Anschluß an die Berliner Neupietisten zu gewinnen versucht.

Über Johann Nepomuk Ringseis, den späteren Leibarzt König Ludwigs I., dessen Nachrichten über die bayrische Erweckungsbewegung er in Berlin verbreitet, wird Brentano zum Anreger und Propagandisten der Berliner Erweckungsbewegung. Aus der Begegnung mit der dichterisch nicht unbegabten Pastorentochter Luise Hensel (im Herbst 1816) erwächst eine Liebeslyrik, welche Elemente des pietistischen Gemeindeliedes mit Liebessehnsucht und Liebesklage vereint. Parallel dazu werden die Lieder Luise Hensels für Brentano zu einer Art emotionalem und geistigem Erweckungserlebnis, das in der pietistisch-erotischen Religiosität der eigenen Liebeslyrik seinen Niederschlag findet.

Die Thematik und die Stilformen von Brentanos Hensel-Lyrik kehren von 1834 an intensiviert wieder in der für die Basler Malerin Emilie Linder bestimmten Liebeslyrik. In ihrer nazarenischen Stimmung sind diese in München entstandenen Liebesgedichte dem pietistischen Ton der Berliner Lyrik verwandt; doch wirken sie schriller, an die Stelle der Liebesklage tritt der Liebesschrei. Galante Lyrik des Spätbarock ist ebenso Quelle und Stilspiegel dieser Liebeslyrik wie das «überhitzte geistige Klima der dreißiger und vierziger Jahre des 19. Jahrhunderts in Bayern»[3]. Das Konversionsthema gewinnt selbst im katholischen Süddeutschland im öffentlichen Leben der Jahre seit 1830 zunehmend an Bedeutung: Liebesproblematik verbindet sich in Brentanos Lyrik mit Konversionsbegehren, das bis zu geradezu erpresserischen Formulierungen hinaufgesteigert wird. Schließlich finden sich auch poetisch legitimierte Anspielungen auf die Vorboten des Pauperismus, in dem in Verbindung mit dem Namen Emilie Linder in mehrfachen Bedeutungsschichten gebrauchten Wort ‹arm›. Private erotische Lyrik und öffentliche Tendenzen bedingen einander. Bezeichnenderweise hat Brentano jedoch den größten Teil seiner Liebeslyrik nicht veröffentlicht; die Scheu vor dem Unverständnis des Publikums überwog.

Eichendorff

Obwohl Joseph von Eichendorff (1788 bis 1857) mit Hilfe von Adolf Schöll seine Gedichte zum erstenmal erst 1837 zusammenstellt und in der Sammlung *Gedichte* veröffentlicht, welche die für alle späteren Ausgaben maßgebliche Gruppierung in sieben Abteilungen festhält (Wanderlieder, Sängerleben, Zeitlieder, Frühling und Liebe, Totenopfer, Geistliche Lieder, Romanzen), so stammt doch der größte Teil seiner Liebeslyrik aus den Jahren 1805 bis 1814 – einer Zeit relativ hochgespannter Erwartungen, auch auf politischem Gebiet. Die Gebundenheit künstlerischer Äußerungen an natürliche und gesellschaftliche Umweltsbedingungen war Eichendorff durchaus bewußt: «Wer einen Dichter recht verstehen will, muß seine Heimat kennen», heißt es in *Dichter und ihre Gesellen*. An den Stationen seines Lebens, wo er die «Politik selbst Poesie» werden sah, das heißt, wo sich die Poesie stark politisierte (1813; 1839/40; 1847/48), erhellt sich Eichendorffs «Lebensreise inkognito»[4] jedoch vorzüglich aus dem Kontrast von Liebeslyrik und Zeitgeschehen. Kritik an einer Gesellschaftsordnung mit schönheitsfeindlichen Tendenzen stellen implizit seine Liebesgedichte dar wie *Hochzeitsnacht* oder *Glück*, in welchen die Liebe forttreibt von den Menschen in die Natur, die zum Zufluchtsort der Schönheit, des Dichters wird. Damit wird sie zum Gegenpol einer Philisterwelt, in welche das lyrische Ich nicht aktiv verändernd eingreifen will. Dieses Thema der Weltflucht der Liebenden kann in den dreißiger Jahren bis ins Komische variiert werden. Eine dieser Selbstparodien läßt sich etwa an dem Gedicht *Der verzweifelte Liebhaber* ablesen:

> Ich wollt, im Grün spaziere
> Die allerschönste Frau,
> Ich wär' ein Drach' und führte
> Sie mit mir fort durchs Blau.

Eichendorffs Liebeslyrik teilt das Schicksal seines Werks, ja den Resonanzverlust der romantischen Generation überhaupt: 1846/47 verzeichnen die Lexika Eichendorff bereits als gestorben. Doch wenn er beharrlich das Bild vom ‹letzten Romantiker› pflegt (wie ihn Tieck genannt haben soll), so in dem Sinne, daß er die Trennung von Flucht in die idyllische Liebeslyrik und existenzentscheidender Realpolitik eigentlich nicht billigte: Sein Begriff von Romantik blieb universal.

Heine

Eine innere Verwandtschaft Heinrich Heines (1797 bis 1856) zu Brentano ist unverkennbar. Im Gegensatz zu Eichendorff und seiner Liebeslyrik jedoch drückt Heine das Lebensgefühl einer ‹modernen› Epoche aus. Dies legt bereits kurz nach dem Erscheinen des ersten Lyrikbands (1822), der überwiegend Liebesgedichte enthält, ein mit *Schm* unterzeichnender Rezensent im *Rheinisch-Westfälischen Anzeiger* dar: Er meint, in Heines Gedichten einen Bruch mit der feudal-klerikalen Romantik feststellen zu können, und betont ihre bürgerlich-liberale Gesinnung. Schärfer noch sieht Immermann, der – ebenfalls in einer Rezension im *Rheinisch-Westfälischen Anzeiger* – versucht, die Ursachen von Heines Melancholie zu ergründen, die zwar durch Liebesunglück erzeugt sei, letztlich aber von dem radikalen Konflikt zwischem dem jungen Dichter und seiner unpoetischen Zeit ausgehe. Heine bestätigt diese Vermutung in einem Brief an Immermann vom 24. Dezember 1822: «Sie sind bis jetzt der Einzige, der die Quelle meiner dunklen Schwermut geahndet.»

Heines Weltruhm beruht hauptsächlich auf dem *Buch der Lieder* (1827),
mit dem er eine internationale Wirkung seiner Natur- und Liebeslyrik
erzielte. Die Hauptthemen der Liebeslyrik – Liebesverrat und Ver-
schmähung, Hindernis und Hemmnis in der Liebe, Polarität von ewiger
und ephemerer Liebe – erreichen in der Konzentration auf Persönlich-
stes eine Aussage von überindividueller Bedeutung. In der Unerreich-
barkeit einer harmonischen Übereinstimmung von Ich und Umwelt
spricht sich eine allgemeinmenschliche Situation aus. Darüber hinaus
verweist der desillusionierende Charakter von Heines Liebeslyrik, einer
im Grunde lieb-losen Liebesdichtung, auf den Mangel an realisierter
Humanität, sofern sich, wie Marx behauptet, aus dem Verhältnis der
Geschlechter zueinander die ganze Bildungsstufe des Menschen beurtei-
len läßt. Heine macht die Geliebte für eine Mißstimmung verantwortlich, die eigentlich andere, tiefere, in der ‹Zeit› liegende Wurzeln hat.
Tatsächlich spricht Heine von «unstillbarer Sehnsucht» ja nicht nur,
wenn er unglücklich liebt, sondern auch, wenn er – der lyrischen Fiktion
nach – glücklich liebt: «Und wenn dich mein Arm gewaltig umschließt /
sterb ich vor Liebessehnen.» Die auf das eigene leidende Ich bezogene
Liebesthematik wird zum Ausdruck eines Zwiespalts, eines Risses, der
nicht nur durch das eigene Herz geht.
Erotische Gelegenheitsgedichte aus den zwanziger Jahren hatte Heine,
der scharfen Kritik wegen, auf die sie gestoßen waren, vom *Buch der
Lieder* ausgeschlossen. Im Paris der dreißiger Jahre nimmt Heine darauf
keine Rücksicht mehr und präsentiert dem deutschen Publikum eine
Reihe ‹lustbetonter› Gedichte, den Zyklus *Verschiedene*, von dem die
meisten Gedichte 1832 entstanden sind. *Verschiedene* wurde zuerst im
Berliner *Freimütigen* (1833) veröffentlicht, kurz darauf in *Salon I* (1834),
in einer dritten Auflage schließlich in den *Neuen Gedichten* (1852). Das
Kriterium der Liebe, Sinnlichkeit und bislang tabuiertes Lustprinzip,
wird von Heine unter dem Einfluß der Saint-Simonisten (Prosper Enfan-
tin), die ihn auf die «réhabilitation des besoins et des jouissances de la
chair» lenkten, auf intellektueller Ebene in lyrischen Erotika dargestellt
und ist als Protest gegen einseitigen Idealismus und sentimentalen Pe-
trarkismus aufzufassen.[5] Die ‹Zote› wird zur «politischen Absicht», wie
Heine am 4. März 1834 an seine Mutter schreibt. Tatsächlich wird Erotik als Schockmittel eingesetzt gegen die Verinnerlichungstendenz und
die Sentimentalisierung innerhalb der bisherigen Liebesdichtung, aber
auch gegen Frustrierung, Sündenbewußtsein, saturierte Ehevorstellun-
gen und für Freiheit, Selbstrealisierung und jenen Emanzipationsan-
spruch, der sich mit der Französischen Revolution durchgesetzt hatte,
doch unter Louis-Philippe schon fast wieder anachronistisch wirkte.
Darüber hinaus zeigen Heines *Verschiedene* die Schwierigkeit, wenn
nicht Unmöglichkeit einer vollwertigen Partnerschaft in einem bürgerli-

chen Moralsystem, welches in der Frau entweder die treue Gattin oder die Grisette zu sehen gewohnt war und dem Problem der Gleichrangigkeit kurzsichtig gegenüberstand.

Mörike

Das Liebeserlebnis erscheint bei Eduard Mörike (1804 bis 1875) zumeist im Spiegel der Erinnerung, was einem Versuch gleichkommt, dem Ansturm der Zeit auszuweichen in einen Lebenskreis, der vor diesem Ansturm bewahrt bleibt. Die erste Ausgabe seiner Gedichte erschien èrst 1838, als Freiligraths exotische Poesie gerade Mode war. Zwei weitere Auflagen folgten zu Mörikes Lebzeiten: 1848 und 1856; ein erwarteter neuer Band jedoch blieb aus.

Der Linkshegelianer David Friedrich Strauß rezensierte die zweite Auflage und lobte die «Zierlichkeit» der Verse Mörikes, «des Vogels Tritt im Schnee», welcher den Zeitgenossen unbedeutend und alltäglich erscheinen mußte im Vergleich zu den «Löwen- und Giraffenspuren im glühenden Wüstensand», an welche sie Freiligraths Dichtung gewöhnt hatte. Strauß erkannte aber gerade in dem unzeitgemäßen Charakter von Mörikes Liebeslyrik ihren zeitlosen Wert, den er allem Tendenzmäßigen vorzog, ja der ihm zum Modell dessen wird, was unter einem Dichter zu verstehen ist.

Die Spitze im Kanon von Mörikes Liebesdichtung stellt die erste große Phase seiner Liebeslyrik dar, der *Peregrina*-Zyklus (1824 bis 1828), dessen Inspirationsfigur Maria Meyer ist. Es wird, ähnlich wie in Brentanos Dirnengedichten, ein wanderndes Dasein am Rande der Gesellschaft geschildert, wobei den thematischen Kern die peinigende Doppeldeutigkeit der Liebe bildet, der Liebe als Unschuld und Sünde, als heiliges und heilloses Gefühl. In die Jahre 1827 bis 1833 fallen die Liebesgedichte für Josephine von Scheer und Luise Rau, in denen ein sakramental getönter Ton überwiegt. Für die Liebeslyrik Mörikes um 1830 gilt in besonderem Maße die Abwehr der Welt, das Sich-Zurückziehen des lyrischen Ich, eine gewisse Noli-me-tangere-Mentalität:

> Laß o Welt, o laß mich sein!
> Locket nicht mit Liebesgaben,
> Laßt dies Herz alleine haben,
> Seine Wonne, seine Pein.

Die Liebeslyrik der Jahre 1845/46, inspiriert von Margarethe von Speeth, besteht in ihrer Mehrheit eher aus Epigrammen und lyrischen Glossen, die ein Bekenntnis zur Idee des Schönen enthalten von einem, der sich zu keinem ideologischen Engagement bekennen kann.

Alle Liebeslyrik ist bei Mörike weitgehend mit dem Thema der Freundschaft verbunden. Insofern Freundschaft ein sozial vermitteltes individual-psychologisches Phänomen ist, erhält auch die Liebe bei Mörike eine sozial-psychologische Dimension. Einerseits ist der Freundschaftskult bei Mörike zwar vom 18. Jahrhundert her bedingt; andererseits aber enthält er neue Momente wie die Liebe zu dritt, wobei die Dreier-Gruppe, die ja von Mörike buchstäblich gelebt wurde, eine Art familiäres Ersatzmilieu darstellt und Probleme der Gruppenemotion sowie der Führungsrolle aufwirft.

Müller

Als Liebeslyriker ist Wilhelm Müller (1794 bis 1827) einerseits der Romantik verpflichtet; andererseits stellt er ein Bindeglied dar zwischen der Romantik und einer stärker gesellschaftskritisch orientierten Bewegung, indem er den Gemütswert des lyrischen Vorgangs in seiner Gedichtsammlung *Gedichte aus den hinterlassenen Papieren eines reisenden Waldhornisten* mit einer ironischen Rahmung umgibt.[6]

1821 erscheint sein Liebeslieder-Zyklus *Die schöne Müllerin*. Die Anregung dazu ist gesellig-gesellschaftlicher Natur. Der Zyklus entstand aus Müllers Beiträgen zu einem Singspiel, das im Winter 1816/17 im Hause des klassizistischen Vaterlandsdichters und preußischen Staatsrates Friedrich August von Stägemann aufgeführt wurde, der ebenfalls eine Reihe von Liebes-Sonetten verfaßte (*Erinnerungen an Elisabeth*, 1836), welche die glückliche Zeit seiner Ehe feiern.

Inspirationsfigur der schönen Müllerin ist Luise Hensel. Liebesglück und Liebesverzweiflung werden mit einfachen Leuten in Verbindung gebracht (dem zaghaften Müller, dem forschen Jäger), wie etwa im Volkslied oder in der Lyrik der Befreiungskriege. Das romantisch geschaute Volksleben bleibt jedoch im Zyklus von der schönen Müllerin im Grunde den Konflikten des modernen bürgerlichen Lebens verschlossen. Dagegen stellt die *Winterreise* (1823) in dem heimatlosen, in seiner Liebe verratenen Handwerksgesellen eine Verzweiflung dar über eine nicht nur individuelle Auswegslosigkeit, sondern über die Unbeständigkeit, die ‹vanitas› der Welt schlechthin. Beide Zyklen erreichten in Schuberts Vertonungen ihre hohe Popularität.

Platen

Die Begeisterung für die Poesie des Orients, die nach der Veröffentlichung von Goethes *Divan* und den zahllosen Übersetzungen und Adaptationen Hammer-Purgstalls aus dem Persischen immer stärker hervortrat, verbindet August von Platen (1796 bis 1835) mit Friedrich Rückert (1788 bis 1866). Während Rückert jedoch in seinem in den zwanziger Jahren entstandenen, aber erst 1844 publizierten Gedichtzyklus *Liebesfrühling* die eheliche Liebe preist und die Liebeslyrik bei ihm oft in eine durchaus christlich gemeinte Gebetsform übergeht, sucht Platen eine vollkommene Liebe in der homoerotischen Bindung, für die er häufig in der intellektualisierten Beziehung von Poesie und Schönheit in seiner Lyrik einen kunstvollen Ausdruck findet. Rückert, aber auch Chamisso in seinem Zyklus *Frauen-Liebe und -Leben* entfernen sich von den erotischen Komponenten der Liebe und führen in ihren Liebesgedichten bereits zur Soziallyrik über. Platen scheint den diametral entgegengesetzten Weg der ‹splendid isolation› einzuschlagen: Die Beziehung der Liebe, die radikal und sensationell ist, kommt nur dort zustande, wo sie außersozial und letztlich zum Scheitern verurteilt ist. Doch zeigen Platens theoretische Schriften, wie etwa die *Aphorismen besonders über die dramatische Kunst* oder *Das Theater als ein Nationalinstitut betrachtet*, daß Platen die lyrische Poesie, ja die Kunst überhaupt keineswegs rein subjektiv sieht, sondern der lyrische Dichter das Objektive zu einem so hohen Grade zu steigern habe, daß er sich selbst als Objekt zu betrachten imstande sei. In seinen *Ghaselen* (1821), *Lyrischen Blättern* (1821), im *Spiegel des Hafis* (in: *Vermischte Schriften*, 1822), in den *Neuen Ghaselen* (1823/24) strebt Platen in der Suche nach der vollendeten Form eine gesellschaftlich-nationale Tendenz an, die sich von der Formkultur der Griechen inspiriert, denen es durch die Vollendung der Form gelang, «das Individuellste als das Allgemeinste erscheinen zu lassen». – Unter Platens Oden nimmt die Ode *Lebensstimmung* einen besonderen Platz ein: Bekenntnis- und Zeitgedicht zugleich, spiegelt sie die Einsicht in den unmittelbaren Zusammenhang zwischen privatem Leid und Unbehagen an öffentlichen Mißständen.

Platens lyrisches Ich neigt zwar dazu, in ein zeit- und raumloses Dasein zu fliehen, ins ‹schöne Dasein›, um dem Chaos einer zerrissenen Epoche den ästhetischen Amoralismus eines «carpe diem» bei Wein und Liebe entgegenzusetzen; doch zeigen die *Tagebücher*, wie sehr homoerotische Liebe (etwa zu dem Erlanger Theologiestudenten German, dem ein größerer Sonettenkranz gewidmet ist), die im derzeitigen Europa einen Strafrechtsbestand ausmachte und damit ein sozial-historisches Problem darstellt, für Platen gleichzeitig Chiffre für das Unverständnis des Publikums seiner Liebeslyrik gegenüber bedeutet.[7]

In den letzten Liebesliedern und Ghaselen der Jahre 1830 bis 1835 kehrt Platen zu den einfachen Formen zurück, gibt sich der Melancholie hin und versucht nicht, sich ins Nur-Ästhetische zu retten. Der Charakter des Ghasels erscheint nun als hybride Form, die auf halbem Weg zum Liedhaften, ja Volksliedhaften zurückkehrt.

In einer zumindest scheinbar der Prosa huldigenden Epoche, in der man des romantischen Liebes-Klingklangs herzlich müde war, lassen sich bei den angeführten Dichtern verschiedene Haltungen ablesen: Eine Konfliktsituation sowohl mit den literarischen Tendenzen wie mit den Zeitereignissen führt zur Flucht in eine wehmütige oder eine heiter-utopische Liebesidylle, in der sich der Dichter außerhalb der Gesellschaft einen Lebensraum schaffen will. Intime Lyrik wird mit Metaphern des theologischen Hintergrunds der Zeit ausgedrückt, stilistische Schematisierungen wie der orientalische Ton oder die konservative Rückwendung zu klassizistischen Formen relativieren den erlebnishaften und persönlichen Charakter der Liebeslyrik. Einerseits wird die Ehe als unantastbare Institution gefeiert, andererseits ein mehr oder weniger phantastisches, ‹orientalisches› oder sonst exotisches, wenn nicht gar lüsternes Spiel mit der erotischen Liebe getrieben.

Neben einer gewissen ‹hausbackenen› Liebeslyrik stehen Dirnenpoesie und das hohe Lied auf Genuß und Ekstase des Augenblicks. Da das bürgerliche Denken der Epoche eher körper- und frauenfeindlich war, entsteht schließlich auch eine Kritik an der männlichen Liebesvorstellung und, wie etwa bei Louise Aston der Louise Otto-Peters, ein Kontrastprogramm der Liebe, das in einen Emanzipationsmythos mündet.

Giuseppe Farese
Lyrik des Vormärz

Die Anfänge der politischen Lyrik von Platen bis Weitling

Der Enthusiasmus, mit dem die Deutschen, genauer die deutschen bürgerlichen Intellektuellen, die Nachricht der französischen Julirevolution von 1830 aufnahmen, war nicht nur ein äußeres Symptom für das Aufflammen der deutschen Einheitsbewegung nach der Restaurationszeit der zwanziger Jahre, sondern kündigte auch ein erneutes politisches Engagement der Schriftsteller an, das binnen kurzer Zeit seine ersten konkreten Ergebnisse brachte. Welche Richtung die deutsche Literatur nach den französischen Juliereignissen einschlagen würde, hatte schon Heine in kritischer Intuition vorausgesehen. 1828 in der Rezension der *Deutschen Literatur* von W. Menzel kündigte Heine, in offener Polemik gegen die Goethe-Zeit, das «Ende der Kunstperiode» an. Dieser treffende Begriff, den Heine später wiederaufnahm und erweiterte, steht emblematisch am Anfang einer neuen Literaturauffassung. Literatur bedeutete nun für die bürgerlichen Schriftsteller Kampf um die politische Emanzipation und deshalb Suchen nach neuen künstlerischen Ausdrucksformen, die diesen Kampf wirkungsvoll unterstreichen. Ebenfalls 1828 schrieb Heine: «Es ist die Zeit des Ideenkampfes und Journale sind unsere Festungen.» Der Journalismus als Mittel politisch-sozialen Engagements entstand und bildete die erste konkrete bürgerliche Oppositionsmöglichkeit gegen die feudale Unterdrückung.

Der Kampf gegen die Zensur und für die Pressefreiheit hing mit der Entdeckung des Journalismus als Instrument politischer Aktion zusammen und erzielte gerade in den Jahren bis 1834 beachtliche Erfolge. Auch die Gründung des Preß- und Vaterlandsvereins im Januar 1832, das darauffolgende Hambacher Fest und die Aufforderung an alle deutschen Patrioten, sich zu einigen im Kampf «für Abschüttelung innerer und äußerer Gewalt, für Erstrebung gesetzlicher Freiheit und deutscher Nationalwürde»[1], entsprangen dieser Entdeckung. Aber gerade im Preß- und

Vaterlandsverein, der sich auch patriotische Verbindung nannte, zeigten sich im kleinen die aufkommenden Streit- und Trennungsgründe zwischen gemäßigten Reformisten und Radikaldemokraten, die das bürgerlich-liberale Feld bis 1848 und länger noch beherrschen sollten.

Die literarische Szene der Zeit spiegelte weitgehend die Unsicherheiten, die Widersprüche und die Beschränkungen der politischen Situation wider. Die einzige Ausnahme bildete Heinrich Heine, für den damals jene Prosaperiode in Paris begann, die M. Windfuhr eine Periode der «Reflexion» nannte und die man paradigmatisch auf die ganze deutsche Literatur zwischen 1830 und 1840 beziehen könnte. In den gleichen Jahren, in denen sich die Tagespresse und der Journalismus als literarisches Mittel politischer Aktion durchsetzten, ist es möglich, die ersten Anfänge jener politischen Lyrik aufzudecken, die ihre größte Blüte- und Wirkungszeit unmittelbar vor und während der demokratischen Revolution von 1848 erreichte und kurz danach erlosch.

Zu den europäischen Unruhen, die auf die Pariser Julirevolution folgten und großes Aufsehen in Deutschland erregten, zählte der Aufstand der Polen gegen das zaristische Regime. Die polnische Revolte trug erheblich dazu bei, den Eifer und die Leidenschaft der anbrechenden liberalen Opposition anzufachen.

Am 29. November 1830 erhob sich das russische Polen – das immer noch eine vom Zar Alexander I. erlassene Verfassung hatte und von einem Vizekönig regiert wurde –, und im Januar 1831 konnten die polnischen Patrioten die Unabhängigkeit des Landes verkünden. Doch schon im darauffolgenden September wurde der Aufstand von den Truppen des Zaren Nikolaus I. blutig niedergeschlagen. Das unglückliche Schicksal Polens berührte zutiefst die deutsche öffentliche Meinung. Es entstanden Polenlieder, die durch eine doppelte Thematik charakterisiert werden: einmal Solidarität mit dem unterdrückten Land, zum anderen Auflehnung gegen die Reaktion in Deutschland. Die Unabhängigkeitskämpfe anderer Völker boten so den Deutschen Anlaß zu einer Lyrik im Zeichen des Gedenkens und zugleich des Protestes. Die Bedeutung dieser Lyrik in den ersten dreißiger Jahren soll nicht so sehr aufgrund der Polenschwärmerei bewertet werden, die berühmte Dichter wie Platen, Lenau, Chamisso leidenschaftlich erfaßte, sondern in bezug auf die Bildung eines regelrechten Topos: Polens Freiheit gleich Deutschlands Freiheit.

Dieser Topos kehrt beständig in allen innerhalb der demokratischen Opposition entstandenen Polenliedern wieder und ist somit auch das Zeichen einer Umwandlung des Enthusiasmus für die polnische Problematik zu einer aktiven Phase deutscher Innenpolitik. Der Beweis dieser Wendung auf politisch-organisatorischer Ebene ist in der Gründung zahlreicher Polenvereine zu sehen, die, angeregt von bürgerlichen und kleinbürgerlichen Intellektuellen, auf nationaler Basis arbeiteten. Johann Philipp Becker, einer der späteren Anreger der ersten Internationale, schreibt im Jahr 1831 *Gruß den Polen*, ein Gedicht, das schon in der singbaren Struktur seinen programmatischen Charakter als Kampflied zeigt:

> Europas Helden, seid willkommen!
> Ihr Männer, Polens Kriegerschar,
> Die Deutschlands Volkssinn eingenommen,
> Die uns der Freiheit Licht gebar.
> *Chor:*
> So lebet hoch, ihr edlen Polen!
> So lebet hoch in eurem Licht!
> Denn noch ist Polen nicht verloren,
> Weil Deutschland seine Fesseln bricht.

Die Überarbeitung des gleichen Lieds von R. Lobhauer, einem der Führer der radikalen Opposition in Württemberg, erfolgte ganz im Sinne der obengenannten Thematikverschiebung: die Aufforderung zum Aufruhr und die Hoffnung, daß er trotz der herrschenden Repression gelingt, verlagern sich von Polen auf Deutschland, denn:

> Noch ist Teutschland nicht verloren,
> Ob auch Willkür drückt
> Und die Freiheit, kaum geboren,
> Man im Keim erstickt!

Der Deutschen Mai, das Lied, das Philipp J. Siebenpfeiffer anläßlich des Hambacher Festes schrieb, drückt die Forderung nach einer breiteren Mobilmachung aus, die die Einigung Deutschlands und das Erreichen jener Freiheit, welche den Polen nicht zuteil wurde, ermöglichen sollte.

Die Thematik der Einigung Deutschlands ist das historisch wichtigste Element dieser ersten Phase der oppositionellen Dichtung; zugleich bildet sie den roten Faden, der den während der Befreiungskriege (1813 bis 1814) ausgebrochenen und später in den Burschenschaften und Turnvereinen gefährlich auflebenden Nationalismus mit einem vernünftigeren Nationalbewußtsein verbindet. Kein Wunder also, daß der politische Reifeprozeß vieler demokratischer Dichter von jenem ersten Impuls anti-napoleonischer Erhebung ausging und daß diese die ‹bürgerliche Orientierung› eines Dichters wie August von Platen (1796 bis 1835) provozierte, der trotz seines aristokratischen Ursprungs und seiner militärischen Laufbahn nicht daran gehindert wurde, der «erste politische Dichter der deutschen Literatur»[2] (F. Mehring) zu werden.

Platen ist einer der bedeutendsten literarischen Zeugen der dreißiger Jahre. Seine politische Lyrik spiegelt die Haltung der bürgerlichen Opposition wider, die zwar die Gründe der absolutistischen Herrschaft erkannte, sich jedoch mit einer genauso theoretischen, nutzlosen und bequemen Empörung zufriedenstellte. Das wird besonders in Platens *Polenliedern* deutlich. Die Umdeutung der polnischen Revolution und ihr Scheitern als aktive Phase nationaler Erhebung, die die Polenlieder eines J. Ph. Becker oder eines Harro Paul Harring charakterisieren, wandelt sich bei Platen in eine passive Reflexion, die trotz der mahnenden Akzente immer von einer entschiedenen Resignation durchdrungen ist. Platen beschränkt sich fast immer auf die bloße Beschreibung und Beschwörung der historischen Ereignisse, die dem Leser das gleiche Fatalitätsgefühl übermitteln, das die traurigen Lamentationen der polnischen Helden ausmacht – so in *Vermächtnis der sterbenden Polen an die Deutschen*, *Wiegenlied einer polnischen Mutter*, *Nächtlicher Weichselübergang der flüchtigen Polen bei Krakau*, *Klagelied der polnischen Verbannten in Sibirien*, *Unterirdischer Chor*. In all diesen Liedern, abgesehen von dem Schrecken und der Anklage, spürt man die melancholische Resignation des Dichters, jenes Gefühl des Aufgebens gegenüber der Wirklichkeit, das ihn sagen läßt:

> Doch gib o Dichter, dich zufrieden,
> Es büßt die Welt nur wenig ein;
> Du weißt es längst, man kann hienieden
> Nichts Schlechtres als ein Deutscher sein!

Platen bildete den Bezugspunkt für die meisten politischen Dichter des Vormärz, so daß Franz Mehring zu Recht behaupten konnte: «Ohne Platen, kein Herwegh und kein Freiligrath!»
Die repressiven Beschlüsse der Wiener Ministerialkonferenz von 1834 konnten nur teilweise die antifeudale Opposition lähmen, die einen neuen positiven Antrieb bekam, als demokratische Intellektuelle, die aus Deutschland ausgewiesen wurden, wandernde Handwerksgesellen und Arbeiter in Frankreich, in der Schweiz und auch in Deutschland Handwerker-Bildungs-Vereine gründeten. Innerhalb dieser Vereine entstanden das erstemal ‹Handwerksburschenlieder›. Meistens von bürgerlichen Dichtern verfaßt, bilden diese Lieder den Versuch, die Achse des politischen Kampfes auf neue soziale Fragen zu richten; gleichzeitig verdeutlichen sie die objektive Schwierigkeit einer solchen Themen-Verlagerung, die häufig in Rhetorik und Sentimentalität ausartet. Als Beispiele seien das *Lied der vereinigten Handwerker* von Georg Fein oder *Die zehn Gebote der Freiheit* von Harro Paul Harring erwähnt. Trotzdem fehlt es auch nicht an Stimmen von ‹Handwerker-Dichtern›, wie die des Schreiners L. Wagner, dessen *Bürgerlied*[3] die politische Aufgabe der Handwerker und Bauern unterstreicht und trotz des Fehlens einer tieferen sozialen Reflexion die utopisch-proletarischen Lieder ankün-

digt, welche der Schneidergeselle Wilhelm Weitling (1808 bis 1871) gegen Ende der dreißiger Jahre schrieb.

Weitling, der in seinem politisch-theoretischen und poetischen Werk noch stark vom utopischen Sozialismus des Franzosen Robert de Lamennais abhängt, gebührt das Verdienst, die Diskussion um die Entwicklung eines proletarischen Klassenbewußtseins entschieden vorangetrieben zu haben durch seine Propagierung der Arbeitsteilung und die Erkenntnis von der Notwendigkeit, die Klassengegensätze aufzuheben und die veralteten revolutionär-reformistischen Schablonen der bürgerlich-liberalen Opposition zu überwinden. Diese Entwicklung geht aus den Gedichten hervor, die er zwischen 1838 und 1841 schrieb und in denen das neue Element in der Einführung des Begriffs ‹Gleichheit› liegt anstelle des nunmehr abgenutzten Begriffs der ‹Freiheit› – so in *Kriegslied der Gleichen* und *Der Aufbruch zum Kampf*. Das bedeutendste dieser Lieder ist vielleicht *Das Geld*, in dem Weitling seinen Protest gegen die ungerechte Verteilung der Güter in der Gesellschaft zum Ausdruck bringt:

Trostlos, einsam und verlassen / Lebt man ohne Geld. / Andere verschwenden, prassen, / Denn sie haben Geld. // Drum laßt uns nach Gleichheit werben, / Für sie leben, für sie sterben. / Laßt himmelhoch ihr Banner weh'n; / Die Knechtschaft muß zu Grunde geh'n.

Die ‹radikale Illusion› der liberalen Dichter am Anfang der vierziger Jahre: die *Unpolitischen Lieder* von Hoffmann von Fallersleben und die *Lieder eines kosmopolitischen Nachtwächters* von Franz Dingelstedt

Es ist bekannt, daß der Hamburger Verlag Hoffmann und Campe 30 bis 40 Exemplare pro Jahr von Heines Buch *Ludwig Börne* (1840) verkaufte, dagegen 12000 Exemplare der *Unpolitischen Lieder* (1840) August Heinrich Hoffmanns von Fallersleben (1798 bis 1874). Die Gründe dieses Mißverhältnisses in der Publikumsrezeption sollen nicht so sehr in der plötzlichen Wiedergeburt der politischen Lyrik zu Beginn der vierziger Jahre zu suchen sein, als vielmehr im Inhalt der beiden Werke. Die Heinesche *Denkschrift*, die mit ätzender Polemik die Beschränktheit und die Fehler des kleinbürgerlichen Jakobinertums ans Licht brachte und somit die schwache Stelle der Organisation der antifeudalen Opposition berührte, konnte und durfte kein so großes Aufsehen erregen wie die harmlosen, ironischen Beschimpfungen Hoffmanns von Fallersleben.

Die Thematik der *Unpolitischen Lieder* ist relativ begrenzt, sprach aber das große Publikum unmittelbar an, so daß der Bürger die Möglichkeit hatte, sich mit der Stimme der Opposition zu identifizieren und sein Protestverlangen gegen Zensur, Polizei und Adel zu befriedigen, um sich dann wieder in sein Häuschen zurückzuziehen und sich der Wälder und Flüsse des Vaterlands zu erfreuen, dem man Treue bis zum Grabe schwor:

Treue, Liebe bis zum Grabe
Schwöre ich dir mit Herz und Hand:
Was ich bin und was ich habe,
Dank ich dir, mein Vaterland.

Die Lieder setzen sich zwar mit der absolutistischen Unterdrückung auseinander, ohne jedoch je den Ton des offenen Protestes zu erreichen.
Im Gegenteil, die reellen Probleme laufen alle auf Witz und auf eine
Reihe Einzelheiten hinaus, die einerseits die tiefe Verbundenheit des
Dichters mit der Volksliedtradition, andererseits aber das Fehlen jeglicher Beziehung zur politisch-sozialen Wirklichkeit zeigen. Trotz alle-
dem trugen die *Unpolitischen Lieder* zum Erwachen der Opposition gegen den feudalen Absolutismus und den Polizeistaat bei. Den Beweis
dafür liefern die schnelle Verbreitung der Lieder und die Reaktion der
preußischen Regierung, die 1842 Hoffmann von Fallersleben die Profes-
sur in Breslau entzog. Kurz danach schrieb Heine dem Verleger Campe:
«Die Gedichte von Hoffmann von Fallersleben (. . .) sind spottschlecht,
und vom ästhetischen Standpunkte aus hatte die preußische Regierung
ganz recht, darüber ungehalten zu sein, schlechte Späßchen, um Philister zu amüsieren bei Bier und Tabak.» Was aber die Entrüstung der
preußischen Regierung erregte, war natürlich nicht das bescheidene
künstlerische Niveau der Sammlung, sondern die Geschwindigkeit, mit
der Bürger und Kleinbürger die «schlechten Späßchen» Hoffmanns aufnahmen und sich mit ihnen identifizierten.

Die Vorsicht, mit der 1841 Franz Dingelstedt (1814 bis 1881) dem Verleger Campe riet, die *Lieder eines kosmopolitischen Nachtwächters* anonym erscheinen zu lassen, kann man sicher nicht als übertrieben betrachten, obwohl die Zensoren sofort hätten merken müssen, daß die
Lieder an ein kleineres, spezifischeres Publikum gerichtet waren.
Dingelstedts Lieder sind in ihrer feinen Ironie durchaus in der Nähe der
Heineschen Kunst anzusiedeln. Trotzdem unterscheidet sich die Ironie
des «Nachtwächters», die häufig Ironie um ihrer selbst willen ist und nur
selten zur Satire gelangt, von der bewußt politischen Dichtung eines
Werks wie *Atta Troll* oder *Deutschland. Ein Wintermärchen.* Dingelstedt verpaßte sozusagen die Gelegenheit einer Objektivierung des besonderen historischen Augenblicks und blieb auf einer Stufe stehen, die
literarisch betrachtet kritisch-kontemplativ und politisch gesehen un-
fruchtbar war. Es ist bezeichnend, daß die Atmosphäre versteckter Opposition, die der Dichter durch das Mittel der Ironie in den gelungenen
Bildern des ersten Teils («Nachtwächters Stilleben») heraufbeschwört,
viel echter und eindrucksvoller ist als die offenen Angriffe, die der zweite Teil («Nachtwächters Weltgang. Deutschland») enthält und die nur
Versuche einer satirischen Dichtung bilden. Zu Recht konnte der Lite-

raturhistoriker Robert Prutz bemerken: «An den *Liedern eines kosmopolitischen Nachtwächters* ergötzten sich hauptsächlich die ästhetischen
Feinschmecker, Diejenigen, denen es am liebsten gewesen wäre, es hätte gar keine politische Poesie gegeben: indessen da sie nun doch einmal
vorhanden war, so wollten diese Männer des exclusiven Geschmacks sie
zum wenigsten recht elegant, recht fein zugeschliffen, recht reich an
Witz und epigrammatischer Schärfe haben.»

Daß die Lieder Dingelstedts nur Ausdruck eines momentanen Schein-
engagements des Dichters waren, beweisen die späteren Ereignisse seines Lebens. 1843 wurde ihm der Titel eines Hofrats verliehen; gleichzeitig trat er in den Dienst des Königs von Württemberg und begann eine
erfolgreiche Karriere – im Schatten der absolutistischen Macht –, die ihn
in Kürze bis zur Leitung des Burgtheaters in Wien brachte. So ist es
nicht verwunderlich, daß Dingelstedt 1850 die Ideen und die Erfahrungen der gescheiterten Revolution verschmähte und verleugnete, indem
er schrieb: «Geht linkswärts Ihr, uns lasset rechtswärts gehn.» Noch weniger verwunderlich ist, daß Heinrich von Treitschke, der Apologet der
preußischen Macht, später urteilte: «Unter all diesen deutschen Zeit-
poeten jener Tage ist doch Dingelstedt der einzige Dichter.»

In der Tat, sowohl die ehrliche Harmlosigkeit der *Unpolitischen Lieder*
als auch die unehrliche Tendenz der *Lieder eines kosmopolitischen
Nachtwächters* waren ein klares Zeichen der Unentschlossenheit und
Unfestigkeit der Liberalen zu Beginn der vierziger Jahre. Die zwischen
1830 und 1839 entstandenen neuen Ideen und Impulse der demokratischen Opposition wurden jetzt gegen eine versöhnlichere Ideologie ein-
getauscht. Dem immer noch an der Teilung der Macht interessierten
Bürgertum fehlte jedoch der Mut zu einer entschiedeneren Stellungnahme gegenüber dem Absolutismus, und so blieb es in dem Netz einer
pseudoradikalen Opposition verstrickt.

Das allgemein bedeutendste Ereignis dieser Jahre war jedoch nicht die
Wiederaufnahme der politischen Lyrik, sondern das Erscheinen von
Ludwig Feuerbachs *Das Wesen des Christentums* im Sommer 1841. Mit
diesem Werk setzte jener konkrete Abbau der deutschen idealistischen
Philosophie an, von dem die soziale Analyse und die revolutionäre Or-
ganisation der künftigen Zeit ausging.

Über die Parteilichkeit oder Überparteilichkeit des Dichters:
Georg Herwegh und Ferdinand Freiligrath

Der berühmte Streit über die Parteilichkeit oder Überparteilichkeit des
Dichters, der 1842 zwischen Herwegh (1817 bis 1875) und Freiligrath
(1810 bis 1876) ausbrach, schloß sozusagen die Debatten über ‹das Ende
der Kunstperiode› ab. Heines literarästhetische Reflexion war bahnbre-
chend gewesen und hatte eine entschiedene Trennung zwischen altem

und neuem Standpunkt in der deutschen Literatur des 19. Jahrhunderts
markiert und den Anstoß zu einer moderneren Fragestellung von Individuum, Kunst und Gesellschaft im Vormärz gegeben.

Im November 1841 schrieb Freiligrath, bislang wegen seiner «Wüsten-
und Löwendichtung» (1836 bis 1838) bekannt, das Gedicht *Aus Spanien*,
das sich auf ein Ereignis der spanischen Geschichte des 19. Jahrhunderts
bezieht und die beiden programmatischen Verse enthält:

> Der Dichter steht auf einer höhern Warte,
> Als auf den Zinnen der Partei.

Es muß sofort bemerkt werden, daß Freiligraths Auffassung von der
Überparteilichkeit des Dichters und der Erfolg seiner orientalisch-ro-
mantischen Poesie nicht nur ein Zeichen seiner persönlichen konservativen Position sind, sondern auch eine scheinbar ästhetische, im
Grunde jedoch politische Krise widerspiegeln, in der sich das deutsche Bürgertum von der Mitte der dreißiger bis zum Beginn der vierziger Jahre befand. Die Ursachen dieser Krise lassen sich auch in den
Widersprüchen der bürgerlichen Ideologie wiederfinden, so wie sie
sich auch in den theoretisch-revolutionären Äußerungen einer Gruppe
Schriftsteller zeigen, die «sich anmaßend ‹Das Junge Deutschland›
oder ‹Die Moderne Schule›» (Engels) nannte und eine heftige, ständige Polemik gegen Goethe und die klassische Literatur führte. Ausgehend von der Bemerkung Walter Dietzes, daß «die Theorie der Literatur für die Jungdeutschen die Theorie der Revolution ist», kann
man vielleicht besser ihr fast totales Unverständnis der realen historischen Situation begreifen.

So war das intellektuelle Bürgertum zu Beginn der vierziger Jahre in
Verwirrung geraten. Immer mehr durch die polizeilichen Verbote in der
Ausübung seiner persönlichen Freiheit beschränkt, überzeugte es sich
von der Notwendigkeit des Kampfes gegen den Despotismus, schenkte
indessen den ablenkenden Träumereien in der Art von Freiligraths Gedicht *Der Mohrenfürst* eine zu große Aufmerksamkeit und begrüßte mit
übertriebener Freude und Hoffnung die Wahl des ‹romantisch-liberalen›
Friedrich Wilhelm IV. zum König von Preußen.

Die Veröffentlichung von Herweghs Gedicht *Die Partei* im Februar 1842
in der *Rheinischen Zeitung* und die Polemiken über die Parteilichkeit
oder Überparteilichkeit des Dichters, die unmittelbar darauf folgten,
hatten das große Verdienst, die öffentliche Meinung heftig zu erregen
und den bürgerlichen Intellektuellen die Gewißheit zu vermitteln, daß
die Zeit der theoretisch-ästhetischen Revolutionen der ‹Jungdeutschen›
nun endgültig vorbei sei und daß die Parteinahme die einzige Möglichkeit bliebe, die absolutistisch-feudale Reaktion zu bekämpfen. Ab diesem Augenblick datiert auch der Beginn der aktiven Phase der politi-

schen Dichtung des Vormärz. Als Herwegh 1842 sein künstlerisches und
politisches Prinzip gegen Freiligrath behauptete:

> Partei! Partei! Wer sollte sie nicht nehmen,
> Die noch die Mutter aller Siege war!
> (. . .) Die Fürsten träumen, laßt die Dichter handeln!
> (. . .) Ein Schwert in eurer Hand ist das Gedicht,

hatte er schon im Vorjahr die Sammlung *Gedichte eines Lebendigen* veröffentlicht und war dadurch berühmt geworden. Diese Gedichte hatten
sofort eine beachtliche Resonanz gefunden, nicht allein weil – wie Franz
Mehring schrieb – «die brausende und gärende Unruhe, die durch sie
zitterte, nur allzu getreu die Stimmung der Nation widerspiegelte, die
sich auf sich selbst zu besinnen begann», sondern auch weil in ihnen die
Kraft eines neuen Realismus auftauchte, der die theoretischen Ideen des
‹Jungen Deutschlands› überwand. Zum erstenmal wurde die Aufmerksamkeit auf das Volk gerichtet, das nicht mehr nach den volksliedhaft-
romantischen Regeln, sondern aufgrund einer noch nicht klassenbewuß-
ten, jedoch demokratisch empfundenen Gegenüberstellung zwischen
oberen und unteren Gesellschaftsschichten, zwischen ‹Palast› und ‹Hütte› betrachtet wurde.
Die lange journalistische Erfahrung und der Übergang zur radikalen
Opposition, der nicht zufällig durch seine Evolution von der Theologie
zur Philosophie (D. F. Strauß, Feuerbach, die hegelsche Linke) erfolgte, bilden den Ausgangspunkt von Herweghs Dichtung. Daraus ergaben
sich auch sein Engagement, seine Schwankungen in der praktischen Politik und seine kohärente Haltung, die ihn vor allem von Freiligrath,
aber auch von den anderen politischen Dichtern der Zeit grundsätzlich
unterscheiden. Dennoch war auch Herwegh so naiv, an den reformie-
renden Willen Friedrich Wilhelms IV. zu glauben, der ihn am 19. November 1842 feierlich empfing und ihn dann am 28. Dezember aus Preußen ausweisen ließ. Seine Ernüchterung war gewiß nicht auf die im
Grunde voraussehbare Reaktion des Monarchen zurückzuführen, sondern auf die harte Stellungnahme der liberalen Opposition, die den
Dichter beschuldigte, durch einen heftigen Protestbrief an den König eine Verschärfung der polizeilichen Verordnungen und Zensurmaßnah-
men verursacht zu haben. So wurden die *Rheinische Zeitung*, die *Leipziger Allgemeine Zeitung* und die *Deutschen Jahrbücher* von A. Ruge verboten.
Zu den ersten, die sich über Herwegh empörten, zählte gerade jener
Freiligrath, der noch im November 1841 die Überparteilichkeit des
Dichters verkündet hatte. Herwegh hatte die politische Situation wohl
richtig erfaßt, als er am 27. November 1842, noch vor seiner Ausweisung
aus Preußen, seiner zukünftigen Frau Emma Sigmund schrieb: «Seit

dem Besuche beim Könige bin ich viel stolzer geworden, das heißt viel
freier. Das Königtum ist tot, maustot für mich und wird gar keine Zau-
berkraft mehr auf die Welt ausüben können. Wie klein, wie unendlich
klein und ordinär ist mir der Mann erschienen! Ich fange an, Mitleid mit
den gekrönten Häuptern zu bekommen. Sie spielen eine mehr als armse-
lige Rolle.» Am Tag darauf fügte er die weitsichtige Bemerkung hinzu:
«Mit der liberalen Bourgeoisie werden wir nie siegen, wir müssen die
Sympathie der Massen suchen, sonst geht es nicht, und wird ein Sieg immer nur ein momentaner sein. Mein Dichten und Trachten ist nun, etwas hinaus zu schleudern, was die Menge packt und ergreift. *Ein* ge-
lungenes Lied wäre hinreichend; *warum* kann ich keine Marseillaise
schreiben?»[4]
Herweghs Reflexion galt also der Realität der politischen Lage. Konse-
quenterweise verließ er die Richtung seiner frühen rhetorisch-enthusia-
stischen Poesie, die so leidenschaftlich-revolutionäre Lieder wie den berühmten *Aufruf*:

> Reißt die Kreuze aus der Erden!
> Alle sollen Schwerter werden,
> Gott im Himmel wird's verzeihn

hervorgebracht hatte, und wendete sich nun dem Epigramm, der gesell-
schaftsbezogenen, satirischen Dichtung zu.
Während die Radikalisierung von Herweghs Thematik im Einklang mit
der historischen Entwicklung erfolgte und ihren Höhepunkt zur Zeit der
Solidarisierung des Dichters mit den Kämpfen des deutschen Proletariats in den sechziger Jahren erreichte, schlug auch Freiligrath eine
Kursänderung ein und wechselte vom konservativen Lager zu dem der
demokratischen Opposition über. Die Gedichte, die diese programmatische Kursänderung hätten markieren sollen, bilden die Sammlung *Ein
Glaubensbekenntnis* (1844). Aber die Anstrengung des Dichters, sich einer neuen Thematik zuzuwenden, wird systematisch von der Banalität
der poetischen Ergebnisse zunichte gemacht, so daß diese Gedichte nur
mit viel Mühe als politisch bezeichnet werden können. Man braucht nur
eines wie *Am Baum der Menschheit drängt sich Blüt an Blüte*:

> Der Knospe Deutschland auch, Gott sei gepriesen!
> Regt sich im Schoß! Dem Bersten scheint sie nah –
> Frisch, wie sie Hermann auf der Weserwiesen,
> Frisch, wie sich Luther auf der Wartburg sah!

den Epigrammen und Aphorismen, die Herwegh in der gleichen Zeit
schrieb, gegenüberzustellen:

> Betet ihr Fürsten zum Kreuz, ihr habt ihm alles zu danken,
> Während das Volk nur euch leider dem Kreuze verdankt

oder

> Abschaffung der Freiheit ist dem Philister nicht so fürchterlich
> wie Abschaffung des Eigentums,

um zu verstehen, was echtes politisch-künstlerisches Engagement bedeuten kann. Außerdem mag der Vergleich die grundverschiedenen politisch-ideologischen Positionen der zwei Dichter im Vormärz andeuten.

Dennoch erfolgte eine politische Wendung Freiligraths, die nicht zuletzt durch die Begegnung mit Karl Marx in Brüssel 1845 und den Gedankenaustausch mit politischen Flüchtlingen aus Deutschland beschleunigt wurde. In den sechs Gedichten der Sammlung *Ça ira!* (1846) bezeichnete Freiligrath das Proletariat als führende und mitreißende Kraft im demokratischen Kampf, so insbesondere in den schnell berühmt gewordenen Versen der Gedichte *Von unten auf* und *Wie man's macht*. Freiligraths Dichtung stimmte in dieser Zeit mit der Praxis der bürgerlichen Revolution überein und wurde zu einem wirkungsvollen Propaganda- und Kampfmittel. Am 15. Mai 1848 kehrte Freiligrath aus London nach Deutschland zurück; einen Monat später schrieb er sein schönstes Gedicht, *Die Toten an die Lebenden*, eine Erinnerung an den 18. März, als das aufständische Berliner Volk den König von Preußen zwang, die gefallenen Barrikadenkämpfer zu ehren. Selten ist es einem Dichter gelungen, einen historischen Augenblick in derart verhaltenen und doch von politischer Leidenschaft durchdrungenen Versen zu gestalten:

> Die Kugel mitten in der Brust, die Stirne breit gespalten,
> So habt ihr uns auf blut'gem Brett hoch in die Luft gehalten!
> Hoch in die Luft mit wildem Schrei, daß unsere Schmerzgebärde
> Dem, der zu töten befahl, ein Fluch auf ewig werde!

Das Gedicht wurde als Flugblatt in Tausenden von Exemplaren verteilt.

Am 28. August wurde Freiligrath wegen Verleitung zum Aufruhr angeklagt und eingekerkert. Der Prozeß endete jedoch am 3. Oktober mit dem Freispruch des Dichters. Kurz darauf berief ihn Marx in die Redaktion der *Neuen Rheinischen Zeitung*. Die Konterrevolution war indessen schon im Vormarsch; am 9. November wurde in Wien Robert Blum, der Anführer der Aufständischen, hingerichtet. Noch einmal, in den Versen des Gedichts *Wien*, vom 3. November 1848, verleiht Freiligrath seiner Hoffnung auf eine politische und militärische Revanche Ausdruck:

> Ja, Deutschland, ein Erheben, Ja, Deutschland, eine Tat!
> Allwärts, um Wien zu retten, stehst du an deinem Platz!
> Räum' auf im eignen Hause! Räum' auf und halte Stich!

Nur wenige Monate blieben der *Neuen Rheinischen Zeitung* zur Ausübung ihrer Opposition und zur Verbreitung ihrer scharfen Analysen
der historischen Ereignisse; dann wurde sie gezwungen, ihr Erscheinen
einzustellen. Die letzte Nummer, einheitlich in roten Buchstaben gedruckt, erschien am 19. Mai 1849. Auf der ersten Seite stand Freiligraths
Abschiedswort der «Neuen Rheinischen Zeitung», das auch das letzte seiner echten politischen Gedichte ist:

> Wenn die letzte Krone wie Glas zerbricht,
> In des Kampfes Wettern und Flammen,
> Wenn das Volk sein letztes ‹Schuldig!› spricht,
> Dann stehn wir wieder zusammen!

Als die Februarrevolution ausbrach, befand sich Herwegh in Paris und
verfolgte enthusiastisch die Entwicklung der Ereignisse. Kurz danach –
im April 1848 – organisierte er eine «deutsche demokratische Legion»,
die in Deutschland die Republik hätte errichten sollen. Die Legion, deren Führer Herwegh selber war, kam am 24. April nach Deutschland
und wurde bei Dossenbach in Baden vernichtet. Für Herwegh war die
Revolution beendet. Ein Chor von Verleumdungen hob an, und vor allem wurde sein Tod als Dichter verkündet. Wenn man auch die Unüber-
legtheit der Unternehmung vom taktisch-politischen Standtpunkt verur-
teilen muß, so ist es jedoch unmöglich, die Kohärenz von Herweghs
Verhalten zu übersehen. Ein Dichter, der über keine politisch-prakti-
schen Fähigkeiten verfügte, der aber sehr früh den realen Gang der europäischen und deutschen historischen Ereignisse intuitiv erkannte,
konnte sehr wohl in einem historischen Moment, wie die Zeitspanne Februar bis April 1848, zu einer Aktion verleitet werden, deren Scheitern
Herweghs Grenzen als Politiker zeigte, seinen dichterischen Wert aber
keineswegs in Frage stellte. Wenn seine achtundvierziger Lyrik, was
Elan und auffordernde Kraft anbelangt, hinter Freiligraths Gedichten
zurückbleibt, steht sie ihnen jedoch nicht an Fähigkeit nach, die Realität
zu erkennen und zu analysieren.

Herwegh blieb seiner satirisch-kritischen Dichtungsart immer treu, ob er
nun die Vergeblichkeit der Frankfurter Nationalversammlung an den
Pranger stellte, so im Gedicht *Das Reden nimmt kein Ende*, oder ob er –
während Freiligrath, der indessen seine revolutionäre Phase völlig vergessen hatte, ruhig auf seinem Kontorstuhl in London saß und dann mit
einer Leibrente von 60 000 Talern aus dem Exil in die Heimat zurück-
kehrte – im klaren Bewußtsein der Klassengegensätze und insbesondere
der Rolle des Proletariats in der Zeit der raschen Industrialisierung in
‹Preußen-Deutschland›, das gerade in seine imperialistische Phase der
kapitalistischen Entwicklung eingetreten war, nie erlahmte, das konser-
vativ-reaktionäre Regime Wilhelms I. und Bismarcks zu geißeln. Man

lese als Beispiel das Gedicht *Achtzehnter März*, das 1873, zwei Jahre vor
seinem Tod entstand. Straff und sachlich in der realistischen, unrhetori-
schen Erinnerung, enthält es eine konkrete Deutung der Rolle, die das
Proletariat 1848 gespielt hatte und weist auf die ihm noch bevorstehen-
den Kämpfe hin:

> (. . .) Achtzehnhundert vierzig und acht,
> Als du dich lange genug bedacht,
> Mutter Germania, glücklich verpreußte,
> Waren es nicht Proletariarfäuste,
> Die sich ans Werk der Befreiung gemacht
> Achtzehnhundert vierzig und acht?

> (. . .) Achtzehnhundert siebzig und drei,
> Reich der Reichen, da stehst du, juchhei!
> Aber wir armen, verkauft und verraten,
> Denken der Proletariertaten –
> Noch sind nicht alle Märze vorbei,
> Achtzehnhundert siebzig und drei.

Die Satire Georg Weerths und das pathetische *Ça ira* der ‹Achtundvierziger›

Im April 1848 war die Eskamotage des Bürgertums eine Tatsache. Während die Barrikaden noch standen und das Volk über die zukünftige
Staatsordnung eines neuen Deutschlands diskutierte, paktierte das Bürgertum mit den absolutistischen Herrschern und bereitete so die refor-
mistische Kapitulation der Revolution vor. Der Widerspruch zwischen
dem anbrechenden Kapitalismus und dem untergehenden Feudalsystem
war keineswegs gelöst, als schon der Gegensatz Bourgeoisie – Proletariat auftauchte, der die grundlegende Zweiteilung der modernen kapitalistischen Gesellschaft ausmacht. Noch einmal spalteten verschiedenar-
tigste Tendenzen die Einheit des Bürgertums, jener Klasse, die den
Druck des Proletariats hätte ausnützen können, um die absolutistische
Herrschaft zu besiegen. Aber, wie Jost Hermand bemerkt, «die Nationalen waren zu deutschtümelnd, die Liberalen zu zahm, die Linken zu
utopisch eingestellt, um die Gunst der Stunde wirklich zu erfassen».
Betrachtet man das heroische Pathos der offiziellen Poeten und die radi-
kalisierende Spontaneität der zahlreichen Lieder im Jahre 1848, so kann
man wiederum behaupten, daß die Poesie erneut die anhaltende bürgerlich-liberale Verwirrung widerspiegelt. Die strukturellen Veränderungen der deutschen Gesellschaft im Vormärz wurden von diesen Dichtern
bis auf wenige Ausnahmen nicht wahrgenommen.
Zu den Dichtern aber, die diese Gesellschaftsveränderungen erfaßten,
zählte Georg Weerth (1822 bis 1856). Es war der einzige, der die ‹sozia-

le› Linie Weitlings weiterführte. Weerth verstand diese Entwicklung im
Sinne eines ausgewogenen, graduellen Übergangs von der Utopie zum
Sozialismus, filtriert durch die direkte Kenntnisnahme der ökonomi-
schen Struktur der Gesellschaft und unter Berücksichtigung der Begriffe
Kapital und Eigentum, «die beiden Giganten, die in ihrem Kampfe einst
die Gestalt der Erdoberfläche von Grund aus ändern werden».

Das ganze dichterische Schaffen Weerths steht im Zeichen dieser neuen
politisch-sozialen Entwicklung. Der Weg des Dichters läuft von den ersten romantisierenden Liebesliedern und den *Rhein- und Weingedichten*
(1841 bis 1843), die ideologisch gesehen noch der unpolitischen bürgerlich-liberalen Neutralität nahestehen, jedoch von einem lebendigen,
echt volkstümlichen Ton geprägt sind, zu den Gedichten der englischen
Periode *Lieder aus Lancashire*, *Handwerksburschen-Lieder* (1843 bis
1847), deren Thematik sich mit dringenden Zeitfragen auseinandersetzt.
Die Verknüpfung in diesen Gedichten von traditionellem Schema des
Volkslieds mit neuen Inhalten, die der Klassenkampf lieferte, führte zur
Bildung einer Art realistisch-sozialer Ballade, die bislang in Deutschland unbekannt und später nur von Bertolt Brecht mit ähnlicher Kraft
wiederaufgenommen wurde. In seiner dritten und letzten Periode (1847
bis 1849) legte Weerth den gewohnten ironisch-humoristischen Ton ab
und wandte sich der Satire als poetischem Kampfmittel zu. In dieser Zeit
trat er dem kommunistischen Bund bei und nahm an den revolutionären
Ereignissen in Belgien, Frankreich und Deutschland teil.

1848 wurde Weerth Feuilletonredakteur der *Neuen Rheinischen Zeitung*
in Köln. Was in dieser dritten Phase hervorgehoben werden muß, ist die
meisterhafte Anwendung der Satire – vor allem in den Feuilletons, die
er für die *Neue Rheinische Zeitung* schrieb, in den Gedichten oder im
Prosawerk *Leben und Taten des berühmten Ritters Schnapphahnski*
(1848/49) – als auch der Gebrauch dieses literarischen Mittels aufgrund
politischer Überzeugung. Im Augenblick des Zusammenstoßes von Bürgertum und Proletariat, vor allem nach den ersten revolutionären Siegen
in Wien und Berlin, deutete Weerth die realistische Kraft der Satire als
kritische Reflexion des Dichters über die Wirklichkeit. Diese spezifische
Überzeugung Weerths geht zweifellos auf die materialistische Theorie
zurück, die sein Kampfgefährte Karl Marx in den gleichen Jahren entwickelte, wurzelt aber auch in der Analyse ökonomisch-struktureller
Phänomene, die er während seines Aufenthalts in England vòn 1843 bis
1846 durchgeführt und in den *Skizzen aus dem sozialen und politischen
Leben der Briten* (1843/48) synthetisiert hatte. Wenn man Brechts Meinung teilt: «Damit kämpferisch realistisch geschrieben werden kann, ist
aber Wissen nötig, und zwar ein ganz bestimmtes Wissen, Wissen ökonomischer historischer Art», und von der Überzeugung ausgehend, daß
Weerths Werk aus diesem Wissen entstand, muß man ihm einen beson-

deren Platz im großen, soziologisch aufschlußreichen, aber künstlerisch recht dürftigen Panorama der politischen Dichtung des Vormärz einräumen.

In dieser Sicht soll man auch die besondere Nähe-Ferne-Beziehung Weerths zu Heinrich Heine verstehen. Weerth liebte und bewunderte Heine, von dem er, wie L. Mittner schreibt, gewiß «Schüler und bewußter Fortsetzer besonders seines polemischen Werkes» war. Allerdings unterschied er sich von Heine nicht nur, weil er – wenn auch Heinesche – Formen mit einem ganz originellen, selbständigen Inhalt füllte (Engels), sondern weil Weerth seinen Klassenstandpunkt dialektisch überwunden und sich, wie Marx, mit dem Proletariat identifiziert hatte. Heine, der zwar die Gründe für die Widersprüche in der deutschen Gesellschaft sehr früh begriffen hatte, konnte oder wollte diese Erkenntnisse im konkreten historisch-revolutionären Sinn nicht aktivieren und blieb deshalb Zeit seines Lebens in einer schwankenden Stellung zwischen bürgerlicher und proletarischer Demokratie[5] (G. Lukács).

Wenn man den Schritt Weerths von der proletarischen Lyrik der *Lieder aus Lancashire* zu der Zeitthematik der letzten Satiren bedenkt, fällt auf, daß der Dichter sich nicht mehr ausschließlich an die Arbeiter wendet, sondern vor allem an die zögernden liberal-demokratischen Bürger; denn die revolutionäre Strategie betrachtete den liberalen Bürger jetzt als Feind, den man besiegen, das heißt für die proletarische Sache gewinnen müsse. Die kritisch-realistische Kraft Weerths zeigt sich, um nur einige Beispiele zu nennen, in Satiren wie: *Die komischen Kaiser, Kaiser Karl, Pfingstlied, Heuler und Wühler*. Es ist schwer, im Jahre 1848 ein Gedicht zu finden, das eine so stark antibürgerliche Kraft enthält, die trotzdem nie in wütende Gewalt ausartet, wie die Satire *Heute Morgen fuhr ich nach Düsseldorf*. Die Struktur des Gedichts ist fiktiv-dialogisch; die satirische Gewandtheit Weerths besteht darin, die negative Auffassung des Kommunismus so zu übertreiben, daß das gerade Gegenteil glaubhaft wird:

> Heute Morgen fuhr ich nach Düsseldorf
> In sehr honetter Begleitung:
> Ein Regierungsrat – er schimpfte sehr
> Auf die Neue Rheinische Zeitung.
>
> Die Redakteure dieses Blatts –
> so sprach er, – sind sämtlich Teufel. (. . .)
>
> Für alles irdische Mißgeschick
> Sehn sie die einzige Heilung
> In der rosenrötlichen Republik
> Und vollkommener Güterteilung.

(. . .) Auch nach Weibergemeinschaft steht ihr Sinn.
Abschaffen wolln sie die Ehe:
Daß alles in Zukunft ad libitum
Miteinander nach Bette gehe.

(. . .) Auflösen wollen sie alles schier;
Oh, Lästrer sind sie und Spötter;
Kein Mensch soll in Zukunft besitzen mehr
Privateigentümliche Götter.

Ein sehr ähnlicher Geist belebt auch die vierzeiligen Strophen der Satire in acht Teilen *Kein schöner Ding ist auf der Welt, als seine Feinde zu beißen.* Das letzte Gedicht Weerths in der *Neuen Rheinischen Zeitung* – das letzte überhaupt, das von ihm selbst veröffentlicht wurde –, *Die heilige deutsche Reichsarmee*, erschien am 16. Dezember 1848, zehn Tage nach dem Ereignis, das Marx den «Staatsstreich der Konterrevolution» nannte. Am 5. Dezember hatte Friedrich Wilhelm IV. die nationale preußische Versammlung endgültig aufgelöst und eine von ihm manipulierte Verfassung durchgesetzt. Weerths Gedicht schließt mit einem Vierzeiler, der einerseits als satirisch-ironisches Emblem der allgemeinen politischen Lähmung aufgefaßt werden kann, andererseits jedoch ein Gefühl von Traurigkeit und Resignation des Dichters nicht verhehlt:

Die heilige deutsche Reichsarmee,
Die lebt ohn viel Sorgen:
Die Landsknechte traun auf den lieben Gott –
Kommst du heute nicht, kommst du morgen.

Weerths dichterische Stimme erlosch mit dem Scheitern der Revolution. Er starb am 30. Juli 1856, vierunddreißigjährig, an Tropenfieber in Havanna, wo er sich aus geschäftlichen Gründen aufhielt.

Vergleicht man nun die kohärente, dialektische Übereinstimmung von Literatur und Gesellschaft im Werke Weerths mit den zahlreichen Revolutionsliedern der sogenannten Achtundvierziger, so erkennt man den geistigen Abstand, der zwischen ihnen und dem realistisch-politischen Engagement des «ersten und bedeutendsten Dichters des deutschen Proletariats» (Engels) liegt.
Die Lyrik der Achtundvierziger zeigt ihre Schwäche vor allem durch eine tiefe Kluft zwischen Idee und Realität, die gleiche, die das Bewußtsein des Bürgertums charakterisierte. Verschanzt hinter einem abstrakten, pathetischen Enthusiasmus, zeigte sich der Bürger unfähig, das durch Strukturveränderung herangereifte und in den Widersprüchen des 1848 ausgebrochene Soziale zu erfassen – jenes Soziale, das im Mittelpunkt der historisch-ökonomischen Reflexion von Weitling und Weerth stand und einen konkreten Beweis im Realismus ihrer Dichtung gefunden hatte.

Ausgehend von dieser Bemerkung erscheinen uns die eifrigen, jedoch leeren Aufforderungen der Achtundvierziger unrealistisch, so H. Rollet, *Alarm. Im Februar 1848*:

> So greift nun zu den Waffen,
> Ihr deutsche Männer all!
> Laßt uns das Glück erringen
> In lautem Kampfesschall!

oder J. Schanze, *Februarstrophen. 1848*:

> Nun rüstet eure Waffen
> Zu männlichem Gefecht.
> Jetzt müssen wir uns schaffen
> Die Freiheit und das Recht.

Der Kampf um Freiheit und die Revolution sind für die Achtundvierziger Ereignisse, an die man, um sie zu realisieren, nur zu glauben braucht. Diesen Eindruck gewinnt man auch nach der Lektüre von Liedern wie *Deutscher Frühling. Im April 1848* von H. Rollet, *Völkerfrühling* von O. Ludwig, *Das deutsche Banner. März 1848* von J. B. Vogel, *Freiheit, du mein Losungswort* von F. Stoltze.

Dennoch, in diesem Rahmen falscher Begeisterung fielen einige anonyme Lieder auf, die in Tausenden Exemplaren gedruckt als Flugblätter verteilt wurden. Fast immer von Gelegenheitsdichtern verfaßt, gaben die Lieder fern von literarästhetischen Ansprüchen der Wut wegen der Niederlage und der Hoffnung auf eine baldige Wiederaufnahme des Kampfes Ausdruck. Das zeigt sich emblematisch im anonymen *Studentenlied. Auf die Revolution von 1848*:

> Sagt, ihr hohen Herrn, was bildet ihr euch ein?
> Glaubt ihr, uns erschreckt Purpurmantels Schein?
> Gebt euren roten Purpurmantel her;
> Der gibt rote Fahnen für ein freies Heer!
>
> Wenn euch die Leute fragen: «Wo ist Robert Blum?»
> So durft ihr nur sagen: «Der ist erschossen schon;
> Er hängt an keinem Galgen, er starb an keinem Strick,
> Sondern für den Glauben der freien Republik.

Auf das Scheitern der Revolution folgte nun eine entschiedene, unaufhaltsame Verschärfung der Reaktion. Die Ohnmacht der Besiegten fand ihren tiefsten Ausdruck in der bitteren, durchlittenen Satire Heines. Schon an die ‹Matratzengruft› gefesselt, hatte er einige Zeit früher kommentiert: «Welch ein Unglück, solche Revolutionen in meinem Zustand zu erleben. Ich hätte müssen tot oder gesund sein!» Sein Gedicht *Im Oktober 1849*, das auf die gescheiterte ungarische Revolution anspielt, vermittelt ein allgemeines Gefühl des Zusammenbruchs, das sicherlich auch mit der Auflösung der Nationalversammlung und der Niederlage in Baden und Pfalz (Kapitulation von Rastatt, 23. Juli 1849) zusammenhängt. Beide Ereignisse kündigen den totalen Erfolg der Konterrevolution an:

> Gelegt hat sich der starke Wind,
> Und wieder stille wird's daheime;
> Germania, das große Kind,
> Erfreut sich wieder seiner Weihnachtsbäume.
>
> Wir treiben jetzt Familienglück –
> Was höher lockt, das ist vom Übel –
> Die Friedensschwalbe kehrt zurück,
> Die einst genistet in des Hauses Giebel.
>
> Gemütlich ruhen Wald und Fluß,
> Von sanftem Mondlicht übergossen;
> Nur manchmal knallt's – Ist das ein Schuß?
> Es ist vielleicht ein Freund, den man erschossen.

Helmut Schanze
Hof- und Stadttheater

Probleme der Theatergeschichte

Spricht man von Theater im Vormärz, so ist von vornherein Sozialge-
schichtliches impliziert: Das Theater als Institution der Gesellschaft wird
von allen Beteiligten, den Autoren, den Bühnenangehörigen, dem Publikum und nicht zuletzt von einer im Namen dieses Publikums schreibenden Theaterkritik als Modellfall für gesellschaftsgeschichtliche Entwicklungen angesehen. Es wird in dieser Zeit wie nie zuvor als ‹Staatsan-
stalt› begriffen, wird zensiert oder soll, wie es paradoxerweise die
‹Fortschrittsmänner› verlangen, dem kommerziellen Bereich entzogen
und der Staatsaufsicht unterstellt werden. Als ‹Nationaltheater› ist es Integrationspunkt bürgerlicher Hoffnungen und Wünsche, als ‹Kunstanstalt› gar Inbegriff einer gesellschaftlichen Utopie. Theater ist zudem in
Restauration und Vormärz – literarisch gesehen – ein besonderer Gegenstand, an dem sich sozialgeschichtliche Erfahrung konkretisiert.
Wenn Werner Conze in seiner kleinen Geschichte des deutschen National-
staatsgedankens die Frage nach der ‹Wirklichkeit› für die Deutschen in
Restauration und Vormärz stellt, so registriert er die Gefahr einer «gespaltenen» Wirklichkeit. Die Bühnenmetapher erhält in dieser Zeit eine fast
gespenstische Realität: Wer, was spielt wirklich eine ‹Rolle›? Sind es die
‹alten Mächte› oder die ‹Partei der Bewegung›? – Demgemäß sind die
Erwartungen an das Theater als Kristallisationspunkt gesellschaftlicher
Erfahrung hoch, oft zu hoch gesteckt. Im Nachmärz erscheinen als Folgen
dieser hochgespannten Hoffnungen Enttäuschung, Resignation und ‹Realismus›. Auf das Theater wird projiziert, was die Gesellschaft hätte selber
austragen sollen. Faules Harmoniestreben, der ‹gute Schluß›, die Trivialitäten des Theaters oder genauer der dramatischen Kunst, die wie keine
andere Simulation lebendiger Wirklichkeit sein will, ihre Funktion als
‹Spiegel der Gesellschaft› wird diesem angelastet.

Von der Vorgeschichte des Gedankens und der Praxis eines Hoftheaters als Ort fürstlicher Repräsentation, von den immer erneuten Versuchen des 18. Jahrhunderts, Nationaltheater zu errichten, vom Theater als Kunstinstitut nach Weimarer Vorbild ist hier nicht mehr zu berichten. Diese Theaterprinzipien lagen nach 1815 ausformuliert vor. In der Praxis verschmolzen sie, gaben zu Hoffnungen, Wünschen und Enttäuschungen Anlaß. Vergessen fast, ja diffamiert wurde Theater als Theater, seine wie auch immer zu qualifizierende Unterhaltungsfunktion. Kaum entsprach sie noch der Idee fürstlicher Lustbarkeit, da abgesunken in die Trivialitäten des bürgerlichen Alltags. Kaum befriedigte sie den ‹nationalen› Gedanken, schon gar nicht die hochgespannte Idee der Kunst. So bleiben von den einstigen Erfolgsautoren, den einstigen Theaterkönigen und -prinzessinnen in der Geschichte oft kaum mehr als Namen auf vergilbten Spielplänen.

Eher überraschend ist es, daß die Zeit von 1815 bis 1850 zum erstenmal überhaupt das schwere Wort ‹Geschichte› auf das bekanntermaßen lokkere Theatervölkchen angewandt hat. Die Idee einer Theatergeschichte folgte der einer Literaturgeschichte auf dem Fuße: Als Gervinus von der Geschichte der «Nationalliteratur» sprach, entwickelte Eduard Devrient die Idee einer Geschichte des Nationaltheaters; wie jener nahm er dabei goethezeitliche Anregungen auf. Nationaltheater meint zunächst wesentlich deutschsprachiges stehendes Theater im Gegensatz zur Wanderpraxis und zu französischsprachigen, im Opernbereich italienischen Hoftheatern. Das frühe 19. Jahrhundert füllt diesen Begriff zunehmend im Sinne des liberalen Nationalgedankens politisch auf. Die Prinzipien der Theatergeschichtsschreibung bei Devrient sind wie bei Gervinus ausgewiesen politische. Nachdrücklich zeigt dies ein Blick in die Vorrede zum ersten Band der *Geschichte der deutschen Schauspielkunst*, die das Datum des Vorabends der Revolution, Januar 1848, trägt. Devrients Kampf um die Emanzipation des Schauspielerstands verknüpft diesen ausdrücklich mit dem «Menschheitsgeschick». Mit dessen Darstellung habe die Schauspielkunst «die bittersten Erfahrungen davon, an ihrem eignen Leib und Leben, auf sich genommen; sie spielt mit der Unvollkommenheit der menschlichen Natur und erliegt selbst unter ihrer Last». Ziel seiner Geschichte sei es, «daß diese Kunst endlich in ihrer sittlichen und staatlichen Bedeutung zu begreifen sei, und daß man sie würdig halten und würdig machen müsse, an den großen gesellschaftlichen Entwicklungen unsrer Zeit ihren Anteil zu gewinnen.»

Ohne diese noch vormärzlichen Ansprüche und Hoffnungen, klassizistisch verfestigt nach 1850, ist die gesellschaftliche Funktion und das Selbstverständnis des Theaters nicht formulierbar. Der Forderungscharakter der Zielformulierung bei Devrient reißt jedoch zugleich den Widerspruch zwischen Anspruch und Tagesproduktion auf. So ist Theater bis heute Erbe der Amalgamierung verschiedenster Prinzipien. Sie sind faßbar bis in Organisationsarabesken hinein. Als Beispiel die Stellung des Intendanten, einer der hochtrabenden Titel aus der Hoftheaterpraxis; sie wird, als geronnene Geschichte, noch durch die neuen Medien fortgeführt.

Eine Geschichte des Theaters im Vormärz gehorcht also keinem reinen Selbstzweck. Sie kann durchaus auf ein gegenwärtiges Interesse verweisen. Gleichwohl ist sie nicht einfach zu schreiben; denn kaum je sind ihre Prinzipien rein aufzufinden. Noch schwieriger wird es, die Formel ‹Theater und Leben›, ‹Literatur und Leben›, die im Vormärz programmatisch vorgeschlagen wurde, in ein griffiges Verhältnis von Kausalitäten aufzulösen. Manches scheint im nachhinein verstehbar, manches erklärbar, trotz eines Wusts an Fakten, trotz der verschiedenen Interessen, die an deren Überlieferung beteiligt waren. Über den Prinzipien, die eine Darstellung leiten können, darf wie bei Devrient der Blick auf die Einzelheit nicht ganz verlorengehen.

So steht neben Nationaltheater und Kunstinstitut bei Devrient die Frage nach der Misere des Schauspielerstands, nach dessen Versuchen der Emanzipation, sein durchaus auch erfolgreicher Kampf um Anerkennung durch die Gesellschaft, die Theaterpraxis mit ihren langsamen, aber doch registrierbaren Veränderungen.

Die Quellen solcher Darstellung sind vielfältig. Literarisch in einem weiteren Sinn sind sie alle, selbst die Statistiken; denn schließlich entstanden sie unter einem Rechtfertigungsdruck, den Staat und Gesellschaft wechselseitig erzeugten, den die Theaterkritik formulierte. Große, zusammenfassende Theaterstatistiken, wie die von Max Martersteig für Mannheim erarbeitete, stehen im Kontext der Bestrebungen ihres Verfassers. Martersteig wollte erweisen, daß eine städtische Verwaltung wie die des Nationaltheaters in Mannheim ebenso zur Pflege der Kunst tauge wie eine fürstliche Oberleitung. Ein vermehrter Klassikeranteil ist dafür der Ausweis. Ohne diesen ‹Positivismus› des 19. Jahrhunderts wäre historische Rekonstruktion aber kaum möglich.

Devrients traditionsbildende Darstellung wurde bereits angesprochen. Ein besonderes Problem teilt sie jedoch mit einer Vielzahl von Darstellungen von Literatur und Theater im Vormärz: Sie überfährt, wie auch die Darstellung von Martersteig, das Epochendatum der Jahrhundertmitte. Bei Devrient ist dies ein Bearbeitungsproblem; Martersteig dagegen schließt die Geschichtsfähigkeit von 1848 weithin aus. Die Orientierung des Vormärz auf die achtundvierziger Revolution erscheint aus Gründen, die in geschichtlicher Erfahrung des Jahrhundertausgangs liegen, als Irrweg. Dagegen werden die Kontinuitäten seit 1830 um so deutlicher herausgestellt.

Dies wiederum liegt in der Tradition der Selbstsicht der großen Theaterleiter der zweiten Hälfte des 19. Jahrhunderts, Laubes und Dingelstedts, die auf diese Weise ihre realistisch purgierte Vergangenheit als Jungdeutsche ‹aufhoben›. So ist die Tradition keineswegs darauf gerichtet, den Gegenstand Theater so zu sehen, wie er wirklich war, sondern im guten wie im schlechten Sinn, wie er sein sollte. Darstellungen, ihre implizit gesetzten Wertungen, haben selber Geschichte.

Unvoreingenommen in diesem Sinn sind auch nicht die literarischen Quellen im engeren Sinn: Tiecks, Börnes, Heines, Immermanns Theaterkritiken, um nur diese wenigen zu nennen, sind integral mit deren Werkaussage verbunden, artikulieren im obenbenannten Sinn geschichtliche Erfahrung in Texten, die keineswegs zufällig an den Gegenstand Theater gebunden ist. Hinzukommt, daß die Literatur im Vormärz trotz und gerade wegen ihrer kritischen Stellung zum Theater aktiv und gestaltend in den Theaterbetrieb eingreift. Lessings und Goethes Vorgang wird in unübersehbarer Weise praktisch: Tiecks Konzeption der Dramaturgie führt zu einer wirklichen Integration der Literatur in den Theaterbetrieb, Immermanns Konzeption der Regie zu einer rationalen Ausdifferenzierung der Theaterproduktion. Diese Bestrebungen ‹der Literatur› wurden bereits in ihrer Zeit als paradigmatisch empfunden.

Daneben ist ein Überblick über den faktischen Spielplan des Vormärz schon deshalb zu geben, weil er Gegenstand ständiger Angriffe der ‹Literatur› war. Ansatzweise ist der Unterhaltungsbegriff des Vormärz materialiter zu fassen; die erfolgreichsten Autoren sind wenigstens zu nennen.

Anfangs- und Endpunkt der Darstellung sind nach der Prämisse vom Theater als Integrationspunkt gesellschaftlicher Hoffnungen und Enttäuschungen ebenso literatur- und theaterhistorisch wie sozialhistorisch auszuweisen. Der Anfangspunkt der Darstellung ist das «Ende der Kunstperiode», das, liest man Heine etwas genauer, mit dem Erscheinen der «falschen Wanderjahre» und der Zeitschrift *Kunst und Alterthum* von Goethe 1817, damit mit den Karlsbader Beschlüssen zusammenfällt. Was dieser Eingriff in das Medium der Literatur in Konsequenz für das Medium Theater bedeutete, wird im folgenden zu diskutieren sein. Das Ende der Darstellung bildet in jedem Fall nicht nur das Scheitern der Märzrevolution, sondern auch, in ihrem Kontext, der Erlaß der sogenannten Hinckeldeyschen Polizeiverordnung vom 10. Juli 1851, der die Freiheit des Theaters aufhob, wo doch die in der Revolution erlangte Zensurfreiheit für die Literatur aufrechterhalten wurde. Das Theater wird seitdem bis 1918 auf einem konservativen Status gehalten: Ergebnis geschichtlicher Erfahrung mit dem Medium in Vormärz und Revolution.

Karlsbad und Hinckeldeysche Polizeiverordnung geben die dunkle Folie

ab, auf der sich die reiche Theaterlandschaft von Restauration und Vormärz entfaltet. Reich ist diese Theaterlandschaft vor allem an zukunftsweisenden Experimenten. Das ‹alte› wie das ‹junge› Deutschland sind
dem Theater als Erfahrungsraum zutiefst verpflichtet. Punktuell wenigstens muß auf die Geschichte des Theaters als Schreibanlaß verwiesen
werden. Die neuen publizistischen Formen der Vormärzliteratur sind
ohne Theater kaum denkbar. Die Erfahrung konkurrierender Wirklich-
keiten verschafft dem Spielproblem eine Präponderanz im Inhalt, die
qualitativ wie quantitativ der Theaterliteratur einen besonderen Rang
zuweisen mußte.

Börnes und Heines Theaterkritik:
Gegen die Komödianten der Restauration

Die Grunderfahrung der ‹gespaltenen Wirklichkeit›, umgesetzt in Theaterkritik, dürfte den Resonanzkern der Schriften Ludwig Börnes um 1818
bilden. Der Ort, an dem er schrieb, Frankfurt am Main, Sitz des neu
errichteten Bundestags und somit Kreuzungspunkt restaurativer Diplomatie, machte ihn zum authentischen Zeugen eines Spiels, dessen Akteure mehr das Licht der Öffentlichkeit scheuten als suchten. Die ‹res priva-
ta› der Fürsten und ihrer Diplomaten, die am Sitz des Bundestags verhan-
delten, sollte im Selbstverständnis der Bürger einer ‹Freien Stadt› längst
‹res publica› sein. Bis 1815 war Louis Baruch, angestellt noch in der ‹pri-
matischen› Zeit unter der Herrschaft des Großherzogs, des Fürstprimas
der Rheinbundes Carl von Dalberg, Polizeiaktuar, also städtischer Beam-
ter. Unter Carl von Dalberg waren, ähnlich wie in Preußen unter Stein
und Hardenberg, die bürgerlichen Rechte der jüdischen Bevölkerung
neu geregelt worden. 1813 hatte das restaurierte Frankfurter Regiment –
«die alten Perükken», wie sie Frau Rat Goethe verächtlich betitelt hatte –
das Bürgerrecht der Juden wieder aufgehoben. Louis Baruch wurde 1815
aus diesem Grund aus seiner Stellung entlassen. Das Einzelschicksal wird
Modell des Gesamtschicksals. Offene Proteste wie der des ‹Romantikers›
Friedrich Schlegel – «Wollte man jenes rückgängige Prinzip durchge-
hends befolgen, so müßte man am Ende auch den neuen Weg über den
Simplon wieder einreißen, weil er unter Napoleon gebaut worden» – blieben nahezu wirkungslos. Wie im Falle des Verfassungsversprechens wurde auch die Bürgerrechtsfrage der Juden in eine Sollensvorschrift geklei-
det, damit halbe Wirklichkeit.

Börnes Schriftstellerei nimmt hier ihren Ausgangspunkt. Präzis hat dies
Heinrich Heine in seiner *Denkschrift* von 1840 beschrieben, wenn auch
in subtiler Weise chiffriert. «Das ist der Doktor Börne, welcher gegen
die Commödianten schreibt.» So habe ihm, bei seinem ersten Besuch
1815 in Frankfurt, ein junger Mensch ins Ohr geflüstert. Die Situation
ist fiktiv: Erst 1818 beginnt Börnes Theaterkritik. Die Wahrheit dieses

Satzes ist das, was er ausläßt, die Motivation des Schreibens, die Grunderfahrung von 1815/17. Börne schreibt gegen die Komödianten, weil er
gegen die wahren Komödianten, die «Gespenster» auf den Thronen, wie
Heine sie sieht, nicht schreiben kann. Als Theaterkritiker habe Börne
seine kritische «Schneidelust» lediglich an den Helden der Bretterwelt
geübt. Manchen jugendlichen Übermut müsse man ihm zugute halten
«für die besseren Dienste, die er später als großer politischer Operateur
mit seiner gewetzten Kritik zu leisten verstand».

Theaterkritik als Ersatz für ‹wirkliche› Kritik: Börne hat dieses Modell
für die Restaurationszeit gültig eingeführt. Die subtile Vermittlung zwischen ‹Literatur und Leben›, die Theater als Institution der Gesellschaft
zu leisten vermag, erhält hier eine aktuell-politische Bestimmung. Theater in der Restaurationszeit ist dieser Kritik, im guten wie im schlechten,
Modell der gesellschaftlichen Wirklichkeit. Kritik an den Helden der
Bretterwelt ist durchsichtig auf politische Realität. Schlechtes Theater
ist nicht allein schlecht um seiner selbst willen. Gutem Theater haftet
immer etwas an von vorweggenommener Utopie.

Börne selber bestätigt diese Sicht Heines in seiner Vorrede zu den *Dramaturgischen Blättern* von 1829: «Ich war bald dahintergekommen, daß
die Deutschen kein Theater haben, und einen Tag später, daß sie keines
haben *können*.» Noch genauer: «Alle unsere dramatischen Dichter, die
schlechten, die guten und die besten, haben das Nationelle der Un-Na-
tionalität, den Charakter der Charakterlosigkeit. Unser stilles, beschei-
denes, verschämtes Wesen, unsere Tugend hinter dem Ofen und unsere
Scheinschlechtigkeit im öffentlichen Leben, unsere bürgerliche Unmündigkeit und unser großes Maul am Schreibtische – alles dieses vereint,
steht der Entwicklung der dramatischen Kunst mächtig im Wege.»

Börnes Kritik geht auf den «Charakter», nicht auf die «Kunst», oder wie
es in der Ankündigung der Gesammelten Schriften von 1828 heißt:
«. . . so mag es wohl geschehen sein, daß ich manches gute und schöne
Werk getadelt, nur weil ich den Werkmeister schlecht und häßlich
fand.» Die Substitutionsthese von Theater und Leben, wie sie Börnes
Kritik vertritt, läßt im Grunde für ‹Kunst› keinen Raum mehr, folglich
auch nicht für ‹Unterhaltung›. Die erschreckende Rigidität dieses Gedankens, wie sie Heine scharfsichtig herauspräpariert hat, folgt aus der
zugrundeliegenden geschichtlichen Erfahrung.

Heine, der ‹Kunst› in einem strengen Sinn unendlich mehr verpflichtet,
kann diese These nicht akzeptieren. Theater als Mittel kann, rhetorisch
oder quasi-medizinisch, anregen oder besänftigen; dem Theater vorwerfen kann man die ‹konservative› Funktion nicht. In einer Stelle der *Romantischen Schule* um 1835, die zielsicher für die Publikation von 1836
zensuriert wurde, zeigt er, daß die stellvertretende Theaterkritik ebenso
ohnmächtig ist wie die ‹Kunst›:

«Aber man muß auch den politisch unfreien Zustand Deutschlands berücksichtigen. Unsere Witzlinge müssen sich, in Betreff wirklicher Fürsten, aller Anzüglichkeiten enthalten, und für diese Beschränkung wollen sie daher an den Theaterkönigen und Kulissenprinzen sich entschädigen. Wir, die wir fast gar keine räsonierende politische Journale besaßen, waren immer desto gesegneter mit einer Unzahl ästhetischer Blätter, die nichts als müßige Märchen und Theaterkritiken enthielten: so daß, wer unsere Blätter sah, beinahe glauben mußte, das ganze deutsche Volk bestände aus lauter schwatzenden Ammen und Theaterrezensenten. Aber man hätte uns doch Unrecht getan. Wie wenig solches klägliche Geschreibsel uns genügte, zeigte sich nach der Julirevolution, als es den Anschein gewann, daß ein freies Wort auch in unserem teuren Vaterland gesprochen werden dürfte. Es entstanden plötzlich Blätter, welche das gute oder schlechte Spiel der wirklichen Könige rezensierten, und mancher derselben, der seine Rolle vergessen, wurde in der eigenen Hauptstadt ausgepfiffen. (. . .)

In der Tat, wenn in Deutschland die Revolution ausbrach, so hatte es ein Ende mit Theater und Theaterkritik, und die erschreckten Novellendichter, Komödianten und Theaterrezensenten fürchteten mit Recht: ‹daß die Kunst zu Grunde ginge›.»

Theaterkritik, so Heine gegen Börne, kann sich nicht in einem abgehobenen Freiraum bewegen, ohne sich selbst unglaubwürdig zu machen. Der Modellcharakter des Theaters ist insofern beschränkt, als es selbst Teil der Wirklichkeit ist, die es in seinen komischen oder tragischen Spiegel aufnimmt. In der Erfahrung einer gespaltenen Wirklichkeit jedoch wird der Vorbildcharakter des Theaters selber brüchig, was paradoxerweise sich im Vormärz dadurch anzeigt, daß immer erneut vorbildliches Theater gesucht oder sogar auch gemacht wird.

Modelltheater im Vormärz:
Hoftheater, Volkstheater, Theaterreform

Spricht man von den paradigmatischen Entwicklungen des Theaters in Restauration und Vormärz, so erhält man ein in sich höchst widersprüchliches Ensemble, das auf eine einheitliche Fortschrittslinie der Geschichte kaum aufzutragen ist. Vorbildcharakter beanspruchen fraglos die großen Hoftheater: Berlin, Wien, bis zu einem gewissen Grad auch München und Dresden. Geschichtlichen Rang beanspruchen jedoch gleichermaßen die mehr städtisch-bürgerlichen Institutionen, wenn auch nur für einige Spielzeiten: Düsseldorf unter Immermann, Mannheim, seit 1839 unter ‹bürgerlicher› Verwaltung, Braunschweig unter Klingemann. Historisch gesehen gleichrangig, vielleicht sogar die entscheidende Entwicklung des Vormärz: das sogenannte Volkstheater, auf Nebenbühnen, Vorstadttheater in den Hauptstädten Wien und Berlin, integriert ins städtische Theaterleben zum Beispiel in Frankfurt am Main.

Eine historische Folge ist in dieser Gleichzeitigkeit des Ungleichzeitigen kaum anzugeben: 1848, der Ziel- und Höhepunkt der Theaterentwicklung des Vormärz, ist durch ein Mit- und Gegeneinander von bürgerlichem Reformtheater und Volkstheater bestimmt; das Hoftheater wird endgültig von bürgerlichen ‹Fachleuten› übernommen.

Spricht man von Hoftheater im Vormärz, so muß zuerst von Berlin und nicht von Wien (nicht mehr und noch nicht) die Rede sein, was nicht nur politisch eine norddeutsche Präponderanz bedeutet. Der Prozeß der politischen Umorientierung auf Berlin nach 1815 ist auch kulturell festzumachen. Heines Briefe aus Berlin als kritisches Beispiel reflektieren die neue Situation aus der Sicht der Rheinlande, die bis 1814 am Ostrand einer von Paris aus bestimmten Kulturlandschaft lagen, nun an den Westrand geraten sind.

Ergebnis dieses Prozesses ist die Bildung des Begriffs einer kulturellen ‹Provinz› und eines ‹Provinztheaters›, die bezeichnenderweise ausgeht von der preußischen Terminologie für die Gliederung des Gesamtstaats. Daß es dieser ‹Provinz›, mit Düsseldorf unter Immermann als Beispiel, immer wieder gelingt, Innovationen gegen den hauptstädtischen Betrieb geschichtlich tragfähig zu machen, mag als Partikularismus beklagt werden, begründet aber auch die Vielfalt der deutschen Theaterlandschaft, zu deren progressiven Zügen die Reserve gegenüber Berlin gehören dürfte.

Berlin als Vorbildtheater der Restaurationszeit: Diese Feststellung ist also zwiespältig genug, zumindest aus der Sicht der kritischen Zeitgenossen. In Berlin, so die Kritik, ist die Herrschaft der Theaterkönige und -prinzessinnen am sinnfälligsten. Berlin ist die Hauptstadt der Gespenster, Hauptstadt eines ‹romantischen› Theaters, von dem jeder wußte, daß es nicht ein Theater der Romantik war. Der bedeutendste Schauspieler seiner Zeit, Ludwig Devrient (1784 bis 1832) – seine Paraderollen waren der Franz Moor in Schillers Räubern, Shakespeares Lear und Shylock –, war ein Dämon des Theaters. Seine freie Zeit versoff er gemeinsam mit dem einzigen deutschen Romantiker, der schon in seiner Zeit Weltgeltung besaß, mit E. T. A. Hoffmann, im Berliner Weinhaus von Lutter und Wegener.

Ernst Theodor Wilhelm (Amadeus) Hoffmann (1776 bis 1822) ist wohl der dem Theater verwandteste deutsche Poet; kaum zu scheiden sind bei ihm ‹Theater›, ‹Literatur› und ‹Leben›. Wie kaum bei einem anderen repräsentiert bei ihm die Theatermetapher Erfahrung. Romantisch ist also die Theaterbohème, nicht aber das Theater in Berlin. Allenfalls durch die Ritzen der realistischen Scheinwelt drang immer wieder etwas ein von einer exilierten Romantik.

In Berlin herrschte, nach dem Ende der Ära Iffland, unumschränkt ein hochadliger Intendant der alten Schule: Graf Brühl. Unter seiner Leitung erhielt Berlin das prachtvollste Gehäuse für seine Theaterleidenschaft. Im klassizistischen Ensemble des Gendarmenmarkts erbaute Karl Friedrich Schinkel, der bedeutendste Architekt seiner Zeit, das ‹Große› Berliner Schauspielhaus. Am 26. Mai 1821 wurde es eröffnet.

Im gleichen Jahr 1821, am 28. Juni, erlebte das Theater in Berlin seine erste wirkliche Epoche: die Uraufführung des *Freischütz*, Text von Friedrich Kind, Musik von Carl Maria von Weber. Noch sind Literatur und Musik, Schauspiel und Oper nicht so strikt getrennt wie im Nachmärz, in dem ein Wagnersches ‹Gesamtkunstwerk› eine kontrafaktische Utopie werden konnte. ‹Romantisches› Sujet und ‹romantische› Musik sind einander zugeordnet. Der Vorsprung der Musik jedoch enthält ein klassizistisches Moment: Romantik in der Literatur war nicht mehr akzeptabel.

Heine hat sich in den *Briefen aus Berlin* in genialer Weise über die Freischütz-Seuche lustig gemacht. Für das Publikum des 19. und auch noch des 20. Jahrhunderts war und ist aber die Plausibilität der Romantizismen dieser Oper ungemein hoch, jener des biedermeierlichen Jungfernkranzes wie der einer Wolfsschlucht als Gespensterlandschaft. Die Welt wird als bedrohte empfunden, unter der Oberfläche des schönen Scheins lauert eine andere Wirklichkeit. Der «Jungfernkranz» und «Samiel hilf» sind zwei Seiten einer Zeit.

Ludwig Tieck, immer noch die personifizierte Romantik, war bereits 1819 nach Dresden gegangen. Erst 1840, in seiner ‹realistischen› Spätphase, holte ihn der «Romantiker auf dem Königsthron» als persönlichen Vorleser nach Berlin zurück. Tiecks Dresdner Zeit bedeutete jedoch gleichwohl Epoche für das Theater des Vormärz. Was in Berlin vorerst nicht gelingen konnte, setzte Tieck in Dresden durch: den unmittelbaren Einfluß der ‹Literatur› auf das Theater und die Gestaltung des Spielplans. In Dresden schuf Tieck für sich und das Theater die Stelle des Dramaturgen. – Nicht zu verwechseln ist sie mit Lessings kritischer Tätigkeit, die argumentativ allerdings der Institutionalisierung einer Dramaturgie vorarbeitete. Tieck schuf ein ‹Berufsbild›, das eines Mittlers zwischen Literatur und Theater im Theater.

Fast wissenschaftlich bereitete er sich auf die neue Position vor. 1825 unternahm er eine Theaterreise durch Deutschland über Prag, Wien, München, Stuttgart, Straßburg, Karlsruhe, Mannheim, Darmstadt, Frankfurt, Wiesbaden und Braunschweig. Über die Auslassung Berlins und Hamburgs wäre zu spekulieren: in jedem Fall eine repräsentative Bestandsaufnahme, ein synchroner Schnitt in bezug auf die Theaterentwicklung in Restauration und Vormärz. Niedergelegt hat Tieck seine Eindrücke in bewußt romantischer Form, die man aber auch in eine Entwicklung zum modernen Feuilleton einordnen kann: *Bemerkungen, Einfälle und Grillen über das deutsche Theater* (1825).

Tiecks Reise geht über Prag nach Wien, dem offensichtlichen Schwerpunkt seines Erfahrungsberichts. Wiens Vorbildfunktion gründet nicht nur auf der Vielzahl seiner Theater, sondern auch auf der traditionellen Theaterleidenschaft seines Publikums. An der Spitze der Wiener Hoftheater stand eine hochadlige Kavaliersdirektion. Faktischer oder ‹geistiger› Leiter jedoch war von 1814 bis 1832 Joseph Schreyvogel (1768 bis 1832), der eigentliche Begründer des Vorbildcharakters der ‹Burg› vor Laube und Dingelstedt.

Schreyvogels vielfältige Interessen galten neben einer Reihe von ‹literarischen› Inszenierungen – Kleists Dramatik und die Entdeckung des jungen Grillparzer gehören dazu – auf der einen Seite dem Lustspiel, auf der anderen Seite dem ‹Schicksalstück›. Der Vertreter einer silbernen Klassik – ein Faktum, das ihn als Entdecker Grillparzers qualifiziert – ist ebensogut auch als Romantizist anzusprechen. Sein theatralischer Dauererfolg ist das Lustspiel *Donna Diana* von 1819. Das Stück ist eine freie Bearbeitung von *Trotz wider Trotz* des Spaniers Agustin Moreto. Schreyvogels Theaterspanien kam offensichtlich nicht nur dem Wiener Publikum entgegen, zumal sich hier die Unterhaltung mit dem Anspruch eines ‹Klassikers› im Spielplan vereinigen ließ. Seine andere, bekanntere Bearbeitung, *Das Leben ein Traum* von 1817, begründet, auch in der Titelumkehr *Der Traum ein Leben* von Franz Grillparzer (1840), eine spezifisch wienerische Tradition der Dramatik.

In der Tat sieht Tieck die Vorbildfunktion der Wiener Hoftheater vor allem in der Lustspielproduktion. Konnte man sich bei Schreyvogel an der Unterhaltung im ersten Stock ergötzen, so in der Leopoldstadt zu ebener Erde. Tieck sah – nicht zufällig – eine der vielen Wiener Possen mit dem höchst anspruchsvoll-lokalen Titel *Jupiter in Wien*. Er entschuldigt sich fast für sein Vergnügen und fährt in seiner Theaterkritik provozierend fort: «Dieses Theater ist eigentlich das einzige freie in Deutschland, sowol was die Censur betrifft, als auch die Sittlichkeit, mit allen ihren oft unverstandenen und nur verderbt vornehmen Forderungen. Auch erwartet man hier keine Bildung und Poesie, und die Kritik schweigt.»

Damit ist der epochale Beitrag Wiens zum Theater des Vormärz angezeigt: die literarische Entdeckung des sogenannten Alt-Wiener Volkstheaters. Seine Vorgeschichte, liebevoll von Kennern ausgegraben, liegt im 18., auch im 17. Jahrhundert. Mit Karl Carl (1787 bis 1854), dem großen Theaterleiter und Schauspieler, mit Ferdinand Raimund (1790 bis 1836) (*Der Bauer als Millionär*, 1826; *Der Verschwender*, 1834) und vor allem mit Johann Nepomuk Nestroy (1802 bis 1862; *Der böse Geist Lumpazivagabundus oder das liederliche Kleeblatt, 1835; Das Haus der Temperamente*, 1837; *Zu ebener Erde und im ersten Stock*, 1838; *Der Talisman*, 1843; *Einen Jux will er sich machen*, 1844; *Der Zerrissene*, 1845; *Das Mädel aus der Vorstadt*, 1845; *Der Unbedeutende*, 1849; *Freiheit in*

Krähwinkel, 1849 u. a. m.) gewinnt es seine über Wien hinausreichende Bedeutung.

Nestroy, Vereinigung von Schauspieler, Theaterleiter und Stückeschreiber, ein Theatergenie ersten Ranges, ist, wie seine auf den Tag gerichtete Produktionsweise zeigt, kein Literat, zum Ärger aller seiner Verehrer und Editoren. Aber er ‹benutzt› Literatur in einem unabsehbaren Maße, indem er literarische Versatzstücke in komische Aktion setzt. Seine Figuren penetrieren geradezu Literatur. Hier noch von Volkstheater zu reden bei soviel ‹Bildung und Poesie›, scheint fast widersinnig. Auf der anderen Seite sticht seine Produktion durch Spielwitz und Theateraktion ab von der Literaturkomödie Tiecks, Brentanos und Büchners (*Leonce und Lena*, 1836). Die Wirkung Nestroys stützt sich auf eine Vielzahl non-verbaler, gestischer Elemente, aber auch darauf, daß der Nerv des Redens bloßgelegt wird.

Literatur und Theater stehen so bei Nestroy in einem produktiven Spannungsverhältnis, das offensichtlich von seinem Wiener Publikum nicht nur toleriert, sondern geradezu provoziert wurde. Die parodistischen Elemente seiner Stücke waren es, die seinen Ruhm über Wien hinaus verbreiteten. So erfreute sich eines seiner Spätstücke, die *Tannhäuser*-Parodie, fast gleicher Beliebtheit wie die Oper Richard Wagners.

Der eigentliche ‹Geschäftsmann› des Alt-Wiener Volkstheaters, der Schauspieler und Theaterdirektor Karl Carl, ist bezeichnenderweise Nicht-Wiener; er stammt aus München. Er war es, der den ‹Alt-Wiener› Staberl, eine stehende Figur des Volkstheaters, auf überlokales, das heißt literarisches Niveau hob. Daß deren Reiz fraglos darin bestand, das Gottschedsche Prinzip der Texttreue zu verletzen, also gegen alle literarischen Gebote und alle Verbote der Zensur zu extemporieren, gibt ihr eine besondere Funktion. Solches nicht festlegbares Theater bedeutet einen Stachel für die Obrigkeiten.

Oft übersehen wird der enge zeitliche und sachliche Zusammenhang der Wiener Entwicklung mit gleichlaufenden literarisch-lokalen Bestrebungen im deutschen Sprachraum im Zeitalter der Restauration und des Vormärz, vor allem in Städten mit einem traditionsbewußten Bürgertum. Alt-Berlin, Alt-Hamburg, Alt-Köln, Alt-Leipzig, Alt-Frankfurt: die Ähnlichkeit mit der Geschichte des literarischen Mythos von Alt-Wien ist verblüffend. Als Beispiel diene das Frankfurter Lokalstück. Urahn ist kein geringerer als der Goethe-Verwandte Friedrich Karl Ludwig Textor mit seinem *Prorektor* von 1794. Den Beginn des Frankfurter Lokalstücks bildet jedoch *Der alte Bürgercapitain* von 1820. Autor dieses lokalen Dauererfolgs ist Carl Malß, der 1832, in der *Landpartie nach Königstein* mit dem «wollenen und baumwollenen Warenhändler» namens Hampelmann die Reihe der «Hampelmanniaden», das lokale Gegenstück der Staberliaden Wiens schafft.

In Berlin gilt Julius von Voß (1768 bis 1832) als Gründervater. Dauererfolg wird Louis Angelys *Fest der Handwerker* von 1821, zur stehenden Figur wird Adolf Glasbrenners Eckensteher Nante. Den Höhepunkt erreichte die Berliner Posse mit *Einmal Hunderttausend Taler* von David Kalisch 1847, im Vorjahr der Revolution.

Auch wenn über zeitgenössische Aufführungen wenig auszumachen ist, sei in diesem Zusammenhang eines der hintersinnigsten ‹Volksstücke› genannt, Ernst Elias Niebergalls Posse in der Mundart der Darmstädter, der *Datterich* von 1840.

Tiecks Freude an den Aufführungen des Theaters in der Leopoldstadt in Wien hätte sich also im Königstädtischen Theater in Berlin fortsetzen können. Im Volkstheater des Vormärz wird also dem Unterhaltungsgedanken ein Sinn gegeben durch die Literatur, bei der sich diese aber auf ein ihr fremdes, unsicheres Terrain begab. Fraglich ist, inwieweit der romantische Begriff des Volks für Theater dieser ‹Subkulturen› tragfähig war und ist. Im Revolutionsjahr 1848 sprengt das als Geschäftstheater diffamierte populäre Unterhaltungstheater alle Grenzen; von seiner Niederlage 1850 hat sich die ‹Unterhaltung› in Deutschland bis heute nicht erholt.

Tiecks Nachfolger von 1846 bis 1849 wurde Karl Gutzkow, so der erste Jungdeutsche in der Theaterleitung, bezieht man sich auf die Verbotsverfügung des Bundestags von 1835. Was bei Gutzkow als Kontinuität der Stelle sichtbar wird, wird aber auch faßbar im Einfluß Tiecks auf das Reformtheater bei Immermann. Ohne den ‹romantischen› Vorgang wäre auch hier liberale Theaterpublizistik kaum denkbar.

Der Führungsanspruch der Literatur im Theater, den im Vormärz Karl Leberecht Immermann, im Nachmärz die einstigen Jungdeutschen Laube, Dingelstedt und Gutzkow vertraten, ist nur scheinbar unberührt in den Nachmärz übergegangen. Die praktische Umwertung einst revolutionärer Forderungen macht den Umgang mit dieser Tradition jedoch problematisch. Tieck hatte sich bereits beim Hoftheater anstellen lassen; erster ‹literarischer› Theaterleiter nach dem so interpretierten Vorbild Goethes ist Immermann in Düsseldorf. Was ihn allerdings von einem herkömmlichen Intendanten, einem Prinzipal oder einem Theaterunternehmer dabei unterscheidet, wird ebenfalls eine neue Instanz in der Theaterproduktion begründen: die Stellung des Regisseurs.

Immermann (1796 bis 1840), von Haus aus Jurist, kam 1827 nach Düsseldorf, ein Dilettant des Theaters im besten Sinn. Bereits 1828 veranstaltete er Liebhaberaufführungen in Künstlerkreisen, meist einzelne Szenen. Zum Theater kam er 1829 anläßlich der Aufführung seines *Trauerspiels in Tirol*. In praktischer wie theoretischer Auseinandersetzung mit den dramaturgischen Prinzipien Tiecks entwickelt er mit den

Schauspielern seine wegweisende Regiekonzeption, gestuft-methodisch angelegte Proben (Leseprobe, Raumprobe, Bühnenprobe). 1832 gründet Immermann in Düsseldorf einen Theaterverein, quasi zur Kontrolle der spielenden Truppe im Sinne der Gebildeten: Ziel ist die finanzielle und künstlerische Absicherung von Muster- oder Kunstvorstellungen. 1834 bis 1837 wird er selbst Theaterleiter. Er verwirklicht einen Spielplan, der literarisch gesehen in dieser Zeit seinesgleichen sucht. Im Zentrum des Spielplans steht Shakespeare mit wegweisenden Inszenierungen. Am 8. November 1834 bringt er, nach dem Vorgang Klingemanns in Braunschweig 1829, Goethes *Faust* auf die Bühne.

Die Frage nach dem Scheitern dieser glänzend erscheinenden Theaterperiode Düsseldorfs ist zu stellen. Leicht ist das im letzten unverständige Publikum, seine mangelnde Zahlungswilligkeit als Schuldiger gefunden. Es wollte nicht nur Schauspiel im engeren Sinn, sondern auch Oper, die Immermanns Etat völlig überforderte. Die Lücke zwischen Kritik als publizierter öffentlicher Meinung und der öffentlichen Meinung selber (dem ‹schlechten Geschmack›) wird hier nicht zum ersten, allerdings auch nicht zum letzten Male sichtbar. Immermanns Leistung für das Theater ist, in Wiederholung des Diktums von Goethe über Kleist, die Hoffnung auf ein Theater, «was da kommen soll». Seine Pläne einer Phantasie- oder Stilbühne, entwickelt aus theoretischen Überlegungen zur alten Shakespeare-Bühne, stellen Lese- und nicht Spielmodelle dar. Auf der anderen Seite erreicht der problematische Dialog zwischen Literatur und Theater in der Immermannschen Konzeption einer literarischen Regie ein paradigmatisches Stadium. Als Idee des Reformtheaters, Übernahme des Theaters durch literarische Fachleute anstelle höfischer Kavaliersintendanzen, wird sie in der Tat das Theater des 19. Jahrhunderts revolutionieren.

Vorderhand aber steckt das Theater des 19. Jahrhunderts, was seine Möglichkeit und Grenzen anbetrifft, in einem Zwischenzustand. Noch ist das stabile, sich klassizistisch verfestigende Theater des bürgerlichen Realismus unerreichbare Wunschvorstellung. Für den Schauspieler heißt dies konkret der Schritt von der patriarchalisch geführten (Wander-)Truppe zum festangestellten Ensemble. Die Verwirklichung des Plans des Dresdner Direktors Theodor Küstner von 1828, einheitliche Anstellungs- und Gastspielverträge durchzusetzen, führt bis in die vierziger Jahre: insgesamt eine der Emanzipationsleistungen des Vormärz, die gesellschaftsgeschichtlich nicht zu unterschätzen ist.

Technisch erlebt das Theater des Vormärz seine eigene industrielle Revolution in der Einführung der Gasbeleuchtung, die jeweils einer Sensation gleichkam. Ein neues Sehen löst die Gespensterwelt der Romantik ab, das gleichförmig kalkige Licht, Signatur einer «öden Werkeltagswelt der modernen Puritaner» (Heine) sorgt für eine neue, ‹realistische› Illusion. Dem folgt seit 1830 auch eine durchgreifende Modernisierung des Spielplans.

Die Theaterpraxis des Vormärz: Erfolge

Blickt man auf das Repertoire eines vormärzlichen Theaters, so sind in den Spielplananteilen durchaus auch Tendenzen zu einem Modelltheater zu erkennen. Selbstverständlich sucht man etwas vom Glanz des höfischen Hauptstadttheaters in die Provinz zu bringen, schielt nach Berlin und Wien; selbstverständlich versucht das bürgerliche Publikum, seinen Unterhaltungsanspruch durchzusetzen, was den durchschlagenden Erfolg der Gattungen und Themen des Volkstheaters erklärt. Selbstverständlich will man, mit einem Begriff, der sich im Vormärz herauszubilden beginnt, auch seinen Klassiker auf der Bühne sehen. Im Vordergrund aber stehen alle jenen kleinen und großen Kompromisse, die Theatererfolge der Gegenwart, deren Autoren die Literaturgeschichte meist mit betretenem Schweigen übergeht.

Von einer durchgreifenden Modernisierung des Spielplans war bereits die Rede. Paradigmatisch hierfür mag ein Autor und ein Titel eines seiner großen Erfolge gelten: Eduard von Bauernfeld (1802 bis 1890) und *Bürgerlich und Romantisch* von 1835. «Es werden die beiden darin herrschenden Anschauungen einander gegenübergestellt, wobei bürgerlich die hausbackene Prosa und romantisch die wirklichkeitsferne Schwärmerei bedeutet» (Karl Holl).[1] Die Konstellation ist im Grunde sehr ‹romantisch›. Neu ist die bewußt auftretende dritte Position einer aufgeklärt liberalen Weltanschauung, vertreten durch einen Baron Ringelstern. Vor seinem Verstand löst sich die romantische Gegensatzspannung auf.

Ähnlich selbstbewußt ‹modern› ist das Lustspiel bei Carl Töpfer (1792 bis 1871), so in *Der beste Ton* von 1828, einem Ehestück – schon von der Thematik her durchaus vorwärtsweisend. Zu Serienerfolgen im Schauspiel – ausgehend von modernen Prinzipien in einem technischen Sinn – kommt seit den dreißiger Jahren Charlotte Birch-Pfeiffer. Heines «Theater-Diana» vermittelt literarische mit theatralischen Prinzipien in einem vage als bürgerlich zu bezeichnenden Erfahrungshorizont. Als «Kennerin der Bühnenwelt und des menschlichen Herzens» traf sie nicht nur den Geschmack des Publikums, seine Erwartungen und Wünsche, sie setzte auch die angemessenen theatralischen Mittel ein. Wenn ihr Horst Denkler «harmonisches Ideengemisch»[2], damit restaurative Tendenz attestiert, so ist das nicht im Sinne einer Restauration des ‹ancien régime› zu verstehen, vielmehr im Sinne von dessen quietisierender Duldung. Die Kunst der Birch ist nicht Originalität im Sinn der neueren Ästhetik, sondern Anverwandlung, Übersetzung. Sie nutzte literarische Stoffe, die sie für theatergeeignet hielt, ohne Hinsicht auf deren literarhistorisch zu definierenden Wert. – Neben dem Vielschreiber Spindler nutzte sie als Quellen Ludwig Tieck und Victor Hugo. So verdankt der *Glöckner von Notre Dame* einen Gutteil seiner deutschen Laufbahn der Birch. Theater wird hier gegen den Willen der Autorin zum Medium der Literatur. In einem eigenartigen Sinn ‹episch› ist auch die von ihr bevorzugte Form der Tableaux, der Bilder. Und hier ist es in der Tat reizvoll, Birch-Stücke mit Büchners *Bildern aus Frankreichs Schreckensherrschaft* zu vergleichen, wäre nicht schon die Wahl des Untertitels zu *Dantons Tod* Teil der Publikationsstrategie Gutzkows.

Heine setzt neben die ‹Theater-Diana› den ‹Theater-Apoll› Ernst Raupach (1784 bis 1852). Diese Konstellation trifft jedoch nur für Berlin zu. Die Erfolge seiner Historiendramatik um 1830 sind lokal, bestellte Kunst für das Hoftheater. Insofern läßt sich über Publikumswünsche nach dieser Dramatik wenig ausmachen. Über Berlin hinaus hält sich der Berliner Hoftheaterdichter lediglich mit *Die Leibeigenen oder Isidor und Olga* (1826) und mit der *Schule des Lebens* (1841). Beide entsprechen mehr einem bürgerlichen Geschmack.

Spricht man von der Vormärzdramatik in einem engeren Sinn, also von den Erfolgen der Laube und Gutzkow, so muß man zunächst vom Theaterphänomen Scribe und der von ihm begründeten Tradition der ‹pièce bien fait› sprechen. Am Urteil über Scribe läßt sich jedoch der Prozeß der Literatur gegen das Theater in Deutschland am deutlichsten aufzeigen: Was eigentlich der Reiz des *Glas Wasser* sei, ist literarhistorisch kaum zu begründen. Die durch Scribe eingeführte Gattung des Historienlustspiels bildet jedoch eine Epoche in der Geschichte des Theaters: Geschichte als Spiel, das Spiel als Geschichte, verflochten in eine kleine Liebeshandlung, spielt dem deutschen Publikum eine utopisch-englischfranzösische Liberalität vor.

Gutzkow und Laube haben diese Schwerelosigkeit nie erreicht. Gutzkows *Zopf und Schwert* von 1844, das Potsdam-Lustspiel, macht den Preußenhof zum Bürgerhaushalt, projiziert also die bürgerlichen Wünsche nach oben. Ähnlich das *Urbild des Tartuffe* (1847): Die traditionelle Mischung aus Hof und Intrige impliziert Adelskritik, wobei Ort und Zeit hinreichend neutralisierend wirken.

Den Ort Versailles wählte bereits Heinrich Laube 1846 mit *Rokoko oder Die alten Herren*. Das Literaturlustspiel *Gottsched und Gellert* von 1847 kämpft um Einheit oder Partikularismus. Der Umweg über die Literatur, um ein politisches Thema angehen zu können, zeigt die begrenzten Möglichkeiten der deutschen Theaterproduktion an.

Wer über Langeweile zu klagen hatte, wählte ohnehin die Kleinformen, wie Karl Ludwig Blums (1786 bis 1844) unverwüstlichen *Ball zu Ellerbrunn* (1835), oder, um alle Schwierigkeiten zu meiden, die Stücke des Leipziger Zensors Karl Theodor Winkler, der sein Stück unter dem

Pseudonym Theodor Hell veröffentlichte (*Der Hofmeister in tausend Ängsten*, 1825).

Heines Urteil, daß sich die Schauspieler in Deutschland von den Poeten und auch von der Poesie selbst emanzipiert hätten, macht das problematische Verhältnis von Literatur und Theater im Vormärz bewußt. Beide Tendenzen sind im Spielplan des Vormärz zu beobachten: die der Trennung von Literatur und Theater wie jene des Versuchs der Literatur, sich über neue Instanzen der Theaterproduktion wie Regie und Dramaturgie einen Einfluß im Theater zu sichern. Die Literatur trat dabei als mäßigende, zügelnde Macht auf. Sie versprach eine Stabilisierung der Bühne, ihre Hebung auf höheres Niveau. Eine ideologiekritische Betrachtungsweise schließt sich allzuleicht den literarischen Urteilen über eine schlechte Unterhaltungsdramatik an, weil sie die Literatur auf der Seite des Fortschritts argumentieren hört. Sie übersieht dabei den Spielraum, den das Theater, gerade in den Niederungen der Unterhaltung, zu garantieren vermag. Nicht nur an der Problematik der Vertreibung des Hanswurst und seiner Neuentdeckung im Volkstheater des Vormärz ließe sich dies zeigen. Originalität, Lokalität, Provinzialität fallen gegenüber einem einheitlichen Geschmack zurück; in der Selbstironie eines Hampelmann oder Datterich ist die Lokalität dem Allgemeinen überlegen. Diffamiert als Partikularismus ist der lokale Zug des Theaters, das immer Präsenzpublikum, Publikum am Ort braucht, in die Auseinandersetzungen von 1848 bis 1850 geraten.

1848: ein Augenblick des Theaters?

In der Literatur- wie Theatergeschichtsschreibung ist das Jahr 1848 immer überspielt worden, trotz des Epochenbegriffs Vormärz. Die Geschichte wurde von den Siegern geschrieben oder von denen, die sich dafür hielten. Laube, um nur ein Beispiel zu nennen, kann immer wieder demonstrieren, daß er schon vor 1850 die richtige, das heißt realistische Programmatik vertreten hatte. Genauere Analysen zeigen jedoch, daß die Kontinuitäten über 1848/50 nur scheinbare sind: Oft wird mit dem gleichen Wort etwas radikal anderes gemeint. Zunächst muß von der These ausgegangen werden, daß die Hauptentwicklung von Literatur und Theater sich auf 1848 hinbewegte; Vormärz ist also im Vollsinn des Wortes zu begreifen.

Im Verhältnis von Literatur und Theater steht zu bedenken, daß der Kontinuitätsnachweis vor allem von der Literatur geführt wurde. Ein Scheinsieg der Literatur über das Theater war mit der Übernahme der Theaterleitungen durch bürgerliche Fachleute an den großen Bühnen nach 1850 errungen. Was dabei an Substanz für das Theater verlorenging, kann allein ermessen werden, wenn man die Parallelität von Theaterfrühling und Völkerfrühling 1848 im Auge behält.

1845 hatte die preußische Regierung mit einer Änderung der Theaterge-
setzgebung von 1811 den Versuch unternommen, die Ausbreitung des
Volkstheaterwesens, der Vorstadttheater, zu begrenzen, was einen oppositionellen Sturm hervorrief. In Anbetracht der politischen Umstände
und weitgefaßten Auslegung des Gesetzes ergab sich praktisch eine Aufhebung des bisherigen Konzessionswesens; eine Vielzahl von Vorstadt-
und Sommertheatern entstand vor Berlin als paradoxe Folge einer re-
striktiven Maßnahme. David Kalisch und die Berliner Posse kamen so
zu ihrem Aufführungsort. Die schwer literarisch faßbare Praxis der
‹Volkskrakeeltheater› kann zwar mit dem Begriff einer Konjunkturdra-
matik beschrieben werden; Kriterien künstlerischer Kontinuität entspricht sie nicht.

Fatal wirkt die Revolutionsproduktion bei Autoren wie Roderich Bene-
dix oder Friedrich Halm, die vorher und nachher anderes schrieben,
oder der Birch-Pfeiffer, die die Revolutionsereignisse geschmacklos ka-
rikierte. Das Urteil der Trivialität über diese Autoren ist von hier aus
geschichtlich begründet. Anders ist dies mit Autoren, die in der Volks-
theatertradition ihre Texte für die Bühne schreiben. Zu nennen sind für
Berlin vor allem Adolf Glaßbrenner und Albert Hopf, in der Spätphase
David Kalisch, für Wien Leopold Feldmann und vor allem wiederum Johann Nepomuk Nestroy. Nestroys *Freiheit in Krähwinkel* (1848 aufgeführt) nimmt die Ohnmacht der Revolution spielerisch vorweg: ein
Stück wahrer als die Wirklichkeit. – Die Frage, ob Nestroy reaktionär
gewirkt habe, ist nur rhetorisch zu stellen. Sicher sah er wie Heine, daß
das Theater an die Wirklichkeit gefesselt war und nichts durch einfache
Tendenzpoesie bewirken konnte.

Romantisch gegenüber den spielrealistischen Stücken eines Glaßbrenner oder Nestroy nehmen sich die Pläne aus, die die vormärzlichen Literaten für ihr Theater entwarfen. Breit wurde die Frage der Kunst im
Frankfurter Parlament diskutiert. Die Forderung nach einem Nationaltheater wurde zu einer politischen Grundfrage. Eduard Devrient faßte
seine Überlegungen in seiner Schrift *Das Nationaltheater des neuen
Deutschland* zusammen, die den Kern seiner theaterhistorischen Konzeption enthält. Richard Wagner richtete seinen Staatstheaterentwurf
an den König von Sachsen: politischer Kern der Idee vom «Gesamtkunstwerk». Rudolf Gottschall forderte «Freitheater», das Theater als
Volkskirche im griechischen Sinn, in dem die politischen Feste gefeiert
werden könnten.

In der Folge dieser literarischen Programme, betrieben vor allem von
dem «Tunnel»-Mitglied Franz Kugler, der eine einflußreiche Stelle in
der preußischen Kulturverwaltung einnahm, bemühte sich das Ministerium Ladenberg um eine neue gesetzliche Regelung des Theaterwesens.
Gutachten der führenden Theaterpraktiker und Theaterschriftsteller

wurden eingeholt. Maßgeblich beteiligt an der zusammenfassenden Stellungnahme war Eduard Devrient. Ihr Hauptziel war die Unterstellung des Theaters unter die Aufsicht des Staats «im Interesse der Kunst», Abschaffung der «Geschäftstheater», Umwandlung der Hoftheater in Nationaltheater, Einrichtung von künstlerischen, das heißt im wesentlichen literarischen Intendanzen im Sinne der Bewegung des Reformtheaters.

Das Manifest zeigt das grenzenlose Vertrauen der deutschen Liberalen in einen vom Volkswillen mitgetragenen Staat. Weniger dieses durchaus gerechtfertigte, in die Zukunft gerichtete Vertrauen als seine bodenlose Enttäuschung bildet die historische Erfahrung der achtundvierziger Jahre und ihres Augenblicks des Theaters. Zwar kam es 1850 zum Gesetzentwurf; mit dem Sturz des Ministeriums Ladenberg verschwand er jedoch in den Akten.

Die revolutionäre Hoffnung auf Staatsaufsicht im Interesse der Kunst, auf ein politisches Volkstheater im griechischen Sinn schlägt um in nachmärzliche Praxis. Am 14. November 1850 tritt eine neue österreichische Zensurverordnung in Kraft. Einer der Bewilligungsgründe für den Theaterbetrieb wird nunmehr die «Bereitwilligkeit» sein, «die Staatsverwaltung in der Förderung der Kunstzwecke zu unterstützen».

Noch offener schließt die neue Berliner Theaterordnung, die sogenannte Hinckeldeysche Polizeiverordnung, mit dem Vormärztheater ab. Ihr bis 1918 in der herrschenden Meinung unbestrittener Kern ist die Herauslösung der Theaterfreiheit aus dem Verfassungsbereich, der ja der Literatur seit 1848 ausdrücklich Zensurfreiheit gewährte, und seine Zuweisung zum Bereich obrigkeitlicher Fürsorge. Im Gegensatz zu den Verhältnissen beim Medium Buch setzt sich für das Theater der Obrigkeitsstaat durch. Nantes und Staberls erneute Verbannung vom Theater stellt einen konservativen Status für das Theater her, das wie kaum eine andere gesellschaftliche Institution bittere historische Erfahrung aufhebt. Paragraph 1 der Berliner Theaterordnung lautet: «Keine öffentliche Theatervorstellung darf im engeren oder weiteren Polizeibezirk von Berlin ohne Erlaubnis des Polizei-Präsidiums stattfinden.» Damit waren die Lehren aus dem ‹Volkskrakeeltheater› von 1848/49 gezogen.

Der historische Rang der Theaterepoche des Vormärz läßt sich also weniger von der Literatur als von den gesellschaftlichen Erfahrungen mit dem Medium Theater in dieser Zeit her begründen. Große Dramatik, so die Büchners, blieb ohnehin außerhalb der Theaterpraxis. Börnes radikale Theaterkritik zielte aber im Grunde auf den «Nationalcharakter»; es wäre eine halbe Sicht, wollte man alle «Trivialdramatik» von der Theatergeschichte ausschließen. Die gesellschaftsgeschichtliche Dimension des Begriffs von Unterhaltung jedoch läßt sich im Vormärz in besonderer Weise verdeutlichen.

Gerd Heinemann
Historische und mythologische Dramen

Das Drama als höchste Stufe der Poesie

Im Vorfeld der Überlegungen zu einer Skizze der historischen Dramatik der Restaurationszeit muß zuerst auf die besondere Stellung des Dramendichters eingegangen werden, da verschiedene Umstände seine Freiheiten noch mehr einschränkten als die des Prosaschriftstellers. In der Einleitung zum *Monaldeschi* beschreibt Heinrich Laube die Situation:

«Materiell unterstützt man die Kunst, aber die Seele der Kunst knechtet man, indem man von vornherein bestimmt, was sie zum Vorschein bringen dürfe. Dies Geschwätz auch unter sogenannten Konservativen über den Verfall dramatischer Kunst, dies Achselzucken darüber und Traurigsein! (. . .) Die Entwicklung poetischer Lebensfragen ist auf der Bühne nicht möglich, solange die Bühnen in halb offizieller Weise den jedesmaligen Standpunkt der Regierung, ach und nicht bloß der Regierung, sogar der Höfe vertreten sollen. (. . .) grundsätzlich würde der konsequente Begriff des Hoftheaters, welcher über Leben und Tod des deutschen Dramas entscheidet, das deutsche Drama nur zum bedeutungslosen Spiele werden lassen. (. . .) Ja, endlich kommt zu all diesen Hindernissen auch noch der Schutz des Auslandes. Das heißt: wir schützen das Ausland gegen uns. Irgendeine historische Begebenheit, welche dem Gedächtnisse eines fremden Staates unbequem sein könnte, die wird von unserm Theater ferngehalten».

Ähnlich anklagend formuliert Hermann Hettner:

«Toren, die ihr heuchlerisch über den Verfall der Kunst und Poesie klagt, und doch alle systematisch verfolgt und vernichtet, denen eine freie und gesunde Staatsentwicklung, die die Lebensbedingung aller gesunden Kunst ist, wahrhaft am Herzen liegt! Der einfältigste Bauer beschämt euch; nur auf edlem Boden erwartet er edle Früchte.»[1]

Berücksichtigt man diese besonderen Umstände des dramatischen Dichters, verbunden mit der sowieso schwankenden Position des entstehenden ‹freien› Schriftstellers, so könnte man meinen, daß gerade in der Re-

staurationszeit das Drama immer mehr in den Hintergrund gedrängt
wurde, da in anderen Bereichen der literarischen Produktion nur die
‹normale› Zensur zu überwinden war. Aber die umgekehrte Tatsache ist
zu beobachten: Das Drama – speziell das historische Drama – erlebt zumindest quantitativ einen ungeheuren Aufschwung, wie auch wieder
Hermann Hettner bemerkt:

«Historische Dramen! Das ist die Losung, die man überall hört, seitdem sich bei
uns wieder die Keime einer neuen, dramatischen Poesie zu regen beginnen. (. . .)
Was sind nicht in der kurzen Zeit, daß wir uns überhaupt einer eigenen dramatischen Literatur rühmen dürfen, für durchaus verschiedenartige, einander oft tödlich bekämpfende Richtungen aufgetaucht! Aber in diesem Einen gemeinsamen
Punkte stimmen sie überein. Das große Werk der geschichtlichen Dramatik suchen fast alle, freilich eine jede Richtung in ihrer eigenen Weise, nach Kräften zu
fördern.»[2]

Worin können die Ursachen dieser Zunahme liegen? Einer der wichtigsten Gründe – alle können hier nicht untersucht und benannt werden –
ist offensichtlich in den verschiedenen zeitgenössischen Überlegungen
zur Dramatik selbst zu finden:
Karl Immermann sieht im Drama generell ein Mittel, um die «Schönheit
des Wirklichen» darzustellen. Speziell für Dramen mit historischen Stoffen wird seine Meinung in der Rezension des Beerschen *Struensee* deutlich:

«Von dem Dichter historische Wahrheit verlangen, wie dies wohl hin und wieder
geschieht, ist gerade so vernünftig als den Historiker um eine Tragödie an sprechen. Die Tragödie bewegt sich nicht im Wirklichen, sondern im Möglichen; sie
soll nicht die Wahrheit sondern die Schönheit anstreben.»

Dabei überträgt er auch Aspekte, die er eigentlich nur der Geschichtsschreibung zuordnet, auf das Drama:

«Man sieht den Helden oft nur schwer vor den Dingen, die ihn gemacht haben
sollen; wenigstens wird ihm soviel als möglich abgenommen, um ihn gleiches Maß
mit seiner Zeit zu halten. Hiebei ist nicht die kleinliche Sucht rege, unsterbliche
Taten aus erbärmlichen Anlässen abzuleiten, sondern die Überzeugung, daß in
der Gemeinschaft ein Verstand und eine Kraft rege sei, die den Eigenschaften der
größten Einzelnen wenigstens das Gleichgewicht halte.»

Eine ähnlich realistische Kunst erstrebte wohl auch Christian Dietrich
Grabbe, wenn er in *Über Shakespearo-Manie* die «wahren, rohen,
prächtigen» Schilderungen Shakespeares als Vorbild für das «nationelle
und zugleich echt dramatisch historische Schauspiel» in der Form von
erzählenden Bilderbögen für die «öffentliche . . . Kunstanstalt» und den
«Zeitspiegel» des Theaters sieht. Grabbe wie Immermann sehen also in
den Dramen mit historischen Stoffen einen Weg, um die Gegenwart darzustellen.

Auf derselben Ebene bewegt sich Georg Büchner, der Welt zeigen will, wie sie ist, wobei dem geschichtlichen Drama folgende Funktion zugeschrieben wird: «. . . der Geschichte, wie sie sich wirklich begeben, so nahe als möglich zu kommen.»

Vorreiter der jungdeutschen Theatertheorien war der Liberale Ludwig Börne. Für ihn war Theater ein Spiegelbild des Lebens. Dabei versuchte Börne das Abbild der Lebenswirklichkeit – das Theater – kritisch zu untersuchen, so daß er auf diese Weise gleichzeitig die Lebenswirklichkeit unter den gegebenen desolaten Umständen durchleuchtete. Börne kommt auch zu dem Schluß: «Wie ein Volk, so seine Schauspiele.» Was er vor allem verlangte, waren geschichtliche Lehrstücke. Da die Deutschen hundert Geschichten und keine Geschichte haben, fesselt ihn das Drama, das «der menschlichen Natur, das heißt: der Geschichte». Weil die Deutschen der gesellschaftlichen Wirklichkeit, der politischen Gegenwart und dem Leben flohen, schlug er vor, die subjektive Idee mit dem realen Leben zu vermitteln: «Alles, was du in deinem Gemüthe erzeugst, mußt du in der Wirklichkeit geltend zu machen suchen . . .» Er schließt daraus, daß das Geschichtsdrama die Augen für die Geschichte öffne, die noch zu machen sei.

Diesen Überlegungen schließen sich alle Jungdeutschen in der einen oder anderen Form an. Vor allem Ernst Willkomm ist in diesem Zusammenhang zu erwähnen, der das «aus dem Leben der Vergangenheit» geborene und am «Leben der Gegenwart» gebildete Drama als zukunftsweisend sah. Zusammenfassend könnte man für die bisherigen Theoretiker formulieren: Theater gebraucht den historischen Stoff, benutzt ihn für die Gegenwart und weist damit in die Zukunft.

Die sich um die von Arnold Ruge herausgegebenen *Hallischen Jahrbücher* versammelnden Linkshegelianer verfolgten einen ihnen spezifischen Umgang mit der Geschichte. Besonders ist hier Julius Mosen zu erwähnen:

«Gott offenbarte sich durch die Natur an die Menschheit und in dieser durch die Weltgeschichte, welche im Kampfe des Gewordenen und Werdenden ihn dialektisch entwickelt. Dieser Gedanke macht von selbst das menschliche Individuum zu einem, sich selbst bewußten, Mitfactor der Weltgeschichte. Der Weg, auf welchem dieser Gedanke in die Nation dringt, kann nur die Poesie sein; in ihr muß er wieder die Form zu gewinnen suchen, welche ihn am lebendigsten in allen seinen Weisungen sichtbar macht. Diese Form ist die Tragödie. Von ihm emporgetragen, muß die moderne Tragödie die eigentlich historische werden. (. . .) Darf man daher sagen, daß erst in unseren Tagen die Gesetze Weltgeschichte in das menschliche Bewußtsein getreten sind, so stellt sich von selbst dem modernen Tragöden die Aufgabe: die Momente der Geschichte zu ergreifen, wo der ewig lebende Gedanke der Menschheit potenzirt zur That hervorspringt. Wo sich dieser Gedanke durch gegebene Conflicte zur That drängt, muß von selbst ein solcher tragischer Moment in der Geschichte entstehen.»

Ähnlich äußert sich Mosens Freund Adolf Stahr, wenn er hofft, daß von einem neuen Drama der Geschichte der freie Geist den Sieg erringen werde – also ebenfalls zukunftsgewendet. Auch Robert Prutz wollte für die ganze Nation den «Weg von dem bloß ästhetischen zum politischen Bewußtsein, aus der bloßen Innerlichkeit des Schönen in die erfüllte, bewegte Welt des historischen Lebens.» Auf die Fakten der Realität verwiesen, sollte die neue Literatur und vor allem das Drama «concret werden», «den Dingen resolut zu Leibe gehen und sich auf die Wirklichkeit der Geschichte» einlassen.

Hegel wertete in seiner Ästhetik das Drama als die «höchste Stufe der Poesie und Kunst» und forderte die Dramatiker auf, das von den Klassikern erreichte Niveau zu wahren. Das Drama offenbare «das wirkliche Sichvollführen des an und für sich Vernünftigen und Wirklichen». So wird gleichsam das Drama ein Modell vernunftgewisser und vernunftgesetzter Prozesse. Hinzu kommt, daß er im Drama ein «Produkt eines schon in sich ausgebildeten nationalen Lebens» – entstanden durch geschichtliche Taten – sah. Berücksichtigt man die geschichts- und rechtsphilosophischen Überlegungen Hegels, so besitzen diese Thesen zum Drama eine revolutionäre Sprengkraft: Hegel verstand den historischen Prozeß als einen Fortschritt im Bewußtsein der Freiheit und versicherte gleichzeitig, «daß die Vernunft die Welt beherrscht, daß es also auch in der Weltgeschichte vernünftig zugegangen ist». Damit wird die Forderung erhoben, daß es einen ständigen Zuwachs an Freiheit geben muß, da die Geschichte ja vernunftgesteuert ist – das historisch Gewordene ist aber auch vernunftgewollt: «(. . .) was wirklich ist, das ist vernünftig.»

Umgekehrt mußte geschichtsfeindlich verweigerte Freiheit als unvernünftig gelten, weil das Vernünftige Wirklichkeit zu werden hatte: «Was vernünftig ist, das ist wirklich.» Die Konsequenzen für das Drama mit historischem Stoff sind eindeutig: Das Drama teilt das Vernünftige mit; somit kann es zukunftsweisenden Charakter haben.

Auffallend bei den meisten theoretischen Schriften ist die Tatsache, daß die Geschichte in ihrer Beziehung zur Gegenwart gesehen wird, womit sich eine sozialgeschichtliche Betrachtung des Inhalts rechtfertigen läßt. Daher kann es in diesem kurzen Abriß nicht darum gehen, das Geschichtsdrama im engeren Sinn nach Sengle zu begreifen: also die unverletzte Geschichtsdichtung. Vielmehr müssen alle Bereiche berücksichtigt werden, die sich historische Stoffe in der einen oder anderen Form zu eigen gemacht haben und auf der Bühne darstellen. In diesem Zusammenhang muß nochmals betont werden, daß der gesamte Komplex nur unter dem Aspekt des Vergangenheitsdramas betrachtet werden kann, weil das ‹echte› historische Drama an sich nicht mehr existiert. Auch Sengle kommt im zweiten Band seiner «Biedermeierzeit» zu dem Begriff des Vergangenheitsdramas – Geschichte wird nicht mehr zum Drama; vielmehr dient Geschichte nur noch der Darstellung eigener Intentionen. Es geht hier unter Berücksichtigung der theoretischen Gesichtspunkte und der sozialgeschichtlichen Fakten um einen Zugriff, der eine Zuweisung des Dramas im objektiven Realitätszusammenhang dieser Zeit als Indiz der Epoche gestattet. Aus den vielen Möglichkeiten soll ein Thema hervorgehoben werden, das in den verschiedensten Varianten auftaucht: das Verhältnis zwischen Individuum und Gesellschaft.

Demokratisch orientierte Geschichtsdramen

Als sich Heinrich Heine 1820 bis 1821 intensiv mit dem Drama *Almansor*, das den Schwerpunkt auf den Kampf einer unterdrückten Minderheit mit einer übermächtigen Mehrheit setzt, beschäftigte, nahm er dazu – mehr als man bisher meinte – die historische Vorlage als Basis für seine dramatische Intention.

Ort der Handlung ist das südliche Spanien kurz nach der Wiedereroberung durch die katholischen Könige Isabella von Kastilien und Ferdinand von Aragonien. Die letzten maurischen Festungen sind gefallen; man christianisiert mit den bekannten Mitteln. Zwei befreundete maurische Familien werden durch die Kriegswirren getrennt; diese Familien hatten lange vor der Katastrophe vereinbart, ihre Kinder Almansor und Zuleima zu verheiraten. Deshalb hatte man wechselseitig die Erziehung des eigenen Kindes der anderen Familie übertragen. Almansor verläßt mit seinem vermeintlichen Vater Abdullah die Heimat, um dem Islam treu bleiben zu können. Zuleima und ihr Ziehvater Aly bleiben in Granada und treten zum Christentum über. Almasor kehrt später nach Spanien zurück, um noch einmal seine Geliebte zu sehen. Hier beginnt das Drama: Der totgeglaubte Verlobte Zuleimas wird heimlicher Augenzeuge des Polterabends für die anstehende Hochzeit mit dem katholischen Hochstapler Don Enrique – die neue katholische Gesellschaft ist schon zugegen. Nach einem heimlichen Treffen mit Zuleima fliehen beide und stürzen sich bei einer vermeintlichen Verfolgung von einem Felsen.

Was auf den ersten Blick wie eine Verquickung von Liebesgeschichte – auf autobiographischer Basis – mit Glaubensfragen aussieht, ist in Wirklichkeit ein Vergangenheitsdrama mit konkreten sozialgeschichtlichen Bezügen. Schon die Zeitgenossen haben das Drama als ein «Judenstück» aufgefaßt. Heine ist inhaltlich gleichsam ein Vorreiter dessen, was Börne in seinen theoretischen Schriften fordert. Er verkleidet die Emanzipationsfrage der Juden in einen konkreten historischen Kontext, wobei er ein geschichtliches Panorama malt, bei dem selbst die beiden Hauptfiguren den Gegebenheiten entsprechen könnten. Das fängt an bei dem Fall Granadas – verursacht durch die Uneinigkeit der Mauren –, geht zu den verschiedenen Parteien der verfolgten Glaubensgemeinschaft – Gemäßigte und Radikale – sowie der Taktik des Kardinals Xi-

menes, der beginnt, die Gemäßigten zu bekehren, so daß die Zwietracht
innerhalb der Mauren immer größer wird. Sogar die christliche Erziehung Zuleimas ist historisch belegt. So muß man zu dem Schluß kommen, daß die Liebesthematik nicht im Mittelpunkt des Dramas stehen
kann und sollte, sondern der historische Religionskampf das zentrale
Thema einnimmt.

Wie Heines intensives Quellenstudium belegt, geht es ihm um den konkreten sozialgeschichtlichen Kontext – nämlich die Emanzipation der
Juden. Emanzipation der Juden aber mußte – mochte sie noch so stark
den Wünschen der meisten Juden entsprechen – Auflösung und Krise
der Juden als Volks- und Glaubensgemeinschaft zur Folge haben. Die
Frage, ob und wie sie eine eventuelle Öffnung der Schranken als Juden
mit Sonderstatus überleben konnten, war in aller Schärfe gestellt. Heine
will also seine eigene, individuelle Problematik – wie er als Außenseiter
und Individuum in eine andere Gesellschaft aufgenommen wird –
zeigen.

Am Beispiel Karl Leberecht Immermanns (1796 bis 1840) läßt sich darstellen, daß die geschichtsbildende Potenz des großen Helden in den
Vergangenheitsdramen immer mehr in den Hintergrund gedrängt wird.
In dem Maße, wie das Bewußtsein deutlicher macht, daß das Volk der
eigentliche Träger der geschichtlichen Bewegung ist, bilden sich auch
Ansätze neuer – man könnte beinahe sagen – demokratisch orientierter
Geschichtsdramen; unter dem Eindruck der Julirevolution ändert Immermann sein *Trauerspiel in Tyrol* (1828 zuerst erschienen). Während
die erste Fassung noch an den Stoffbereich der Befreiungskriege erinnert und romantische, religiös-mystizistische Züge aufweist, ist der *An-
dreas Hofer, Sandwirt von Passeir* – aufgeführt 1834, im Druck erschienen 1835 – so gehalten, daß Züge der Volkssouveränität durchaus erkennbar sind: Das Volk befreit Tirol für den Kaiser, ohne jede Anweisung aus Wien – Hofer selbst, er gibt es dem Vizekönig gegenüber auch
zu, kann seine Liebe für den Kaiser nicht begründen:

> Wir ziehen nur in Krieg, wenn wir gefährdet;
> Wir zahlen Steuern nur, die wir bewilligt; (. . .)
> Und doch erspäh' ich in dem allen nicht
> Den Winkel, der den Grund der Liebe birgt (. . .)
> Und dennoch glaub' ich – frei soll ich ja reden –,
> Die alte Liebe bliebe, wie ein Kind,
> Dem man die Hand gebunden, uns im Herzen.

Das könnte auch als ein erster Akt des Mitspracherechts gedeutet werden, zumal auf der anderen Seite der Wiener Kanzler – dahinter verbirgt
sich Metternich – keinen «Kaiser des Pöbels» haben will: «Mit welchem
Gewissen ziehen wir gegen den Kaiser des Pöbels, wenn wir den Pöbel
für uns aufregen?» Der intrigante Kanzler sieht in den Tirolern nur ver-

fügbare Untertanen. Unausgesprochen steht dahinter der Gedanke, daß dieses Volk auch fähig ist, sich selbst zu regieren.

Resignation

Heinrich Laube (1806 bis 1884) griff besonders gern auf ausländische historische Stoffe zurück: Der Abenteurer des gleichnamigen Dramas *Monaldeschi* – 1841 uraufgeführt, 1845 als Buch erschienen – kommt an den Hof der schwedischen Königin Christine; es gelingt ihm in kurzer Zeit, sich zum Vertrauten der Königin zu machen – die neidische und feindlich eingestellte Hofgesellschaft beginnt sofort gegen ihn zu arbeiten. Christine will abdanken, um ein eigenes Leben führen zu können:

«O wie geht mir das Herz weit auf, wenn ich mich frei von allen diesen Fesseln denke! Kein lästiges Geschäft tritt uns mehr in den Weg, wenn wir uns einer Wissenschaft, einer poetischen Welt hingeben wollen; der feierlich prächtige Kultus Gottes steht uns offen, man kann sich ihm hingeben rückhaltlos und völlig, kann die Seele auffliegen lassen in allen Farben und Tönen, und die Liebe tändelt furchtlos in Gottes schöner Welt.»

An einer anderen Stelle schwärmt sie: «Das Bürgermädchen, das da drüben an seinem Fenster sitzt, mechanisch die Nadel führt und dazwischen auf die Straße sieht, sie hat die schöne Welt der Freiheit mir voraus . . .»
Christine dankt ab, zieht mit ihrem Gefolge nach Frankreich, wo Monaldeschi später aufgrund einer Intrige der Hofgesellschaft getötet wird. Monaldeschi charakterisiert sich einmal selber:

«Dies ist der Fluch des Abenteurers, daß er von einem Extrem dem andern zugeschleudert wird; aus der Hütte hinauf an des Thrones Stufen, von den Stufen des Thrones bis in den Kerker. Ihn schützt kein Herkommen und kein Maß, er ist vogelfrei. Wieviel ihm gelingt, er ist unglücklich, denn er ist haltlos. Das Behagen eines ruhigen, sicheren Besitzes, er genießt es nimmer, die Hatz des Schicksals ist ihm ewig auf der Ferse.»

Was auf den ersten Blick wie ein konzeptionsloses Geschichtsdrama aussieht, weist bei genauerem Hinsehen zahlreiche sozialgeschichtliche Bezüge auf: Das Individuum Monaldeschi – alle anderen Akteure sind in Konventionen und gesellschaftlichen Normen verhaftet – kämpft nicht nur gegen eine erstarrte Hofgesellschaft, sondern sucht auf der anderen Seite nach neuen Möglichkeiten und Dimensionen und will die individuelle Freiheit verwirklicht sehen. Bezeichnend für den ehemaligen Jungdeutschen ist aber, daß sein Held scheitert. Das hat nicht nur autobiographische Züge, wie der Autor rückblickend versichert, sondern zeugt auch von der Resignation, die allen anderen Dramen in der einen oder anderen Weise anhaftet.
Da sich in allen Dramen der Jungdeutschen sozialgeschichtliche Bezüge

erkennen lassen, soll nur eines aus diesem Bereich herausgenommen werden, das auch in der damaligen Zeit sich einer großen Popularität erfreute.

Karl Gutzkow (1811 bis 1878) nahm sich die Lebensgeschichte des vom jüdischen Glauben abgefallenen und auch mit dem Christentum in Konflikt geratenen Religionsphilosophen *Uriel Acosta* (1594 bis 1647; erschienen 1847) – Lehrer Spinozas – als geschichtlichen Ausgangspunkt. Acosta kämpft gegen Christentum und traditionalistisches Judentum. Er widerruft aus Rücksicht auf seine Mutter und in der Hoffnung, seine Schülerin und Geliebte Judith heiraten zu können: beides mißlingt; die Mutter stirbt, und die Geliebte vergiftet sich, weil sie zur Ehe mit einem anderen Mann aus familiären Rücksichten gezwungen wird. Auch Acosta begeht Selbstmord. In seinem Schlußmonolog ruft er aus:

> In sonnenhelleren Jahrhunderten
> Kommt auch die Zeit, wo man hebräisch nicht,
> Nicht griechisch, nicht lateinisch, nein, in Zungen
> Des Geistes und der Wahrheit sagen wird:
> Noch gab die Welt nicht Raum für solche Bahnen,
> Noch war die Luft zu schwül für solche Flammen,
> Er mußte geh'n, weil er nicht bleiben durfte!

Die autobiographischen Züge sind eindeutig, jedoch lassen sich die zeitkritischen Gesichtspunkte auch auf die Restaurationsepoche übertragen.

Der große einzelne und das Volk

Christian Dietrich Grabbes (1801 bis 1836) Grundanliegen bezog sich immer wieder auf den Konflikt des einzelnen, der historischen Gestalt mit der Gesellschaft in einer stark an Normen gebundenen Zeit. Dabei endet dieser Konflikt damit, daß die außerordentliche Figur scheitern muß. Die Darstellung dieses Problems wird aber nicht vor einem zeitgenössischen Hintergrund vollzogen, vielmehr wählt er zu diesem Zweck das Vergangenheitsdrama. Bei drei ausgewählten Beispielen – *Hannibal* (1835), *Hohenstaufen*-Dramen (*Kaiser Friedrich Barbarossa 1829, Kaiser Heinrich der Sechste* 1830) und *Napoleon oder Die hundert Tage* (1831) – lassen sich diese Konstellationen erkennen. Die sozialgeschichtlichen Bezüge sind eindeutig: Das Zeitalter der Restauration bot mit der Betonung von Familie, Institution und Normen keinen Platz für das herausragende Individuum. Der Titan war nicht mehr erwünscht, wenn alles darauf hindeutete, daß Familie, Ehe, Staat und Kirche die dominierende Rolle spielten.

Das historische Drama wird bei Grabbe nicht zur Feierstunde, sondern zu einem politischen Lehrstück. Bei *Marius und Sulla* (2. Fassung 1827) erhält der Widerspruch zwischen den Helden und der Gesellschaft eine weitere Komponente, die auch schon bei Immermann beobachtet wurde – der mündig gewordene «Pöbel», dem es fast gelingt, unter Marius die Herrschaft des Volkes herzustellen.

Im *Hannibal* dagegen muß der Held gegen eine noch republikanische Römerschaft scheitern, weil er ein Opfer der kurzsichtigen, philiströsen Geschäftemacher Karthagos wird. Der innerstädtische Streit zweier Parteien endet mit Kapitalkürzungen für Hannibals Heer; das Volk zeigt erst in höchster Not Sinn für das Ganze. Hannibal stirbt tief erniedrigt im Exil. Der Gegensatz zwischen dem einzelnen und den Philistern wird als konkrete soziale Erscheinung gezeigt; denn Grabbe verweist immer wieder auf den Krämergeist, der sich ohne weiteres auf die Enge der Restaurationszeit übertragen läßt.

Die *Hohenstaufen*-Dramen dienen Grabbe dazu, Friedrich Barbarossa und Heinrich den Sechsten seiner eigenen Zeit gegenüberzustellen. *Friedrich Barbarossa* ist bei Grabbe ein Kaiser, der gegen die Unterdrückung des Papstes und für Geistesfreiheit kämpfen will. Dabei entfernt er sich aber so sehr von den realen politischen Kräfteverhältnissen, daß nur sein Gegenspieler Heinrich der Löwe sie erkennt. Dieser will ein geeintes, starkes Deutschland schaffen: «In Deutschland selber liegt Deutschlands Kraft.» Friedrich verstrickt sich immer mehr in die außerdeutschen Ereignisse, bis er selbst zu folgender Einsicht kommt:

> Ist Deutschland einig, (. . .)
> So ists der Erde Herrin, wenns auch nicht
> Erobert – (Bettelei ist jegliche Eroberung,
> Nicht nötig dem, der stark genug an sich!)
> – Die Nachbarn zittern alle dann vor uns –
> Und ruhig kann ich dann vom Thronsitz schaun,
> Und bin doch Schiedsrichter der Welt! – Das ist
> Der Sinn der römischen Kaiserkrone der Germanen!

Der Bezug zur Einheits- und Freiheitsidee wird eindeutig. Mit *Heinrich der Sechste* vollendet Grabbe das Lehrstück. Nachdem der Monarch durch Bereinigung der Konflikte – Versöhnung mit den Welfen, Niederschlagen der aufrührerischen Normannen, moralischer Sieg über den Papst – ein vereinigtes deutsches Nationalreich gesichert hat, stirbt er auf dem Höhepunkt der Macht. Hier setzen die sozialgeschichtlichen Bezüge ein. Die Normannen zeigen dem Publikum der Restaurationszeit, daß der Rückzug in den privaten Bereich zwangsläufig die Unfreiheit nach sich zieht:

> Jedes Volk, das sich
> Nicht selbst befreit, verdient nicht frei zu sein.
> Und im Befreier triffts den neuen Herrn.

Die untreuen Bardowicker erkennen, daß Untätigkeit sich bitter rächt: «Ich leugne nicht, es ist mir erst recht wohl, wenn ich Winters so in meiner warmen Stube, schön im Haus gelegen, sicher vor aller Gefahr sitze, und dann denke: alles ist mein eigen.» So formuliert der Ratsherr Hagener – und damit benennt er auch schon die Ursache für seinen eigenen Untergang.

Zu *Napoleon oder Die hundert Tage* können nur einige Hinweise gegeben werden. Grabbe erteilt den Deutschen – vor dem Hintergrund der Julirevolution – Unterricht mit Hilfe einer Vergegenwärtigung der historischen Abläufe von ‹ancien régime›, Revolution, Diktatur, Kaiserreich, Restauration und ‹juste milieu›, wobei alle diese Erscheinungen scheitern. Wichtig ist nämlich, daß die antagonistischen Gesellschaftsklassen die entscheidenden Elemente der Handlung werden: Das Volk will nicht mehr nur «Frei . . . reden», sondern auch «Frei essen», und am Ende werden die Jakobiner die Sieger sein. Die Deutschen haben nach Grabbes Meinung noch nicht dieses Bewußtsein; aber Napoleon prophezeit für Europa, daß die «tausend kleinen» Tyrannen irgendwann durch den «Weltgeist» abgelöst werden und der politische Fortschritt eintritt.

Das Volk als Souverän

Das «Geschichtliche Drama in drei Akten» von August von Platen (1796 bis 1835), das er nach dem historischen Ereignis *Die Liga von Cambrai* (1833) nennt, setzt sich mit dem Kriegsbündnis des Papstes mit den mächtigsten Fürsten Europas gegen Venedig auseinander. Platen stellt Venedig als den idealen Volksstaat dar, in dem es keine Klassenunterschiede gibt und auch die Aristokratie von bürgerlicher Gesinnung ist. Der Senator Contarini unterhält sich wie mit den Angehörigen seines Standes, wenn er den «Zweiten Bürger» anfeuert:

> Mit nichten Freund! Zum Verzweifeln bleibt
> uns keine Zeit. Bereitet euch zum Kampf
> und blickt umher, und wo ihr seid, bedenkt!
> Seht hier die Löwen, aus Athen geraubt:
> Venedig strotzt von unsern Siegstrophäen!

Der Bürger ist es, der die freie Handelsstadt zur Blüte gebracht hat, wie der Historiker Sanudo im dritten Akt ausdrücklich vermerkt:

> Aus ödem Sumpf erhob sich diese Stadt.
> Wer hätte damals ihr ein Netz gestellt?
> Wer hätte neidvoll auf sie hingeblickt?
> Allein der Bürger hohes Selbstgefühl
> Und Schweiß und Arbeit und der Riesenschwung
> Beglückender Freiheit stellten sie so hoch.

Dagegen steht die korrupte Fürstenmafia – verbunden mit dem Papst.
Am Beispiel des Auftritts eines Botschafters Spaniens wird die Niedertracht der Monarchen gezeigt: König Ferdinand hatte sich ebenfalls der Liga angeschlossen und verlangt nun von Venedig die apulischen Seehäfen mit dem Argument, Venedig sei nicht mehr in der Lage, gegen die Türken Widerstand zu leisten:

> So wünscht der König, daß die apulischen
> Seehäfen ihr ihm willig öffnet,
> Die er behüten wird an eurer Statt,
> Wie's einem treuen Freunde wohl geziemt.

Der Doge enthüllt die materiellen Interessen des spanischen Königs, wenn er antwortet:

> Wer wüßte nicht, wie sehr der Christenheit
> Panier erhoben König Ferdinand!
> Doch war's gewissermaßen schwieriger
> Für uns, der Türkenwut zu widerstehn,
> Sie abzuhalten von Italiens Küsten,
> Als in Granada Scheiterhaufen baun.

Der Monarch ist also korrupt und feige. Welche Haltung ganz allgemein zum monarchischen System in Venedig eingenommen wird, zeigt der Senator Trevisani:

> Wir sind vorerst niemandem unterthan,
> Obschon wir bloß Kaufleute. Zepter sind
> uns leichte Ware; wir verschenken sie.

Siegen kann Venedig nur durch die breiten Massen. Die Bauern sind es, die sich vor allem im Kampf um Verona hervortun; denn sie lassen sich nicht von den monarchischen Systemen täuschen: «Kein Schein verblendet unverderbte Seelen.»
Platen will offenbar in dieser historischen Verkleidung zeigen, daß der wahre Souverän das Volk sein müßte; dessen Rechte gilt es zu sichern. Bewußt verzichtete er wohl darauf, mit diesem Stück das Theaterpublikum zu erreichen.

Die beiden letzten hier zu skizzierenden Autoren – Hebbel und Grillparzer – zählen zu den konservativen Gruppierungen, die ebenfalls durch den Griff in die Geschichte bzw. den religiös-mythologischen Bereich ihre Sicht der Gesellschaft zu verdeutlichen suchten.

Rückwendung zur Vergangenheit als Utopie
In der 1838/40 entstandenen Tragödie *Judith* nimmt Friedrich Hebbel (1813 bis 1863) die religiös-historische Vorlage aus dem Alten Testament, wobei Judith den Feldherrn und Eroberer Holofernes tötet, um

ihre Landsleute zu befreien. Hebbel gibt der Handlung eine psycholo-
gisierende Tendenz. Anfangs zieht die Heldin dem Feind entgegen, beginnt aber dann, diesen außergewöhnlichen Menschen zu lieben. Ihr
religiös-patriotischer Auftrag tritt immer mehr in den Hintergrund.
Nach dem Beischlaf ist Judith außer sich: Sittliche Entrüstung, Empörung über die Erniedrigung und auch sexuelle Erregung sind zu beobachten. Schließlich tötet sie den schlafenden Holofernes, um zu sich
selbst zu finden; das ist auch ihr Schicksal, denn sie hat damit der
«Welt in's Herz gestochen». Nach dem Tod dieses Kraftprotzes bleibt
nämlich nur noch die Mittelmäßigkeit. Eine Besserung der Welt ist nun
nicht mehr mit Gewalt erreichbar. Man könnte daher das Stück unter
Einbeziehung der bisherigen Aspekte nur so verstehen, daß ein wahrer
Fortschritt in der Geschichte nur durch den großen einzelnen zu erreichen ist.
Ähnliche Überlegungen sind auch in Hebbels zweitem Drama aus dem
religiös-mythologischen Bereich – *Genoveva* (1843) – zu finden. Hebbel
nahm diese aus dem Mittelalter überlieferte Legende, um auch hier zu
zeigen, daß die Welt erneuert werden müsse. Das soll aber nicht durch
einen Gewalttäter wie Holofernes, sondern eine Dulderin erreicht werden. Dabei wird deutlich, daß das Schicksal der Menschheit von Gott
gesteuert wird und man sich diesem zu ergeben hat.

Während Franz Grillparzer (1791 bis 1872) in der *Ahnfrau* und in *Sappho* unerlaubte Liebesgefühle vorführt, die Ordnungsgesetze von Familie und Kunst gefährden, sind es in seinen Geschichtsdramen politische
Kräfte, die das traditionelle Ordnungsgefüge an den Rand des Zusammenbruchs bringen. Alle Aktionen, die nicht von dem Monarchen ausgehen, sind Abwege. Zwei Dramen sollen skizziert werden: *König Ottokars Glück und Ende* (1825) – hier vertritt Rudolf I. die legitime Position; der *Bruderzwist im Hause Habsburg* (1825/48) gibt Rudolf II. das
Recht.
Im ersten Drama wird die Reichsordnung durch den böhmischen König
Ottokar gefährdet. Er will Rudolf I. nicht als Kaiser anerkennen, obwohl dieser vom Reichstag gewählt wurde. Rudolf verwaltet sein Amt
selbstlos und ohne egoistische Motive – Ottokar dagegen verkörpert das
individuelle Prinzip und die persönliche Machtausübung. Das Drama
endet mit dem Sieg Rudolf I. und dem Tod Ottokars (Schlacht auf dem
Marchfeld).
Grillparzer überzeichnet eindeutig den wahren geschichtlichen Sachverhalt, denn beide Gegner waren durchaus gleichwertige Partner. Rudolf
steht für das legitimistische Prinzip, während Ottokar der selbstsüchtige
Rebell ist. Zusätzlich ist zu beachten, daß Grillparzer in den geschichtlichen Vorgang die Napoleonproblematik projiziert: auch hier der

herrschsüchtige nicht legitimierte Emporkömmling, der schließlich scheitern muß.

Bei Rudolf II. hat sich die Situation wesentlich kompliziert, da verschiedene Kräfte gegen ihn arbeiten: Glaubenskonflikte und Streit innerhalb des Hauses Habsburg gefährden die Ordnung, so daß Rudolf II. schließlich resigniert und seinen Verwandten die Leitung überläßt. Eigentlich ist das Drama nichts anderes als ein Loblied auf die vergangene Zeit, die erhalten werden sollte; denn die Gefahr der liberalen «Pöbelherrschaft» zieht schon herauf.

Überblickt man die hier entworfene Skizze zu den Vergangenheitsdramen der Restaurationszeit, dann bleibt immer noch die Frage offen – und das vor allem unter sozialgeschichtlichem Aspekt –, was den Dramatiker der Restaurationszeit bewegte, ausgerechnet in der Vergangenheit seinen Stoff zu suchen. Zensurprobleme können nicht allein die Ursache gewesen sein; auch die verschiedenen Theorien zu diesen Dramen ergeben keine befriedigende Antwort bei allen Autoren. In der Forschung ist diese Frage umstritten; Grabbes Geschichtsverständnis wird zum Beispiel einmal als ein «zerstörerischer Gang der großen Geschichte» und ein «karussellhafter Kreislauf des Weltgeschehens»[3] gedeutet. Sozialgeschichtlich könnte man das als einen Aufruf zum Rückzug in den familiären Bereich interpretieren. Auf der anderen Seite wird Grabbe eine personalistische Geschichtsbetrachtung unterstellt, wobei das Volk – hier im Sinn von Proletariat – abgewertet wird, um so durch den Griff in die Geschichte sich selbst von der Richtigkeit der eigenen Betrachtung zu überzeugen.[4] Geschichte dient zur Affirmation der Verhältnisse, zur Festigung der Privilegien des Bürgertums.

Beide Standpunkte berücksichtigen nicht den Tatbestand, daß dem Bürgertum die Möglichkeiten eines gesellschaftlichen Handelns seit 1815 immer mehr beschnitten wurden. Deshalb erörterten die Dramatiker der Restaurationszeit auch nur selten Möglichkeiten der gesellschaftlichen Praxis in der Gegenwart. Man könnte von einer Flucht in die Geschichte sprechen. Die Freiheit des Helden ist im Gegensatz zu den Helden der Weimarer Klassiker eingeschränkt – immer mehr gesellschaftliche Determinanten tauchen auf, und vor allem Grabbe und Büchner zeigen dem Publikum die Frage nach der Entscheidungsfreiheit des Helden unter dem Aspekt des Verhältnisses von Individuum und Gesellschaft.

Auch wenn diese Dramen oft sehr angepaßt, klischeehaft und verstaubt erscheinen, so muß doch angemerkt werden, daß sie im Gegensatz zu vielen anderen lesbar sind. Die historischen Festspiele zwecks Verherrlichung von Fürstenhäusern wurden ebenso ausgeklammert wie Historiengemälde, die nur mit Kommentaren zu verstehen sind. Aber gerade wegen ihrer Eigenschaften sind auch diese eine Signatur ihrer Zeit.

Herbert Zeman
Alt-Wiener Volkskomödie

Im österreichischen Singspiel und in der Alt-Wiener volkstümlichen Komödie stießen seit etwa 1790 bis in die Zeit Ferdinand Raimunds (1790 bis 1836) und noch darüber hinaus die vornehmlich über die Rezeption Wielands vermittelten aufklärerischen Einflüsse mit der biedermeierlichen oder spätaufklärerischen Vorliebe für das Landleben zusammen: Schikaneder zeichnete die Figur des bäuerlichen Tiroler Wastls – im gleichnamigen Stück der neunziger Jahre des 18. Jahrhunderts – den Stadtbewohnern ethisch ebenso überlegen wie Friedrich Kaiser (1814 bis 1875) in der 1844 geschriebenen Posse *Stadt und Land* die Leute vom Lande. Die Lösung aller Konflikte zur inneren wie äußeren Zufriedenheit erreichen die Figuren Ferdinand Raimunds – vor allem in *Das Mädchen aus der Feenwelt oder Der Bauer als Millionär* (1826), in *Der Alpenkönig und der Menschenfeind* (1828) und in *Der Verschwender* (1834) – in ländlicher Gegend; nicht negativ zu sehende Verzichterklärung, sondern höchst positiv erarbeitete Menschen- und Herzensbildung ist das ethisch-soziale Ideal der Zeit Raimunds. Man wußte: Die Gestaltungsmittel überhöhten die Alltagswirklichkeit, zauberten eine heitere, heile Illusionswelt vor das Auge und die Seele des Zuschauers, einerseits zwar als ein Ausfluchtsmittel aus der unbefriedigenden Gegenwart, anderseits gerade als ein aktiv bildendes, die seelische Entkrampfung des Publikums bedingendes diätetisches Mittel *und* als ein künstlerisches Element, das seelisch-geistige Vorgänge im Bild sinnlich gestaltete.
Die künstlerische Energie, dieses hohe Ethos mit der poetischen Dichte dramatischer Einfälle zu verbinden, vermochte jedoch nur noch Ferdinand Raimund aufzubringen. Als er 1836 starb, war eine Epoche – die zweite der sogenannten Alt-Wiener Volkskomödie – zu Ende gegangen; ihr letztes bedeutendes Stück *Der Verschwender* erlebte am 20. Februar 1834 im Josefstädter Theater seine Uraufführung, ehe sein hypochondrischer Autor aus Wien in das ländlich-romantische Gutenstein flüchtete.

Was blieb dem Genre der Zauberposse, der Märchenspiele an schöpferischen Elementen für die dreißiger und vierziger Jahre des 19. Jahrhunderts erhalten? Es ist offensichtlich, daß die spätaufklärerische, didaktisch-moralische Komponente in verkümmerter Weise – bezogen auf kleinbürgerliche Moralprobleme – fortgesetzt wurde; die Komik veräußerlichte in den stets wiederkehrenden stereotypen Lazzi, und schließlich überwucherten die Zauber-, Märchen- und ‹Folklore›-Welten, in revueartiger Form dargeboten, jene letzten bescheidenen Reste eines größeren Erbes. Eine ganze Reihe von Theaterautoren hat in diesem Sinn das Alt-Wiener Volksstück fortgeführt: Alois Blankowski, J. Carl Böhm, Friedrich Hopp, Wilhelm Turteltaub und andere schrieben zu der Zeit, wurden jedoch von drei Schriftstellern, was den Erfolg betrifft, in den Schatten gestellt. Es waren Josef Kilian Schickh (1799 bis 1851), Johann Eduard Gulden (1797 bis 1855) und Franz Xaver Told (1792 bis 1849). Eine zweite Gruppe von Autoren bestimmte im gleichen Genre das Volkstheater in den fünfziger, sechziger, sogar noch in den siebziger Jahren; dazu gehören Anton Langer, Josef Nikola, Alois Berla, Joseph Schönau und die beiden wohl bedeutendsten unter ihnen, Carl Elmar (1815 bis 1888) und Carl Haffner (1804, in Königsberg geboren, bis 1876), der – historisch gesehen – beide Gruppen mit seinen Volksmärchen und Zauberpossen aus der Zeitspanne von etwa 1837 bis 1874 verbindet.

Haffner

Endet die erste Gruppe in der folkloristischen Revue, die seit 1842 mit Tolds Märchenstück *Der Zauberschleier* (nach Scribes und Aubers Oper *Le Lac des Fées* von 1839) im Theater in der Josefstadt einen sensationell-triumphalen Erfolg (über 400 Aufführungen innerhalb weniger Jahre) feierte, so tendiert seit Carl Haffners Stücken das Zauberspiel deutlicher zurück zu einer optimistischen Auseinandersetzung mit der Zeit der frühen Industrialisierung und ihrer sozialen Probleme. Durch solche Spezifizierung des dichterisch bewältigten Lebensausschnitts war das Ende des (allegorischen) Zauber- und Märchenspiels vorgezeichnet.

Haffners Fortschrittsfreundlichkeit selbst taugt nicht mehr für die alte Konzeption volkstümlichen Theaters, in die er aus freien Stücken einschwenkte, anderseits durch den mörderischen Vertrag mit dem berüchtigten Theaterdirektor Karl Carl, der ihn zu unablässigem Stückeproduzieren verdammte, gepreßt wurde. Haffner und seine Zeitgenossen schrieben verständlicherweise, was dem Publikum gefiel, und zweifellos gab es im Bürgertum viele Theaterbesucher, denen die Raimundsche Art des Theaters viel bedeutete. Haffner hat daher die ältere Form mit seiner frühliberalistischen Haltung zu verbinden gesucht und in seinen Zeitstücken *Asmodus der hinkende Teufel oder Die Prominade durch* drei Jahrhunderte («ein komischer Bilderkasten», 1839) sowie *Der Zeit-geist oder Ur-Rococo und Gegenwart* («lokalkomisches Phantasiegemäl-de», 1841)[1] die Gegenwart und die daraus sich ergebende Zukunft opti-mistisch betrachtet. Das ist gegenüber den vorausgegangenen Zeitstük-ken – etwa Karl Meisls *1722, 1822, 1922* – neu:

«Erscheint bei Meisl das Zeitalter der Maschinen als eine mit größtem Mißtrauen betrachtete Utopie, die man wohl oder übel ins Auge fassen muß, weil es einmal nicht anders geht, und fällt bei ihm, Nestroy und Gulden alles Licht auf die ver-gnügliche Backhendelzeit, deren man leider schon nicht mehr ganz sicher ist, so nimmt Haffner, wie nach ihm O. F. Berg in seinem Charakterbilde *Der Gang durch die Vorzeit* (. . . 1855 . . .) und Anzengruber in der *G'schicht' von der Ma-schin'* (1874) und *'s Moorhofers Traum* (1885), mit der ganzen Begeisterung des jungen Liberalismus für die Errungenschaften des Zeitalters der Technik Partei und läßt seinen Ritter Bärenburg, der von 1541 unmittelbar in das Jahr 1841 ver-setzt wird, schließlich die Schleifung seiner Ahnenburg im Interesse des Eisen-bahnverkehrs verstehen.»[2]

Die Spannung zwischen hoffnungsvoller Zuwendung zum realistischen bürgerlichen Leben und einer die Nöte und Wünsche der Menschen aus-gleichenden Überwelt ist in diesen Stücken, den eigentlichen dramati-sierten Volksmärchen (wie *Der Stock im Eisen oder Das schwarze Weib im Wienerwalde*, 1839; *Der Tod und der Wunderdoktor*, 1841) besonders stark spürbar. Im Grunde zeigte sich bei Haffner ein ähnlich empfin-dungsbetonter Zugang zur Literatur, wie er sich seit den Tagen Henslers über Raimund ausgebildet hatte; doch wandelte sich der in den besten Stücken Raimunds geglückte Ausgleich von Komik, Ernst und Empfin-dung bei ihm zur Rührseligkeit, speziell dann, wenn er – dem Publi-kumsgeschmack entgegenkommend – auf die ‹seligen› Tage Raimunds zurückblickte.

Rührselig-gemütlich sind seine Genrebilder aus dem Künstlerleben, die kurz nach Adolf Bäuerles Romanen *Therese Krones* (1851), *Ferdinand Raimund* (1855) erschienen: *Therese Krones* (Genrebild mit Gesang und Tanz, 1854), *Wenzel Scholz* (Genrebild aus dem Künstlerleben, 1859), und sie fügen sich vollendet in jene Tradition der Dramentechnik, die durch die vorausgegangene zweite Phase des Alt-Wienerischen Theaters entwickelt worden war: Die bilderartige Szenenreihung mit den lehrhaften oder rüh-renden Effekten nützte Haffner, nützten seine Zeitgenossen. Haffners erfolgreichste Stücke sind nach diesem Schema gebaut: *Die Wiener Stuben-mädchen oder Der Ball in der Schusterwerkstatt* (1840) erreichte mit Hilfe der schauspielerischen Leistungen von Wenzel Scholz, Johann Nestroy und Karl Treumann viele Aufführungen, und – auf einem anderen theatra-lischen Gebiet – das Libretto der *Fledermaus* (1874, für Johann Strauß) hat gerade seinen Effekt in der dreifältigen Bilderreihung, die alle Nuancie-rungen von Realität, Illusion, Ernüchterung, Optimismus und Resignation erlaubt bzw. in der durchgehenden Heiterkeit balanciert. Hier trafen sich das Musik- und das Volkstheater aufs neue: Die Komponisten der Wiener Operette wie Franz von Suppé arbeiteten für das Volkstheater, Komödienautoren betätigten sich als Librettisten, und Schauspieler wie Johann Nestroy traten sowohl in den vom Wiener Publikum begeistert acklamierten Offenbachschen satirischen Operetten (seit 1858) als auch in Volksstücken auf. Die Wiener Vorstadtbühnen, allen voran das Theater an der Wien, öffneten sich beiden Gattungen, ehe gegen Ende des Jahrhunderts die Operette eindeutig die Oberhand gewann.

Kaiser

Das Wiener Publikum hatte sich – entgegen der vom deutschen Idealismus mitbestimmten Dramentechnik bis zu Nestroys Zeitgenossen Friedrich Hebbel – an die ‹Gemäldetechnik› gewöhnt; ein Autor, den Karl Carl (von 1827 bis 1845 leitete er das Theater an der Wien, dann übersiedelte er an das von ihm umgebaute Theater in der Leopoldstadt, das seit 1847 als Carl-Theater seinen Namen trug) ebenso auspreßte wie Haffner, Friedrich Kaiser, schuf innerhalb der Tradition geradezu einen neuen Typus, das Lebensbild, von dem Nestroy bekanntermaßen sagte: «Wenn in einem Stück drei G'spass und sonst nichts als Tote, Sterbende, Verstorbene, Gräber und Totengräber vorkommen, das heißt man jetzt ein Lebensbild» – «Das hab' ich nicht gewußt.» – «Is auch eine ganz neue Erfindung, gehört in das Fach der Haus- und Wirtschaftspoesie.» (*Der Talismann*, 2, 24). Im Grunde versuchte Kaiser, einen zeitgemäßen dramatischen Ausdruck zu finden, der – realistischer als die Zauber- und Märchenstücke – eine neue Facette des Wiener Lokalstücks repräsentieren konnte. Der neue Typus sollte «den kompositorischen Widerspruch der älteren Volkskomödie zwischen dem Ernst der historischen Situation und seiner volkstümlich-kritischen Auflösung durch Mittel der Komik strukturell (. . .) harmonisieren»[3]

Daß dieses Ziel künstlerisch nur mangelhaft erreicht wurde, deutet bereits Nestroys Ausspruch an. Trotzdem suchte der fortschrittlich-bürgerlich denkende Friedrich Kaiser mit einer Reihe sozialkritischer Lebensbilder – wie *Wer wird Amtmann* (1840), *Der Zigeuner in der Steinmetzwerkstatt* (1843), *Dienstbotenwirtschaft oder Schatulle und Uhr* (1852) – die Problematik des zeitgenössischen Staatsapparats, der Denunziation, der Herrschafts- und Untergebenenansprüche künstlerisch zu bewältigen. Freilich, die Auflösung und kritische Darbietung der latenten Konflikte durch eine mitreißende Fabel bzw. Intrige, erfüllt von nuancenreicher Komik, gelang ihm nicht. Kein Lebensbild, aber auch keine Posse des ungeheuer produktiven Autors erreichte jene zeitspezifische und zugleich überzeitliche Gestaltungskraft, die Nestroy seinen besten Stücken aufprägte.

Nestroy

Auch Johann Nestroy (1801 bis 1862) hatte sich noch zu Lebzeiten Raimunds von den Zauberspielen abgewandt: 1832 verspottet er die Ritter- und Zauberbegeisterung der Wiener durch die Posse *Die Zauberreise in die Ritterzeit*; doch eigentlich führt schon *Die Verbannung aus dem Zauberreiche oder Dreißig Jahre aus dem Leben eines Lumpen* (1828) die ältere Überlieferung ad absurdum; denn im deutlichen Übergewicht der Realhandlung, in der Verknappung des Zauberapparats und im Interesse an den – gleich Bildern (!) vorgeführten – ‹Real›-Episoden des Lumpen äußern sich ein anderer Stilwille, ein anderes Welt- und Menschenverständnis, welche zum erstenmal vollendete Gestaltung durch das fast schon gänzlich auf den Zauberapparat verzichtende Stück *Der böse Geist Lumpacivagabundus oder Das liederliche Kleeblatt* (Zauberposse mit Gesang, 1833) erfahren. Auf der Bühne des Theaters an der Wien erlebt der *Lumpacivagabundus* mit Nestroy als Knieriem, Wenzel Scholz als Zwirn und Karl Carl als Leim seine Uraufführung. Nestroy war nach Wien in das alte Schikanedersche Theater nach einer hoffnungsvollen, aber kurzen Sängerkarriere als Bassist und Baßbariton schließlich – seit dem frühen Nachlassen seiner Stimme – als Komiker über Brünn und Graz zurückgekehrt. Nun entfaltete er eine erstaunliche Betriebsamkeit als Komödien-Autor.

Überblickt man seine literarische Produktion, so fallen neben den dreizehn, zumeist in der Frühzeit entstandenen Zauberspielen, den ebenfalls früh geschriebenen sieben dramatischen Quodlibets und einzelnen anderen Stücken die zehn Parodien, die dem Früh- und dem Spätwerk angehören, und die 43 Possen auf. In den späten dreißiger Jahren beginnt die bis zum Ende dauernde lange Reihe der Possen, nur mehr gelegentlich von Stücken mit anderen Gattungsbezeichnungen unterbrochen, von denen 1848 besonders die Parodie wiederkehrt.

Es ist keine Frage: Nestroy sucht nach der ihm gemäßen Art der Gestaltung und bedient sich, seine Möglichkeiten erprobend, vorerst der verschiedensten, damals beliebten Ausdrucksformen. Zunächst bevorzugt er bezeichnenderweise die literarisch unselbständigste Form, das Quodlibet, dann versucht er sich in der beliebtesten Art, dem Zauberstück. Die Zeitgenossen aber erkannten vom ersten Augenblick an, daß hier die Raimundsche Kunst pervertiert wurde. Mit Entsetzen hat das an Raimund gewöhnte Publikum den radikalen Rationalismus Nestroys bei seinen ersten Auftritten im Theater an der Wien zur Kenntnis genommen.

Nestroy war bei seinen ersten Wiener Auftritten als Volksstückkomiker kein Unbekannter mehr. In Brünn hatte er in einem Maße extemporiert, daß die Polizei – seit den Karlsbader Beschlüssen von 1819 besonders ans Zensurieren und Verbieten im Sinne Metternichs gewöhnt –

darauf drang, sein Brünner Engagement zu lösen. In Graz schließlich ist er 1827 bereits der vollendete grotesk-komisch wirkende Darsteller, dessen Verkörperung des Sansquartier legendär wird. Hier beginnt er, sich Rollen auf den Leib zu schreiben. Ausgehend von der dramatischen Bild-Technik der Volkskomödie, gruppiert er um die von ihm selbst gespielte tragende Rolle das Geschehen. Seit 1839 dominiert er die Wiener Bühne dermaßen, daß er auf die Nebenspieler wie etwa Wenzel Scholz oder Karl Carl nicht mehr sonderlich – wie im *Lumpacivagabundus* – zu achten hat. In den vierziger Jahren sind alle begeistert vom Publikum aufgenommenen Stücke auf ihn zugeschnitten: *Der Talismann* (1840), *Das Mädl aus der Vorstadt oder Ehrlich währt am längsten* (1841), *Einen Jux will er sich machen* (1842), *Der Zerrissene* (1844), *Freiheit in Krähwinkel* (1848), selbst das ernstere, zeitkritisch die Revolutionszeit bedenkende Stück *Der alte Mann mit der jungen Frau* (1849/50).

Nestroy ist es auch, der alle wichtigen, dankbaren Liedeinlagen selbst singt. Er hat für seine Stücke das Couplet mit seinem komisch-satirisch verwendbaren Refrain – aus der französischen Überlieferung in Wien längst bekannt – entdeckt, huldigt überhaupt der in Wien nach 1800 erstaunlich in Mode kommenden französischen Literatur; viele seiner Stücke gehen auf französische Vorlagen (Vaudevilles) zurück, die ihm in deutscher Übersetzung vorgelegen haben. So spiegeln sich Angebot und Nachfrage auf dem Theater deutlich in den Stücken wider; hier liegen der Vorzug und die Grenzen seines Schaffens. Und so erwächst auch seine Satire aus aktuellem Anlaß. Sie ist vorhanden in allen seinen Stücken, gleichgültig, ob man sie als Travestien bzw. Parodien des zeitgenössischen, stilistisch wie ethisch übersteigerten Sprechtheaters (*Judith und Holofernes* nach Hebbels *Judith*, 1849) und Musiktheaters (*Tannhäuser. Zukunftsposse mit vergangener Musik und gegenwärtigen Gruppierungen*, 1857; *Lohengrin*, 1859), als politische Komödien der Jahre 1847 bis 1849 fassen will oder als possenhafte Kritik des menschlichen Zusammenlebens im vormärzlichen Wien.

Die Stücke Nestroys und damit auch seine Satire erwachsen im Grunde aus der wienerischen Sprache in allen ihren Nuancierungen; sie erwachsen aus den Denkmöglichkeiten eines in spätjosephinischer Tradition stehenden Rationalisten der Großstadt, auf deren Gesellschaft sich die Satire zurückbezieht. Insofern ist die seit Karl Kraus vielgerühmte Universalität der Satire Nestroys eine beschränkte. Freilich ist sie nicht so beschränkt, daß es dem genialen Autor nicht gelänge, nach vielen Seiten hin seine Hiebe zu verteilen. Auch ein weniger bekanntes Stück wie *Liebesgeschichten und Heiratssachen* (1843) zeigt das recht deutlich: Die Neureichen wie die hochmütigen Aristokraten bekommen ihren Teil ab; die überzeugende Tölpelhaftigkeit und unverbesserliche Blödheit des dienenden Personals stehen neben den liebenswürdig kredenzten Hoch-

stapeleien und der bitterlausigen Art des Nebel (Nestroys Rolle), der
seine Geliebte bedenkenlos sitzen lassen will, als er merkt, daß es mit
ihm in der Hierarchie der Gesellschaft aufwärtsgehen soll. Die rationale
Universalität der Satire, bezogen aus der gesellschaftlichen Situation,
war Nestroys Erbteil aus der Kultur des Josephinismus. Daher hatte er
seine liebe Not mit der unter Metternichs Zeit verschärften Zensur, für
die er bittere Worte fand, die er aber im Handumdrehen als ein Übel
bestätigte, das manchem dazu diente, die eigene Unzulänglichkeit zu
vertuschen. In bezug auf die Revolution von 1848 heißt es: «Die Dichter
haben ihre beliebteste Ausred' eingebüsst. Es war halt eine schöne
Sach', wenn einem nichts eing'fallen is und man hat zu die Leut' sagen
können: Ach Gott! es is schrecklich, sie verbieten einem ja alles!» (*Die
Freiheit in Krähwinkel*, 1, 7).
Die Unmenschlichkeit der seit 1815 bzw. 1819 gewandelten politischen
Situation, der Standesvorurteile und der Staatskorruption bezieht Nestroy bei aller Kritik immer zurück auf die pervertierte oder von Natur
aus lumpige Menschlichkeit der Menschen. Das ist die Größe seiner Satire, ist das quasi positive ‹moralische Anliegen› seiner Stücke. Woher
bezog der Komiker diese Art der Satire, die soeben auf die josephini-
sche Tradition zurückgeführt wurde? Nestroys Schulbildung im Wiener
Schottenkloster war eine – durch die Lehrerpersönlichkeiten (z. B. Leander König, Meinrad Lichtensteiner) – der aufklärerischen Überlieferung verpflichtete; Leute wie der Rhetorik-Lehrer Leander König schul-
ten ihre Zöglinge nicht nur zu einem hervorragenden Verständnis der
Redekunst, sondern gaben ihnen auch alle Möglichkeiten kritischer
Welt- und Lebensbetrachtung mit auf ihren weiteren Weg. Nestroys ge-
niales rhetorisches Talent hat hier seine Ausbildung erfahren. Der soviel
zitierte Realismus seiner Wortsatire ist ein hervorragendes Pendant zu
der aus ähnlichen Wurzeln kommenden parallel laufenden Zeitkritik in
Sprüchen Franz Grillparzers. Nestroys Wortkomik und -satire kommen
erst dann vollendet zur Geltung, wenn sie im theatralischen Zusammenhang vorgetragen werden. Daß er – oft vor dem Abfassen eines Hand-
lungsverlaufs – brillante rhetorische Passagen niederschrieb, deutet kei-
nesweg auf die Vorgangsweise des Aphoristikers, sondern des Rhetori-
kers, der sich ein Reservoir schafft, das auf rednerische Verwirklung ab-
zielt. Eine solche Vorgangsweise entspricht der eklektischen Technik
des Komikers überhaupt und kommt in der Behandlung seiner Vorlagen
wie in der Erarbeitung eines Reservoirs von Liedeinlagen zum Ausdruck.
Nestroy gelingt noch einmal eine große künstlerische Balance: Die ge-
mütvolle bis resignierende, im ganzen hoffnungsvolle Geste des Rai-
mundschen Theaters ist der realistischen Diesseitigkeit dieser Possen,
dem sarkastisch-humoristischen Pessimismus in sich gerundeter Charak-

tere, deren eigenartige Selbstbewußtheit einer ergänzenden Überwelt entbehrt, sich gleichsam als neues Ersatzelement eine komisch-groteske Rhetorik schafft, gewichen. Nestroy führt die dritte Phase der Alt-Wiener Volkskomödie als Autor, Schauspieler und seit 1854 als Direktor und Pächter des Carl-Theaters (bis 1860) zu Ende. Mit seinem Rückzug aus Wien in die ‹Pensionopolis› Graz geht auch das blühende Alt-Wiener Volkstheater darnieder; die Operettenbühne tritt in gewissem Maße seine Nachfolge an. Nestroys letztes Stück *Häuptling Abendwind oder Das greuliche Festmahl. Indianische Faschingsburleske* mit der Musik von Offenbach (1862) hat das Ende der Posse als zeitgemäßer theatralischer Ausdrucksform angedeutet, und die Nachklänge des Alt-Wiener Volkstheaters im späteren 19. Jahrhundert liefern die literarhistorische Bestätigung.

Gert Mattenklott
Der späte Goethe

Mit dem Tode Schillers (1805), des engsten geistigen Vertrauten, vollzieht sich – nach der Phase des Sturm und Drang, der politisch-reformerischen zweiten, die bis zur italienischen Reise währt, und der nachfolgenden ‹klassischen› – der Übergang zur Spätzeit Goethes. Zwei Jahre später stirbt die Herzogin Anna Amalia, 1808 die Mutter, Wieland 1813. Zwar empfängt Goethe bis ins hohe Alter zahlreichen Besuch, darunter Tieck und Jean Paul (1799), Hegel (1801), Madame de Staël und Benjamin Constant (1803); er trifft Caspar David Friedrich (1810) und Beethoven (1812), wird vom Grafen Metternich besucht (1813) und hat eine mehrstündige Audienz bei Napoleon, die der Kaiser dem Dichter des *Werther* wie dem Politiker gewährt (1808), doch wird seine wachsende Vereinsamung durch solchen diplomatischen Verkehr nicht aufgehalten. Die größere Distanz zu allem Geselligen – vergrößert durch die Neigung des Alters zum sammelnden Zurückschauen und vergleichenden Deuten, bestärkt durch Weimarer Kabalen – hat ihn den gesellschaftlichen Dingen aber eher wieder genähert als entfremdet.

Mit dem Tode Schillers tritt im Werk Goethes die klassizistische Polarisierung von Leben und Kunst, Natur und Ethik zugunsten einer mythischen und symbolischen Verallgemeinerung des geschichtlichen und gesellschaftlichen Lebens zurück. Zuerst in dem Roman *Die Wahlverwandtschaften* (1809), dann in *Wilhelm Meisters Wanderjahren* (1821 bis 1827), vor allem im *Faust II*, dessen Manuskript der Autor nach dem Abschluß 1830 zur posthumen Veröffentlichung bestimmt. – In die beiden letzten Jahrzehnte seines Lebens fällt auch die Niederschrift der Autobiographie *Dichtung und Wahrheit* (erschienen 1811 bis 1833), die für das Leben des Dichters bis 1775 die reichste – obschon stark stilisierende – Quelle ist. Für die spätere Zeit erfüllen diesen Zweck die Reisebeschreibungen, wie die *Italienische Reise* (1816 bis 1817), die Materialien in Tag- und Jahresheften (1830), dazu Tagebücher, umfangreiche Korrespondenzen und *Gespräche* (mit Eckermann, F. v. Müller, F. Soret).

Doch erschöpft sich das Leben Goethes in den letzten Jahrzehnten nicht in der Selbstinszenierung des menschgewordenen Genius, sowenig wie das Werk in der symbolisch-mythischen Deutung von Gesellschaft und Geschichte. Wie alle Lebensphasen erhält auch diese eine innere Chronologie aus den Namen geliebter Frauen: Minchen Herzlieb, Marianne von Willemer, Ulrike von Levetzow. Es sind Goethes Beziehungen zu Frauen gewesen, in denen bis ins hohe Alter das Gedächtnis an die Impulse seiner Jugend wach bleibt. So brechen, neben der Erschütterung über den Tod – 1827 der Charlotte von Steins, 1828 des Herzogs, 1830 des einzigen (mit Christiane Vulpius gezeugten) Sohnes August –, die kreatürliche Natur und das triebhafte Leben chaotisierend noch in das Spätwerk ein im Kampf mit dessen philiströser Erstarrung. Gedichte wie die des *Westöstlichen Diwan* (1819), die *Marienbader Elegie* (1823) und die *Dornburger Gedichte* («Dem aufgehenden Vollmond»; «Der Bräutigam») sind Zeugnisse solcher Einbrüche. Auf allen Stufen des Werks – und im Unterschied zu Schiller – ist der produktivste Maßstab seiner Anschauungen nicht die Sozialethik des Bourgeois, sondern die Nähe der Kunst zum kreatürlichen Leben, das ihm zumal die Liebe erschließt. Jede Liebschaft schlägt hier die Bresche, durch die das natürliche Leben in die Bastionen dringt, die der Dichter – im Alter immer ängstlicher – gegen solche Überwältigung befestigen möchte. Entsagen, Beschwören und Bannen können aber nicht hindern, daß durch die Leidenschaften, in denen die gesellschaftlichen Zwänge weniger strikt sind, denen Goethe sonst sich nur allzu bereit beugte, Leben und Werk immer wieder eine Dynamik erhalten, die über die kleinlichen Formen des bourgeoisen Lebens bzw. der großbürgerlich-höfischen Kompromisse hinaustreibt, die der Geheime Rat in Weimar schloß. Wie in der Frühzeit des Sturm und Drang erscheint ihm so auch wieder im Spätwerk die Liebe als einzige nicht entfremdete Produktivität – im Gegensatz zur Arbeit und zum gesellschaftlichen Leben überhaupt. – Goethe stirbt 1832.

Riemer gegenüber hat Goethe über die *Wahlverwandtschaften* geäußert, es sei hier seine Absicht, «soziale Verhältnisse und die Konflikte derselben symbolisch gefaßt darzustellen.» Tatsächlich ist damit der wichtigste Unterschied dieses bedeutendsten Werks am Eingang des Alterswerks von den im 18. Jahrhundert prominenten Mustern benannt. Die *Wahlverwandtschaften* sind nicht mehr empfindsam wie *Fräulein von Sternheim* oder *Werther*, nicht psychologisch wie *Anton Reiser*, keine Bildungsgeschichte wie *Meisters Lehrjahre*. Dies hier ist statt dessen der erste und auf diesem Niveau für lange Zeit – bis auf die breitere Ausprägung des Typus bei Fontane – einzige deutsche Gesellschaftsroman.

Ein Unikum ist er freilich noch in einer anderen Hinsicht, zumindest für seine Zeit; seine Bedeutungen sind wie die keines anderen bis zum 20. Jahrhundert durch eine dichte symbolische Textur vielfach verrätselt. Wie Alterswerke häufiger tendiert auch dasjenige Goethes zur Auflösung der konventionellen Formensprache. Diese Neigung wird hier von einer inneren Form, dem Stil der Anspielungen, Verweisungen, Assoziationen und Korrespondenzen abgefangen, der das gesamte Spätwerk verbindet. Einen Leitfaden für das Labyrinth der *Wahlverwandtschaften* hat der Autor bereits in einer Selbstanzeige dem Werk mitgegeben:

«Es scheint, daß den Verfasser seine fortgesetzten physikalischen Arbeiten zu diesem seltsamen Titel veranlaßten. Er mochte bemerkt haben, daß man in der Naturlehre sich oft ethischer Gleichnisse bedient, um etwas von dem Kreise menschlichen Wesens weit Entferntes näher heranzubringen; und so hat er auch wohl in einem sittlichen Falle eine chemische Gleichnisrede zu ihrem geistigen Ursprung zurückführen mögen, um so mehr, als doch überall nur Eine Natur ist, und auch durch das Reich der heitern Vernunftfreiheit die Spuren trüber leidenschaftlicher Notwendigkeit sich unaufhaltsam hindurchziehen, die nur durch eine höhere Hand, und vielleicht auch nicht in diesem Leben, völlig auszulöschen sind.»

Der Auslegung chemischer Formeln auf soziale und moralische Verhältnisse entsprechend, verbinden, mischen und scheiden sich die zwei im Mittelpunkt des Romans stehenden Paare. Die chemische Lektion ihrer möglichen Konstellationen hat Goethe zeitgenössischen Lehrbüchern (Bergmann, Gehler) entnommen, vermutlich durch Schelling angeregt, dessen *Ideen zur Naturphilosophie* stark von der Hoffnung der zeitgenössischen Wissenschaft bestimmt sind, in der Chemie eine vereinheitlichende Prinzipienlehre für die Deutung aller Naturphänomene finden zu können.

Zeittypisch wie die Deutungsform sind auch Stoff und Thema: Liebesverhältnisse zwischen vier Personen, die Komplikationen ehelicher Beziehungen, der Widerspruch zwischen Herzensneigung und den Sittengesetzen der bürgerlichen Gesellschaft. Das Scheidungsthema war durch ein neues französisches Gesetz aktualisiert, das Ehepartnern bei beiderseitiger Zustimmung die Scheidung und damit auch Wiederverheiratung zugestand. Aus dem Umkreis Goethes kennen wir das Dreieckverhältnis im Hause Georg Forsters, die komplizierte Konstellation zwischen August Wilhelm Schlegel, Caroline und Schelling, des verheirateten Kreuzer Liebe zu Karoline von Günderode. Schließlich steht Goethes eigene Liebesgeschichte mit Minna Herzlieb, der er aus bürgerlicher ‹raison› zugunsten der endlichen Heirat Christianes in den Jahren der Entstehung der *Wahlverwandtschaften* entsagt, für die persönliche Betroffenheit des Dichters wie für die sozialgeschichtliche Aktualität des

Stoffes. Diese ist auch durch Bearbeitungs-Varianten bei Wieland, Madame de Staël und im Libretto von Mozarts *Cosi fan tutte* belegt.

Allein bei Goethe ist aber daraus ein Gesellschaftsroman geworden mit eben der Struktur, die nach der Mitte des 19. Jahrhunderts in diesem Typus weltliterarisch vorherrschen wird: derjenigen des Desillusionsromans. Nicht nur, daß hier die Menschen ihre Erwartungen enttäuscht sehen, ihre persönlichen Bedürfnisse und Wünsche im Einklang mit der allgemeinen gesellschaftlichen Ordnung verwirklichen zu können; in Frage steht nun sogar dieses Persönliche selbst, die Idealität der Ideale. Die Individuen geben sich nicht nur Illusionen hin über das gesellschaftlich Mögliche; vielmehr erscheint dies Individuelle selbst als etwas höchst Fragwürdiges, ja als ein Illusionäres. – Die freundlich arkadische Szenerie einer aufgeklärten und kultivierten Gesellschaft am Beginn des Romans, der höfliche Verkehr miteinander, das Übermaß von Takt, Diskretion und Freundlichkeit verdecken die Erstorbenheit der Beziehungen der Menschen untereinander. Nur zu rasch erliegt darum die Ordnung des Schicklichen und des Takts dem Dämonischen, das über sie kommt. Ja gerade das, was die Personen ins Werk setzen, um sich vor der bedrohlichen Natur und voreinander in Sicherheit zu bringen, befördert das Unheil.

Nur zum Schein entspricht dem negativen Urteil des Romans über die Humanität und das Vermögen der konventionellen gesellschaftlichen Bindemittel eine Sympathieerklärung zugunsten des absoluten Rechts der Herzen, für das die Aufbruchsgeneration der bürgerlichen Emanzipationsbewegung gestritten hatte. So illusionär wie die taktvolle Harmonie des ehelichen Verhältnisses erscheint auch die aus seiner Auflösung resultierende Liebesbeziehung Eduards und Ottiliens. Auch dieses natürlich erscheinende Verhältnis ist Naturverhältnis nur zum Schein. Wie alles, was in den Bannkreis des Geschehens gerät, entgleitet es ebenfalls alsbald ins Monströse. Linkisch ist Eduard nicht nur aufgrund mangelnder Geschicklichkeit (wie beim Musizieren); er ist es in tieferer Bedeutung auch als Liebender. Goethe hat ihn, wie die gesamte adlige ‹personnage› mit Ausnahme Ottiliens, als Dilettanten des Lebens dargestellt, eine Kritik an den Bemühungen des Adels, Kunst und Leben, Phantasie und Technik zusammenzuschwindeln, wie er sie im *Dilettantismus*-Schema (1799) skizziert hatte. Eduards Anstrengung verpufft wie sein Feuerwerk – und die eingebildete Vereinigung mit der Geliebten –, weil sie maßlos ist. Seinem dilettantischen Drang nach dem Unendlichen, seiner Neigung, die Phantasie als einen Lebensersatz zu mißbrauchen, ist Ottiliens Entsagung kontrastiert.

Als töricht und affektiert ist aber durchaus nicht nur Eduard dargestellt. Maliziös fand Peter Suhrkamp bereits jene Darstellung Ottiliens, wenn diese auf weiten Spaziergängen mit dem Kind auf dem Arm, das Milchfläschchen ist auch dabei, in einem Buch lesend daherkommt.[1] – Ironisch hat Goethe Knebel gegenüber die *Wahlverwandtschaften* kommentiert: «Ich habs für die jungen Mädchen geschrieben.» – Tatsächlich gerät auch Ottilie, das «liebe», «das herrliche», «das himmlische Kind», wie sie uns ein ums andere Mal kostbarer vorgestellt wird, in den Sog des Zweideutigen – auf ganz andere Weise freilich als Eduard. Seinem Dilettantismus steht ihr Genie gegenüber. Je länger, desto weniger ist sie eine Person des gemeinen Lebens, Kunstfigur statt dessen, die alles Leben aus sich heraushungert; künstlich auch und gerade dann, wenn sie zur Heiligen wird. Darin allerdings verfehlt sie nicht auf dieselbe aber doch Eduard verwandte Weise das Ideal, dem sie nachstrebt. Eduard will Lebenskünstler sein und ist Dilettant. Ihr Tod ist als der einer Heiligen inszeniert und ist doch nur Kunst. Wenn diese aber sich dergestalt dem frommen Zauber andient, wird sie zum Kunstgewerbe. Der Architekt von Ottiliens Mausoleum präsentiert seine Sammlung von Grabbeilagen wie ein Andenkenhändler, «sodaß diese alten, ernsten Dinge durch seine Behandlung etwas Putzhaftes annahmen und man mit Vergnügen darauf wie auf die Kästchen eines Modehändlers hinblickte».

Dem entspricht Ottiliens rotes Köfferchen, in dem sie die eigenen Reliquien sammelt: Strumpfbänder, Zettelchen, getrocknete Blumen, eine abgeschnittene Locke. Zweideutig und nicht ohne Komik ist die Szene ihrer Aufbahrung beschrieben:

«So stand nun der Sarg Ottiliens, zu ihren Häupten der Sarg des Kindes, zu ihren Füßen das Köfferchen, in ein starkes eichenes Behältnis eingeschlossen. Man hatte für eine Wächterin gesorgt, welche in der ersten Zeit des Leichnams wahrnehmen sollte, der unter seiner Glasdecke gar liebenswürdig dalag.»

Läßt dieses «gar liebenswürdig» schon Zweifel am letzten Ernst des makabren Denkmals aufkommen, so ist die Ironie einige Absätze später eindeutig: «Jedes Bedürfnis, dessen wirkliche Befriedigung versagt ist, nötigt zum Glauben.» – Nein, zu einer Heiligenlegende in Romangestalt taugen die *Wahlverwandtschaften* schwerlich. Wohl aber ist dadurch, daß Ottilie einer Heiligen gleich sterben muß, wenn sie den verschiedenen Ansprüchen genügen will, die so widersprüchlich an sie ergehen, bedeutet, ein richtiges Leben sei nur in der Kunst möglich. Als Leichnam erst wird Ottilie allem gerecht. Sie hat ihrer Liebe nicht entsagt und verstößt doch auch nicht gegen das Sittengesetz. Indem sie aber sterben muß, ist deutlich gemacht, daß es für ein solches Zugleich kein Leben gibt in dieser Welt, es sei denn das scheinhafte Leben in den Särgen der Kunst. In ihrem Mausoleum ist Ottilie aufgebahrt als würde sie bloß schlafen, wartend auf das gemeinsame Erwachen mit dem Geliebten in dem freundlichen Augenblick, den euphemistisch die Schlußzeilen verheißen. Daß das Leben unentstellt, daß es wahr und schön nur sich darstellen könne, wenn es mortifiziert ist, also aus dem Zusammenhang des Lebens herausgenommen und unter Glas bewahrt, dies ist das offenbare Geheimnis dieser Allegorie auf die Kunst.

Goethe ist klargewesen, wie nahe eine solch depressive Ästhetik des Andenkens der Verwandlung der Kunst zum Warenplunder kommt. In die Gestaltung der *Wahlverwandtschaften* ist Pessimismus nicht nur dem Leben, sondern auch der Kunst gegenüber eingegangen. Denn nicht nur, daß über das Leben bedeutet ist, daß es nur als Erinnerungsbild, daß es nur, wenn es ums Leben gebracht ist, zu haben sei – auch dieses Haben, die Kunst, ist dem Dichter suspekt geworden. Er sieht ihr Schicksal im Dilettantismus und im Warenplunder, wie er als Kunstgewerbe das 19. Jahrhundert überschwemmen wird. Mit diesem Wissen aber gleitet Goethe, der anderen Halt in diesem Roman nicht findet, in den Nihilismus, den keine Kunst mehr verschönern, nur das Hermetische ihrer Rätselbilder allenfalls noch verbergend darstellen kann.

Das Goethesche Alterswerk ist zu einem gewichtigen Teil Dichtung über Dichtung. Auch darin teilt es eine Eigenart dichterischer Spätwerke überhaupt. Seltener freilich schon die große Spannweite, ja innere Widersprüchlichkeit der Auffassungen, wie sie hier in Einzelwerken zutage treten, von den *Wahlverwandtschaften* und den *Sonetten* über den *Diwan* zum *Faust II*, wie denn auch der Charakter dieses Spätwerks insgesamt keiner dieser Auffassungen ganz entspricht. Mit den Widersprüchen im eigenen Denken ist der alte Goethe mit gleich souveräner Unbedenklichkeit verfahren wie der junge mit den monarchischen Ansprüchen widerstreitender Gefühle, ja es hat oft den Anschein, als übersetze er später, was ehemals im Hin und Her der Empfindungen Ausdruck fand, nun in ein Sowohl-als-auch logisch sich ausschließender Verhältnisse. So hätte es keinerlei Sinn, die Ästhetik der *Wahlverwandtschaften* zum Kompaß des Spätwerks zu wählen, wie sogleich das parallel entstandene Festspiel *Pandora* erkennen läßt. Drastisch auch der qualitative Abfall, wie seit den Revolutionsdramen im Alterswerk immer häufiger. Was je in diesem ‹œuvre› gut und teuer war vom *Werther* bis zum *Meister*, ist hier in einer dekorativen Ausschweifung allegorisierend ‹ineinander gekeilt›, ein übervolles Magazin der Sprüche und Sentenzen, alle Artistik aufgeboten, ihrer auf engstem Raum so viel als möglich unterzubringen. Statt Distanz zu den ästhetischen Mitteln herrscht hier ein opernhaftes Schwelgen in ihrem Gebrauch, mit dem Ergebnis verwischter Konturen.

Georg Simmel hat solche erstaunlichen Unzulänglichkeiten neben Meisterhaftem gerade im Alterswerk mit dem zunehmenden «Formalismus» des Dichters zu erklären versucht:

«(. . .) wie er lieber eine Ungerechtigkeit als eine Unordnung ertragen wollte (. . .), so wollte er, so paradox dies klingen mag, von einem gewissen Alter an lieber ein unbedeutendes Gedicht machen als gar keines, wenn ein Moment des Lebens sich solcher Formungsmöglichkeit bot – und es ist nicht unmöglich, daß auch sein fortwährendes Betonen, daß gehandelt, gewirkt werden muß, ohne daß er doch immer den Endwert und Inhaltssinn solcher Tätigkeitsforderung angäbe, dem gleichen Streben nach einer begrenzenden, irgendwie ordnenden, formellen Bearbeitung des unendlichen Weltstoffes zugehört.»

Anders als *Pandora*, in dem Goethe einen Aufzug der Ideen veranstaltet, die in seinem Werk wirksam gewesen sind, enthält *Dichtung und Wahrheit* (erschienen 1811 bis 1833) Lebensgeschichte in Daten, Ereignissen und Anekdoten. Seine Erinnerung gilt aber weniger der Abfolge oder Chronologie von biographisch Bedeutsamem als den wichtigsten Impulsen und Formkräften für die Herausbildung der Gegenwart des Schreibenden. Dessen auf Plastizität gerichtete Absicht sucht nach den Bildungsgesetzen des geschichtlichen Lebens im individuellen, insofern diese Autobiographie – alles andere als eine sentimentale Rückschau – den Versuch darstellt, die persönliche Erfahrung des Lebenden geschichtlich intelligibel zu machen. Über den 75jährigen berichtet der Kanzler Müller den Ausspruch:

«Ich statuiere keine Erinnerung in eurem Sinne. (. . .) Was uns irgend Großes, Schönes, Bedeutendes begegnet, muß nicht erst von außen her wieder erinnert, gleichsam erjagt werden. Es muß sich vielmehr gleich von Anfang her in unser Inneres verweben, mit ihm eins werden, ein neues besseres Ich in uns erzeugen und so ewig bildend in uns fortleben und schaffen. Es gibt kein Vergangenes, das man zurücksehnen dürfte, es gibt nur ein ewig Neues, das sich aus den erweiterten Elementen des Vergangenen gestaltet.»

Als die Hauptaufgabe der Biographie hat er es bezeichnet, «den Menschen in seinen Zeitverhältnissen darzustellen und zu zeigen, in wiefern ihm das Ganze widerstrebt, in wiefern es ihn begünstigt, wie er sich eine Welt- und Menschenansicht daraus gebildet und wie er sie, wenn er Künstler, Dichter, Schriftsteller ist, wieder nach außen abgespiegelt». *Dichtung und Wahrheit* läßt vor unseren Augen die Bildungswelt Goethes in der sozialen Perspektive dessen erstehen, der sie sich aneignet, konsequent aus der Sicht «von unten», wie er selbst gelegentlich unterschieden hat. Mit neuem Selbstbewußtsein ist hier insbesondere das bürgerliche soziale Milieu, die sinnlich unmittelbare Erfahrungswelt von Familie, Freundschaften, Lieben und Bildungserlebnissen, Stadt-, Natur- und Landschaftseindrücken festgehalten. Daran ist die nachgoethesche Autobiographik datierbar.

Das Hineinwachsen in die gesellige Kultur des bürgerlich-höfischen Arrangements – der Ruf des jungen Herzogs nach Weimar leitet den Schluß des Werks ein – ist dessen sozialer Horizont. Goethe hat ihn als Bedingung dafür gesehen, die bürgerlichen Belange wirkungsvoll vertreten zu können: unter der Voraussetzung, so viel «Natur» in sie einzubringen, das heißt so viel bürgerliche Gesinnung wie möglich. Der Erhaltung des ‹ancien régime› hat er bis ins Alter solche Bedeutung beigemessen, weil er nur in seinem Schutz die freie Entfaltung seines ästhetischen Humanismus sicher glaubte: wenn es gelänge, so viel bürgerliche Interessen geltend zu machen, wie es nur immer ohne Revolution gelingen konnte. So zeigt der in *Dichtung und Wahrheit* ausgemessene Bildungsraum Begrenzung und Bedingung der Goetheschen Freiheit ineins, ganz wie er Bildung selbst verstanden wissen wollte:

«Jede Bildung ist ein Gefängnis, an dessen Eisengitter Vorübergehende Ärgernis nehmen, an dessen Mauern sie sich stoßen können; der Sichbildende, darin Eingesperrte, stößt sich selbst, aber das Resultat ist eine wirklich gewonnene Freiheit.»

Das Naturprinzip der historischen Bildung im Sinne von Freiwerden durch Entsagen hat Goethe in der Philosophie Spinozas wiedererkannt, dessen erneute Lektüre die Niederschrift von *Dichtung und Wahrheit* begleitet. «Die Natur wirkt nach ewigen notwendigen, dergestalt göttlichen Gesetzen, so daß die Gottheit selbst daran nichts ändern könnte», so resümiert er im 15. Buch. Das Unbedingte wirkt hier nicht von außen willkürlich auf die Schöpfung ein, es ist vielmehr dieser materialistischen Auffassung nach dieser selbst eingebettet, in den Naturgesetzen kognitiv nachvollziehbar. Resignation in die Unbedingtheit dieser Gesetze ist hier nur die eine Seite, die andere heißt Verläßlichkeit, Vertrauen und Freude über die Erkennbarkeit des Gesetzmäßigen. Das Annehmen der Naturgesetze ist für Goethe ein befreiender Akt der Stärke, denn es entläßt den Menschen aus der knechtischen Unterordnung unter den belohnenden oder strafenden Gott. Das meint Goethes Wort zum *West-östlichen Divan* (1813 bis 1819), daß Glaube und Hoffnung zugrunde gegangen wären, die Liebe aber geblieben sei. Es ist die Liebe zu jedem Natürlichen um seiner selbst willen.

Am *Divan*, dem zweiten großen Gedichtzyklus nach den *Römischen Elegien*, arbeitet Goethe schon während des Abschlusses von *Dichtung und Wahrheit*. Auch hier ist Spinoza der philosophische Pate, der die Gelassenheit vermittelt, die durch die Zeitverhältnisse gefährdet ist:

«Wer es jetzt möglich machen kann, soll sich ja aus der Gegenwart retten, weil es unmöglich ist, in der Nähe von so manchen Ereignissen nur leidend zu leben, ohne zuletzt aus Sorge, Verwirrung und Verbitterung wahnsinnig zu werden.»

Die Beunruhigung durch die napoleonischen Kriege, die aus diesem Brief klingt, war ein Anlaß zur Flucht in den poetischen Orient, freilich auch eine Flucht aus der erlebten Entfremdung hin zu sich selbst, wie es rückblickend eine Äußerung Zelter gegenüber nahelegt:

«Diese mohammedanische Religion, Mythologie, Sitte geben Raum einer Poesie, wie sie meinen Jahren ziemt. Unbedingtes Ergeben in den unergründlichen Willen Gottes, heiterer Überblick des beweglichen, immer kreis- und spiralartig wiederkehrenden Erdetreibens, Liebe, Neigung, zwischen zwei Welten schwebend, alles Reale geläutert, sich symbolisch auflösend, was will der Großpapa weiter?»

Die Ironie betrifft hier nur den Anschein. Mag die weitsichtige Optik des *Divan*, in der das Gegenwärtige seine Schwere verliert, mag das symbolisierende Hinüberspielen vom Besonderen ins Allgemeine und dessen ergebene Anerkennung wie ein Erschlaffen der Lebensenergien des Alternden aussehen; für Goethe selbst war der Orient des Hafis eine Spiegelung seines spinozistischen Naturverständnisses. Dieses, nicht anakreontische Weinseligkeit, ergibt den Zusammenhang der Assoziationen, Verweisungen und strukturellen Bezüge. Nahezu ausgeplaudert ist dieses Geheimnis des Zyklus in einem Nachlaßgedicht zu diesem Werk:

> Sollt' ich nicht ein Gleichnis brauchen,
> Wie es mir beliebt?
> Da uns Gott des Lebens Gleichnis
> In der Mücke gibt.

> Sollt' ich nicht ein Gleichnis brauchen,
> Wie es mir beliebt?
> Da mir Gott in Liebchens Augen
> Sich im Gleichnis gibt.

«(Goethe) diszipliniert sich zur Ganzheit», lautet eine Charakterisierung durch Nietzsche. Vielfach hat der Dichter des *Divan* Themen seiner Naturwissenschaft in die Blätter dieses Zyklus eingefaltet, um «den Geist des Ganzen aus Bruchstücken» erfahrbar zu machen, wie er Eckermann gegenüber kurz vor seinem Tod in einer Selbstinterpretation sagt. Das betrifft einzelne Gedichte ebenso wie die erläuternden *Noten und Abhandlungen* zum *Divan*. So legt der «Nachtrag» im Anhang das Polaritätsprinzip auf ethische und staatliche Verhältnisse aus, «Blumen- und Zeichenwechsel» den Magnetismus auf die wortlose Sprache von Liebenden; «Im Atemholen sind zweierlei Gnaden» spielt auf das Prinzip von Systole und Diastole an, «Wiederfinden» hat Bezug auf die Optik, «Gingo biloba» auf die Botanik, «Gruß» im «Buch der Liebe» auf die Paläontologie; «Selige Sehnsucht» mag im Zusammenhang der Naturmystik gelesen werden. – Allemal fügt sich hier das einzelne Bild, Reflexion, Geschehnis als ein Schriftzeichen in den Text ein, der insgesamt ein Buch der Natur in orientalischem Einband ist.

Auch die Formen der Poesie stehen in diesem Zyklus so bunt gemischt nebeneinander, als wären sie solche der Natur: freie Rhythmen neben

Knittelversen, vor allem aber reimlose trochäische Vierfüßer, das Versmaß der Cid-Romanzen und von Schlegels Calderón-Übertragungen. Stilistisch anspruchsvollste syntaktische Spannungsgefüge enthalten Worte und Redensarten des Alltags, Familiäres, Mundartliches. «Nie ist so leichthin von hohen Dingen geredet worden in deutscher Sprache und nie waren sie wahrhafter als hier», hat Max Kommerell dieses Nebeneinander von hohem und prosaischem Ton, das Goethes Zeitgenossen so stark befremdete, kommentiert.

Mannigfaltig sind auch die Anlässe der Gedichte, solche des Lebens und der Literatur: Liebesgedichte, getauscht mit Marianne von Willemer (die eigenes zu dem Zyklus beigesteuert hat), Bilder und Motive der persischen Dichter Hafis und Ferid-eddin Attar, die Goethe in den *Fundgruben des Orients* (J. v. Hammer, 1809) gefunden hatte, und die er den eigenen poetischen Intentionen anverwandelte. – Höchste Freiheit herrscht so im Einschmelzen vielfältiger poetischer Traditionen, unterschiedlichster Tonlagen und Stile, und doch ist dieser Zyklus nicht bloß additiv gefügt, sondern durch eine metaphorische Textur, in der «jegliches auf jegliches deutet, so daß des inneren Lebens kein Ende ist», wie Hofmannsthal schön formuliert hat. So leihen sich etwa die Perlen, Tropfen, Tränen und Regenbogen wechselseitig Bedeutungen, die alle zumal aufgehoben sind in der Vorstellung von der Zeichensprache der Dinge, ihrerseits eingelassen in das universale Schriftornament der Schöpfung, dessen Spiegelung der *West-östliche Divan* darstellt.

Entsagung vom Leben, um es durch poetische Reflexion und Steigerung allererst zu gewinnen, diese Absicht der Goetheschen Ästhetik ist von der biedermeierlichen Kunst des poetischen Angedenkens (in deren Nähe hat Hegels *Ästhetik* sie gebracht) durchaus unterschieden. Zwar verzichtet Goethe auf Erhabenes, läßt das Bedrohliche aus, verdrängt das Politische – Hölderlin und Kleist hat er mit negativem Affekt gemieden –, ja verkürzt das Leben aufs Liebliche und Zierliche, Lieblingsworte des *Divan*. Doch hat er diese Beschränkung im *West-östlichen Divan* – auch eine Dichtung über das Dichten – ausdrücklich zur Sprache gebracht als dessen eigene Bedingung. Zwar hat Hegel richtig gesehen, wenn er schreibt:

«(. . .) die Phantasie entfernt hier in ihrem subjektiven Interesse den Gegenstand ganz aus dem Kreise des praktischen Verlangens, sie hat ein Interesse nur in dieser phantasievollen Beschäftigung, welche sich in ihren hundert wechselnden Wendungen und Einfällen in freiester Weise genügt, und mit den Freuden wie mit dem Grame aufs geistreichste spielt. Hier ist die Liebe ganz in die Phantasie, deren Bewegung, Glück, Seligkeit herübergestellt. Überhaupt haben wir in den ähnlichen Produktionen dieser Art keine subjektive Sehnsucht, kein Verliebtsein, keine Begierde vor uns, sondern ein reines Gefallen an den Gegenständen, ein unerschöpfliches Sichergehen der Phantasie, ein harmloses Spielen, eine Freiheit in den Tändeleien auch der Reime, der künstlichen Versmaße, dabei eine Innigkeit und Frohheit des sich in sich selber bewegenden Gemüts, welche durch die Heiterkeit des Gestaltens die Seele hoch über alle peinliche Verflechtung in die Beschränkung der Wirklichkeit hinausheben.»

Doch läßt Hegel unausgesprochen, daß Goethes verklärende Steigerung des Wirklichen emphatische Diesseitigkeit einschließt. So drückt diese Poesie doch noch in ihrer Abwendung «aus dem Kreise des praktischen Verlangens», dessen Rechte sie nicht geringschätzt, einen utopischen Hunger aus, den sie verstärkt und den zu befriedigen sie ermutigt. Das Goethesche Alterswerk setzt auf Wirkung durch Ansteckung, durch die Übertragung der in ihm gestauten emotionalen und intellektuellen Energien.

Ungleich stärker als in den vorausliegenden Phasen tritt in dieser letzten die belehrende Absicht des Autors hervor – im *Divan* in der Übermittlung des kosmischen Ordnungsprinzips –, doch mit wie anderem Charakter als in der Poesie der Aufklärung. Denn da sprachen intellektuelle Außenseiter ohne reale Macht, die darauf angewiesen waren, daß ihre Überzeugungen von anderen geteilt würden, mit denen zusammen sie mächtiger wären. Daher die Zudringlichkeit des pädagogischen Gestus. Anders der späte Goethe. Er steht im Zentrum der Macht; das begründet die Souveränität seiner Poesie, die vom Triumph des eigenen Beispiels klingt, wenn sie – etwa auch aus Anlaß der sich erweiternden Distanz zur jüngeren Generation der Romantik – lehrhaft wird.

Auf keiner Stufe dieses ‹œuvres› gilt das Ein-für-allemal. Denn mag es Goethe im Alter sonst wohl gelungen sein, alles bedrohlich Unmittelbare mit diplomatischem Geschick sich vom Leibe zu halten, die Leidenschaften haben der Diplomatie widerstanden. Wie skeptisch, ja eindeutig ablehnend der Staatsminister (in diesem Amt ab 1815) auch die politischen Emanzipationsbestrebungen seiner Klassengenossen in den Jahren der Befreiungskriege beurteilte, zum Absolutismus der Empfindungen, jener unzweifelhaft bürgerlichen Revolution in Permanenz, hat er sich auch spät noch bekannt, bekennen müssen. Darin bleibt dieses Werk den Geistern verfallen, die es gegen die kunstvoll antikisierend ausgebaute Bildungskultur der alten Gesellschaft zu Hilfe gerufen hatte. Das Natur-Pathos von Goethes Jugend, der ungebundene Ausdruck des Eros, im *Divan* nur in «Selige Sehnsucht» und in «Wiederfinden» vernehmbar, überwindet im Spätwerk nochmals die ein Leben lang gemauerte Brustwehr. In der *Marienbader Elegie* (1823), eingelassen in eine Gedicht-Trilogie, deren Mittelteil sie ist, triumphiert im Kampf mit der Weisheit die Leidenschaft. Die unerfüllte Liebe zu Ulrike von Levetzow, der er in Marienbad begegnet war (erstmals 1821), erneuert den Schmerz von Werthers Leiden, dessen «Schatten» das einleitende Gedicht aufruft. Doch ist der Ausdruck der Jugend nicht einfach wiederholbar. Hier muß er sich durchsetzen gegen die Sprache des Alters, in der Lakonie und gelassenes Tempo, ‹nonchalance› und lebensphilosophische Tröstungen die Ökonomie des Stils regulieren. Einzig wohl hier löst sich Goethes Poesie von der Ästhetik des gedehnten oder kondensierten Augenblicks zugunsten eines lyrischen Dramas, in dem der Ausdruck heftiger Erschütterung aus dem poetisch vollzogenen Gegensatz zur Sprache der Lebensweisheit gewonnen ist.

Leidenschaft, ja Erschütterung überhaupt, Liebe und Leichtsinn, Neugier und Mutwillen sind in Goethes letztem epischen Werk *Wilhelm Meisters Wanderjahre oder die Entsagenden* (letzte Fassung 1829) nur noch in eigens eingerichteten Reservaten zugelassen, den eingefügten Novellen, von denen zumal *Der Mann von funfzig Jahren* an die *Marienbader Elegie* denken läßt. Eine eigentliche Bedrohung der bürgerlichen Ordnung geht hier von den Leidenschaften nicht mehr aus. Der Schauplatz der Handlungen und Reflexionen dieses Konglomerats von Dialogen, Abhandlungen und Aphorismen bestimmt ein Handlungswillen, der gänzlich von einer aufs Praktische gerichteten Vernunft geleitet ist. Die politisch-soziale Utopie der *Wanderjahre* ist die Disziplinierung der schweifenden Phantasie und Unmittelbarkeit durch nützliche Arbeit und soziale Pflichterfüllung. Karl Schlechta hat diese zum Optimismus entschlossene Leistungsgesinnung, die bürgerliche Erwerbsmoral des 19. Jahrhunderts, im Sinne der neuen Gesellschaft des Romans charakterisiert:

«Arbeit ist das einzig wirksame Mittel gegen jede Art von ‹Pathos›. Arbeit allein läßt vergessen, was wir eigentlich sind; Arbeit allein entzieht uns dem dunklen und unbestimmbaren Strom des Lebens und versetzt uns in eine Welt, die wir gemacht, in der wir uns gemacht haben, die also ganz die unsere ist. An Anfang und Ende allerdings darf man nicht denken; aber wer absolut tätig ist, denkt ja auch nur, was der Tag fordert – und so ist der Zirkel geschlossen.»

Die professionelle Differenzierung der Tätigkeiten sowie ihre optimale Nutzung und Verwertung, dahin zielen sämtlich Odoardos Reformpläne. Die Ideen der Gesellschaft vom Turm der *Lehrjahre* sind in den *Wanderjahren* nicht länger nur Vorstellungen einzelner oder esoterischer Sozietäten; sie sind nun normativer Maßstab der Gesellschaft, an dem alles Einzelne: Personen, Institutionen, Verhältnisse, Verhaltensweisen sich bewähren muß. Die Verbindung zu den *Lehrjahren* ist insofern locker. Ging es dort um den Menschen, so geht es hier um die Menschheit; war dort das einzelne Individuum plastisch differenziert zum Charakter gebildet, so erscheint hier erst das Ganze in solcher Plastizität. So ist die Ausdruckslosigkeit der Personen nicht einer Schwäche ihres poetischen Erfinders, sondern dessen Vorstellung des Verhältnisses von Individuum und Gesellschaft geschuldet.

Am gesellschaftlichen Ganzen hat der einzelne nur teil, wenn er allgemein nützlich handelt. Vom Bildungsideal Wilhelms in den *Lehrjahren* ist nicht mehr die Rede. Als solle er für seine Theater-Abenteuer büßen, muß er hier Bewährung als Wundarzt suchen. Daß er als Romanheld überhaupt noch auftreten darf, liegt nunmehr im Bedürfnis des Autors nach einem ‹roten Faden› begründet. Die Wanderschaft ist nötig, um die Bewegung des Romans durch Kunst, Religion und Industrie bewerkstelligen zu können; doch geht die Plastizität der Charaktere über auf die Differenzierung der gesellschaftlichen Funktionen.

Darauf bezieht sich «Entsagung» im Doppeltitel des Romans. Denn außer Makarie, der einzig Ruhenden und Vertrauten des Dichters, entsagen hier alle, willig oder genötigt, aus Vernunft oder Gehorsam, dem persönlichen Eigenleben zugunsten gesellschaftlicher Zwecke.

Zu den ästhetischen Prinzipien des Goetheschen Alterswerks gehört die dem Einzelwerk selbst noch eingeschriebene Bedingung seiner Möglichkeit: anzudeuten, wovon geschwiegen werden mußte, damit das Ganze einer Form immer wieder noch einmal gelingen konnte. So ist auch in den *Wanderjahren* das Entsagungsthema nicht so vorbehaltlos freudig, so hemdsärmelig optimistisch durchgeführt, wie Generationen von Interpreten des Werks es ihm anlobten, die in ihm den Sieg des vernünftigen und sittlichen Allgemeinen über das querköpfig Individuelle feierten. Je weiter Goethe Entsagung als Lebenshaltung von der Philosophie Spinozas fort, je näher er sie an die zeitgenössische Gesellschaft bringt, desto problematischer ist ihm selbst ihre Anwendung geworden. Das Milieu der *Wanderjahre* – noch nie zuvor hatte Goethe den äußerlich-materiellen Verhältnissen solche Aufmerksamkeit gewidmet – ist das bürgerlich-kapitalistische des 19. Jahrhunderts.

Gleich am Eingang der *Wanderjahre*, im Trennungsbrief Wilhelms an Natalie, ist schon zur Sprache gebracht, was der Roman verschweigen wird:

«Laß mich mein letztes Ach zu dir hinübersenden! Laß meinen letzten Blick zu dir sich noch mit einer unwillkürlichen Träne füllen! Ich bin entschieden und entschlossen. Du sollst keine Klagen mehr von mir hören; du sollst nur hören, was dem Wanderer begegnet. Und doch kreuzen sich, indem ich schließen will, nochmals tausend Gedanken, Wünsche, Hoffnungen und Vorsätze.»

Doch nicht von ihnen ist im folgenden noch die Rede. Über den Wanderer ist ein Verbot zu klagen, ein Gebot zu schweigen verhängt. Das Leiden, der Preis für den Fortschritt von Arkadien nach Amerika, wohin am Schluß die Reise geht, darf nicht ausgesprochen werden. Hoffnung und Furcht, Liebe und Tod, Anfang und Ende sind aus den Wanderjahren ferngerückt, da anderenfalls die neue Gesellschaft nicht so funktionieren würde, wie sie soll. Doch wie die Klagen Wilhelms als unterdrückte, wie die Leidenschaften – in den Novellen und im Märchen von der *Neuen Melusine* an der Peripherie domestiziert – noch in ihrem Widerschein vernehmbar sind, so auch zum Schluß die Zeichen des Todes. «Eine Art Totenruhe» folgt dem Aufbruch nach Amerika, Todesstimmung prägt das Schlußgedicht, und den Auswanderern folgt – als die Schneiderin Philine mit der Schere verkleidet – eine Parze, «die Ernte für Sichel und Sense» erwartend. In der Tat:

«Exoterisch bestätigen Goethes Romane die jeweils zeitgenössischen Ideen: Freiheit, Bildung, Sittlichkeit, Fortschritt; esoterisch enthüllen sie, wie im Komplex der Zeit diesen zur Ideologie entstellten Ideen die Negation innewohnt: Illusion, Entleerung, Naturverfallenheit, Tod. Der Aufstieg der bürgerlichen Gesellschaft, der mit Goethes Lebenszeit zusammenfällt, verhinderte norwendigerweise das Verständnis für dessen ironische Skepsis gegenüber diesem Aufstieg.»[2]

Die mächtigsten Strömungen seiner Zeit: industrielle Revolution, bürgerlich-kapitalistische Vergesellschaftung, die geographische Expansion – in seinen letzten Lebensjahren immer wieder Gegenstand von Briefen und Gesprächen – hat Goethe, seinem Selbstverständnis nach, nicht als Prophet und Apologet begleitet, sondern als ein distanzierter Beobachter. Wie fragwürdig ihm die Möglichkeiten der Kunst auch inzwischen erschienen sein mögen, so hat er doch noch 1830 – nach einem Jahrzehnt intensivierter Lektüre ausländischer Autoren (darunter Byron, Scott und Carlyle, Victor Hugo und Manzoni) – programmatisch eine «Weltliteratur» gefordert als Gegengewicht zur Entfremdung und Trivialisierung der Lebensverhältnisse:

«Die weite Welt, so ausgedehnt sie auch sei, ist immer nur ein erweitertes Vaterland und wird, genau besehen, uns nicht mehr geben, als was der einheimische Boden auch verlieh; was der Menge zusagt, wird sich grenzenlos ausbreiten und, wie wir jetzt schon sehen, sich in allen Zonen und Gegenden empfehlen; dies wird aber dem Ernsten und eigentlich Tüchtigen weniger gelingen; diejenigen aber, die sich dem Höheren und dem höher Fruchtbaren gewidmet haben, werden sich geschwinder und näher kennenlernen. Durchaus gibt es überall in der Welt solche Männer, denen es um das Gegründete und von da aus um den wahren Fortschritt der Menschheit zu tun ist. Aber der Weg, den sie einschlagen, der Schritt, den sie halten, ist nicht eines jeden Sache; die eigentlichen Lebemenschen wollen geschwinder gefördert sein, und deshalb lehnen sie ab und verhindern die Fördernis dessen, was sie selbst fördern könnte. Die Ernsten müssen deshalb eine stille, fast gedrückte Kirche bilden, da es vergebens wäre, der breiten Tagesflut sich entgegenzusetzen; standhaft aber muß man seine Stellung zu behaupten suchen, bis die Strömung vorübergegangen ist.»

Goethes Konzept einer «stillen Kirche» von Weltliteratur ist an bestimmte ästhetische Normen nicht mehr gebunden. Auch daran ist die relative Geschlossenheit des Alterswerks nach Schillers Tod ersichtlich, daß in ihm Schönheit nicht länger als Ideal einer Lebensform gilt, allenfalls noch als ein erstrebenswertes Gut wie Helena für Faust.

Mit den *Wahlverwandtschaften* bereits überschreitet Goethe die Grenze
zur nicht mehr schönen Kunst. Schönheit, die harmonische Einheit von
Sinnlichem und Sittlichem, ist bloß noch die geschichtliche Figur einer
temporären Balance. Das Leben schreitet weiter fort, ohne daß Schönheit
mehr das höchste Kriterium ist, an dem sein Wert zu messen wäre. Soll
Kunst ein Maß dieses Lebens bleiben, so bedarf sie anderer Formen. Immer nachdrücklicher muß sie konstruieren, wird sie philosophischer.

Faust II, von Goethe nach dem Abschluß des Manuskripts 1831 versie-
gelt, weil er den Zeitgenossen eine angemessene Aufnahme nicht zu-
traute, ist in diesem Sinne das modernste Werk des Dichters. Dem eigenen Urteil nach hatte er hier eine Form gefunden, die «Aristoteles und
andere Prosaisten einer Art von Wahnsinn zuschreiben würden». Denn
zwar ist die Prosa der Geschichte des bürgerlichen Subjekts von seiner
mittelalterlichen Präfiguration im Geiste der Hexenmeister bis zur imperialen Durchsetzung seiner ökonomischen und gesellschaftlichen Ansprüche im 19. Jahrhundert das Thema des Werks. Seine Durchführung
aber konnte «prosaisch», konnte linear und folgegerecht nicht mehr gelingen. Sie ist allegorisch in einer der älteren literarischen Tradition
fremden Weise. Die Bedeutungen sind aus ihm selbst nicht zitierbar, wie
stark immer sein Sentenzenreichtum dazu verleiten, wie nahe auch in
der Wirkungsgeschichte die Verwechslung des Helden mit dem Autor
und der Bedeutung des Werks insgesamt gelegen haben mag.

Wie bereits in den *Wanderjahren* hat sich auch hier das Interesse Goethes vom Helden weg auf einen geschichtlichen und sozialen Prozeß verlagert, der sich an Faust ausprägt, ohne seiner als eines einmaligen charakteristischen Menschen mehr zu bedürfen. Zahlreich sind darum seine
Verkörperungen, wechselnd von Akt zu Akt – sogar als Plutus tritt er
auf. Wie der Mensch als Individuum sich allseitig zu bilden vermöchte,
das Problem Goethes in der ‹klassischen› Phase seines Werks, ist ver-
blaßt, ja einer Desillusionierung über das Schicksal des Individuums in
der bürgerlichen Gesellschaft zum Opfer gefallen. Gundolf bereits hatte
diesen Verzicht richtig gesehen, wenn er schrieb: «Faust endet (. . .) als
Spezialist, wie Wilhelm Meister, nur mit höherer Haltung und Stellung,
und er war angelegt als Allumfasser, wie seine Brüder Mahomet und
Prometheus.»

In der Tat macht dies den Unterschied des *Faust II* zu den früheren Dra-
matisierungen des Stoffs durch Goethe aus, daß hier eine Welt gestaltet
werden mußte, in der der selbstherrliche Held der klassischen Dramatik
ausgespielt hat. Der Kosmos dieses Spiels ist nicht aus der Seele des Helden geboren; er ist die allegorische Komposition eines historischen Vorgangs, in dessen Verlauf die Einführung des Papiergelds und die Erfindung der Dampfmaschine größeres Gewicht haben als eine Dissonanz in
der Seele des Helden (*Urfaust*) oder ein dramatischer Zwiespalt zwi-

schen dessen Individualität und dem Fortschritt des menschlichen Gat-
tungswesens (*Faust I*). Zwar hatte Goethe seinen Faust früh schon zwei-
teilig konzipiert, und die beiden letzten Akte des zweiten Teils knüpfen
denn auch an das Drama des Helden und dessen Teufelswette wieder
an; doch liegen beiden Teilen verschiedene Auffassungen über das Verhältnis des Einzelmenschen zur Welt zugrunde. Eckermann gegenüber
hat Goethe den Unterschied im Sinn von subjektiver und objektiver
Perspektive bezeichnet:

«Der Erste Teil ist fast ganz subjektiv; es ist alles aus einem befangenen, leiden-
schaftlichen Individuum hervorgegangen, welches Halbdunkel den Menschen auch
so wohltun mag. Im Zweiten Teil aber ist fast gar nichts Subjektives, es erscheint hier
eine höhere, breitere, hellere, leidenschaftslosere Welt, und wer sich nicht etwas
umgetan und einiges erlebt hat, wird nichts damit anzufangen wissen.»

In Wahrheit haben die beiden Teile nicht bloß jeweils andere Flucht-
punkte, sondern auch unterschiedliche Vorstellungen über die Verein-
barkeit von bürgerlicher Gesellschaft und Menschheitsfortschritt. In den
letzten Lebensjahren hatte sich in Goethe die schon in den *Wanderjahren* gestaltete Überzeugung gefestigt, daß die Leidenschaften und Ideale
des einzelnen Menschen in der bürgerlich-kapitalistischen Welt peripher
sind, sofern sie nicht im Einklang mit den Interessen derer stehen, die
hier ihre Herrschaft durchsetzen. Faust ist einer der ihren in seinem
Streben nach Macht und Eigentum. Insofern decken sich seine Absichten mit der Entwicklungsrichtung der Gesellschaft von der stagnieren-
den, innerlich zerrütteten Feudalgesellschaft, wie sie am Hofe des Kaisers erscheint, zur bürgerlichen Gesellschaft von Handelskapitalisten
und Kolonisatoren.

Der prominenteste Konflikt der bürgerlichen Literaturgeschichte, derjenige zwischen Individuum und Gesellschaft, ist im *Faust II* nicht formbil-
dend, weil für den alten Goethe die einzelnen Individuen nichts anderes
wollen können, als was mit ihnen geschieht; denn sie profitieren vom
Fortschritt. Das Bewußtsein des Helden ist nicht über die Gesellschaft
hinaus, eher schon, daß es hinter ihr zurückbleibt. Während Faust noch,
gleichsam verträumt, der bürgerlichen Ideologie des gewaltlosen
Tauschs nachhängt, als er das alte Paar Philemon und Baucis von seinem
Besitz vertreiben läßt, weil deren Linden ihm die Aussicht auf seinen
Besitz versperren, ist hinter seinem Rücken schon geschehen, was er
wollen muß – mag er den gewalttätigen Raub auch im nachhinein verflu-
chen. Kurz zuvor hatte er «mit ernster Stirn, mit düstrem Blick» die
Beute quittiert, die Mephistopheles ihm durch Piraterie herbeischafft.
«Das freie Meer befreit den Geist, / Wer weiß da, was Besinnen heißt»,
ironisiert der Teufel das Verhältnis von bürgerlicher Praxis und Ideologie und:

Man hat Gewalt, so hat man Recht.
Man fragt ums *Was* und nicht ums *Wie*.
Ich müßte keine Schiffahrt kennen:
Krieg, Handel und Piraterie,
Dreieinig sind sie, nicht zu trennen.

Faust und Mephistopheles agieren mit verteilten Rollen für dieselbe Sache. Die moralisierende Pose Fausts, wie unbefangen dieser sie spielen mag, gehört objektiv zum Geschäft der Kapitalisten ebenso wie die Sanktionierung von Gewaltverhältnissen als solchen des Rechts, wie es der Teufel zynisch ausplaudert.

Täte dieser es nicht, und nicht immer plaudert er, läßt das Spiel doch den Sachverhalt erkennen, ohne daß er ausgesprochen würde. In Fausts Bewußtsein kommen sein ideelles Wollen und sein Handeln im Prinzip überein, allenfalls daß er sich von den Praktiken des Teufels distanziert; doch wo es drauf ankommt, im nachhinein:

«(. . .) Menschheitsperspektive und bürgerlich-kapitalistische Ökonomie sind in Fausts Bewußtsein identisch, nicht jedoch für Goethe. Ihm bedeutet Fausts Praxis der Meeresküsten-Kolonisation und der Handelsschiffahrt im 5. Akt keineswegs den Gipfel historischen Fortschritts; so widersprüchlich wie zuvor die Antike erscheint nun die Moderne.»[3]

Insofern liegt es in der Konsequenz dieser «sehr ernsten Scherze», wie Goethe seinen *Faust II* gelegentlich genannt hat, daß dessen Held dem Fortschritt zum Opfer fällt, dem er sich selbst verschrieben hatte: Die er in seiner Todesstunde, erblindet, zur Arbeit anspornt, sind die Lemuren, die ihm das Grab schaufeln. Fausts Welt ist zwar sein Eigentum geworden, aber er hat sie, ohne sie zu besitzen; hat sie als Bourgeois, um sie auszubeuten, nicht aber als Mensch. So resultiert die christliche Apotheose, mit der Mephistopheles um seine Beute betrogen wird, nicht aus der Logik dieser historischen Allegorese; vielmehr erweist in ihr der Dichter einem Helden die letzte Barmherzigkeit, dessen Borniertheit er durchschaut, ohne sie beheben zu können.

Der opernhafte Schluß fingiert dramatische Geschlossenheit für ein Werk, dessen Form einer allegorischen Revue gerade aus der Verabschiedung des geschlossenen Heldendramas hervorgegangen war. Zu Recht hat darum die neuere Aufführungs- und Forschungsrichtung größere Aufmerksamkeit auf jene Bedeutungen gerichtet, die aus dem komplexen allegorischen Bedeutungsgefüge resultieren, in das Ereignisse, Personen und Funktionen des *Faust II* eingelassen sind. Daß die Wahrheit über die bürgerliche Gesellschaft nicht mehr durch deren repräsentative Charaktere zur Sprache kommt, daß sie statt dessen ‹in die Funktionale gerutscht› ist – Brechts Einsicht für den Dreigroschenroman –, bestimmt bereits das letzte Werk Goethes.

Albrecht Betz
Portrait Heines

In einem der späten Aphorismen hat Heine den Übergang zur bürgerlichen Moderne – und seine Rückwirkungen auf die Kunst – wie in einem Brennspiegel konzentriert.

«Die höchste Blüte des deutschen Geistes: Philosophie und Lied – Die Zeit ist vorbei, es gehörte dazu die idyllische Ruhe, Deutschland ist fortgerissen in die Bewegung – der Gedanke ist nicht mehr uneigennützig, in seine abstrakte Welt stürzt die rohe Tatsache – der Dampfwagen der Eisenbahn gibt uns eine zittrige Gemütserschütterung, wobei kein Lied aufgehen kann, der Kohlendampf verscheucht die Sangesvögel und der Gasbeleuchtungsgestank verdirbt die duftige Mondnacht.»

Romantische Innerlichkeit, konstatiert Heine in der Mitte des 19. Jahrhunderts, ist unmöglich geworden; industrielle Entwicklung und Mechanisierung des Alltags erzwingen eine neue Wahrnehmung von Welt. Spekulatives Denken, nur sich selbst verpflichtet, habe seine ‹raison d'être› verloren angesichts pragmatischer, offen miteinander konkurrierender Interessen. Heines ‹neue Subjektivität›, wie sie in das *Buch der Lieder* einging, ist bereits Gegenstand historischer Rückschau; prosaische Phänomene – der Umwälzung durch industrielle Warenproduktion verdankt – prägen die Gegenwart. Heine schreibt von Paris aus antizipierend für Deutschland. Die Nervosität der Metropole dringt längst bis in den Rhythmus der Sätze ein. Die Eisenbahn, die das natürliche Verhältnis zu Raum und Zeit ‹tötet›, die Gasbeleuchtung, die die natürliche Begrenzung des Tages (auch des Arbeitstages) aufhebt – sie zerstören die Aura individueller ‹Stimmung› und mit der Natur scheinbar verwachsener Empfindungen, erlauben ihnen allenfalls ein zitiertes Überleben unter dem Vorbehalt des ‹Als ob›.

«Les dieux s'en vont»: Mit diesen Worten hatte Heine kurz nach der Julirevolution von 1830 das Verschwinden von Hegel und Goethe kommentiert. Hegels dialektisches Denken, Goethes pantheistische Gedich-

te waren für ihn – trotz seiner Kritik am politischen Verhalten der beiden Großen – die «höchste Blüte» der klassisch-romantischen Epoche,
für die er den Namen *Kunstperiode* fand. Diese Namensgebung ist der
Akt gespaltener Bewunderung. Sie meint zum einen die – grundsätzlich
nicht mehr erreichbare – Vollkommenheit der künstlerischen und philosophischen Produktionen jener Zeit, in der die ästhetische Sphäre sich
weit erhob über die kleinkarierte politische der Miniaturfürstentümer;
sie läßt zum anderen durchblicken, daß eine solche Periode nicht länger
wünschenswert ist – sowenig wie der deutsche Splitterfeudalismus. Als
«idyllische Ruhe» hatte Heine früher den verschlafenen Provinzialismus
und die verstockte Autoritätsfrömmigkeit seiner Landsleute karikiert;
der Aufenthalt in Paris machte ihn gleichwohl empfindlich auch für die
Kehrseite: Gerade die verspätete Trennung von Staat und Gesellschaft
in Deutschland hatte – im Windschatten der westeuropäischen Entwicklung – erlaubt, jene Ideale des Individuums und der Kulturgemeinschaft
zu entwerfen, an deren utopischem Anspruch jetzt die krasse Fehlent-
wicklung des frühen Kapitalismus zu messen war. Diese äußerst diver-
genten Erfahrungen Heines und ihre aktuelle Verarbeitung in historischer Perspektive ließen ihn von sich als «providentiellem Individuum»
sprechen, im Schnittpunkt der Linien.
Wie sprachen die anderen von ihm?
Der bunte Fächer der auf Heine geprägten Formeln reicht vom «pitto-
resken und sentimentalen Voltaire» und vom «entlaufenen Romantiker»
bis zum «ersten revolutionären Demokraten der deutschen Literatur»[1].
Je nach Standort ist die Rede vom Poeten des Weltschmerzes und seiner
spöttischen Melancholie, von dem Liebling der Salons – oder aber dem
Verbündeten von Marx in der Befreiung des Proletariats. Der ‹freche
Judenjunge› war er für die Preußen, die er haßte, und in der Welt der
‹nach Goethe berühmteste deutsche Dichter›. Wer die seit 150 Jahren
umlaufenden Klischees durchmustert, wird zugeben: ein weites Feld.
Als «Mensch der Widersprüche (grausam und zärtlich, naiv und perfide,
skeptisch und gläubig, leidenschaftlich und eiskalt)» sah ihn Gérard de
Nerval, dessen Übersetzung von Heines *Lyrischem Intermezzo* mitten
im Revolutionsjahr 1848 in einer Zeitschrift der Pariser eleganten Welt
erschien. Während Psychoanalytikern heute sein Werk als Idealfall einer produktiv gemachten narzißtischen Neurose erscheinen mag, konnte
die Arbeiterbewegung in seinen *Zeitgedichten* einige der aggressivsten
satirischen Texte finden und in ihren Kanon aufnehmen.
Heines Neigung zu Selbstinszenierung und Rollenspiel – beide hat er literarisch verarbeitet – schienen weniger den französischen als seinen
deutschen Kritikern bedenklich; rasch waren sie mit dem Vorwurf der
Charakterlosigkeit bei der Hand. Solid verankert in provinziellen Wert-
rastern, blieben viele der Manifestationen des ersten deutschen ‹Groß-

stadtdichters› außerhalb ihres Urteilsvermögens. Gewiß lieferte er ihnen ausreichend Stoff, an dem sie sich reiben konnten. Einer noch weitgehend religiös geprägten, moralisierenden Haltung mußte bereits die Tatsache ein Greuel sein, daß ein ‹Wortführer der Gegenwart› die Konfessionen ‹wie sein Hemd› wechselte: Jüdisch geboren, protestantisch getauft, katholisch verheiratet, ohne Konfession gestorben – derlei mußte als Labilität erscheinen, während Heine die kirchliche Form positiver Bekenntnisse als für einen schöpferischen Menschen entbehrlich erachtete.

Seinen Kritikern entging Heines zeitlebens starkes Interesse an religiösen Fragen und seine großen Kenntnisse im Bereich der Theologie, die er freilich eher als ein Konzentrat des Überbaus und Reflex der Humangeschichte sah; auch die Verwandlung seiner Kritik der Religion in die Kritik der bürgerlichen Gesellschaft, mit der er die geistige Gesamtbewegung der Epoche vorwegnahm, wurde nur von wenigen begriffen. Übrigens ließ ihn seine überwache Sensibilität nicht nur den veränderten Stellenwert der Religion im Kapitalismus wahrnehmen, sondern bereits die Mobilisierbarkeit religiöser Impulse zu ganz religionsfernen Zwecken.

Heines Überlegenheit im Vergleich mit den Autoren seiner Generation wurzelt – sieht man vom künstlerischen Temperament ab – in seiner vielseitigen Bildung, vor allem der Vertrautheit mit der deutschen und jüdischen geistigen Tradition, sowie der europäischen Weite seines politischen Horizonts. Die fruchtbare Koinzidenz von Begabung, Ausbildung und revolutionärer Zeit hätte in Deutschland dauerhaft kaum zum Tragen kommen können; Heine wußte, warum er in die «Hauptstadt des 19. Jahrhunderts» ging und dort blieb. Die restaurativen Wellen des deutschen Vormärz hätten auch ihn beschädigt, wäre er nicht nach Frankreich emigriert. Eine anhaltend depressive Atmosphäre hätte sein Talent verkümmern lassen; dem direkten bürokratischen Zugriff sich auszusetzen, fehlte es ihm an Robustheit. Gründe der Herkunft kamen hinzu.

Als Sohn eines Kaufmanns 1797 in Düsseldorf geboren, wird Heine Schüler des dortigen Jesuitengymnasiums. Man unterrichtet im Geist der Aufklärung, der die Schulen erreicht hat, während in der zeitgenössischen Literatur bereits die Romantik den Ton angibt. (Elemente beider Strömungen gehen später in seinem Werk auf.) Das Großherzogtum Berg steht damals unter napoleonischer Verwaltung; für Heines Familie bedeutet das bürgerliche Gleichstellung der Juden. Seine frühe Napoleonverehrung gilt dem Repräsentanten der Revolution, der den Code civil, das bürgerliche Gesetzbuch, durchgesetzt hat. Für die junge bürgerliche Generation ist Napoleon Idol auch aus anderem Grund: Er

steht für die Möglichkeit individuellen Aufstiegs dank eigener Begabung
und Energie – ohne Geburtstitel.

Nach fehlgeschlagener kaufmännischer Ausbildung und Tätigkeit wird
Heine von seinem Onkel Salomon, einem reichen Hamburger Bankier,
das Jurastudium verordnet. Er absolviert es mißmutig und nebenbei
schreibend. De facto hört er wohl mehr Vorlesungen über Literatur und
Philosophie, erst in Bonn bei August Wilhelm Schlegel, dann, über Göttingen nach Berlin wechselnd, bei Hegel. Für die Göttinger Promotion
zum Dr. jur. ist die Taufe Voraussetzung – als «Entréebillet zur europäischen Kultur». Heine unterzieht sich beidem 1825. Bis dahin sind neben
zwei mißglückten Jugenddramen vor allem Gedichte entstanden, außerdem kleinere journalistische Arbeiten.

Nun rückt die Prosa für ihn ins Zentrum. Er verarbeitet seine Reisen in
den Harz, nach Norderney, London und Italien in den *Reisebildern* mit
zunehmender zeitkritischer Schärfe in den späten zwanziger Jahren.
Sein wachsendes Image als politischer Publizist wird freilich überlagert
vom Ruhm des Dichters des *Buchs der Lieder*, das 1827 erschienen ist.

Als Heine sich im Mai 1831 in Paris niederläßt – zunächst als Korrespon-
dent für Cottas *Morgenblatt* und die Augsburger *Allgemeine Zeitung* –,
stehen dort die fortschrittlichsten Intellektuellen unter dem Einfluß der
Saint-Simonisten. Heine nimmt sofort Verbindung mit ihnen auf. Ihre
Ideen hatten ihn bereits im kosmopolitischen Salon der Rahel Varnhagen in Berlin fasziniert. Die Julirevolution von 1830 schien die Hoffnung
dieser frühen Sozialisten zu erfüllen: eine umfassende gesellschaftliche
Umwälzung, die zugleich die «citoyen»-Ideale von 1789 weitertrieb. Ihre
wichtigsten Parolen ‹Gegen die Ausbeutung des Menschen durch den
Menschen›, ‹Jedem nach seinen Fähigkeiten›, ‹Emanzipation des Fleisches› zielten auf die Verbindung von ökonomischer und erotischer Befreiung. Heine findet eigene Konzeptionen bestätigt in dieser Umfunktionierung christlicher Nächstenliebe. An der Forderung, die neuen
technischen Möglichkeiten der Mehrheit zugute kommen zu lassen, hält
er unbeirrt fest, auch nachdem die saint-simonistische Schule, als sub-
versiv verdächtigt, der Repression durch die Juli-Monarchie zum Opfer
gefallen ist.

In den folgenden 25 Jahren, in denen Heines Aufenthalt in Paris zum
Dauerexil wird, entsteht der größte Teil seines Werks: Gedichte, Versepen, große kritische Essays, Zeitungsberichte, Aufsätze und Pamphlete. Dem einen Jahrzehnt literarischer Produktion in Deutschland (1821
bis 1831) steht ein Vierteljahrhundert in Frankreich gegenüber (1831
bis 1856). Bewußt arbeitet er hier für beide literarischen Märkte. Der
Rhythmus der politischen ‹Bewegung› forciert oder bremst die aufklärerischen Vorstöße, die er mit seinen Texten unternimmt. Die ‹radika-

len› Phasen zu Beginn der dreißiger und dann der vierziger Jahre (in denen er mit Marx und Lassalle in Kontakt tritt) wechseln mit eher gemäßigten. Nach den Maßnahmen gegen das Junge Deutschland (1835) entstehen Novellen wie die *Florentinischen Nächte* und Theaterberichte. Nach der von ihm mit großer Skepsis beurteilten Revolution von 1848 schreibt er überwiegend Gedichte; den *Romanzero* (1851) hält er für «die dritte Säule seines lyrischen Ruhms». Während der achtjährigen Existenz in der ‹Matratzengruft›, halbblind, die unerträglichen Schmerzen des Rückenmarkleidens durch Morphiumspritzen kaum gelindert, schreibt, genauer: diktiert Heine gleichwohl mit eher gesteigertem Bewußtsein. Autoren pilgern zu ihm als einer europäischen Zelebrität. Er selbst sieht die Welt, makaber-pittoresk, aus einem ‹Sarg mit Fenster›.

Der späte Heine hat von sich rückblickend – und mit Anspielung auf sein oft isoliertes, aber durchgehaltenes Engagement – als einem «Enfant perdu in allen Freiheitskriegen» gesprochen. Als sein Hauptverdienst im «Befreiungskampf der Menschheit» wertete er, die *soziale Frage* – welche hinter jeder politischen steckt – frühzeitig erkannt und eine *Schreibart* entwickelt zu haben, die die gesellschaftlichen Antagonismen für ein breites Publikum durchschaubar machen konnte.
Bereits in seinen frühen Arbeiten schlägt sich seine Protesthaltung nieder. Es ist die eines ‹outsiders›. Seine Sicht der zeitgenössischen Realität ist bestimmt vom eigenen Interesse an der Emanzipation der Juden, einer aufgrund von Vorurteilen sozial unterdrückten Gruppe. Aus der ursprünglichen Gegenwehr wächst die offensive Stellungnahme. Die Presse, äußert er bereits 1822, «ist eine Waffe, und es gibt zwei Juden, welche deutschen Stil haben. Der eine bin ich, der andere Börne».
Die psychologische Analyse der Gemüts-«Zerrissenheit» im *Buch der Lieder* lotet ebenfalls schon nach den gesellschaftlichen Umständen, derentwegen die unglückliche Liebe überwiegt. Insofern bietet das lyrische Aussprechen der eigenen Subjektivität seinen Lesern mehr als nur Anknüpfungsmöglichkeiten über die Sentimentalität im Sinne der ‹schönen Seele›, die sich auf Reservate zurückziehen will. Zudem erweitert Heine die spätromantische Tonalität durch überlegten Einsatz der Dissonanz. Ihre Formen sind vielfältig: Asymmetrie der Sprachmelodik und des Rhythmus, Einblendung von Fremdwörtern, Zerstörung der poetischen Fiktion durch Pointen von sarkastischer Ironie.
Der Aufnahme solcher ‹prosaischer› Partikel in seine Gedichte korrespondiert der Einsatz lyrischer Elemente – gebundene Rede, ‹Klangfiguren›, Metaphern – in seinen Prosatexten. Die zunehmende wechselseitige Durchdringung verschiedener Sprachbereiche und -ebenen bedeutet eine enorme Bereicherung und Zugewinn an Variabilität des Deut-

schen, erlaubt das virtuose und rhetorische Handhaben der Sprache
(was Nietzsche begrüßte und Karl Kraus verwarf).

Sich mit seiner neugeschliffenen Sprache auf Gesellschafts- und Be-
wußtseinskrisen einzulassen, heißt für Heine nicht, aus einem idealistischen ‹faible› heraus Erkenntniskonflikte lösen zu wollen; vielmehr
sucht er die Folgenlosigkeit der für eine Bildungselite schreibenden Autoren der Kunstperiode zu überwinden. Er will, vor allem durch die
Kontrastierung mit den französischen Zuständen, die Veränderbarkeit
der deutschen als dringend notwendig und möglich zeigen.

Daß der sich kapitalisierende Kulturmarkt der schönen Literatur journalistische Tendenzen aufzwingt, kommt Heines Voraussetzungen
durchaus entgegen. Seine Prosatexte sind zumeist Reihungen dicht in
sich gearbeiteter kleiner Einheiten, deren Zusammenhalt übergreifende
Ideen gewährleisten, die aber durchaus als Ausschnitte oder Folgen publiziert werden können. Heine hat viel bei Voltaire gelernt, auch, wie
die Prosa durch ein geschicktes Geflecht von Parabeln, Anspielungen,
Witz und Digression der Zensur eine möglichst geringe Angriffsfläche
bietet. Daß sein Kampf zum Teil dem der französischen Enzyklopädi-
sten vor 1789 ähnelt, macht die Ungleichzeitigkeit in der Entwicklung
beider Länder deutlich.

Diesen Anachronismus in all seinen widerspruchsvollen Erscheinungsformen bloßzustellen, ist für Heine die Voraussetzung dafür, die bürgerliche Emanzipation in Deutschland voranzutreiben. Pressefreiheit und
Konstitution sind die proklamierten Ziele. Daher gilt in den *Reisebildern*
der Hauptangriff noch «dem verbündeten Feudalismus und Klerikalismus» samt der «Mißgeburt» der Staatsreligion, während er von Frankreich aus bereits warnt vor den in Deutschland kaum erst sichtbaren De-
formationen der modernen Geldgesellschaft, in der die ‹aristocratie bour-
geoise› an die Stelle des Adels getreten ist. Gleichwohl machte Heine
auch im eigenen Land sehr früh seine Erfahrungen mit ihr, als Abhängi-
ger. Gerade seine beiden wichtigsten finanziellen Bezugspersonen, beide
in Hamburg, repräsentierten den neuen Typus: sein Bankier-Onkel, der
ihm gönnerhaft eine monatliche Unterstützung anwies, und sein Verleger, der ihm Tantiemen zahlte. Verständlich, daß Heine ‹allergisch rea-
gierte›, wenn es zu Differenzen kam; und es kam häufig dazu.

Heine zählt zu den ersten Autoren, die über den Funktionswandel der
Literatur unter neuen gesellschaftlichen Bedingungen reflektiert und
auch die sich verändernde Rezeption miteinbezogen haben. Zu Beginn
der dreißiger Jahre hat er die Erkenntnis vom Primat des wirklichen Lebens gegenüber der Kunst mehrfach programmatisch formuliert. Die
modernen Autoren, fordert er, sollen «nimmermehr die Politik trennen
von Wissenschaft, Kunst und Religion und (. . .) zu gleicher Zeit Künstler, Tribune und Apostel» sein. Die neue Religion ist der «Glaube an

den Fortschritt, ein Glaube, der aus dem Wissen entsprang». Es gilt, «die richtige Auffassung unserer Zeit und ihrer Bedürfnisse» zu verbreiten und durch «die Mittel der Industrie» einen gesellschaftlichen Zustand herbeizuführen, in dem «wenn wir alle arbeiten (. . .) nicht einer auf Kosten des andern leben will; und «in dem wir nicht nötig haben, die größere und ärmere Klasse an den Himmel zu verweisen». Heines Forderung, daß sich zwischen den Intellektuellen und der Politik wieder eine wirksame Beziehung herstelle, zugleich aber die Schriftsteller vom künstlerischen Anspruch ihrer Produktionen nicht absehen dürfen, thematisiert das Problem der Vermittlung von Ästhetischem und Politischem. Für ihn als Dichter der «Modernität» ist es das zentrale Problem. «Die neue Zeit wird auch eine neue Kunst gebären (. . .) und (. . .) sogar eine neue Technik» – gemeint ist die schriftstellerische.

Die Wende zur Realistik, zum demokratischen Engagement und zu öffentlich politischer Wirkung, der soziale Blick waren in Deutschland erst durchzusetzen, während sie sich in Frankreich eigentlich von selbst verstanden. Für vieles, was Heines deutschen Lesern damals unerhört neu und kühn erscheinen mußte, finden sich Spuren in der Pariser Tagespresse dieser Jahre – so für den Übergang von individueller in kollektive, abstraktere Macht, die er freilich als «Geschichtsschreiber der Gegenwart» perspektivisch formuliert: «Überhaupt scheint die Weltperiode vorbei zu sein, wo die Taten der Einzelnen hervorragen; die Völker, die Parteien, die Massen selber sind die Helden der neueren Zeit», notiert er 1832 im letzten Bericht seiner *Französischen Zustände*. Über die zweite große Folge seiner politischen Berichte für die *Allgemeine Zeitung* (1840 bis 1844), die er in der *Lutezia* zum Buch zusammenfügte, wird er seinem Verleger später schreiben, die Julimonarchie sei nicht die Epoche Louis-Philippes gewesen – «er (. . .) ist bloß Staffage» –, sondern «der Held meines Buches (. . .) ist die soziale Bewegung».

Für die Franzosen, die die Übersetzung lasen, mochte es reizvoll sein, ihr öffentliches Leben deutsch gespiegelt zu sehen. Ein größeres Interesse – und ein reales Nachholbedürfnis – bestand für sie an der Entwicklung der deutschen Literatur und Philosophie. Die beiden großen Darstellungen, die Heine ihnen gab und – absichtlich rivalisierend mit Madame de Staëls *De l'Allemagne* – als Buch mit dem gleichen Titel veröffentlichte, gelangen ihm in der Tat zu einer Sozialgeschichte der deutschen Kultur ‹avant la lettre›. *Die Romantische Schule* und *Zur Geschichte der Religion und Philosophie in Deutschland* schrieb er 1833 und 1834, letztere als Übersicht von Luther bis Hegel, in der er das Denken seit Kant als philosophische Revolution in Parallele setzte zu den politischen Revolutionen in Frankreich. Das «Schulgeheimnis der Hegelschen Philosophie ausplaudernd», wie er später sagte, wies er als erster auf die mögliche politische Dynamisierung der Dialektik hin.

Als – damals – utopisches Ziel seiner Vermittlerrolle hat Heine eine
Synthese aus deutschem Geist und französischer Politik vorgeschwebt.
Daß die beiden großen Kulturnationen Europas gegenseitig voneinander profitieren sollten, statt sich zu bekämpfen, hielt er für ein Gebot
der Zeit. Es spricht für ihn, daß er seine um ein Jahrhundert vorauseil-
lende Konzeption gegen politische Widrigkeiten aller Art verteidigte.

So gehört zur Dialektik seiner eigenen Lage, daß er Monarchisten wie
Republikaner kritisiert und dadurch bei den Pariser deutschen Emigranten in den Verdacht gerät, es mit dem ‹juste milieu› Louis-Philippes zu
halten. Dabei ist er gerade von ihm rasch desillusioniert; für das neue
System des ‹enrichissez-vous› ist er voll des ätzenden Spotts. Während
Heine die Royalisten – immer mit Durchblick auf den deutschen Feudal-
adel – als historisches Überbleibsel ridikülisiert, bezieht er zugleich Position gegen die französischen und deutschen Republikaner. Er sieht in
ihnen unzeitgemäße Spätjakobiner – die kleinbürgerlich-demokrati-
schen Epigonen der Robespierreschen Tugendrepublik. Das bringt ihn
unvermeidlich in Konflikt mit dem bereits kurz vor ihm nach Paris über-
siedelten Börne und seinen Anhängern. Als er 1840 in seiner Zeitbiogra-
phie *Ludwig Börne* dessen republikanische Position mit der eigenen
konfrontiert, zieht er sich die größten Schmähungen zu, gerade bei seinen Anhängern unter den deutschen Oppositionellen. Es ist ein Heine-
sches Paradox, daß sein brillantester Prosatext ihm am meisten scha-
dete.

Nicht viel besser ergeht es ihm kurz darauf mit seinem Versepos *Atta
Troll*, einer funkelnden Satire auf die erste Woge politischer Tendenzdichtung, deren ehrlicher Protest in plattester Reimerei verpufft. Erst
mit den *Zeitgedichten* und *Deutschland, ein Wintermärchen* (1844) gewinnt er wieder neues Ansehen und vermehrten Ruhm bei der oppositionellen Intelligenz.

In der Mitte des 19. Jahrhunderts ist Heine der einzige lebende deutsche
Autor von nationaler Repräsentanz. Während der emanzipatorische
Übergangscharakter des Vormärz mit seinem Spektrum an Ungleichzei-
tigkeiten in die Dichte und Komplexität seiner Werke einging, kommt es
bei der nachfolgenden Generation zu einer Zurücknahme auf eher bescheidene Ansprüche. Nach der gescheiterten Revolution von 1848 wird
die Literatur zunehmend provinziell. Heines Epochendiagnosen großen
Formats setzten Zeiterfahrungen voraus, wie sie in Deutschland damals
nicht zu machen sind. Seine zahlreichen Epigonen liefern die Beweise –
in Lyrik und in Prosa. Gerade das Fehlen einer kritischen und zugleich
sendungsbewußten Haltung von entsprechender Dimension ließ ihre
Texte auch ästhetisch kaum hochkommen. Freilich: Um aus den Widersprüchen selber den sensualistischen Funken zu schlagen, bedurfte es

vielleicht jener selten vorkommenden Verbindung von enormem Scharf-
sinn mit einer ebenso empfänglichen wie heftigen sinnlichen Phantasie.

Die sozialen, politischen und künstlerischen Auseinandersetzungen, in
deren Spannungsfeld sich Heine zeitlebens bewegte, sind eingegangen in
die emanzipatorische Kraft seiner Dichtungen. Die anthropologische
Weite seiner Sicht umfaßt das Ganze: Ökonomie und Psychologie haben
sich nicht verselbständigt, Marx und Freud sind noch nicht auseinander-
getreten. Daß Materialismus und Subjektivität auf neue Weise zusam-
mengehen, erhält seiner dialektischen Kunst den Reiz und ist – als Forderung an die Schreibenden – unvermindert aktuell.

Walter Hinderer
Portrait Büchners

Die Julirevolution von 1830 entfachte sowohl bei dem lungenkranken Ludwig Börne, der in Bad Soden zur Kur weilte, als auch bei dem ruhebedürftigen Heinrich Heine, der sich auf Helgoland zu erholen suchte, mit einem Schlag neue revolutionäre Hoffnungen. Hatte sich von 1815 bis 1830 durch entsprechende repressive Maßnahmen das «Zeitalter der Restauration» (Karl Ludwig von Haller) etabliert, so ist das Jahrzehnt von 1830 bis 1840 «von wachsender geistiger Unruhe durchzogen» (Theodor Schieder). Diese Unruhe schlug sich in Volksbewegungen, einzelnen Aufständen wie die oberhessische Rebellion vom 29. und 30. September 1830, dem Frankfurter Putsch vom 3. April 1833 und einer Massenkundgebung der süddeutschen Freiheitsbewegung (Hambacher Fest vom 27. bis 30. Mai 1832) nieder, alles Ereignisse, die auch nicht ohne Wirkung auf den jungen Georg Büchner blieben, der sich in den letzten Gymnasialjahren durchaus im französischen Sinn als «citoyen» verstanden haben soll.

Interpretierte Heine die deutsche Philosophie als «Traum der französischen Revolution» (Einleitung zu *Kahldorf über den Adel in Briefen an den Grafen von Moltke*), so wollte auch der junge Büchner dem Gedanken die Tat folgen lassen. In der von dem patriotischen Agitator Ernst Ludwig Posselt und Fichtes *Reden an die deutsche Nation* (1807/08) angeregten Gymnasialrede *Helden-Tod der vierhundert Pforzheimer* begreift er gleich Börne und Heine die Reformation (Denk- und Glaubensfreiheit) als ersten und die Französische Revolution (politische Freiheit) als zweiten Akt im «Befreiungskampf der Menschheit». Im Gegensatz zu den beiden Vorbildern der Jungdeutschen, die einen europäischen Ausgleich zwischen philosophischer Theorie (Deutschland) und politischer Praxis (Frankreich) propagierten, sprechen aus der oben erwähnten Rede des Darmstadter Gymnasiasten betont nationale Tendenzen: «dein Geist liegt in Fesseln», so heißt es hier von Deutschland, «du verlierst deine Nationalität, und so wie du jetzt Sclavin des Fremden bist, so wirst du auch bald Sclavin der Fremden werden». Sah man im allgemeinen von Heine bis Marx die Philosophie als notwendigen Schritt zur politischen Revolution (vgl. auch Schieder), so scheint bereits der Schüler Büchner, wie Ludwig Wilhelm Luck erinnert, die «Taschenspielerkünste Hegelischer Dialektik und Begriffsformulationen» verhöhnt zu haben. Er war gegen jede Art von Dogmatik oder «Alleinberechtigung» im Hinblick auf Gesellschaftsordnung, Philosophie und Kunst, nannte in einem Brief an die Familie (Februar 1834) und in der Erzählung *Lenz* schlankweg den idealistischen «Aristocratismus» auf diesen Gebieten «die schändlichste Verachtung des heiligen Geistes im Menschen».

Über die Philosophie seiner Zeit bemerkte er in seiner Probevorlesung *Über Schädelnerven* (1836): «Die Philosophie a priori sitzt in einer trostlosen Wüste; sie hat einen weiten Weg zwischen sich und dem frischen grünen Leben, und es ist eine große Frage, ob sie ihn je zurücklegen wird.» Der teleologischen Methode, für die alles zweckbestimmt, determiniert ist, stellt er seine philosophische gegenüber, die das «Gesetz des Seins» sucht. Büchners Auffassung nach wird «das ganze körperliche Dasein des Individuums nicht zu seiner eigenen Erhaltung aufgebracht», und er verkündet schon als Schüler den Grundsatz: «*Entwicklung* ist der Zweck des Lebens, das *Leben selbst* ist Entwicklung, also ist das Leben selbst *Zweck*» (*Über den Selbstmord*). Das lehnt sich zweifelsohne an Fichtes *Die Bestimmung des Menschen* (1800/01) an, aber antizipiert auch sinngemäß Heines Formulierung in *Verschiedenartige Geschichtsauffassung* (vermutlich 1833): «Das Leben ist weder Zweck noch Mittel, das Leben ist ein Recht. Das Leben will dieses Recht geltend machen gegen den erstarrenden Tod, gegen die Vergangenheit, und dieses Geltendmachen ist die Revolution.»

In solchem geradezu jakobinischen Zusammenhang steht auch Büchners Forderung nach freier Selbstbestimmung und Entwicklung der menschlichen Natur. Neben dem physischen und psychischen Leiden sind es vor allem die politischen Verhältnisse, welche diese Grundrechte gefährden. «*Ein Gesetz*, das die große Masse der Staatsbürger zum fröhnenden Vieh macht», denunziert er als «*ewige, rohe Gewalt*», die ihrerseits nur mit Gewalt überwunden werden kann (Brief an die Familie vom 5. April 1833). Vor Ferdinand Lassalle durchschaute also Büchner, daß es sich bei Verfassungsfragen im Grunde nicht um Rechts-, sondern um Machtfragen handelte; nicht umsonst bezeichnete er deshalb die Landesstände in Hessen als eine «Satyre auf die gesunde Vernunft». Vom sozialen Programm der Jakobiner her, das er während seines Studiums in Straßburg näher kennengelernt und das gerade während der Julirevolution wieder an Aktualität gewonnen hatte, sah er im «Verhältnis zwischen Armen und Reichen (. . .) das einzige revolutionäre Element in der

Welt». Wie Börne und Heine wußte er aufgrund seiner hessischen und
französischen Erfahrung, daß «der Hunger allein (. . .) die Freiheitsgöt-
tin» werden konnte, und vertrat vor Marx gegen die Überzeugung der
Jungdeutschen die Ansicht, «daß nur das nothwendige Bedürfniß der
großen Masse Umänderungen herbeiführen kann». Für die Herrschenden wie für die revolutionäre Partei gab es seiner Ansicht nach nur zwei
Hebel, die zum politischen Erfolg führen konnten: «materielles Elend
und *religiöser Fanatismus*» (an Gutzkow, 1836). Er hielt nichts davon,
wie er seinem literarischen Promoter auch ohne Umschweife gestand,
die «Gesellschaft mittelst der *Idee*, von der *gebildeten* Klasse aus refor-
mieren» zu wollen, und hat es August Becker zufolge «bei weitem nicht
so betrübend» gefunden, «daß dieser oder jener Liberale seine Gedanken nicht drucken lassen darf, als daß viele tausend Familien nicht imstande sind, ihre Kartoffeln zu schmälzen».

Georg Büchner, 1813 in dem hessischen Dorf Goddelau geboren, in Darmstadt aufgewachsen, hatte, was die soziale Misere in Deutschland betraf,
im Großherzogtum Hessen den besten Anschauungsunterricht. In diesem
Agrarstaat trugen die Bauern die Hauptlast der Steuern; außerdem machten ihnen die veralteten Produktionsweisen, Mißernten und Hungersnöte
zu schaffen (vgl. Gerhard Schaub). Dieser «materielle Druck, unter welchem ein großer Teil Deutschlands liegt», wie der Freund August Becker
eine mündliche Äußerung Georg Büchners überliefert, machte den jungen
Gymnasiasten und Studenten zum Revolutionär. Obwohl der Vater, um
diese Zeit angesehener Obermedizinalrat in Darmstadt, ein Verehrer Na-
poleons und der Französischen Revolution blieb, war er nichtsdestoweniger ein entschiedener Parteigänger des Bestehenden und überhörte vermutlich geflissentlich wie die Lehrer des Ludwig-Georg-Gymnasiums die
agitatorischen Untertöne der Schulreden (*Rede zur Verteidigung des Cato
von Utika*; *Über Menenius Agrippa*) oder schrieb sie dem Systemzwang der
rhetorischen Tradition zu. War Georg Büchner frühes soziales Engagement noch stark durch die antike Tradition, patriotische Tendenzen und
Einflüsse von Posselt und Fichte geprägt, das Medizinstudium in Straßburg
(Wintersemester 1831 bis Sommersemester 1833) erweiterte seinen politischen Horizont um die französische Erfahrung. Er verwertete sie nach
seiner Rückkehr auch praktisch in Gießen, wo er mit Unterbrechungen
sein Studium bis zum Jahre 1834 fortsetzte und im März 1834 nach dem
Muster der Société des Droits de l'Homme et du Citoyen die Gesellschaft
der Menschenrechte gründete (im April folgte dann eine Sektion in Darmstadt), welche eindeutig der Vorbereitung der Revolution diente. Deshalb
ging er auch ein Zweckbündnis mit einer zentralen Figur des süddeutschen
Liberalismus, dem Butzenbacher Rektor und Pfarrer Friedrich Ludwig
Weidig (1791 bis 1837) ein.

Der Hessische Landbote

Mit der Flugschrift *Der Hessische Landbote* (1834) wandte sich Büchner seiner politischen Überzeugung zufolge gezielt mit faktischem Material, das er der *Statistisch-topographisch-historischen Beschreibung des Großherzogtums Hessens* (1829/31) von Georg Wilhelm Justin Wagner (vgl. Schaub) verdankte, an die «materielle Not» der Bauern. Er wußte, daß es wenig Zweck hatte, bei ihnen an «Sinn für die Ehre und Freiheit ihrer Nation», an die Menschenrechte zu appellieren und versuchte ihnen deshalb, wie auch Becker überliefert, zu demonstrieren, «daß sie einem Staate angehörten, dessen Lasten sie größtenteils tragen müssen, während andere den Vorteil davon beziehen». «Geht einmal nach Darmstadt und seht», so rät der Verfasser, «wie die Herren sich für euer Geld dort lustig machen, und erzählt dann euern hungernden Weibern und Kindern, daß ihr Brod an fremden Bäuchen herrlich angeschlagen sey».

Büchner verbindet rhetorische Suggestivkraft mit argumentativer Technik, appelliert mit anschaulichen Metaphern aus dem Leben der Reichen und dem Leben der Armen an die Emotion seiner Adressaten und belegt überzeugend mit einer kommentierten Liste der Staatsausgaben das Mißverhältnis der herrschenden und der produzierenden (arbeitenden) Klasse. Die menschenunwürdigen Verhältnisse werden immer wieder mit entsprechenden Stellen aus der Bibel als sanktionierter Autorität konfrontiert, bis schließlich der Verfasser dergestalt zum Aufstand ermuntert: «Hebt die Augen auf und zählt das Häuflein eurer Presser, die nur stark sind durch das Blut, das sie euch aussaugen und durch eure Arme, die ihr ihnen willenlos leihet. Ihrer sind vielleicht 10,000 im Großherzogtum und Eurer sind es 700,000 und also verhält sich die Zahl des Volkes zu seinen Pressern auch im übrigen Deutschland.»

Die Enttäuschung über das Scheitern dieser Aktion, die frühzeitig von einem Vertrauten Weidigs, dem Butzbacher Bürger Johann Konrad Kuhl, für Geld an die Behörden verraten worden war und die Verschworenen in Lebensgefahr brachte, muß groß gewesen sein. Als Büchner hörte, «daß die Bauern die meisten gefundenen Flugschriften» bei der Polizei ablieferten, «daß sich auch die Patrioten gegen seine Flugschrift ausgesprochen», soll er nach Angaben des Augenzeugen August Becker «alle seine politischen Hoffnungen in bezug auf ein Anderswerden» aufgegeben haben. Man sollte daraus freilich nicht auf ein Nachlassen seines politischen Interesses schließen; er war nun bloß endgültig davon überzeugt, wie er seinem Bruder Wilhelm nach der Flucht 1835 aus Straßburg schreibt, «daß Nichts zu thun ist, und daß Jeder, der *im Augenblicke* sich aufopfert, seine Haut wie ein Narr zu Markte trägt».

Dantons Tod

Zwar gelang es Büchner noch, einige seiner Freunde zu warnen; aber
die Verhaftungen vermehrten sich, und auch er selbst wurde vorgeladen. Im Elternhaus in Darmstadt, von Agenten beobachtet, mit Fluchtplänen befaßt, begann er Ende Januar 1835 an seinem Revolutionsdrama *Dantons Tod* zu schreiben – und er vollendete es in fünf Wochen. Er
konfrontiert hier nach eingehenden Quellenstudien, die von der durch
Vater Büchner vermittelten Zeitschrift *Unsere Zeit* bis zu mehreren zeitgenössischen historischen Werken wie Thiers und Mignet reichen, die
Positionen der beiden maßgeblichen Revolutionsparteien des Jahres
1794, der Radikalen und Gemäßigten, mit den materiellen Bedürfnissen
des Volks. Dabei entlarvt der Epikureer Danton die Moralphysiognomie des Tugendapostels Robespierre als Lüge und der Stoiker Robespierre den Sensualismus Dantons als Laster und politischen Hochverrat.
Setzt der eine auf das Dogma Tugend mit Hilfe von Terror und Guillotine, so plädiert der andere für Genuß, Erbarmen und Recht. Nichtsdestoweniger fühlt sich zuweilen der Asket Robespierre als Objekt des
Unterbewußtseins und der vermeintliche Sensualist als Opfer des Bewußtseins. Fragt der eine: «Ich weiß nicht, was in mir das andere belügt»
(I, 6), so der andere: «Was ist das, was in uns hurt, lügt, stiehlt oder
mordet?» (II, 6). Spricht Robespierre von seiner «Empfindlichkeit» (I,
6), so Danton von «Müdigkeit» und «Langeweile» (II, 1, 4). So wie letzterer von seinen Freunden immer wieder zum Handeln aufgefordert
wird, um die Aktionen der Radikalen zu unterminieren (II, 1), so ermahnt der Technokrat der Macht, St. Just, den ersteren: «Wir werden
den Vorteil des Angriffs verlieren. Willst du noch länger zaudern?»
(I, 6)

Es verhält sich in der Tat so, wie Büchner schon in dem berühmten Brief
an die Braut (nach dem 10. März 1834) darlegte, daß «die Herrschaft des
Genies ein Puppenspiel» und die Paradegäule der Revolution gleichermaßen ein Objekt des Zufalls und der Geschichte sind. Danton formuliert es so: «Wir haben nicht die Revolution, sondern die Revolution hat
uns gemacht» (II, 1) und liefert damit eine Variante seiner historisch belegten (bei Mignet ein Ausspruch des Girondisten Vergniaud) Replik:
«Die Revolution ist wie Saturn, sie frißt ihre eignen Kinder» (I, 5).

Parodieren die Dantonisten, was Robespierre ihnen vorwirft, «das erhabene Drama der Revolution, um dieselbe durch studirte Ausschweifungen bloß zu stellen» (I, 3), so verurteilt Danton zu Recht die Guillotinenromantik der Jakobiner, indem er sie mit der «materiellen Not» des
Volkes in Verbindung bringt: «Ihr wollt Brot, und sie werfen euch Köpfe hin! Ihr durstet, und sie machen euch das Blut von den Stufen der
Guillotine lecken!» (III, 8) Obwohl zunächst dieses Argument gegen
Robespierre und seine Anhänger einleuchtet, ist das andere schließlich

erfolgreicher: «Danton hat schöne Kleider, Danton hat ein schönes Haus, Danton hat eine schöne Frau, er badet sich in Burgunder, ißt das Wildbret von silbernen Tellern und schläft bei euren Weibern und Töchtern, wenn er betrunken ist» (III, 9). In den Worten des ersten Bürgers aus I, 2 würde die Erklärung lauten: Er kauft wie früher die Aristokraten «das Fleisch der Weiber und Töchter» des Volks.

Nicht zuletzt die Volksszenen kritisieren indirekt und direkt die Ideologie der beiden Revolutionsparteien von dem «furchtbaren Hebel», dem «materiellen Elend» her und deuten die negative Bestandsaufnahme an: Wenn die Dantonisten für die maximale Verwirklichung von Lust und Genuß plädieren, so handelt es sich im Grunde um eine Variante des alten Aristokratismus; und der moralische Despotismus Robespierres zeigt deutlich Züge der alten Tyrannei und Repression. Schon in I, 2 liefert der dritte Bürger im Hinblick auf die Fortschritte der sozialen Revolution den zutreffenden Kommentar: «Sie haben uns gesagt: schlagt die Aristocraten todt, das sind die Wölfe! Wir haben die Aristocraten an die Laternen gehängt. Sie haben gesagt das Veto frißt euer Brot, wir haben das Veto todtgeschlagen. Sie haben gesagt die Girondisten hungern euch aus, wir haben die Girondisten guillotinirt. Aber sie haben die Todten ausgezogen und wir laufen wie zuvor auf nackten Beinen und frieren.»

Hinter allen politischen Rollen, Kostümierungen und rhetorischen Phrasen wird immer wieder nur, so drückt es Camille aus (IV, 5), der «eine uralte, zahllose, unverwüstliche Schaafskopf» sichtbar. Die Unterschiede liegen weniger in der Natur des Menschen als in den verschiedenen Drapierungen, der «mimischen Übersetzung der Worte» (III, 3), in den Umständen und der eigenen Perspektive. Büchners *Dantons Tod* liefert gewissermaßen zu folgender Beobachtung aus dem Jahre 1852 von Karl Marx (*Der achtzehnte Brumaire des Louis Bonaparte*) die dramatische Illustration: Die Gladiatoren der bürgerlichen Revolution «fanden in den klassisch strengen Überlieferungen der römischen Republik die Ideale und Kunstformen, die Selbsttäuschungen, deren sie bedurften, um den bürgerlich beschränkten Inhalt ihrer Kämpfe sich selbst zu verbergen und ihre Leidenschaft auf der Höhe der großen geschichtlichen Tragödie zu halten». Das Drama zeigt, wie die ideologischen Selbsttäuschungen (Tugend, Veränderung der Menschennatur, Epikureismus, Stoizismus) die soziale Frage nicht nur nicht lösten, sondern im Gegenteil eine Lösung verhinderten. Die Revolution wurde dergestalt zur Farce, zur Komödie, zum bloßen Theater, was vor allem Danton und seine Freunde realisieren; die eigentliche Tragik findet außerdem nicht im öffentlichen (politischen) Bereich, sondern im privaten statt. Es handelt sich dabei um die Gewissensqualen und Identitätskrise Dantons, um die Themen menschlicher Entfremdung und die Sinnentleerung des Da-

seins, vor allem aber um den Leidensweg Luciles, der das «Zucken des
Schmerzes» sichtbar macht, das, wie Payne (III, 1) erläutert, «einen Riß
in der Schöpfung von oben bis unten» verursacht. Die Darstellungsweise
ist deshalb im Sinne Victor Hugos nicht nur eine «mélange du sublime et
du grotesque», sondern auch eine thematisch adäquate Mischung von
komisch-satirischen mit tragischen Elementen.

Lenz

Am 21. Februar 1835 schickte Georg Büchner das Manuskript von *Dan-*
tons Tod an den Frankfurter Verleger Sauerländer und an den jungdeutschen Schriftsteller Karl Gutzkow (1811 bis 1878), am 1. März floh er
aus Darmstadt, am 9. März ging er über die Grenze nach Straßburg, am
13. Juni erfolgte die steckbriefliche Fahndung, Ende Juli erschien sein
erstes Drama im Druck, im Oktober begann er sich mit einer Episode
aus der Lebensgeschichte seines literarischen Vorbilds, des Stürmer und
Drängers Jakob Michael Reinhold Lenz (1751 bis 1792) zu beschäftigen,
die der elsässische Philanthrop und Pfarrer Johann Friedrich Oberlin
(1740 bis 1826) aufgezeichnet hatte. Die Erzählung führt die mit Lucile
begonnene Schmerzdarstellung auf anderer Ebene weiter. Am Tiefpunkt des vorgeführten Psychogramms von Lenz heißt es: «Sein Zustand war (. . .) immer trostloser geworden (. . .); die Welt, die er hatte
nutzen wollen, hatte einen ungeheuren Riß, er hatte keinen Haß, keine
Liebe, keine Hoffnung, eine schreckliche Leere und doch eine folternde
Unruhe, sie auszufüllen. Er hatte *Nichts*.»
So wie Büchner an den Kontrahenten Robespierre und Danton die An-
tinomien der Französischen Revolution sichtbar machte, entwickelt er
nun aus den gegensätzlichen Lebensweisen und Temperamenten von
Lenz und Oberlin das Syndrom einer existentiellen Krise, ohne freilich
die Ursachen nachzuweisen. In der Nähe des tätigen, religiösen Oberlin,
der all das besitzt, was Lenz fehlt (zum Beispiel eine Funktion in der
Gesellschaft), scheint der Kranke zu gesunden. Er findet über Oberlin
zu sich selbst zurück, entschließt sich zu predigen, erlebt eine Art mysti-
sche Ekstase, erfährt Identifikationsmöglichkeiten, deutet im naturphi-
losophischen Gespräch mit Oberlin, das dieser jedoch nicht versteht,
und im Kunstmonolog die vielfältigen Seiten seiner ursprünglich reichen
Existenz an.
Kompliziert wie Werther, so daß er «traumartig jedes Wesen in der Natur in sich aufnehmen möchte», obwohl er sich mehr und mehr bewußt
wird, daß es keinen Zugang zum Nicht-Ich gibt, versucht er, bis ihn
Kaufmann an die väterlichen Rollenerwartungen gemahnt, im Sinne
Büchners und des Humanitätsideals der Goethezeit sein gesamtes Po-
tential zu entfalten. Die Heftigkeit, mit der er auf die Aufforderung,
nach Hause zurückzukehren, reagiert, signalisiert den Grund seiner gei-

stigen Krankheit: «Hier weg, weg! nach Haus? Tot werden dort?» Die Rollenerwartungen des strengen Vaters reduzierten ebenso die «Möglichkeit des Daseins» wie die idealistischen Tendenzen in Kunst, Wissenschaft und Philosophie. Nach dem Höhepunkt der positiven Phase erfolgt der Umschlag in die neue Krise: Verlust der Identität, religiöse Quälereien, fixe Ideen, Selbstmordversuche und schließlich seelische Versteinerung sind die entsprechenden Korrelate dieser negativen Erfahrung. Das «Gefühl des Gestorbenseins», der «unerträgliche Zustand», über den auch Büchner selbst in einem Brief an die Braut (um den 10. März 1834) klagte, gewann schließlich die Oberhand.

Leonce und Lena

Nach einer kürzeren Pause in der literarischen Produktion und intensiver Vorbereitung auf seine akademische Karriere als Naturwissenschaftler (und Philosoph) setzte Büchner die dramatische Arbeit im Sommer 1836 mit *Leonce und Lena* (der äußere Anlaß dazu war ein Preisausschreiben) fort; das Stück wurde Anfang September allerdings zu spät eingereicht. Es zitiert einerseits der Atmosphäre nach und in Anklängen Werke der Romantik (Tieck, Brentano, E. T. A. Hoffmann, Jean Paul, Bonaventura) und bringt andererseits Motive und Stimmungen aus *Dantons Tod* und *Lenz* in einen komisch-satirischen Kontext, in den überdies manches von der Tradition der Commedia dell'arte eingegangen ist. Leonce und Valerio verhalten sich zueinander wie skeptischer Idealist und sensualistischer Materialist: Was dem einen als «unheimlicher Abend» erscheint, begrüßt der andere als ein «Wirtshaus zur goldnen Sonne» (II, 2). Spricht Leonce von Empfindungen und Idealen, so schwärmt Valerio handgreiflich auf diese Weise von der Natur: «Das Gras steht so schön, daß man ein Ochse sein möchte, um es fressen zu können, und dann wieder ein Mensch, um den Ochsen zu fressen, der solches Gras gefressen» (I, 1).

Sie sind beide Meister im Wortspiel, aber unterscheiden sich ebenso durch Herkommen wie durch Weltsicht. Laboriert der Königssohn an Idealen, leidet er am standesgemäßen Müßiggang, an der Langeweile, am Dasein überhaupt, sind ihm die höfischen Rollenerwartungen zuwider, so hält sich der komische Diener ans Stofflich-Verzehrbare, genießt ausdauernd seine «ungemeine Fertigkeit im Nichtstun» und seine «ungeheure Ausdauer in der Faulheit» (I, 1), tadelt die prinzliche Resignation, den ganzen Aufwand der Flucht (II, 1) und will am Schluß exzessive Arbeit als Staatsminister strafrechtlich verfolgen. Er ist mit sich und der Welt eins, während Leonce mit sich und der Welt dergestalt zerfallen ist, daß der Königstochter Lena der entsetzliche Gedanke kommt: «Ich glaube es gibt Menschen, die unglücklich sind, unheilbar, blos weil sie *sind*» (II, 3).

Zwar finden sich schließlich die voreinander fliehenden, ursprünglich von höherer Stelle einander zugedachten Königskinder, aber ohne daß sie um ihre Identität wissen. Leonce erfährt sogar in der Liebe zu Lena eine Faustsche Erfüllung des Seins (II, 4), so daß er à la Werther aus dem Leben scheiden will, was Valerio nüchtern als Leutnantsromantik abtut. Durch die parodistisch-satirischen Töne hindurch wird eine ähnliche Existenzkrise angedeutet, wie sie Büchner an Danton und vor allem an Lenz beschrieben hat. Auch Lenas Ausspruch: «Mein Gott, mein Gott, ist es denn wahr, daß wir uns selbst erlösen müssen mit unserem Schmerz» ließe sich ohne weiteres als eine Replik Robespierres oder Dantons oder als eine Klage von Lenz denken. Denn obwohl es Leonce zu gelingen scheint, sein Ideal der Liebe auf Erden zu verwirklichen, was er «Zufall» und Lena «Vorsehung» nennt (III, 3), geschieht diese Verwirklichung nur im Spiel, das «morgen (. . .) in aller Ruhe und Gemütlichkeit (. . .) noch einmal von vorn» anfangen soll; die Problemlösung wird also der Wiederholung überantwortet und damit ad infinitum vertagt.

Steht der erste Akt unter dem Motto des Narrenthemas, wobei der geistlose Narr König Peter (gleichzeitig eine Parodie auf den philosophischen Idealismus und seinen Zusammenhang mit dem politischen Aristrokratismus) mit den geistreichen Narren Leonce und Valerio (vgl. Rosemarie Zeller) konstrastiert wird, so gilt der zweite dem Thema Liebe, der romantischen «inneren Stimme». Im dritten Akt erfolgt nach Leoncens Heiratsentschluß und einem sozialkritischen Seitenhieb (III, 2) auf direktem Weg die Auflösung, der freilich noch die Automatenszene vorausgeht, welche die menschlichen Dressurakte am Hofe, wo alles auf das Rollenspiel eingestellt ist, ironisiert.

Nicht von ungefähr wird diese Szene von Valerio, der wortspielreichen Verkörperung des Natürlichen, dirigiert; dieser meinte schon früher an einer Stelle durchaus anzüglich: «Aus lauter Schamhaftigkeit wollen wir auch den inneren Menschen bekleiden und Rock und Hosen inwendig anziehen» (I, 1). Man kann das wiederum in den Kontext von *Dantons Tod* zurückübersetzen, wo Lacroix berichtet, daß Collot wie besessen geschrien habe, «man müsse die Masken abreißen», und Danton lakonisch kommentiert: «Da werden die Gesichter mitgehen» (I, 5).

Woyzeck

Obwohl Georg Büchner, wie er am 1. Januar 1836 an die Familie schrieb, nicht im geringsten den Glauben der «Partei Gutzkows und Heines» teilte, «daß durch die Tagesliteratur eine völlige Umgestaltung unserer religiösen und gesellschaftlichen Ideen möglich sei», setzte er trotz intensiver naturwissenschaftlicher Studien und seiner Vorbereitungen auf die Dozentur in Zürich seine literarische Produktion mit seinem wohl einflußreichsten Drama *Woyzeck* fort. Das Stück, an dem er bis zu seiner Erkrankung am 2. Februar 1837 arbeitete, ist nur in zwei Szenengruppen, (H 1, H 2) und einer sogenannten «Reinschrift» (H 4) überliefert, die den Ausgangspunkt für jede Interpretation bilden sollte. In diesem Dramenfragment setzt Büchner in offenen, kurzen Szenen unter Verwendung von Liedeinlagen, Bibelzitaten und Wortmotiven ästhetische Hinweise des sogenannten Kunstgesprächs im *Lenz* in die dramatische Praxis um. Er rückt hier nicht nur entscheidend von der idealistisch-klassizistischen Dramentradition à la Schiller ab, indem er Ansätze des Sturm und Drang (vor allem von Goethe und Lenz) weiterentwickkelt, sondern er stellt seiner ideologischen Einstellung getreu nun die einfache, ursprüngliche, elementare menschliche Natur vor, so wie sie ist, mit all ihren Widersprüchen.

Die Drapierungen und Maskierungen, welche die «gebildete Gesellschaft» bis hin zu den bürgerlichen Revolutionären charakterisieren, finden sich im *Woyzeck* auch bei den Repräsentanten dieser Schicht: dem Hauptmann und dem Doktor. Die bürgerlichen Tugendvorstellungen, die der Hauptmann in hohl klingenden Schlagworten rühmt, führt der arme Kleinstbürger mit seinen scheinbar hilflosen Antworten auf den ökonomischen Vorsprung eines Standes zurück. «Sehn Sie», erklärt Woyzeck seinem Vorgesetzten, «wir gemeine Leut, das hat keine Tugend, es kommt einem nur so die Natur, aber wenn ich ein Herr wär und hätt ein Hut und eine Uhr und eine anglaise und könnt vornehm reden, ich wollt schon tugendhaft seyn» (Szene 5).

In der Szene mit dem Doktor (8) werden die brutalen Züge des philosophisch-wissenschaftlichen Idealismus enthüllt, der mit dem Experiment an Woyzeck demonstrieren will, wie sich im Menschen «die Individualität zur Freiheit» verklärt, obwohl diese Demonstration gerade den Menschen aufs Gegenteil hin: auf einen bloßen Gegenstand («ei Vieh, ei bête», H 1, Szene 2) hin reduziert. Pocht der Hauptmann auf die bürgerlichen Werte seines Standes (Tugend und Moral), so der Doktor auf die Werte seines Berufs (Gesundheit und Wissenschaftlichkeit). Hauptmann und Doktor sind nur das, was sie in der Gesellschaft *scheinen*: bloße Typen, Verkörperungen ihrer Rollen, ohne Eigensein (deshalb auch ohne Eigennamen). Woyzeck und Marie gehören dagegen zur «unidealen Natur», die noch nicht Produkt von Dressurakten ist, ohne die «lächerliche Äußerlichkeit, die man Bildung nennt und ohne den toten Kram, «den man Gelehrsamkeit heißt» (Brief an die Familie vom Februar 1834). Muß sich Woyzeck dergestalt für den nackten Lebensunterhalt aufarbeiten, daß er immer abgehetzt wirkt, ist er aus Veranlagung oder wegen des Erbsenexperiments von apokalyptischen Visionen geplagt, ist er «hirnwüthig», so erscheint Marie ähnlich wie Marion in *Dantons Tod* nur sinnliche Natur zu sein, allerdings durchaus mit menschlichen Gefühlen begabt (im Gegensatz zu dem Kraftprotz Tambourmajor).

Szene 4 spielt offensichtlich auf die Gretchenszene von *Faust I* an, auf ein verständliches Exempel weiblicher «vanitas» im Kontext der Armut. Die weibliche Schönheit oder Natur ist nur in äußerlichen Dingen verschieden: «Unseins hat nur ein Eckchen in der Welt und ein Stückchen Spiegel und doch hab' ich einen so rothen Mund als die großen Madamen mit ihren Spiegeln von oben bis unten und ihren schönen Herrn, die ihnen die Händ küssen, ich bin nur ein arm Weibsbild.» Wie ein Leitthema zieht sich die soziale Frage durch das Lebensschicksal der Hauptfiguren. «Wir arme Leut», sagt beispielsweise Woyzeck zum Hauptmann, «Geld, Geld. Wer kein Geld hat». Und der 1. Handwerksbursch spottet sarkastisch über den zentralen Lebenswert der Gesellschaft: «Darum zweifelt nicht, ja, ja, es ist lieblich und fein, aber Alles Irdische ist eitel, selbst das Geld geht in Verwesung über.»

Sowohl Woyzeck als auch Marie stoßen bei ihren schlichten Versuchen eigener Selbstbestimmung immer wieder auf die soziale Schranke, die sie zu untergeordneten Wesen macht; auch die Religion bietet dafür keinen Ausweg an. «Unseins ist doch einmal unseelig in der und der andern Welt», so klagt etwa Woyzeck, «ich glaub' wenn wir in Himmel kämen so müßten wir donnern helfen» (Szene 5). Im Gegensatz zu der unreflektierten Geliebten entdeckt Woyzeck Abgründe in der Gesellschaft, im Menschen, in Marie, in sich selbst und verzweifelt immer mehr, als er ihren Betrug entdeckt: Der Mord wird schließlich in einer Art Zwangshandlung ausgeführt.

Wie in seinen übrigen Werken stützt sich der Autor auch im *Woyzeck* auf einen historischen Fall, dem insofern noch ein besonderer Stellenwert zukommt, als er in der medizinischen Literatur eine Grundsatzdiskussion auslöste, die Büchner hier mit dramatischen Mitteln ebenso korrigiert wie mit epischen Mitteln die Beobachtungen Oberlins über den kranken Lenz. Viele Hauptfiguren von Büchners Dichtungen (Danton, Lucile, Leonce, Lena) sind statuierte Exempel menschlichen Leidens, was noch durch entsprechende Anspielungen auf Christus verstärkt wird. «Leiden sey mein Gottesdienst», heißt es sowohl im *Lenz* wie im *Woyzeck*; dagegen allerdings in *Danton*: «Das leiseste Zucken des Schmerzes (. . .) macht einen Riß in der Schöpfung von oben bis unten.» Die stellvertretende Passion Christi wird nicht nur in die selbsterlösende Passion des Menschen zurückgenommen (Heinrich Anz), sondern Schmerz und Leid einerseits als ontologischer Grund des Menschen, andererseits als metaphysisch-philosophische Anklage formuliert. Der Mensch ist, wie die Exempel Woyzeck, Danton, Lucile, Lenz beweisen, verdammt zur Passion; aber eine Erlösung findet weder von oben noch von unten her statt. Nur die Frage wird gestellt, bezeichnenderweise auch von Robespierre: «Was sehen wir nur immer nach dem Einen? Wahrlich des Menschensohn wird in uns Allen gekreuzigt, wir ringen Alle im Gethsemanegarten im blutigen Schweiß, aber es erlöst keiner den Andern mit seinen Wunden» (I, 6).

Wie immer man zu den von Caroline Schulz überlieferten Worten des kranken Georg Büchner, der am 19. Februar 1837, acht Monate vor seinem 24. Geburtstag an Typhus starb, stehen mag, sie gehören gewiß ins Zentrum des thematischen Kontexts seines Werkes: Am 16. Februar soll der ehemalige Revolutionär und engagierte Wortredner der Unterprivilegierten nach einem «heftigen Sturm von Phantasien» zu Wilhelm Schulz «mit ruhiger, erhobener, feierlicher Stimme» gesagt haben: «Wir haben der Schmerzen nicht zu viel, wir haben ihrer zu wenig, denn durch den Schmerz gehen wir zu Gott ein! – Wir sind Tod, Staub, Asche, wie dürften wir klagen?» Neben der politischen und sozialen Problematik von Büchners Werk steht von Anfang an gleichberechtigt und mit ihr verflochten die existentielle oder anthropologische Frage: «Was ist der Mensch?» – «Warum ist der Mensch?» (*Woyzeck*, H 1, Szene 10; H 4, Szene 11).

Auch Ludwig Feuerbach interpretiert in seinen *Gedanken über Tod und Unsterblichkeit* (1830), die Büchner gekannt hat, die Leidensgeschichte eines Individuums als den subjektiv notwendigen Teil der Menschengeschichte. Bereits in seiner *Anthropologie in pragmatischer Hinsicht* (1798) unterschied Immanuel Kant die positive Schmerzerfahrung als «Stachel der Tätigkeit» von der negativen, die sich in Langeweile und «Leere der Empfindungen» ausdrückt, dem «Vorgefühl eines langsamen Todes», von dem nicht wenige Figuren Büchners und auch die Briefe des Autors selbst berichten.

Johannes Weber
Epoche in der Literaturgeschichtsschreibung

> Gelegt hat sich der starke Wind,
> Und wieder stille wirds daheime;
> Germania, das große Kind,
> Erfreut sich wieder seiner Weihnachtsbäume.
> Wir treiben jetzt Familienglück –
> Was höher lockt, das ist vom Übel –

so dichtet Heine sarkastisch im Herbst 1849 nach der endgültigen Liquidierung des bürgerlichen Revolutionsversuchs durch die Truppen der Reaktion.[1]

Der Traum von der politischen Herrschaft, von Einheit und Freiheit, je nach Parteiung in liberal-konstitutioneller oder demokratisch-republikanischer Gestalt, ist zernichtet; das groß- und mittelbürgerliche ‹juste milieu›, welches das Scheitern der Revolution durch klassenkompromißlerische Mäßigung verursacht hat, verklärt den Zusammenbruch zum ‹tragischen Verhängnis› und entläßt sich so aus der historischen Verantwortung. Die fortbestehende staatspolitische Unmündigkeit wird kompensiert durch die Rückwendung zur Privatsphäre: In rastlosem industriellen Fleiß, in der Steigerung der Wirtschaftsmacht soll der bürgerliche Selbstwert wiedergewonnen, soll zumindest das ‹Familienglück› sichergestellt werden. Verlangt ist neben den Normen bürgerlicher Arbeits und Leistungsmoral ein Realitätsbewußtsein, das die Grenzen des ‹schicksalhaft› in Staat, Gesellschaft und Sitte Gegebenen nicht gewaltsam zu sprengen wünscht, sondern sich in ihnen zu arrangieren weiß; überschießende Sehnsüchte gilt es in heiterer Innerlichkeit, in gefühligseelischem Aufschwung zu bewältigen.

Der nachmärzlichen Resignation des Bürgers als des möglichen Subjekts politischer Geschichte fügen sich auf den Gebieten der Philosophie und Kunst die Strömungen pessimistischer Lebensverneinung (Schopenhauer) und ‹pantragischer› Geschichtsmystifizierung (Wagner, Hebbel); der neuen Bescheidenheit und ‹Wirklichkeitsnähe› entspricht der ‹bürgerliche Realismus›. Der Blick auf die vergangene Kultur- und Kunstentwicklung, sonderlich das Urteil über die jüngste Literaturepoche seit Beginn der Restauration im Jahre 1815, erfolgt ebenso aus der gewandelten ideologischen Perspektive. Die vormärzlichen Konzepte operativen Schreibens – von Börne bis Herwegh, von Heine bis Freiligrath –, die nicht einer Ästhetik weltentfesselter innerer Schönheit und ‹ewiger› Werte verpflichtet sind, sondern (tages-)politisch, sozial- und normenkritisch auf rasche grundlegende Veränderungen in Staat und Gesellschaft hinwirken wollen, verfallen dem Verdikt: Sie beförderten unkünstlerische Marktschreierei und geschichtsignorante Willkür. Julian Schmidt, Wortführer des nachmärzlich sich akkomodierenden bürgerlichen Geschichtsbewußtseins und der daraus entspringenden ‹realistischen› Kunsttheorie, formuliert:

«Die Richtung der neuen Literatur (ab 1830; J. W.) ging nicht, wie die Romantik, gegen den Strom der öffentlichen Meinung, sondern mit demselben: sie war nicht reaktionär, sondern demagogisch. Die junge Philosophie wetteiferte in belletristischen Tändeleien mit den Dichtern: sie legte die Amtsmiene ab und buhlte um die Gunst der Menge. Zuletzt waren ihre Mysterien so populär geworden, daß es für eine Schande galt, nicht darin eingeweiht zu sein und daß aus dem philosophischen Fortschritt eine Massenbewegung wurde. Die schönen Seelen, die sich sonst im Asyl der Kunst von dem Lärm des Lebens isolirt, drängten sich nun als Ritter vom Geist auf den Markt, um nach ihren Einfällen und Stimmungen die Welt umzugestalten.»[2]

Wie die politische Auffassung – etwa Börnes und seiner Nachtreter – im Wahn befangen sei, «die alten Rechtsformen hätten sich überlebt, und nur eine Revolution könne die Menschheit retten»[3], wie es grundsätzlich verkehrt sei, «ein vollständiges Abbrechen mit der Vergangenheit» für wünschenswert oder für möglich zu halten, so untergrabe die «Rhetorik des gewöhnlichen Liberalismus»[4], indem sie sich über die evolutionär gewachsenen «nationale(n) Tatsachen» hinwegsetze und nur «unbestimmten subjective(n) Hoffnungen» Raum gebe, die Gesetze der Poesie. Zum Exempel erhebe sich keines der Gedichte Herweghs «zu der höchsten Gattung», da «nirgends jenes organisch sich entwickelnde Leben» hervortrete, «dessen erste Bewegungen wir mitempfinden und dem wir mit unausgesetzter Theilnahme folgen können».[5]

Die jungdeutsche Literatur wiederum suche sich zwar «mehr in das concrete Leben» zu vertiefen, überschreite jedoch die «Grenzen des guten Geschmacks» und entziehe, angeregt durch «französischen Socialismus», durch französische Irreligiosität und Frivolität, der nationalen Kultur die «sittliche Basis».[6] Beerbenswert aus der Epoche zwischen 1815 und 1848 erscheint da am ehesten noch die Literatur der «volkstümlichen Reaction», namentlich Gotthelfs, Auerbachs und Kellers.

Das Resümee Schmidts über Gotthelf, gezielt auch als Seitenhieb auf
die nihilistischen «modernen Schöngeister», lautet:

«Gotthelf genießt diese Erde und ihr Recht mit vielem Behagen; er hat ein schönes Auge für die menschliche Natur auch in ihren Schwächen; seine Grundsätze
sind streng, seine Liebe weit. Sein Horizont ist eng umgrenzt, wie die Täler, in
denen er predigt, aber in diesem kleinen Kreise leuchtet ein heller und warmer
Sonnenschein.»[7]

Indem Schmidt den Anspruch der bürgerlichen Aufklärung zurück-
nimmt, die Wirklichkeit nach Prinzipien des natürlichen Vernunfts-
rechts umzugestalten, und statt dessen auf eine organologische Ge-
schichts- und Volksentwicklung setzt, innerhalb welcher die Poesie eine
illustrierende, nicht-utopische Aufgabe habe, trifft sich sein Urteil über
die radikale Literatur des Vormärz mit dem der reaktionären Literaturgeschichtsschreibung. Sie, die unverändert die Wertungspositionen der
restaurativen Literaturbetrachtung eines Vilmar, Gelzer oder Weber[8]
tradiert und Dichtung nach ihrer Nähe zur positiven Religion, der ‹gott-
gegebenen Obrigkeit› und Moral wägt, begründet ihr Anathema allerdings nicht mit dem Vorwurf eines Verstoßes gegen die Gesetze der nationalen Geschichte. Vielmehr wird argumentiert, die «junge Generation» nach Goethe und den Romantikern radikalisiere im Gefolge Hegels den Rationalismus und mache, «den persönlichen Gott aufgebend,
die Menschheit selbst zu Gott»: Notwendigerweise sei damit einerseits
ein

«(. . .) völliger Nihilismus eingerissen, der seine Lust daran hatte, das Gebäude
des christlichen Glaubens zu unterwühlen, und folgerecht schon zum Umsturz aller Sittlichkeit fortschritt, auf der anderen Seite regte sich ein zum Radikalismus
erstarkter politischer Oppositionsgeist, der allmählich alles Bestehende in Kirche
und Staat bekämpfte und die gesellschaftliche Ordnung aufzulösen drohte. Beide, sich einander die Hand reichend, verbündeten sich zur allgemeinen Destruktion.»[9]

Als «Vorfechter dieser zersetzenden und vernichtenden Ideen», der politischen Revolution einerseits, der Religions- und Sittenvernichtung andererseits, gelten stets Börne und Heine. Ihren Spuren folge zunächst
das «Junge Deutschland» (Gutzkow, Wienbarg, Mundt, Laube, Kühne); späterhin die politische Dichtung «revolutionärer Tendenz»: Herwegh, Dingelstedt, Prutz, Fallersleben, Freiligrath und ihr Anhang.
Diese wendeten sich, im Unterschied zu den Jungdeutschen, nicht mehr
an die «höheren Kreise der Gesellschaft», sondern an «das Volk und den
Pöbel», predigten teils den «crassesten Communismus» und entfachten
die «demokratische Gluth» zur Revolution von 1848.[10] Zorn trifft auch
die «emancipierten, d. h. die von ihrer wahren Natur abgefallenen Weiber» (namentlich Bettina von Arnim, Louise Aston, Rahel Varnhagen,

Ida Hahn-Hahn oder Fanny Lewald), die die oppositionellen Zeitideen schriftstellerisch mittragen.[11] Gegen «Wahn und Lüge der Zeit» bietet die klerikal-reaktionäre Literaturgeschichtsschreibung die «kirchlich-gläubigen Dichter heilsamer Opposition»[12] auf. Den «Sängern des radikalen Umsturzes» seien, so Barthel, der fromme, königstreu-vaterländische Geibel sowie die ebenso gottesfürchtigen Oskar von Redwitz und Julius Sturm «poetisch ebenbürtig». Von den früheren Erscheinungen der literarischen Epoche halte die «Schwäbische Dichterschule» das «deutsche Wort und die deutsche Gemüthsherrlichkeit» hoch, bewahre die innige Dichternatur Eichendorff «germanische Wanderlust und Waldliebe», «liebliche Frömmigkeit und kindlichen Humor».[13]

Mit der übereingehenden Ablehnung der radikalen Vormärzdichtung durch die modest gewordenen bürgerlichen Ideologen und die religiös-royalistischen Altkonservativen liegen zwischen 1850 und 1870 nur noch ganz wenige Literaturhistoriker im Streit. Zu ehren sind hier Johannes Scherr, Heinrich Kurz und Rudolf Gottschall.[14] Sie suchen die Tradition eines Prutz, Laube oder Mundt[15] zu retten, die vor 1848 Literatur und Literaturgeschichtsschreibung als Kampfmedium fortschrittlichen Geistes bestimmt hatten.

Die entschiedenste Position wahrt Gottschall, der, bei einigem ästhetischen Vorbehalt, nicht allein den «tugendhaften» Republikaner Börne und seine poetisch-politische Gefolgschaft in den 1840er Jahren rehabilitiert, sondern auch den «frivolen» Heine, dessen Verstoß gegen die bürgerlichen Moralnormen und das dichterische Harmonieideal selbst von Scherr und Kurz nicht verkraftet wird. Die zeitgenössischen «gelehrten Literaturhistoriker» erinnert Gottschall,

«(. . .) daß der Kern und das Wesen unserer Literatur bei allen wechselnden Typen ihrer Entfaltung sich dennoch gleich bleibt und Börne und Heine nicht außerhalb des Weges liegen, den Schiller und Goethe eingeschlagen. Auch in diesen modernen Autoren ist das Ideal der Humanität ebenso lebendig wie in Lessing, Herder, Schiller, Goethe, Jean Paul. Wir sprechen hier bloß von der Richtung, nicht von dem dichterischen Genie. Aber das Ideal der Humanität schwebte bei jenen Autoren im blauen Himmel des Hellenismus, im Äther ästhetischer Verklärung. Im Interesse der Kunst blieb jede Wendung zur Praxis und zum realen Leben fern. Diese Wendung mußte gemacht werden; Börne und Heine machten sie mit unkünstlerischer Gewaltsamkeit (. . .) Die moderne Kunst, treu jenem humanen Ideale der Classiker, sucht dasselbe aus dem modernen Leben heraus zu harmonischer Vollendung auszuarbeiten. Börne und Heine brachen die Bahn – das ist ihre literargeschichtliche Bedeutung!»[16]

Mit solchem Urteil steht Gottschall freilich auf verlorenem Posten. Nicht mehr der radikaldemokratische Republikanismus eines Börne und schon gar nicht der sozialemanzipatorische Humanismus Heines bzw. der Jungdeutschen ist die Parole der Zeit, sondern der politische und

ideologische Pakt zwischen dem gemäßigten (Besitz-)Bürgertum und
den alten adligen Führungsschichten. Bismarck schafft in den Jahren
1862 bis 1871 das reale Fundament; die nationale Einheit, einstmals zentrale Forderung der bürgerlichen Opposition, erfüllt sich – wenn auch
durch Oktroi. Imgleichen schwingt sich der preußische Adler gar zum
deutschen Kaiserthron empor: Der autoritär-bonapartistische Machts-
taat auf den Säulen von Militär und feudal-konservativer Verwaltung ist
geboren. Ihm nützt die Ideologie der Autorität und Pietät, der Führer-
gewalt und des Untertanengehorsams, der quasi-religiösen Vaterlands-
liebe und der ‹deutschen Sitte›.

Die Hauptströmung der Literaturgeschichtsschreibung im Kaiserreich,
neben der ein starker Strang der älteren klerikal-konservativen Richtung bis zum Ersten Weltkrieg weiterläuft[17], macht sich, besonders auch
in ihrem Urteil über die oppositionelle Vormärzliteratur, nationalpäd-
agogisch um das autoritäre Wertesystem verdient.

Robert Koenig, Verfasser einer der meistaufgelegten Literaturgeschich-
ten «für das deutsche Haus» in der Zeit des Zweiten Reiches, charakterisiert die antirestaurative «Bewegungsliteratur» der 1830er Jahre fol-
gendermaßen:

«Von politischer Opposition ausgehend, griff diese gefährliche Geistesströmung
auf das religiöse Gebiet hinüber, (. . .) fand im Herabziehen aller geistigen Grö-
ßen ihre Lust, strebte dahin, sich von aller socialen, politischen und kirchlichen
Ordnung loszumachen und drohte bald die sittlichen Grundpfeiler der menschlichen Gesellschaft überhaupt zu untergraben, ja alle und jede Sitte zu vernichten.
Die französische Julirevolution hatte dazu den Anstoß gegeben; mit einem Schla-
ge wurde alles Französische ohne Auswahl zum mustergültigen Vorbild erhoben
und der altdeutsche Rock der Klopstockianer, wie der Tugendbündner beiseite
geworfen. Romantische und klassische Poesie waren dieser Richtung gleicherwei-
se verhaßt; an Stelle des Ideals trat das Sinnliche, an Stelle des Glaubens Emanzipation des Fleisches und die freie Liebe. Die Vorfechter dieser radikalen Strömung waren eine Anzahl talentvoller Juden, die ihr eigenes Volk und den Glauben ihrer Väter ebenso sehr verhöhnten, wie unser Volk und den Christen-
glauben.»[18]

Nicht weniger sei die spätere ‹revolutionäre Poesie› der Herwegh, Freiligrath, Hoffmann von Fallersleben, Prutz, Meißner und Büchner «stets
aller wahren Poesie ebenso feindlich gewesen (. . .), wie aller tieferen
Sittlichkeit und Gottesfurcht».

«Aber auch unpatriotisch und undeutsch war diese Poesie, und wo ihre Vertreter sich später mit Kaiser und Reich ausgesöhnt haben, sind sie ihrer Vergangenheit untreu und deshalb auch von den unerbittlich Konsequenten des Abfalls
offen bezichtigt worden. Nicht als ob alle und jede politische Poesie zu verwer-
fen wäre: Die Dichter der Befreiungskriege und Uhland waren auch politische
Sänger, aber sie standen auf nationalem und auf christlichem Boden, und das

gab ihren Liedern die rechte Weihe und die sittliche Bedeutung: darum lebt ihre Dichtung auch heute noch fort und wird von Geschlecht zu Geschlecht sich vererben.»[19]

Alle Topoi, derer sich die Reichsliteraturgeschichtsschreibung zur Verteufelung des ideologisch widerspenstigen ‹Vormärz› zu bedienen weiß, sind in diesem Urteil angehäuft. Die Argumentation des Bundestagsbeschlusses von 1835, die im Interesse restaurativer Kirchhofsruhe «christliche Religion», «Zucht und Sittlichkeit» gegen die jungdeutschen Initiatoren einer öffentlichen normen- und sozialkritischen Diskussion aufbot, wird für die Zwecke eines deutschnationalen Quietismus beerbt. Infragestellung von Geboten christlich-asketischer Ethik – im Bereich des Privat-Sozialen wie Politischen – erscheint als Verstoß gegen «deutsche Sittlichkeit»[20]. Die Ausbürgerung folgt auf dem Fuß: «Frivole» und «radikale» Literatur wird als Agentur der deutschfeindlichen «Franzosen» und «Juden» etikettiert. Heine, als Vorläufer der Jungdeutschen, schreibt Weitbrecht, reiche den «nationalen Kräften» aus der Zeit der Romantik und der Befreiungskriege «nur wieder betäubenden Schlummersaft in der undeutsch gemodelten Schale des französischen Liberalismus und des jüdischen Kosmopolitismus»[21]; «Pariser Deutsch-Juden» nennt Treitschke, der Chefideologe preußischer Reichsglorie, die deutschen Emigranten im Gefolge Börnes und Heines; «alles» ist ihm «jüdisch» in der Bewegung des Jungen Deutschland; in Büchners Drama *Dantons Tod* erblickt er das «wiederauferstandene, unverfälschte Keltentum der Druidenzeiten mit seiner Blutleckerei, seiner Wollust, seinem finsteren Wahne und dem widrigen Zusatz moderner Blasiertheit».[22]

Der nationalen und moralischen Expatriierung entspricht die ästhetische. Die diskursive «feuilletonistische» Prosa der 1830er Jahre gilt als Phänomen mangelnder poetischer Gestaltungskraft[23], als Nachahmung des auf Publikumssensation und Tageserfolg spekulierenden oberflächlich-französischen «Esprit», oder als Medium «jüdischer Verstandesschärfe».[24] Ziel sei allemal, harmonisch-geschlossene, deutsch-elementare Kunst, wie sie in Klassik und Romantik sich äußere, aus egoistischen oder gar imperialen Motiven zu zersetzen.[25]

Die «revolutionäre» politische Lyrik wiederum fällt deshalb aus der Sphäre des Deutsch-Dichterischen, weil sie dem «uralten Irrtum» unterliege, «daß es für die Poesie eine höhere Aufgabe gebe, geben könne, als die poetische».[26] Wie die Unterscheidung Koenigs bereits zeigte, gelangt die Norm der Unvereinbarkeit von Kunst und Politik allerdings nur bei der oppositionellen «Tendenzpoesie», nicht bei der «nationalpolitischen» Dichtung zur Anwendung. Zu dieser zählen, «als glücklicher Ausdruck für das allgemeine Volksempfinden»[27], die antifranzösischen Rheinlieder Beckers und Schneckenburgers, vor allem aber die Schöpfungen von Geibel, Strachwitz, Redwitz und Sturm, die der «zum Aufruhr herausfordernden Poesie entgegenzutreten wagten»[28]. Gelegentlich werden auch einzelne Werke der sonst befehdeten radikalen Poeten ihrem historisch-politischen Entstehungszusammenhang entrissen und für reichsideologische Zwecke usurpiert. Dies Schicksal erleiden etwelche Vaterlandshymnen Hoffmanns von Fallersleben (*Das Lied der Deutschen*) ebenso wie beispielsweise das Gedicht *Die deutsche Flotte* von Herwegh: Ursprünglich Despotenschelte und Aufruf zu bürgerlich-nationaler Mündigkeit, wird es Ende des Jahrhunderts als prophetisches Wort zur imperialistischen Flottenbaupolitik gedeutet.[29] Die Doppelzüngigkeit, einerseits das radikale «Literaturmachen» zu tadeln, in dem die «Tages- und Parteitendenz zur Muse» und die «Poesie zur Magd der Tendenz»[30] gekehrt werde, auf der anderen Seite jedoch in nationalpädagogischer Absicht ideologisch genehme politische Dichtung freundlich zu rezensieren, ist den urteilenden Literaturhistorikern freilich letzten Endes selbst nicht ganz geheuer.[31]

Problemlose und zweifelsfreie Favoriten aus der vormärzlichen Epoche sind darum jene Dichter, die sich im ganzen «abseits von der Tendenz des Tages»[32] halten, deren Poesie eine harmonische zweite Welt imaginiert oder ein kulturkonservatives Weltbild gestaltet, in dem sich das Individuum heiter mit der eben-so-seienden Realität zu versöhnen weiß. Neben dem «seelenvoll-wahren» Eichendorff, dem «gesunden Realisten» Gotthelf, der «gedankentiefen» Droste oder dem «kosmopolitischen und doch echt deutschen» Rückert[33] ist es stets der Schwäbische Dichterkreis, dem das höchste Lob gewidmet wird. Uhland und Kerner, Mörike und Pfizer, Schwab und Mayer – sie alle, so preist Treitschke,

«(. . .) betrachteten die Poesie nicht, wie die weltschmerzfrohen Jungdeutschen, als einen quälenden Fluch, sondern als lichte Himmelsgabe, die den Dichter selbst beglücken und ihn befähigen sollte, auch andere über das Wirrsal des Lebens emporzuheben (. . .) Hier (in diesem weinesfrohen Kreise; J. W.) war deutsches Leben, deutsche Kunst und Laune; wie prosaisch erschien daneben die Betriebsamkeit der Gedankenverfertiger am Teetisch der Rahel oder gar das alberne Grisettengekicher bei Heines kleinen Diners.»[34]

Zwar erheben sich gegen Ende des 19. Jahrhunderts einige neoliberale Stimmen, denen der reichsteutonische Literaturkanon geschmacklich widersteht, und die – unter dem Stichwort ‹unklare, doch notwendige Vorläuferschaft der ästhetischen und realistischen Moderne› – zu einer ‹Rettung› der jungdeutschen und radikaldemokratischen Autoren antreten[35], zwar finden sich Bestrebungen, selbst Heine zu ‹entideologisieren› und als ‹genialen Artisten› dem deutschen poetischen Olymp einzuverleiben[36], doch bleibt der herrschende Tenor:

«Solange deutsche Menschen noch deutsch empfinden, wird es eine trennende Kluft geben, die nie zu überbrücken sein wird: zwischen Goethe, Novalis, Eichendorff, Uhland, Mörike und dem Volkslied einerseits und Heine (und den ‹Heineaposteln›; J. W.) andererseits.»[37]

Im Unterschied zum monographischen Schrifttum, das den weltanschaulichen Pluralismus der Ersten Republik einigermaßen abbildet[38], tradiert die allgemeine Literaturgeschichtsschreibung der Weimarer Zeit in nahezu geschlossener Formation[39] die Art der Urteilsfindung aus der Epoche des Kaiserreichs. Dabei treten im Interesse revanchistischer und antisozialistischer Volksgemeinschaftsideologie stammes- und rassenpsychologische Begründungselemente weiter in den Vordergrund[40] und verflechten sich politisch – bzw. literatur-‹soziologisch› mit den Epochenbegriffen Liberalismus, Realismus oder Biedermeier.

Im nachgoetheschen Zeitalter streite, so Walter Linden, die jüdisch-französische, liberalistisch-oberflächliche, dem radikalen politischen Zeitgeist verpflichtete ‹Augenblicksmache› der Jungdeutschen, der Junghegelianer und Tendenzlyriker wider eine ‹stammestümliche› Literaturströmung. Deren höchster Ausdruck, der ‹poetische Realismus›, aber auch schon der voranlaufende ‹Frührealismus› eines Gotthelf, Mörike oder Stifter, rette die «deutsche Seele durch die Zeiten der Veräußerlichung und Mechanisierung hindurch». Im Kampf mit der «Zeitmeinung» besinne sich die Dichtung der «deutschen Seele» auf ihr «Unvergänglich-Unverlierbares» und stütze sich

«(. . .) auf die vom Volksgeistgedanken der Romantik neuerschlossenen nationalen und stammestümlichen Kräfte, auf Heimat und Scholle, Familie und Landschaft, und in diesem engeren, aber auch um so vertrauteren, innigeren, mit allen Fasern des Herzens erfaßten Umkreis gelingt es ihr, das eigentümlich Deutsche auf eine ganz besondere, noch nicht dagewesene Art zu begreifen und zu gestalten.»[41]

Auslöschung von Geschichte und Verzicht auf historisch-empirisch überprüfbare Interpretation zugunsten des Mythos vom immer schon gegenwärtigen unveränderlichen ‹deutschen Wesen› kennzeichnen weiterhin die Zurichtung der Literatur für die Zwecke der Volksgemeinschaftsideologie. Rücksichtslos preßt man etwa den aufrechten Liberalen Immermann unter Berufung auf den Oberhof-Teil seines *Münchhausen* zum «realistischen» Dichterzeugen nationaler Bodenkultur: «Politische Freiheit» sei ihm

«(. . .) Selbstverwaltung des erdverwachsenen Volkes in Gau und Feldbezirk. Wirklichkeitsgeist des neuen Zeitalters: das ist Schollenverwurzelung vergeistigter Art (. . .) Das ist Dinghingabe, Dienst am wertvollen Irdischen, Erdfrömmigkeit – ein Gegenteil jener fordernden Geschichtslogik und tendenziösen Dogmatisierung, wie wir sie bei den geschilderten Oberflächenrichtungen (Jungdeutschland, Junghegelianismus, radikale Tendenzdichtung; J. W.) fanden.»[42]

Mit dem präfaschistisch-militanten Konzept eines innerlich-völkischen Realismus, der sich zwischen 1830 und 1885 entfalte und in dem «von der Dichtung gerufene(n) Erlebnis der Reichsgründung»[43] seinen «Höhepunkt» finde, konkurriert, zumindest an der literaturwissenschaftlichen Oberfläche, seit Ende der 1920er Jahre eine rückschauend kulturkonservative Epochenbestimmung: «Biedermeier», so formuliert Kluckhohn, sei «eine allgemeine deutsche Erscheinung der Zeit von etwa 1820 bis 1850». Es handle sich um «die letzte einigermaßen einheitliche deutsche Kulturepoche, auf die wir heute fast mit einem gewissen Neidgefühl zurücksehen».[44] Kennzeichnend für das Lebensgefühl des Biedermeier sei Kompromißbereitschaft, Resignation und Entsagung, «Verzicht auf Ruhm und großes Streben», Wendung zum privaten Lebenskreis, aber auch Verbundenheit mit den «überindividuellen Mächten der menschlichen Gemeinschaften», mit dem «Volk und Volkesleben», dem heimatlichen Stamm und der Landschaft.[45] Zur «politischen Tätigkeit und zur Schriftstellerei mit politischen, besonders mit radikalen liberalen Zielen», zur Zerrissenheit und Blasiertheit, zu extremem Subjektivismus und Zweifel stünden das Lebensgefühl des Biedermeier und seine Dichtung in unvereinbarem Gegensatz.

Wiederum verläuft so trotz der zunächst behaupteten (biedermeierlichen) Epocheneinheit eine Trennungslinie zwischen den Jungdeutschen Heine, Grabbe, Büchner, Lenau sowie den Tendenzlyrikern einerseits und den angeblich epochentypischen Autoren Mörike, Droste, W. Müller, Uhland, Hauff, Chamisso und Rückert andererseits. Der volkstumsideologischen Abdrängung aufklärerisch-sozialkritischer und politisch oppositioneller Vormärzliteraten aus der deutschen Geistesgeschichte arbeitet also auch der Periodisierungsbegriff ‹Biedermeier› zu; sein Dichtungskanon trifft sich im wesentlichen mit dem des ‹völkischen Frührealismus›.

Bruchlos tradiert die Literaturgeschichtsschreibung des Dritten Reiches die weltanschaulich-ästhetischen Wertdispositionen, die in der Vormärz-Rezeption während des ersten Jahrhundertdrittels maßgebend waren. Die Unterscheidung von «artechter», deutsch-inniger und vaterländischer «Dichtung» und «artfremder», journalistisch-oberflächlicher «Literatur» bleibt die grundlegende Urteilsformel; die sie ehemals vertraten, sind nun Standardautoren.

Wie einst dient die rassen- und volkstumsideologische Zerspaltung der vormärzlichen Literatur zur nationalpädagogischen Einschwörung auf imperialistische Ziele; im Zeichen des zur Herrschaft gelangten Nationalsozialismus wird damit außerdem das faschistische Selbstbild in der kulturellen Tradition legitimatorisch verankert:

«Es gehört zu den wesentlichen Kennzeichen dieser 1830er und 1840er Jahre und noch der späteren Jahrzehnte bis in die Folgezeit des großen Weltkrieges hinein, daß Oberfläche und Tiefe des geistigen Lebens wie Artfremdheit und Artechtheit einander im Innersten feindlich entgegenstehen. (. . .) In den 1830er Jahren aber vollzieht sich der schamlose Versuch eines schwatzenden Journalismus, der zuerst im jüdisch-beeinflußten Jungen Deutschland auftritt, die tendenziös-hirnerzeugte Oberflächenliteratur als das Gültige, Vorbildliche, Zeitentsprechende in den Vordergrund zu schieben, alles andere – und mit ihm die ewigkeitsgeprägten Werte echter Dichtung – als reaktionär, veraltet, dem ‹Zeitgeist› nicht entsprechend an die Wand zu drücken. Zeitgeist und Volksgeist – Literatur und echte Dichtung, das ist ein ewiger Widerspruch deutschen literarischen Lebens bis an die Schwelle der nationalen Revolution von 1933. Dort steht die Zeitgeiststsömung, von einem liberal-jüdischen Intellektualismus beherrscht, Ausgeburt der Städte und werdenden Großstädte, entwurzelt und westeuropäisch überfremdet (. . .) – hier die Volksgeistströmung, im Heimatlich-Stammestümlichen verwurzelt, dem Ewigen zugewandt, aus volkhaft-arteigenen Kräften deutscher Landschaft gespeist.»[46]

Das Anliegen der Literaturgeschichtsschreibung nach 1945 besteht zunächst darin, Dichtung aus der werturteilsbildenden Klammer ‹völkischer Literatursoziologie› zu lösen. Viëtor, während des Dritten Reiches selbst der volkstumsästhetischen Methode verhaftet, verurteilt am Beispiel Nadlers die «materialistische» Betrachtungsweise, nach der die Literaturentwicklung ins Korsett ‹mechanistisch aufgefaßter Kausalität› gezwängt worden sei und sich damit dem Zugriff der Faschisten angeboten habe. Erforderlich sei die Rückbesinnung auf das «zeitlos Gültige, das im Fluß der Geschichte Beharrende»; im «gestalteten Werk» gelte es, die «ewigen Wahrheiten» der abendländischen Welt aufzufinden.[47]

Nun trifft jedoch weder die analytische Kategorie des historischen ‹Materialismus› den Kern völkischer Literaturgeschichte, noch vermag das empfohlene Gegenmittel einen wirklich qualitativen Bruch mit der kritisierten Tradition herbeizuführen. Einerseits handelt es sich bei der völkischen Literatur gerade nicht um eine wissenschaftliche historisch-materialistische Verfahrensweise, sondern um eine extrem ahistorische Mythenkonstruktion. Zum anderen geht es auch in der (prä-)faschistischen Literaturideologie um die «ewigkeitsgeprägten Werte echter Dichtung» (vgl. Linden im Zitat oben), um einen dem ‹Zeitgeist› transzendenten Ausdruck von Schönheit und Wahrheit. So beschränkt sich die Entnazifizierung der Literaturgeschichtsschreibung durch Rückwendung zur politikfernen «zeitlos gültigen» Dichtung letztlich auf den Austausch von Zuschreibungsprädikaten, während der strukturelle Irrationalismus erhalten bleibt: Was vor 1945, als «deutsch-arteigene» wahre Dichtung bezeichnet wurde, ist jetzt ‹wahre Dichtung› in der Tradition des christlichen Abendlands; die ehemals «undeutsche» tendenziöse «Oberflächenliteratur» wird umgewidmet zur ästhetisch und ethisch minderwertigen «Zeitliteratur».

Unschwer gelingt es darum einer ganzen Anzahl ehemals völkischer Li-

teraturhistoriker, sich in die ‹neuen› ideologiewissenschaftlichen Anforderungen zu finden. Nadler, Fechter und Koch – um nur einige promi-
nente Namen der alten Garde zu nennen – treten in den fünfziger Jahren
wiederum mit literaturgeschichtlichen Werken hervor.[48] Die frühere
Orientierung am Mythos der ‹deutschen Seele› ist retuschiert; geblieben
sind, sonderlich was die Darstellung der nachklassischen und nachro-
mantischen Literatur angeht, die alten Urteilsschemata.

Fechter etwa hatte 1941 in den Schriften der Jungdeutschen keinerlei
«Dichtung», lediglich «Mitteilung, Propaganda, Polemik, eben jene
Wiedergeburt der Aufklärung samt allem primitiven Rationalismus und
primitiver Weltverbesserung»[49] entdecken können. Von «Volk» und
«Geist» gleich weit entfernt, sei diese Literatur bildungsbürgerliches
«Zwischenspiel» und «Tiefpunkt» zwischen der klassisch-romantischen
Kunstperiode und dem volks- und naturnahen Realismus, der mit Gott-
helf, Stifter, der Droste oder Keller anhebe. In der Neuausgabe der
Fechterschen Literaturgeschichte aus dem Jahre 1960 ist zu lesen:

«Die meisten Autoren der Zeit nach Goethe und Hegel gehören in die Zeit-,
nicht in die Dichtungsgeschichte. (. . .) Was sie bringen, gehört mehr oder weniger dem Tage, ist Zeitliteratur, beschäftigt sich mit Problemen der Stunde, etwa
mit Frauenemanzipation oder den schon damals beliebten demokratischen Forderungen, mit Propaganda, Polemik und was sonst zum Tage gehört.»[50]

Wie einst gilt die Epoche des Vormärz im Hinblick auf ihre aktuell-ope-
rative Literaturströmung als «Zeitalter des Absinkens», in dem «die natürlich doch bald wieder aufsteigenden wirklich geistigen Phänomene
mit wenigen Ausnahmen abseits bleiben».

Zu den Ausnahmen der Zeit zählen einmal mehr die «Riesengestalt
Gotthelf» – «ein ganz großer Dichter, kein Schriftsteller»; ferner Grillparzer – «als Menschengestalter der erste moderne Dichter des 19. Jahrhunderts»; weiterhin Eichendorff – «vielleicht die reinste und tiefste
Verkörperung dichterischen Seins überhaupt»; schließlich der «gläubige
Katholik» Stifter und sein «süddeutsch-protestantisches Seitenstück»
Mörike, sowie die «visionäre» Droste. Epochenwertung und Dichterka-
non, weltanschaulich-ästhetische Sympathien und Antipathien zeigen,
wohlgemerkt, nicht allein den sich im Grunde treu bewahrenden Fechter, sondern repräsentieren durchaus die Auffassung des ‹juste milieu›
westdeutscher Literaturhistorie in den beiden ersten Jahrzehnten nach
1945. Gemeinhin beklagt man, etwa im Auftreten der Jungdeutschen,
den «Niveauverlust» und Kulturverfall nach dem Ende von Klassik und
Romantik, stets wird die politikferne «reine Poesie» eines Eichendorff,
Mörike oder Stifter (oder des frühen «ethischen Realisten» Gotthelf) gegen die «Tagesschriftstellerei», die «Augenblicks-», «Aktualitäts-» oder
«Tendenzdichtung» der oppositionellen Autoren ins Wertzentrum ge-
hoben.[51]

Erst etwa seit 1965 deutet sich ein Umschwung an. Mit dem Ende der sogenannten Adenauerschen Restaurationsperiode und der ‹sozial-liberalen› Bewußtseinsöffnung in Politik und Gesellschaft beginnt auch in der bundesdeutschen Literaturwissenschaft das längst überfällige gründliche Nachdenken über die eigene lastvolle Tradition. In der Kritik des überlieferten Dichtungskanons, der geisteswissenschaftlichen Methodik und der normativ-ästhetischen Wertung werden die ideologischen Einschlüsse freigelegt, die seit der Mitte des 19. Jahrhunderts die Wissenschaft von der deutschen Literatur zu einem Medium genuin konservativer, ja antidemokratisch-reaktionärer Gesinnung machten.[52] Die Suche nach ‹überzeitlicher› Schönheit und Wahrheit in der Dichtung wird zumindest relativiert; man strebt jetzt danach, Literatur in ihrem jeweiligen realgeschichtlichen Entstehungs- und Funktionszusammenhang zu deuten. Der exklusive Dichtungskanon wird aufgebrochen, unterdrückte Traditionen politisch-sozialkritischen Schreibens finden nun Beachtung: Es komme darauf an, formulieren Grab und Friesel im Jahre 1970 programmatisch, «aufzuzeigen, daß es in der deutschen Literatur neben den elitären und wirklichkeitsfeindlichen Strömungen auch ein demokratisches, volksverbundenes Bewußtsein gegeben hat».[53] Nicht zuletzt der engagierten Literatur aus der Zeit des Vormärz wächst damit ein bedeutendes Interesse zu: In einer Reihe von Anthologien und Einzelausgaben werden zunächst ‹unbequeme› vergessene Texte und ideologisch verschüttete Schriftsteller – von Börne bis Weerth, von Mundt bis Willkomm – wieder zugänglich gemacht; autorenmonographische, problem-, gattungs-, stil- und motivorientierte Untersuchungen schließen sich an. Teils sucht man dabei den Forschungsstand der DDR einzuholen, deren Literaturwissenschaft von Beginn an im Sinne der ‹Erbetheorie› die vormärzlichen Dokumente bürgerlich-progressiven Bewußtseins und (vor-)sozialistischer Strebungen gewürdigt hatte; teils konkurriert man aus bundesrepublikanisch-liberaler Perspektive mit den Verfahrensweisen und Ergebnissen der DDR-Forschung.

Eine literaturgeschichtliche Gesamtdarstellung, die der gewandelten theoretisch-methodischen Sichtweise und dem Erkenntniszugewinn der letzten zehn bis fünfzehn Jahre Rechnung trüge, steht allerdings, anders als in der DDR[54], noch aus. Sengles Epochenmonographie «Biedermeierzeit», deren Konzept noch während der Jahre der Adenauerschen Restauration entwickelt wurde, kann trotz enormer Materialfülle diese Lücke nicht schließen: Gemessen am Programm, die «dialektische Epocheneinheit» zu zeigen, gerät die Behandlung der oppositionellen Literaturströmungen allzu knapp.[55]

Der Anspruch, der heute an eine Literaturgeschichte des Vormärz zu stellen ist, liegt auf der Hand: Es gilt, das Schrifttum der Zeit als ein Bündel subjektiver (schichten- und klassenspezifisch, weltanschaulich-

politisch, individualpsychologisch differenzierter) Stellungnahmen zur
objektiven (sozialökonomischen, politischen, sozialpsychologischen)
Problemlage der Epoche darzustellen: Zu gewinnen ist das literarisch
überlieferte subjektive Bewußtseinsprofil quer durch die vormärzliche
Gesellschaft.

Inwieweit dieses Vorhaben unter den gegenwärtigen institutionellen und
finanziellen Bedingungen des bundesrepublikanischen Wissenschaftsbe-
triebs befriedigend eingelöst werden kann, steht freilich dahin.

Anmerkungen

Dirk Blasius
Epoche – sozialgeschichtlicher Abriß

1 Koselleck, Reinhart: Aufstieg und Strukturen der bürgerlichen Welt. In: Bergeron, Louis: Das Zeitalter der europäischen Revolution 1780–1848. Hrsg. u. verf. von Louis Bergeron; François Furet; Reinhart Koselleck. Frankfurt (Main) 1969. S. 297.

2 Deutsche Bundesakte. In: Dokumente zur deutschen Verfassungsgeschichte. Bd. 1: Deutsche Verfassungsdokumente 1803–1850. Hrsg. von Ernst Rudolf Huber. Stuttgart 1961. S. 75–81.

3 Brandt, Hartwig: Gesellschaft, Parlament, Regierung in Würtenberg 1830–1840. In: Gesellschaft, Parlament und Regierung. Zur Geschichte des Parlamentarismus in Deutschland. Hrsg. im Auftrage der Kommission für Geschichte des Parlamentarismus und der Politischen Parteien von Gerhard A. Ritter. Düsseldorf 1974. S. 101–118. Hier S. 101.

4 Kaufhold, Karl Heinrich: Handwerk und Industrie 1800–1850. In: Handbuch der deutschen Wirtschafts- und Sozialgeschichte. Bd. 2: Das 19. und 20. Jahrhundert. Hrsg. von Hermann Aubin; Wolfgang Zorn. S. 321–368. Hier S. 353.

5 Borchardt, Knut: Die Industrielle Revolution in Deutschland 1750–1914. In: Europäische Wirtschaftsgeschichte. Hrsg. von Carlo Maria Cipolla (Ins Deutsche übers. u. bearb. Ausg.) Hrsg. von Borchart. Bd. 4: Die Entwicklung der industriellen Gesellschaften. Stuttgart, New York 1977. S. 135–202. Hier S. 157 f.

6 Schivelbusch, Wolfgang: Geschichte der Eisenbahnreise. Zur Industrialisierung von Raum und Zeit im 19. Jahrhundert. Hrsg. von Wolf Lepenies; Henning Ritter. München 1977. S. 171.

7 Koselleck, Reinhart: Staat und Gesellschaft in Preußen 1815–1848. In: Staat und Gesellschaft im deutschen Vormärz 1815–1848: Sieben Beiträge von Theodor Schieder u. a. Hrsg. von Werner Conze. Stuttgart 1962. S. 79–112. Hier S. 100.

8 Köllmann, Wolfgang: Von der Bürgerstadt zur Regional-«Stadt». Über einige Formwandlungen der Stadt in der deutschen Geschichte. In: Die deutsche Stadt im Industriezeitalter. Beiträge zur modernen deutschen

Stadtgeschichte. Hrsg. von Jürgen Reulecke. Wuppertal 1978. S. 15–30. Hier S. 19.

9 Statistisches Jahrbuch für das Deutsche Reich. 21. Jg. 1900. S. 2.

10 Kaufhold (Anm. 4), S. 355.

11 Kaufhold (Anm. 4), S. 347.

12 Mitteilungen des statistischen Bureaus in Berlin. 5. Jg. 1852. S. 270–331.

13 Hoffmann, Johann Gottfried: Die Bevölkerung des Preußischen Staats: nach dem Ergebnisse der zu Ende des Jahres 1837 amtlich aufgenommenen Nachrichten in staatswirtschaftlicher, gewerblicher und sittlicher Beziehung dargestellt. Berlin 1939. S. 44 ff.

14 Die statistischen Tabellen des Preußischen Staats, nach der amtlichen Aufnahme des Jahres 1843. Hrsg. von Karl Friedrich Wilhelm Dieterici. Berlin 1845. S. 101 ff.

Sibylle Obenaus
Buchmarkt, Verlagswesen und Zeitschriften

1 Quellen zum Staatsrecht der Neuzeit. Bd. 1: Deutsches Verfassungsrecht im Zeitalter des Konstitutionalismus (1806–1918). Tübingen 1949. S. 28.

2 Gieseke, Ludwig: Die geschichtliche Entwicklung des deutschen Urheberrechts. Göttingen 1957. S. 147.

3 Gieseke (Anm. 2). S. 155.

4 Houben, Heinrich Hubert: Jungdeutscher Sturm und Drang. Ergebnisse und Studien. Leipzig 1911. S. 64.

5 Reisner, Hanns-Peter: Literatur unter der Zensur. Die politische Lyrik des Vormärz. Stuttgart 1975. S. 45 f.

6 Keller, Hans Gustav: Die politischen Verlagsanstalten und Druckereien in der Schweiz 1840–1843. Ihre Bedeutung für die Vorgeschichte der deutschen Revolution von 1848. Bern, Leipzig 1935. S. 49.

7 Schulze, Friedrich: Der deutsche buchhandel und die geistigen strömungen der letzten hundert jahre. Leipzig 1925. S. 95.

8 Steegers, Wolfgang: Der Leipziger Literatenverein von 1840. In: Archiv für Geschichte des Buchwesens 19 (1978). Sp. 321.

9 Steegers (Anm. 8). Sp. 250.

10 Obenaus, Sibylle: Die deutschen allgemeinen kritischen Zeitschriften in der ersten Hälfte des 19. Jahrhunderts. Entwurf einer Gesamtdarstellung. In: Archiv für Geschichte des Buchwesens 14 (1973). Sp. 47.

11 Obenaus (Anm. 10). Sp. 80.

Bernd Witte
Literaturtheorie, Literaturkritik und Literaturgeschichte

1 Sengle, Friedrich: Biedermeierzeit. Bd. 2: Die Formenwelt. Stuttgart 1972. S. 28.

2 Wülfing, Wulf: Junges Deutschland. Texte-Kontexte, Abbildungen, Kommentar. München, Wien 1978. S. 145 weist zurecht darauf hin, daß

hier politische Termini zu «Metaphern für literarische Konzepte» werden.

3 Die gesamte literarische Produktion des Jungen Deutschland im Jahre 1835 dokumentiert Hömberg, Walter: Zeitgeist und Ideenschmuggel. Die Kommunikationsstrategie des Jungen Deutschland. Stuttgart 1975. S. 99.

4 Briegleb, Klaus: Der ‹Geist der Gewalthaber›. Über Wolfgang Menzel. In: Demokratische-revolutionäre Literatur in Deutschland: Vormärz. Hrsg. von Gert Mattenklott; Klaus Rüdiger Scherpe. Kronberg 1973. S. 117 ff.

5 Dokumentiert in: ‹Deutsche Revue› und ‹Deutsche Blätter›. Hrsg. von Alfred Estermann. Frankfurt (Main) 1971. Vgl. auch Wülfing (Anm. 2). S. 62 ff.

6 Laube war schon 1834 zum «Juda» an seinen jungdeutschen Kampfgefährten geworden, wie Dietze, Walter: Junges Deutschland und deutsche Klassik. Zur Ästhetik und Literaturtheorie des Vormärz. 3., überarb. Aufl. Berlin 1962. S. 89 ff belegt.

7 Sengle (Anm. 1). Bd. 1. S. 163 f.

8 Eck, Else von: Die Literaturkritik in den Hallischen und Deutschen Jahrbüchern. Berlin 1926. S. 117.

9 Demetz, Peter: Marx, Engels und die Dichter. Frankfurt (Main), Berlin (West) 1968. S. 164 ff übersieht den Neuansatz bei Engels und führt seine Goetheinterpretation auf Wienbarg zurück.

Walter Hömberg
**Literarisch-publizistische Strategien
der Jungdeutschen und Vormärz-Literaten**

1 Mundt, Theodor: Die Kunst der deutschen Prosa. Ästhetisch, literaturgeschichtlich, gesellschaftlich. Berlin 1837. S. 49.

2 Bei Maenner, Ludwig: Karl Gutzkow und der demokratische Gedanke. München, Berlin 1921. S. 13.

3 Gutzkow, Karl Ferdinand: Vertheidigung gegen Menzel und berichtigung einiger urtheile im publikum. Mannheim 1835. Ders.: Appellation an den gesunden Menschenverstand. Letztes Wort in einer literarischen Streitfrage. Frankfurt (Main) 1835.

4 Siehe etwa die Übergänge von Mundts ‹Schriften in bunter Reihe, zur Anregung und Unterhaltung› (1834) zum ‹Literarischen Zodiacus, Journal für Zeit und Leben, Wissenschaft und Kunst› (1835) zum ‹Freihafen› (1838).

5 Vgl. Glossy, Karl: Literarische Geheimberichte aus dem Vormärz. In: Jahrbuch der Grillparzer-Gesellschaft 21–23 (1912); sowie Literarische Geheimberichte. Protokolle der Metternich-Agenten. Bd. 1. Köln 1977. Der Verbotserlaß der Bundesversammlung und weitere einschlägige Dekrete sind abgedruckt in: Dokumente zur deutschen Verfassungsgeschichte. Hrsg. Ernst Rudolf Huber. Bd. 1: Deutsche Verfassungsdokumente 1803–1850. Stuttgart 1961.

6 Prutz, Robert Eduard: Die politische Poesie, ihre Berechtigung und Zu-

kunft. Neu abgedruckt in der von Hartmut Kirchner hrsg. Werkauswahl:
Zwischen Vaterland und Freiheit. Köln 1975. S. 164.

Winfried Bauer
Geistliche Restauration versus Junges Deutschland und Vormärz-Literaten

1 Literaturblatt für gebildete Stände. Hrsg. von Wolfgang Menzel. Stuttgart 1835. S. 7f.
2 Staat und Gesellschaft im deutschen Vormärz 1815–1848. Sieben Beiträge von Theodor Schieder u. a. Hrsg. von Werner Conze. Stuttgart 1962.
   S. 224.
3 Vgl. Johannes Bachmann. Sein Leben und Wirken, nach gedruckten und
   ungedruckten Quellen dargestellt. Bd. 2. Gütersloh 1880. S. 5f.

Alexander von Bormann
Romantische Erzählprosa

1 Teubners Quellensammlung. Heft «Vormärz». Zitiert nach: Grundzüge
   der Geschichte. Quellenband. Frankfurt (Main) 1970. S. 63ff.
2 Teubners Quellensammlung (Anm. 1). S. 65.
3 Romantik. Erläuterungen zur deutschen Literatur. Hrsg. vom Kollektiv
   für Literaturgeschichte, Leitung Kurt Böttcher. Berlin (Ost) 1967. S.
   287.

Winfried Hartkopf
Historische Romane und Novellen

1 Elchlepp, Margarete: Achim von Arnims Geschichtsdichtung ‹Die Kronenwächter›. Ein Beitrag zur Gattungsproblematik des historischen Romans. Berlin (West) 1967 (Diss.). S. 413.
2 Huber, Hans Dieter: Historische Romane in der ersten Hälfte des 19.
   Jahrhunderts. Studie zu Material und «schöpferischen Akt» ausgewählter
   Romane von Achim von Arnim bis Adalbert Stifter. München 1978. S. 8.
3 Prawer, Siegbert Salomon: Mignons Genugtuung. Eine Studie über Mörikes ‹Maler Nolten›. In: Deutsche Romane von Grimmelshausen bis
   Musil. Hrsg. von Jost Schillemeit. Frankfurt (Main) 1976. S. 170.
4 Romantik. Erläuterungen zur deutschen Literatur. Hrsg. vom Kollektiv
   für Literaturgeschichte, Leitung Kurt Böttcher. 3., durchges. Aufl. Berlin (Ost) 1977. S. 289.
5 Eggert, Hartmut: Studien zur Wirkungsgeschichte des deutschen historischen Romans 1850–1875. Frankfurt (Main) 1971. S. 58.
6 Alexis, Willibald: Rezension der Romane Scotts (1823). In: Romantheorie. Dokumentation ihrer Geschichte. Bd. 1: Deutschland 1620–1880.
   Hrsg. von Eberhard Lämmert u. a. Köln 1971.

7 Sengle, Friedrich: Biedermeierzeit. Bd. 2: Die Formenwelt. Stuttgart 1972. S. 858.

Joseph A. Kruse
Zeitromane

1 Zur Klassifizierung vgl. bes. 1. Majut, Rudolf: Der deutsche Roman vom Biedermeier bis zur Gegenwart. Kap 1: Biedermeier. Kap. 2: Jungdeutschland. In: Deutsche Philologie im Aufriß. Hrsg. von Wolfgang Stammler. 2. unveränd. Nachdr. der 2. Aufl. von 1960. Berlin 1978. Bd. 2. Sp. 1439 und 2. Sengle, Friedrich: Biedermeierzeit. Deutsche Literatur im Spannungsfeld zwischen Restauration und Revolution 1815–1848. Bd. 1: Allgemeine Voraussetzungen, Richtungen, Darstellungsmittel und Bd. 2: Die Formenwelt. Stuttgart 1971–72.
2 Kohlschmidt, Werner: Geschichte der deutschen Literatur vom jungen Deutschland bis zum Naturalismus. Stuttgart 1975. S. 103.
3 Kohlschmidt (Anm. 2). S. 104.
4 Sengle (Anm. 1). Bd. 2. S. 862.

Wulf Wülfing
Reiseliteratur

1 Vgl. Bühler, Karl: Sprachtheorie. Die Darstellungsfunktion der Sprache. 2., unveränd. Aufl. Stuttgart 1965. S. 28.
2 Bühler (Anm. 1). S. 11.
3 Schenda, Rudolf: Volk ohne Buch. Studien zur Sozialgeschichte der populären Lesestoffe 1770–1910. München 1977. S. 485.
4 Schenda (Anm. 3). S. 67.
5 Schenda (Anm. 3). S. 217.
6 Gutzkow, Karl Ferdinand: Briefe eines Narren an eine Närrin. Hamburg 1832. S. 190.
7 Hömberg, Walter: Zeitgeist und Ideenschmuggel. Die Kommunikationsstrategie des Jungen Deutschland. Stuttgart 1975. S. 32.
8 Hömberg (Anm. 7). S. 33.
9 Vgl. Bühler (Anm. 1).
10 Schivelbusch, Wolfgang: Geschichte der Eisenbahnreise. Zur Industrialisierung von Raum und Zeit im 19. Jahrhundert. München 1977. S. 36.
11 Schivelbusch (Anm. 11). S. 24.
12 Schivelbusch (Anm. 11). S. 172.
13 Schivelbusch (Anm. 11). S. 16.
14 Schivelbusch (Anm. 11). S. 170.
15 Haar, Carel: J. von Eichendorff: Aus dem Leben eines Taugenichts. Text, Materialien, Kommentar. München 1977. S. 91.
16 Madonna. Unterhaltungen mit einer Heiligen. Hrsg. von Theodor Mundt. (Repr. Leipzig 1835). Frankfurt (Main) 1973. S. 434.

Erika Tunner
Liebeslyrik

1 Vgl. dazu Adorno, Theodor Wiesengrund: Rede über Lyrik und Gesellschaft. In: Noten zur Literatur. Bd. 1. Berlin (West), Frankfurt (Main)
  1958.
2 Preitz, Max: Clemens Brentanos ‹Freudenhaus-Romanze›. Frankfurt
  (Main) 1922.
3 Frühwald, Wolfgang: Das Spätwerk Clemens Brentanos (1815–1842).
  Romantik im Zeitalter der Metternich'schen Restauration. Tübingen
  1977. S. 312.
4 Stöcklein, Paul: Joseph von Eichendorff in Selbstzeugnissen und Bilddokumenten. Reinbek bei Hamburg 1963.
5 Vgl. dazu Heines Einleitung zum «Don Quichotte» (1837).
6 Vgl. dazu Sengle, Friedrich: Biedermeierzeit. Deutsche Literatur im
  Spannungsfeld zwischen Restauration und Revolution 1815–1848. Bd. 2:
  Die Formenwelt. Stuttgart 1972. S. 517f, und Just, Klaus Günter: Wilhelm Müllers Liederzyklen «Die schöne Müllerin» und «Die Winterreise».In: ZfdPh. 83 (1964) S. 452–471.
7 Vgl. dazu Winkler, Eugen Gottlob: Platen. In: Aus den Schriften eines
  Frühvollendeten. Ausgew. u. eingel. von Walter Jens. Pfullingen 1956.
  S. 81.

Giuseppe Farese
Lyrik des Vormärz

1 Deutsche Geschichte. Hrsg. von Hans-Joachim Bartmuss; Stefen Doern-
  berg; u. a. Bd. 2: von 1789 bis 1917. 2, unveränd. Aufl. Berlin (Ost)
  1967. S. 177.
2 Mehring, Franz: Zur Literaturgeschichte von Calderón bis Heine. In:
  Mehring, Franz: Gesammelte Schriften. In Einzelausgaben. Hrsg. von
  Eduard Fuchs. Berlin 1929. S. 287.
3 Engels, Friedrich: Georg Weerth, der erste bedeutende Dichter des
  deutschen Proletariats. In: Marx, Karl; Engels, Friedrich: Über Kunst
  und Literatur. In 2 Bdn. Auswahl und Redaktion Manfred Klein. Berlin
  (Ost). Bd. 2. S. 298.
4 Vgl. Lukács, Georg: Heinrich Heine als Nationaldichter. In: Lukács, Georg: Deutsche Realisten des XIX. Jahrhunderts. 5. Aufl. Berlin (Ost)
  1956.
5 Engels (Anm. 3). S. 296–299.

Helmut Schanze
Hof- und Stadttheater

1 Holl, Karl: Geschichte des deutschen Lustspiels. (Fotomech. Nachdr.
  der Ausg. Leipzig 1923.). Darmstadt 1964. S. 270.

2 Denkler, Horst: Restauration und Revolution. Politische Tendenzen im deutschen Drama zwischen Wiener Kongreß und Märzrevolution. München 1973. S. 119.

Gerd Heinemann
Historische und mythologische Dramen

1 Hettner, Hermann Julius Theodor: Das moderne Drama. Aesthetische Untersuchungen. Hrsg. von Paul Alfred Merbach. Berlin, Leipzig 1924. S. 10.
2 Hettner (Anm. 1). S. 3.
3 Nieschmidt, Hans-Werner: Die bedrohte Idylle in den Geschichtsdramen Chr. D. Grabbes. In: Deutung und Dokumentation. Studien zum Geschichtsdrama Christian Dietrich Grabbes. Detmold 1973. S. 64.
4 Schlaffer, Hannelore: Dramenform und Klassenstruktur. Eine Analyse der dramatis persona «Volk». Stuttgart 1972. S. 99 f.

Herbert Zeman
Die Alt-Wiener Volkskomödie

1 Es wurde auch unter dem Titel «Der Zeitgeist oder der Besuch aus der Vorzeit» aufgeführt und erschien im gleichen Jahr wie Adolf Bäuerles beliebtes Zeitbild «Rococo».
2 Rommel, Otto: Die romantisch-komischen Originalzauberspiele. Leipzig 1939. (Dt. Literatur. Reihe Barock: Barocktradition im österreichisch-bayrischen Volkstheater. Bd. 6). S. 33.
3 May, Erich Joachim: Wiener Volkskomödie und Vormärz. Berlin 1975. S. 265.

Gert Mattenklott
Der späte Goethe

1 Suhrkamp, Peter: Goethes Wahlverwandtschaften. In: Goethes Roman «Die Wahlverwandtschaften». Hrsg. von Ewald Rösch. Darmstadt 1975. S. 193.
2 Schlaffer, Heinz: Exoterik und Esoterik in Goethes Romanen. In: Goethe-Jahrbuch 95 (1978). S. 225.
3 Pickerodt, Gerhart: Nachwort zu Goethe. Faust. In: Goethe, Johann Wolfgang von: «Faust». Genehmigte Taschenbuchausgabe. Nachdruck des 8. Bandes der im Aufbau-Verlag Berlin, Weimar erschienenen «Berliner Ausgabe» von Goethes Werken. Nachw. u. bibliograph. Hinweise Gerhart Pickerodt. München 1978. S. 993.

Albrecht Betz
Portrait Heines

1 Nerval, Gérard de: Notice du Traducteur. Revue des deux Mondes. Paris, 15. Juli 1848. Blaze de Bury, Baron Henri Ange: Les écrivains modernes de l'Allemagne. Paris 1868. S. 175.
Harich, Wolfgang: Vorbemerkung des Herausgebers. In: Heinrich Heine. Gesammelte Werke. 6 Bde. Berlin (Ost) 1951. S. 5.

Johannes Weber
Epoche in der Literaturgeschichtsschreibung

1 Heine, Heinrich: «Im Oktober 1849». In: Heinrich Heine. Sämtliche Schriften. Hrsg. von Klaus Briegleb. Bd. 6/1. München 1975. S. 116.
2 Schmidt, Julian: Geschichte der deutschen Literatur seit Lessings Tod. Bd. 3. 4., durchweg umgearb. u. verm. Aufl. Leipzig 1858. S. 13.
3 Schmidt (Anm. 2). S. 40.
4 Schmidt (Anm. 2). S. 101.
5 Schmidt (Anm. 2). S. 102.
6 Schmidt (Anm. 2). S. 44 passim.
7 Schmidt (Anm. 2). S. 358.
8 Vilmar, August Friedrich Christian: Geschichte der Deutschen Nationalliteratur. Marburg 1845. – Gelzer, Heinrich: Die neuere deutsche National-Literatur nach ihren ethischen und religiösen Gesichtspunkten; zur innern Geschichte des deutschen Protestantismus. 2 Bde. 2., umgearb. u. verm. Aufl. Leipzig 1847–49. – Weber, Georg: Die Geschichte der deutschen Literatur nach ihrer organischen Entwicklung in einem leicht überschaubaren Grundriß. 2. Aufl. Leipzig 1850. (1. Aufl. 1847 endet mit Goethes Tod.)
9 Barthel, Carl: Die deutsche Nationalliteratur der Neuzeit in einer Reihe von Vorlesungen dargestellt. Braunschweig 1850. S. 117f. Die Formulierung folgt Weber (Anm. 8), S. 93. Das katholische Pendant zum evangelischen Barthel ist: Lindemann, Wilhelm: Geschichte der deutschen Literatur. Freiburg 1866.
10 Barthel (Anm. 9). S. 343.
11 Barthel (Anm. 9). S. 421.
12 Barthel (Anm. 9). S. 379.
13 Barthel (Anm. 9). S. 115.
14 Scherr, Johannes: Allgemeine Geschichte der Literatur von den ältesten Zeiten bis auf die Gegenwart. Stuttgart 1851. – Kurz, Heinrich: Geschichte der deutschen Literatur. 4 Bde. Leipzig 1851–1872. – Gottschall, Rudolf von: Die deutsche Nationalliteratur in der ersten Hälfte des neunzehnten Jahrhunderts. Literaturhistorisch und kritisch dargestellt. 2 Bde. Breslau 1855.
15 Laube, Heinrich Rudolf Constanz: Geschichte der deutschen Literatur. 4 Bde. Stuttgart 1840. – Mundt, Theodor: Allgemeine Literaturgeschichte.

3 Bde. Berlin 1846. – Prutz, Robert Eduard: Vorlesungen über die deutsche Literatur der Gegenwart. Leipzig 1847.

16 Gottschall (Anm. 14). Bd. 2. S. 455 f.

17 Stets wieder aufgelegt werden Barthel und Lindemann sowie Brugier, Gustav: Geschichte der deutschen National-Literatur. Für Schule und Selbstbelehrung. Mit vielen Proben und einem Glossar. Freiburg 1865. Hinzu kommen: Norrenberg, Peter: Allgemeine Geschichte der Literatur; ein Handbuch der Geschichte der Poesie aller Völker. 3 Bde. Münster 1882–84. – Boetticher, Gotthold: Deutsche Literaturgeschichte. Hamburg 1906. – Salzer, Anselm: Illustrierte Geschichte der deutschen Literatur von den ältesten Zeiten bis zur Gegenwart. 3 Bde. München 1912.

18 Koenig, Robert: Deutsche Literaturgeschichte. 11. Aufl. Bielefeld, Leipzig 1881 (1. Aufl. 1879). S. 630 f.

19 Koenig (Anm. 18). S. 695.

20 Hirsch, Franz Wilhelm: Geschichte der deutschen Literatur von ihren Anfängen bis auf die neueste Zeit. Bd. 3: Von Goethe bis zur Gegenwart. Leipzig 1885. S. 482.

21 Weitbrecht, Carl: Deutsche Literaturgeschichte des 19. Jahrhunderts. Bd. 1. Leipzig 1901. S. 63.

22 Treitschke, Heinrich von: Deutsche Geschichte des 19. Jahrhunderts. Bd. 4: Bis zum Tode König Friedrich Wilhelm III. 5. Aufl. Leipzig 1907. S. 419 und S. 434.

23 Vgl. Bartels, Adolf: Geschichte der deutschen Literatur. Bd. 2: Das 19. Jahrhundert. Leipzig 1902. S. 323.

24 Treitschke (Anm. 22). S. 423.

25 Vgl. Treitschke (Anm. 22), Hirsch (Anm. 20), Bartels (Anm. 23), Weitbrecht (Anm. 21).

26 Stern, Adolf: Die Deutsche National-Literatur vom Tode Goethes bis zur Gegenwart. Anhang zu: Vilmar, August Friedrich Christian : Geschichte der Deutschen National-Literatur. 22. Aufl. Marburg, Leipzig 1886. S. 531.

27 Vogt, Friedrich; Koch, Max: Geschichte der deutschen Literatur von den ältesten Zeiten bis zur Gegenwart. Leipzig, Wien 1897. S. 713. – Vgl. auch Stern (Anm. 26). S. 524.

28 Koenig (Anm. 18) Bd. 2. 23. Aufl. Bielefeld, Leipzig 1893. S. 333.

29 Vgl. Vogt; Koch (Anm. 27). S. 714.

30 Weitbrecht (Anm. 21). S. 69.

31 Darum die gewundenen Rechtfertigungen etwa bei Storck, Karl: Deutsche Literaturgeschichte. Stuttgart, Wien 1898. S. VII; oder bei Leixner-Grünberg, Otto von: Illustrierte Geschichte des deutschen Schrifttums in volkstümlicher Darstellung. Bd. 1. Leipzig, Berlin 1881. S. VI.

32 Weitbrecht (Anm. 21). 2. Aufl. Leipzig 1908. Bd. 1. S. 78.

33 Diese Epitheta verwendet König (Anm. 28).

34 Treitschke (Anm. 22). Bd. 4. S. 438.

35 Proelß, Johannes: Das junge Deutschland. Ein Buch deutscher Geistesgeschichte. Stuttgart 1892. – Lublinski, Samuel: Literatur und Gesellschaft im 19. Jahrhundert. 2 Bde. Berlin 1899–1900. – Engel, Eduard:

Geschichte der Deutschen Literatur von den Anfängen bis zur Gegenwart. 2 Bde. Wien, Leipzig 1906. – Arnold, E.: Illustrierte Deutsche Literaturgeschichte. Berlin, Wien 1910. – Bleibtreu, Carl: Geschichte der Deutschen Nationalliteratur von Goethes Tod bis zur Gegenwart. Mit 198 Porträts. Hrsg. von Georg Gellert. 2 Teile in einem Band. Berlin 1912.

36 Vgl. etwa Vogt; Koch (Anm. 27) S. 689; oder Bleibtreu (Anm. 35). S. 85 ff.

37 Kummer, Friedrich: Deutsche Literaturgeschichte des 19. Jahrhunderts, dargestellt nach Generationen. Dresden 1909. S. 245.

38 Vgl. den Literaturbericht in: Der Literarische Vormärz 1830–1847. Hrsg. von Wolfgang W. Behrens u. a. München 1973. S. 197–202.

39 Ausnahmen sind der liberale Eloesser, Arthur: Die deutsche Literatur vom Barock bis zur Gegenwart. Berlin 1931; sowie der sozialdemokratische Kleinberg, Alfred: Die deutsche Dichtung in ihren sozialen, zeit- und geistesgeschichtlichen Bedingungen. Eine Skizze. (repr. Nachdr. Berlin 1927). Hildesheim, New York 1978.

40 Sie sind bereits deutlich ausgeprägt etwa bei Treitschke und Bartels.

41 Linden, Walter: Das Zeitalter des Realismus (1830–1885). In: Aufriß der deutschen Literaturgeschichte nach neueren Gesichtspunkten. Hrsg. von Hermann August Korff; Walter Linden. Leipzig, Berlin 1931. S. 171.

42 Aufriß der . . . (Anm. 41). S. 179 f.

43 Aufriß der . . . (Anm. 41). S. 187.

44 Kluckhohn, Paul: Biedermeier als literarische Epochenbezeichnung. In: Dt. Vierteljahresschrift für Literaturwissenschaft und Geistesgeschichte 13 (1935) S. 3 und S. 37.

45 Kluckhohn (Anm. 44). S. 14 f, S. 20 ff, S. 38 ff.

46 Linden, Walter: Geschichte der deutschen Literatur von den Anfängen bis zur Gegenwart. Leipzig 1937. S. 371.

47 Viëtor, Karl: Deutsche Literaturgeschichte als Geistesgeschichte. Ein Rückblick. In: PLMA 60 (1945) H. 3. S. 913 ff.

48 Nadler, Josef: Geschichte der deutschen Literatur. Wien 1951. – Fechter, Paul: Geschichte der deutschen Literatur. Gütersloh 1952. – Koch, Franz: Idee und Wirklichkeit. Deutsche Dichtung zwischen Romantik und Naturalismus. 2 Bde. Düsseldorf 1956.

49 Fechter, Paul: Geschichte der deutschen Literatur von den Anfängen bis auf die Gegenwart. Berlin 1941. S. 512.

50 Fechter, Paul: Geschichte der deutschen Literatur. Bd. 1: Von ihren Anfängen bis ins 19. Jahrhundert. Bearb. von K. L. Tank; W. Jacobs. Gütersloh 1960. S. 242.

51 Vgl. Schneider, Hermann: Geschichte der deutschen Dichtung, nach ihren Epochen dargestellt. 2 Bde. Bonn 1949–50. – Bräm, Max Emil: Geschichte der deutschen Literatur von ihren Anfängen bis zur Gegenwart. Freiburg 1949. – Martini, Fritz: Deutsche Literaturgeschichte. Von den Anfängen bis zur Gegenwart. Stuttgart 1949. – Alker, Ernst: Die deutsche Literatur im 19. Jahrhundert 1832–1914. 2., veränd. u. verb. Aufl. Stuttgart 1962.

52 Vgl. etwa: Nationalismus in Germanistik und Dichtung. Dokumentation

des Germanistentages in München vom 17.–22. Oktober 1966. Hrsg. von Benno von Wiese; Rudolf Heuß. Berlin 1967.

53 Grab, Walter; Friesel, Uwe: Noch ist Deutschland nicht verloren. Eine historisch politische Analyse unterdrückter Lyrik von der Französischen Revolution bis zur Reichsgründung. München 1970. S. 14.

54 Maßgeblich die Bände 7, 8.1 und 8.2 der Geschichte der deutschen Literatur von den Anfängen bis zur Gegenwart. Hrsg. von einem Autorenkollektiv. Berlin (Ost) 1975–78.

55 Sengle, Friedrich: Biedermeierzeit. Deutsche Literatur im Spannungsfeld zwischen Restauration und Revolution 1815–1848. Bd. 1: Allgemeine Voraussetzungen, Richtungen, Darstellungsmittel. Bd. 2: Die Formenwelt. Stuttgart 1971–72.

Bibliographie

Die nachstehende Bibliographie ist eine Zusammenfassung der wissenschaftlichen Literatur, auf die sich die Autoren in ihren Artikeln beziehen bzw. auf die sie hinweisen. Sie erhebt keinen Anspruch, einen Überblick über die gesamte wissenschaftliche Literatur zu bieten. Nicht geschlossen werden soll aus der Bibliographie, daß alle aufgeführten Titel zur weiterführenden Lektüre empfohlen werden.

1. Zur sozialgeschichtlichen Situation

Abel, Wilhelm: Massenarmut und Hungerkrisen im vorindustriellen Europa. Versuch einer Synopsis. Mit 8 Tabellen. Hamburg, Berlin 1974.

Balser, Frolinde: Die Anfänge der Erwachsenenbildung in Deutschland in der ersten Hälfte des 19. Jahrhunderts, eine kultursoziologische Deutung. Stuttgart 1959. (Beiträge zur Erwachsenenbildung 1).

Bergeron, Louis: Das Zeitalter der europäischen Revolution 1780–1848. Hrsg. u. verfaßt von François Furet u. Reinhart Koselleck. Frankfurt (Main) 1969.

Blasius, Dirk: Kriminalität und Alltag. Zur Konfliktgeschichte des Alltagslebens im 19. Jahrhundert. Göttingen 1978.

Böckenförde, Ernst-Wolfgang: Staat, Gesellschaft, Freiheit: Studien zur Staatstheorie und zum Verfassungsrecht. Frankfurt (Main) 1976.

Böhme, Helmut: Prolegomena zu einer Sozial- und Wirtschaftsgeschichte Deutschlands im 19. und 20. Jahrhundert. Frankfurt (Main) 1968.

Booß, Rutger: Ansichten der Revolution. Paris-Berichte deutscher Schriftsteller nach der Juli-Revolution 1830: Heine, Börne u. a. Köln 1977.

Cipolla, Carlo Maria: Istruzione e sviluppo. Il declino dell'analfabetismo nel mondo occidentale. Torino 1971.

Conze, Werner: Die deutsche Nation: Ergebnis der Geschichte. Göttingen 1963.

Demeter, Karl: Das deutsche Offizierkorps in Gesellschaft und Staat 1650–1945. 4., überarb. u. erw. Aufl. Frankfurt 1965.

Deutsch-Französische Jahrbücher; 1844 (1. u. 2. Lieferung). Neudruck Leipzig 1973.

Die deutsche Stadt im Industriezeitalter. Beiträge zur modernen deutschen

Stadtgeschichte. Hrsg. von Jürgen Reulecke. Wuppertal 1978.

Dokumente zur deutschen Verfassungsgeschichte. Hrsg. von Ernst Rudolf Huber. Bd. 1: Deutsche Verfassungsdokumente 1803–1850. Stuttgart 1961.

Europäische Wirtschaftsgeschichte. Hrsg. von Carlo Maria Cipolla. (Deutsche übers. u. bearb. Ausg.). Hrsg. von Borchardt. Bd. 4: Die Entwicklung der industriellen Gesellschaften. Stuttgart, New York 1977.

Gebhard, Bruno: Handbuch der deutschen Geschichte. Hrsg. von Herbert Grundmann. Bd. 5. München 1975.

Gesellschaft, Parlament und Regierung: Zur Geschichte des Parlamentarismus in Deutschland. Hrsg. im Auftrag der Kommission für Geschichte des Parlamentarismus und der politischen Parteien von Gerhard A. Ritter. Düsseldorf 1974.

Handbuch der deutschen Wirtschafts- und Sozialgeschichte. Bd. 2: Das 19. und 20. Jahrhundert. Hrsg. von Hermann Aubin; Wolfgang Zorn. Stuttgart 1976.

Hoffmann, Johann Gottfried: Die Bevölkerung des Preußischen Staats: nach den Ergebnissen der zu Ende des Jahres 1837 amtlich aufgenommenen Nachrichten in staatswirtschaftlicher, gewerblicher und sittlicher Beziehung dargestellt. Berlin 1839.

Jarke, Karl Ernst; Philipp, Georg; Görres, Joseph von: Historisch-politische Blätter für das katholische Deutschland. Bd. 1. München 1838.

Koselleck, Reinhart: Preußen zwischen Reform und Revolution. Allgemeines Landrecht, Verwaltung und soziale Bewegung von 1791 bis 1848. 2., berichtigte Aufl. Stuttgart 1975.

Liberalismus. Hrsg. von Lothar Gall. Köln 1976.

Mottek, Hans: Wirtschaftsgeschichte Deutschlands. Ein Grundriß. Bd. 2: Von der Zeit der Französischen Revolution bis zur Zeit der Bismarckschen Reichsgründung. 2., durchges. Aufl. Berlin (Ost) 1972.

Preradovich, Nikolaus von: Die Führungsschichten in Österreich und Preußen (1804–1918); mit einem Ausblick bis zum Jahre 1945. Wiesbaden 1955.

Quellen zum Staatsrecht der Neuzeit. Bd. 1: Deutsches Verfassungsrecht im Zeitalter des Konstitutionalismus (1806–1918). Tübingen 1949.

Schivelbusch, Wolfgang: Geschichte der Eisenbahnreise. Zur Industrialisierung von Raum und Zeit im 19. Jahrhundert. Hrsg. von Wolf Lepenies; Henning Ritter. München 1977.

Staat und Gesellschaft im deutschen Vormärz 1815–1848. Sieben Beiträge von Theodor Schieder u. a. Hrsg. von Werner Conze. 2. Aufl. Stuttgart 1970.

Die statistischen Tabellen des Preußischen Staats, nach der amtlichen Aufnahme des Jahres 1843. Hrsg. von Karl Friedrich Wilhelm Dieterici. Berlin 1845.

Treitschke, Heinrich von: Deutsche Geschichte im 19. Jahrhundert. Bd. 4: Bis zum Tode König Friedrich Wilhelms III. 5. Aufl. Leipzig 1907.

2. Zur Öffentlichkeit, Publizistik und zum Buchmarkt

Allgemeine deutsche Real-Encyklopädie für die gebildeten Stände (Conversations-Lexicon). 5. Orig.-Aufl. (dritter Abdruck). Bd. 8. Leipzig 1822.

Codex nundinarius Germaniae literatae continuatus. Der Meßjahrbücher des deutschen Buchhandels Fortsetzung, die Jahre 1766 bis einschließlich 1846 umfassend. Mit einem Vorwort von Gustav Schwetschke. Bd. 2. Halle 1877.

Eck, Else von: Die Literaturkritik in den Hallischen und Deutschen Jahrbüchern (1838–1842). Berlin 1926. (German. Studien H. 42).

Elsner, Friedrich: Beiträge und Dokumente zur Geschichte des werbenden Buch- und Zeitschriftenhandels. Bd. 1. Köln 1961.

Engelsing, Rolf: Massenpublikum und Journalistentum im 19. Jahrhundert in Nordwestdeutschland. Berlin 1966.

Estermann, Alfred: Die deutschen Literaturzeitschriften 1815–1850. Bibliographien, Programme, Autoren. Nendeln 1977.

Fullerton, Ronald A.: The Development of the German Book Markets, 1815–1888. Ph. D. The University of Wisconsin. Madison (Wisconsin) 1975.

Zur Geschichte der Leihbibliotheken in Deutschland. Hrsg. von Georg Jäger; Jörg Schönert. Hamburg 1979.

Geschichte des deutschen Buchhandels. Im Auftrage des Börsenvereins der deutschen Buchhändler hrsg. von der historischen Kommission desselben. Bd. 4: Goldfriedrich, Johann Adolf: Geschichte des deutschen Buchhandels vom Beginn der Fremdherrschaft bis zur Reform des Börsenvereins im neuen deutschen Reiche (1805–1889). Leipzig 1913.

Gieseke, Ludwig: Die geschichtliche Entwicklung des deutschen Urheberrechts. Göttingen 1957. (Göttinger rechtswiss. Studien. Bd. 22).

Habermas, Jürgen: Strukturwandel der Öffentlichkeit. Untersuchungen zu einer Kategorie der bürgerlichen Gesellschaft. Neuwied 1962. (Politica. Bd. 4).

Hauke, Petra Sybille: Literaturkritik in den Blättern für literarische Unterhaltung 1818–1835. Stuttgart, Berlin, Köln 1972.

Keller, Hans Gustav: Die politischen Verlagsanstalten und Druckereien in der Schweiz 1840–1848. Ihre Bedeutung für die Vorgeschichte der deutschen Revolution von 1848. Bern, Leipzig 1935.

Koszyk, Kurt: Geschichte der deutschen Presse. Bd. 2: Deutsche Presse im 19. Jahrhundert. Berlin 1966. (Abhandlungen und Materialien zur Publizistik. Bd. 6).

Lechner, Silvester: Gelehrte Kritik und Restauration. Metternichs Wissenschafts- und Pressepolitik und die Wiener «Jahrbücher der Literatur» (1818–1849). Tübingen 1977. (Studien zur deutschen Literatur. Bd. 49).

Die Leihbibliothek der Goethezeit. Exemplarische Kataloge zwischen 1790 und 1830. Mit einem Nachwort von Georg Jäger; Alberto Martino; Reinhard Wittmann. Hildesheim 1979.

Lesegesellschaft und bürgerliche Emanzipation. Hrsg. von Otto Dann. München 1980.

Lesen – Ein Handbuch. Lesestoff. Leser u. Leseverhalten. Lesewirkungen,

Leseerziehung. Lesekultur. Hrsg. von Alfred Clemens Baumgärtner. Hamburg 1973.

Der Leser als Teil des literarischen Lebens. Eine Vortragsreihe mit Marion Beaujean; Wolfgang Rudolf Langenbucher u. a.Bonn 1971.

Literatur, Sprache, Gesellschaft. (Vorträge). Hrsg. von Karl Rüdiger. München 1970.

Lorenz, Erich: Die Entwicklung des deutschen Zeitschriftenwesens. Eine statistische Untersuchung. Diss. Berlin 1937.

Magill, Charles Philip: The development of the german reading public during the period 1840–1848. A critical investigation. London 1938.

Opet, Otto: Deutsches Theaterrecht. Unter Berücksichtigung der fremden Rechte systematisch dargestellt. Berlin 1897.

Prutz, Robert Eduard: Geschichte des deutschen Journalismus. Hannover 1845. (Neudruck. Göttingen 1971).

Rarisch, Ilselore: Industrialisierung und Literatur. Buchproduktion, Verlagswesen und Buchhandel in Deutschland im 19. Jahrhundert in ihrem statistischen Zusammenhang. Berlin 1976.

Schenda, Rudolf: Volk ohne Buch. Studien zur Sozialgeschichte der populären Lesestoffe 1770–1910. [1]1970. München 1977.

Schulze, Friedrich Karl Alfred: Der deutsche Buchhandel und die geistigen Strömungen der letzten hundert Jahre. Leipzig 1925.

3. Zur Literaturgeschichte (allgemein)

Adorno, Theodor Wiesengrund: Noten zur Literatur. Bd. 1. Berlin (West), Frankfurt (Main) 1958.

Alker, Ernst: Die deutsche Literatur im 19. Jahrhundert, 1832–1914. 2., veränd. u. verb. Aufl. Stuttgart 1961.

Arnold, E.: Illustrierte Deutsche Literaturgeschichte. Berlin, Wien 1910.

Aufriß der deutschen Literaturgeschichte nach neueren Gesichtspunkten. Hrsg. von Hermann August Korff; Walter Linden. 2. Aufl. Leipzig, Berlin 1931.

Bartels, Adolf: Geschichte der deutsche Literatur. Bd. 2: Das 19. Jahrhundert. Leipzig 1902.

Barthel, Carl: Die deutschen Nationalliteratur der Neuzeit in einer Reihe von Vorlesungen dargestellt. Braunschweig 1850.

Blaze de Bury, Ange Henri, Baron: Les écrivains modernes de l'Allemagne. Paris 1868.

Bleibtreu, Carl: Geschichte der Deutschen National-Literatur von Goethes Tode bis zur Gegenwart. Mit 198 Porträts. Hrsg. von Georg Gellert. 2 Teile in einem Bande. Berlin 1912.

Boetticher, Gotthold: Deutsche Literaturgeschichte. Hamburg 1906.

Bräm, Emil Max: Geschichte der deutschen Literatur, von ihren Anfängen bis zur Gegenwart. Freiburg 1949.

Brugier, Gustav: Geschichte der deutschen National-Literatur. Für Schule und Selbstbelehrung. Mit vielen Proben und einem Glossar. Freiburg 1865.

Demetz, Peter: Marx, Engels und die Dichter. Ein Kapitel deutscher Literaturgeschichte. Frankfurt, Berlin (West) 1969.

Devrient, Eduard: Geschichte der deutschen Schauspielkunst. In zwei Bänden hrsg. von Rolf Kabel; Christoph Trilse. München, Wien 1967.

Eloesser, Arthur: Die deutsche Literatur vom Barock bis zur Gegenwart. Bd. 2: Von der Romantik bis zur Gegenwart. Berlin 1931.

Engel, Eduard: Geschichte der deutschen Literatur von den Anfängen bis in die Gegenwart. 2 Bde. Wien, Leipzig 1906.

Fechter, Paul: Geschichte der deutschen Literatur. Gütersloh 1952.

Gelzer, Heinrich: Die neuere Deutsche National-Literatur nach ihren ethischen und religiösen Gesichtspunkten; zur innern Geschichte des deutschen Protestantismus. 2 Bde. 2., umgearb. u. verm. Aufl. Leipzig 1847–49.

Gervinus, Georg Gottfried: Schriften zur Literatur. Hrsg. von Gotthard Erler. Berlin (Ost) 1962.

Gervinus, Georg Gottfried: Geschichte der poetischen National-Literatur der Deutschen. Bd. 5. Leipzig 1842.

Geschichte der deutschen Literatur von den Anfängen bis zur Gegenwart. Bd. 8. 1/2: Geschichte der deutschen Literatur von 1830 bis zum Ausgang des 19. Jahrhunderts. Von einem Autorenkollektiv. Leitung und Gesamtbearbeitung Kurt Böttcher. Berlin (Ost) 1975.

Gottschall, Rudolf von: Die deutsche Nationalliteratur in der ersten Hälfte des neunzehnten Jahrhunderts. Literaturhistorisch und kritisch dargestellt. 2 Bde. Breslau 1855.

Gutzkow, Karl: Beiträge zur Geschichte der neuesten Literatur. Stuttgart 1836. (Neudruck Frankfurt 1973).

Hermand, Jost: Von Mainz nach Weimar (1793–1919). Studien zur deutschen Literatur. Stuttgart 1969.

Hirsch, Franz Wilhelm: Geschichte der deutschen Literatur von ihren Anfängen bis auf die neuste Zeit. Bd. 3: Von Goethe bis zur Gegenwart. Leipzig 1885.

Kleinberg, Alfred: Die deutsche Dichtung in ihren sozialen, zeit- und geistesgeschichtlichen Bedingungen. Eine Skizze. (Repr. Nachdr.: Berlin 1927). Hildesheim, New York 1978.

Koberstein, August: Geschichte der deutschen Nationalliteratur. Bd. 5: Vom zweiten Viertel des 18. Jahrhunderts bis zu Goethes Tod. Dritter Teil. 5., umgearbeitete Aufl. von Karl Bartsch. Leipzig 1973.

Koch, Franz: Idee und Wirklichkeit. Deutsche Dichtung zwischen Romantik und Naturalismus. 2 Bde. Düsseldorf 1956.

Koenig, Robert: Deutsche Literaturgeschichte. 11. Aufl. Bielefeld, Leipzig 1881.

Koenig, Robert: Deutsche Literaturgeschichte. 2. Bd. 23. Aufl. Bielefeld, Leipzig 1893.

Kohlschmidt, Werner: Geschichte der deutschen Literatur vom jungen Deutschland bis zum Naturalismus. Stuttgart 1975.

Kummer, Friedrich: Deutsche Literaturgeschichte des neunzehnten Jahrhunderts, dargestellt nach Generationen. Dresden 1909.

Kurz, Heinrich: Geschichte der deutschen Literatur mit ausgewählten Stükken aus den Werken der vorzüglichsten Schriftsteller. 4 Bde. Leipzig 1853–1872.

Laube, Heinrich: Geschichte der deutschen Literatur. 4 Bde. Stuttgart 1839/1840.

Leixner-Grünberg, Otto von: Illustrierte Geschichte des deutschen Schriftthums in volksthümlicher Darstellung. Bd. 1. Leipzig, Berlin 1880.

Lempicki, Sigismund von: Geschichte der deutschen Literaturwissenschaft bis zum Ende des 18. Jahrhunderts. Göttingen 1920.

Linden, Walter: Geschichte der deutschen Literatur von den Anfängen bis zur Gegenwart. Leipzig 1937.

Literatur in der sozialen Bewegung. Aufsätze und Forschungsberichte zum 19. Jahrhundert. Hrsg. von Alberto Martino. Tübingen 1977.

Lublinski, Samuel: Literatur und Gesellschaft im 19. Jahrhundert. 2 Bde. Berlin 1899–1900.

Lukács, Georg: Deutsche Realisten des 19. Jahrhunderts. Berlin (Ost) 1956.

Martini, Fritz: Deutsche Literaturgeschichte. Von den Anfängen bis zur Gegenwart. Stuttgart 1949.

Marx, Karl; Engels, Friedrich: Über Kunst und Literatur. In 2 Bänden. Auswahl und Redaktion Manfred Kliem. Berlin (Ost) 1967–1968.

Mehring, Franz: Gesammelte Schriften und Aufsätze. In Einzelausgaben. 2 Bde.: Zur Literaturgeschichte von Calderón bis Heine. Hrsg. von Eduard Fuchs. Berlin 1929.

Menzel, Wolfgang: Deutsche Dichtung. Von der ältesten bis auf die neueste Zeit. Stuttgart 1859.

Menzel, Wolfgang: Die deutsche Literatur. Stuttgart 1828.

Mittner, Ladislao: Storia della letteratura tedesca. Dal realismo alla sperimentazione (1820–1970). 2 Bde. Torino 1971.

Mundt, Theodor: Allgemeine Literaturgeschichte. 3 Bde. Berlin 1946.

Mundt, Theodor: Geschichte der Literatur der Gegenwart. Vorlesungen. Berlin 1842.

Nadler, Josef: Geschichte der deutschen Literatur. Wien 1951.

Nagl, Johann Willibald: Deutsch-österreichische Literaturgeschichte. Ein Handbuch zur Geschichte der deutschen Dichtung in Österreich-Ungarn. Unter Mitwirkung hervorragender Fachgenossen hrsg. von Dr. J. W. Nagl; Jakob Zeidler. Bd. 2. Wien, Leipzig 1914.

Nationalismus in Germanistik und Dichtung. Dokumentation des Germanistentages in München vom 17.–22. Oktober 1966. Hrsg. von Benno von Wiese; Rudolf Henß. Berlin 1967.

Norrenberg, Peter: Allgemeine Geschichte der Literatur; ein Handbuch der Geschichte der Poesie aller Völker. 3 Bde. Münster 1882–84.

Die österreichische Literatur von der Zeit Maria Theresias bis zur Restauration unter Franz I. Hrsg. von Herbert Zeman. Graz 1979.

Prutz, Robert: Vorlesungen über die deutsche Literatur der Gegenwart. Leipzig 1847.

Prutz, Robert: Die deutsche Literatur der Gegenwart 1848 bis 1858. 2. Aufl. Leipzig 1870.

Salzer, Anselm: Illustrierte Geschichte der deutschen Literatur von den ältesten Zeiten bis zur Gegenwart. 3 Bde. München 1912.

Scherr, Johannes: Allgemeine Geschichte der Literatur von den ältesten Zeiten bis auf die Gegenwart. Stuttgart 1851.

Schlegel, Friedrich: Geschichte der alten und neuen Literatur. Kritische Friedrich Schlegel-Ausgabe Bd. 6. München, Paderborn, Wien 1961.

Schmidt, Julian: Geschichte der deutschen Literatur seit Lessings Tod. Bd. 3. 4., durchweg umgearb. und verm. Aufl. Leipzig 1858.

Schneider, Hermann: Geschichte der deutschen Dichtung nach ihren Epochen dargestellt. 2 Bde. Bonn 1950.

Storck, Karl: Deutsche Literaturgeschichte. Stuttgart, Wien 1898.

Über Literaturgeschichtsschreibung. Die historisierende Methode des 19. Jahrhunderts in Programm und Kritik. Hrsg. von Edgar Marsch. Darmstadt 1975.

Vilmar, August Friedrich Chr.: Geschichte der Deutschen National-Litteratur. Mit einer Fortsetzung: Die Deutsche National-Litteratur vom Tode Goethes bis zur Gegenwart von Adolf Stern. 22. Aufl. Marburg, Leipzig 1886.

Vogt, Friedrich; Koch, Max: Geschichte der deutschen Literatur von den ältesten Zeiten bis zur Gegenwart. Leipzig, Wien 1897.

Weber, Georg: Die Geschichte der deutschen Literatur nach ihrer organischen Entwicklung in einem leicht überschaubaren Grundriß. 2., bis auf die Gegenwart fortgeführte Aufl. Leipzig 1850.

Weitbrecht, Carl: Deutsche Literaturgeschichte des 19. Jahrhunderts. Teil 1–2. 2. Aufl. Leipzig 1908.

Wienbarg, Ludolf: Zur neuesten Literatur. Mannheim 1835.

4. Zur Literaturgeschichte (Epochenproblematik)

Die Achtundvierziger. Ein Lesebuch für unsere Zeit. Hrsg. von Bruno Kaiser. Berlin (Ost), Weimar 1967.

Die andere Romantik. Eine Dokumentation. Hrsg. von Helmut Schanze. Frankfurt 1967.

Begriffsbestimmung des literarischen Biedermeier. Hrsg. von Elfriede Neubuhr. Darmstadt 1974.

Demokratisch-revolutionäre Literatur in Deutschland: Vormärz. Hrsg. von Gert Mattenklott; Klaus Rüdiger Scherpe. Kronberg (Ts.) 1974.

Die deutsche Romantik. Poetik, Formen und Motive. Hrsg. von Hans Steffen. Göttingen 1967.

Der deutsche Vormärz. Texte und Dokumente. Hrsg. von Jost Hermand. Stuttgart 1967.

Die Dichtung der ersten deutschen Revolution. 1848–1849. Hrsg. von Elfriede Underberg. Leipzig 1930. Neudruck Darmstadt 1973. (Deutsche Literatur in Entwicklungsreihen. Reihe politische Dichtung. 5).

Dietze, Walter: Junges Deutschland und deutsche Klassik. Zur Ästhetik und Literaturtheorie des Vormärz. 3., überarb. Aufl. Berlin 1962.

Farese, Giuseppe: Poesia e rivoluzione in Germania 1830–1850. Roma, Bari 1974.

Gerlach, Antje: Deutsche Literatur im Schweizer Exil. Die politische Propaganda der Vereine deutscher Flüchtlinge und Handwerksgesellen in der Schweiz von 1833 bis 1845. Frankfurt 1975.

Greiner, Martin: Zwischen Biedermeier und Bourgeoisie. Ein Kapitel deutscher Literaturgeschichte. Göttingen 1953.

Hermand, Jost: Die literarische Formenwelt des Biedermeiers. Gießen 1958. (Beiträge zur deutschen Philologie. Bd. 27).

Hermand, Jost; Windfuhr, Manfred: Zur Literatur der Restaurationsepoche 1815–1848. Forschungsreferate und Aufsätze. Stuttgart 1970.

Hömberg, Walter: Zeitgeist und Ideenschmuggel. Die Kommunikationsstrategie des Jungen Deutschland. Stuttgart 1975.

Houben, Heinrich Hubert: Jungdeutscher Sturm und Drang. Ergebnisse und Studien von Heinrich Hubert Houben. Leipzig 1911.

Jäger, Hans-Wolf: Politische Metaphorik im Jakobinismus und im Vormärz. Stuttgart 1971.

Köster, Udo: Literarischer Radikalismus. Zeitbewußtsein und Geschichtsphilosophie in der Entwicklung vom Jungen Deutschland zur Hegelschen Linken. Frankfurt (Main) 1972.

Literarische Geheimberichte. Protokolle der Metternich-Agenten. Auswahl in zwei Bänden. Bd. 1: 1840–1843. Mit einem Geleitwort von Walter Jens. Hrsg. von Hans Adler. Köln 1977.

Der literarische Vormärz. Von Wolfgang W. Behrens u. a. München 1973.

Möhrmann, Renate: Die andere Frau. Emanzipationsansätze deutscher Schriftstellerinnen im Vorfeld der Achtundvierziger Revolution. Stuttgart 1977.

Politische Avantgarde 1830–1840. Eine Dokumentation zum «Jungen Deutschland». Hrsg. von Alfred Estermann. 2 Bde., Frankfurt (Main) 1972.

Proelß, Johannes: Das junge Deutschland. Ein Buch deutscher Geistesgeschichte. Stuttgart 1892.

Realismus und Gründerzeit. Manifeste und Dokumente zur deutschen Literatur 1848–1880. Mit einer Einführung in den Problemkreis und einer Quellenbibliographie. Hrsg. von Max Bucher; Werner Hahl u. a. Bd. 1. Stuttgart 1976.

Reallexikon der deutschen Literaturgeschichte. Begründet von Paul Merker; Wolfgang Stammler. Neu bearb. und unter der Mitarbeit von Klaus Kanzog sowie Mitwirkung zahlreicher Fachgelehrter. Bd. 1.: Friedrich Kainz; Werner Kohlschmidt: Junges Deutschland. Hrsg. von Werner Kohlschmidt; Wolfgang Mohr. 2. Aufl., Berlin 1958.

Romantik. Erläuterungen zur deutschen Literatur. Hrsg. vom Kollektiv für Literaturgeschichte, Leitung Kurt Böttcher. 3., durchges. Aufl. Berlin (Ost) 1977.

Rosenberg, Rainer: Literaturverhältnisse im deutschen Vormärz. Berlin (Ost) 1975.

Schmitt, Carl: Politische Romantik. 3. Aufl. Berlin (West) 1968.

Sengle, Friedrich: Arbeiten zur deutschen Literatur 1750–1850. Stuttgart 1965.

Sengle, Friedrich: Biedermeierzeit. Deutsche Literatur im Spannungsfeld zwischen Restauration und Revolution 1815–1848. Bd. 1: Allgemeine

Voraussetzungen, Richtungen, Darstellungsmittel. Bd. 2: Die Formenwelt. Stuttgart 1971–72.

Stein, Peter: Epochenproblem ‹Vormärz› (1815–1848). Stuttgart 1974.

Wülfing, Wulf: Junges Deutschland. Texte – Kontexte, Abbildungen, Kommentar, München; Wien 1978.

Zur Literatur des Vormärz 1830–1848. Erläuterungen zur deutschen Literatur. Hrsg. vom Kollektiv für Literaturgeschichte. Leitung Klaus Gysi. 8.,
durchges. Aufl. Berlin (Ost) 1965.

5. Zu den Gattungen

Baur, Uwe: Dorfgeschichte. Zur Entstehung und gesellschaftl. Funktion einer literarischen Gattung im Vormärz. München 1978.

Beaujean, Marion: Der Trivialroman in der zweiten Hälfte des 18. Jahrhunderts. Die Ursprünge des modernen Unterhaltungsromans. 2., erg. Aufl.
Bonn 1969.

Böschenstein-Schäfer, Renate: Idylle. Stuttgart 1967.

Denkler, Horst: Restauration und Revolution. Politische Tendenzen im
deutschen Drama zwischen Wiener Kongreß und Märzrevolution. München 1973.

Der deutsche Michel. Revolutionskomödien der Achtundvierziger. Hrsg.
von Horst Denkler. Stuttgart 1971.

Deutsche Philologie im Aufriß. Bd. 1: Majut Rudolf: Der deutsche Roman
vom Biedermeier bis zur Gegenwart. Hrsg. von Wolfgang Stammler. (2.,
unv. Nachdr. der 2. Aufl. von 1960). Berlin 1978.

Deutsche Romane von Grimmelshausen bis Musil. Hrsg. von Jost Schillemeit. Frankfurt (Main) 1976.

Eggert, Hartmut: Studien zur Wirkungsgeschichte des deutschen historischen Romans 1850–1875. Frankfurt 1971.

Elchlepp, Margarete: Achim von Arnims Geschichtsdichtung «Die Kronenwächter». Ein Beitrag zur Gattungsproblematik des historischen Romans.
Diss. Berlin 1967.

Der exotische Roman: Bürgerliche Gesellschaftsflucht und Gesellschaftskri-
tik zwischen Romantik und Realismus. Eine Ausw. m. Einl. u. Komm.
von Anselm Maler. Stuttgart 1975.

Grab, Walter; Friesel, Uwe: Noch ist Deutschland nicht verloren. Eine historisch politische Analyse unterdrückter Lyrik von der Französischen Revolution bis zur Reichsgründung. München 1970.

Halbeisen, Hans: Heinrich Josef König. Ein Beitrag zur Geschichte des
deutschen Romans im 19. Jahrhundert. Diss. Münster 1915.

Holl, Karl: Geschichte des deutschen Lustspiels. (Fotomechanischer Nachdruck der Ausgabe Leipzig 1923). Darmstadt 1964.

Huber, Hans Dieter: Historische Romane in der ersten Hälfte des 19. Jahrhunderts. Studie zu Material und «schöpferischem Akt» ausgewählter Romane von Achim von Arnim bis Adalbert Stifter. München 1978. (Münch-
ner German. Beiträge. Bd. 24).

Hügel, Hans-Otto: Untersuchungsrichter, Diebsfänger, Detektive: Theorie und Geschichte der deutschen Detektiverzählung im 19. Jahrhundert. Stuttgart 1978.

Karsen, Fritz: Hendrik Steffens Romane. Ein Beitrag zur Geschichte des historischen Romans. Leipzig 1908. (Breslauer Beiträge zur Literaturgeschichte. 16. N. F. 6).

Klein, Albert: Die Krise des Unterhaltungsromans im 19. Jahrhundert. Ein Beitrag zur Theorie und Geschichte der ästhetisch geringwertigen Literatur. Bonn 1969.

König, Josef: Karl Spindler, ein Beitrag zur Geschichte des historischen Romans und der Unterhaltungslektüre in Deutschland, nebst einer Anzahl bisher ungedruckter Briefe Spindlers. Leipzig 1908. (Breslauer Beiträge zur Literatur-Geschichte. N. F. 5).

Link, Manfred: Der Reisebericht als literarische Kunstform von Goethe bis Heine. Diss. Köln 1963.

Martersteig, Max: Das deutsche Theater im neunzehnten Jahrhundert. Eine kulturgeschichtliche Darstellung. Leipzig 1904.

May, Erich Joachim: Wiener Volkskomödie und Vormärz. Berlin 1975.

Molsberger, Anneliese: Adel und Adelgesinnung in den Zeitromanen Alexander von Ungern-Sternbergs. Diss. Halle (Saale) 1929.

Mundt, Theodor: Die Kunst der deutschen Prosa. Ästhetisch, literaturgeschichtlich, gesellschaftlich. Berlin 1837.

Ritter, Alexander: Darstellung und Funktion der Landschaft in den Amerikaromanen Charles Sealsfields. Diss. Kiel 1969.

Reisner, Hanns-Peter: Literatur unter der Zensur. Die politische Lyrik des Vormärz. Stuttgart 1975.

Riha, Karl: Die Beschreibung der ‹Großen Stadt›. Zur Entstehung des Großstadtmotivs in der deutschen Literatur (ca. 1750 – ca. 1850). Bad Homburg, Berlin (West), Zürich 1970. (Frankfurter Beiträge zur Germanistik 11).

Rohner, Ludwig: Kalendergeschichte und Kalender. Wiesbaden 1978.

Romantheorie. Dokumentation ihrer Geschichte. Bd. 1: Deutschland 1620–1880. Hrsg. von Eberhard Lämmert u. a. Köln, Berlin (West) 1971.

Rommel, Otto: Die romantisch-komischen Original-Zauberspiele. Leipzig 1939. Reprograph. Nachdruck Darmstadt 1974.

Ruckhäberle, Hans-Joachim: Flugschriftenliteratur im historischen Umkreis Georg Büchners. Kronberg 1975.

Ruckhäberle, Hans-Joachim: Frühproletarische Literatur. Die Flugschriften der deutschen Handwerksgesellenvereine in Paris 1832–1839. Kronberg 1977.

Sengle, Friedrich: Das historische Drama in Deutschland. Geschichte eines literarischen Mythos. 2. Aufl. Stuttgart 1969.

Spaziergänge und Weltfahrten. Reisebilder von Heine bis Weerth. Hrsg. von Gotthard Erler. München 1977.

Werner, Hans-Georg: Geschichte des politischen Gedichts in Deutschland von 1915 bis 1840. 2. Aufl. Berlin 1972.

Wiener Comödienlieder aus drei Jahrhunderten. Hrsg. von Blanka Glossy; Robert Maria Haas. Wien 1924.

6. Zu einzelnen Autoren

Clemens Brentano

Feilchenfeldt, Konrad: Brentano-Chronik. Daten zu Leben und Werk.
    München 1978.
Frühwald, Wolfgang: Das Spätwerk Clemens Brentanos (1815–1842). Ro-
    mantik im Zeitalter der Metternich'schen Restauration. Tübingen 1977.
Gajek, Bernhard: Homo Poeta. Zur Kontinuität der Problematik bei Cle-
    mens Brentano. Frankfurt (Main) 1971.
Preitz, Max: Clemens Brentanos ‹Freudenhaus-Romanze›. Frankfurt (Main)
    1922.
Tunner, Erika: Clemens Brentano. Imagination et sentiment réligieux. 2
    Bde. Paris 1978.

Georg Büchner

Benn, Maurice B.: The drama of revolt. A critical study of Georg Büchner.
    Cambridge, London, New York 1976.
Georg Büchner. Hrsg. von Wolfgang Martens. Darmstadt 1965.
Hinderer, Walter: Büchner-Kommentar zum dichterischen Werk. Register
    von Irene Matthes. München 1977.
Jancke, Gerhard: Georg Büchner. Genese und Aktualität seines Werkes.
    Einführung in das Gesamtwerk. Kronberg (Ts.) 1975.
Knapp, Gerhard P.: Georg Büchner. Stuttgart 1977.
Kobel, Erwin: Georg Büchner. Das dichterische Werk. Berlin, New York
    1974.
Lindenberger, Herbert Samuel: Georg Büchner. With a preface by Harry T.
    Moore. Carbondale (Illinois) 1964.
Mayer, Hans: Georg Büchner und seine Zeit. Wiesbaden, Berlin 1960.
Schaub, Gerhard: Georg Büchner; Friedrich Ludwig Weidig: Der Hessische
    Landbote. Texte, Materialien, Kommentar. München, Wien 1976.

Joseph von Eichendorff

Frühwald, Wolfgang: Eichendorff-Chronik. Daten zu Leben und Werk.
    München 1977.
Seidlin, Oskar: Versuche über Eichendorff. Göttingen 1965.
Stöcklein, Paul: Joseph von Eichendorff in Selbstzeugnissen und Bilddoku-
    menten. Reinbek bei Hamburg 1963.

Johann Wolfgang von Goethe

Benjamin, Walter: Gesammelte Schriften. Bd. 1,1: Abhandlungen. Goethes
    Wahlverwandtschaften. Unter Mitw. von Theodor W. Adorno; Gershom

Scholem hrsg. von Rolf Tiedemann; Hermann Schweppenhäuser. Frankfurt (Main) 1974.

Diener, Gottfried: Pandora – Zu Goethes Metaphorik. Entstehung, Epoche, Interpretation des Festspiels. Bad Homburg, Berlin, Zürich 1968 (Frankfurter Beiträge zur Germanistik. Bd. 5).

Eckermann, Johann Peter: Gespräche mit Goethe in den letzten Jahren seines Lebens. Nach dem 1. Druck, dem Originalmanuskript des 3. Teils u. Eckermanns handschriftlichem Nachlaß hrsg. von Heinrich Hubert Houben. Mit 146 Abb., darunter 7 Handschriftenfaks. 25. Orig.-Aufl. Wiesbaden 1959.

Emrich, Wilhelm: Die Symbolik von Faust II. Sinn und Vorformen. 2., durchges. Aufl. Bonn 1957.

François-Poncet, André: Goethes Wahlverwandtschaften. Versuch eines krit. Kommentars. Mit einer Vorrede von Henri Lichtenberger. Einzig autor. dt. Ausg., Mainz 1951.

Goethe-Handbuch. Goethe, seine Welt u. Zeit in Werk und Wirkung. Unter Mitw. zahlr. Fachgelehrter hrsg. von Alfred Zastrau. 2., vollkommen neugestaltete Aufl. Stuttgart 1955.

Goethes Roman «Die Wahlverwandtschaften». Hrsg. von Ewald Rösch. Darmstadt 1975. (Wege der Forschung. Bd. 113).

Gundolf, Friedrich: Goethe. Berlin 1916.

Henning, Hans: Faust-Bibliographie. Teil 2. Goethes Faust. Bd. 1: Ausgaben und Übersetzungen. Bd. 2.: Sekundärliteratur zu Goethes Faust. Berlin (Ost), Weimar 1968, 1970.

Interpretationen zum West-östlichen Divan Goethes. Hrsg. von Edgar Lohner. Darmstadt 1973. (Wege der Forschung. Bd. 288).

Kaiser, Gerhard: Wandrer und Idylle. Goethe und die Phänomenologie der Natur in der deutschen Dichtung von Geßner bis Gottfried Keller. Göttingen 1977.

Karnick, Manfred: «Wilhelm Meisters Wanderjahre» oder die Kunst des Mittelbaren. Studien zum Problem der Verständigung in Goethes Altersepoche. München 1968. (Zur Erkenntnis der Dichtung. Bd. 6).

Kommerell, Max: Gedanken über Gedichte. 2. Aufl. Frankfurt 1956.

Kommerell, Max: Geist und Buchstabe der Dichtung. Goethe, Schiller, Kleist, Hölderlin, 4. Aufl. Frankfurt (Main) 1956.

Lukács, Georg: Ausgewählte Schriften. Bd. 2: Faust und Faustus. Vom Drama der Menschengattung zur Tragödie der modernen Kunst. Reinbek 1967.

May, Kurt: Faust II. In der Sprachform gedeutet. Neuaufl. München 1962.

Mayer, Hans: Goethe. Frankfurt (Main) 1973.

Mommsen, Momme: Studien zum West-östlichen Divan. Berlin 1962. (Sitzungsberichte der Dt. Akademie der Wissenschaften zu Berlin. Klasse für Sprachen, Literatur u. Kunst. Jg. 1962. Nr. 1).

Peschken, Bernd: Entsagung in «Wilhelm Meisters Wanderjahren». Bonn 1968. (Abhandlungen zur Kunst-, Musik- und Literaturwissenschaft. Bd. 54).

Riemer, Friedrich Wilhelm: Mitteilungen über Goethe. Auf Grund der Aus-

gabe von 1841 und des handschriftlichen Nachlasses hrsg. von Arthur Poll-
mer. Leipzig 1921.

Schlechta, Karl: Goethes Wilhelm Meister. Frankfurt (Main) 1953.

Schmitz, Hermann: Goethes Altersdenken in problemgeschichtlichem Zusammenhang. Bonn 1959.

Simmel, Georg: Goethe. Leipzig 1913.

Stöcklein, Paul: Wege zum späten Goethe. Dichtung, Gedanke, Zeichn., Interpretationen um ein Thema. Mit 6 Bildern. 2., neubearb. u. erw. Aufl.
Hamburg 1960.

Studien zum West-östlichen Diwan Goethes. Hrsg. von Edgar Lohner.
Darmstadt 1971. (Wege der Forschung. Bd. 287).

Wertheim, Ursula: Goethe-Studien. Berlin (Ost) 1968.

Wertheim, Ursula: Von Tasso zu Hafis. Probleme von Lyrik und Prosa des
«West-östlichen Divans». Berlin (Ost) 1965.

Karl Gutzkow

Karl Gutzkow. Liberale Energie. Eine Sammlung seiner kritischen Schriften. Ausgew. u. eingel. von Peter Demetz. Frankfurt, Berlin, Wien 1974.

Houben, Heinrich Hubert: Gutzkow-Funde. Beiträge zur Literatur und Kul-
turgeschichte des 19. Jahrhunderts. (Reprographischer Druck der Ausgabe Berlin 1901). Hildesheim 1978.

Maenner, Ludwig: Karl Gutzkow und der demokratische Gedanke. München, Berlin 1921. (Historische Bibliothek. Bd. 46).

Heinrich Heine

Betz, Albrecht: Ästhetik und Politik. Heinrich Heines Prosa. München
1971.

Galley, Eberhard: Heinrich Heine. 3. Aufl. Stuttgart 1971.

Heinrich Heine. Artistik und Engagement. Hrsg. von Wolfgang Kuttenkeu-
ler. Stuttgart 1977.

Kaufmann, Hans: Heinrich Heine. Geistige Entwicklung und künstlerisches
Werk. Berlin und Weimar 1967.

Preisendanz, Wolfgang: Heinrich Heine: Werkstrukturen und Epochenbe-
züge. München 1973.

Windfuhr, Manfred: Heinrich Heine, Revolution und Reflexion. Stuttgart
1969.

Eduard Mörike

Graevenitz, Gerhart von: Eduard Mörike: Die Kunst der Sünde. Zur Geschichte des literarischen Individuums. Tübingen 1978.

Heydebrand, Renate von: Eduard Mörikes Gedichtwerk. Beschreibung und
Deutung der Formenvielfalt und ihrer Entwicklung. Stuttgart 1972.

Holthusen, Hans Egon: Eduard Mörike in Selbstzeugnissen und Bilddokumenten. Reinbek bei Hamburg 1971.

Maync, Harry: Eduard Mörike. Sein Leben und Dichten. Stuttgart, Berlin 1902.

Meyer, Herbert: Eduard Mörike. 2., verb. u. erg. Aufl. Stuttgart 1965.

Prawer, Siegbert Salomon: Mörike und seine Leser. Versuch einer Wirkungsgeschichte. Mit einer Mörikebibliographie und einem Verzeichnis der wichtigsten Vertonungen. Stuttgart 1960.

August von Platen

Froidure, Jean: August von Platen. Lille 1974.

Link, Jürgen: Artistische Form und ästhetischer Sinn in Platens Lyrik. München 1971. (Bochumer Arbeiten zur Sprach- und Literaturwissenschaft. Bd. 5).

Sonstige

Bachmann, Johannes: Ernst Wilhelm Hengstenberg. Sein Leben und Wirken, nach gedruckten und ungedruckten Quellen dargestellt. Bd. 2. Gütersloh 1880.

Bauer, Winfried: Jeremias Gotthelf. Ein Vertreter der geistlichen Restauration der Biedermeierzeit. Stuttgart 1975. (Studien zur Poetik und Geschichte der Literatur. Bd. 41).

Edler, Erich: Eugène Sue und die deutsche Mysterienliteratur. (Teildruck) Diss. Berlin 1932.

Herles, Helmut: Nestroys Komödie «Der Talisman». Von der ersten Notiz zum vollendeten Werk. München 1974.

Kaiser, Friedrich: 1848. Ein Wiener Volksdichter erlebt die Revolution. Die Memoiren Friedrich Kaisers. Eingel. u. erg. von Franz Hadamowsky. Wien 1948.

Lahme, Reinhard: Zur literarischen Praxis bürgerlicher Emanzipationsbestrebungen: Robert Eduard Prutz. Erlangen 1977.

Leitzmann, Albert: Georg und Therese Forster und die Brüder Humboldt. Urkunden und Umrisse. Bonn 1936.

Liebing, Heinz: Die Erzählungen H. Claurens (Carl Heuns) als Ausdruck der bürgerlichen Welt- und Lebensanschauung in der beginnenden Biedermeierzeit. Diss. Halle (Saale) 1931.

Neuendorff, Otto: George Hesekiel. Berlin 1932. (Germ. Studien. H. 125).

Prahl, Augustus John: Gerstäcker und die Probleme seiner Zeit. Wertheim 1938.

Winkler, Eugen Gottlob: Essays. Ausgewählt und eingeleitet von Walter Jens. Frankfurt (Main) 1960.

Zeittafeln

(Die Daten beziehen sich jeweils auf die erste vollständige Über-
gabe an die Öffentlichkeit. Nur in begründeten Ausnahmefällen
ist davon abgewichen worden.)

1815	C. M. Brentano: *Die Grün-dung Prags* J. v. Eichendorff: *Ahnung und Gegenwart* J. W. Goethe: *Sonette* E. T. A. Hoffmann: *Die Elixie-re des Teufels* A. W. Iffland: *Theorie der Schauspielkunst* (posthum) A. v. Humboldt: *Reise in die Aequinoctial-Gegenden* (6 Bde. bis 1829) F. Schlegel: *Geschichte der al-ten und neuen Literatur* L. Uhland: *Gedichte*	F. C. Savigny: *Vom Beruf un-serer Zeit für die Gesetzgebung* C. D. Friedrich: «Hafen von Greifswald» F. Goya: «Hexensabbat» F. Schubert: «Wanderers Nachtlied», «Heideröslein» (Lieder zu Goethegedichten) Techn. Hochschule Wien ge-gründet
1816	F. H. K. v. (De la Motte) Fou-qué: *Arien aus der Oper Undi-ne* (vertont von E. T. A. Hoff-mann) J. W. Goethe: *Aus meinem Le-ben, Zweite Abteilung erster und zweiter Teil* (späterer Titel: *Italienische Reise*) J. u. W. Grimm: *Deutsche Sagen* L. Uhland: *Sechs vaterländi-sche Gedichte*	J. Austin: *Emma* G. Byron: *Die Belagerung von Korinth* G. Byron: *Die Gefangene von Chillon* S. T. Coleridge: *Kubla Khan* (zus. mit *Cristabel*) P. B. Shelley: *Alastor oder der Geist der Einsamkeit* K. L. v. Haller: *Restauration der Staatswissenschaft* (6 Bde. bis 1804)

A. H. Müller: *Versuch einer neuen Theorie des Geldes*

G. Rossini: «Der Barbier von Sevilla»

G. Rossini «Othello»

F. Schubert: 4. und 5. Symphonie

C. F. Gauß entwickelt die nicht-euklidische Geometrie

1817   L. A. v. Arnim: *Die Kronenwächter*

C. M. Brentano: *Die Geschichte vom braven Kasperl und dem schönen Annerl*

F. Grillparzer: *Die Ahnfrau*

G. W. F. Hegel: *Enzyklopädie der philosophischen Wissenschaften*

C. G. S. Heun: *Lustspiele*

E. T. A. Hoffmann: *Nachtstücke*

G. Byron: *Manfred* (UA 1934)

D. Ricardo: *Die Grundsätze der politischen Ökonomie oder der Staatswirtschaft und der Besteuerung*

K. F. Schinkel: «Italienische Landschaft»

Friedrich Wilhelm III. verkündigt die «Union» der Lutheraner und Reformisten in Preußen

1818   E. M. Arndt: *Geist der Zeit* (4 Bde. seit 1806)

L. A. v. Arnim: *Der tolle Invalide auf dem Fort Ratonneau*

F. Grillparzer: *Sappho* (gedr. 1819)

E. A. F. Klingemann: *Vorlesungen für Schauspieler*

L. Uhland: *Ernst, Herzog von Schwaben*

W. Scott: *Rob Roy*

Hegel wechselt von Heidelberg nach Berlin

C. D. Friedrich: «Drei Männer den Mond betrachtend»

F. Goya: «Schrecken des Krieges»

F. Schubert: 6. Symphonie C-Dur

1819   L. A. v. Arnim: *Die Gleichen*

J. v. Eichendorff: *Das Marmorbild*

J. W. Goethe: *West-östlicher Divan*

J. Grimm: *Deutsche Grammatik* (4 Bde. bis 1837)

E. T. A. Hoffmann: *Seltsame Leiden eines Theater-Direktors*

E. T. A. Hoffmann: *Klein Zaches genannt Zinnober*

E. T. A. Hoffmann: *Die Serapions-Brüder* (4 Bde. bis 1821)

G. Byron: *Don Juan* (XVI Cantos bis 1821)

W. Scott: *Die Braut von Lammermoor*

W. Scott: *Ivanhoe*

W. Turner: «Einfahrt von Venedig»

F. Schubert: Klavierquintett A-Dur («Forellenquintett»)

1819   A. Schopenhauer: *Die Welt als Wille und Vorstellung*

L. Uhland: *Ludwig der Baier*

1820	J. W. Goethe: *Urworte Orphisch* G. W. F. Hegel: *Grundlinien der Philosophie des Rechts* E. T. A. Hoffmann: *Lebensansichten des Katers Murr* Jean Paul (F. Richter): *Der Komet* (3 Bde. bis 1822)	W. Blake: *Jerusalem* A. de Lamartine: *Poetische Betrachtungen* A. Puschkin: *Ruslan und Ljudmila* P. B. Shelley: *Der entfesselte Prometheus* Th. R. Maltus: *Grundsätze der Politischen Ökonomie* R. Owen: *Das Buch von der Neuen Welt*
1821	J. W. Goethe: *Wilhelm Meisters Wanderjahre oder die Entsagenden.* (1. Teil) F. Grillparzer: *Das Goldene Vließ* (gedr. 1822) E. T. A. Hoffmann: *Prinzessin Brambilla* H. v. Kleist: *Prinz Friedrich von Homburg* (posthum, entstanden 1809–11; UA und gedruckt 1821) H. v. Kleist: *Die Hermannsschlacht* (posthum; entstanden 1808, UA 1839) W. Müller: *Die schöne Müllerin* F. Schleiermacher: *Der christliche Glaube nach den Grundsätzen d. evangelischen Kirche*	Th. de Quincey: *Bekenntnisse eines englischen Opiumessers* G. Byron: *Kain* K. F. Schinkel: Schauspielhaus in Berlin (seit 1818) C. M. v. Weber: «Der Freischütz»
1822	W. Alexis: *Die Treibjagd* E. T. A. Hoffmann: *Meister Floh* W. v. Humboldt: *Über die Aufgabe des Geschichtsschreibers* L. Uhland: *Walther von der Vogelweide*	Stendhal: *Über die Liebe* F. Mendelssohn-Bartholdy: Symphonie in D-Dur F. Schubert: 8. Symphonie h-Moll («Die Unvollendete») Die katholische Kirche hebt das Verbot der Kopernikanischen Schriften auf J. F. Champollion entziffert die Hieroglyphen («Stein von Rosette»)
1823	A. W. Schlegel: *Ramayana* A. W. Schlegel: *Indische Bibliothek* (3 Bde. bis 1830) L. Tieck: *Novellen* (7 Bde. bis 1828)	G. Byron: *Himmel und Erde* J. F. Cooper: *Die Ansiedler an den Quellen des Susquehanna* (darin: *Der Lederstrumpf*) C. H. de Saint-Simon: *Katechismus für Industrielle* C. D. Friedrich: «Mondaufgang am Meer»

C. D. Friedrich: «Einsamer Baum»

L. van Beethoven: 9. Symphonie d-Moll

F. Schubert: «Die schöne Müllerin» (Liederzyklus)

Erster Rosenmontagszug in Köln

1824   J. v. Eichendorff: *Krieg den Philistern*

J. F. Herbart: *Psychologie als Wissenschaft*

W. Müller: *Die Winterreise*

F. Raimund: *Der Diamant des Geisterkönigs* (gedr. 1837)

G. Leopardi: *Gesänge*

E. Delacroix: «Massaker auf Chios»

L. van Beethoven: «Missa Solemnis»

Gründung der National Gallery in London

1825   F. Grillparzer: *König Ottokars Glück und Ende* (gedr. u. UA)

A. v. Platen-Hallermünde: *Sonette aus Venedig*

P. S. de Laplace: *Abhandlung über die Himmelsmechanik* (seit 1798)

L. Braille: System der Blindenschrift vollendet

Erste dt. Technische Hochschule in Karlsruhe gegründet

Gründung des Börsenvereins der dt. Buchhändler in Leipzig

1826   J. v. Eichendorff: *Aus dem Leben eines Taugenichts*

W. Hauff: *Lichtenstein*

H. Heine: *Reisebilder* (4 Bde. bis 1831)

A. v. Platen-Hallermünde: *Die verhängnisvolle Gabel*

F. Raimund: *Das Mädchen aus der Feenwelt oder Der Bauer als Millionär* (gedr. 1837)

L. Tieck: *Der Aufruhr in den Cevennen*

J. F. Cooper: *Der letzte der Mohikaner*

H. Fröbel: *Die Menschenerziehung*

J. G. Schadow: «Die Ruhende» (Bronzeakt)

C. M. von Weber: «Oberon»

K. F. Schinkel: «Schloß Charlottenhof»

1827   J. W. Goethe: *Werke.* (Vollst. Ausgabe letzter Hand, 40 Bde bis 1842)

W. Hauff: *Phantasien im Bremer Ratskeller*

H. Heine: *Buch der Lieder*

J. F. Cooper: *Die Prärie*

Th. de Quincey: *Der Mord als eine schöne Kunst betrachtet*

A. Manzoni: *Die Verlobten*

F. Schubert: «Die Winterreise» (Liederzyklus)

K. Baedeker gründet einen Verlag für Reisehandbücher

1828   W. Alexis: *Herbstreise durch Skandinavien*

P. J. A. v. Feuerbach: *Aktenmäßige Darstellung merkwür-*

A. Ph. Reclam: gründet den Reclamverlag

F. Schubert: 7. Symphonie C-Dur («Die Große»)

diger Verbrechen
J. W. Goethe: *Novelle*
F. Grillparzer: *Ein treuer Diener seines Herrn* (gedr. 1830)
J. Grimm: *Deutsche Rechtsalthertümer*
J. F. Herbart: *Allgemeine Metaphysik*
F. Raimund: *Der Alpenkönig und der Menschenfeind* (gedr. 1837)
A. W. Schlegel: *Kritische Schriften*
F. Schlegel: *Philosophie des Lebens*
Ch. Sealsfield: *Austria as it is*
F. Schiller / J. W. Goethe: *Briefwechsel*

K. F. Schinkel: Altes Museum Berlin (seit 1822)
Rätselhafter Findling Kaspar Hauser taucht auf

1829	J. W. Goethe: *Wilhelm Meisters Wanderjahre oder die Entsagenden* (vollst. Fassg.) Ch. D. Grabbe: *Don Juan und Faust* Ch. D. Grabbe: *Die Hohenstaufen* W. Grimm: *Die deutsche Heldensage* A. v. Platen-Hallermünde: *Der romantische Ödipus* F. Schlegel: *Philosophie der Geschichte*	V. Hugo: *Der letzte Tag eines Verurteilten* P. Mérimée: *Die Bartholomäusnacht* W. Turner: «Odysseus» G. Rossini: «Wilhelm Tell» Deutsches Archäologisches Institut in Rom gegründet
1830	L. Bechstein: *Der Todtentanz* J. v. Eichendorff: *Der letzte Held von Marienburg* H. v. Pückler-Muskau: *Briefe eines Verstorbenen* (4 Bde. bis 1837) L. Wienbarg: *Jason*	V. Hugo: *Hernani oder die kastilische Ehre* Stendhal: *Rot und Schwarz* E. Delacroix: «Die Freiheit führt das Volk auf die Barrikaden» F. C. Dahlmann: *Quellenkunde der deutschen Geschichte* Auflösung der «Nazarener Schule» in Rom Ab 1830 kommen Typ und Bezeichnung «Dandy» auf
1831	A. v. Chamisso: *Gedichte* Ch. D. Grabbe: *Napoleon, oder Die hundert Tage* F. Grillparzer: *Des Meeres und der Liebe Wellen* (gedr. 1840)	A. Puschkin: *Boris Godunov* (UA 1870) V. Hugo: *Der Glöckner von Notre Dame* A. Puschkin: *Mozart und Salie-*

A. Grün (A. A. v. Auersperg): *Spaziergänge eines Wiener Poeten*

1832 L. Börne: *Briefe aus Paris* (4 Bde. bis 1834)

P. J. A. v. Feuerbach: *Kaspar Hauser*

K. Gutzkow: *Briefe eines Narren an eine Närrin*

K. H. Immermann: *Merlin*

N. Lenau: *Gedichte*

E. Mörike: *Maler Nolten*

A. v. Ungern-Sternberg: *Spaziergänge eines Menschen-Affen*

1833 J. W. Goethe: *Faust. II. Teil* (posthum; UA 1854)

F. Grillparzer: *Melusina*

H. Heine: *Französische Zustände*

H. Laube: *Das junge Europa* (3 Bde. bis 1837)

J. Nestroy: *Der böse Geist Lumpazivagabundus* (gedr. 1835)

A. v. Platen-Hallermünde: *Die Liga von Cambrai*

1834 G. Büchner/L. Weidig: *Der Hessische Landbote*

L. A. Feuerbach: *Abälard und Heloise*

F. Grillparzer: *Der Traum, ein Leben* (gedr. 1840)

H. Heine: *Der Salon* (4 Bde. bis 1840)

F. Raimund: *Der Verschwender* (gedr. 1837)

F. W. J. Schelling: *Philosophische Untersuchungen über das Wesen der menschlichen Freiheit*

L. Wienbarg: *Ästhetische Feldzüge*

1835 B. v. Arnim: *Goethes Briefwechsel mit einem Kinde*

G. Büchner: *Dantons Tod*

Ch. D. Grabbe: *Hannibal*

J. Grimm: *Deutsche Mytho-*

ri (UA 1832)

R. Schumann: «Papillons» (Klavierstücke)

H. de Balzac: *Tolldreiste Geschichten* (bis 1837)

A. von Kotzebue: *Geschichten des deutschen Reiches* (4 Bde. seit 1814)

H. Berlioz: «Symphonie Fantastique»

H. de Balzac: *Der Landarzt*

V. Hugo: *Lukrezia Borgia*

A. Puschkin: *Eugen Onegin*

F. Chopin: 12 Etüden op 10; Klavierkonzert e-Moll (op. 11)

F. Mendelssohn-Bartholdy: 4. Symphonie («Italienische»)

M. J. M. Lafayette gründet den «Verein der Menschenrechte»

H. de Balzac: *Die Frau von dreißig Jahren* (1834/35)

E. G. Bulwer-Lytton: *Die letzten Tage von Pompeji*

A. Puschkin: *Pique Dame*

L. v. Ranke: *Die römischen Päpste, ihre Kirche und ihr Staat im 16. und 17. Jhdt.* (3 Bde. bis 1836)

E. Delacroix: «Das Gemetzel von Chios»

H. de Balzac: *Vater Goriot*

E. G. Bulwer-Lytton: *Rienzi, der letzte Tribun*

N. Gogol: *Aufzeichnungen eines Verrückten*

logie
K. Gutzkow: *Wally, die Zweif-
lerin*
K. Gutzkow: *Verteidigung ge-
gen Menzel*
K. Gutzkow: *Appellation an
den gesunden Verstand*
Th. Mundt: *Madonna. Unter-
haltung mit einer Heiligen*
D. F. Strauß: *Das Leben Jesu*
L. Wienbarg: *Zur neuesten Li-
teratur*

N. Gogol: *Taras Bulba*
F. C. Dahlmann: *Politik auf
das Maß der gegebenen Zustän-
de zurückgeführt*
Victor Cousin prägt den Aus-
druck «L'art pour l'art»
C. D. Friedrich: «Rast bei der
Ernte»
F. Mendelssohn-Bartholdy:
«Paulus» (Oratorium)

1836   G. Büchner: *Leonce und Lena*
(gedr. 1842; UA 1885)
G. Büchner: *Woyzeck* (gedr.
1879; UA 1913)
J. P. Eckermann: *Gespräche
mit Goethe 1823–1832*
I. Görres: *Die christliche My-
stik* (4 Bde. bis 1842)
H. Heine: *Die romantische
Schule*
J. F. Herbart: *Zur Lehre von
der Freiheit des menschlichen
Willens*
W. v. Humboldt: *Über die Ver-
schiedenheit des menschlichen
Sprachbaus* (posthum)
W. v. Humboldt: *Über die Ka-
wi-Sprache* (7 Bde. bis 1852)
K. L. Immermann: *Über den
rasenden Ajax des Sophokles*
K. L. Immermann: *Die Epi-
gonen*
N. Lenau: *Faust. Ein Gedicht*
W. Menzel: *Die deutsche Lite-
ratur*
F. Rückert: *Die Weisheit der
Brahmanen* (6 Bde. bis 1839)
A. Schopenhauer: *Über den
Willen in der Natur*
G. Schwab: *Die schönsten Sa-
gen des klassischen Altertums*
(3 Bde. bis 1838)
L. Tieck: *Der junge Tischler-
meister*

N. Gogol: *Der Revisor*
A. de Musset: *Die Beichte ei-
nes Kindes seiner Zeit*
R. W. Emerson: *Natur*
L. v. Ranke: *Die großen
Mächte*

1837   J. v. Eichendorff: *Dichter und
ihre Gesellen*

H. de Balzac: *Verlorene Illusionen* (3 Bde. bis 1843)

J. v. Eichendorff: *Gedichte*
K. Gutzkow: *Die Zeitgenossen*
G. W. Hegel: *Vorlesungen über Philosophie der Geschichte* (posthum)
N. Lenau: *Savonarola*

1838   C. M. Brentano: *Gockel Hinkel Gackelaja. Mährchen*
A. E. v. Droste-Hülshoff: *Gedichte*
F. Freiligrath: *Gedichte*
J. Görres: *Athanasius*
Ch. D. Grabbe: *Die Hermannsschlacht*
F. Grillparzer: *Weh dem, der lügt!* (gedr. 1840)
E. Mörike: *Gedichte*
Th. Mundt: *Spaziergänge und Weltfahrten*
A. Ruge: *Preußen und die Reaktion*
W. C. Weitling: *Die Menschheit wie sie ist und wie sie sein sollte*

1839   G. Büchner: *Lenz* (posthum; entstanden 1835/36)
F. Dingelstedt: *Die neuen Argonauten*
J. F. Herbart: *Psychologische Untersuchungen* (2 Bde. bis 1840)
A. v. Platen-Hallermünde: *Polenlieder* (posthum; entstanden 1830–32)

Th. Carlyle: *Die Französische Revolution*
Ch. Dickens: *Die Pickwickier*
A. Puschkin: *Die Hauptmannstochter*
B. Bolzano: *Wissenschaftslehre*
F. W. Schadow: «Die klugen und die törichten Frauen»
K. F. Schinkel: *Sammlung architektonischer Entwürfe* (28 He. seit 1820)
A. Lortzing «Zar und Zimmermann»
S. Morse erfindet den Schreibtelegrafen
H. de Balzac: *Glanz und Elend der Kurtisanen* (bis 1847)
Ch. Dickens: *Oliver Twist*
V. Hugo: *Ruy Blas*
A. de Lamartine: *Der Fall eines Engels*
E. A. Poe: *Arthur Gordon Pym*
P. Cornelius: «Jüngstes Gericht»
E. Delacroix: «Einnahme Konstantinopels»
H. Berlioz: «Benvenuto Cellini»
A. Comte prägt den Wissenschaftsnamen «Soziologie»
Erfindung der Daguerreotypie (1838/39)
A. A. Cournot: *Untersuchung über die mathematischen Prinzipien einer Theorie des Reichtums*
A. Puschkin: *Der steinerne Gast* (UA 1847)
Stendhal: *Die Kartause von Parma*
L. Blanc: *Organisation der Arbeit*
A. Pauly begründet die «Realenzyklopädie der Altertumswissenschaften»
C. Spitzweg: «Der arme Poet»
H. Berlioz: «Romeo und Julia»

F. Chopin: «Préludes»
R. Schumann: «Nachtstücke»

1840   B. v. Arnim: *Die Günderode –
Ein Briefwechsel*
F. Dingelstedt: *Lieder eines
kosmopolitischen Nachtwäch-
ters*
J. v. Eichendorff: *Der Graf
Lucanor*
K. Gutzkow: *Börnes Leben*
F. Hebbel: *Judith* (gedr. 1841)
A. H. Hoffmann von Fallersle-
ben: *Unpolitische Lieder*
(2 Bde. bis 1841)
A. Schopenhauer: *Über die
Freiheit des Willens*
L. Tieck: *Vittoria Accorom-
bona*
W. C. Weitling: *Kerkerpoesien*

M. Lermontov: *Der Dämon*
(entstanden 1829–40; gedr.
posthum 1856)
M. Lermontov: *Ein Held unse-
rer Zeit*
E. A. Poe: *Phantastische Er-
zählungen*
F. Chopin: «Valse»
G. Donizetti: «Die Regiments-
Tochter»
F. List: *Der internationale
Handel, die Handelspolitik und
der deutsche Zollverein*
P. J. Proudhon: *Was ist das Ei-
gentum?*
S. Morse entwickelt sein Tele-
grafenalphabet

1841   L. A. Feuerbach: *Das Wesen
des Christentums*
G. Herwegh: *Gedichte eines
Lebendigen* (2 Bde. bis 1843)
J. G. L. Hesekiel: *Gedichte ei-
nes Royalisten*
Ch. Sealsfield: *Das Kajüten-
buch*
A. Schopenhauer: *Die beiden
Grundprobleme der Ethik*
A. Stifter: *Die Mappe meines
Urgroßvaters* (1841/42)

Th. Carlyle: *Über Helden, Hel-
denverehrung und das Helden-
tümliche in der Geschichte*
J. F. Cooper: *Der Wildtöter*
R. W. Emerson: *Essays* (bis
1844)
E. A. Poe: *Der Doppelmord in
der Rue Morgue*
L. Richter: «Genoveva»
G. Rossini: «Stabat Mater»
R. Schumann: 1. Symphonie
B-Dur («Frühlingssym-
phonie»)
F. List: *Das nationale System
der politischen Ökonomie*

1842   A. E. v. Droste-Hülshoff: *Die
Judenbuche*
J. Gotthelf: *Bilder und Sagen
aus der Schweiz*
H. Laube: *Die Bandomire*
N. Lenau: *Die Albingenser*
J. Nestroy: *Einen Jux will er
sich machen* (gedr. 1844)
R. Wagner: *Rienzi*

N. Gogol: *Der Mantel*
N. Gogol: *Die toten Seelen*
E. Scribe: *Ein Glas Wasser*
Kölner Dombaufest (Dom
wird vollendet von 1842–1880)
A. Comte: *Abhandlung über
die Philosophie des Positi-
vismus*
K. Baedeker: *Handbücher für
Reisende durch Deutschland u.
d. österr. Kaiserreich*
Ch. Dickens: *Ein Weihnachts-
lied*

1843   B. Auerbach: *Schwarzwälder
Dorfgeschichten* (bis 1853)
B. Auerbach: *Der gebildete
Bürger*
J. Gotthelf: *Geist und Geld*

S. Kierkegaard: *Entweder –
Oder*
S. Kierkegaard: *Furcht und*

F. Hebbel: *Genoveva* (UA 1849)

J. Nestroy: *Der Talisman*

R. Wagner: *Der fliegende Holländer*

1844 H. C. Andersen: *Märchen*

F. Freiligrath: *Ein Glaubensbekenntnis*

K. Gutzkow: *Aus der Zeit und aus dem Leben*

K. Gutzkow: *Zopf und Schwert*

F. Hebbel: *Maria Magdalena* (UA 1846)

H. Heine: *Deutschland. Ein Wintermärchen*

A. Ruge: *Deutsch-französische Jahrbücher*

A. Stifter: *Studien* (6 Bde. bis 1850)

L. Uhland: *Alte hoch- und niederdeutsche Volkslieder* (2 Bde. bis 1845)

1845 F. Engels: *Die Lage der arbeitenden Klasse in England*

G. Herwegh: *Gedichte*

A. v. Humboldt: *Kosmos*

K. Marx / F. Engels: *Die deutsche Ideologie* (erste vollst. Ausgabe 1932)

K. Marx / F. Engels: *Die heilige Familie*

R. Prutz: *Die politische Wochenstube*

M. Stirner: *Der Einzige und sein Eigentum*

R. Wagner: *Tannhäuser*

1846 W. Alexis: *Die Hosen des Herrn Bredow*

F. Freiligrath: *Ça ira!*

J. Gotthelf: *Uli der Knecht*

Zittern

S. Kierkegaard: *Die Wiederholung*

J. St. Mill: *System der deduktiven und induktiven Logik*

J. Ruskin: *Moderne Maler* (5 Bde. bis 1860)

G. Donizetti: «Don Pasquale»

Ch. Dickens: *Martin Chuzzlewit*

A. Dumas (d. Ä.): *Die drei Musketiere*

S. Petöfi: *Gedichte*

S. Kierkegaard: *Der Begriff der Angst*

S. Kierkegaard: *Philosophische Brocken*

H. Daumier: «Die Blaustrümpfe»

M. v. Schwind: «Sängerkrieg auf der Wartburg»

H. Berlioz: *Abhandlung über mod. Instrumentation und Orchestration*

G. Verdi: «Ernani»

Ch. Darwin beendet die Abstammungslehre (seit 1831; gedr. 1859)

«Fliegende Blätter» in München gegründet

B. Disraeli: *Sybil oder die beiden Nationen*

A. Dumas (d. Ä.): *Der Graf von Monte Christo* (1845/46)

P. Mérimée: *Carmen*

E. A. Poe: *Der Rabe und andere Gedichte*

A. H. Layard entdeckt bei seinen Ausgrabungen Ninive

F. Dostojewski: *Arme Leute*

F. Dostojewski: *Der Doppelgänger*

H. Melville: *Taipi. Ein Blick*

K. Gutzkow: *Uriel Acosta*
(gedr. 1847)
J. G. L. Hesekiel: *Preußenlie-
der* (3 Bde. bis 1848)
H. Hoffmann: *Lustige Ge-
schichten und drollige Bilder*
(1. Ausgabe des *Struwelpeter*)
G. Keller: *Gedichte*
H. Laube: *Die Karlsschüler*
E. Mörike: *Idylle vom Bo-
densee*
F. Th. Vischer: *Ästhetik oder
Wissenschaft des Schönen*
(6 Bde. bis 1857)

auf polynesisches Leben
F. Mendelssohn-Bartholdy:
«Elias» (Oratorium)
«Daily News» gegründet
(Hrsg. Ch. Dickens)
C. G. Carus: *Psyche. Zur Ent-
wicklungsgeschichte der Seele*
P. J. Proudhon: *Die Wider-
sprüche der Nationalökonomie
oder Die Philosophie der Not.*
K. Marx entgegnet dieser
Schrift Proudhons mit seiner
Polemik: *Das Elend der Phi-
losophie* (fr. 1847)
K. F. Schinkel: *Werke der hö-
heren Baukunst*

1847   H. C. Andersen: *Das Märchen
meines Lebens*
J. v. Eichendorff: *Über die
ethische und religiöse Bedeu-
tung der neueren romantischen
Poesie in Deutschland*
F. Grillparzer: *Der arme Spiel-
mann*
H. Heine: *Atta Troll*
A. Ruge: *Polemische Briefe*

H. De Balzac: *Vetter Pons*
Ch. Brontë: *Jane Eyre*
E. J. Brontë: *Sturmhöhe*
R. W. Emerson: *Gedichte*
H. Murger: *Die Bohème* (bis
1849)
M. v. Schwind: «Der Hoch-
zeitsmorgen»
H. Berlioz: «Fausts Verdamm-
nis» (Oratorium)
G. Verdi: «Macbeth»
L. v. Ranke: *Neun Bücher
Preußischer Geschichte*
(1847/48)
Erste Verwendung der Chloro-
formnarkose durch Simpson

1848   G. Th. Fechner: *Nana oder
über das Seelenleben der
Pflanzen*
F. Freiligrath: *Die Revolution*
F. Freiligrath: *Die Todten an
die Lebenden*
E. Geibel: *Juniuslieder*
J. Grimm: *Geschichte der deut-
schen Sprache*
K. Gutzkow: *Ansprache an das
Volk*
H. Heine: *Politisches Glau-
bensbekenntnis*
A. H. Hoffmann von Fallers-
leben: *37 Lieder für das junge
Deutschland*

A. Dumas (d. J.): *Die Kame-
liendame (Roman)*
F. R. de Chateaubriand: *Me-
moiren von jenseits des Grabes*
(bis 1850)
G. Sand: *Das Findelkind*
W. M. Thackeray: *Jahrmarkt
der Eitelkeit*
A. Menzel: «Aufbahrung der
Märzgefallenen in Berlin»
R. Schumann: «Genoveva»
K. Marx gründet die «Neue
Rheinische Zeitung»
Luise Otto Peters gründet die
erste dt. Frauenzeitung
O. v. Bismarck gründet die

G. Keller: *Lieder des Kampfes*
K. Marx/F. Engels: *Das Manifest der Kommunistischen Partei*

konservative «Neue Preußische Zeitung»
J. St. Mill: *Grundsätze der politischen Ökonomie mit einigen ihrer Anwendungen auf die Sozialphilosophie*

Über die Verfasser

Dr. Winfried Bauer, Studienrat und Lehrbuchautor am Gymnasium Gauting bei München

Dr. Marion Beaujean, Bibliotheksoberrätin an der Stadtbibliothek Hannover

Dr. Albrecht Betz, Dozent für Neuere deutsche Literatur an der RWTH Aachen

Dr. Dirk Blasius, Professor für Sozial- und Wirtschaftsgeschichte an der Universität Essen/Gesamthochschule

Dr. Alexander von Bormann, Professor für deutsche Sprache und Literatur an der Universität von Amsterdam (Holland)

Dr. Giuseppe Farese, Professor für deutsche Sprache und Literatur an der Universität Bari (Italien)

Dr. Winfried Hartkopf, Dozent für Neuere deutsche Literaturwissenschaft an der Universität Düsseldorf

Dr. Gerd Heinemann, Oberstudienrat in Lohmar

Dr. Walter Hinderer, Professor für Neuere deutsche Literatur an der Princeton University (USA)

Dr. Walter Hömberg, Dozent für Kommunikationswissenschaft an der Universität München

Dr. Joseph A. Kruse, Direktor des Heinrich-Heine-Instituts, Düsseldorf

Dr. Alberto Martino, Professor für deutsche Sprache und Literatur an der Universität Padua (Italien)

Dr. Peter von Matt, Professor für Neuere deutsche Literatur und Allgemeine Literaturwissenschaft an der Universität Zürich (Schweiz)

Dr. Gert Mattenklott, Professor für Neuere deutsche Literatur und Allgemeine Literaturwissenschaft an der Universität Marburg

Dr. Sibylle Obenaus, Dozentin an der Volkshochschule Hannover

Dr. Helmut Schanze, Professor für Neuere deutsche Literaturgeschichte an der RWTH Aachen

Dr. Erika Tunner, Professor für deutsche Sprache und Literatur an der Universität Lille (Frankreich)

Dr. Johannes Weber, Dozent für Neuere deutsche Literaturwissenschaft an der Universität Bremen

Dr. Bernd Witte, Professor für Neuere deutsche Literaturwissenschaft an der RWTH Aachen

Dr. Wulf Wülfing, Akademischer Oberrat für Neuere deutsche Literaturwissenschaft an der Universität Bochum

Dr. phil. habil. Herbert Zeman, Professor für Neuere deutsche Literatur mit besonderer Berücksichtigung der österreichischen Literatur an der Universität Wien (Österreich)

Autorenregister

Werkregister

Geschichte der Philosophie

Mit Quellentexten

Hans Eggers

Deutsche Sprachgeschichte

rowohlts deutsche enzyklopädie

I: Das Althochdeutsche
II: Das Mittelhochdeutsche
III: Das Frühneuhochdeutsche
IV: Das Neuhochdeutsche

rowohlts deutsche enzyklopädie 185, 191, 270, 375

In diesem Werk wird zum erstenmal der Versuch unternommen, die Entwicklung der deutschen Schriftsprache unter soziologischem Gesichtspunkt darzustellen: Es wird von dem sprechenden und Sprache schaffenden Menschen ausgegangen und gefragt, in welcher Gruppe oder Schicht die wesentliche sprachschöpferische Leistung im jeweils behandelten Zeitraum vollbracht wurde. Während im ersten, die Jahrhunderte der geistigen Auseinandersetzung mit der lateinisch-christlichen Tradition umfassenden Band (750–1050) die klerikalen Autoren als Sprachschöpfer beherrschend sind, tritt in der mittelhochdeutschen Periode (Bd. II, 1050–1350) neben der geistlichen, in der Mystik gipfelnden, die weltliche Literatur in den Vordergrund: Chroniken, Spielmannsdichtung und – als Höhepunkt – höfische Dichtung. Nach dem Zerfall der im Mittelhochdeutschen nahezu erreichten Einheit der deutschen Schriftsprache wird die sprachschöpferische Aufgabe von erwachenden Bürgertum übernommen (Bd. III, 1350–1650). Die Herausbildung einer deutschen «Geschäftssprache» in den großen fürstlichen und städtischen Kanzleien wird an Bedeutung rasch überflügelt durch zwei eine gesamtdeutsche Schriftsprache unwiderruflich begründende Ereignisse: die Erfindung des Buchdrucks und die Bibelübersetzung Martin Luthers. Das Werk wird abgeschlossen durch die Darstellung der Entwicklung des Neuhochdeutschen (Bd. IV, ab 1650), das im Barock vorbereitet wird und in Aufklärung und Klassik seine Geltung als nationale Hochsprache gewinnt.

537/3